100 COISAS QUE MILIONÁRIOS FAZEM

Nigel Cumberland

100 COISAS QUE MILIONÁRIOS FAZEM

Tradução
Ivar Panazzolo Junior

astral cultural

Este livro foi revisado segundo o Novo Acordo Ortográfico da Língua Portuguesa.

Produção editorial Aline Santos, Bárbara Gatti, Jaqueline Lopes, Mariana Rodrigueiro, Natália Ortega e Renan Oliveira
Preparação Audrya Oliveira
Revisão Letícia Nakamura
Capa Aline Santos
Foto do autor Arquivo pessoal

Dados Internacionais de Catalogação na Publicação (CIP)
Angélica Ilacqua CRB-8/7057

C975c

Cumberland, Nigel
100 coisas que milionários fazem : como reprogramar a mente e se planejar para enriquecer / Nigel Cumberland ; tradução de Ivar Panazzolo Junior. — Bauru, SP : Astral Cultural, 2021.
256 p.

ISBN 978-65-5566-104-0
Título original: 100 Things Millionaires Do

1. Autoajuda 2. Negócios 3. Finanças I. Título II. Panazzollo Junior, Ivar

21-2340 CDD: 158.1

Índices para catálogo sistemático:
1. Autoajuda - Finanças

BAURU
Rua Joaquim Anacleto
Bueno, 1-42
Jardim Contorno
CEP 17047-281
Telefone: (14) 3879-3877

SÃO PAULO
Rua Augusta, 101
Sala 1812, 18° andar
Consolação
CEP 01305-000
Telefone: (11) 3048-2900

E-mail: contato@astralcultural.com.br

Dedico este livro ao meu filho Zeb e a todos aqueles
que trabalham para criar uma vida única e significativa,
repleta de sonhos realizados com sucesso.

"Ninguém pode construir a ponte para que você cruze o rio da vida; ninguém além de você mesmo. Há, é claro, inúmeros caminhos, pontes e semideuses que podem levá-lo até a outra margem, mas sempre incorrendo em um grande custo pessoal; você vende a si mesmo e perde. Há, no mundo, somente um caminho que ninguém pode trilhar, exceto você. Aonde esse caminho leva? Não pergunte, apenas siga por ele."

Friedrich Nietzsche

SUMÁRIO

INTRODUÇÃO

"Receba antes de gastar. Pense antes de investir.
Persista antes de desistir. Economize antes de se aposentar.
Doe antes de morrer."

O que significa "sucesso financeiro" para você? O quanto é importante ser rico?

Considerar-se uma pessoa bem-sucedida financeiramente depende de um mix de suas necessidades pessoais — objetivos, sonhos e despesas básicas — com necessidades, sonhos e objetivos das pessoas importantes em sua vida.

Você provavelmente escolheu este livro porque deseja criar riqueza. Assim, vamos fracionar a questão e pensar sobre o significado do conceito. Você quer:

- Comprar uma casa e pagar o financiamento o mais rápido possível?
- Estabelecer uma renda com base em investimentos e demitir-se do seu emprego?
- Criar uma reserva suficientemente grande para custear a melhor educação possível para os seus filhos?
- Bancar um estilo de vida dos sonhos, como ser músico ou chefe de cozinha?
- Construir um portfólio de imóveis e viver da renda dos aluguéis?
- Pagar suas dívidas?
- Possuir uma boa quantidade de ações, participações e investimentos financeiros para viver dos dividendos?

- Comprar um belo carro esportivo?
- Sentir-se financeiramente seguro?
- Criar uma fundação para contribuir com a sociedade?
- Deixar uma boa herança para os seus filhos?

Eu orientei centenas de indivíduos e escutei praticamente todo sonho financeiro que você é capaz de imaginar. Já ouvi todos os desafios e as dificuldades enfrentados quando se está tentando criar riqueza.

Uma coisa é certa: muitas pessoas passam tempo demais economizando muito pouco e consumindo demais. Até mesmo pessoas que, pelo menos no papel, deveriam ser muito ricas, estão vivendo com dívidas. Você raramente vai encontrar alguém capaz de anunciar com confiança: "Eu alcancei meus objetivos financeiros e criei riqueza suficiente".

Assim, esta é a sua oportunidade de se sentar e pensar sobre os seus objetivos de vida, os sonhos e os desejos não realizados, e perguntar a si mesmo como quer viver e passar o restante do seu tempo neste planeta maravilhoso. Esta é a sua chance de mapear seus pré-requisitos financeiros, explorar quem e o que o motiva e descobrir o que está disposto a fazer na busca pelos seus sonhos financeiros.

Este livro é o seu guia. No decorrer de cem capítulos concisos, você vai aprender a encontrar sentido nas peças que precisa encaixar para alcançar os seus sonhos financeiros. Vamos explorar o que a riqueza significa para você por meio dos seguintes tópicos:

- Objetivos e sonhos;
- Mentalidade e comportamento;
- Relacionamentos e pessoas;
- Prazos e cronogramas;
- Tipos de riqueza;
- Práticas de investimentos;
- Sucesso e obstáculos;
- Trabalho e aposentadoria;
- Ajuda e doação.

Como usar este livro

Cada capítulo apresenta uma nova ideia que vai ajudar você a chegar mais perto dos seus objetivos. Essas ideias são apresentadas e explicadas na primeira página; a segunda página traz exercícios e atividades, pequenas e grandes, que você pode começar a fazer hoje mesmo.

Não deixe de fazer as atividades. As tarefas que tem a cumprir foram criadas especificamente para ajustar sua mentalidade, seus hábitos, suas habilidades, seus relacionamentos e seu networking necessários para maximizar suas chances de sucesso. Algumas delas vão surpreendê-lo, outras vão desafiá-lo e tem as que ainda vão parecer simples e óbvias. Todas são importantes para construir o portfólio de habilidades de que você precisa para criar riqueza. Completá-las vai colocar você no caminho para desenvolver uma mentalidade de sucesso financeiro e uma lista de coisas a fazer focada em riqueza. Essas coisas não são fáceis de se alcançar e poucos indivíduos fazem tudo de maneira consciente ou intencional. Mas as pessoas financeiramente bem-sucedidas as fazem.

Você vai encontrar muitas atividades para fazer agora e atividades para mais para frente, dependendo das suas metas e da sua situação financeira. Se uma ideia ou atividade não for adequada ao que estiver acontecendo com você agora, deixe-a de lado e retome-a posteriormente.

Quem sou eu para falar de sucesso?

Este livro se inspira na sabedoria que adquiri depois de atuar como coach e mentor de pessoas por todo o mundo com todos os tipos de sonhos financeiros e circunstâncias pessoais, de CEOs endinheirados a empreendedores que lutavam para manter as portas abertas; de investidores em tempo integral a profissionais recém-formados que ainda estavam dando os primeiros passos em suas carreiras. Todas essas pessoas têm algo a compartilhar na jornada para criar riqueza.

As experiências delas se combinam com a minha própria sabedoria adquirida ao longo de cinquenta anos neste planeta e, somente depois de passar por altos e baixos financeiros incríveis e lições profissionais, eu aprendi a:

- Investir nas minhas próprias habilidades financeiras para me tornar um dos associados do Instituto Nacional de Contabilistas e Administradores do Reino Unido;
- Esforçar-me para me tornar diretor financeiro regional de uma empresa entre as FTSE100[1] com apenas 26 anos;
- Investir grandes somas em uma variedade de startups — algumas das quais fracassaram dramaticamente enquanto outras tive-

1 Indicador que reúne dados de ações de 100 grandes empresas na Bolsa de Valores de Londres.

ram sucesso —, assim como vender uma empresa de recrutamento na Ásia para a maior companhia de recrutamento no Reino Unido, a Hays PLC, em 2006;

- Construir uma empresa de desenvolvimento imobiliário em paralelo com minha esposa, reformando imóveis em vários locais e investindo neles;
- Criar uma renda recorrente, incluindo royalties, com os livros que publiquei;
- E, mais importante, aprendi a ter um relacionamento significativo com a riqueza. Ela existe para me dar uma vida plena e com propósito, e para possibilitar que eu ajude outras pessoas a alcançarem o mesmo sucesso.

Com todo o meu trabalho e experiência, elenquei as cem coisas mais essenciais que você precisa fazer para alcançar o sucesso financeiro e criar uma vida gratificante e enriquecedora para si mesmo, para as pessoas à sua volta e para o mundo como um todo.

Boa sorte em sua busca por sucesso e independência financeira. Espero que todos os conselhos deste livro o ajudem a criar a vida que você realmente merece.

01

POR QUE VOCÊ QUER SER RICO?

> *"É hora de decidir o que você quer da vida."*

Qual foi sua motivação para ler este livro? Você quer ser milionário ou quer apenas parar de se preocupar com dinheiro?

Pode não parecer importante, mas, a menos que realmente compreenda a sua motivação, você não vai conseguir estabelecer metas claras para o seu futuro financeiro.

Durante a minha atividade como coach, ouvi praticamente todos os motivos imagináveis para angariar riqueza:

- "Não quero que meus filhos passem pela mesma situação de pobreza em que eu vivi quando era jovem";
- "Quero escapar das dificuldades diárias de viver de salário em salário";
- "Quero ter mais dinheiro do que meus irmãos";
- "Quero ter mais sucesso do que os meus amigos que frequentaram a universidade";
- "Tenho uma lista de necessidades e objetivos futuros e preciso de dinheiro para pagar por elas";
- "Quero ser rico o suficiente para poder distribuir a riqueza para outras pessoas";
- "Acredito que a riqueza ajuda a pessoa a se sentir valorizada e autoconfiante";
- "Tenho muitas dívidas a pagar e quero fazer parte do mercado imobiliário".

Suas razões serão pessoais para o seu caso. Elas podem ter aparecido nesta lista ou ser completamente diferentes; não há certo ou errado. Toda motivação é tão válida quanto qualquer outra. Mas, qualquer que seja a sua razão para construir riqueza, não importa o quanto seja trivial, egoísta ou insignificante, é importante conhecê-la para que você possa ser honesto sobre o que lhe motiva e influencia.

A alternativa é arriscar-se a passar pela vida sem saber em que concentrar sua atenção.

> Ganhar dinheiro apenas pelo dinheiro em si não tem significado algum. Descubra o que a construção da riqueza verdadeiramente significa para você.

ENTRE EM AÇÃO

Descubra quais são suas razões para querer criar riqueza
Pegue uma folha de papel grande e crie um mapa mental — uma lista interconectada com todas as razões possíveis pelas quais você quer ser mais rico do que é hoje.

Para ajudá-lo a completar essa lista, pense em como responderia às seguintes perguntas:

- Quais sonhos e desejos não realizados você tem?
- Que tipo de vida quer ter daqui a dez, vinte ou trinta anos?
- De que maneira a sua vida, hoje, é confortável? E de que maneira ela apresenta dificuldades financeiras?
- Você está se comparando a outras pessoas? Se inspira em alguém em particular?
- Está tentando evitar alguma coisa, como as dificuldades financeiras que seus pais ou amigos enfrentam, por exemplo?

Reserve um momento em busca de refletir e criar a sua lista, e volte a ela quando novos pensamentos e insights surgirem.

Quais são as razões que vão motivá-lo a agir?
Quando sua lista estiver pronta, é hora de revisá-la e identificar os motivos mais importantes para você. Seja honesto quando fizer isso; você estará identificando valores importantes e terá de se sentir confortável com o que permite atuar como fonte de motivação.

Se tiver dificuldade de se concentrar no que é mais importante, tente encarar a situação por meio de uma perspectiva diferente. Algumas das suas razões lhe causam desconforto? Você consegue eliminar algo que lhe pareça negativo ou nocivo, em que a razão esteja sendo motivada mais pelo ego do que pelo o que realmente importa para você?

Converse com seus amigos e entes queridos

Faça uma verificação sobre a sensatez das suas ideias ao escutar o que os demais têm a dizer ou faça o exercício com outras pessoas. Os motivos delas vão quase certamente lhe causar surpresa e lhe dar mais elementos sobre os quais pensar.

02

O QUE A RIQUEZA SIGNIFICA PARA VOCÊ?

> *"A riqueza possibilita que você tenha a vida que sempre desejou."*

Ao pensar sobre ser rico, que tipos de pensamentos e sensações vêm à sua mente? Você imagina alguma espécie de estado de graça em que o estresse do dia a dia simplesmente desaparece por milagre e é livre para viver seus sonhos?

Na minha experiência, isso é com frequência o que as pessoas imaginam sobre a vida com riqueza, até pararem de verdade para pensar no assunto. Frequentemente, há preocupações surpreendentes que fervilham logo abaixo da superfície.

Dê uma olhada nas listas a seguir que, novamente, foram retiradas de conversas reais durante minhas sessões de coaching.

Primeira impressão típica sobre ser rico	Reação típica mais profunda
"Vou poder viver a vida dos meus sonhos."	"Tenho medo do que eu realmente faria."
"Vou ter liberdade para ser eu mesmo."	"Vou perder minha identidade."
"Vou poder ostentar minha riqueza."	"As outras pessoas vão sentir inveja."
"Vou poder fazer tudo o que quiser."	"Vou me sentir sobrecarregado."

“Todo mundo vai ser meu amigo.”	“Outras pessoas vão querer o meu dinheiro.”
“Qualquer coisa vai ser possível.”	“Não faria ideia por onde começar.”
“Nunca mais vou ter ataques de pânico relacionados a dinheiro.”	“Não confio em mim para tomar conta de dinheiro.”
“Finalmente, vou ser feliz.”	“Eu não mereço.”

Quase todo mundo é capaz de inventar razões maravilhosas e significativas para querer ser rico, mas , ao analisar a situação com cuidado, a primeira impressão pode se transformar logo em uma mistura de sentimentos positivos e negativos.

É perfeitamente natural que uma mudança tão forte na vida provoque uma mistura de sentimentos que vão desde esperança e alegria até preocupação e medo. O importante é que você trabalhe toda a sua gama de respostas a fim de garantir que não haja nada em segundo plano que o impeça de seguir em frente.

> Não há problemas se não tiver certeza sobre como a riqueza vai influenciar sua maneira de pensar e sentir.

ENTRE EM AÇÃO

Seja honesto consigo mesmo

Faça um exercício de associação de palavras, de preferência em uma folha de papel. Escreva cada uma das frases abaixo, seguindo a ordem:

- Ganhar dinheiro;
- Acumular riqueza;
- Administrar e cuidar da minha riqueza;
- Ser rico.

De que maneiras elas produzem pensamentos e sentimentos positivos e estimulantes em você? Ou elas trazem consigo preocupações, assim como pensamentos e sentimentos negativos? Escreva no papel todas as palavras e expressões associadas.

Reflita sobre o que escreveu. Não fique surpreso ou constrangido por nenhum dos seus pensamentos. É uma característica humana ficar empolgado e positivo, ao mesmo tempo que nos sentimos preocupados e perplexos. Você provavelmente vai sentir uma mescla de ansiedade e sentimentos maravilhosos.

As ideias positivas que você descrever podem energizá-lo e motivá-lo. Por isso, mantenha-as por perto e retorne a elas regularmente durante esta jornada para ajudá-lo a permanecer concentrado em seu objetivo.

Você deve explorar quaisquer preocupações, medos ou perplexidades que identificar. Investigue cada uma delas conforme progredir neste livro.

03

QUANTA RIQUEZA VOCÊ QUER TER?

> *"O mundo está abarrotado de riquezas.*
> *Cabe a você ir até lá e pegar sua parte."*

Quando você estará suficientemente rico? Essa é a pergunta de um milhão de dólares. Ou a pergunta de 2,4 milhões de dólares, para ser mais exato. Em 2017, a empresa de serviços financeiros Charles Schwab entrevistou mil americanos com idades entre 21 e 75 anos e descobriu que os participantes da pesquisa queriam ter 1,4 milhão de dólares para se sentirem financeiramente confortáveis e 2,4 milhões para se considerarem ricos. Em outra pesquisa feita no mesmo ano pelo site comparativo de salários emolument.com, o trabalhador britânico médio, com idade entre 20 e 29 anos, disse que se sentiria rico se ganhasse 93 mil libras por ano. Para trabalhadores mais velhos, o valor subia para 370 mil libras anuais. Esses números variam de acordo com o país, refletindo custos de vida diferentes. A mesma pesquisa revelou que trabalhadores na Índia se consideram ricos quando ganham o equivalente a 25 mil libras por ano.

Talvez você já tenha adivinhado. Não existe resposta única para o que significa ser rico. O importante é o que riqueza significa para você e qual é a sua meta financeira.

> Saber quanto dinheiro vai satisfazê-lo é uma decisão pessoal.

ENTRE EM AÇÃO

Estabeleça uma meta

Eu sempre adorei a ideia descrita em *Alice no País das Maravilhas*, em que, se você não sabe qual é o seu destino, então qualquer estrada serve. Se trabalhar duro, economizar e investir sua renda, você provavelmente vai ter mais dinheiro do que tem hoje. Mas aonde você vai chegar? Vai alcançar um conforto financeiro que seja o bastante para se aposentar, viajar pelo mundo, doar para suas instituições beneficentes favoritas e ajudar seus filhos?

Para saber com certeza sobre a vida com a qual você sonha, é essencial ter pelo menos uma ideia aproximada de quanta riqueza você precisa criar. Faça isso refletindo sobre o que quer financiar, comprar e manter como reserva.

- Quais são as coisas principais pelas quais você precisa pagar? Exemplos podem incluir uma casa, cursos universitários para os seus filhos, um fundo para despesas médicas ou se programar para viajar todos os anos.
- Você quer alcançar um certo nível de renda anual — renda que venha de investimentos e patrimônio em vez de um emprego convencional?
- Você tem uma meta financeira geral, como as pessoas que responderam à pesquisa da Charles Schwab?

Não se preocupe se não conseguir chegar a um valor exato. Eu também tenho dificuldades. Em vez disso, estabeleci uma meta para mim mesmo de simplesmente garantir que a minha riqueza aumente a cada ano e sentir que eu posso viver das minhas rendas sem precisar liquidar nenhum dos meus investimentos.

Converse com um consultor financeiro

Pode ser uma boa ideia explorar essas possibilidades com um contabilista ou consultor financeiro independente. Usando planilhas do Excel ou plataformas on-line, um profissional pode ajudá-lo a mapear seus requisitos financeiros e estimar quanta riqueza você precisa acumular no decorrer de um prazo específico.

04

VOCÊ MERECE

> *"Peça ao Universo o que você precisa.*
> *Se realmente acreditar que é seu, você receberá."*

Não importa se acredita que terá sucesso ou que vai fracassar — você sempre vai ter razão. Confiar em si mesmo é a chave para o desenrolar da sua vida. De maneira simples, você alcança aquilo que acredita que vai conquistar.

Muitas pessoas têm dificuldade para lidar com a própria vida e com o dinheiro e não conseguem encontrar uma saída para a situação em que estão. Elas param de acreditar que qualquer outro resultado é possível. E, para piorar ainda mais as coisas, temos a tendência de sermos nossos críticos mais mordazes. Sinto vontade de chorar quando ouço histórias sobre:

- O músico talentoso que não acredita ser capaz de alcançar o sucesso na indústria fonográfica e tem dificuldade para pagar as contas, trabalhando em empregos comuns;
- O banqueiro com um alto cargo que sabota a própria carreira, pensando que não é digno do cargo que tem.

Há um ditado que diz que o único lugar em que os sonhos são impossíveis é na sua própria cabeça. Para ficar rico, você precisa acreditar que merece ser rico.

Aprenda e pratique os hábitos necessários para acreditar em si mesmo, então poderá montar alicerces sólidos para construir a riqueza que você almeja.

> O mundo está cheio de pessoas que "quase chegaram ao sucesso" e que "podiam ter tido sucesso", que foram traídas pelas dúvidas nutridas sobre si mesmas.

ENTRE EM AÇÃO

Seja honesto consigo mesmo

Não é o bastante apenas querer ser rico e ter uma meta financeira em mente. A essa altura, você provavelmente já descobriu que seus sentimentos em relação à riqueza podem incluir dúvidas sobre si mesmo, descrença e até medo. Esses sentimentos negativos precisam ser enfrentados, pois, se forem ignorados, podem crescer e fazer com que seus planos desmoronem.

Conversar com outras pessoas pode ajudá-lo a lidar com a sua voz interna. Abra-se e converse sobre suas dúvidas com outra pessoa. Permita-se compreender e verificar a sensatez da sua maneira de pensar. Ao conversar com alguém, você provavelmente vai descobrir que suas ansiedades são completamente normais. Afinal de contas, você está saindo da sua zona de conforto e embarcando em uma missão para construir riqueza. É muito natural sentir medo e ter preocupações.

Procure ajuda e apoio

Se tiver dificuldades para superar suas dúvidas e perceber que não consegue acreditar no próprio potencial, procure um coach ou um terapeuta especializado em terapia cognitivo-comportamental (TCC). Eu usei a TCC no meu trabalho durante muitos anos e é uma ferramenta muito eficaz para mudar os padrões de comportamento e pensamento que causam sentimentos e crenças negativas. Conforme esses padrões mudam, por sua vez, muda-se aquilo que você sente.

Esse tipo de terapia pode ser completado em um período relativamente curto, por meio de uma série de sessões individuais.

05

TENHA OBJETIVOS CLAROS E UM PLANO

> *"Toda conquista digna de nota começa como um simples objetivo — uma meta que se transforma em um plano de ação específico."*

A criação de riqueza não acontece por acaso; ter um planejamento é fundamental.

Em uma pesquisa de 2012, conduzida pela empresa de administração de patrimônio Legg Mason, 77% dos investidores disseram que poupam e investem com objetivos específicos em mente. Se você não é o tipo de pessoa que elabora religiosamente listas de atividades, é preciso começar a fazer isso.

Seguir o fluxo e ver o que acontece não é uma opção viável. Você vai acabar gastando toda a sua energia em tarefas e também com pessoas que não vão aproximá-lo dos seus objetivos. Detalhes e planos vão se tornar seus novos amigos.

Planejar é uma decisão racional. Uma escolha consciente de estruturar como você usa seu tempo, energia e outros recursos. É um processo de esquadrinhar cada centímetro, de garantir que pensou em todos os detalhes.

Sempre há espaço para golpes inesperados de sorte, mas isso tende a acontecer com mais frequência quando se está estruturado e adota uma mentalidade planejadora.

> O sucesso financeiro pode vir de uma maneira aleatória e sem planejamento. Você pode ganhar na loteria, mas até mesmo uma pessoa que ganha na loteria precisa de um plano para impedir que a riqueza escorra pelos seus dedos e desapareça.

ENTRE EM AÇÃO

O planejamento começa com metas detalhadas

Pense outra vez sobre os seus objetivos financeiros. Podem ser sonhos aparentemente inalcançáveis, tais como "quero ter um milhão de dólares na poupança", "quero me aposentar ainda jovem" ou "quero ter um conjunto de imóveis". Não há problema, são seus primeiros rascunhos.

Transforme-os em objetivos mais detalhados e específicos usando a metodologia SMART. Para cada meta, pergunte a si mesmo se ela é:

- Suficientemente clara e específica;
- Mensurável, de modo que você vai saber quando ela for alcançada;
- Alcançável (e, se não for, o que você pode fazer para torná-la alcançável);
- Realista e relevante às circunstâncias da sua vida;
- Temporalmente definida, com uma data-limite clara para que seja alcançada.

Coloque suas respostas no papel. Agora você já pode reescrever suas metas como planos detalhados. O objetivo vago de "ter um conjunto de imóveis" pode ficar assim, após a aplicação da metodologia SMART:

Meu objetivo imobiliário

- Criar um portfólio de imóveis no valor de um milhão de dólares;
- No decorrer dos próximos cinco anos;
- Com a compra de vários pequenos imóveis para ganhar com o aluguel;
- Em cidade universitária;
- Fazendo financiamentos para comprá-lo;
- Usando minhas economias para fazer aportes iniciais.

Use o chapéu do gerente de projetos

Você pode criar planos mais detalhados para cada meta SMART, subdividindo tarefas em objetivos trimestrais ou mensais. Você pode criar cronogramas (como diagramas de Gantt) para esquematizar as tarefas e atividades que precisa executar, tipicamente por semana ou por mês.

06

SE PARECE BOM DEMAIS PARA SER VERDADE...

> *"Tome cuidado com atalhos. Eles podem levá-lo a becos sem saída."*

Quando o assunto é dinheiro, se a proposta parecer boa demais para ser verdade, provavelmente seja esse o caso. Não existe uma poção mágica ou atalho para criar riqueza.

Com quase todos os aspectos das nossas vidas sob demanda, nós acabamos ficando impacientes. E a impaciência nos deixa mais suscetíveis a mensagens do tipo "invista e dobre seu capital". Picaretagens como essa são bem comuns:

- Esquemas de Ponzi ou de pirâmide, em que você recebe a promessa de ganhos ou lucros incríveis, da ordem de 10-20% ao ano. Mas você mal percebe que a única coisa que paga esses ganhos é o dinheiro dos novos investidores. Não há nenhum investimento real acontecendo;
- Pedidos do tipo "Ajude-me a receber minha herança", em que você recebe um e-mail ou então um telefonema de alguém que pede sua ajuda. Essa pessoa em questão herdou milhões e só precisa que você lhe dê algum dinheiro para que ela possa pagar as tarifas;
- Qualquer outro tipo de oportunidade "incrível", tal como investir em uma mina de ouro ou na nova invenção de uma startup.

Não importa o quanto os argumentos sejam convincentes — inclusive, às vezes os argumentos até que são muito convincentes —, tenha cuidado com qualquer oferta de investimento sem risco com retorno garantido, dinheiro fácil ou uma afirmação do tipo "não tem como dar errado." Pode dar errado e provavelmente é isso que vai acontecer.

> Se a proposta parecer boa demais para ser verdade, provavelmente seja esse o caso.

ENTRE EM AÇÃO

Evite agir motivado por desespero ou ganância
Não importa o quão desesperadamente você queira mudar sua situação financeira, nunca entre de cabeça em investimentos escusos ou questionáveis. A ganância pode facilmente sobrepujar seu bom senso e virar sua cabeça com a promessa de ganhos rápidos ou retornos enormes e garantidos sobre o investimento. Aprenda a parar e refletir. Por maior que seja a pressão para investir agora, espere alguns dias para decidir.

Se estiver em dúvida, peça ajuda
Tente trabalhar somente por meio de bancos ou outras assessorias financeiras reconhecidas. Nunca confie em estranhos que entram em contato com você por meio de telefonemas não solicitados ou e-mails de *spam*. Se disserem que são do banco em que você tem conta, desligue o telefone e ligue em seguida para a agência para se certificar.

As autoridades financeiras de todos os países se preocupam com fraudes e geralmente têm uma página na internet que oferece conselhos e um número telefônico para ajudar pessoas receosas que possam ser ou que tenham sido vítimas de esquemas fraudulentos. Ligue para esses números antes de fazer qualquer transferência.

Além do risco de perder seu dinheiro para fraudadores ou criminosos, investir em esquemas duvidosos pode fazer com que você seja acusado de quebrar a lei intencionalmente, agindo de maneira antiética. Vamos aprender melhor sobre isso mais à frente.

07

RIQUEZA NÃO GARANTE FELICIDADE

> *"A verdadeira riqueza é uma vida de abundância feita de momentos, experiências e relacionamentos gratificantes."*

Ter mais dinheiro é equivalente a ter mais felicidade, pelo menos quando você começa por meio de poucos recursos. Isso foi confirmado por pesquisadores da Universidade de Purdue, que fizeram um enorme levantamento com 1,7 milhão de pessoas em 64 países, com resultados divulgados na renomada revista científica internacional *Nature*. A pesquisa concluiu que as pessoas são mais felizes quando ganham de 75 mil a 95 mil dólares por ano.

Mas, quando você ficar mais rico, não se surpreenda se a melhora na sua conta bancária não o fizer mais se sentir tão feliz. O estudo na *Nature*, que se correlaciona com outras pesquisas, descobriu que a satisfação das pessoas com a vida e o bem-estar diminuía quando sua renda passava de 95 mil dólares anuais. Isso causa uma certa surpresa, dado que temos constantemente a impressão de que pessoas ricas têm vidas mais incríveis do que as nossas. Há pelo menos três razões pelas quais mais riqueza não se correlaciona com maior felicidade:

- Mais dinheiro é igual a mais estresse. Quanto mais você tem, mais você tem que administrar, lembrar-se e proteger. E, conforme vai ficando mais rico, outras pessoas podem tratá-lo de maneira diferente, querendo mais de você;
- Mais dinheiro leva a comparações com outras pessoas, o que com frequência leva a sentimentos de inveja e ciúme. Às vezes, é melhor simplesmente não subir na esteira em primeiro lugar;
- Mais dinheiro significa que você vai se cansar com mais rapidez das coisas que adquirir. Poder comprar um carro esportivo novo

ou tirar férias em seu próprio chalé em uma estação de esqui vai deixar você feliz, mas todas as evidências sugerem que a felicidade diminui assim que você se acostuma às coisas materiais ou às experiências. Os economistas chamam isso de "a esteira hedonista".

> Não há problema se você tiver dificuldade em acreditar que o dinheiro não é a fonte da felicidade.

ENTRE EM AÇÃO

Em primeiro lugar, identifique o que lhe traz felicidade

Antes de ter ou de gastar sua riqueza, identifique os aspectos da sua vida que lhe trazem felicidade ou realização. Alguns exemplos:

- Estar com certas pessoas, tais como familiares, amigos, vizinhos ou colegas de trabalho;
- Ajudar pessoas que precisam;
- Desenvolver um trabalho pago que seja relevante para a sociedade;
- Ter tempo livre repleto de atividades, hobbies e passatempos;
- Passar seu tempo em lugares e ambientes específicos.

Concentre a sua riqueza nas fontes da sua felicidade

O segredo para ser rico e feliz é garantir que, conforme sua riqueza aumenta, você invista em atividades que lhe trazem realização e alegria. Investir em atividades de qualidade com a família, na educação dos seus filhos, em trabalhos beneficentes, em uma carreira significativa ou em viagens maravilhosas alinha o seu crescimento financeiro com um propósito mais profundo.

Se "ostentar sua riqueza" é algo que lhe deixa feliz, cuidado

Se ter mais sucesso financeiro do que outras pessoas lhe causa euforia e o leva a comprar coisas e experiências apenas por vaidade e para poder ostentá-las, parece que o seu ego é quem está impulsionando suas ações e comportamentos. Não há benefício e não há nada de importante a ganhar quando a felicidade e a realização advêm unicamente por ser rico e/ou mais rico do que as outras pessoas. Cuidado para não acabar como Ebenezer Scrooge na história *Um Conto de Natal*, de Dickens.

08

O QUE VOCÊ ESTÁ ESPERANDO?

> *"A única maneira de dirigir um carro é girar a chave na ignição e soltar o freio de mão."*

Ficar rico é algo que leva tempo e, quanto mais você demorar, mais difícil vai ser. Se você sempre deixa passar oportunidades de investimento ou se a sua resposta típica ao planejamento financeiro é adiá-la para mais tarde, você não está sozinho. Gastar dinheiro é divertido e planejar não gastá-lo não chega nem aos pés dessa sensação. Pelo menos, não à primeira vista.

Este é um erro enorme — não entrar no jogo logo nos primeiros momentos provavelmente é o obstáculo que mais prejudica as pessoas em sua busca pelo sucesso financeiro.

Há muitas boas razões para não investir de imediato:

- O dinheiro está curto e a prioridade é fazê-lo chegar até o fim do mês;
- Você não compreende por completo a oportunidade;
- Você não tem tempo de traçar planos para o longo prazo;
- Você é jovem demais para se preocupar com o futuro;
- Você tem medo do desconhecido.

Quando se trata de dinheiro, às vezes decidir não fazer nada é a atitude certa; mas, outras vezes, demorar para agir significa perder grandes oportunidades. Em resumo, quanto mais cedo começar a fazer seu dinheiro trabalhar para você, seja por meio de poupança, compra e venda de ações ou aquisição de imóveis, mais rápido você vai alcançar a sua meta de riqueza.

> Quanto mais cedo começar a construir a sua riqueza, mais perto estará de alcançar o seu objetivo.

ENTRE EM AÇÃO

Descubra o que está impedindo o seu progresso

O que o impede de se comprometer totalmente a construir sua fortuna? Reflita sobre como você toma decisões financeiras. Existe algum padrão por trás da sua falta de ação?

- Você tem dificuldade de sair do presente e pensar no futuro?
- Você tem receio de sair da sua zona de conforto e pisar em território desconhecido?
- Você tem aversão a riscos?

Se não for agora, então quando?

Frequentemente, há boas razões para adiar as coisas — afinal, ganhar dinheiro envolve assumir riscos. Os conselhos deste livro vão ajudá-lo a fazer escolhas com sabedoria, avaliando riscos *versus* oportunidades para que consiga encontrar o momento correto.

Se a questão for mais a relutância da sua parte ou se você estiver simplesmente muito confuso, sobrecarregado pelo trabalho ou receoso em agir, talvez possa se beneficiar de algum tempo com um coach.

Faça algo hoje mesmo

Se estiver adiando a elaboração de um plano financeiro ou até mesmo de assumir um compromisso mais sério, como comprar seu primeiro imóvel para investimento, elabore uma lista de informações de que você precisa e as tarefas a cumprir. Subdividir suas metas em tarefas menores e mais fáceis de implementar é uma maneira brilhante de começar.

09

ACOMPANHE OS GASTOS COM UMA PREVISÃO ORÇAMENTÁRIA

> *"Um orçamento ajuda a ver de onde o seu dinheiro vem e para onde ele vai."*

Pode ser difícil acompanhar os seus gastos pessoais. Com alguns pagamentos no cartão de crédito e outros feitos diretamente no débito em conta, pode ser que você nunca veja uma lista única de todas as suas despesas.

Talvez ajude saber que você não é a única pessoa que não monitora e planeja os gastos da sua casa. Uma pesquisa de 2013, do instituto Gallup, descobriu que 32% dos americanos fazem alguma espécie de orçamento doméstico. Isso representa uma quantidade muito grande de pessoas que não faz ideia se vai ter dinheiro o bastante no fim de cada mês para pagar as contas, e menos ainda se vai sobrar algum dinheiro também. Se não estiver com tudo na ponta do lápis, você corre o risco de gastar mais do que deveria.

De acordo com os dados da Agência Nacional de Estatísticas do Reino Unido, as famílias britânicas, em 2017, pela primeira vez em trinta anos, gastaram mais do que receberam como renda. A diferença média foi de novecentas libras.

Aposto que maioria das famílias nem fazia ideia.

Ignorar os gastos mensais significa simplesmente adiar as más notícias e, pior do que isso: manter-se no escuro em relação à sua situação financeira significa que você nunca vai estar em posição de construir riqueza.

> Criar um plano e uma previsão de gastos é um bom investimento de tempo.

ENTRE EM AÇÃO

Acompanhe de perto o fluxo real do seu dinheiro

Embora esteja lendo este livro, talvez você não pense em si mesmo como uma pessoa boa de cálculos. Mas isso está prestes a mudar. É aqui que você construirá os alicerces da sua futura fortuna. Você vai começar a manter uma listagem do fluxo do seu dinheiro.

Não há regras para isso, então faça as coisas da maneira que se sentir mais confortável:

- No papel, à moda antiga;
- Em uma planilha do Excel. Se você não for fã de criar tabelas do Excel com fórmulas diferentes, há planilhas pré-elaboradas disponíveis gratuitamente para download na internet que com certeza irão ajudar;
- Por meio de um aplicativo de orçamento doméstico. O seu banco pode ter um aplicativo disponível ou, então, você pode encontrar exemplos em sites especializados. Existe uma série de opções que podem ajudá-lo. Um bom aplicativo é como uma planilha do Excel; você insere seus gastos e cria totais mensais e anuais;
- Alguns bancos criam automaticamente extratos das suas despesas com cartões de crédito e débito por área, como comida, viagens e roupas. O perigo disso é que você pode se esquecer de lançar despesas em dinheiro vivo ou gastos feitos com outros cartões que você tiver.

Crie uma previsão do que quer gastar e de quanto quer ganhar

Ferramentas para gerenciar orçamentos domésticos podem também incluir previsões, de modo que você consiga estimar suas futuras entradas e saídas de renda. Sua renda pode incluir seu salário mensal, o bônus ou abono anual, dividendos recebidos e qualquer outro ganho que queira receber. Sua previsão de despesas é aquilo em que você planeja gastar com cada categoria específica, tais como comida, roupas, férias, contas, despesas com o carro etc.

Para elaborar um orçamento abrangente, você deve estimar todos os seus gastos, incluindo até mesmo o dinheiro que separar para investir em planos de poupança.

Você pode fazer isso no começo do ano ou no começo de cada trimestre. Assim, vai poder comparar suas entradas e saídas de renda, e compará-las com a previsão inicial para começar a compreender as razões para quaisquer lacunas ou diferenças.

Construa os alicerces da sua fortuna e assuma o controle das suas finanças.

10

A MAIORIA DOS MILIONÁRIOS COMEÇA SEM NADA

> *"Uma carteira vazia nunca é problema para pessoas de sucesso. A falta de ambição e uma mentalidade vazia são problemas para as outras."*

De acordo com uma pesquisa feita pela Fidelity Investments, um dos maiores grupos de serviços financeiros do mundo, 86% dos milionários criaram sua própria riqueza. Em outras palavras, isso significa que quase nove em cada dez pessoas ricas não herdaram seu dinheiro: elas começaram sem nada e, em muitos casos, vieram de situações de pobreza extrema. J. K. Rowling não tinha dinheiro algum quando escreveu a série *Harry Potter*. Em seu discurso para as turmas de Harvard em 2008, ela falou sobre a gravidade da sua situação: estava desempregada, sem dinheiro e percebendo que a única coisa que a separava de viver nas ruas era o fato de ainda ter um teto sob o qual morar.

Histórias de pessoas pobres que enriquecem são mais comuns do que você imagina. Na próxima vez que se sentir mal por não ter nenhuma reserva financeira ou por ter um salário baixo, respire fundo. Muitos milionários estavam em situações igualmente desafiadoras antes de conseguirem conquistar sua liberdade financeira.

Portanto, se você não precisa de dinheiro para criar riqueza, do que precisa? Isso depende de quem você é e de como quer criar sua fortuna. Tudo se resume a mentalidade correta, habilidades, conhecimento, paixão, propósito, hábitos, pensamentos e ideias. Você vai encontrar bastante inspiração no decorrer deste livro.

Qualquer pessoa, independentemente de sua situação financeira atual, pode ficar rica.

ENTRE EM AÇÃO

Chega do "coitado de mim"

Psicólogos como o a falecida drª. Nolen-Hoeksema, professora da Universidade de Yale, referem-se a sentimentos do tipo "coitado de mim" como ruminações: a tendência de ficar remoendo as origens dos seus problemas — pensar sobre aquilo que você não tem em vez de se concentrar em possíveis soluções para a questão.

Períodos prolongados de ruminações e de sentir-se mal em relação às circunstâncias em que você se encontra não são saudáveis. As pesquisas da drª. Nolen-Hoeksema associaram isso a todos os tipos de problemas de humor e de comportamento, incluindo distúrbios alimentares, abuso de substâncias entorpecentes e depressão.

É importante parar de se concentrar naquilo que você não tem e, em vez disso, ajustar o foco da sua mente para as coisas que precisa fazer. Ocupe-se com o que você quer se tornar, criar e adquirir. Seja como Dwayne "The Rock" Johnson, que disse em uma ocasião: "1997. Sete dólares no bolso. Eu sabia de duas coisas: a primeira é que eu estava falido e, a segunda, é que um dia não estaria mais".

Faça um inventário das coisas que você tem

Afastar-se da mentalidade "coitado de mim" pode não requerer nada além de ler este livro, pode levar tempo e até mesmo demandar alguma terapia para trabalhar as razões subjacentes.

Você pode começar elaborando uma lista das coisas boas que estão acontecendo. Pense em todos os atributos positivos e habilidades de que dispõe. Faça uma lista que contemple seus sonhos, metas, conhecimento, experiência profissional, competências técnicas, criatividade, sua rede de contatos e conexões familiares.

Não fique remoendo os problemas — concentre-se nas soluções.

11

A DETERMINAÇÃO É O SEU SUPERPODER FINANCEIRO

> *"Nada pode impedi-lo quando a sua força de vontade é realmente forte e robusta."*

A determinação e a força de vontade são seus maiores aliados na missão de construir riqueza. Elas se resumem em uma só coisa: a capacidade de fazer algo que as outras pessoas teriam dificuldades para completar.

A força de vontade é como um músculo e é tão importante e grande quanto qualquer outro no seu corpo. Ela precisa ser usada, desenvolvida e fortalecida com uso regular, repetitivo e consciente, de modo que se transforme num hábito. Imagine o quanto você seria uma pessoa formidável e focada se a sua determinação fosse algo tão habitual quanto escovar os dentes.

Ficar rico pode ser estressante e há estudos que mostram que, quando se está estressado, é normal agir de acordo com os seus hábitos, independentemente de serem bons ou ruins. Assim, é essencial para o seu sucesso que você já tenha assimilado os hábitos corretos.

> Exercite regularmente a sua força de vontade. Lute contra seus próprios limites para construir a determinação. Sua conta bancária agradece.

ENTRE EM AÇÃO

Pratique até que fique automático

Transformar qualquer coisa em um hábito demanda tempo e esforço. Muito do meu treinamento em liderança gira em torno de ajudar pessoas a adotarem e desenvolverem novos hábitos. A força de vontade é um dos hábitos mais difíceis de dominar, mas você pode facilitar o processo.

Tenha clareza sobre qual aspecto da sua força de vontade você está tentando fortalecer. Encontre as questões específicas, como ter disciplina para economizar antes de gastar ou não desistir tão facilmente de tarefas no trabalho.

Monitore a si mesmo e celebre seus sucessos. Isso pode ser uma coisa privada ou você pode usar um companheiro para cobrar e compartilhar responsabilidades: alguém em quem confia, que irá cobrar suas responsabilidades e com quem pode trocar, a cada semana ou mês, exemplos de como está se desenvolvendo bem (ou mal).

Concentre-se no seu trabalho diário e nos sucessos

Se você se concentrar somente nas suas metas e necessidades futuras, sua determinação pode acabar se enfraquecendo. Isso acontece quando não consegue reconhecer que está superando diariamente desafios e batalhas. Ter noção dos sucessos do dia a dia faz sua determinação crescer, já que é uma lembrança constante de que é capaz de persistir e alcançar sucesso.

Quando faço trabalhos de coaching com líderes, estimulo essas pessoas a ter objetivos de longo prazo, mas também metas diárias, semanais e mensais. No fim de cada semana, é importante reunir exemplos recentes dos obstáculos, desafios e dificuldades que você enfrentou. Listar exemplos nos quais você mostrou determinação e força de vontade, não importa o quanto sejam pequenos ou triviais, vai ajudá-lo a crescer.

Reconheça e celebre seus sucessos.

12

AMIGOS PODEM SER UMA BÊNÇÃO OU UMA MALDIÇÃO

> *"Algumas pessoas energizam e ajudam você a ir em frente. Outras envenenam e afogam suas ambições. Escolha com sabedoria."*

Há uma teoria que diz que cada um de nós é a média das cinco pessoas com as quais passamos mais tempo. Você consegue imaginar como seria passar o tempo em companhia de alguns dos bilionários mais respeitados do mundo? Pessoas como Bill Gates, Richard Branson e Jack Ma?

A ciência respalda a ideia de que as pessoas com quem socializamos terão um impacto incrível em nós. Um estudo publicado em 2013, na revista *Psychological Science*, concluiu que ter amigos com muita força de vontade pode aumentar nosso próprio autocontrole, como se apenas estar na presença deles fosse o bastante para fortalecer nossa força de vontade. Isso funciona porque eles servem como modelos a serem seguidos subconscientemente.

Psicólogos chamam esse fenômeno de influência social. São as maneiras pelas quais você ajusta suas ações e ideias para se conformar com as expectativas de um grupo social em particular. Você:

- Compra roupas ou alimentos específicos para ficar mais parecido com seus colegas de trabalho?
- Evita falar sobre suas ambições caso sua família o repreenda por sonhar em ser rico?
- Passa seus fins de semana fazendo atividades de que não gosta muito, simplesmente para agir como os seus amigos?

É uma boa ideia refletir sobre seus relacionamentos e considerar quais deles o influenciam de maneira positiva. Explore quais dos seus amigos e conhecidos têm valores, modos de pensar e comportamentos alinhados com os seus. A influência social pode ser direcionada para apoiá-lo em sua jornada para criar riqueza.

> Não permita que as inseguranças, a mesquinhez ou a falta de fé de outras pessoas o impeçam de cuidar das próprias necessidades e de trilhar seu próprio caminho.

ENTRE EM AÇÃO

Afaste-se de pessoas tóxicas

Não passe seu tempo com pessoas que zombam dos objetivos que você estabeleceu ou de como decide investir seu tempo, energia e dinheiro em busca de uma vida melhor.

Se você sabe que passar o tempo com pessoas tóxicas, amigos invejosos, colegas rancorosos e parentes inseguros não ajuda, é hora de quebrar esse paradigma. Seja gentil e diplomático, mas dê espaço a essas pessoas. Você pode se sentir ingrato ou culpado por se afastar, mas, se precisar escolher, qual das alternativas prefere? Criar a vida que de fato deseja ou simplesmente não contrariar os hábitos dos outros?

Cerque-se de pessoas que apoiam e acreditam em você

Permita-se encontrar e ser atraído para perto de almas que pensem da mesma maneira e reconheçam suas ambições, o desejo por uma vida melhor e mais liberdade financeira.

Para ser claro, não estou sugerindo que você se afaste por completo da sua vida antiga e de todos os seus amigos para criar novas conexões e amizades. É uma questão de equilíbrio. Talvez possa gradualmente aumentar o tempo e o apoio que consegue desses amigos (tanto os velhos quanto os novos) que o entendem e apoiam aquilo que você está tentando alcançar.

13

PARE DE PERDER DINHEIRO COM BESTEIRAS

> *"Procure e tape todos aqueles pequenos buracos que estão fazendo seus pneus murcharem."*

Imagine se a sua conta bancária tivesse vazamentos pelos quais o dinheiro escorre.

Nada drástico, apenas alguns dólares, libras ou reais todos os dias. Não seria o bastante para causar pânico, mas seria um montante significativo no decorrer do tempo.

E eu aposto que isso já está acontecendo. Todos nós temos esses vazamentos de dinheiro, pode acreditar. Ninguém está totalmente imune a gastar dinheiro com coisas que não têm importância ou que não são usadas com frequência.

Geralmente tratam-se apenas de quantias pequenas, mas, quando se está criando riqueza você precisa de cada centavo que puder guardar. Ignorar as pequenas quantias gastas aqui e ali é um grande erro que pode cometer.

Assim, da próxima vez que passar em frente à sua cafeteria favorita, pergunte a si mesmo o quanto o seu hábito de tomar cappuccinos está lhe custando. São alguns trocados todos os dias, mas a quantia acaba se acumulando e se tornando centenas de dólares, de reais ou de qualquer outra moeda no decorrer de doze meses. E esse dinheiro poderia estar trabalhando para você, ajudando a alcançar seus objetivos financeiros.

O mesmo acontece com aquela academia onde você vai treinar duas ou três vezes por mês, ou com a revista que você assina, recebe em casa e não lê.

Não deixe que esses pequenos vazamentos drenem a sua riqueza.

ENTRE EM AÇÃO

Corte as gordurinhas

Vamos analisar seus gastos. Comece fazendo uma listagem de tudo o que você tem em débito automático. Se houver alguma surpresa ali, cancele-as.

Monitore-se diariamente de modo que saiba pelo que está pagando ou no que está se cadastrando. Reflita sobre qualquer compra que acredite não precisar de verdade.

Você pode tentar usar aplicativos específicos para ajudá-lo a rastrear cadastros antigos de lojas ou produtos das quais não precisa mais.

Faça um inventário

A maioria das pessoas não sabe nem da metade dos itens que têm. Assim, por que não fazer um inventário daquilo que possui? Garanto que vai encontrar coisas que pode vender ou doar, ou que você já tenha coisas que evitariam outras compras. Há muitas pequenas descobertas possíveis de se fazer e que podem gerar (ou economizar) dinheiro.

Tome as rédeas dos seus impulsos

Por mais que seja tentador fazer compras por impulso, isso não dá certo. É muito fácil se deixar levar pelo momento ou sentir-se sob pressão porque uma promoção está terminando. Compras feitas no calor do momento constantemente resultam em remorso para os compradores. Quem nunca contratou um serviço de banda larga mais rápido e descobriu que a velocidade da internet quase não mudou?

Lembra-se dos aplicativos que permitem monitorar seus gastos de maneira criativa? Tente mudar para um desses. Agora é a hora de tomar as rédeas dos seus hábitos de compras.

14

POUPE ANTES DE GASTAR

> *"Gaste apenas o dinheiro que já tiver conquistado."*

Quanto dinheiro você economiza a cada mês? Infelizmente, nenhum de nós economiza o bastante, e uma quantidade enorme de pessoas não tem nenhuma reserva financeira.

Nos Estados Unidos, uma pesquisa feita em 2018 pelo bankrate.com revelou que 25% de pessoas entre dezoito e 53 anos não têm nenhuma reserva, nenhum dinheiro poupado. Nenhuma quantia com a qual possam contar em caso de necessidades. Outros 25% têm apenas o bastante para cobrir três meses de despesas gerais.

No Brasil, cerca de 90% das pessoas com mais de 25 anos não poupam dinheiro pensando na aposentadoria, segundo o Relatório Global do Sistema Previdenciário 2020.

Há uma situação parecida no Reino Unido, em que uma pesquisa de 2018, feita pela Skipton Building Society, descobriu que um em cada quatro adultos não tem nenhum dinheiro guardado, e um em cada dez gasta mais do que ganha.

Poupar é o ato fundamental para enriquecer. Se você não conseguir poupar, a riqueza não vai acontecer para você. Infelizmente, para muitas pessoas, em especial as mais jovens, as circunstâncias não estão tão fáceis: os salários estão baixos, os custos de vida e de moradia estão subindo e as tentações para gastar dinheiro com coisas que não são necessárias abundam à nossa volta.

Mas há uma boa notícia: não é preciso reservar uma quantia muito grande a cada mês para fazer conseguir fazer a diferença. O simples ato de poupar vai criar uma mentalidade de riqueza para você e, com a dádiva do tempo, essas pequenas quantias reservadas desde o começo têm ainda mais tempo para crescerem e se transformarem em algo significativo.

> Poupar é o ato fundamental para enriquecer.

Desenvolva uma "mentalidade poupadora"

É tentador questionar o valor de economizar, especialmente quando isso significa criar dificuldades financeiras para si mesmo apenas para conseguir poupar uma pequena quantia. Quando chegar ao final deste livro e estiver com o seu pensamento financeiro bem afiado, você vai querer poupar. Quando compreender o quê, o como e o porquê de aumentar sua riqueza, vai entender o motivo pelo qual isso é essencial. E, conforme for criando suas próprias metas financeiras, vai descobrir razões claras para economizar.

Separe a quantia a poupar assim que você receber seu salário

É melhor começar com pouco do que não começar nunca. Comece agora e transforme o ato de poupar em um hábito, em vez de deixar isso a cargo do acaso no fim do mês. Nunca espere até o fim do mês para ver o quanto sobrou depois que suas despesas foram pagas. Faça o contrário; separe pelo menos 10% do seu salário mensal e coloque-o na poupança assim que receber. Programe uma transferência automática de 10% para uma conta separada para o dia seguinte ao seu dia do pagamento. Você não vai estar sozinho. De acordo com a Skipton Building Society, 25% dos britânicos fazem isso, usando as ferramentas bancárias para transferirem automaticamente uma parte do seu salário.

Quanto você deve economizar? O ideal é começar com 10% do seu salário. Mas, na verdade, comece com o quanto for possível! Só você sabe quais são suas despesas essenciais e seus compromissos financeiros. Se estiver recebendo um salário muito baixo, talvez 10% seja muito. Comece com 5%, então. Por outro lado, se estiver sendo bem remunerado, você pode (e deve) economizar uma porcentagem maior.

Poupe os aumentos de salário e os bônus

Se tiver a sorte de receber abonos em momentos diferentes do ano, considere a possibilidade de colocar todo o valor (ou a maior parte dele) diretamente na sua conta de poupança. Talvez você possa até mesmo colocá-lo em algum fundo de aposentadoria.

15

PREPARE-SE PARA FAZER UMA JORNADA SOLITÁRIA

> *"A estrada para o sucesso pode ser bem solitária. Prepare-se para dias de trabalho duro, de ser incompreendido e de ter de se esforçar para encontrar tempo para ajudar outras pessoas."*

Alcançar qualquer tipo de sucesso é difícil. É algo que demanda muitas horas de trabalho, deixar de ir a eventos sociais, ser incompreendido e sentir-se sozinho. Se você não passou por nenhuma dessas experiências até agora, basta esperar mais um pouco.

Você pode não estar fisicamente sozinho, mas as pessoas à sua volta podem ter dificuldades para compreender e aceitar suas metas financeiras, sem entender direito o que você precisa fazer para conseguir alcançá-las. Essas pessoas podem simplesmente perceber que você está tomando mais cuidado com o dinheiro ou saindo menos do que costumava antigamente.

Você pode até mesmo perder algumas pessoas pelo caminho. Isso pode acontecer porque elas não entendem seus objetivos ou porque você escolheu se afastar, já que elas se tornaram pessoas invejosas, negativas ou insensíveis.

Uma coisa é certa: você vai se deparar com muitos obstáculos pelo caminho. É inevitável haver um momento em que os mercados vão parecer prestes a desabar sobre os seus investimentos. É aí que você vai se sentir sozinho. Em momentos como esses, pode até mesmo desejar estar sozinho.

> Criar riqueza demanda tempo, energia e concentração.

ENTRE EM AÇÃO

Aceite o que não quer mudar

É uma decisão inteiramente sua trilhar esse potencial caminho solitário. Trata-se de algo que exige uma certa negociação e só você pode encontrar seu ponto de equilíbrio. Um tema recorrente neste livro é que criar riqueza demanda tempo, energia e concentração. E isso é tempo e energia que, em outras circunstâncias, estariam disponíveis para outras pessoas em sua vida. A decisão sobre onde concentrá-los é sua.

Não perca as pessoas que você ama e com as quais se importa

Nós já vimos que o dinheiro não traz necessariamente a felicidade; assim, mantenha isso em mente e não permita que a sua busca pelo sucesso financeiro destrua os relacionamentos que realmente importam na sua vida.

Procure entender para depois ser entendido

Entre em contato com algumas pessoas e tente entender o que elas estão sentindo. Elas podem ter a impressão de que você as está negligenciando ou sentir que você está se afastando delas enquanto se dedica a realizar seus sonhos financeiros.

Dê-lhes algum tempo para entenderem que você ainda é a mesma pessoa de sempre, que ainda se importa com elas, mas que suas prioridades mudaram. Você tem menos tempo livre e (ironicamente) menos dinheiro do que antes.

Você não precisa estar completamente sozinho

Assim como Warren Buffett tinha Charlie Munger, Steve Wozniak tinha Steve Jobs e Larry Page tinha Sergey Brin, talvez você possa construir sua riqueza em parceria com outra pessoa. Para alguns isso funciona muito bem; para outros, pode resultar em conflitos.

16

DOMINE A ARTE DE VENDER

> *"Nós passamos a vida inteira vendendo para as outras pessoas: vendemos nossas ideias, opiniões e perspectivas; coisas de valor."*

Pessoas bem-sucedidas no âmbito financeiro são excelentes vendedoras. Elas tipicamente têm uma persuasão bem aguçada e habilidades de influenciar que são essenciais para ajudá-las a convencer os outros e a superar desafios no caminho para o sucesso financeiro.

Aperfeiçoar suas habilidades em vendas ajuda em várias situações:

- Demonstrar ao seu chefe que você merece uma promoção;
- Pressionar seu chefe a pagar um salário compatível com o que o seu trabalho demanda;
- Apresentar suas ideias profissionais para que outras pessoas as apoiem;
- Inspirar pessoas a trabalharem com você para ajudá-lo a realizar seus sonhos;
- Conquistar novos clientes no início da trajetória da sua empresa;
- Persuadir um banco ou um agente de investimentos a aceitá-lo como cliente;
- Atrair investidores e acionistas para investir na sua startup;
- Convencer a si mesmo a fazer o que é necessário para alcançar seus objetivos.

Nem todo mundo é capaz de fazer apresentações como Steve Jobs. Felizmente, você não precisa ser uma pessoa extrovertida e superautoconfiante para desenvolver habilidades incríveis de vendas. Pessoas tranquilas e introvertidas podem ter a mesma eficiência em situações de vendas, em particular na construção de confiança e empatia em relacionamentos.

Muitos bilionários famosos hoje em dia, como Bill Gates, Mark Zuckerberg e Jack Ma não são naturalmente extrovertidos. Uma parte do seu sucesso foi permitir que seu trabalho vendesse a si mesmo, falar quando fosse necessário e procurar a ajuda de outros para convencer e persuadir pessoas.

> É importante aceitar que você é único e tentar compreender a si mesmo.

ENTRE EM AÇÃO

Desenvolva suas habilidades de comunicação
Vender é algo que depende totalmente de comunicação, e é sempre bom melhorar sua capacidade de se comunicar bem. Uma das habilidades de comunicação mais importantes que você pode desenvolver é praticar uma escuta ativa. Essa é a arte de demonstrar deliberada e conscientemente que você escuta e compreende aquilo que o seu interlocutor está dizendo e sentindo.

Seja autêntico
Gerentes bancários, investidores e futuros empregadores não esperam que você seja um vendedor incrível, mas esperam que seja uma pessoa autêntica e real. Todos nós sentimos uma atração natural e vontade de trabalhar com pessoas que escutam, se importam e têm paixão por aquilo no qual acreditam.

Coloque-se no lugar das outras pessoas
Quando precisar convencer alguém a tomar alguma decisão, não entre diretamente no “modo vendedor”. Olhe para as situações por meio da perspectiva da outra pessoa. Que tipo de ajuda elas precisam? Que problemas e desafios elas estão enfrentando? Como você pode criar algo de valor para elas?

Antes de pedir um empréstimo a um banco, por exemplo, comece perguntando a si mesmo: “Por que eles vão aceitar meu pedido? O que vai fazer com que confiem em mim? Como posso ajudá-los com seus problemas, objetivos e desafios?”.

Adquira experiência em vendas

Se você está começando sua carreira e não tem certeza de qual caminho escolher, considere a possibilidade de assumir um cargo na área de vendas. É uma oportunidade excelente de aprender a lidar com os desafios envolvidos em conquistar, influenciar e persuadir outras pessoas.

Além disso, você terá muitas oportunidades de enfrentar a rejeição e construir a resiliência necessária para continuar seguindo em frente, apesar de todos os problemas.

17

CRIE SUA PRÓPRIA VISÃO SOBRE DÍVIDAS

> *"É incrível como algumas pessoas tratam dívidas como se fossem o inimigo, enquanto outras se apaixonam perdidamente por seus cartões de créditos e empréstimos consignados."*

Algumas pessoas parecem não se abalar muito quando precisam assumir dívidas. Quando eu era jovem, só via pessoas tomarem empréstimos e atrasar pagamentos quando estavam realmente desesperadas. Era raro alguém tomar um empréstimo para pagar por bens que não eram essenciais. Hoje em dia, as coisas são diferentes. Hoje, estar endividado é uma escolha aceitável de estilo de vida, constantemente promovida pela mídia com vários anúncios que nos incitam a:

- Comprar agora e pagar depois;
- Começar a usar um novo cartão de crédito em troca de brindes;
- Contrair empréstimos no fim do ano para pagar pela ceia de Natal e presentes;
- Fazer um empréstimo consignado para ajudá-lo a respirar por alguns dias.

De acordo com o estudo de um portal de negociação financeira, QuiteJá, 47,7% dos brasileiros possuem dívidas que variam entre R$1 mil e R$5 mil, e a faixa etária mais endividada é a de 35 a 44 anos. De todos os entrevistados, mais de 80% possuem renda mensal de R$1 mil a R$3 mil, o que significa que, além de endividada, a maior parte deve mais do que ganha por mês.

Qual é a sua visão sobre o endividamento? Isso lhe causa algum desconforto?

Não existe resposta certa ou errada, mas é importante compreender como se sente a respeito.

> Dívidas têm uma função específica na criação da riqueza.

ENTRE EM AÇÃO

Entenda o que é uma dívida

Mais adiante, vou dar alguns conselhos sobre como administrar e reduzir suas dívidas, também vou ajudá-lo a garantir que qualquer dívida que você contraia seja uma decisão tomada com sabedoria. Mas, primeiro, é preciso entender o que é uma dívida para que você possa analisar os diferentes tipos e os custos de qualquer quantia que lhe seja oferecida.

Então, o que é uma dívida? No nível mais básico, é um montante de dinheiro que você tomou emprestado por meio de uma dentre várias fontes ou financiadores possíveis. Pode ser uma dívida com garantias ou sem garantias.

- Uma dívida com garantia é um empréstimo ligado a um bem patrimonial, como sua casa ou seu carro. O bem funciona como a garantia de pagamento. Se você não honrar os pagamentos, o credor pode tomar o bem;
- Dívidas sem garantias não estão ligadas a nenhum bem que você possua. Um exemplo é tomar dinheiro emprestado no cartão de crédito. Tipicamente isso envolve pagar taxas de juros maiores, porque o credor assume o risco de que você pode não saldar a dívida e não há um bem patrimonial que ele possa tomar nesse caso.

Você precisa compreender tantos detalhes quanto possível sobre as dívidas, incluindo o conjunto de taxas de juros, tarifas, multas, prazos e regras associadas a diferentes tipos de empréstimos, desde empréstimos consignados e cartões de crédito com altas taxas de juros até hipotecas com taxas de juros fixas. Reserve algum tempo para pesquisar antes de assumir novas dívidas e converse com algum contador ou consultor financeiro independente.

Chegue a uma opinião consciente

Quando tiver mais conhecimentos sobre dívidas, passe algum tempo analisando seus empréstimos. Explore suas escolhas passadas e analise quando e como você contraiu essa dívida. Construa a sua "sabedoria das dívidas" e torne-se um expert no que significa assumir dívidas e estar endividado.

Você nunca mais vai se deixar iludir por anúncios bonitos e atraentes que o estimulam a fazer um empréstimo para passar aquelas férias na praia.

18

SEJA UM FUNCIONÁRIO INCRÍVEL

> *"Se quiser ser altamente valorizado no trabalho, crie mais valor do que você está sendo pago para produzir."*

Se você quer ser milionário, não largue seu emprego. Talvez ele não dê a melhor remuneração do mundo, mas é o lugar em que você está hoje e que vai estar por algum tempo.

Seu emprego é o campo de treinamento para a construção de riqueza. Vá trabalhar todos os dias com uma mentalidade de sucesso. Torne-se indispensável na empresa. Almeje ser promovido como a estrela do setor que recebe merecidamente os maiores aumentos de salários, bônus, promoções de cargo e quaisquer outras formas de reconhecimento.

Enquanto isso, desenvolva o hábito de impressionar e inspirar as pessoas que estão ao seu redor e de sempre superar metas e expectativas que lhe são estipuladas. Esses são hábitos de que você vai precisar desenvolver no futuro.

Você pode não virar milionário nesse emprego, mas deve almejar ser bem recompensado e reconhecido enquanto aperfeiçoa suas habilidades no exercício do seu trabalho.

Qual é a alternativa existente? Você fica apático e tende a fazer o mínimo possível, porque sabe que há outro lugar para ir. Executar as tarefas sem muito esforço tem seus benefícios: menos estresse, mais tempo livre e mais energia para se dedicar a outros interesses. Mas você corre o risco de ficar preguiçoso, e isso é o oposto da mentalidade dos milionários.

> Se você se dispõe a fazer qualquer coisa na vida, dedique-se ao máximo. Supere as expectativas.

ENTRE EM AÇÃO

Supere as expectativas

Até mesmo alguns dos maiores líderes que eu oriento precisam ser lembrados de superar as expectativas. Aqui está uma rápida lista de coisas que você pode fazer:

- Esteja fisicamente presente. Não chegue tarde pela manhã nem desapareça para fazer longos almoços. Tome cuidado para não deixar a preguiça dominá-lo ou usar seu tempo em outras iniciativas empresariais;
- Esteja mentalmente presente. Evite passar o tempo na sua mesa concentrado em suas próprias atividades para ganhar dinheiro, como na compra e venda de ações ou na compra de imóveis;
- Renda mais do que 100%. Não é suficiente só estar presente. Dedique todo o seu tempo e energia até o último dia em que estiver no cargo. Não engula a falácia de que é aceitável cortar pequenas despesas;
- Acrescente valor à sua personalidade. Seja o colega que atrai as pessoas para si — alguém que é interessante e interessado, que fala de maneira produtiva em discussões e quer ajudar;
- Vá para casa na hora certa. Sim, você ainda pode sair da empresa no horário certo. Ninguém está dizendo que você tem que trabalhar até a meia-noite todos os dias.

Depois que sair do escritório, você estará livre para se concentrar em seus próprios empreendimentos e ideias para ganhar dinheiro, como criar uma empresa para tocar em paralelo, investir em patrimônio ou aprender coisas novas.

Negocie seu salário

Quando você supera as expectativas, é capaz de criar a coragem para pedir o salário que acredita merecer. Há conselhos mais adiante sobre como comunicar isso ao seu chefe.

19

TENHA CUIDADO COM DINHEIRO VIVO

> *"Nenhum milionário ganhou sua fortuna apenas poupando dinheiro."*

O dinheiro vivo pode ser o rei das transações, mas não é necessariamente um rei rico. Há vinte anos, você podia deixar o dinheiro no banco e vê-lo crescer pelo menos 5% ao ano graças às altas taxas de juros sobre os depósitos. Você podia simplesmente se sentar e sentir que estava ficando mais rico — embora, na realidade, com a inflação alta da época, o seu saldo bancário podia estar aumentando, mas não necessariamente o seu poder de compra.

Hoje em dia as coisas são diferentes. As taxas de rendimento sobre os depósitos são muito baixas, às vezes são próximas de zero. O dinheiro no banco é como uma mala que você arrumou e guardou em algum lugar; quando você vai ver, ela está exatamente do jeito que você deixou. E mesmo em períodos em que as taxas de inflação estão mais baixas, isso não é uma compensação suficiente quando se recebe rendimentos quase nulos.

Mesmo com pouco retorno, guardar dinheiro vivo pode parecer relativamente seguro quando comparado ao risco de um investimento que não rende dividendos — e é seguro —, mas o problema inerente com o dinheiro vivo é que ele nunca vai deixá-lo rico. Vai ajudar você a girar suas rodas, mas não vai impulsioná-lo para a frente. Risco é igual à recompensa e, quanto maior o risco, maior é a recompensa potencial.

> É importante estar pronto para quando as coisas não acontecem como planejado e ter um plano estruturado de modo que um obstáculo não o faça afundar.

ENTRE EM AÇÃO

Quanto dinheiro vivo você deve ter consigo?
O montante de dinheiro vivo que você deve ter consigo é uma decisão muito pessoal. Não posso responder isso por você, mas, depois de muitos anos de experiência, aqui está o que aprendi:

- Se você tem um uso melhor e mais produtivo para o seu dinheiro em espécie, use-o. Caso contrário, guarde-o em uma conta de poupança para que ele esteja pronto para uso posterior;
- Se deseja aumentar sua riqueza total, ter dinheiro vivo em mãos é uma escolha ruim. Neste caso, deixá-lo no banco pode ser uma opção ideal;
- Se você é muito avesso a riscos, pode achar estressante demais colocar todos os seus fundos em investimentos que apresentem algum perigo. Guardar um pouco de dinheiro vivo pode ser uma opção necessária;
- A analogia de "guardar o dinheiro para um dia chuvoso" tem um fundo de verdade. Por mais que esteja batida, você pode precisar usar o dinheiro vivo como reserva de emergência;
- Frequentemente é melhor usar o seu dinheiro em espécie do que tomar um empréstimo. Por que contrair um empréstimo se você tem a quantia necessária em dinheiro para comprar um carro novo?

Toda essa discussão sobre o que fazer com seu dinheiro pode parecer um problema feliz para se ter, especialmente quando uma pessoa não tem dinheiro. Os conselhos deste livro vão ajudá-lo a aumentar sua riqueza e, consequentemente, você vai ter reservas em dinheiro que não estão atreladas às despesas habituais. Siga em frente!

20

ARREGACE AS MANGAS

> *"O sucesso financeiro é evitado constantemente porque veste um macacão surrado e cheira a trabalho duro."*

Trabalhar apenas quatro horas durante a semana parece uma ideia excelente, mas as experiências de inúmeros milionários e bilionários dizem que o sucesso é algo que demanda esforço e, por consequência, requer tempo.

Mark Cuban é famoso por ter passado sete anos sem tirar férias e por ter virado noites no trabalho aprendendo a programar. Elon Musk falou sobre ter de trabalhar entre oitenta e cem horas por semana, toda semana.

Estudos confirmam que pessoas ricas têm um regime de trabalho muito forte. Dalton Conley, professor de sociologia da Universidade de Princeton, verificou que pessoas cuja renda é maior trabalham mais horas do que pessoas com renda menor, e pesquisas feitas por Daniel Kahneman, premiado com um Nobel, concluiu que ser rico é algo que se correlaciona com pessoas que passam menos tempo fazendo coisas por prazer e por diversão.

Você não precisa copiá-las e correr o risco de acabar sofrendo de síndrome de burnout. Ninguém está disposto a perder o equilíbrio entre a vida privada e o trabalho na corrida para ficar rico. Mas lembre-se de que, se decidir trabalhar oitenta horas por semana, comparando-se às quarenta horas típicas de trabalho de uma pessoa normal, você pode conquistar em seis meses o que outros levam um ano inteiro para conseguir atingir.

Tudo se resume às suas prioridades e opções. O quanto é importante conquistar diferentes objetivos em sua vida e o quanto é essencial ir com calma e relaxar? A maioria das pessoas quer apenas aquilo que é fácil demais.

> Pessoas ricas têm mais propensão a estar sentadas diante de suas escrivaninhas, com um computador ou um celular na mão, do que tomando coquetéis ou aproveitando o sol na praia.

ENTRE EM AÇÃO

Decida a importância dos seus objetivos
Somente você pode decidir como vai usar seu tempo e quais das suas metas de vida e financeiras devem ter prioridade. É você quem está em uma posição mais favorável para medir o que a riqueza significa para si.

Só é possível saber com certeza quanto esforço é necessário depois que você mergulhar em seus projetos e começar a se dedicar a eles. É como quando escrevi este livro; descobri quantas horas precisaria investir somente depois de completar as primeiras páginas.

Sofrimento no curto prazo em troca de benefícios no longo prazo
Você vai ter que fazer sacrifícios, pelo menos no início, e isso significa estar preparado para abrir mão de outras atividades, acordar mais cedo, passar menos tempo assistindo à Netflix e encontrando-se com amigos. Mesmo assim, encontre o ponto de equilíbrio. Faça exercícios regularmente. Não trabalhe aos domingos. Voltaremos a falar disso mais adiante.

Tente escolher metas financeiras e atividades que tenham sentido
O segredo para conseguir trabalhar por muitas horas sem estresse é ter propósito e também significado. O psicólogo Mihaly Csikszentmihalyi chama isso de estar em estado de "fluxo", que acontece quando você faz as coisas que ama, que estão alinhadas com o seu "eu" interior. Encontre o seu "fluxo" e tudo vai parecer não demandar esforço algum.

21

FATOS SÃO AMIGOS

> *"Observe a realidade; ela não é como você pensou nem como você gostaria que fosse."*

A verdade pode ser bem irritante quando não respalda a maneira pela qual você vê o mundo. Às vezes, fechar os olhos ou enfiar a cabeça em um buraco pode parecer a única opção, mas ignorar os fatos não o leva a lugar algum.

Há muitas maneiras pelas quais podemos investir nosso dinheiro e nos permitir ignorar a realidade. Ao longo da minha carreira, já vi muitos exemplos:

- Compramos uma casa e descobrimos que um condomínio grande de apartamentos vai ser construído logo atrás dela; assim, perdemos a vista pitoresca da paisagem e o imóvel se desvalorizou. Na verdade, talvez já soubéssemos da construção do condomínio com antecedência, mas concretizamos a compra da casa mesmo assim, dizendo a nós mesmos "tudo vai ficar bem";
- Podemos investir na startup de um amigo que tem um negócio baseado na internet, ignorando o fato de que seus fundadores nunca tiveram sucesso em nenhum dos seus empreendimentos anteriores. Não deveríamos ficar surpresos se essa startup naufragar;
- Talvez possamos abrir uma empresa em paralelo e tocá-la junto ao nosso emprego regular, apesar de sabermos que não há tempo suficiente para dedicar às duas. Não devemos ficar surpresos quando a segunda empresa fracassar e o desempenho em nosso emprego piorar;
- Temos uma ideia incrível para uma empresa à qual insistimos em nos dedicar, apesar de recebermos conselhos frequentes para desistirmos, ignorando evidências de que a ideia não é particularmente nova, inovadora ou atraente para investidores.

Você pode tentar ignorar os fatos, mas eles não irão embora. O segredo para o sucesso financeiro é reconhecer padrões nocivos e pensar antes de cometer erros.

> Se você investiu dinheiro ignorando verdades inconvenientes, os fatos vão voltar para dar o troco.

ENTRE EM AÇÃO

Saiba em que você está baseando suas decisões
Tornar-se rico envolve tomar centenas de decisões. Você deve a si mesmo e à sua conta bancária garantir que todas elas são bem consideradas, e que você diferenciou seu ego, sentimentos, opiniões e emoções dos fatos e das verdades.

Psicólogos descobriram que nossos pensamentos e ações são impactados por bases cognitivas muito previsíveis. Nas próximas linhas, estão as bases que devem ser consideradas quando você decide em qual local vai colocar seu tempo, sua confiança e seu dinheiro.

- A falácia dos custos irrecuperáveis: aqui é onde você fica investido de maneira tão emocional que perde a capacidade de agir com racionalidade e aceitar que as coisas não deram certo.
- Percepção seletiva: isso explica como é fácil deixar passar a totalidade dos fatos, concentrando-se somente em um detalhe específico. Experimente observar o famoso vídeo "basquetebol e gorila" no YouTube. A maioria das pessoas não percebe o gorila andando pela quadra enquanto o jogo de basquete está acontecendo.
- Viés de ancoragem: isso destaca o perigo de confiar demais nas primeiras informações, opiniões ou fatos que você ouviu, fazendo com que ignore informações que surgirem depois.
- Viés de confirmação: é quando você só "vê" os dados que confirmam o que quer que seja verdade, porque eles se alinham com aquilo que você quer que seja a resposta.

Fique atento para esses vieses e como eles o influenciam — em especial quando podem afetar as decisões tomadas em relação ao dinheiro. Você nunca vai ficar rico se ignorar a realidade.

22

SEJA VOCÊ MESMO

> *"Só existe uma versão autêntica de si mesmo. Não tente ser como outras pessoas; você vai acabar sendo uma versão falsificada delas."*

É sempre importante estudar os hábitos, atitudes e modos de pensar de pessoas ricas que nos servem de modelo. Há muito a aprender ao analisar como as estratégias para a criação de riqueza e os modelos de negócios funcionaram para eles. Leia suas biografias para encontrar pistas sobre como alcançaram o sucesso e veja quais ideias, dicas e ferramentas você pode adaptar para seu próprio uso.

Mas o truque é não fazer isso às cegas. Uma boa técnica para uma pessoa pode ser um desastre para você. Jack Dorsey, o cofundador bilionário do Twitter, segue a mesma rotina todos os dias com um ritual matinal diário, acordando às 5h da manhã e meditando por meia hora antes de fazer exercícios físicos. Você teria sucesso financeiro se fizesse o mesmo? Provavelmente já estaria dormindo ao meio-dia. Mas a ideia geral de ter uma rotina fixa pode lhe servir bem. Assim, adote ideias de maneira seletiva e experimente com elas em seu próprio contexto.

Esteja disposto a adotar, experimentar e praticar os hábitos dessas pessoas. Por meio de tentativa e erro, você vai encontrar alternativas que funcionam para o seu caso.

ENTRE EM AÇÃO

Pergunte a si mesmo: "Isso funciona para mim?"
É seguro apostar que, se alguém é financeiramente bem-sucedido, essa pessoa vem fazendo algo eficaz para ter esse resultado. Assuma a tarefa

de aprender o que as outras pessoas fizeram e compreender seus padrões e maneiras de trabalhar.

Tão importante quanto isso é o fato de que você vai encontrar realidades com as quais não se sente confortável. Muitas pessoas ganham bastante dinheiro com *day trading*, por exemplo, mas isso não significa que a atividade em questão seja para você. É possível ter sucesso financeiro dessa maneira, mas você quer realmente passar o dia comprando e vendendo ações e títulos pelo seu notebook?

Trilhe seu próprio caminho

Ficar rico significa fazer coisas à sua maneira, não se transformar em uma cópia daqueles com quem você está aprendendo. Experimente, use aquilo que for bom, assimile as ideias e hábitos de que gostar mais e personalize e adapte as coisas para que tudo isso atenda, suas necessidades e sua situação.

23

SUA REPUTAÇÃO É TUDO

> *"Viva a vida como se você estivesse sendo filmado 24 horas por dia, sete dias por semana."*

Saiba que sua reputação é sua marca. É como outros veem você e julgam seu caráter. É quase impossível manter um excelente emprego, conduzir uma startup de sucesso ou atrair investidores se tiver uma reputação ruim.

Astros como Tiger Woods e Lance Armstrong perderam patrocinadores porque suas reputações foram manchadas. Líderes tiveram de se demitir devido a erros de julgamento que vão desde postagens inapropriadas em redes sociais até a utilização de informações privilegiadas.

A criação de riqueza envolve conectar-se e trabalhar com outras pessoas, e a sua marca pessoal abre portas — colegas de trabalho mais experientes que o ajudam a avançar com rapidez na carreira, financiamentos oferecidos pelo seu banco ou uma empresa de investimentos que oferece capital e expertise para a sua startup. Todas essas pessoas sabem que, se apoiarem você, suas reputações vão se misturar com a sua. Se desmoronar, isso causa impacto neles, e ninguém quer isso. Seja a aposta segura e as pessoas estarão por perto para apoiá-lo.

> Leva muitos anos para construir uma boa reputação e apenas um momento para destruí-la.

ENTRE EM AÇÃO

Proteja a sua marca
Você pode se certificar de que a sua reputação seja sempre boa ao vigiar cada uma de suas palavras e ações:

- Faça uma pausa antes de enviar e-mails, tweets ou mensagens. Você está comunicando exatamente o que quer dizer ou existe alguma chance de ser mal interpretado?
- Pense antes de fazer comentários casuais. Há alguma possibilidade de que seus comentários possam ser entendidos como arrogantes, discriminatórios, machistas ou como alguma forma de bullying?
- Reflita antes de assumir compromissos e fazer promessas. Você confia em sua capacidade de satisfazer as expectativas que criou?
- Seja honesto. Todos nós mentimos; alguns estudos sugerem que contamos dezenas de pequenas e grandes mentiras todos os dias. Prefira a verdade e a sua reputação vai se beneficiar com isso.

Seja franco

Não há problema em não ser perfeito. Simplesmente concentre-se em ser franco em relação a seus erros e fraquezas, seja o seu projeto de startup que fracassou, os cargos profissionais nos quais teve dificuldades ou em admitir que você não tem todas as respostas.

24

ALAVANQUE SEU DINHEIRO COM SABEDORIA

> *"Quando empréstimos estão em jogo, o pouco se transforma em muito. Uma pequena colina pode se converter em uma montanha majestosa."*

É muito difícil enriquecer usando apenas seu próprio dinheiro. Em vez disso, é comum que investidores tomem empréstimos, usando os fundos extras para comprar patrimônio como imóveis, ações ou empresas. Esse tipo de empréstimo é chamado de alavancagem. Não é apenas ter mais dinheiro; tomar empréstimos para investir também aumenta a sua porcentagem de retorno em qualquer aplicação. Vou mostrar com um exemplo de investimento em imóveis.

- Você compra uma casa no valor de 200 mil usando apenas 20 mil do seu próprio dinheiro. Você financia o restante com uma hipoteca de 180 mil.
- Depois de um ano, o preço de mercado da casa aumentou 10%.

Assim, você decide vender o imóvel.
Receita da venda da casa: R$220.000
Menos o pagamento feito ao banco: R$180.000
Lucro com a venda: R$40.000

Isso lhe dá um retorno de 100% sobre os 20 mil iniciais que você investiu (ou seja, você recebe os 20 mil que empregou inicialmente e ganha outros 20 mil).

Essa é a atração da alavancagem. Se tivesse usado seu próprio dinheiro para bancar todos os 200 mil, você só teria conseguido um retorno de 10% — obtendo um lucro de 20 mil, que é 10% a mais do que você pagou originalmente. Estamos ignorando as taxas e outros custos, mas é possível ter uma boa ideia do processo: fazer um empréstimo pode lhe dar um retorno maior sobre o seu investimento.

A mesma multiplicação de lucro ou de retorno se aplica a outros tipos de investimento. Investidores em mercados financeiros podem trocar uma posição grande (por exemplo, comprar uma grande quantidade de ações ou contratos) usando apenas uma pequena quantia do seu dinheiro ou capital de giro (ou margem).

> Saber quanto alavancar com o seu dinheiro demanda planejamento cuidadoso e prática.

ENTRE EM AÇÃO

Não seja ambicioso damais com exageros na alavancagem

O poder da alavancagem em épocas boas é incrível. Quando os preços de ações, títulos, imóveis e outros bens patrimoniais estão subindo, até mesmo o menor investidor pode conseguir lucros enormes em relação aos seus aportes iniciais. Tomar empréstimos para criar um império imobiliário ou para se tornar um *trader* em mercados financeiros pode parecer uma fórmula mágica.

O perigo é quando os preços caem e você se vê sem condições de pagar os empréstimos, mesmo com as receitas das suas vendas. No exemplo da compra da casa de 200 mil, imagine se os preços dos imóveis caíssem 20%. Sua casa vale agora 160 mil e você deve 180 mil ao banco.

Se isso fosse o seu único problema com os investimentos, talvez você pudesse assimilar uma perda de 20 mil, mas como ficariam as coisas se você tivesse comprado outros quatro imóveis, todos com o mesmo tipo de empréstimo? Você continuaria com eles, à espera de sua valorização, ou venderia e assumiria um grande prejuízo? Como você pagaria o total devido ao banco?

É preciso tomar cuidado em relação ao número de ativos, de qualquer tipo, que você compra com dinheiro emprestado. Alavancar demais é o jeito mais fácil e mais rápido de perder toda a sua riqueza. Não deixe que a época de vacas gordas o faça pensar que seus investimentos nunca vão perder valor. Sempre pergunte a si mesmo se é capaz de sobreviver a uma redução no valor dos seus investimentos alavancados.

25

NADA DE ERGUER BANDEIRAS BRANCAS

> *"Nunca desista. A maioria das pessoas nunca chega ao pico da montanha, e muitas desistem nos menores aclives."*

De acordo com o banco suíço Credit Suisse, mais de 99,5% de nós não são milionários. Dos 42 milhões de milionários no mundo, a maioria só chegou a esse patamar porque suas casas aumentaram de valor. Ganhar dinheiro é um caminho longo, difícil, obscuro e solitário, e há muitas razões para jogar a toalha.

Em todo lugar para o qual olhamos, as pessoas enfrentam diferentes obstáculos:

- Aproximadamente 43% dos americanos sentem que "não estão nem perto" de alcançar a tão sonhada independência financeira, de acordo com uma pesquisa relaizada em 2017 pela Consolidated Credit, Inc;
- Cerca de ⅓ dos aposentados australianos estão vivendo na pobreza, de acordo com um estudo realizado em 2016 pelo *think tank* Per Capita;
- 48% dos brasileiros não controlam seu orçamento, revela pesquisa do SPC Brasil.

Ficar rico pode não ser tudo, mas alcançar suas metas financeiras certamente é importante o bastante para não desistir no primeiro tropeço.

Você começou, agora precisa terminar.
Desistir não é uma opção.

ENTRE EM AÇÃO

Continue andando

Certifique-se de que seus propósitos financeiros sejam realmente importantes. Se você acreditar de verdade que seus objetivos são essenciais, vai ser mais difícil desistir deles.

Celebre conquistas no curto prazo

Reconheça seus sucessos e quaisquer obstáculos que você superou, não importa o quanto pareçam pequenos. Isso vai ajudá-lo a se lembrar de que o sucesso é possível, de que grandes feitos podem acontecer e de que você pode alcançar seus objetivos principais.

Desenvolva a persistência

Não é fácil. Algumas pessoas são mais naturalmente persistentes do que outras. Assim, como você se torna mais persistente?

- Vá devagar e seja paciente. Se não esperar que tudo aconteça instantaneamente, você terá mais chances de continuar no rumo certo;
- Faça uma pausa antes de reagir a eventos e situações. Quando sentir vontade de jogar a toalha, vá para casa e durma um pouco. Volte ao desafio renovado na manhã seguinte;
- Cerque-se de apoio. Ajuda muito simplesmente ter pessoas com quem conversar e que vão encorajá-lo a continuar trilhando o seu caminho.

Veja tudo como uma lição

Espere que haja atrasos, obstáculos, dificuldades financeiras e erros. Tudo é uma lição e, se você prestar bastante atenção, vai aprender como:

- Evitar que erros se repitam;
- Fazer de maneira diferente;
- Mudar suas ações, comportamentos e planos.

26

NÃO SE APEGUE

> *"Você não precisa vender a sua avó. Ela pode ficar. Mas é preciso se livrar de todo o resto!"*

Faz parte da natureza humana apegar-se a coisas que você teve durante algum tempo, e o mesmo se aplica aos investimentos. Mas só porque um determinado investimento é "o seu bebê", não significa que seja bom. Você nunca deve se apegar emocionalmente aos seus investimentos, e precisa sempre estar disposto a abrir mão deles no momento certo. Muitos investidores têm dificuldades para se desapegar.

Meu avô passou décadas apegado à sua mercearia em Yorkshire, no Reino Unido. Era uma empresa que ele criou do zero e que ele se recusou a vender, apesar dos sinais de que ela estava em declínio conforme os supermercados começavam a aparecer por todos os lados. Ele relutou em se separar da loja, e, quando finalmente a vendeu, foi por uma fração do que podia ter ganhado se tivesse vendido antes.

Desenvolver uma ligação emocional com o seu dinheiro ou investimentos porque eles o conectam com seu passado, ou por alguma outra razão, é simplesmente algo sentimental.

Deixe seus "bebês" irem embora quando chegar a hora certa ou vai ter de lidar com "adultos" com rendimento insatisfatório.

ENTRE EM AÇÃO

Tome as rédeas do seu apego
Analise suas finanças, obrigações profissionais e investimentos e pense: por que você adquiriu cada um deles? Por que seu apego a eles?

- Você tem ações e títulos de uma determinada empresa apenas porque seu primeiro emprego foi nesse lugar?
- Você insiste em levar em frente uma empresa familiar que passa por dificuldades só porque, se fizesse algo diferente, estaria enterrando os sonhos dos seus pais?
- Você está investindo mais dinheiro em negócios imobiliários que lhe dão prejuízo apenas porque já investiu tanto emocionalmente que não consegue suportar a ideia de se desapegar?

Você não precisa vender um patrimônio ou investimento apenas porque sente apego emocional por ele; você precisa se livrar de qualquer um que esteja mantendo por causa do apego emocional.

Corte as amarras

Faz parte da natureza humana ter ligações emocionais e formar conexões, mas se elas estiverem fazendo com que sua riqueza desapareça, você precisa decidir entre a importância de alcançar seus objetivos financeiros e o apego ao seu passado.

27

DOE PARA, ENTÃO, RECEBER

> *"Você não pode ficar com toda a sua riqueza.*
> *É preciso dar um pouco aos outros."*

De acordo com um estudo feito por pesquisadores da Universidade de Zurique e publicado na revista *Nature Communications*, em 2017, mesmo quando uma pessoa doa pequenas quantias, a sua felicidade, satisfação e bem-estar aumentam da mesma maneira como se doasse quantias muito maiores de dinheiro. Desenvolva o hábito de doar regularmente para aqueles que precisam. Assim, ao ajudar o outro, você também ajudará a si mesmo.

Outro benefício que vai perceber é que, ao fazer uma doação, mesmo sem qualquer expectativa de receber algo em troca, você vai ganhar uma coisa de volta. Em um estudo de 2007 chamado "Altruísmo e reciprocidade indireta", os sociólogos Brent Simpson e Robb Willer demonstraram a alta probabilidade de a sua generosidade de hoje ser recompensada mais tarde. A generosidade melhora a sua reputação altruística e isso aumenta a chance de que você receba benefícios futuros vindos de terceiros, até mesmo de pessoas que não se beneficiaram das suas doações.

Talvez isso soe como ciência fajuta, mas é algo que espelha o que acontece em muitos ensinamentos espirituais e religiosos. As fés hindu e budista falam sobre o carma; o cristianismo fala sobre "colher o que foi plantado", e "dê, e você receberá".

Fora dos círculos religiosos, as pessoas falam sobre a energia do Universo e a Lei da Atração. Qualquer que seja a sua perspectiva, parece haver algo que funcione nesse sentido.

Mantenha a mente aberta: ser caridoso pode criar um ambiente de generosidade à sua volta.

ENTRE EM AÇÃO

Mantenha a mente aberta

Você pode se sentir muito confortável com a ideia de que doar cria uma energia de abundância à sua volta. Você pode acreditar na ideia de carma, em que todas as nossas ações retornam para nós de alguma maneira. A sugestão de que nós criamos nossa própria realidade positiva pela projeção de energia positiva também pode ser interessante para você. Esse tópico é abordado em muitos best-sellers de autoajuda como *O Segredo*, de Rhonda Byrne, e *A Força da Intenção*, de Wayne Dyer. Permita-se aceitar a ideia de que ser caridoso tende a criar um ambiente de generosidade à sua volta.

Comece hoje

Não espere até você ser super-rico ou até se aposentar. Por que você iria querer esperar anos até começar a retribuir o que recebeu de bom? Comece hoje mesmo.

Comece pequeno

Doe o que puder hoje e não se sinta culpado se for pouco dinheiro. Doar pequenas quantidades para uma instituição beneficente é um começo perfeito. Posteriormente, quando sua riqueza estiver maior, você pode decidir doar quantias maiores ou mesmo deixar dinheiro em seu testamento para causas beneficentes. E não se esqueça dos benefícios fiscais de doar para instituições de caridade reconhecidas.

28

JUROS COMPOSTOS SÃO MÁGICOS

> *"Descubra as alegrias dos juros compostos. Entenda-os e eles vão deixá-lo rico. Não os entenda e você vai ficar pobre."*

Juros compostos podem ser uma bênção ou uma maldição para você. Depositar dinheiro em uma aplicação e deixá-lo intocado no decorrer de vários anos pode resultar numa pequena fortuna, mas uma fatura de cartão de crédito que não foi paga pode fazer você afundar.

Até mesmo com taxas de juros baixas, o impacto do cálculo composto é significativo. Permita-me demonstrar isso com um pouco de matemática. Imagine que você recebeu R$1.000 em dinheiro e que colocou a quantia em uma aplicação que paga, antes de os impostos serem cobrados, 3% de juros anuais. Você não mexe mais na conta. Observe como o saldo cresce conforme os juros anuais são calculados sobre o saldo total no fim de cada ano:

Ano 1	R$1.030	Ano 6	R$1.194
Ano 2	R$1.061	Ano 7	R$1.230
Ano 3	R$1.093	Ano 8	R$1.267
Ano 4	R$1.126	Ano 9	R$1.305
Ano 5	R$1.159	Ano 10	R$1.344

Mesmo com uma taxa de juros baixa de 3%, seu dinheiro cresceu um terço ao longo de dez anos. Essa é a alegria de receber juros sobre juros, ou juros compostos. O reverso da moeda é a paulada que você recebe de repente se não pagar as dívidas que possui. Assim como tudo na vida, os juros compostos podem realmente trabalhar a seu favor ou contra você, caso não tome cuidado.

> Não subestime pequenos montantes de juros.
> Tudo isso se acumula com o passar do tempo.

ENTRE EM AÇÃO

Evite pagar juros compostos

Os juros compostos que você paga sempre são maiores do que as taxas de depósito que recebe. É possível conseguir vantagens com as taxas de juros baixas em alguns tipos de empréstimo, mas os juros das faturas do cartão de crédito e dos empréstimos consignados sempre são danosos, e os efeitos de juros compostos altos agindo contra você podem ser assustadores.

Mesmo com limites estabelecidos pelo governo, você pode facilmente acabar pagando 30% de juros ao ano. Frequentemente é difícil saber o quanto tem de pagar até que o banco envie a fatura mensal. Às vezes, os juros são calculados por dia, o que pode fazer com que o total a pagar seja ainda maior.

Este exemplo mostra como uma fatura de cartão de crédito não quitada, mesmo que de baixo valor, pode explodir em uma dívida enorme em pouco tempo. Vamos presumir que ela não seja paga e que você tome um empréstimo de R$1.000 em dezembro. Os juros são cobrados pela primeira vez em janeiro. A taxa de juros anual é de 24% e o cálculo é feito mensalmente.

- Janeiro: juros de 2% sobre R$1.000, que resulta em R$20,00;
- Fevereiro: juros de 2% sobre R$1.020, que resulta em R$20,40;
- Março: juros de 2% sobre R$1.040,40, que resulta em R$20,80;
- (...)
- Em dezembro, você precisaria pagar R$1.243,37 para liquidar totalmente a fatura, além de quaisquer outras tarifas que possam ser cobradas. Da próxima vez que atrasar o pagamento de alguma conta, tenha noção do quanto isso pode lhe custar.

Com empréstimos consignados, você pode acabar devendo cerca de duas ou três vezes mais do que a quantia financiada originalmente.

Comece aos poucos e seja paciente

Quando puder, deposite determinada quantia em uma aplicação para receber juros compostos. Faça retiradas somente se tiver um uso mais produtivo para esse dinheiro, como investir em títulos de dívida pública, em imóveis ou em uma empresa. Caso contrário, apenas relaxe o observe o saldo crescer.

29

UMA RENDA PREVISÍVEL LHE TRAZ PAZ

> *"Me dê uma renda permanente e eu estarei em paz."*

Em nosso mundo volátil e em constante mutação, ter uma renda confiável e regular é uma bênção que lhe permite focar na construção da sua riqueza em vez de passar o tempo todo se preocupando com a próxima refeição. Se puder prever a chegada do seu dinheiro com alguma precisão, então você estará numa posição ainda mais confortável e fortalecida.

Uma renda recorrente, ou residual, continua a chegar para você depois que o trabalho foi concluído e, como regra geral, vem de duas fontes:

1. O retorno e a renda sobre o patrimônio que você tem;
2. Renda gerada por empresas e o trabalho que você faz.

Se recebe dinheiro de qualquer uma das rendas abaixo, você tem uma renda residual:

- Salário;
- Recebimento de juros pelo dinheiro em aplicação;
- Aluguel que você recebe dos seus imóveis, incluindo modalidades como o Airbnb;
- Venda de produtos e serviços — você pode ter um volume regular de negócios ou, melhor ainda, clientes que fazem pagamentos mensais pelos seus serviços;
- Um negócio de marketing de rede;
- Dividendos e rendimentos incidentes sobre o seu portfólio de investimentos;
- Royalties e taxas pagas por suas patentes e ideias, incluindo livros que você escreveu.

Esses são os componentes da sua riqueza e nós vamos aprender mais sobre eles e sobre como maximizá-los no decorrer do livro.

> Ter certeza de que pelo menos uma parte da sua renda chega regularmente pode diminuir o estresse nas tarefas de acumulação de riqueza.

ENTRE EM AÇÃO

Use um fluxo recorrente de renda como trampolim

É interessante considerar qualquer renda regular e recorrente como uma rede de proteção ou um seguro: você sabe que ela vai chegar e isso o deixa livre para explorar outras opções para aumentar sua riqueza financeira e conquistar seus objetivos.

Isso vai permitir que você assuma alguns riscos com o seu dinheiro, faça experiências, aprenda e teste novas ideias de investimentos e geração de renda.

Tente obter renda recorrente automática

A renda recorrente ideal é a renda passiva. Esse é o dinheiro que você ganha enquanto está dormindo e requer pouca ou nenhuma atenção para criar e manter. Vamos falar sobre isso mais adiante.

Não tire os olhos da bola

Nenhum fluxo de renda é verdadeiramente automático ou 100% garantido. O simples fato de ser regular e recorrente não significa que você pode simplesmente esquecer que ele existe. Todos os fluxos de renda requerem determinado nível de atenção e apoio. Por isso, observe e fique de olho em todas as suas fontes de riqueza.

- Se você tem imóveis que geram renda de aluguel, fique atento à sua localização. Observe novos projetos e empreendimentos que podem impactar o valor e a atratividade das suas casas ou apartamentos;
- Fique atento a mudanças tributárias que podem causar impacto nos seus investimentos e fazer com que eles fiquem potencialmente mais ou menos atraentes;

- Não confie cegamente nas pessoas que administram os bens patrimoniais produtores de sua renda recorrente. Nenhum agente imobiliário, corretor de ações ou administrador de fundos é perfeito.

30

PAGUE DÍVIDAS IMPRODUTIVAS

> *"Uma dívida pode transformar até mesmo a pessoa mais feliz."*

Se você estiver afundado em dívidas e com dificuldades para pagar as contas, é preciso decidir se a sua dívida é produtiva ou improdutiva.

Algumas dívidas são úteis. Estas são suas dívidas produtivas — os empréstimos tomados para ajudá-lo a investir em imóveis ou para lastrear outros investimentos, incluindo auxílio na compra ou expansão de um negócio. Esses investimentos lhe dão renda de aluguel e pagam dividendos. Produzem fluxos de renda que, se tudo der certo, vão conseguir cobrir os juros cobrados nos empréstimos iniciais.

Suas dívidas improdutivas de consumo são aquelas com as quais você deve se preocupar. Você já somou seus gastos com cartão de crédito, parcelamentos de compras, empréstimos consignados, financiamentos de veículos e as multas pelo uso do cheque especial? Essas são as dívidas que podem quebrar suas pernas com tarifas e taxas altas de juros e sem que nenhum fluxo de renda seja gerado do dinheiro que você tomou emprestado.

> Grandes dívidas improdutivas vão impedir que você fique rico. Pior ainda: vão deixá-lo pobre, deprimido e causarão crises de ansiedade.

ENTRE EM AÇÃO

Priorize suas dívidas

Liste tudo o que você deve, incluindo as quantias de empréstimo. Inclua os débitos potencialmente produtivos, tais como hipotecas, e liste as dívidas improdutivas como despesas no cartão de crédito e os pagamentos de parcelas de financiamento. Inclua todas as suas obrigações financeiras, acrescentando pagamentos mensais. Estabeleça, particularmente, se você tem alguma dívida que pode provocar ação judicial ou problemas financeiros ainda maiores se não for saldada.

Analise os custos

Quanto de juros você tem de pagar pelo dinheiro que deve? Tente calcular quais são as taxas e se há alguma taxa extra que incide sobre pagamentos antecipados. O objetivo é entender quais dívidas são mais caras e quais devem ser saldadas mais rapidamente a fim de minimizar as suas despesas totais. Descubra onde há benefícios fiscais para certos pagamentos.

Reduza o custo das suas dívidas

Isso pode ser alcançado de várias maneiras, incluindo as seguintes:

- Usar qualquer montante extra que você tenha guardado em espécie para saldar algumas dívidas;
- Renegociar dívidas, incluindo o financiamento da sua casa própria;
- Tomar empréstimos mais baratos e usar os fundos para saldar suas dívidas com custo maior.

Dívidas são um assunto difícil e, se você estiver tendo problemas sérios, seria bom procurar ajuda e aconselhamento.

31

NÃO APOSTE

> *"Se você quer apostar seu dinheiro, jogue este livro no lixo. Leve suas economias para Las Vegas ou Macau e aproveite enquanto elas durarem."*

Pessoas ricas geralmente não apostam seu dinheiro. Em um estudo feito nos Estados Unidos pelo escritor e planejador financeiro Thomas Corley, 77% das pessoas pobres admitiram que jogam regularmente na loteria, comparados com apenas 6% das pessoas ricas. A conclusão de Corley é de que os pobres "confiam na sorte e na aleatoriedade para fazê-los melhorar de vida, em vez de confiar na sorte baseada em oportunidades na qual os ricos confiam".

A sorte baseada em oportunidades é o tipo de sorte que você precisa criar — e vamos falar disso mais adiante.

Não pense que apostar dinheiro é algo relacionado apenas a cassinos, agências de apostas ou ainda bilhetes de loteria. Houve várias corridas desesperadas para o mercado de ações no decorrer dos anos, em que os investidores tentavam comprar e vender com lucro devido a algum alvoroço insano de investimentos sem a menor ideia do que estavam fazendo, e acabaram sofrendo as consequências dessas ações tempos depois.

Claro, alguma pessoa mais sortuda vai conseguir ganhar na loteria, mas a probabilidade de que ela seja você é muito pequena. É muito melhor colocar o seu dinheiro em situações que você pode controlar, ou pelo menos em que tenha um pouco mais de controle, investindo em bens patrimoniais capazes de gerar renda em vez de esperar que a sorte sorria para você.

> Ninguém nunca ficou rico enquanto esperava por um golpe de sorte.

ENTRE EM AÇÃO

Evite apostar

Todo mundo gosta de "fazer uma fezinha", mas apostar dinheiro não traz lucros e você não vai se tornar um investidor de sucesso apenas por sorte. Nunca compre ações, opções, derivativos, imóveis e outros bens patrimoniais seguindo somente sua intuição, confiando na sorte ou porque acha que deve. Não importa se você viu outras pessoas enriquecerem por meio da especulação. A menos que compreenda bem o mercado em que está investindo, é melhor passar longe dele.

As regras para eliminar as apostas dos seus investimentos são:

- Sempre estude as oportunidades nas quais você quer investir, seja no mercado imobiliário, ações de uma empresa recém-chegada à bolsa de valores ou tornar-se o cofundador de uma startup;
- Tente investir pequenas quantias para começar, não importa o quanto a oportunidade pareça atraente ou encantadora;
- Nunca coloque todo o seu dinheiro em um único investimento ou fundo.

Simplesmente não aposte

Passe longe de sites de apostas, em que os algoritmos são criados para garantir que, em média, o site ganhe, mas você, não. As probabilidades jogam contra você. A chance de vencer é incrivelmente baixa. Aposte para se divertir usando alguns trocados que estejam sobrando, mas nunca com a intenção de enriquecer.

32

NÃO PEGUE DINHEIRO EMPRESTADO COM PESSOAS PRÓXIMAS

> *"O que é mais importante: a amizade dessas pessoas ou o dinheiro que elas têm?"*

Pegar dinheiro emprestado para estruturar um patrimônio que gere renda é um aspecto importante para a construção da sua riqueza, e os familiares e amigos podem parecer uma fonte óbvia de dinheiro:

- São pessoas fáceis de encontrar e de estabelecer conexões;
- Eles o conhecem e você os conhece;
- Você é capaz de estimar o quanto eles serão generosos e gentis;
- Você já pode saber quanto dinheiro eles têm no banco;
- Eles podem entender o que você está tentando alcançar e os motivos pelos quais precisa de dinheiro.

Em contraste, bancos, investidores profissionais e outras fontes potenciais de dinheiro são mais complicados e exigentes. O processo envolve papelada, planos de negócios, garantias, documentação para os empréstimos, relatórios de integridade prévia... Eles precisam de tempo para conhecer melhor com quem estão lidando, compreender por que você precisa de dinheiro e agir de acordo com seus próprios processos. E, ao final de tudo isso, as análises financeiras e avaliações de riscos podem concluir que não é possível lhe dar todo o dinheiro de que precisa.

Apesar disso, é melhor, na medida do possível, não depender dos indivíduos que são mais próximos a você. As pessoas podem sentir o impulso de ajudá-lo, mas podem também se preocupar com a possibilidade de que você não irá pagar os empréstimos na data acordada, ou que não vai pagar juros pelo empréstimo nem vai querer assinar um contrato de empréstimo. Lembre-se do que Shakespeare dizia e pense duas vezes antes de testar seus laços familiares e de amizade.

> Empréstimos frequentemente se perdem e, junto a eles, as amizades. — *William Shakespeare*

ENTRE EM AÇÃO

Esgote outras fontes primeiro

Antes de chegar para a sua mãe ou para o seu melhor amigo, assegure-se de já ter esgotado todas as outras fontes. Se bancos, investidores profissionais e outras fontes de financiamento não estão dispostos a lhe emprestar dinheiro, tente entender os problemas:

- Eles podem achar que seus planos são pequenos demais;
- Eles podem achar que você não tem garantias para oferecer;
- Você pode ter um histórico ruim de crédito, ou talvez não tenha uma fonte de renda segura para dar a confiança de que eles precisam para lhe emprestar o dinheiro.

Se os profissionais não querem lhe emprestar, seria aceitável pedir às pessoas próximas? Antes de recorrer a amigos e familiares, pense se as preocupações do banco são válidas quando o veem como um tomador de empréstimo de alto risco.

Se realmente precisar...

Se o seu último recurso é pegar dinheiro emprestado com as pessoas à sua volta, siga essas recomendações:

- Nunca pressione alguém a lhe emprestar dinheiro;
- Não negocie demais;
- Tenha certeza de que a pessoa tem dinheiro de sobra e se sente confortável em emprestá-lo;
- Converse sobre cenários ruins que podem acontecer e como as duas partes vão lidar com a possibilidade de que você tenha dificuldades em pagar o que deve;
- Ofereça e concorde em pagar juros de mercado pelo empréstimo;
- Tenha um documento por escrito assinado por ambas as partes, e também por uma testemunha neutra;
- Pague o empréstimo o mais rápido que puder, e antes da data prometida;
- Seja muito grato e disponha-se a retribuir o favor algum dia.

33

ASSUMA ALGUNS RISCOS

> *"O risco mais perigoso é não assumir nenhum risco."*

Ficar rico envolve riscos. Como regra geral, quanto maior for o retorno potencial de um bem patrimonial ou investimento, maior é o risco de esse retorno não ser alcançado. Tipicamente, a probabilidade de flutuações no montante do retorno aumenta com investimentos de maior retorno.

Em uma das extremidades do espectro, você pode deixar seu dinheiro em um banco tradicional e receber uma taxa de juros pequena, mas que é 100% garantida. Na outra extremidade estão startups, as empresas de tecnologia que têm alta probabilidade de naufragar e nas quais o alto risco de perder o seu dinheiro é contrabalançado por retornos potencialmente grandes para os poucos sortudos que conseguem receber cem vezes o valor de seus investimentos quando a firma abre o seu capital com uma oferta pública inicial na bolsa de valores.

Não há uma maneira totalmente segura de aumentar o valor da sua riqueza. As probabilidades podem variar, mas qualquer coisa que tenha valor financeiro pode cair:

- Ações podem perder seu valor ou, pior, a empresa pode falir;
- Preços de imóveis podem cair ou um imóvel pode se desvalorizar devido a afundamentos no terreno ou novas construções nas proximidades;
- Toda espécie de produtos financeiros, desde derivativos até *swaps* cambiais, pode fazer você perder dinheiro, perder totalmente o valor ou, pior, pode lhe custar o dinheiro que tem;
- Ouro, títulos do Tesouro, títulos da dívida pública e outros investimentos considerados como "seguros" podem perder valor;
- O dinheiro vivo pode parecer uma aposta segura, mas a inflação alta pode fazer com que ele perca seu valor real;

- Bens patrimoniais físicos, tais como obras de arte, podem ser roubadas ou danificadas.

Se você quer riqueza, vai ter de assumir alguns riscos.

ENTRE EM AÇÃO

Quanto tempo você tem?
Seu nível de tolerância a riscos vai variar dependendo dos seus planos; você pode estar planejando se aposentar daqui a um ano ou daqui a vinte anos, por exemplo. Quanto mais tempo você tiver para construir sua riqueza, mais oportunidades terá para buscar retornos mais altos com um nível maior de risco. Se as coisas derem errado, você ainda vai ter tempo de recuperar as perdas.

Por outro lado, se você tem menos anos para aumentar sua fortuna, é preciso ter cautela. Tome cuidado com a ideia de colocar alguma parte do seu dinheiro em investimentos de alto risco: uma taxa de juros fixos de 3% ao ano oferecida pelo seu banco local, neste momento, pode parecer bem atraente.

Explore a sua tolerância ao risco
Assumir riscos lhe é algo natural? Ou você é uma pessoa avessa a riscos? Se prefere apostar na segurança, pode ser necessário sair da sua zona de conforto; por outro lado, se você é uma pessoa muito arrojada e mergulha de cabeça em riscos, talvez precise conter sua empolgação de vez em quando.

Pondere os riscos dos seus investimentos
Talvez isso pareça um pouco mais técnico, mas a ideia é muito simples. O objetivo é ter uma variedade de investimentos, alguns com uma combinação de alto risco e alto retorno, e outros com um retorno mais garantido, embora menor. Se o seu portfólio de investimentos desejado é variado e complexo, peça ajuda a um consultor financeiro, um investidor particular ou contador para ajudá-lo a criar uma carteira adequada de investimentos de alto e baixo risco.

34

CUIDADO COM OSCILAÇÕES DA MOEDA

> *"Tudo o que sobe, sempre desce... Mas nunca quando você espera que isso aconteça."*

Você pode perder até mesmo as roupas do corpo quando uma taxa de câmbio se vira contra você. Eu conheci uma pessoa que tinha um apartamento amplo em Hong Kong. De olho nas baixas taxas de juros do Japão, um consultor financeiro especializado em imóveis recomendou que ele trocasse seu financiamento, que era estipulado em dólares de Hong Kong (HK$), para um contrato estipulado em ienes japoneses. Então, o valor das parcelas do financiamento caiu da noite para o dia e tudo ficou bem até o ano seguinte, quando o iene se valorizou em relação ao HK$. De repente, ele precisou conseguir mais HK$ para poder converter para ienes para saldar as parcelas do financiamento. O iene ficou tão forte perante o dólar de Hong Kong que ele teve de pagar muito mais do que se tivesse simplesmente mantido o contrato de financiamento em HK$.

Muitas pessoas são atraídas por oportunidades que "poupam dinheiro", mas há um potencial enorme para que as coisas deem errado. Em um mundo em que as moedas e taxas de câmbio sobem e descem constantemente, é impossível prever com 100% de certeza como elas vão oscilar no decorrer do tempo. É perfeitamente possível ter um bem patrimonial (a sua casa) e fluxo de renda (salário e renda de aluguel) em uma moeda (por exemplo, dólares de Hong Kong ou libras) e uma dívida ou obrigação (financiamentos imobiliários) em outra (como ienes ou francos suíços), mas é impossível prever se você vai ganhar ou perder dinheiro no decorrer do tempo.

Os mesmos riscos se aplicam a empresas que vendem para outros países (ou seja, que exportam) e/ou que compram matérias-primas e serviços do exterior (ou seja, que importam).

Se você estiver investindo ou tocando uma empresa desse tipo, é preciso conhecer quais são os riscos da moeda. As importações podem ficar mais caras quando sua própria moeda se enfraquece (ou se deprecia), enquanto a sua receita de vendas cai quando sua moeda cresce (ou se valoriza).

Da mesma maneira, há riscos em investir seu dinheiro em fundos e produtos financeiros lastreados em moeda estrangeira. Se a moeda do seu país se desvaloriza, o investimento vale menos quando é convertido de volta.

Se tiver dúvidas, mantenha o seu dinheiro em moeda local.

ENTRE EM AÇÃO

Controle seus impulsos

Tome cuidado com grandes oportunidades envolvendo diferentes países e moedas. Seu contador ou consultor financeiro pode oferecer taxas de juros menores em um país diferente ou retornos maiores em outro, mas exerça a cautela.

Mantenha as coisas simples e faça "*matching*"

Como orientação geral, é bom se certificar de que qualquer bem patrimonial e empréstimos sobre esses bens estejam na mesma moeda que as fontes de renda usadas para poder pagá-los. Isso é chamado de "*matching*" e pode evitar muitas dores de cabeça.

Nos casos em que você precisa investir, comprar ou vender em outros países, pode praticar o *hedging* de moeda estrangeira. Em sua forma mais simples, esse tipo de investimento envolve pagar uma taxa para o seu banco para comprar moeda estrangeira em uma taxa de câmbio fixa e pré-determinada. Alternativamente, você pode comprar qualquer moeda estrangeira que seja necessária antes do exigido se a taxa de câmbio estiver a seu favor e "trancá-la" em uma taxa de câmbio previamente conhecida.

De certa forma, isso é o que você já faz quando compra moeda estrangeira para as suas férias anuais, algumas semanas ou meses antes de viajar.

Entenda os cálculos envolvidos com a movimentação das taxas de câmbio

A subida e a descida das moedas é algo que pode causar bastante confusão. Quando este livro foi publicado no Brasil, US$1,00 equivalia a R$5,66. Isso significa que R$1,00 equivale a US$0,18. Quando o dólar se valoriza em relação a outra moeda (por exemplo, o real), isso significa que ele equivale a uma quantia maior nessa outra moeda.

35

MANTENHA O CONTROLE

> *"Quando você abre mão do controle, está abrindo mão da sua liberdade em troca de ganhos por um período curto de tempo."*

Não importa o quanto você esteja desesperado para conseguir mais dinheiro, tente não abrir mão do controle exercido sobre algumas coisas, seja em numa empresa ou em parte do seu patrimônio, tais como imóveis ou até mesmo uma coleção de vinhos. Se o fizer, você vai ter de compartilhar todos os seus ganhos futuros, os ganhos sobre vendas e o sucesso nos anos que virão.

Há muitas histórias sobre pessoas que aceitaram investimentos de parceiros de negócios quando chegaram a um beco sem saída com os bancos.

Uma pessoa que conheço fez um acordo doando metade das ações da sua empresa para dois conhecidos em troca de dinheiro suficiente para financiar a permanência e o crescimento do seu negócio. A empresa agora cresceu e se transformou em uma companhia multimilionária, e os investidores, que têm pouco envolvimento com a firma, desfrutam de 50% dos lucros.

Tome cuidado quando abrir mão do controle. Se você se desfizer de uma parcela muito grande das suas ações, não vai mais poder tomar decisões sozinho e não poderá agir sem a aprovação e a concordância de outra pessoa.

Você pode vir até mesmo a se ressentir do quanto abriu mão para aquilo que, analisando em retrospectiva, talvez tivesse sido um investimento pequeno.

> Você vai se arrepender de ter vendido o controle acionário do seu negócio?

ENTRE EM AÇÃO

Procure por meios alternativos de financiamento

Abrir mão do controle acionário deve ser o seu último recurso. Antes de chegar a esse ponto, explore as seguintes opções:

- Faça um empréstimo, mas tome cuidado com ofertas em que as altas taxas sejam atribuídas por agiotas. O ideal é conseguir o empréstimo com uma instituição financeira de confiança;
- Outras formas de financiamento. Talvez seus clientes possam pagá-lo com mais rapidez ou seus fornecedores possam estender seus prazos se você negociar e oferecer incentivos;
- Perceba que financiamentos imobiliários envolvem deixar que um banco ou uma construtora assuma direitos ou uma cláusula de sequestro de bens sobre o seu imóvel. O banco não se torna automaticamente o dono do seu novo imóvel, mas tem a possibilidade legal de fazê-lo. Isso é muito diferente de dar a alguém, de maneira direta e permanente, uma porcentagem das ações da sua empresa em troca de fundos para expandir seu negócio ou impedir que ele afunde.

Negocie com afinco

Se você tiver mesmo de abrir mão de ações em troca de dinheiro, mantenha a porcentagem de ações à venda em um patamar absolutamente mínimo. Procure conseguir um alto valor pelas ações da sua empresa. Pense em como você vai se sentir no futuro em relação ao acordo que fizer hoje. Pode até mesmo ser melhor rejeitar essa ideia e, em casos extremos, fechar as portas da sua empresa, em vez de ser obrigado a trabalhar com um novo acionista majoritário.

Inclua uma cláusula de recompra em seu contrato

Tente negociar o direito de recomprar as ações das quais está abrindo mão em qualquer contrato com novos acionistas. Acerte, antes da assinatura do contrato, como o preço das ações (no futuro) será calculado e acordado.

36

NÃO CONTE COM OS OVOS ANTES DE A GALINHA BOTAR

> *"Não venda os sacos de salgadinhos antes de colher e descascar as batatas."*

Tome cuidado ao contar os lucros no papel, contratos assinados com clientes, ganhos de investimento não realizados e outras formas de renda ainda não recebida, como dinheiro vivo e riqueza. O seu dinheiro real e os retornos podem ser bem menores, podem demorar para chegar ou até mesmo ser impossíveis de se materializar. Lembre-se:

- Nem todo cliente paga todos os seus fornecedores na data certa ou paga o total do que é devido;
- Contratos talvez não valham muito mais do que a folha em que estão impressos;
- Sua oferta de um novo emprego com um alto salário pode ser cancelada;
- Ganhos de investimentos no papel podem desaparecer da noite para o dia;
- Lucros no papel podem não se transformar diretamente em dinheiro na mão.

Nunca trate as quantias a receber como dinheiro de verdade, nem as use antes de realmente ter a posse delas.

Uma empresa da qual você seja o fundador ou acionista pode ser muito lucrativa, mas também ter muitas dívidas e nenhum dinheiro no banco. É muito comum deparar-se com um fluxo de caixa negativo, e isso pode ocorrer por vários motivos:

- Clientes que não pagam no prazo acertado;
- Muito dinheiro preso em ações que não foram vendidas;
- Investimentos feitos em bens patrimoniais improdutivos.

Se você for acionista em uma empresa altamente lucrativa, pode até sentir que está rico, mas a história vai ser bem diferente se a empresa estiver muito endividada, a ponto de ser forçada a declarar falência para pagar seus credores.

> Se o fluxo de renda não chegou, não se comprometa a gastá-lo.

ENTRE EM AÇÃO

Não gaste ou use dinheiro que não esteja 100% garantido
Tome cuidado para não fazer planos ou assumir compromissos que envolvam dinheiro que você ainda não tem em mãos, tais como:

- Dívidas que você tem a receber de um cliente ou amigo;
- Dividendos recebíveis de uma empresa da qual você é dono, mas que têm seu pagamento adiado em razão de problemas de fluxo de caixa;
- Um novo contrato de trabalho ainda não assinado ou um novo emprego no qual você ainda não começou a trabalhar.

A vida é frágil, as coisas mudam, as pessoas fazem promessas falsas e fazem joguetes. Não se arrisque a ficar descoberto assumindo compromissos que não pode honrar. Não celebre um excelente novo emprego com a compra de um carro elegante, pois seu contrato pode ser rescindido após o período de experiência.

- Evite agir apressadamente. Pare, seja paciente e, se estiver em dúvida, espere;
- Nunca fique ambicioso demais ou ostente o que tem;
- Tenha a certeza de que você tem todos os fundos de que precisa antes de usá-los.

37

CONSTRUA PONTES

> *"As pessoas milionárias procuram relacionamentos e redes de contato. Todas as outras procuram simplesmente receber um cheque de pagamento."*

Quando foi a última vez que você conversou com uma pessoa pela primeira vez? Ter pessoas ao seu lado pode transformar suas perspectivas de riqueza. Em sua autobiografia, Eugene O'Kelly, o falecido presidente da empresa mundial de contabilidade Ernst & Young, relata a história de estar tão determinado a conhecer um possível cliente importante que mandou seu assistente reservar uma passagem de avião com um assento específico apenas para conseguir se sentar ao lado do cliente em potencial.

Algumas pessoas fazem o possível para conseguir um encontro casual. Assim, pense no tipo de pessoa que pode ajudá-lo. Elas em geral:

- São bem-sucedidas, ricas e podem lhe ensinar várias coisas;
- Têm uma mentalidade muito positiva, do tipo "tudo é possível", e podem ajudar a aflorar suas melhores qualidades e características;
- Têm expertise e são uma fonte de ideias e conselhos sobre tópicos que você precisa saber a respeito;
- Têm uma rede incrível de contatos aos quais você pode ser apresentado no futuro.

Você pode achar que o desafio de tentar conhecer pessoas seja grande demais ou talvez se sinta desconfortável em fazer novas conexões. Definitivamente, isso não é fácil e requer prática, mas, se você sentir que é algo suficientemente importante, vai conseguir fazer.

Redes de contatos têm poder: cuidar e expandir a sua é uma das melhores coisas que você pode fazer em sua missão de construir riqueza.

ENTRE EM AÇÃO

A primeira impressão conta

Se você é uma pessoa extrovertida, pode ser natural passar seu tempo conectando-se com pessoas, mas não é tão simples se você for o tipo introvertido e reservado. Nesse caso, reflita e pratique como pode se apresentar, como vai descrever o que está tentando conquistar e como abordar o assunto referente ao tipo de ajuda e apoio que quer.

Participe de eventos sociais úteis

De quais tipos de eventos de networking você poderia participar? Abaixo, há algumas ideias iniciais:

- Eventos de networking com investidores e empreendedores de sucesso, tais como o YPO (que antigamente era conhecido como a Young Professionals Organization);
- Exposições e feiras específicas da sua área profissional;
- Eventos das câmaras de comércio;
- Cursos e workshops sobre diferentes aspectos de criação de riqueza.

Transforme isso em uma via de mão dupla

Quando fizer uma nova conexão, pense no que você pode oferecer em troca. Comece perguntando às pessoas como você pode ajudá-las e o que pode fazer para apoiá-las. Frequentemente dou conselhos nas áreas de coaching e liderança; você também tem habilidades e conhecimentos a oferecer.

Não se afaste

Quando tiver construído novas pontes, não permita que elas desmoronem. Esforce-se para manter suas conexões, permitindo-se criar uma amizade profissional.

38

INVISTA EM TIJOLOS E ARGAMASSA

> *"Eu gosto de imóveis. Posso vê-los, senti-los e tocá-los. Alguém sempre vai querer morar ou trabalhar ali."*

É muito provável que você crie sua riqueza por meio de imóveis ou que ganhe dinheiro de outras maneiras e o use para comprar imóveis. Pessoas ricas ao redor do mundo têm imóveis como parte de seu portfólio de investimentos e patrimônio.

Imóveis existem em várias formas — casas e apartamentos individuais, condomínios residenciais ou prédios inteiros, imóveis comerciais que incluem terrenos, conjuntos comerciais, torres de escritórios e galpões.

Por que os imóveis são tão populares entre as pessoas ricas?

- Os preços dos imóveis costumam subir com o passar do tempo (embora, é claro, possam cair por causa de crises econômicas, excesso de oferta ou pelo estouro de uma bolha de preços imobiliários);
- Imóveis existem em várias formas e tamanhos e é possível encontrá-los em todos os lugares, podendo se adequar a todos os gostos e orçamentos, desde mansões caras até residências estudantis de baixo custo;
- Renda de aluguel normalmente é um retorno de boa porcentagem sobre o valor do imóvel e também é uma fonte confiável de renda passiva (sobre a qual você vai aprender mais adiante);
- Assim como o ouro, imóveis são um bem físico que não desaparecem facilmente — exceto no caso de desastres naturais como terremotos ou tsunamis. Bens patrimoniais físicos podem parecer mais seguros do que investimentos em papéis. Em países como os Estados Unidos e o Reino Unido, investimentos em imóveis são protegidos por uma legislação sólida. É difícil para alguém roubar sua casa ou fábrica;

- Financiamentos para ajudar na aquisição de imóveis estão prontamente disponíveis pelo menos em todas as economias desenvolvidas do mundo. Como resultado, você pode comprar um imóvel sem precisar pagar 100% do valor pedido no ato da compra;
- Há um mercado já estabelecido para compra e venda de imóveis na maioria dos países;
- Você pode morar e/ou trabalhar em um imóvel do qual seja dono.

> Investir em imóveis é uma das maneiras mais comuns de criar riqueza.

ENTRE EM AÇÃO

Construa um império imobiliário, um tijolo de cada vez
Comece pequeno, com um apartamento tipo quitinete se necessário, mas comece hoje, comprando qualquer imóvel que você tenha condições de adquirir. É melhor estar com um pé na escada imobiliária agora do que entrar mais tarde, quando os preços podem ter subido. Assim como a compra de um imóvel para morar, você pode começar com a compra de um segundo ou terceiro imóvel com financiamento bancário que pode gerar renda de aluguel e, se tudo der certo, os aluguéis cobrem as parcelas do seu financiamento imobiliário e também algumas outras despesas que você precisa bancar como proprietário.

Fique de olho na localização
Compre nos lugares certos. No caso dos imóveis, aqueles que estão localizados nos melhores lugares sempre se valorizaram e são vendidos sem demora.

Pesquise para encontrar os melhores financiamentos
O seu desafio é poupar dinheiro suficiente para dar como entrada e também para cobrir outros custos atrelados à compra. Quanto mais cedo você puder começar a poupar para custear a entrada, melhor. A menos que você tenha bastante dinheiro, é melhor contar com a ajuda de um banco para comprar um imóvel. Você só precisa entrar com uma porcentagem pequena, tal como 10% do preço de compra.

Obter um empréstimo ou financiamento imobiliário com um banco não é difícil. Tome cuidado com o financiamento que escolher e tenha muita cautela com as hipotecas em que é preciso pagar somente os juros durante um período, antes de começar a fazer os pagamentos relativos ao capital tomado como empréstimo.

Como o governo[2] pode lhe ajudar?

No Reino Unido, é possível recorrer a quaisquer planos governamentais que estejam disponíveis, tais como os programas para a compra do primeiro imóvel: Help to Buy, Right to Buy e Shared Ownership. Nos Estados Unidos, empréstimos para a compra do primeiro imóvel podem ser obtidos com a Federal Housing Administration. Tais empréstimos são considerados mais fáceis de se obter e são menos severos em termos de exigências quando comparados com produtos oferecidos por bancos. Outros países têm programas similares, tais como os apartamentos populares HDB em Singapura.

2 N.E.: No Brasil, o Programa Minha Casa Minha Vida conta com um subsídio oferecido pelo governo federal para financiar imóveis em áreas urbanas, pricipalmente para famílias de baixa renda. O programa popular é realizado pela Caixa Econômica Federal e prioriza famílias com o rendimento bruto de até R$1.800,00.

39

VEM FÁCIL, VAI FÁCIL

> *"Oriundo de uma vida pobre e de volta a uma vida pobre em três gerações."*

A maioria das pessoas que herda riqueza a perde. De acordo com o Williams Group, uma empresa americana especializada em consultoria de riqueza, 70% das famílias consideradas ricas perderam toda a sua riqueza na segunda geração, e 90% na terceira. É uma história similar àquela de pessoas que ganham na loteria — muitas delas deixam o dinheiro escapar por entre os dedos, gastando tudo o que ganharam em poucos anos.

Em geral, o dinheiro que cai no seu colo, sem que exija qualquer esforço, é difícil de ser administrado, e muitas pessoas nessa situação não compreendem bem a ideia de usar esse dinheiro como capital a partir do qual você possa conseguir renda. Pelo menos, no caso de uma herança, você pode ter visto seus pais trabalhando duro para ganharem e manterem o dinheiro; assim, você tem um pouco de vantagem em termos de valorizar a riqueza.

Infelizmente, muitos não estão preparados para receber uma herança — com frequência porque nossos pais não confiam em nós ou porque não nos preparam o suficiente para isso. Tal situação se reflete em uma pesquisa publicada em 2015 pelo banco norte-americano US Trust, que descobriu que:

- 78% dos entrevistados disseram que seus filhos não eram financeiramente responsáveis o bastante para conseguirem lidar com uma herança;
- 64% haviam revelado muito pouco, ou nada, sobre sua riqueza para os filhos.

Não chega a surpreender que tantos países tenham histórias culturais sobre riquezas que são torradas por filhos e netos.

> Você realmente quer trabalhar muito para criar riqueza, sabendo que seus descendentes vão perder tudo?

ENTRE EM AÇÃO

Aprenda com os seus pais

Se você espera herdar riqueza, é bom prestar atenção em como seus pais criam, mantêm e ampliam aquilo que possuem. Observe, pergunte e entenda como eles gerenciam tudo. Isso pode incluir imóveis, portfólios de ações, relacionamentos com os bancos, questões de taxação e impostos, investimentos *offshore* e qualquer outra coisa que esteja envolvida com a riqueza deles.

Ofereça-se para ajudar seus pais e conhecer os desafios envolvidos. Peça para participar de reuniões importantes com eles, ou para ir a essas reuniões no lugar deles, por exemplo, com o gerente de relacionamento de um banco, um corretor de ações, um contador ou administrador imobiliário.

Tenha conhecimentos em finanças

O segredo para herdar riqueza com sucesso é ter o conhecimento e as habilidades certas. Você precisa saber o que não sabe, além daquilo que sabe. É preciso entender a necessidade de contar com ajuda e aconselhamento especializados e considerar a possibilidade de fazer cursos de finanças e gerenciamento de riquezas.

Trate o dinheiro como se você tivesse suado e trabalhado duro para conquistá-lo

Adotar a mentalidade correta não é fácil. Se tiver sorte, seus pais o terão criado com a mentalidade correta em relação ao dinheiro e, assim, saberá que deve pensar antes de agir, gastar com sabedoria e nunca investir de maneira imprudente. Se você não tem essas qualidades, ler este livro e praticar seu conteúdo vai ajudá-lo antes que você conquiste algum dinheiro.

40

DEMONSTRE GRATIDÃO

> *"Nunca se esqueça de quem o ajudou. Você nunca sabe quando um vai precisar do outro novamente."*

A diferença entre o sucesso financeiro e o fracasso pode ser fina como uma folha de papel, e o resultado pode ser influenciado mesmo com a ajuda de apenas uma pessoa. Alguns dos bilionários de hoje ainda falam sobre momentos cruciais frequentemente apoiados em um simples gesto. O multibilionário Li Ka-Shing, de Hong Kong, é uma das pessoas mais ricas do mundo, dono de um vasto império de empresas e imóveis, mas na década de 1950 ele era um simples fabricante de flores de plástico. Ele falou que teve uma ajuda muito significativa de um fornecedor em particular que aumentou seus prazos de pagamento.

Todos nós podemos encontrar exemplos de pessoas que nos ajudaram a chegar onde estamos, mesmo que apenas por meio de orientação com um primeiro emprego ou com conselhos sobre investimentos. As coisas nunca são fáceis nos primeiros dias, quando você não tem o dinheiro ou o conhecimento necessário. Demonstrar gratidão e dizer às pessoas que elas tiveram um papel importante na sua vida é bom para você e bom para a pessoa que lhe deu uma ajudinha.

Quem o ajudou? E quem você pode ajudar?

ENTRE EM AÇÃO

Reconheça as pessoas que o ajudam hoje

Talvez ainda não tenha encontrado a pessoa que vai abrir portas para você, mas, quando isso acontecer, prepare-se para agradecê-la e para continuar em contato. Tente retribuir de qualquer maneira possível. Um dos meus principais clientes me passou muitos negócios no decorrer dos anos, e pude retribuir de maneiras inusitadas — dando conselhos aos filhos dele sobre estudo e carreira, por exemplo. Tenha e demonstre gratidão, e reconheça que você não faz ideia de como e por que seus caminhos podem se cruzar novamente no futuro.

Mantenha contato com as pessoas que o ajudaram no passado
Tudo o que vai, volta. Mantenha-se em contato conscientemente, mesmo que apenas por meio de mídias sociais como Facebook, LinkedIn, Instagram e Twitter; ou então compartilhe artigos e ideias pelo WhatsApp ou por e-mail. Você vai descobrir que, se fizer isso, vai ajudar essas pessoas e, por consequência, desfrutar igualmente da ajuda delas, às vezes de maneiras incríveis.

41

LIMPE SEU PASSADO

> *"Cuide bem do seu crédito e ele vai cuidar bem de você."*

Se há alguma coisa no seu passado capaz de impedir que você conquiste o sucesso financeiro, é hora de enfrentá-lo com a cara e a coragem. Exemplos como esses são mais comuns do que você imagina:

- Um histórico de crédito ruim: anos de faturas de cartão de crédito que não foram pagas podem voltar para assombrá-lo, criando problemas na hora de fazer empréstimos e pedir financiamentos muito depois daqueles eventos;
- Postagens controversas em mídias sociais: não se deixe prejudicar por coisas que você postou no passado, especialmente se podem ser consideradas ofensivas ou pouco inteligentes. Isso certamente vai afetar seus prospectos;
- Um currículo "maquiado": certifique-se de que os detalhes contidos em seu currículo sobre a sua trajetória profissional estão corretos, tanto quanto possível. Informações inexatas sobre remunerações passadas, cargos em que você trabalhou, atribuições ou as datas de início e término em determinadas funções serão descobertas e vão acabar levantando questões sobre a sua credibilidade como profissional.

Algumas coisas não podem ser mudadas — se você foi processado judicialmente ou se teve problemas com a polícia, não há muito o que pode ser feito. Mesmo assim, assegure-se de que verificou tudo o que estava ao seu alcance e que você apresenta uma face consistente para o mundo.

Segredos sombrios nunca ficam ocultos para sempre.

ENTRE EM AÇÃO

Limpe seu histórico de crédito para conseguir empréstimos mais baratos

Registre-se como eleitor para confirmar que está apto a pedir um financiamento imobiliário. Se você não tem nenhum histórico de tomada de empréstimos, talvez seja difícil conseguir um financiamento; e, se conseguir, talvez tenha de pagar juros mais altos. Para conseguir um histórico de crédito, use um cartão de crédito e certifique-se de pagar o valor total da fatura a cada mês.

Limpe o seu histórico na internet

Não deixe que seus anos de atividade on-line voltem para assombrá-lo. Reveja todas as suas postagens antigas em mídias sociais, incluindo todo o seu histórico no Facebook — especialmente aquelas "curtidas" em postagens que, ao relê-las, você descobre que podem causar constrangimentos. Pense na possibilidade de fazer com que suas postagens antigas fiquem em modo privado e em desativar algumas das suas contas de mídias sociais.

Seja honesto em seu currículo

Se você exagerou nos títulos dos cargos que ocupou anteriormente, nas responsabilidades ou omitiu períodos em que esteve desempregado no seu currículo, é hora de fazer as devidas correções para mostrar a verdade. Se não concluiu a faculdade ou o curso que começou, seja sincero. Você já tem idade suficiente para assumir.

Resolva as questões jurídicas

Se há questões legais que podem ser resolvidas, faça isso. Com certeza é mais fácil dizer do que fazer, em alguns casos, mas se houver algum tipo de processo ou condenação contra você que possa ser resolvida, tome as providências para que isso aconteça.

42

TRANSFORME O FRACASSO NO SEU MELHOR AMIGO

> *"O sucesso está sempre à sua espera, além do horizonte dos fracassos."*

Todos os anos, centenas de pessoas partem para conquistar o monte Everest, sabendo que podem retornar sem chegar ao cume. De acordo com a Himalayan Database, até dezembro de 2017, apenas 4.833 montanhistas haviam alcançado o cume. Em 2017, 39% fracassaram na escalada, e 288 pessoas morreram na montanha entre 1922 e 2017. Isso faz com que as pessoas deixem de tentar?

Tornar-se rico pode ser tão desafiador quanto escalar o monte Everest. A estrada para estruturar o seu patrimônio financeiro e os devidos retornos está marcada por perigos e pela possibilidade bastante real de fracasso: os preços dos imóveis caem, empresas vão à falência e o valor dos fundos mútuos desaba. Há exemplos de fracasso por todos os lados, mas, assim como o alpinista empenhado, concentre-se no seu objetivo. Aprenda o que puder com o fracasso e siga em frente.

Muitos montanhistas que não conquistam o Everest na primeira vez retornam para tentar outra vez, e muitos que fracassaram em sua primeira tentativa conquistam o prêmio almejado porque se recusaram a parar de tentar.

ENTRE EM AÇÃO

Assuma seus medos

Temer é humano. Isso remonta à época em que vivíamos nas cavernas, quando a morte era uma possibilidade diária e estávamos desenvolvendo nossos instintos de "lutar ou fugir". Todas as pessoas bem-sucedidas têm medos contrabalançados com muita coragem e determinação.

Há três perguntas importantes e relacionadas que você precisa fazer a si mesmo para avaliar como agir com um investimento financeiro:

1. O que você tem medo de perder? Seja objetivo e honesto. Não importa se os seus temores parecem pequenos ou insignificantes. Não fique constrangido se achar que são triviais.
2. O que você deixaria de ganhar? Se não fizer um investimento ou se não aproveitar uma oportunidade financeira, quais são as vantagens e retornos que vai perder? O quanto essa renda é importante para você?
3. Qual é a pior coisa que pode acontecer? Se você estiver contemplando um investimento financeiro e seus piores medos se tornarem realidade, qual é o verdadeiro impacto no seu extrato bancário, na riqueza total e no plano para realizar seus sonhos?

Reduza o risco de fracassos catastróficos

Superar o seu medo do fracasso não significa ignorar riscos. Jamais deveria haver um cenário em que você possa perder tudo. Há muitas maneiras de evitar uma catástrofe como essa, incluindo aprender a administrar seus riscos, entender os perigos de colocar toda a sua riqueza em uma única aplicação e procurar conselhos sobre como proteger seus investimentos.

43

CRIE SUA PRÓPRIA SORTE

> *"A sorte é um prato modesto, feito com alguns ingredientes bem simples: planejamento, determinação e trabalho duro."*

Pessoas ricas tendem a ser pessoas de sorte. Mas há um padrão de bonanças em pessoas muito bem-sucedidas que é mais profundo do que apenas ganhar aleatoriamente um prêmio na loteria. Elas têm a tendência de contar com golpes de sorte consistentemente ou percebem-se no lugar certo e na hora certa, como o investidor que é convidado a ser sócio de uma startup de tecnologia desde o primeiro dia de atividades ou o corretor de ações que vende sua participação acionária em uma empresa logo antes de o preço das ações despencarem.

Richard Wiseman é professor de psicologia. Ele estudou o tema e descobriu que a sorte que tem está relacionada a quanto esforço você faz para perceber oportunidades e agir de acordo com elas. E é exatamente isso que as pessoas ricas fazem. Elas se colocam em situações em que há maior probabilidade de conseguirem uma onda de sorte. Elas criam oportunidades e estão preparadas para aproveitá-las.

> Ter sorte é algo que se traduz em trabalhar com empenho e usar sua iniciativa, intuição e inteligência.

ENTRE EM AÇÃO

Saia com mais frequência
Que oportunidades você precisa criar para conquistar suas ondas de sorte? Eu tive a "sorte" de poder contar com a ajuda do escritor e coach empresarial Marshall Goldsmith, que escreveu o prefácio do meu último

livro. Isso aconteceu porque o procurei e dediquei algum tempo para conhecê-lo. Quem você precisa conhecer e de quais eventos precisa participar para criar esse tipo de oportunidade?

Não existem limites para a loucura quando estamos buscando nossa própria sorte. Tudo que precisamos é de maneiras inovadoras de pensar para criar a oportunidade. Quinze anos atrás, quando eu morava em Hong Kong, estava louco para me encontrar com David Beckham e seus companheiros do Real Madrid que estavam na cidade. Criei minha própria sorte entrando em contato com a Federação de Futebol de Hong Kong e me oferecendo para trabalhar como intérprete do time visitante gratuitamente. Eles aceitaram e, como resultado, passei algum tempo socializando com David e os outros astros do futebol. Não houve nem um grama de sorte envolvido — bem, com exceção da sorte de ter aprendido a falar espanhol quando trabalhei na América do Sul.

Seja otimista e acredite

Comece a dizer a si mesmo que você merece ter sorte. Você precisa acreditar nisso com cada centímetro do seu corpo. Pode parecer loucura, mas há estudos que respaldam isso. Quantas pessoas negativas você conhece cujas vidas estão repletas de sorte e momentos fortuitos? A conclusão do estudo que Richard Wiseman desenvolveu ao longo de dez anos é que a sorte é uma profecia autorrealizável, e que muito da sua boa ou má sorte é o resultado do seu modo de pensar.

44

FIQUE DE OLHO NO SEU BALANÇO PATRIMONIAL

> *"Sempre fico embasbacado quando converso com pessoas que não têm noção do valor do seu patrimônio."*

Imagine que você é uma empresa chamada de "Você Ltda." ou "Você S/A". Quais tarefas isso envolveria? Entre as mais importantes estão ter um registro do seu desempenho financeiro, manter os registros monetários e produzir os relatórios dos mesmos. Uma empresa normalmente cria três relatórios: uma declaração de lucros e perdas, uma declaração de fluxo de caixa e um balanço patrimonial. Vendas, despesas e lucros são registrados na declaração de lucros e perdas. Isso mostra o quanto as atividades que a empresa desenvolve são lucrativas. A declaração de fluxo de caixa registra as entradas e as saídas de dinheiro. Ambas são essenciais, mas o mais importante é conhecer os detalhes do seu balanço patrimonial.

O balanço patrimonial lista todas as coisas que a empresa possui (o patrimônio) e tudo o que a empresa deve às outras (as chamadas pendências). Somadas, essas informações dão o valor patrimonial líquido da empresa, que corresponde ao valor da companhia naquele momento. Aqui está o exemplo de uma empresa com valor patrimonial de R$100 mil.

Patrimônio fixo (em milhares)		Pendências fixas (em milhares)	
Imóveis	R$150	Empréstimo (hipoteca)	R$120
Máquinas	R$200	Outros empréstimos de longo prazo	R$180
Veículos	R$50		
Equipamentos de T.I.	R$40		
Total do patrimônio fixo	R$440	Total de pendências fixas	R$300

Patrimônio atual (em milhares)		Pendências atuais (em milhares)	
Dinheiro no banco	R$10	Impostos (devidos)	R$10
Clientes (contas a receber)	R$20	Fornecedores (contas a pagar)	R$60
Patrimônio atual total	R$30	Pendências atuais totais	R$70
Patrimônio total (fixos+atuais)	R$470	Pendências (fixas+atuais)	R$370
Valor patrimonial líquido = patrimônio total - despesas totais		R$470 - R$370	R$100

Obs.: Patrimônios e pendências "fixos" são de caráter de longo prazo ou permanente, tais como uma casa e seu respectivo financiamento hipotecário. "Atual" refere-se a coisas recebíveis ou pagáveis no curto prazo, tais como uma fatura de cartão de crédito.

ENTRE EM AÇÃO

Acompanhe e conheça o seu valor patrimonial líquido

Calcule hoje mesmo a sua riqueza total, levando em conta o que você possui (patrimônio) e as quantias que deve a outros (suas pendências). Tente calcular criando o seu próprio balanço patrimonial. Você pode fazer uma planilha no Excel ou usar uma dentre várias ferramentas on-line e aplicativos. Depois que criá-la, você pode mantê-la atualizada com facilidade.

Seu patrimônio são os bens que têm valor financeiro para você. É necessário registrar os valores de mercado de bens patrimoniais como sua casa, carro e investimentos. Suas pendências serão coisas como impostos a pagar ou as parcelas de um financiamento imobiliário.

Você pode ter dificuldade de se lembrar de todos os seus bens patrimoniais e pendências. Assim, aqui está uma lista dos itens mais comuns que costumam aparecer nos balanços.

Seus possíveis bens patrimoniais:

- Casa, terras e outros imóveis;
- Carro, motocicleta, barco;
- Equipamentos de informática;

- Mobília, ferramenta;
- Produtos financeiros (como ações, títulos, fundos mútuos);
- Balanço das contas bancárias;
- Pensão;
- O valor da sua empresa.

Suas possíveis pendências:

- Financiamento imobiliário (hipoteca);
- Financiamento estudantil;
- Financiamento de veículo;
- Empréstimos recebidos de familiares ou amigos;
- Cheque especial;
- Empréstimos consignados;
- Impostos a pagar;
- Quantias devidas a terceiros, como a fatura do cartão de crédito.

Tenha um objetivo para o seu futuro balanço patrimonial

Uma vez que conheça o valor atual do seu balanço patrimonial líquido, estabeleça um objetivo para si mesmo, pensando em quanto quer expandi-lo e em que período de tempo. Alinhe essa meta com os objetivos financeiros mais amplos que você mapeou no capítulo 3.

45

MANTENHA SUA INTEGRIDADE INTACTA

> *"Sucesso construído sobre areia movediça não vale nada."*

No fim de 2018, o CEO das empresas Nissan, Renault e Mitsubishi foi demitido. Sendo um dos principais líderes empresariais do mundo, Carlos Ghosn foi incrivelmente bem-sucedido em seu cargo, ganhando milhões no decorrer da última década enquanto guiava seu grupo de montadoras automotivas rumo ao triunfo. Sua queda foi inesperada e baseada em alegações de que ele teria mentido para as autoridades fiscais sobre o tamanho do seu salário. Ele é um exemplo dentre muitos outros de uma pessoa cujo sucesso foi construído sobre areia.

É tentador buscar atalhos no processo de construção da riqueza. Há diversas maneiras pelas quais as pessoas acabam agindo sem integridade:

- Maquiar resultados de vendas, ganhos financeiros e outros valores para garantir que vão receber integralmente o seu abono anual, um aumento de salário ou uma promoção na empresa;
- Vender um carro fingindo que ele está funcionando perfeitamente, quando, na verdade, não está;
- Alegar ter uma qualificação em particular para conseguir um cargo com melhor salário;
- Mentir para bancos, investidores, clientes, fornecedores ou familiares para conseguir um empréstimo, vender produtos de procedência ou qualidade duvidosa ou atrasar pagamentos devidos.

Sempre mantenha a sua integridade intacta. Nunca tome atalhos.

> Lembre-se: tudo o que você tem é a sua reputação.

ENTRE EM AÇÃO

Fique de olhos abertos

Seja observador e cauteloso, não se permitindo agir com qualquer forma de mentira. Tome sempre cuidado para lapsos em potencial na integridade e na ética. Isso pode assumir muitas formas, desde alguém que lhe oferece dicas incríveis de investimentos que você suspeita que possam ser caracterizados como uso de informações privilegiadas ou o seu chefe lhe estimulando a aumentar artificialmente os números das vendas no fim do ano.

Ao se deparar com situações como essas, esteja pronto para recusá-las e se afastar dessas pessoas. Se houver a oportunidade, esteja pronto também para denunciá-las às autoridades relevantes.

Oriente as outras pessoas

Ajude a fazer com que as outras pessoas continuem sendo honestas, lembrando-as e encorajando-as a agir com integridade.

46

SE NÃO ESTIVER QUEBRADO...

> *"Toda vez que eu tento ajustar alguma coisa que está funcionando bem, essa coisa para de funcionar."*

Dois especialistas em finanças comportamentais, Brad Barber e Terrance Odean, estudaram o desempenho de milhares de *day traders* americanos e descobriram que aqueles que faziam mais *day trading* eram os que conseguiam os menores lucros.

Há momentos em que a tendência de fazer ajustes pode ser um ponto forte, quando um afinco maior em aprimorar ou reorganizar componentes pode ser muito útil. O perigo é que, se você começar a aplicar automaticamente essa tendência às suas finanças, ele pode levar a resultados menores. Se aceitasse cada conselho financeiro e agisse de acordo, preocupado em não deixar passar a próxima oportunidade financeira, você iria à falência em pouco tempo.

Desenvolver a paciência e uma perspectiva de longo prazo é a melhor garantia de sucesso, de modo que você não se sinta compelido a mergulhar de cabeça em toda "grande ideia".

Às vezes é melhor simplesmente deixar tudo do jeito que está.

ENTRE EM AÇÃO

Seja estruturado e sistemático

Você está investindo para o longo prazo. Por isso, lembre-se: em muitos dos casos envolvendo dinheiro, "preparar e esquecer" é o melhor curso de ação. Lembre-se de que mais atividades envolvendo o seu dinheiro não significa necessariamente ganhar mais dinheiro.

Se você tem bastante dinheiro sobrando, pode até se arriscar com algumas ideias de difícil realização, mas, presumindo que não tenha tanto, é melhor abordar a questão de maneira diferente.

- Explore o quanto você se sente confortável com os seus investimentos atuais. Entenda os riscos e o retorno envolvidos em cada um deles e reconheça as razões pelas quais você continua a investir nessas opções;
- Decida quais investimentos você realmente quer manter e quais pode liquidar para liberar o dinheiro e usá-lo em oportunidades novas e melhores;
- Quando você souber de novas oportunidades, decida se elas lhe serão interessantes. Se for o caso, faça sua lição de casa e investigue os prós e contras;
- Se parecer que é um bom uso dos seus recursos, liquide um dos investimentos de menor retorno, um dos menos importantes e use o dinheiro vivo que você tem guardado ou os empréstimos que tomou.

Às vezes você precisa consertar o que não está quebrado

Se você prevê problemas no futuro em relação a um investimento em particular, ajustar a sua exposição faz sentido em termos de negócios. Por exemplo, o mercado imobiliário pode estar numa situação estável agora, mas se você acredita que os preços podem cair, então talvez seja melhor começar a vender.

47

VEÍCULOS USADOS SÃO UM INVESTIMENTO INTELIGENTE

> *"Valor — em um ano, existe; no outro, não mais."*

Certos bens patrimoniais costumam perder seu valor com muita rapidez — frequentemente de um jeito tão uniforme que pode ser facilmente previsto. Carros, por exemplo, seguem um padrão bastante previsível de declínio no valor de revenda, e o mesmo vale para itens como telefones celulares, geladeiras, máquinas de lavar louças, máquinas de lavar roupas...

	Carro	Geladeira
Preço do item na loja	R$10.000	R$200
Preço depois de 1 ano	R$8.000	R$130
Preço depois de 2 anos	R$6.000	R$60
Preço depois de 3 anos	R$4.000	R$30
Preço depois de 4 anos	R$2.000	R$0

É claro que os preços variam um pouco de acordo com o ano e com o país de fabricação, mas o padrão geral tende a ser o mesmo: quedas fortes e bastante previsíveis no valor de revenda. Contadores se referem a isso como depreciação ou amortização. A queda no valor reflete o uso e o desgaste, e carros e eletrodomésticos de linha branca (itens que atendem às necessidades básicas e feitos com medidas para o meio ambiente) são chamados de bens de alta depreciação porque estão sujeitos a uma quantidade enorme de desvalorização.

Você não precisa ser um gênio para perceber que não deve investir nesse tipo de item ou nas quais deve gastar muito dinheiro se quiser manter ou ampliar sua riqueza.

ENTRE EM AÇÃO

Por que pagar um valor premium?
Se você quer algo que sabe que vai rapidamente perder o valor, por que compraria uma versão nova desse bem? Sim, todos nós queremos as versões mais recentes das coisas que compramos, mas parece tolice agir dessa maneira o tempo todo.

Invista em bens de baixa depreciação
Quando pensar em investir o seu capital, afaste-se de qualquer coisa cujo valor certamente vai cair. Todos os investimentos aumentam e diminuem de preço por várias razões, mas é imprudente colocar seu dinheiro em bens que automaticamente perderão o valor.

Se carros ou discos de vinil são itens do seu interesse, então compre carros antigos ou discos antigos em condições perfeitas. Eles mantêm seu valor e podem até se valorizar com o passar do tempo.

48

ESTUFE O PEITO E SORRIA

> *"Só porque você não está falando, não quer dizer que não está se comunicando."*

A linguagem corporal pode ser uma ferramenta poderosa para ajudá-lo a alcançar o sucesso financeiro. Uma pesquisa feita por Amy Cuddy, da Universidade de Harvard, e publicada na revista *Psychological Science* em 2018, concluiu que as pessoas que adotam uma postura altiva ou poderosa sentem-se e agem como se fossem mais poderosas do que aquelas que não o fazem. Basicamente, fazer a pose do Super-Homem — cabeça erguida, braços apoiados nos quadris ou longe do corpo — aumenta a sua sensação de ter poder.

Em um estudo anterior, também publicado na *Psychological Science*, dois psicólogos da Universidade da Califórnia em Berkeley, Michael Kraus e Dacher Keltner, descobriram que a linguagem corporal não verbal revela o status socioeconômico (SSE) de uma pessoa. O SSE é determinado por fatores tais como riqueza, carreira e instituições de ensino frequentadas.

Use a linguagem corporal em proveito próprio, tanto em relação a como vai se sentir como também às mensagens que ela envia para outras pessoas à sua volta. Poste-se sempre com a coluna ereta, fale claramente e sorria. Acima de tudo, não deixe que sua linguagem corporal o contradiga.

Neurocientistas na Universidade Colgate, em Nova York, descobriram que, quando os sinais não verbais não estão alinhados com o que você está dizendo, a sua mensagem verbal se perde. Em outras palavras, as pessoas simplesmente não escutam o que você está tentando comunicar.

Aja como o Super-Homem e você poderá ser o Super-Homem.

ENTRE EM AÇÃO

Crie primeiras impressões incríveis

Pesquisas feitas por Janine Willis e Alexander Todorov descobriram que opiniões formadas em até um décimo de segundo estavam altamente correlacionadas com opiniões formadas sem qualquer limite de tempo. Em outras palavras, em uma quantidade ínfima de tempo, nós podemos decidir o quanto outra pessoa é confiável, séria, ambiciosa, autoconfiante ou resiliente.

Não interessa quem você precise impressionar, os primeiros segundos são a chave. As palavras diante de você — investidores, banqueiros, funcionários, clientes — vão formar uma impressão a seu respeito quase imediatamente. Portanto:

- Prepare-se bem. Pense em suas roupas, sapatos, cabelos e maquiagem;
- Sempre olhe nos olhos do seu interlocutor e tenha um aperto de mão firme. Um estudo feito pela Universidade de Iowa sobre candidatos que procuram emprego descobriu que apertos de mão fortes são percebidos de maneira mais favorável do que os frouxos;
- Nunca se sente com uma postura desleixada e não faça gestos que deem a impressão de que você está agitado ou nervoso. O site careerbuilder.com entrevistou 2.500 gerentes responsáveis por contratações e um terço deles citou que o nervosismo e a agitação de um candidato na hora da entrevista diminuem a probabilidade de contratação.

Observe a linguagem corporal das outras pessoas

Sempre que negociar com banqueiros, parceiros de negócios, investidores e funcionários, preste atenção neles também. Observe aquilo que eles não estão dizendo tanto quanto aquilo que estão dizendo. Se não souber ler a linguagem corporal dos seus interlocutores, você se arrisca a perder o conteúdo de metade da conversa.

49

EVITE DEIXAR SEU DINHEIRO TRAVADO

> *"A riqueza não é a quantidade de dinheiro que você tem. É a quantidade de escolhas e opções disponíveis para você."*

Para que o seu dinheiro cresça, você normalmente paga o preço de não ter acesso instantâneo ou gratuito a ele. Essa é a diferença entre investimentos com e sem liquidez diária.

- O investimento com maior liquidez é uma conta-corrente num banco ou numa sociedade de crédito. A liquidez é alta, mas a taxa de juros que você recebe por isso é praticamente zero;
- Quando investe em imóveis, você só pode recuperar o seu dinheiro por meio de vendas ou fundos imobiliários. Se tiver pressa para usar o seu dinheiro, uma venda rápida pode significar vender a um preço inferior ao que normalmente seria o indicado;
- Você pode retirar o seu dinheiro de investimentos com data fixa para resgate, mas isso pode incorrer no pagamento de taxas ou, então, pior: você pode perder todos os juros que teriam sido recebidos no decorrer do tempo em que aquele dinheiro esteve depositado;
- Tirar dinheiro de fundos mútuos ou outras modalidades de investimento pode causar multas altas se você não puder se ater a um período de carência acordado em contrato;
- Alguns investimentos travam o seu dinheiro por anos. Uma anuidade é um plano de poupança sem liquidez que é frequentemente vendido junto a um seguro de vida.

Estar com o dinheiro travado em um investimento só é um problema quando você precisa desesperadamente dele ou se o investimento estiver perdendo valor e você quiser minimizar suas perdas.

> Cuidado com as letras miúdas do contrato.

ENTRE EM AÇÃO

Tenha noção de onde você está entrando

Evite ficar com seu dinheiro travado em um investimento, sem poder movê-lo ou sacá-lo quando precisar. Antes de assinar qualquer documento, sempre verifique as letras miúdas do contrato.

Quando criar o seu balanço patrimonial, acrescente uma seção de observações. Para cada um dos seus bens patrimoniais financeiros, acrescente um resumo que contenha o seguinte:

- Com que facilidade cada fundo, depósito bancário ou outra modalidade de investimento pode ser liquidada e o dinheiro pode voltar às suas mãos. Anote os períodos de carência, como o pedido deve ser feito (e com quanto tempo de antecedência) e para quem;
- Quaisquer multas ou taxas que decorram de retirar ou sacar seu dinheiro antes dos prazos acordados.

Agora você está pronto e preparado para o dia em que precisar movimentar seu patrimônio e investimentos com urgência.

Guarde um pouco de dinheiro vivo

Se grande parte da sua riqueza é um conjunto de investimentos sem liquidez, certifique-se de ter uma quantia suficiente em espécie — não embaixo do seu colchão, mas em uma conta-corrente em um banco ou sociedade de crédito.

Às vezes, é uma boa saída ficar com o dinheiro "travado"

Você pode decidir colocar uma parte do seu dinheiro em um investimento de longo prazo do qual não pode sacá-lo com muita facilidade. Assim, garantirá que o valor não será gasto.

50

RENDA PASSIVA É LIBERDADE

> *"É ótimo quando você pode ganhar dinheiro enquanto dorme."*

Suponhamos, apenas por um momento, que você não tenha mais condições de trabalhar. De onde virá a sua renda? Você consegue visualizar como vai sobreviver financeiramente? As pessoas ricas não têm esse tipo de preocupação. Quando elas param de trabalhar, sua renda continua sendo gerada. Elas não se preocupam em perder seus empregos e não serem pagas, e o segredo disso é a renda passiva.

A renda passiva, por sua própria natureza, é frequentemente regular e recorrente, mas pode não ser. Também pode ser variada em termos de tamanho ou mesmo timing. Exemplos de renda passiva incluem qualquer coisa da qual você possa extrair rendimento com pouco ou então nenhum esforço:

- Você reforma uma casa que comprou ou herdou, entregando-a a uma imobiliária para que possa disponibilizá-la para locação e gerencie os problemas que possam surgir no dia a dia com quaisquer inquilinos que venham a morar ali. Você se senta e recebe a renda do aluguel;
- Você investe em um fundo bem conhecido e de boa reputação, simplesmente recebendo atualizações trimestrais junto a um lucro anual (o retorno), que você pode deixar em sua conta para ser reinvestido ou então sacar para usá-lo como renda — assim como acontece com os juros compostos gerados em uma conta de investimentos;
- Você tem uma empresa que recebe dos clientes em um modelo de assinatura. Por exemplo, os clientes pagam uma anuidade para serem membros de uma academia de ginástica na qual você é um acionista silencioso (ou sem direito a voto), apenas recebendo pagamentos anuais em forma de dividendos.

> Renda passiva é um crescimento de capital gerado continuamente, mesmo quando você está dormindo.

ENTRE EM AÇÃO

Tenha um plano de renda passiva

O que é necessário para criar as injeções de renda passiva de que você precisa, de modo a criar fluxos de renda capazes de ajudá-lo a alcançar suas metas de vida e finanças sem ter de passar o tempo todo administrando o seu patrimônio? Comece com aquilo que desperta o seu interesse e está disponível para você:

- Alugar seus imóveis por meio do Airbnb;
- Investir em ações de empresas *blue chip* (ações com maior valor na Bolda de Valores) que tenham dividendos sólidos;
- Deixar quantias com um corretor de ações ou administrador de fundos, permitindo que eles movam o seu dinheiro de um investimento para outro de modo a maximizar o retorno e o crescimento do seu capital;
- Investir em algumas startups ou em pequenas ou médias empresas como investidor silencioso. A renda passiva pode não estar garantida, mas, se vier, pode vir em grandes quantidades.

Busque trabalhar somente algumas horas por semana

Uma vez que tenha determinado como vai criar fluxos de renda passiva, é preciso administrar o seu tempo e determinar quantas horas você quer passar por semana gerenciando e fazendo crescer esses fluxos de renda passiva e quanto você quer terceirizar para um corretor de ações, contador e/ou gerente de investimentos. Existem ferramentas para fazer o acompanhamento on-line, sites de investimentos e aplicativos para celular que você pode usar para reduzir e otimizar a sua carga de trabalho.

Não gaste o seu capital

O capital é a fonte da sua renda passiva. Cuide bem dele e o proteja. Você pode ter dificuldades para fazê-lo crescer, mas cuidado para não deixar que ele se desvalorize, seja por meio de gastos em coisas que não geram renda ou deixando de cortar suas perdas quando a desvalorização ocorrer.

51

SEJA UM EXPERT APAIXONADO

> *"Faça aquilo que ama fazer. Faça tão bem que as outras pessoas vão amar você por fazer isso."*

Se você quer ser rico, torne-se um expert. A expertise faz com que você possa maximizar aquilo que pode receber em qualquer situação, independentemente de estar trabalhando para os outros, de ser um profissional autônomo ou investidor em tempo integral. Funcionários experts são mais valiosos, há uma demanda maior por eles e seus salários são maiores; empresários experts são aqueles que administram as melhores empresas; e *day traders* e empreiteiros experts são aqueles que conseguem os maiores retornos.

Alcançar a expertise é algo que demanda prática e determinação. Você tem de passar seu tempo lendo, aprendendo e fazendo. A duração disso varia, mas nem sempre vai levar dez mil horas como normalmente se diz por aí. Tornar-se um expert é uma jornada e, assim como as jornadas são mais fáceis se você souber onde está, é preciso saber em que nível está quando estiver construindo expertise, a qualquer momento — e ser realista sobre o seu progresso consigo mesmo e com os outros.

Fingir saber de tudo quando há dinheiro envolvido é uma maneira infalível de perdê-lo.

ENTRE EM AÇÃO

Qual é a sua expertise?

Bill Gates era um expert nos primeiros sistemas operacionais para o PC, e hoje se tornou expert em filantropia global e na solução de questões globais de saúde. J. K. Rowling é expert em escrever ficção. E você, em que ponto está a sua expertise, real ou potencial? Pense nas suas habilidades técnicas, mas não se esqueça também das *soft skills* — habilidades interpessoais —, como a comunicação.

Em seus primeiros anos, prefira ganhar expertise em vez de dinheiro
Entre os vinte e trinta anos, construir experiência, conhecimento e entender sobre dinheiro é o mais importante de tudo, já que isso é o alicerce da sua expertise futura e a base para que você crie valor e riqueza.

Aprecie o processo de se tornar um expert
A expertise vem com o tempo e a prática. É difícil dedicar tempo para fazer algo pelo qual você não tenha paixão, mas isso pode ser feito. Há muitos sócios em empresas de advocacia e contabilidade que não gostam do Direito ou da contabilidade.

Tenha cuidado nas áreas em que você não é um expert
Ao se aventurar em áreas nas quais não é um expert, esteja preparado para resultados abaixo do esperado. Você pode descobrir que está ganhando menos do que outras pessoas na sua área ou empresa, obtendo retornos menores sobre seus investimentos, lucrando menos com seus imóveis ou tendo dificuldades para fazer sua empresa decolar.

E, se nada mais der certo, pague outras pessoas para que coloquem a expertise delas para trabalhar para você.

52

NÃO FAÇA PARTE DO REBANHO

> *"Não siga a multidão se a multidão for pobre."*

É difícil remar contra a maré. Os seres humanos gostam daquilo que os psicólogos chamam de comprovação social. Nós temos uma propensão maior a fazer alguma coisa se outros já fizeram antes. O psicólogo Jonah Berger, da Universidade da Pensilvânia, descobriu em seus experimentos que os participantes tinham uma propensão no mínimo 10% maior de comprar alguma coisa se soubessem que outras pessoas já haviam comprado anteriormente, em comparação com situações em que eles não eram informados sobre as preferências de outras pessoas.

Há uma coisa que deve ser mantida em mente em relação ao dinheiro, entretanto: se a maioria das pessoas estiver fazendo alguma coisa, pode ser interessante fazer o oposto. A maioria das pessoas não é bem-sucedida financeiramente, mas você vai ser. Por fim, se quiser ser um investidor sábio e criar riqueza, vai ser preciso tomar decisões.

> Às vezes você precisa fazer o que as outras pessoas estão fazendo; outras vezes, vai ser preciso seguir seu próprio caminho.

ENTRE EM AÇÃO

Analise com cuidado o que escuta e vê
Há algumas pessoas muito convincentes à nossa volta e pode ser difícil não se deixar levar por opiniões expressas de maneira eloquente:

- "Como assim? Você não tem ouro no seu portfólio? Em um mercado como este?";

- "Você comprou um imóvel na cidade? Com o mercado se desvalorizando desse jeito?";
- "Você ainda tem aquelas ações da ABC Ltda.? Eu vendi as minhas no mês passado e estou dormindo tranquilo, agora que a empresa está em dificuldades".

Ouça e processe qualquer conselho que receber, mas também tenha noção do seu próprio processo de tomada de decisão, seus próprios planos financeiros e sua tolerância ao risco.

Ser ou não ser "do contra"

Às vezes você precisa seguir o rebanho; outras vezes, é preciso nadar contra a correnteza. A dificuldade é saber quando. O que você faria nessas situações comuns?

- Uma empresa da qual você tem ações está indo à falência e o preço das ações está caindo. As massas estão vendendo suas ações. Você segue o rebanho ou nada contra a corrente?
- Um grupo renomado e tradicionalmente bem-sucedido da *Fortune 500*, da qual você tem ações, informou resultados de vendas muito ruins em seu relatório anual. O preço das suas ações cai conforme muitos investidores se livram das ações da empresa devido aos relatórios. Você segue o rebanho ou nada contra a corrente?

Em ambos os cenários é preciso estudar os fatos, ouvir conselhos e tomar uma decisão que funcione para o seu caso No primeiro exemplo, você pode decidir que é improvável que o preço das ações se recupere em um futuro próximo e não consegue justificar o apego às ações. Nesse caso, seguir o rebanho é a opção mais sensata. Por outro lado, no segundo exemplo, você pode decidir, por meio da sua análise, que o preço das ações e o desempenho da empresa vai voltar aos níveis anteriores de longo prazo e médias de resultados, apesar da queda atual. Nesse caso, nadar contra a corrente é a decisão certa para você: guardar suas ações e talvez até mesmo comprar mais para aproveitar a situação.

Ganhar a sabedoria para saber como agir envolve uma combinação de aprendizado, tentativa e erro e, talvez mais importante do que tudo, receber ótimos conselhos.

53

ÓTIMOS CONSELHOS TÊM SEU CUSTO

> *"Se você acha que contratar um expert é caro, tente arranjar dinheiro para limpar a sujeira deixada por um amador."*

Caso quebre uma perna, você fica na cama e pesquisa no Google por remédios caseiros ou procura um médico? Ler sites médicos é definitivamente a opção mais fácil, mas será que é a mais eficaz? Com assessoria financeira a situação é igual. Com um problema simples, você pode até pesquisar no Google: "Qual dos bancos tradicionais oferece as melhores taxas de juros para a poupança?" ou "Quais plataformas on-line de comércio de ações são mais populares?" ou "Qual é o rendimento dos aluguéis dos apartamentos onde eu moro?".

Quando se deparar com questões maiores em relação ao dinheiro, você vai precisar de um aconselhamento mais profissional e preciso. E se você precisar fazer alguma das coisas abaixo?

- Entender as implicações fiscais de várias opções de investimento que estão diante de você?
- Avaliar sua tolerância ao risco?
- Conhecer a gama de opções financeiras à sua disposição?
- Explorar os prós e contras de sacar o dinheiro do seu fundo de pensão antecipadamente?
- Preencher sua declaração do imposto de renda ou fazer a contabilidade da sua empresa?
- Decidir como guardar sua riqueza — em seu nome, em nome de uma empresa ou em contratos fiduciários?

Não existe um serviço equivalente, abrangente e gratuito na geração de riqueza como existe na área da saúde. Você tem de estar pronto para pagar a fim de receber ajuda. No passado, isso talvez fosse algo questionável, mas os governos fazem um bom trabalho na regulação de conselhos financeiros nos dias de hoje, com instituições de acreditação tais como a Anbima, no Brasil, e regras para reduzir os riscos de ser vítima de fraude.

Você está pronto para pagar por uma assessoria?

ENTRE EM AÇÃO

Comece agora

Pagar pequenas quantias na forma de tarifas pode ser um dinheiro bem gasto, especialmente se você vem construindo sua riqueza até o momento sem qualquer aconselhamento ou assessoria profissional.

- Analise a sua situação financeira diretamente com um assessor do seu banco;
- Pesquise opções para otimizar o financiamento da sua casa com um assessor especializado em hipotecas;
- Peça a um contador para ajudá-lo a avaliar ou completar a sua declaração anual de imposto de renda.

Avance para coisas maiores

Conforme você amplia sua riqueza, considere a possibilidade de buscar bons conselhos e assessoria de qualidade em tópicos como:

- Abrir uma conta bancária *offshore*;
- Transferir sua riqueza para um contrato fiduciário — *onshore* ou *offshore* — para minimizar legalmente as obrigações fiscais e para fazer com que o processo de herança transcorra mais tranquilamente;
- Receber aconselhamento profissional regular sobre mercados financeiros de um banco privado ou de uma empresa de corretagem de ações.

Procure e converse com pessoas. Hoje, você pode ser visto como alguém pequeno demais para ser aceito como cliente em certos bancos e empresas de corretagem se elas tiverem requisitos mínimos de investimento. Mas, se persistir, pode encontrar conselhos e ajuda de excelente qualidade, mesmo que seja apenas uma vez.

Monte um escritório de família

Um escritório de família é uma equipe profissional contratada para administrar a sua riqueza. Você pode não estar pronto para isso agora, mas assim que tiver acumulado riqueza suficiente e puder justificar as despesas, monte um.

No fim de 2018, o jornal *The Economist* publicou um artigo intitulado "Como os super-ricos investem", que dizia: "Embora passem praticamente despercebidos, escritórios de família se tornaram uma força nos investimentos, com cerca de 4 trilhões de dólares em patrimônio — mais do que os fundos de *hedge* (fundos multimercados) e o equivalente a 6% do valor das bolsas de valores do mundo".

54

HÁ HORA E LUGAR PARA TUDO

> *"É essencial compreender onde você está em sua jornada na vida, planejar-se financeiramente e agir conforme o plano."*

Há seis estágios pelos quais tipicamente passamos em nossas vidas (e você deve adaptá-los à sua própria situação):

1. Você depende da sua família para bancar seus estudos, seja na escola ou na faculdade;
2. Você começa a trabalhar em seu primeiro emprego, pagando as contas, mas com dificuldades para conseguir poupar;
3. Você começa a criar riqueza quando se torna dono do seu primeiro imóvel e começa a compartilhar sua vida com um cônjuge;
4. Você tem filhos, investindo na educação deles enquanto aumenta sua carreira e riqueza;
5. Você vê seus filhos saírem de casa e aproveita os últimos anos da sua vida profissional, recebendo capital na forma de herança quando seus pais falecem;
6. Você se aposenta, cuidando da sua saúde e vivendo da sua aposentadoria e rendas de investimentos.

Em qual desses estágios financeiros você está? É importante saber onde você está hoje para poder entender sua situação financeira atual e ter noção das fases que ainda estão por vir. Se estiver na casa dos vinte ou dos trinta anos, pode ser muito difícil se imaginar como uma pessoa cujos filhos já cresceram e saíram de casa ou na fase da aposentadoria. Mas essas fases vão chegar.

Durante cada uma delas, suas entradas, saídas e o patrimônio líquido vão variar consideravelmente de um período para outro. É importante ter noção disso e incluir essas informações no seu planejamento financeiro, nas suas ações e no estabelecimento das suas metas.

> Durante cada fase da sua vida, proteja e aumente sua riqueza tanto quanto for possível.

ENTRE EM AÇÃO

Maximize o seu patrimônio líquido em cada estágio

Aqui estão algumas reflexões a considerar nos diferentes estágios da vida:

- Quando for estudante, pense sobre o quanto você será empregável quando estiver escolhendo cursos e onde vai estudar. Tente manter seus financiamentos estudantis no mínimo e procure empregos em que possa trabalhar nos fins de semana ou nas férias. Procure experiências profissionais que o ajudem a ser mais empregável;
- Quando estiver dando os primeiros passos em sua carreira, tente evitar gastar seu dinheiro em coisas materiais ou pagar um aluguel caro demais. Poupe automaticamente uma parte do seu salário a cada mês e mantenha a sua "mentalidade de estudante" de sempre procurar por promoções e vantagens na hora dos pagamentos. Viaje e aproveite a vida, mas faça isso com consciência em relação aos custos;
- Conforme seu salário cresce, decida se você vai pagar empréstimos pendentes (financiamento estudantil, parcelas da sua casa, financiamento do carro, dívidas do cartão de crédito) antes do prazo estipulado. Considere separar uma quantia maior para colocar em seu plano de aposentadoria além daquilo que seu empregador já deposita;
- Com seu marido ou esposa, decida se vocês vão unir suas finanças ou mantê-las separadamente. Planejem com cuidado como otimizar suas obrigações fiscais.
- Se tiver filhos, crie cadernetas de poupanças para eles e garanta quaisquer benefícios governamentais aos quais você tenha direito. Ensine seus filhos ainda crianças a respeito do dinheiro, sobre poupar e sobre finanças de modo geral;
- Quando seus filhos já estiverem crescidos e saírem de casa, você vai precisar tomar algumas decisões, como se vai continuar com a casa da família ou então se vai se mudar para um imóvel menor e

usar o restante do dinheiro da venda do primeiro imóvel para criar mais renda passiva;

- Considere se você é capaz de pagar todos os seus empréstimos, incluindo financiamentos hipotecários, antes de se aposentar.

55

DIFICULDADES NO CURTO PRAZO PARA TER GANHOS NO LONGO PRAZO

> *"Sacrificar um real hoje vai lhe dar dois reais amanhã."*

Você não vai construir sua futura riqueza se levar uma vida mansa hoje. Há uma concepção errônea muito comum que diz que é melhor tomar o máximo de dinheiro emprestado possível agora, obter o maior financiamento imobiliário que conseguir e dividir no máximo de parcelas possíveis para pagar tudo num futuro bem distante. Mas você quer realmente dar ao seu "eu do futuro" o desafio contínuo de pagar os empréstimos que tomou hoje?

Vamos imaginar que você e seu cônjuge querem comprar uma casa no valor de R$500 mil. Vocês têm R$50 mil em economias para pagar como entrada, outros R$50 mil em vários investimentos financeiros e uma quantia suficiente para pagar as taxas legais e demais custos. Combinando os salários, vocês têm condições pagar de parcelas mensais no valor de até R$3 mil, mas um valor de R$2 mil por mês seria muito mais confortável e não afetaria o seu estilo de vida. Vamos imaginar uma taxa de juros fixa para o financiamento de 4%.

Qual plano de financiamento parece ser o mais apropriado?

Opção	Empréstimo tomado	Dinheiro próprio investido	Anos para pagar	Parcela mensal	Tortal de juros pagos
A	R$450.000	R$50.000	30	R$2.148	R$323.413
B	R$400.000	R$100.000	30	R$1.910	R$287.578
C	R$450.000	R$50.000	20	R$2.727	R$204.459
D	R$400.000	R$100.000	20	R$2.424	R$181.741
E	R$450.000	R$50.000	10	R$3.329	R$149.147
F	R$400.000	R$100.000	10	R$2.959	R$132.575

Há algumas grandes decisões a serem tomadas aqui em relação a quanto dinheiro tomar emprestado, durante quanto tempo e até quando estender as parcelas mensais. Para ajudar a responder a essa pergunta, tente dar um pouco de contexto a ela: daqui a trinta anos, você vai agradecer a si mesmo pelas decisões que tomou hoje?

> Você tem de fazer sacrifícios hoje para garantir sua riqueza no futuro.

ENTRE EM AÇÃO

Decida quanto sofrimento você é capaz de aguentar no curto prazo
Neste exemplo, pense no seguinte:

- O quanto é importante manter a sua renda mensal disponível para gastos de modo a manter o seu estilo de vida? Você pode abrir mão de gastar hoje para pagar mais rapidamente o seu financiamento imobiliário? É provável que você ou seu/sua companheiro/a recebam promoções no emprego e aumentos no salário durante os próximos dois ou três anos, fazendo com que seja mais fácil bancar os pagamentos futuros do que são hoje?
- Os retornos sobre R$50 mil em outras opções de investimento são mais interessantes? Se usar esse montante para a compra da casa, quais outros retornos você perde? Se investir todos os 100 mil disponíveis, como vai lidar com algum imprevisto, quando precisar do dinheiro?
- Ter trinta anos para pagar o financiamento em vez de quinze ou vinte anos faz uma diferença enorme em termos de juros totais pagos e também lhe dá valores diferentes nas parcelas anuais. Se pensar na situação como um todo, você se sente melhor pagando o empréstimo num prazo menor ou esperando os trinta anos? Tenha em mente que, dependendo da sua idade, você talvez já tenha se aposentado antes de conseguir quitar a dívida.

Entenda os benefícios de pagar o seu financiamento imobiliário mais rapidamente. É importante considerar todos os benefícios de pagar sua dívida em um período mais curto:

- Você vai ser o proprietário definitivo do imóvel mais rápido. Todo o valor do imóvel se transforma em patrimônio;
- Você terá pago mais do valor principal quando decidir vender. Essa é uma das principais razões para nunca contratar financiamentos imobiliários hipotecários nos quais se pagam apenas os juros durante um determinado período. Não importa o quanto possam parecer atraentes nos primeiros anos, o montante principal não terá sido pago porque todo o seu dinheiro foi usado para pagar apenas juros;
- Pagar mais juros a cada mês lhe dá um benefício fiscal de poder descontar os pagamentos de juros da sua renda pessoal.
- Se os preços dos imóveis caírem, espera-se que você tenha uma dívida patrimonial líquida menor do que se estivesse pagando as parcelas do seu financiamento mais lentamente. Em outras palavras, você terá uma chance menor de vender por um preço menor do que a quantidade que ainda deve ao banco;
- Se tiver dificuldades financeiras no futuro, você pode refinanciar o imóvel e tentar obter prazos maiores para quitar a dívida.

56

PREFIRA TER EXPERIÊNCIAS EM VEZ DE COISAS

> *"Pessoas ricas têm uma TV e muitos livros. Pessoas pobres têm muitas TV's e nenhum espaço para livros."*

Você passa suas noites assistindo à TV ou lendo? Quantos livros de não ficção, revistas e jornais você lê por mês? Isso nunca foi estudado, mas aposto que há uma correlação entre ler e tornar-se rico. Todo bilionário que conheço fala bastante sobre a importância de aprender e ler em sua jornada de sucesso.

- Li Ki-Shing disse que o conhecimento determina o seu destino. Ele deve saber do que está falando; nascido em uma família pobre, tornou-se um dos indivíduos mais ricos do mundo;
- Bill Gates disse que "ler aumenta um senso de curiosidade em relação ao mundo, que eu acho que ajudou a me impulsionar na carreira e no trabalho que faço agora com a minha fundação";
- Richard Branson aconselha: "Leia o que os outros fizeram, adote o que funcionar para você e adapte tudo isso à sua vida".

Mas, assim como o aprendizado contínuo e duradouro, você deve voltar à educação formal para que isso o ajude a ficar mais rico? Estudos mostram que pessoas formadas em faculdades ganham mais do que as de nível médio. Nos Estados Unidos, por exemplo, um estudo do Pew Research Center, publicado em 2014, concluiu que "a diferença mediana anual entre pessoas com o ensino médio completo e pessoas com o ensino superior completo é de cerca de 17.500 dólares [por ano]". Um estudo do Departamento de Educação do Reino Unido concluiu que "em 2016, pessoas com ensino superior completo e com idades entre dezesseis e 64 anos ganham, em média, 9.500 libras a mais do que pessoas sem ensino superior [por ano], enquanto os pós-graduados ganham em média

6 mil libras a mais do que os graduados [por ano]". Já no Brasil, segundo o relatório *Education at a Glance*, da Organização para a Cooperação e Desenvolvimento Econômico (OCDE), uma pessoa formada no ensino superior ganha, em média, mais que o dobro de quem só cursou o ensino médio. Já um pós-graduado pode ter um salário mais de quatro vezes maior se comparado a alguém que só se formou no ensino médio.

Esse salário médio extra pode até ser atraente para você, mas varia bastante de acordo com o diploma que foi obtido. E a renda adicional, por si só, não garante que você consiga conquistar a independência financeira.

Talvez a última palavra aqui seja o fato de que muitos dos super-ricos de hoje desistiram da escola com dezesseis ou dezoito anos, enquanto outros largaram a faculdade antes de se formar.

> Mudar de hábitos não é fácil, mas é um esforço que traz recompensas incríveis.

ENTRE EM AÇÃO

Aprimore seus hábitos de aprendizado

Pode levar um ou dois anos para transformar isso em hábito, mas ler e estudar durante pelo menos trinta minutos por dia vai resultar em benefícios incríveis conforme você desenvolve novas ideias e aprende novas técnicas. Folheie revistas e jornais de negócios como o *Inc.*, *Investors Chronicle*, *Harvard Business Review*, *The Economist*, *Monocle*, *Time*, *Strategy Plus* e o *Financial Times*[3]. Leia jornais de vários lugares do mundo; você vai ficar maravilhado com os insights novos e inesperados e também com as ideias para negócios que surgem para você.

Construa o seu aprendizado informal

Siga os pontos de partida abaixo para construir seu aprendizado informal:

- Leia biografias de empreendedores;

3 N.E.: No Brasil, você pode escolher entre os veículos de comunicação: Valor Econômico, Exame, Isto É Dinheiro, InfoMoney, entre outros.

- Acostume-se a ler os relatórios anuais de faturamento das empresas para ajudá-lo a escolher quais ações comprar;
- Procure livros sobre inovação, *design thinking* e criatividade para ajudá-lo a expandir seus negócios;
- Leia livros de aperfeiçoamento pessoal para descobrir maneiras de turbinar suas habilidades de comunicação, autoestima ou técnicas de venda.

Seu regime de exercícios mentais

Encontre tempo para ler e estudar implementando a regra de trinta minutos por dia de exercício mental. Faça o que for preciso para que isso funcione para você: use um Kindle ou um iPad, ouça audiolivros no caminho para o trabalho. Faça leitura dinâmica. Faça o que for necessário para ser um eterno aprendiz, desaprendendo e reaprendendo conforme for necessário.

57

NÃO SE DEIXE ABALAR POR SITUAÇÕES RUINS

> *"Quando alguém morre num acidente de carro, você vende os seus carros e jamais volta a dirigir?"*

Toda semana nós lemos todos os tipos de manchete:

- "Valor de ações cai, eliminando os ganhos do ano";
- "Queda dos preços do petróleo afeta todos os mercados globais";
- "Dólar tem mais um aumento e atinge o mais alto patamar do mês".

A mídia adora publicar manchetes assustadoras, e nada vende mais do que medo, preocupações, ansiedade e negatividade. Poucas coisas são mais empolgantes para editores de jornais e noticiários televisivos do que gráficos mostrando as quedas na bolsa de valores, a oscilação no valor de moedas estrangeiras e os preços de imóveis. Fico surpreso quando percebo que não estamos guardando toda a nossa riqueza embaixo do colchão ou na forma de barras de ouro. Bem, assuntos como esses geram manchetes impressionantes e vendem muitos jornais.

Você tem de saber o que está acontecendo, mas não acredite cegamente em tudo o que ouvir. É importante não reagir de modo automático a reportagens na tentativa de proteger seus investimentos. Quando a mídia fala sobre o fim dos veículos movidos a diesel, isso não significa que você tem de correr para vender seus títulos e ações de indústrias automotivas. Em vez disso, procure a verdade.

Entenda os fatos e os fundamentos dos produtos financeiros e empresas nas quais você está investindo além das manchetes sensacionalistas.

ENTRE EM AÇÃO

Conheça os fundamentos

Baseie suas decisões de investimentos em uma análise sobre os fundamentos dos bens patrimoniais nos quais está investindo. Desenvolva uma noção sobre a força de um bem patrimonial, seu preço e possíveis prospectos. Para qualquer empresa da qual você esteja considerando se tornar acionista, os fundamentos incluem:

- O quanto as receitas são estáveis?
- Qual é o tamanho da concorrência?
- O custo de suprimentos e matérias-primas deve ser levado em conta?
- Qual é a margem de lucro?
- Como é o funil de vendas e a dimensão dos investimentos em pesquisa e desenvolvimento de produtos?
- Qual é o tamanho, o tipo e a maturidade das dívidas contraídas pela empresa?
- Como é o fluxo de caixa da empresa, incluindo a regularidade e o tamanho de quaisquer pagamentos de dividendos e opções de recompra de ações?
- Até que ponto os negócios da empresa são à prova de recessão?

Sua capacidade de compreender os fundamentos de uma empresa pode ser ainda melhor se você aprender mais sobre declarações financeiras e a sua razão financeira, algo que será abordado mais adiante.

No caso de índices de mercado, ações individuais, taxas de câmbio ou outros bens patrimoniais que possam ser comprados e vendidos, você precisa compreender as tabelas que mostram os movimentos históricos de preço, assim como o volume de ações que está sendo comprado e vendido, para então poder verificar se algum movimento de preços pode ser sustentado.

Cuidado com notícias extremamente positivas

A mesma lógica se aplica quando a mídia e os analistas financeiros estiverem falando de algum tipo de bem patrimonial, produto ou índice. Assim como você faria com ações com preço em queda, pare e observe os fundamentos. Se estiver em dúvida, procure e pague pela assessoria e opiniões de especialistas na área. Analisar gráficos e fundamentos é muito tedioso para a maioria das pessoas, além de ser algo que consome bastante tempo. Gerentes financeiros são pagos para fazer tudo isso, então considere a possibilidade de deixar dinheiro com eles e se concentrar em outros tipos de bens, tais como imóveis.

58

INVISTA EM COISAS DE QUE VOCÊ GOSTA

> *"Invista apenas em coisas nas quais você ficaria feliz em ter e usar, caso o mercado se feche para elas."*

É impossível ter sucesso quando seu trabalho o enlouquece. Ninguém consegue chegar à excelência em tarefas que não aprecia. Você comete erros, fica entediado, deixa passar detalhes importantes e não tem a energia necessária para ser criativo e inovador. Não existe um único multimilionário ou bilionário que criou sua riqueza por meio de atividades que odiava.

Mas, quaisquer que sejam os seus interesses, há maneiras motivadoras e interessantes de gerar riqueza. Você só precisa descobrir o que funciona para você e ganhar o dinheiro como subproduto. Para mim, isso significa:

- Reformar imóveis velhos e colocá-los no mercado para alugar ou vender;
- Escrever livros para inspirar outras pessoas, o que me traz uma renda regular na forma de royalties e em contratos para dar palestras;
- Ampliar minha atividade de coaching e treinamento.

Mesmo no caso dessas paixões, ainda tenho preferências. Só compro imóveis nos quais consigo me imaginar morando — e às vezes eu faço isso; só escrevo livros sobre temáticas que me interessam; e só proponho atividades de coaching e mentoria para clientes com os quais realmente gosto de trabalhar.

O que você gosta de fazer que pode gerar dinheiro como subproduto?

ENTRE EM AÇÃO

Tentativa e erro

É muito difícil saber se vai gostar de fazer alguma coisa antes de realmente fazê-la. Você pode tentar adivinhar ou seguir algum instinto, ficar empolgado pelo entusiasmo de outras pessoas; mas é só quando tentar alguma coisa que vai ver o quanto isso o deixa energizado, motivado, interessado e apaixonado.

Mesmo nesses casos, você pode precisar de algum tempo para chegar a uma opinião equilibrada. No início, pode simplesmente ficar empolgado com a novidade e gostar da sensação de estar fazendo algo novo. Por outro lado, quando se é novato, você pode se sentir sobrecarregado e acabar se afastando de algo rápido demais.

Gostar de algo em particular ajuda em épocas difíceis

Gostar daquilo em que você investe seu tempo e gasta seu dinheiro vai ajudá-lo a passar por momentos difíceis, principalmente quando os mercados estiverem em crise e você não for capaz de vender ou de se livrar de alguma coisa. Pense no quanto é melhor ter bens patrimoniais, investimentos e imóveis dos quais gosta em vez de precisar manter aqueles que você odeia.

Esteja aberto à possibilidade de não gostar do seu trabalho

Lembre-se: suas maiores oportunidades financeiras podem não estar sempre nos bens patrimoniais e nas atividades das quais você gosta. Às vezes, é preciso simplesmente colocar dinheiro no banco. Esteja preparado para sujar as mãos de tempos em tempos para que você possa se concentrar com mais afinco naquilo que ama, sejam imóveis, startups, derivativos, opções de venda... Aquilo que faz seu coração bater mais forte.

59

TRABALHE DE MANEIRA INTELIGENTE

> *"Você sempre pode comprar mais dinheiro, mas é impossível comprar mais tempo."*

Sofrer da síndrome de *burnout* é uma excelente maneira de garantir que você jamais tenha a oportunidade de desfrutar do seu dinheiro ou do seu tempo. E se você trabalhar 52 semanas por ano, dezoito horas por dia, certamente vai sofrer desse mal.

Procure pelos sinais típicos do excesso de compromissos. Você está se levantando às 5h da manhã e enchendo os dias com atividades e compromissos até a hora em que cai no sono, à noite, buscando múltiplas metas e forçando-se a cumprir uma lista de coisas a fazer completamente fora da realidade? Todos nós fazemos isso de tempos em tempos, mas, se virar rotina, é hora de pisar no freio.

Encontre tempo para parar, respirar, recarregar, refletir e explorar. Observe como as pessoas mais ricas do mundo conseguem encontrar um equilíbrio, desde Richard Branson, que começa todas as suas manhãs na ilha Necker, caminhando e lendo, até Jerry Seinfeld, que todos os dias reserva algum tempo para meditar.

Seus objetivos financeiros estão ali para direcionar seus esforços, mas você nunca deve se tornar escravo deles. Você vai ter de trabalhar além da média das pessoas e precisa trabalhar de maneira mais inteligente também.

Você precisa aprender a fazer escolhas confortáveis e sustentáveis sobre como usar o seu tempo, permitindo que consiga cumprir as tarefas importantes sem se matar.

A verdadeira riqueza não é medida em termos financeiros, e sim em ter tempo.

ENTRE EM AÇÃO

Seja brutal

Seja inteligente com o seu tempo, independentemente de você ser um funcionário, um investidor e/ou um empreendedor. Observe como o seu tempo é utilizado e compare à maneira com a qual precisa usá-lo.

Identifique atividades que servem para você e aquelas que pode encurtar ou eliminar

Monitore o seu dia e faça tudo o que for necessário para otimizá-lo:

- Existem distrações triviais ou pouco importantes que podem ser evitadas?
- Que atividades podem ser eliminadas ou encurtadas?
- Sua disponibilidade de tempo está prejudicada por muitas reuniões? Há algumas que você possa deixar de lado ou participar apenas das partes que são relevantes para você?

Automatize, terceirize e delegue

Gerar dinheiro frequentemente significa estar envolvido em múltiplas atividades, desde as obrigações do seu emprego habitual até investir tempo e dinheiro em outros negócios. A pressão do tempo pode se acumular; assim, identifique quaisquer tarefas que possam ser facilmente, e com um bom custo-benefício, modificadas, automatizadas ou dadas a outras pessoas:

- Pague um contador para cuidar das suas movimentações financeiras, impostos, fluxo de caixa e demais trâmites contábeis;
- Contrate um administrador de imóveis;
- Use sistemas bancários automatizados.

Monte uma equipe

Você não vai conseguir fazer tudo sozinho. Mais adiante, vamos dar uma olhada em como a contratação de funcionários pode ajudá-lo a realizar seus sonhos financeiros.

60

VOCÊ ESTÁ PRESTANDO ATENÇÃO?

> *"Eu nunca conheci nenhuma pessoa verdadeiramente bem-sucedida que não soubesse com excelência como escutar outras pessoas."*

Eu sempre rio quando alguém diz "estou ouvindo". Ouvir o que alguém está dizendo é completamente diferente de escutar essa pessoa. Ao escutar, você recebe a informação, processa, aprende e a aplica na sua tomada de decisão.

Ser uma pessoa que escuta os outros é essencial para construir a riqueza, porque as consequências de não escutar podem ser desastrosas para as suas finanças, seja quando você não segue as orientações do seu consultor financeiro e investe nos produtos errados, quando você não entende direito as preocupações de um cliente importante e o perde ou quando não dá atenção aos pedidos de um inquilino, obrigando-o a sair do seu imóvel a fim de procurar outro.

É fácil se enganar e pensar que você tem o dom da escuta e é capaz de reter informação. Em um estudo global de 2015, publicado pela *Accenture*, 96% dos entrevistados disseram ser bons ouvintes, mas também admitiram que se distraíam facilmente e que tentavam fazer várias coisas ao mesmo tempo. Mas não se engane. Outro estudo feito por Ralph Nichols e Leonard Stevens, da Universidade de Minnesota, mostra a verdadeira realidade sobre essa questão. A pesquisa conclui que "imediatamente depois que uma pessoa comum ouve alguém falar, ela se lembra de apenas metade do que ouviu — não importa com quanto cuidado ela pensou que estava escutando".

Escutar é difícil. Sua mente está sempre funcionando em alta velocidade, seu foco se move constantemente entre o passado e o futuro e, como todo mundo, você já tem suas próprias ansiedades e preocupações. Felizmente, as habilidades de escuta ativa são fáceis de aprender e de dominar.

> Seja uma pessoa melhor e mais rica: aprenda a escutar!

ENTRE EM AÇÃO

Pratique a escuta ativa

Escutar bem é algo que você deve a si mesmo e a todo mundo com quem interage. As outras pessoas vão se sentir valorizadas e respeitadas, e você vai se sentir mais bem informado.

- Esteja presente. Sente-se ou fique em pé sem se mexer enquanto estiver escutando as outras pessoas. Deixe o celular de lado e olhe para o rosto da outra pessoa enquanto ela fala. Feche os olhos enquanto escuta a voz dela ao telefone. Olhe para a tela do computador enquanto participa de uma videoconferência.
- Mostre que você está escutando. Faça movimentos afirmativos com a cabeça, demonstre concordância, diga "entendo", "estou acompanhando seu raciocínio" ou coisas do tipo. Não interrompa o seu interlocutor.
- Enquanto alguém estiver falando, pare de planejar na sua cabeça o que você quer dizer em resposta e simplesmente ouça a outra pessoa.
- Depois que ela falar, faça uma pausa e assimile o que ela falou.
- Antes de dar respostas ou justificativas, discuta e concorde que ambos estão alinhados.
- Mostre ao seu interlocutor (e a si mesmo) que você compreendeu o que ele estava dizendo. Resuma para ele o que você o ouviu dizer.
- Faça perguntas e peça esclarecimentos para ter certeza de que o que você pensa ter ouvido é exatamente o que a outra pessoa disse. Isso é muito importante quando há emoção envolvida e as palavras da outra pessoa podem não ser 100% claras e objetivas.
- Imediatamente, faça anotações sobre o que foi discutido. Mande um e-mail para a outra pessoa com um resumo do que foi discutido para ter certeza de que você escutou direito.

61

NADA DE TRAPACEAR NOS IMPOSTOS

> *"Impostos são o preço que você paga para viver numa sociedade moderna."*

Sejamos sinceros: ninguém gosta de pagar impostos e muitas pessoas adoram sonegá-los. Sempre haverá muita gente por perto para assessorá-lo na tarefa de economizar um pouco de dinheiro aqui e um pouco ali. De certa forma, isso pode ser uma boa maneira de aumentar o seu patrimônio, mas você não será realmente rico sem a paz de espírito de saber que está do lado certo da lei e contribuindo para a sociedade.

E se você precisa de mais incentivos, pense nas pessoas que são pegas sonegando. Todos os anos, dezenas de milionários são acusados de sonegação de impostos e frequentemente têm de pagar multas, despesas judiciais e encargos retroativos. Isso para não falar da mancha na reputação e nos futuros prospectos de geração de renda.

As coisas nem sempre são claras. Às vezes, você pode nem saber que está trapaceando. Você pode pensar, de maneira inocente, que está usando um método legal para minimizar impostos pessoais ou corporativos.

> Ninguém fica rico sonegando impostos.
> Por isso, não aja como um criminoso.

ENTRE EM AÇÃO

Pague a sua parte

Há muitas maneiras de minimizar seu gasto com impostos: usar uma empresa com pouco giro de capital (uma *shell company*) que esteja listada em uma bolsa de valores como veículo de negócios por outra empresa; empresas *offshore*, trustes, tratar a renda de maneira diferente e algumas brechas jurídicas. Há uma lista infinita de oportunidades. As possibilidades de economia são gigantescas. A Bloomberg informou que, somente no ano de 2016, o Google economizou legalmente 3,7 bilhões de dólares em impostos com o uso de *shell companies* em países como Irlanda, Holanda e Bermudas. Pessoas ricas pagam boas somas aos seus assessores para que estes os ajudem a agir dentro da lei ao mesmo tempo que minimizam sua exposição aos impostos. Você pode fazer o mesmo. Ninguém está pedindo para que você pague demais.

Ao mesmo tempo, tome cuidado com brechas que, embora tecnicamente legais, não são éticas. Claro, pode ser que você consiga se aproveitar delas sem consequências maiores, mas você sabe que está errado. Viva com os valores certos e com uma bússola moral bem calibrada e contente-se em pagar o que é justo — aproveitando as vantagens e deduções permitidas, mas afastando-se de qualquer esquema duvidoso.

Maximize planos de investimentos isentos de impostos

Descubra quais são os planos isentos de impostos que o governo do seu país oferece. Muitos países os têm. No Brasil, para evitar pagar altas taxas de imposto de renda, podem ser feitas negociações de até R$20 mil em ações, fundos imobiliários, investimentos em LCI/LCA e CRI/CRA, debêntures incentivadas e fundos de debêntures incentivadas.

Declare com precisão

Conforme você expande seu patrimônio e seus fluxos de recebimento, é hora de contratar alguém para preencher a sua declaração de imposto de renda e ter certeza de que vocês dois concordam em todas as fontes de arrecadação e despesas relacionadas. Não permita ingenuamente que o contador declare uma renda inferior à que você de fato recebeu ou peça um benefício ao governo, pensando que está lhe fazendo um favor. Não é assim que as coisas funcionam.

62

SAIBA A HORA DE PEDIR DEMISSÃO DO SEU EMPREGO

> *"Trabalhe em seus próprios objetivos e sonhos. Ou deixe que outra pessoa o pague para trabalhar nos objetivos e sonhos dela."*

A maioria das pessoas ricas de hoje em dia já foram funcionários assalariados e passaram dali para serem donos de suas próprias empresas ou para administrar e ampliar seus vários investimentos. Mas há exceções. Você pode se tornar multimilionário em alguns empregos, mas tipicamente isso acontece apenas em certas áreas como Direito, contabilidade e arquitetura, quando você trabalha como banqueiro de investimentos, corretor de ações e *trader*, quando está em uma startup de tecnologia ou então quando é um médico cirurgião, apenas para citar alguns exemplos de profissões.

Sair de um emprego dos sonhos ou seguro pode ser o seu trampolim para realizar seus sonhos financeiros. Há histórias incríveis e inspiração por toda parte. Por exemplo: Emma Gannon largou seu emprego dos sonhos em Londres, com o grupo editorial Condé Nast, para se dedicar às suas próprias ideias de negócios, que agora incluem os podcasts "Ctrl Alt Delete", líderes em popularidade, e alguns livros best-seller. Ou Rick Wetzel e Bill Phelps, que deixaram seus empregos na Nestlé para criar a rede Wetzel's Pretzels nos Estados Unidos.

Procure histórias de pessoas que decidiram seguir seu próprio rumo e se desligaram de empregos seguros na busca de outras coisas. É verdadeiramente inspirador ver o que as pessoas fizeram para criar riqueza e sentirem-se realizadas, por meio apenas de uma ideia ou de uma paixão.

Você pretende continuar trabalhando como empregado indefinidamente, estabelecer uma data para mudar de vida ou seguir seu caminho e se transformar em seu próprio chefe agora?

> Seu desafio é saber qual é o caminho certo para você.

Saiba o que lhe motiva

Se estiver considerando sair do seu emprego, leve em conta as suas motivações. Você está tentando escapar de alguma coisa ou esta é genuinamente uma oportunidade para aumentar sua riqueza e fazer algo que deseja mesmo fazer?

Faça os preparativos

Não largue o seu emprego sem ter um plano. Prepare-se para sair enquanto ainda está trabalhando. E, se puder, prepare-se a ponto de sair quando a sua ideia paralela já estiver lhe rendendo dinheiro e pronta para se tornar sua atividade principal. Use seu tempo como funcionário para:

- Adquirir as habilidades de que você precisa;
- Estudar à noite ou ganhar uma certificação com uma associação ou federação profissional;
- Trabalhar seu networking e angariar contatos para aprender com as pessoas certas;
- Considerar dar início a outros projetos em seu tempo livre.

Nunca haverá um momento perfeito

Não procrastine e atrase a sua saída. Procure mentores e outras pessoas que possam lhe dar conselhos, estímulo e apoio.

Certifique-se de que você tem a mentalidade necessária para trabalhar como autônomo

É aceitável ser funcionário no *mainstream*. Nem todo mundo consegue lidar bem com as incertezas, os riscos, as responsabilidades e o estresse de ser um profissional autônomo ou simplesmente de gerir o próprio dinheiro. Pense bastante antes de pedir demissão do seu emprego e perceba se, no fundo, você prefere continuar sendo funcionário. Se preferir, chegou a hora de aceitar essa realidade.

63

CUIDADO COM OS "CUSTOS DO PADRÃO DE VIDA"

> *"Nunca compre nada apenas para ostentar. Ninguém se importa com isso."*

Bill Gates lembrou-se, durante uma entrevista para a Bloomberg, que no final da década de 1970 ele comprou seu primeiro carro, um Porsche 911, com o primeiro grande bônus que conseguiu como dono da Microsoft. Assim, o que você faz quando sua riqueza começa a crescer? Você melhora a sua vida, compra um carro esportivo do ano, talvez uma casa maior, associa-se a clubes, viaja para lugares exóticos durante as férias, compra roupas feitas sob medida ou matricula seus filhos em escolas privadas para a elite? Você trabalhou para ter tudo isso, então merece desfrutar dos seus ganhos.

Ninguém vai impedi-lo de usar sua riqueza recém-conquistada, mas se você já tem um carro, por que trocá-lo apenas porque o seu salário aumentou? Se gosta realmente da sua casa, por que se mudar para um bairro mais rico quando a renda gerada por seus investimentos aumenta?

O perigo é quando você quer melhorar seu estilo de vida automaticamente e ter o melhor de tudo. Isso é conhecido como o aumento dos custos do padrão de vida, que ocorre quando você aumenta suas despesas e dívidas de acordo com os aumentos no seu salário. É a razão pela qual muitas pessoas que ganharam na loteria perdem toda a sua riqueza após alguns anos.

O seu estilo de vida e as coisas com as quais você decide gastar seu dinheiro não devem refletir sua riqueza ou o desejo de impressionar outras pessoas; devem refletir suas próprias necessidades e valores. Seja como Warren Buffett. Ele ainda mora na mesma casa que comprou por 31,5 mil dólares em 1958 e dirige um Cadillac XTS 2014.

> Não caia na armadilha de gastar demais para disfarçar sua insegurança e baixa autoestima.

ENTRE EM AÇÃO

Conforme sua renda aumenta, diminua a porcentagem que gasta
Pode parecer perfeito demais, mas, conforme o seu salário subir, poupe a renda extra. Não gaste nem um centavo dela. Por exemplo, suponha que você ganhe R$2.800,00, após o desconto dos impostos, por mês. Você recebe um aumento de 8% e passa a ganhar R$3.024,00. Em vez de colocar R$224,00 extras para custear despesas, prepare ou ajuste seu sistema de gerenciamento de contas para transferir automaticamente essa quantia para uma aplicação; o ideal é que isso aconteça no dia em que você for pago. Se tudo correr bem, você já estava poupando um pouco do seu salário anterior e os R$224,00 serão um montante adicional investido.

Caso contrário, você vai acabar gastando alegremente os R$224,00 extras. Não é muito por mês, exceto quando você se dá conta de que, no decorrer de doze meses, isso lhe dá mais R$2.688,00, e R$5.376,00 depois de dois anos. Agora as coisas estão começando a ficar mais interessantes. Isso pode contribuir para o pagamento da entrada do seu primeiro imóvel.

Nesse sentido, quando conseguir uma quantidade eventual e inesperada de dinheiro na forma de um abono anual, uma herança ou pagamento de dividendos, poupe ou invista toda a quantia.

Pessoas ricas nem sempre compram "haute couture"
Um bom hábito a desenvolver é escrever uma lista de compras antes de sair. Pare antes de comprar qualquer coisa que não esteja na lista e compre somente o que você precisa. Lembre-se do conselho de Warren Buffett: "Se você comprar coisas de que não precisa, você logo vai ter de vender coisas das quais precisa".

Não é preciso ser o primeiro a comprar
Minimize compras do tipo "eu preciso ser o primeiro a comprar o novo modelo do iPhone". Frequentemente, essas compras são só uma questão de ego e não são coisas de que você precisa na vida.

64

ENTENDA DE NÚMEROS

> *"Estamos nos tornando uma sociedade de analfabetos financeiros."*

Desculpe-me pela franqueza, mas, se quiser aumentar sua riqueza, você precisa se alfabetizar financeiramente. Isso significa ter condições de entender os vários aspectos do mundo dos investimentos, contabilidade e finanças. Você precisa ter as habilidades e o conhecimento para:

- Tomar decisões embasadas e precisas relacionadas às suas finanças;
- Entender o que está acontecendo com seu dinheiro;
- Poder comparar as opções disponíveis para você;
- Compreender as razões e os impactos de movimentações em patrimônio, preços e mercados;
- Sentir-se confortável com os riscos e com a gama de possíveis resultados.

Eu tive a felicidade de já ser um contador certificado e ex-diretor financeiro quando comecei a me concentrar em ampliar minha riqueza. Você não precisa se tornar um contador certificado, um especialista em tributação ou um analista financeiro, mas, pelo menos, recomendo que preste atenção nas áreas abordadas neste capítulo.

Mesmo que pretenda terceirizar muito do seu processo de tomada de decisão a outras pessoas, como corretores de ações e gerentes de investimentos, entender o básico vai ajudá-lo a acompanhar as decisões e ações que os assistentes financeiros e contadores estão executando em seu nome e capacitá-lo a conversar com eles sobre as minúcias das transações financeiras.

É hora de começar a se educar. Você está pronto?

ENTRE EM AÇÃO

Volte à escola

Faça cursos on-line, leia livros e assista a aulas no período noturno. Você pode escolher tópicos tais como finanças para gerentes não financeiros e cursos de finanças pessoais, compreendendo investimentos e o mercado de ações. Peça a experts que lhe ensinem e aprenda fazendo (tendo o cuidado de não perder nenhuma parte da sua riqueza no processo).

No mínimo, aprenda e compreenda o seguinte:

- Balanços patrimoniais: para mais informações sobre este assunto, consulte o capítulo 44;
- Declarações de lucros e perdas: lembre-se de que lucro ou prejuízo é a diferença entre todas as vendas e receitas, menos todos os custos e despesas gerais. Há muitas definições de lucro, tais como o LAJIDA e lucros operacionais. Eles podem se referir ao lucro antes ou após a incidência dos impostos, juros, depreciação etc;
- Razões financeiras: há várias dessas razões que você precisa conhecer, incluindo margens brutas e líquidas sobre as vendas e o retorno sobre o capital empregado;
- Juros compostos: para mais informações sobre este tópico, consulte o capítulo 28;
- O valor presente líquido (VPL) do dinheiro: R$100 ganhos hoje e R$100 ganhos daqui a um ano não têm o mesmo valor. Os R$100 que você ganha no futuro, em valores de hoje, valem menos do que R$100 de acordo com a taxa de juros que o seu dinheiro poderia render. Por exemplo, R$95,24 rendendo a uma taxa de juros de 5% ao ano valeriam R$100 daqui a um ano;
- Taxas de câmbio: para mais informações sobre isso, consulte o capítulo 34;
- Terminologia de investimentos: antes de investir em ações, títulos, derivativos, índices, fundos etc., entenda o que eles são. Aprenda como e por que eles variam e qual terminologia é usada em seus mercados, tais como retorno sobre o investimento, lucro por ação, índice preço/lucro, *spread*, preço da oferta de compra, valores de mercado, contratos a termo, *put options* e liquidez;
- Porcentagens da movimentação patrimonial: para mais informações sobre isso, consulte o capítulo 80.

65

ESTRUTURE SEU OTIMISMO

> *"O copo está sempre meio cheio."*

Barbara Fredrickson, uma psicóloga americana, estudou o impacto de ser positivo e otimista na vida das pessoas, e as conclusões de seu renomado trabalho, conhecido como Teoria de Ampliação e Construção, demonstraram que:

- Otimismo e positividade melhoram sua capacidade de resolver problemas e também ajudam você a se concentrar melhor nas atividades. Essas habilidades ampliam a capacidade cognitiva do seu cérebro;
- O pessimismo, por outro lado, diminui o desempenho do seu cérebro e também pode comprometer a sua capacidade criativa, porque agir de maneira negativa reduz a função do seu córtex pré-frontal.

Você vai ter dificuldades para alcançar metas financeiras desafiadoras se estiver se sentindo e agindo de maneira negativa ou então depressiva. O pessimismo lhe impede de trabalhar com paixão e entusiasmo, reduzindo sua capacidade de inspirar e motivar as pessoas com quem está trabalhando.

Isso foi claramente demonstrado em um estudo com equipes de corretores de seguros recém-recrutados pelo renomado psicólogo positivo Martin Seligman. Ele descobriu que corretores de seguros otimistas vendiam 37% mais apólices do que seus colegas pessimistas, e que os pessimistas desperdiçavam energia em coisas que não davam bons resultados.

> Você está pronto para melhorar seus níveis de otimismo e pensamento positivo?

ENTRE EM AÇÃO

Concentre-se em resultados, não em problemas

Gabriele Oettingen, professora de psicologia da Universidade de Nova York, define o otimismo como "as expectativas e o julgamento de que você é capaz de fazer certas coisas no futuro". É nisso que você deve se concentrar, dando sua atenção aos resultados que pode e vai conquistar. Um fator que tende a ajudar nesse processo é reconhecer o que você conquistou até hoje. Comece escrevendo um diário que combine suas listas de afazeres e de conquistas.

Diferentemente dos corretores de seguros pessimistas de Seligman, evite se concentrar no que está dando errado. Tenha noção desses detalhes, mas não se apegue a eles.

Evite pessoas negativas

Algo que ajuda bastante é evitar contato com pessimistas. Todos nós conhecemos alguém que dá 101 razões pelas quais algo não pode ser feito. Afaste-se. A vida é curta demais para gastar um minuto sequer com esse tipo excessivo de negatividade.

Cuidado com o otimismo exagerado

Tempere o seu otimismo com realismo. Alguns líderes e empreendedores são tão positivos que se tornam otimistas cegos, totalmente convencidos do que vai acontecer. Isso decerto pode ajudar a passar por cima de obstáculos e de pessoas céticas, mas também pode afastá-lo da realidade. Sempre escute o que os outros têm a dizer e tente enxergar o que de fato está acontecendo.

66

BUSQUE VALOR

> *"Por que você compraria alguma coisa pelo preço normal, quando pode conseguir a mesma coisa por metade do preço numa promoção?"*

A estratégia conhecida como *value investing*, ou investimento em valor, é algo simples, mas poderoso. A ideia é que, se você conhece o valor real de alguma coisa, pode economizar muito dinheiro comprando-a só quando ela estiver abaixo desse valor, seja por meio de alguma promoção, em um leilão, uma venda urgente para levantar fundos ou subvalorizada por qualquer outra razão.

Os investidores se referem a esse valor real como valor intrínseco, e sempre tentam comprar bens patrimoniais à venda com descontos significativos em relação a esse valor. O *value investing* se originou de investimentos em bolsas de valores e ganhou fama por meio de Benjamin Graham, autor de *O Investidor Inteligente*, uma bíblia para muitos investidores no decorrer das últimas seis décadas.

No exemplo simples abaixo, você pode ver que os preços de mercado são menores que os valores intrínsecos. Em todos os casos, essa diferença, chamada de desconto ou potencial de valorização, é de R$60, mas a diferença em termos de porcentagem varia. Ter uma carteira de ações subvalorizadas é considerado um portfólio de baixo risco e alto retorno.

Ação	Valor intrínseco da ação	Preço de mercado atual da ação	Desconto ou potencial de alta (como % do preço atual)
A	R$100	R$40	R$60 (150%)
B	R$200	R$60	R$60 (100%)
C	R$150	R$90	R$60 (67%)

Envolve analisar muitas variáveis, começando pelo índice preço/lucro e o desempenho financeiro subjacente da empresa, terminando em comparar esses resultados com as médias da indústria e do mercado de ações. As bolsas de valores são povoadas por milhares de investidores profissionais que contam com modelos de instituições financeiras, análises e plataformas de *trading* de ações de alta velocidade. Não é fácil competir contra eles, mas, como um *trader* individual de ações, você pode "nadar com eles", procurando ações subvalorizadas da mesma maneira que eles fazem. Se não sentir confiança suficiente para fazer isso, entregue seu dinheiro aos cuidados de gerentes de investimentos e deixe que as equipes deles façam essa busca por você.

> Por que você iria querer comprar algo que custa mais do que seu valor intrínseco?

ENTRE EM AÇÃO

Aplique princípios de *value investing* em toda a sua criação de riqueza

Você pode não ter o tempo nem a expertise para encontrar ações subvalorizadas e outros produtos do mercado financeiro, mas pode aplicar a ideia de comprar somente bens patrimoniais que estão abaixo do seu preço de mercado em outras áreas:

- *Day trading*: se você decidir administrar seu próprio portfólio de ações, esteja preparado para investir tempo em pesquisa, concentrando-se em mercados de ações e em empresas que você conhece bem, ou que possa aprender a conhecer bem. Por exemplo, conheço um executivo que se aposentou depois de trabalhar anos em uma grande empresa farmacêutica em Londres, que só investe em ações de grandes empresas farmacêuticas. Concentrando-se em uma indústria que conhece bem, ele é capaz de encontrar ações subvalorizadas;
- Imóveis: comprar imóveis com desconto em relação ao preço de mercado está se tornando uma maneira comum de ganhar dinheiro. Imóveis como esses podem ser repassados (revendidos) sem que se faça qualquer mudança neles, assim que o preço de mercado

subir. Alternativamente, reformar um imóvel antes de vendê-lo é um exemplo de criação de valor. É muito comum aumentar o valor de uma casa com a adição de cômodos, transformando sótãos em dormitórios, criando porões e varandas envidraçadas;

- Outros tipos de bens patrimoniais: a mesma lógica aplicada à busca por ações e casas subvalorizadas pode ser aplicada a todos os outros tipos de bens patrimoniais, incluindo ouro, obras de arte, veículos e a compra de empresas.

67

ABRA SUA PRÓPRIA EMPRESA

> *"Às vezes, a única maneira de realizar seus sonhos é se tornar empreendedor."*

A maioria dos milionários trabalha por conta própria em um mundo onde esse tipo de trabalho, assim como construir uma empresa do zero, é visto como o maior exemplo de autorrealização. Não é de se surpreender que haja tantos de nós fazendo isso. As taxas de crescimento são impressionantes.

Nos últimos anos, empreender no Brasil se tornou uma prática comum entre os profissionais. Segundo um levantamento do Global Entrepreneurship Monitor (GEM), realizado em 2018, quase 52 milhões de pessoas têm o próprio negócio por aqui. Esse número equivale a 38% da população.

Para os especialistas que participaram da pesquisa, existem três fatores que explicam o crescimento: a própria habilidade dos brasileiros para administrar uma empresa, as oportunidades obtidas pelo mercado e o incentivo de programas governamentais.

O sucesso financeiro não é algo garantido para os empreendedores, e um número relativamente baixo de empresas alcança altos níveis de crescimento e vendas multimilionárias. A maioria dos empresários individuais, se tiverem sorte, ganham os mesmos montantes que receberiam se fossem funcionários assalariados, e os índices de fracasso de startups é alto.

Olhando pelo lado positivo, ser seu próprio chefe lhe dá uma liberdade incrível para ser você mesmo e também escolher o que quer criar, com quem quer trabalhar, quais clientes deseja servir e quanto dinheiro quer ganhar.

Com essas liberdades vêm a responsabilidade e o estresse de ter de administrar seu próprio tempo, dinheiro e recursos. E o fato de que ninguém lhe paga automaticamente um salário todo mês.

> Ser o mestre do seu destino, na função de ser seu próprio chefe, tem muitos benefícios que são maiores do que os custos e as dificuldades.

ENTRE EM AÇÃO

Ame o que você faz
Só abra uma empresa em um ramo de produtos ou serviços que você entenda e que gosta de fazer.

Tenha um plano de negócios
Saiba como você vai criar valor. Seja capaz de colocar em palavras o que está produzindo, comprando e vendendo para quem e a que preço. Crie um plano de negócios, incluindo previsões financeiras, e entenda o seu fluxo de caixa.

Escolha a natureza ideal da sua pessoa jurídica
Peça conselhos a um contador ou secretário executivo para ajudá-lo a determinar a natureza ideal da pessoa jurídica que pretende criar. Você está planejando continuar como uma empresa de uma pessoa só ou deseja montar uma empresa em que você só tem responsabilidade sobre o montante de capital investido? Todo país oferece uma variedade de opções, cada uma com obrigações fiscais diferentes.

Escolha sócios e parceiros com cuidado
Tente manter 100% do controle acionário da sua empresa, apenas abrindo mão de partes do seu capital se realmente precisa de um sócio para trabalhar nos negócios e/ou sócios investidores (que podem apenas lhe dar dinheiro como capital, sem envolvimento na administração e nas decisões da empresa em si).

68

ABRACE A TECNOLOGIA

> *"O futuro é digital e técnico. Tenha a certeza de fazer parte dele."*

No fim de 2018, as seis maiores empresas do mundo em valor de mercado faziam parte da área de tecnologia e internet: Apple, Amazon, Alphabet, Microsoft, Facebook e Alibaba. Más notícias para os luditas entre vocês: não se pode ignorar a tecnologia em sua busca pela riqueza.

A internet e suas tecnologias relacionadas transformaram e vão continuar a transformando todos os aspectos da vida moderna:

- Smartphones, e-mails, mensagens instantâneas e plataformas de mídia social se tornaram nossos canais de comunicação;
- O dinheiro flui, transações de negócios e de finanças acontecem em segundos, com criptomoedas e tecnologias de *blockchain*, transformando velhas formas de contratos e pagamentos;
- Sites e aplicativos são os lugares em que compramos, vendemos, pesquisamos e encontramos tudo, desde compras de supermercado até o verdadeiro amor;
- Tecnologias de ponta baseadas na internet estão em nossos escritórios, carros e, em pouco tempo, dentro de nossos corpos;
- A robótica e a inteligência artificial estão transformando todos os tipos de indústria, desde a manufatura até os serviços, incluindo saúde, educação e setores governamentais.

Cerca de metade da população mundial, ou 4,2 bilhões de pessoas, usou a internet em 2018, de acordo com a Internet World Stats, e juntos nós passamos on-line um total combinado de um bilhão de anos, de acordo com uma estimativa da GlobalWebIndex. A internet e suas tecnologias relacionadas estão literalmente dominando o mundo e é impossível, nos dias de hoje ser uma pessoa verdadeiramente rica, financeiramente falando, sem abraçar alguma forma de tecnologia.

> Fazer a tecnologia trabalhar para você
> é uma atitude inteligente.

ENTRE EM AÇÃO

Você precisa utilizar o potencial da tecnologia para impulsionar sua criação de riqueza e aproximá-lo das suas metas financeiras. Isso pode ser conseguido com uma combinação de três elementos:

Crie produtos e serviços baseados na internet:

- Pense no que você pode criar e vender — de uma série de aplicativos até um serviço baseado na internet;
- Considere modelos diferentes de negócios, como assinatura e transacionais;
- Para que tipo de negócio existe uma carência que não está sendo suprida por uma oferta on-line?

Use a internet para administrar uma empresa e ampliar seu patrimônio:

- Crie um negócio baseado em um site interativo usando plataformas como o godaddy.com ou o registro.br;
- Venda on-line usando sites como shopify.com.br, etsy.com ou amazon.com.br;
- Encontre clientes por meio de sites de referência ou usando softwares para obter referências, como os que são oferecidos pela referralcandy.com;
- Pesquise e procure fornecedores por meio de sites como oberlo.com.br, br.kompass.com e portuguese.alibaba.com;
- Administre, controle e acompanhe o progresso da sua riqueza usando aplicações on-line fornecidas pelo seu banco, sua corretora de valores ou ainda pelo seu consultor financeiro;
- Use um aplicativo para o gerenciamento de imóveis para cuidar dos seus investimentos imobiliários.

Use a internet para melhorar sua vida:

- Gerencie seu tempo e produtividade com aplicativos específicos para isso.

- Diminua o estresse utilizando aplicativos como o Calm, Zen e Viva Bem;
- Use a nuvem, o Office 365 on-line e serviços de webmail para poder trabalhar de qualquer lugar.

69

PREPARE-SE PARA MOMENTOS DO TIPO "CISNE NEGRO"

> *"De tempos em tempos, alguma coisa acontece nos mercados que nunca foi descrita antes nos livros. Algo tão maluco que novas obras terão de ser escritas a respeito."*

Desde o Leicester City vencer o campeonato inglês de futebol até a crise financeira de 2008, sempre acontecem coisas que ninguém imagina que sejam possíveis. Com um nome em homenagem à descoberta de que nem todos os cisnes são brancos — algo que era considerado impossível pelos europeus, até que eles chegaram à Austrália —, cisnes negros são aqueles eventos imprevisíveis que acontecem com uma previsibilidade alarmante, tais como empresas inteiras, bancos, fundos de investimentos, mercados e países desmoronarem, frequentemente em um único dia:

- A derrocada de instituições financeiras como Long-Term Capital Management, Citibank e Bank of Scotland;
- O estouro da bolha das ponto-com em 2000, que fez com que muitas empresas de tecnologia falissem;
- Escândalos que destruíram empresas como a Enron e Tyco;
- Estratégias de negócios terríveis que fizeram com que empresas como Kodak, BlackBerry e Nokia quase desaparecessem.

É fácil esquecer a quantidade de empresas grandes e bem-sucedidas desapareceram ou se tornaram muito menores, fazendo com que acionistas, credores, fundos de pensão e bancos perdessem milhões. O que você pode aprender com isso em sua própria busca por riqueza?

Sempre presuma que aquilo que "jamais poderia acontecer", na verdade, pode acontecer.

ENTRE EM AÇÃO

Pare de ficar surpreso e chocado

O inesperado acontece. O impossível se torna comum. Você tem de se adaptar e aceitar a realidade e fazer o que puder para evitar ser pego despreparado — ou, em outras palavras, transformar "cisnes negros" em "cisnes brancos".

Como transformar o inesperado em esperado

O grupo Carillion, do Reino Unido, viu o preço de suas ações desabar em 2017, caindo de um pico de £2,38 para cerca de £0,12. Grande fornecedora de serviços terceirizados para o governo do Reino Unido, a empresa parecia ser um negócio sólido e bem administrado. Articulistas da área de finanças ficaram chocados. Se você tivesse ações da Carillion, talvez imaginasse que essa queda enorme no preço das ações foi um evento "cisne negro".

Atualmente leio artigos escritos por alguns analistas que perceberam que o colapso da Carillion era uma questão de tempo e venderam suas ações antes do desastre. Nada de "cisnes negros" para eles, apenas outro "cisne branco" que passava por perto. Você conseguiria perceber as dívidas crescentes da Carillion, as margens de lucro decrescentes e outros sinais?

Independentemente de você ter um patrimônio líquido de 100 mil libras ou um portfólio global diversificado no valor de vários bilhões, aqui está uma receita para se preparar para futuros momentos "cisne negro":

- Saiba precisamente no que você está investindo. Conheça os fundamentos e conheça os mercados nos quais você está comprando ações, imóveis ou outros bens patrimoniais;
- Procure por sinais de problemas potenciais. Trabalhe com ótimos consultores financeiros. Entenda todo investimento que fizer e todo bem patrimonial no qual você investir seu dinheiro. Se estiver em dúvida, mude os planos;
- Diversifique o seu portfólio. Com uma carteira diferenciada, se uma crise acontecer, não destruirá toda a sua riqueza.

70

EMPREGUE OUTRAS PESSOAS PARA REALIZAR SEUS SONHOS

> *"Prefiro ter quarenta pessoas trabalhando uma hora por semana para mim do que trabalhar quarenta horas sozinho."*

Aqui está um truque que poucas pessoas usam, mas que pode aumentar enormemente o seu patrimônio líquido: empregue outras pessoas para que o ajudem a crescer.

O quanto você pode fazer sozinho? Mesmo se trabalhar dezoito horas por dia, 365 dias por ano, há um limite para aquilo que pode conquistar. Não é possível estar em dois lugares ao mesmo tempo, você não é sobre-humano. Fazer várias coisas ao mesmo tempo é algo que comprovadamente não funciona e é impossível de se sustentar. Talvez você consiga produzir o equivalente ao trabalho de duas pessoas por um dia ou dois, mas não de maneira consistente e sustentável no decorrer do tempo.

Apesar de tudo isso, a maioria das pessoas que trabalha por conta própria o fazem sozinhas, tais como donos de empresas sem funcionários ou autônomos, sem ninguém para ajudá-los. Eles são os funcionários, fazendo todo o trabalho. A única diferença é que eles emitem os boletos e ganham sobre o faturamento, em vez de levar um salário para casa.

Assim, qual é a melhor decisão a tomar? Você quer trabalhar sozinho ou empregar outras pessoas para crescer mais rápido? Qual opção o ajudaria a alcançar seus objetivos financeiros e de vida?

Mais pares de mãos podem ajudar a acelerar a sua criação de riquezas.

ENTRE EM AÇÃO

Existe uma situação específica para começar a contratar?
Imagine que você é um apicultor autônomo que fornece mel para mercados locais. Você quer expandir seu negócio, mas não sabe por onde começar ou como tomar uma decisão. Faça as seguintes perguntas para si mesmo:

- Você quer investir mais dinheiro e energia expandindo o negócio com funcionários? Como isso se relaciona com os seus sonhos e metas financeiras?
- Há potencial para aumentar a produção de mel? Você pode vender o produto para uma base maior de clientes, como hipermercados, por exemplo? Há flexibilidade no seu modelo de negócios advinda de ter funcionários, como, por exemplo, abrir uma loja própria para vender o seu mel e produtos associados?
- Qual é a margem de lucro por pote de mel? Qual é o volume de vendas necessário para cobrir o custo de um funcionário em potencial, que ganharia, digamos, R$24 mil por ano?
- Você pode contratar alguém para trabalhar meio período, em um contrato de trabalho eventual ou que receba somente comissões? Seria possível ter estagiários?
- Você fica feliz com a possibilidade de trabalhar em tempo integral com a produção de mel? Ou você deseja se afastar e deixar um funcionário tomando conta do seu negócio?

Você consegue encontrar o que precisa?
Nunca é fácil encontrar grandes talentos. Você está pronto para encontrar e atrair os melhores candidatos possíveis com quem quer trabalhar? Isso lhe daria tempo e energia para aquilo que é mais importante em sua vida?

71

CONFIE EM SEU INSTINTO

> *"Todas as melhores decisões que já tomei envolveram meu instinto."*

"A intuição é tudo", diz um dos principais especialistas em capital de risco da Espanha, Iñaki Arrola. Um dos primeiros investidores de várias das maiores startups de tecnologia da Espanha, deu um exemplo durante uma entrevista para a *Forbes* sobre o poder da intuição. Ele estava jantando com um parceiro de negócios em potencial, em companhia das respectivas esposas. "Depois do jantar, minha esposa disse: 'Não entendo muito sobre números ou parceiros potenciais, mas esse cara vai lhe passar a perna'. Foi intuição. E ele passou mesmo".

Aprendi, da maneira mais difícil, que, se o seu instinto disser alguma coisa, você precisa escutar. Se tiver alguma dúvida persistente sobre alguém, tenha cuidado. Se sente algum desconforto em relação a uma negociação de *trading*, pare e reflita. Se tiver dúvidas persistentes sobre uma decisão de investimento, reveja-a.

Há alguns anos aprendi a escutar meu instinto e, desde então, meu processo de tomada de decisão melhorou. Alcançar seus objetivos financeiros é algo que se faz com a cabeça e com o coração. Sua cabeça é o lado esquerdo do seu cérebro, o pensamento baseado em fatos e a máquina de tomar decisões. Seu coração são seus instintos, suas reações basais, seu sexto sentido ou sua intuição.

Iñaki Arrola e sua esposa não estão sozinhos quando afirmam que seu sucesso financeiro se deve a dar atenção sempre ao que seu coração lhe diz, até mesmo quando a situação vai contra fatos e números concretos.

> Aquela voz discreta dentro da sua cabeça é muito mais poderosa do que você pode imaginar.

ENTRE EM AÇÃO

Abra espaço para a sua intuição

Não é possível esperar os momentos de intuição se você passa seus dias correndo de uma tarefa para outra, com a cabeça com mil pensamentos e ansiedade. Dê ao seu instinto a chance de ser ouvido, reservando um tempo para relaxar e diminuir um pouco o seu ritmo de trabalho. Esteja presente. Não se preocupe sobre ontem ou amanhã. Em vez disso, permita que pensamentos e sentimentos aleatórios entrem em sua mente. Os lampejos de inspiração que surgem em sua cabeça nos momentos tranquilos podem surpreendê-lo e podem ser a diferença entre ganhar ou perder dinheiro em um investimento.

Junte-se a pessoas como Bill Gates, explorando os benefícios da meditação. Em uma postagem em seu blog, ele descreveu como a meditação o ajudou a melhorar sua concentração e a sentir-se mais confortável com as emoções e os pensamentos que ele tem em qualquer momento. Tente explorar aplicativos de meditação para ingressar nessa prática.

Desenvolva sua capacidade de julgar pessoas

Conforme expandir sua fortuna, você terá de passar mais tempo tomando decisões sobre outras pessoas, sejam seus futuros funcionários, empresas e parceiros de investimentos ou fornecedores. Seja como Iñaki Arrola e sua esposa. Permita-se perceber o que você sente sobre determinada pessoa. Você se sente confortável quando está com ela, com sua personalidade e modo de agir? Todos nós julgamos as pessoas alguns segundos após conhecê-las e, quanto mais tempo você passa com elas, mais abrangente será a sua avaliação. Pergunte a si mesmo se essa pessoa parece alguém em quem você pode confiar e com quem pode trabalhar.

72

O PASSADO NÃO PREDIZ O FUTURO

> *"O futuro não deve nada ao passado nem ao presente."*

Você tem mais chances de investir em alguma coisa se conseguiu lucrar anteriormente com um investimento similar, mesmo que as evidências indiquem que o plano não vai funcionar tão bem dessa vez. Investidores chamam isso de reforço comportamental.

Os acadêmicos Brad Barber e Terrance Odean, da Universidade da Califórnia, demonstraram que nós temos uma probabilidade maior de reservar ações em um IPO (oferta pública inicial de ações) que está por vir se conseguimos um bom lucro em outro IPO recente, quaisquer que sejam os méritos reais do novo IPO e da empresa por trás dele. Somos ofuscados pelo sucesso passado.

Da mesma maneira, você precisa ter cautela quando confia demais em gráficos e tabelas de desempenhos anteriores que mostram dados históricos de qualquer coisa na qual você esteja interessado, desde fundos mútuos, mercados imobiliários e metais até índices da bolsa de valores e de ações individuais, títulos da dívida pública e outros bens patrimoniais. Preços de mercado frequentemente parecem se mover de maneiras bem previsíveis.

Um exemplo pode ser o preço de uma ação que sobe junto à sua linha de tendência média ou ainda quando o preço de uma ação não cai abaixo de pontos mínimos anteriores (chamados de níveis de suporte). Assim, tome cuidado para não se sentir confortável demais com a situação. Você nunca sabe realmente quando o preço de um bem patrimonial vai subir ou cair a níveis que estão longe dos níveis históricos, ou seja, quando caem abaixo das linhas de tendência média de movimentação nos últimos cinco ou dez anos ou então quando agem de maneiras que você não é capaz de prever se estiver confiando em tabelas históricas e dados passados.

> Desapegar-se do hábito de se concentrar no passado é algo que demanda esforço e prática.

ENTRE EM AÇÃO

Encare o passado com um toque de ceticismo

Pode ser muito reconfortante basear suas decisões de investimentos em tabelas de preços que mostram o quanto o bem patrimonial que você quer comprar vem crescendo em trimestres ou anos recentes. O gerente de relacionamento do seu banco ou o seu consultor financeiro também pode achar que esse é um negócio infalível. Mesmo assim, construa suas próprias ideias. Leia e pesquise por conta própria e peça opiniões a outras pessoas, se for necessário.

Repita com moderação

Não jogue montes de dinheiro em uma única direção apenas por causa de sucessos passados. Tenha cuidado quando quiser repetir um investimento enquanto ainda estiver com o anterior em mãos. Isso potencialmente dobra a sua exposição à possibilidade de que o investimento azede. Sempre limite a quantia de dinheiro a ser alocada em qualquer investimento e não jogue todo o dinheiro que você tem de reserva num investimento apenas porque ele teve bons resultados no passado. Trate cada decisão de investimento como uma oportunidade distinta e única de investir.

73

SAIBA AS CONSEQUÊNCIAS DAS SUAS ESCOLHAS

> *"Toda escolha tem suas consequências. Pessoas de sucesso sabem disso e sempre escolhem com sabedoria."*

A vida é feita de consequências. Você escolhe uma carreira em vez de outra, um sócio em vez de outra pessoa; você concorda em passar a semana ajudando um cliente, o que o força a dispensar a oportunidade de trabalhar com outro. Você faz essas escolhas a todo momento porque você, seu tempo e seu dinheiro não podem estar em dois lugares ao mesmo tempo.

Uma consequência das suas escolhas, ou o custo da oportunidade, como também é chamado, é um conceito muito importante a ser compreendido quando você está construindo sua fortuna. A ideia é que, uma vez que tenha investido seu dinheiro em uma alternativa, esse montante não está mais disponível para ser investido simultaneamente em outra coisa. Se escolher a opção A, consequentemente, você perde os benefícios da opção B.

Às vezes parece simples, mas a vida nunca é tão descomplicada assim. Você pode fazer uma pausa na sua carreira para cursar um MBA executivo em uma das melhores escolas de negócios, mas o emprego e os ganhos salariais após o MBA têm de estar equilibrados com aquilo que você sacrificar na trajetória da sua carreira, na sua remuneração e nos custos para consegui-la.

Não subestime os custos de oportunidade de nenhuma decisão. Pense no que você pode perder se escolher uma alternativa em detrimento de outra.

ENTRE EM AÇÃO

Mantenha os custos das oportunidades em um nível mínimo e tenha em mente uma visão geral e mais ampla quando estiver tomando decisões.

Não ignore custos óbvios de oportunidades

Às vezes você pode não perceber um alto custo de oportunidade bem debaixo do seu nariz. Por exemplo, tenha cuidado quando preferir postergar a liquidação de algumas dívidas, mesmo que tenha condições de pagá-las de imediato, com fundos que estão prontamente disponíveis. Imagine que você tenha uma dívida de R$10 mil no cartão de crédito, pela qual você paga o equivalente de 18% em juros ao ano enquanto, ao mesmo tempo, você tem mais de R$10 mil em ganhos de investimentos, antes da incidência dos impostos, com rendimento aproximado de 6 a 8% ao ano, em média. Você se sente confortável com esse custo de oportunidade? Faz sentido manter seu investimento com rendimento de 6% ao ano em vez de liquidar parte dele para saldar sua dívida com juros de 18% ao ano?

Livre-se de investimentos que não rendam o suficiente

Não faz sentido ter investimentos que não rendam o suficiente quando você pode vendê-los e usar o montante para fazer investimentos mais lucrativos. Por exemplo, se investiu em um imóvel que é difícil de ser alugado, você, na prática, tem um bem patrimonial, talvez com uma hipoteca para ser paga, que não gera renda. Em vez disso, você pode vendê-lo e investir em um imóvel que seria mais fácil de alugar, lembrando-se de considerar o potencial de valorização do imóvel nos dois locais quando for tomar a decisão.

74

BUSQUE AJUDA DE MENTORES

> *"Valorize qualquer pessoa que ceda seu tempo para lhe mostrar o caminho e ensiná-lo sobre obstáculos e problemas que existem à frente."*

A definição de mentoria, de acordo com o Conselho Europeu de Coaching e Mentoria é "um processo de desenvolvimento que envolve uma transferência de habilidades ou conhecimento de uma pessoa mais experiente para uma pessoa menos experiente". Se você já participou de uma mentoria, sabe que esse é um processo tipicamente feito por meio de uma combinação de ensinamentos, compartilhamentos e pelo reconhecimento do mentor como um modelo a ser seguido.

A lista de maneiras pelas quais um mentor pode ajudar é infinita. Ele pode lhe dar conselhos sobre onde estudar, como compreender uma situação que está enfrentando, como se tornar bem-sucedido, como investir ou como ter um bom relacionamento com um chefe difícil. E é algo que está crescendo em popularidade, especialmente nos locais de trabalho. Novos funcionários frequentemente são indicados para acompanhar um colega mais experiente que possa agir como mentor, ajudá-los a se acostumar com o novo cargo e entender como podem ter sucesso na empresa.

Poder ter acesso direto às experiências de outra pessoa é muito profundo — ainda mais do que ler a respeito em um livro ou assistir em um vídeo. Quando está em mentoria, você pode ter conversas profundas e muito significativas para os dois lados. Você pode consultar, verificar as informações e fazer perguntas para esclarecer suas dúvidas.

Encontrar um mentor com energia, paixão e entusiasmo pode ser exatamente o que você precisa para dar o pontapé inicial nos seus planos de criação de riqueza.

ENTRE EM AÇÃO

Passe o seu tempo com modelos a serem seguidos

Se você realmente quer saber como se tornar milionário, por que não pede a um deles para compartilhar sua experiência com você? Não é tão difícil encontrá-los. Pela última contagem, há mais de 42 milhões de milionários espalhados por todo o mundo, de acordo com um relatório do Credit Suisse de 2018.

Assim, talvez você não esteja em uma posição de bater à porta da casa de um multimilionário e dizer: "Por favor, você pode ser meu mentor?". Talvez não esteja pronto para um evento de networking na ilha Necker, de Richard Branson, por exemplo. Mas você pode perguntar para as pessoas que estão em sua comunidade.

Quando encontrar um possível mentor, explique quais são suas aspirações e como você espera que ele possa lhe ajudar. Construa um bom relacionamento, estabeleça uma relação de confiança e, se possível, tente se encontrar presencial e regularmente com o mentor. Agradeça-lhe pagando a conta do café ou do almoço.

Aprenda on-line

Não é a mesma coisa que se sentar frente a frente para conversar, mas reuniões presenciais nem sempre são possíveis. Felizmente, há muitas maneiras de aprender na internet.

Há muitos sites dedicados a fornecer conselhos no estilo das mentorias, e isso inclui ajudar pessoas como você, que querem alcançar suas metas financeiras e construir riqueza. A mentoria financeira é um processo em que um profissional especializado auxilia na gestão do seu dinheiro. Na prática, o mentor financeiro oferece um atendimento individualizado e também com regularidade a ser combinada por ambas as partes.

Durante os aprendizados, o mentor irá desenvolver conhecimento e hábitos sobre fluxo finanaceiro, ajudando a estabelecer metas e driblar obstáculos.

Participe de eventos repletos de especialistas

O "Mentworking" é um termo que combina networking e mentoria. A ideia é encontrar e participar de eventos de networking que lhe dão a oportunidade de conhecer mentores em potencial.

Tente ser convidado para eventos nos quais haja pessoas com um grande patrimônio líquido, inscreva-se para palestras sobre liderança com personalidades reconhecidas ou participe de seminários sobre empreendedorismo. Faça um esforço para estar no mesmo salão onde estejam as pessoas que você quer emular.

75

TIMING É TUDO

> *"Nunca conheci ninguém que sempre soubesse quando os mercados vão subir ou cair."*

A maioria dos investidores tem um histórico ruim com o *timing*. O fato é que, na verdade, é difícil comprar e vender exatamente no momento certo. Os retornos financeiros anuais de investidores individuais ou de varejo tipicamente ficam atrás dos fundos administrados — por cerca de até 1,4% ao ano, de acordo com um estudo feito nos Estados Unidos pela Morningstar, Inc.

Nem todos os investidores individuais têm resultados piores do que grandes fundos administrados, mas há uma coisa que acontece tipicamente com aqueles que entendem da maneira errada: eles entram e saem de investimentos nos momentos incorretos, vendendo antes que os preços tenham parado de subir.

Na realidade, o que acontece é que os profissionais chegam a ter apenas um resultado pouco melhor do que eu e você, porque é difícil para qualquer investidor ter um desempenho muito melhor do que a média dos retornos de um mercado. Ainda em 2015, o *Financial Times* publicou um relatório que mostrava que, nos últimos trinta anos, o investidor médio conseguiu um retorno anual de apenas 3,79%, comparado com o retorno geral do mercado (de acordo com o índice da S&P 500) de 11,6% por ano. Para mim, a impressão que isso passa é que o investidor médio está fazendo investimentos ruins.

Em 2017, o *The Economist* disse que é difícil para investidores individuais escolherem administradores de fundos que terão um desempenho melhor do que seus colegas. Há uma certa tendência entre investidores em que eles se afastam de administradores de fundos para investirem diretamente em fundos em moeda estrangeira que acompanham passivamente índices de referência no mercado como o FTSE 100 e o S&P 500. Fundos passivos, tipicamente, também cobram taxas mais baixas do que fundos ativos ou baseados em câmbio. A menos que você esteja convencido de que tem uma noção perfeita de *timing*, pode fazer mais sentido considerar outras estratégias.

Aceite que não é possível prever como os mercados vão variar.

ENTRE EM AÇÃO

Adote uma estratégia de "média do custo em dólar"
Pare de tentar cronometrar o mercado. É muito difícil, mesmo para profissionais, saber quando entrar e quando sair. Em vez disso, se você está investindo numa determinada classe de bens patrimoniais ou produtos, seja consistente e invista uma quantia igual todo mês. Considerando os movimentos dos preços, em alguns meses você conseguirá comprar mais quando o preço estiver baixo e menos quando o preço subir.

Você pode investir dessa maneira em qualquer coisa que seja comprada e vendida: fundos, títulos da dívida pública, títulos do Tesouro, ações individuais e outros bens patrimoniais, como ouro. Com o tempo, você vai comprar uma cesta de produtos a preços de mercado e provavelmente terá retornos maiores do que se estivesse entrando e saindo do mercado como um investidor individual. Isso se chama "média do custo em dólar". Como exemplo, imagine que você investe R$500 todos os meses e o retorno anual médio do bem ou do fundo no decorrer de vinte anos é de 6%. Depois de duas décadas, você terá acumulado R$232.175,55. Insira os montantes mensais que você pode investir junto à porcentagem de retorno anual esperada. Lembre-se de que esses valores de retorno são brutos, antes da incidência dos impostos.

Você pode preferir investir uma soma maior, inicialmente, e aumentar o seu investimento conforme tiver dinheiro disponível. Nesse caso, você pode investir o dinheiro em um fundo ou plano de pensão. Não toque no dinheiro depois de investi-lo, simplesmente deixe que cresça.

Fundos são uma boa aposta para investimentos regulares
Encontre um fundo com um bom histórico de rendimentos, idealmente com taxas e custos menores. Considere a possibilidade de investir em

fundos em moeda estrangeira. São fundos passivos ligados a índices de mercado. Eles tendem a cobrar taxas menores. Entretanto, cuidado com "erros" na evolução desses fundos, que às vezes ocorrem quando um fundo não acompanha precisamente a variação do índice que deve emular.

76

TENHA UM ESTILO DE VIDA SAUDÁVEL

> *"Livre-se dos seus maus hábitos e você pode ganhar muito tempo extra."*

Ninguém nunca ficou rico simplesmente sentando-se no sofá para assistir à TV. Um empreendedor chamado Andrew Ferebee entrevistou quatrocentas pessoas ricas nos Estados Unidos e descobriu que elas assistem TV, em média, menos de uma hora por dia. Isso pode ser comparado ao hábito de assistir TV da média das pessoas, que é de quatro horas por dia, tanto nos Estados Unidos quanto no Reino Unido, de acordo com dados do Statista. Pense nisso por um minuto. Pessoas bem-sucedidas financeiramente têm três horas a mais por dia para fazer tarefas produtivas, enquanto o restante está sentado no sofá.

Há estatísticas parecidas para o tempo gasto com o uso de mídias sociais e jogos. A maioria das pessoas simplesmente usa mal o tempo que tem em atividades improdutivas. Livre-se de maus hábitos — especialmente, aprenda a ficar longe do seu smartphone — e você dará a si mesmo a dádiva do tempo.

O mesmo se aplica à saúde em geral. Em média, pessoas ricas se exercitam mais, comem de maneira mais saudável e dormem melhor do que a média das pessoas. Muitos estudos notam isso, e as próprias pessoas mais ricas têm suas observações: Richard Branson escreveu sobre os benefícios de se exercitar e sobre como essa atividade mantém seu cérebro funcionando bem, enquanto Jeff Bezos falou sobre dormir oito horas todas as noites.

Para ganhar dinheiro, você precisa ser criativo, inovador e estar pronto para trabalhar duro.

ENTRE EM AÇÃO

Desligue a tela

Para construir riqueza, você precisa se manter atento, focado e alerta ao mesmo tempo que consegue ser tranquilo e capaz de manter as emoções sob controle. Para conseguir tudo isso, é preciso adotar certos hábitos. Começando hoje, você vai cortar radicalmente o tempo que passa entretido com telas.

Coma de maneira inteligente todos os dias

Comer de forma saudável resulta em uma mentalidade mais positiva e mais energia. Em um estudo de 2015, publicado no *British Journal of Health Psychology*, os participantes tiveram seu consumo alimentar, sentimentos e comportamentos monitorados por duas semanas. O estudo descobriu que uma dieta composta por muitas frutas e legumes se correlacionava a maior felicidade e satisfação com a vida, e também que uma dieta como essa pode contribuir para aumentar a curiosidade e a criatividade.

Exercite-se tanto quanto possível

Inúmeros estudos mostram a importância de exercícios físicos para a sua saúde e bem-estar em geral. Não é preciso ir muito além de um estudo conduzido nos Estados Unidos e publicado em 2013 no jornal *Psychology and Aging*, que encontrou evidências de que o aumento da atividade física está ligado a melhoras no desempenho cognitivo.

Durma bem e medite

Apenas uma quantidade muito pequena de pessoas é capaz de funcionar bem com menos de sete horas de sono por noite. É hora de começar a dormir mais — idealmente, isso significa ir para a cama cedo e acordar cedo para conseguir prontidão mental e emocional, além de equilibrar suas necessidades.

77

NÃO É O FIM DO MUNDO

> *"Quando você acha que está enfrentando uma catástrofe, pergunte a si mesmo: isso vai ter alguma relevância daqui a dez anos?"*

Em um estudo publicado pelo *The Journal of Nervous and Mental Disease*, 72 adultos que perderam suas economias para a aposentadoria em uma fraude bancária foram monitorados durante um determinado período. Depois de vinte meses da perda, 29% deles sofria de depressão grave em comparação com 2% da população normal.

Em outro estudo publicado pelo *Journal of Health Economics*, os participantes que perderam reservas financeiras na crise da bolsa de valores que ocorreu em 2008 demonstraram sintomas mais pronunciados de depressão e ainda um significativo aumento no uso de medicamentos antidepressivos.

O investidor médio é afetado de maneira muito grave por grandes perdas financeiras. "Devastado" seria uma descrição melhor para a situação. Como você agiria se perdesse toda a sua riqueza ou se o seu fundo de pensão implodisse?

Coisas como essas acontecem e, de repente, você está de volta à estaca zero. Imagine ter de voltar ao mercado de trabalho ou então assumir um segundo emprego, mudar-se para uma casa menor ou reduzir seu padrão de vida.

Por mais difícil que possa parecer, é melhor aceitar que você vai enfrentar obstáculos no caminho. Por mais devastador que isso possa parecer agora, não há muitas coisas na vida que ainda importam daqui a dez anos, por exemplo.

Lembre-se de que, se você construiu algo uma vez, sempre é possível fazer isso de novo.

ENTRE EM AÇÃO

Não se preocupe com as pequenas (ou com as grandes) coisas
Como se tornar o tipo de pessoa capaz de enfrentar problemas sem se deixar abalar? Não posso simplesmente lhe dizer para não se preocupar com as pequenas coisas — ter sua casa tomada pelo banco ou perder toda a sua riqueza na quebra da bolsa de valores dificilmente poderia ser chamado de "pequena coisa". A questão, aqui, é como não se deixar abalar por qualquer coisa, seja pequena ou grande.

Quando se deparar com perdas financeiras significativas, você precisa seguir em frente e continuar levando a vida positivamente, reconstruindo a riqueza começando do zero, se assim decidir. O segredo são a resiliência e o foco: estar emocionalmente estável e manter uma postura positiva.

Dinheiro não é tudo. É fácil dizer isso quando se tem dinheiro, e não tão fácil quando se é pobre. Mas é verdade. O dinheiro não é tudo. Encontre a sua própria perspectiva equilibrada sobre a riqueza e lembre-se, conforme a construir, de dar atenção a todos os aspectos da sua vida. Assim, se algum dia você perder uma grande parcela da sua fortuna, sua vida não vai sofrer um abalo tão grande.

78

LEIA OS TERMOS E CONDIÇÕES

> *"Alguns detalhes bem irritantes se escondem entre as letras miúdas."*

Você já teve um daqueles momentos em que pensa: "Se pelo menos eu tivesse lido os termos do contrato de investimento...". Nós somos inundados todos os dias com termos e condições, contratos e acordos. Eles vêm pelo correio, por e-mail e por aplicativos do celular. Quando foi a última vez que realmente leu algum desses com atenção? Você chega a ler aqueles que são grandes e realmente importantes, como por exemplo o seu contrato de financiamento hipotecário, os termos do seu seguro para viagens, o contrato de locação de carros ou o contrato de seguro de vida?

A questão é que a vida é muito melhor se você puder levá-la sem precisar ler a papelada, mas pode lhe custar um preço alto — em termos de dinheiro e estresse — se não o fizer. Você pode achar que entrar no cheque especial é algo que tem um bom custo-benefício, mas já deu uma olhada na taxa de juros e nas tarifas descritas no contrato para ter certeza? Você pode querer pagar o financiamento da sua casa antes do prazo, mas tem noção de quais são as tarifas para pagamento antecipado que constam no seu contrato?

Desenvolva o hábito de ler toda a documentação, ou pelo menos de fazer uma leitura rápida para compreender que tipos de multas e tarifas podem surgir como surpresas mais adiante. Logo vai se acostumar ao tipo de coisas que está procurando e conseguir identificar onde estão escondidas essas informações extras. Lembre-se de cada seção ou de cada cláusula para ter certeza de que conhece os valores, as tarifas, as multas e os prazos.

Quando tiver de lidar com documentos importantes, considere a hipótese de pedir a alguém, talvez um advogado ou contador, que verifique os detalhes para você.

> Ler os termos e condições pode ser extremamente tedioso e chato – mas pode ser a diferença entre o sucesso e o fracasso financeiros.

ENTRE EM AÇÃO

Caveat emptor (comprador, cuidado!)

É muito fácil se queimar por não ter lido as letras miúdas do contrato. Lembre-se: conhecimento é poder. Reserve algum tempo hoje mesmo para verificar alguns documentos financeiros essenciais:

- Você entende claramente o que o seu plano de saúde cobre?
- Seu cartão de crédito dá doze meses de garantia extra quando você compra eletrodomésticos da linha branca, por exemplo?
- Um contrato de sigilo com um potencial investidor deixa você com as mãos atadas demais?
- Com sua própria apólice de proteção de renda, os benefícios são pagáveis quando você não pode se dedicar somente à sua "própria" ocupação ou quando não tiver ocupação nenhuma?
- O plano de seguros para viagem do seu banco realmente vale a pena?
- O seu contrato de acionista dá controle demais a outras pessoas?
- Para que o seu seguro da casa cubra situações de arrombamento e invasão, você precisa usar trancas e fechaduras de marcas específicas?
- O seu seguro de férias cobre tudo o que você vai fazer enquanto estiver fora?
- O que está faltando na sua lista de doenças críticas cobertas pelo plano de saúde?
- A sua apólice de proteção de renda tem exceções demais?

Períodos de carência

Faça uma pausa se precisar de tempo antes de assinar e concordar com alguma coisa. Quando se comprometer, às vezes há uma oportunidade de mudar de ideia. No Reino Unido, uma empresa que lhe venda produtos financeiros (tais como ISAs, seguros, planos de aposentadoria etc.) deve dar informações claras em um documento de características-chave ou informações-chave ao investidor, incluindo o seu direito de cancelar o produto, os prazos e quaisquer taxas cobradas ao fazer isso.

79

GUARDE SEUS OVOS EM VÁRIAS CESTAS

> *"Não existe uma única cesta que seja segura o bastante para proteger todos os seus ovos o tempo inteiro."*

Imagine que você investiu todo o seu dinheiro em imóveis em Londres e está usando o Airbnb para criar um fluxo contínuo de renda de aluguel, 365 dias por ano. Tudo está indo bem até que a restrição da "regra das noventa diárias", que só permite que os imóveis de Londres sejam alugados durante noventa dias por ano, entre em vigor. Além disso, os preços dos imóveis em Londres caíram. Você, metaforicamente, colocou todos os seus ovos em uma cesta só e agora está pagando o preço. É muito tentador manter as coisas simples — todo o seu dinheiro em um mesmo banco, investir apenas em um pequeno número de empresas ou ter imóveis no mesmo bairro —, mas é muito perigoso.

Com uma única cesta, você corre o risco de perder toda a sua riqueza. Com um portfólio que não seja muito diversificado, um risco não é contrabalançado por outro. Quando um dos bens perde valor ou sua taxa de retorno cai, você não tem outros bens para equilibrar a equação — nenhum investimento que possa manter seu valor e retornos enquanto os outros caem. O risco não foi diversificado.

O ideal é realmente diversificar, criar um portfólio de bens patrimoniais que não vão variar de valor todos ao mesmo tempo, na mesma direção. Esse tipo de diversificação contempla duas coisas:

- Tudo tem riscos, até mesmo dinheiro em espécie. Em casos extremos, a economia de um país pode entrar em colapso, levando à hiperinflação, em que o dinheiro perde totalmente o seu valor;
- Espalhar seus investimentos limita a sua exposição a eventos que possam influenciá-los, tais como uma desvalorização do dólar,

uma empresa que vai à falência ou uma economia de mercado emergente que dá alguns tropeços.

> Se tiver dúvidas, diversifique e aplique sua riqueza em diferentes áreas.

ENTRE EM AÇÃO

Aja como um gerente de investimentos profissional

Nenhum gerente de investimentos profissional vai ter o mesmo portfólio que outro; cada um tem uma tolerância a riscos, clientes, metas e finalidades diferentes. Em média, o investidor de varejo típico do Reino Unido tem uma mistura de *equities* (ações — 77%), títulos (renda fixa — 33%) e imóveis residenciais (30%), de acordo com uma pesquisa do site syndicateroom.com. Nos Estados Unidos, uma pesquisa de 2018 feita pela AAll Asset Allocation descobriu que investidores individuais têm, em média: ações (34%), fundos de ações (31%), títulos (3%) e fundos de títulos (12%) e dinheiro vivo (20%). Essas porcentagens sobem e descem o tempo todo conforme os investidores e gerentes de investimentos reagem a mudanças no mercado.

Profissionais fazem análises e pesquisas para criar os melhores portfólios. Eles tipicamente fazem a alocação dinâmica de bens patrimoniais, o que envolve redistribuir os bens entre várias classes de acordo com as probabilidades de preços de mercado e retornos esperados, comparados com riscos em cada classe de bens. Como resultado, seus investimentos geram múltiplos fluxos de renda. Demanda tempo, expertise e autoconfiança para encontrar uma mistura adequada — e é por isso que tais pessoas são profissionais. Seu desafio é decidir se você tem o que é preciso para emulá-los, mantendo uma carteira diversificada de bens patrimoniais e redistribuindo-os conforme o necessário para alcançar um equilíbrio otimizado, ou escolher a opção mais fácil, que é investir em fundos e deixar que o seu gerente de investimento administre seu dinheiro. Se tiver dúvidas, o melhor a fazer é escolher a segunda opção.

80

CORTE SUAS PERDAS

> *"Assim que perceber que está cavando um buraco, pare e saia dele."*

Muitos investidores têm o hábito de vender ótimos ativos cedo demais e segurar investimentos ruins por muito tempo, se recusando a vender mesmo quando o preço está caindo bem diante dos seus olhos. Isso é conhecido como aversão a perdas, ou o efeito da disposição — um padrão de comportamento em que os investidores tendem a vender bens patrimoniais que subiram em valor enquanto mantêm em seu poder aqueles que caíram, preferindo receber os lucros, frequentemente cedo demais, enquanto evitam realizar quaisquer perdas com os papéis.

Recuperar perdas, estatisticamente, é muito difícil. Isso acontece por causa da natureza das mudanças em porcentagem. Considere o seguinte exemplo:

- Você decide manter uma ação que está se desvalorizando, que originalmente comprou por R$900. Você poderia ter vendido a qualquer momento, mas você a deixa cair 20% até que ela chegue a um novo preço de mercado de R$720 (ou seja: 900 × 0,8) antes de vender;
- Para retornar ao seu preço original, você pode imaginar que a ação teria simplesmente de aumentar seu valor em 20%, certo? Errado. Quando R$720 aumentam em 20%, seu novo valor é de R$864 (ou seja: 720 × 1,2);
- Para que possa recuperar o valor original de R$900, os R$720 precisam aumentar 25%. E conseguir um ganho de 25% em um investimento demanda um esforço maior do que deixá-lo se desvalorizar em 20%.

Quando foi a última vez que você cortou suas perdas?

ENTRE EM AÇÃO

Esteja mentalmente pronto para parar de cavar
Quando estiver em uma sequência de perdas, esqueça os custos que teve até o momento — o esforço e o dinheiro investidos. Esqueça a possibilidade de recuperar a perda. Em vez disso, concentre-se no que você tem a ganhar se cortar suas perdas, em vez daquilo que tem a perder. O trabalho dos psicólogos Chin Ming Hui e Daniel Molden, da Northwestern University, mostra que a melhor maneira de agir quando estiver "reduzindo seus compromissos com alguma coisa", tais como apegar-se a um investimento que dá prejuízo, é olhar para os aspectos positivos. Pense no dinheiro recém-liberado como algo que, agora, você pode investir em bens lucrativos.

Use ferramentas para ajudá-lo
Com ações, você pode acertar ordens de parada com o seu corretor ou colocá-las em seu software de *trading*. São instruções para vender a ação quando ela cair abaixo de um determinado valor calculado para limitar suas perdas. No exemplo da ação de R$900, você pode estabelecer uma ordem de parada de 10%. Isso significa que o corretor vende as ações quando o preço chegar a R$810 (ou seja: 900 × 0,9), limitando a sua perda a somente R$90 por ação.

Diferencie os investimentos de longo prazo
Você pode encarar seus investimentos a longo prazo, os bens que você decide manter consigo durante os altos e baixos dos ciclos, de maneira diferente. Com esses bens, como as contribuições que você faz para quaisquer fundos, não é preciso se preocupar em cortar suas perdas. A exceção, é quando alguma catástrofe acontece e uma das empresas nas quais você está investindo sofre algum choque, o preço de suas ações desaba e o prospecto de falência surge com força. Seria prudente, neste momento, descarregar todas as suas ações assim que possível.

81

INVISTA DE MANEIRA SUSTENTÁVEL

> *"Como você é capaz de ficar sentado sobre uma pilha de ouro quando as pessoas ao seu redor estão com dificuldades para pagar suas contas?"*

Você quer aumentar sua fortuna e exercer impacto positivo no mundo ao mesmo tempo? Investir eticamente está ganhando popularidade, em particular entre os mais jovens. De acordo com uma pesquisa do Morgan Stanley, 82% dos *millenials* com um grande patrimônio líquido estão interessados em estratégias de investimento éticas e sustentáveis, comparando-se com 45% de todos os indivíduos com grande patrimônio líquido.

Você pode ter lido sobre investimentos sustentáveis, investimentos com impacto ou investimentos éticos. Cada vez mais, nossas decisões sobre investimentos e alocação são baseadas nesses critérios. Coletivamente, tais investimentos são denominados de investimentos sustentáveis e de impacto (SII, da sigla em inglês).

Há vários exemplos que podem ser citados: a pesquisa global sobre investidores ricos Investor Watch de 2018, do UBS, descobriu que 39% dessas pessoas têm investimentos sustentáveis em seus portfólios; em 2017, o Fundo de Investimentos e Pensões do Japão, que é o maior fundo de pensão do mundo, fez uma parceria com o World Bank Group para promover investimentos sustentáveis; e o fundo de riqueza soberana da Noruega declarou em 2017 que iria se desfazer de todos os seus investimentos em petróleo e gás, que, juntos, totalizam cerca de 27 bilhões de libras.

Há muitos fóruns, eventos e organizações com foco em SII, tais como a Global Impact Investing Network. O crescimento de indústrias tais como as que trabalham com eficiência energética, água limpa e agricultura sustentável está constantemente criando novas oportunidades de investimento SII.

Investimentos sustentáveis são um setor ao qual devemos prestar atenção, tanto pelo bem da sua carteira quanto da sua consciência.

ENTRE EM AÇÃO

Invista seu dinheiro com os defensores da sustentabilidade
De acordo com a Schroders, defensores da sustentabilidade são investidores institucionais comprometidos a aumentar a parcela de investimentos sustentáveis em seus portfólios. Um terço de todos os investidores pesquisados em 2018 pelo Schroders caíram nessa categoria. Além disso, muitos gerentes de fundos ou de portfólios se comprometeram a seguir os Princípios para Investimentos Responsáveis promovidos pela Organização das Nações Unidas (ONU).

Invista em fundos sustentáveis
Coloque seu capital em "índices socialmente responsáveis" tais como o índice social MSCI KLD 400 ou o FTSE4Good UK. Eles são compostos por empresas com perfis fortes de sustentabilidade e ética.

Você aceita receber retornos mais baixos?
Há evidências de que, ao investir em SII, os retornos dos seus investimentos podem ser menores do que se você investisse em outros ativos. Um artigo de 2018 do *Financial Times* demonstrou que o fundo de pensão estatal norueguês havia perdido quase 2% do retorno no decorrer dos últimos dez anos por não investir em empresas consideradas eticamente deficientes, em áreas como a manufatura de armas e extração de carvão mineral.

Mas retornos menores podem não ser inevitáveis. Outros dados mostram que os retornos podem ser ainda maiores do que aqueles conseguidos com investimentos convencionais. A revista britânica *Money Week* publicou em 2018 que, durante os cinco anos anteriores, o índice FTSE4Good UK retornou 60% (com os dividendos reinvestidos) quando comparado ao retorno de 51% do FTSE 100.

82

NUNCA É TARDE DEMAIS PARA COMEÇAR

> *"A idade é apenas um número. Como vivemos mais, temos mais tempo e oportunidades para realizar todos os sonhos e alcançar as metas imagináveis."*

Nunca é tarde demais para começar algo realmente grandioso:

- Mahathir Bin Mohamad se tornou primeiro-ministro da Malásia depois dos 90 anos;
- Jens Skou, vencedor do prêmio Nobel, começou a aprender programação de computadores depois dos 70 anos;
- Vera Wang esperou até ter passado dos 40 anos para dar início ao seu império da moda;
- Harland Sanders começou o KFC depois dos 60 anos;
- John Pemberton criou a Coca-Cola quando já tinha passado dos 50 anos;
- Ray Kroc fundou o McDonald's depois dos 50 anos;
- Robin Chase já tinha mais de 40 anos quando criou a Zipcar.

As evidências indicam que começar um negócio em uma fase mais avançada da vida aumenta suas chances de sucesso. Em um estudo intitulado "Idade e empreendedorismo de alto crescimento", os pesquisadores chefiados por Pierre Azoulay, do MIT, descrevem que, se o criador de uma startup estiver na faixa dos 50 anos, há uma probabilidade quase duas vezes maior de conquistar altos níveis de crescimento empresarial quando comparado a um fundador de trinta anos. Experiência e sabedoria parecem contar para alguma coisa.

Quando se trata de poupança e investimentos, é sempre melhor começar assim que for possível, mas mesmo quem começa mais tarde ainda pode ter bons resultados. Imagine que você consiga economizar

R$1.000 a cada mês; presumindo um retorno anual médio de 3%, vejamos o quanto você teria, antes da incidência dos impostos, quando chegar aos 65 anos:

Idade em que você começa a poupar	Valor intrínseco da ação	Juros totais recebidos	Saldo bancário total
20	R$540.000	R$603.000	R$1,14 milhão
30	R$420.000	R$323.000	R$743.000
40	R$300.000	R$147.000	R$447.000
50	R$180.000	R$48.000	R$228.000

As evidências indicam que começar um negócio em uma fase avançada da vida aumenta suas chances de sucesso.

ENTRE EM AÇÃO

Mantenha aquelas ideias de negócios fluindo

A cultura e a mídia, atualmente, têm obsessão pela juventude, mas não interessa se você é uma pessoa de trinta anos lutando para viver com um salário baixo, uma pessoa de quarenta que recentemente foi demitida, uma pessoa de cinquenta que se aposentou cedo ou uma pessoa de 65 anos que vive com a aposentadoria do governo, você ainda tem muito a oferecer.

Acredite em seus sonhos, independentemente de serem anseios de abrir sua própria empresa ou então de conquistar a independência financeira para você e sua família. Pessoas jovens têm a vantagem da energia, mas, quando você é mais velho, tem mais experiência e sabedoria.

É possível ter sucesso como empreendedor das duas maneiras; tudo depende da mentalidade que cultiva, de acreditar, da determinação e do desejo que possui. Esqueça a sua idade e aja com energia e interesse. O estudo de Azoulay descobriu que a média de idade dos fundadores de startups é 42 anos, e chega a 45 para as startups que crescem mais rapidamente.

Comece a poupar e investir hoje

O mesmo vale para poupar e investir. Fique atento a ofertas especiais para pessoas mais velhas. Pesquise para saber o que está disponível atualmente.

83

PREPARE-SE PARA ENFRENTAR TEMPESTADES

> *"Cresci na Inglaterra e aprendi a sempre levar um guarda-chuva comigo. E levei esse aprendizado para os meus investimentos financeiros."*

Em uma situação de vida ou morte, você pode chamar os serviços de emergência. Mas o que faz caso perca a sua renda? E se você inesperadamente perder seu emprego, sua empresa ou seus investimentos? Qual é a reserva que tem?

Já vimos que muitas pessoas têm pouco dinheiro poupado. Mas é pior do que você imagina. O banco First Direct do Reino Unido descobriu que 7% da população têm reservas totais de menos de 250 libras, estimando que uma pessoa pudesse sobreviver por cinco dias com essa quantia, baseada em despesas mensais médias de 1.536 libras por família.

Como você pode planejar a construção de sua riqueza se não é capaz de sobreviver nem a uma semana sem receber renda? A verdade é que isso pode ser feito, mas é algo muito estressante. O que você realmente precisa ter é uma reserva com a qual possa contar.

> Você vai se arrepender de tentar sobreviver a uma crise sem nada para mantê-lo financeiramente seguro.

ENTRE EM AÇÃO

Decida o quanto você quer ter no seu cofrinho para emergências
As melhores práticas sugerem manter uma quantia suficiente em reservas para conseguir viver por pelo menos alguns meses. Para calcular isso,

você precisa listar suas despesas e determinar seus pagamentos mensais essenciais. Mantenha um fundo de emergência equivalente a pelo menos três meses dessas despesas; o ideal é ter o equivalente a seis meses, se possível. Coloque esse dinheiro em uma conta de investimento separada, que pague juros e que você possa ter acesso rapidamente, se precisar.

Busque ser o dono do imóvel onde você mora

Não é possível se concentrar em objetivos focados no sucesso se você vai dormir com a ameaça de se tornar uma pessoa sem-teto. É muito mais fácil sobreviver a momentos difíceis quando você é o dono da casa onde mora, evitando ataques de pânico por não ter condições de pagar o aluguel ou as parcelas do financiamento.

84

ENTENDA OU CAIA FORA

> *"Tome cuidado quando for jogar com o dinheiro. Se não souber as regras, você vai perder."*

Um dos principais conselhos de Warren Buffett é nunca investir em negócios que você não entenda ou não tenha nenhum conhecimento. O mesmo preceito se aplica ao dinheiro. Nunca o aplique em nada — ações, derivativos ou outros produtos financeiros — que você não seja capaz de explicar para outra pessoa.

Pode até ser empolgante fazer algo que você não compreende por completo. É algo que talvez leve a descobertas inesperadas. Mas quando o seu dinheiro está envolvido, a empolgação pode se transformar facilmente em desalento.

Em termos de produtos financeiros, há centenas deles e muitos são difíceis de serem compreendidos. Às vezes, até mesmo os nomes dos produtos são complicados, o que deveria servir como um alerta em si mesmo para que os evitemos; veja, por exemplo, o caso do Velocity Shares Daily Inverse VIX Short-Term exchange-traded note (XIV), um produto de investimento que o Credit Suisse parou de oferecer em suas operações de *trading* depois que ele perdeu 93% do seu valor em um único dia.

Você provavelmente vai perder algumas oportunidades como resultado disso. Buffett perdeu a oportunidade de ser um dos primeiros a investir na Amazon e no Google, mas ele não se arrepende da sua decisão, e você também não deveria se arrepender das suas. É melhor estar seguro do que ter de correr atrás do prejuízo.

"Se você não consegue explicar a questão de maneira simples, é porque não a compreende suficientemente." – ***Albert Einstein***

ENTRE EM AÇÃO

Você consegue explicar em termos simples?
Tenha como princípio sempre ser capaz de explicar a outra pessoa os investimentos nos quais você está colocando seu dinheiro usando termos simples. Se não conseguir passar nesse teste, você sabe o que tem que fazer.

Se estiver planejando investir em uma empresa startup, garanta que você compreende o modelo de negócios. Não é o bastante que outra pessoa entenda do assunto. O fundador da empresa pode ser incrivelmente apaixonado e pode ser óbvio que ele entende do que faz. Mas será que você entende e é capaz de explicar?

Se estiver investindo em produtos financeiros, não confie nos altos retornos em potencial descritos pelos gerentes de relacionamento do seu banco. Eles são pagos para dizer isso. Seja especialmente cético quando nem mesmo eles são capazes de explicar em termos simples o que estão tentando vender.

85

NÃO SEJA UMA LEBRE

> *"Se você ignorar as instruções antes de montar os móveis, não fique surpreso ao descobrir que uma perna está mais curta do que a outra quando terminar."*

O excesso de confiança em suas próprias capacidades é uma característica comum do ser humano. Os psicólogos Howard Raiffa e Marc Alpert chamam isso de efeito do excesso de autoconfiança, e os resultados podem ser chocantes. Em um artigo publicado em 2015 na *Psychological Science*, três acadêmicos de Cornell e Tulane concluíram que ter uma crença muito forte em seu próprio conhecimento faz com que pessoas aleguem saber coisas que são totalmente impossíveis ou fictícias. No estudo, os participantes disseram, com bastante convicção, que conheciam e compreendiam certos termos financeiros que, na verdade, os pesquisadores haviam inventado.

É assustador pensar que acreditamos em pessoas autoconfiantes em excesso. Pesquisas feitas por Brad Barber e Terrance Odean mostraram que advogados, médicos e outros profissionais são propensos a apresentar esse excesso de autoconfiança. Além disso, homens sentem mais autoconfiança do que as mulheres. Em um estudo americano desenvolvido por Daniel Kahneman, ⅘ dos empreendedores pesquisados disseram que suas empresas tinham uma probabilidade maior ou igual a 70% de terem sucesso — muito mais do que a realidade, na qual somente 35% das startups pequenas nos Estados Unidos sobrevivem mais de cinco anos.

A mensagem é clara. Tenha noção dos seus níveis de autoconfiança e esteja aberto à possibilidade de que você possa estar sofrendo do efeito de seu excesso. Lembre-se que é a Tartaruga, e não a Lebre, que acaba vencendo a corrida. A Lebre é excessivamente autoconfiante; ela tira os olhos da meta e, por isso, é ultrapassada pela Tartaruga, que avança devagar.

O que é preciso para que você diminua seu nível de excesso de autoconfiança e seja mais humilde?

ENTRE EM AÇÃO

Evite excessos com o *trading*
Pesquisadores descobriram que investidores excessivamente autoconfiantes fazem mais transações em *trading* do que os outros. Em "O *trading* é perigoso para a sua saúde", Barber e Odean demonstraram que transações excessivas resultam em altas tarifas e custos que podem facilmente acabar com todos os ganhos auferidos. Eles também descobriram que *traders* com excesso de autoconfiança calculavam mal o momento de fazer suas transações quando comparados com seus colegas mais cautelosos.

Faça planos melhores para a sua aposentadoria
Evite ser autoconfiante demais em quanto dinheiro você vai precisar quando se aposentar. É melhor apostar na segurança e presumir que você vai precisar de mais do que imagina. Na pesquisa sobre confiança na aposentadoria do Employee Benefit Research Institute, de 2017, 60% dos entrevistados confiavam, ou confiavam excessivamente, que seriam capazes de poupar o bastante para bancar uma aposentadoria confortável, mas, na mesma pesquisa, apenas 41% admitiram ter calculado o quanto precisaria para ter uma vida confortável. Muitos desses não estavam nos 60%. Mais da metade disse que seus custos com o plano de saúde eram maiores do que esperavam, respaldando outras evidências de que aposentados têm excesso de autoconfiança sobre terem dinheiro suficiente para viver.

Não acredite cegamente em Lebres
Em um estudo de 2006, o pesquisador James Montier entrevistou trezentos gerentes financeiros profissionais sobre seu desempenho no trabalho. Quase 100% tinha a sensação de que seu comportamento estava na média ou acima da média quando, na realidade, seus fundos apresentavam resultados ao longo de um amplo espectro. Todos nós somos falíveis; esteja ciente de que até mesmo os profissionais às vezes erram.

86

EXPLORE PORTOS SEGUROS COM CUIDADO

> *"Não existem portos de águas calmas no oceano encrespado dos dias de hoje."*

Ao pensar na proteção do seu dinheiro durante tempos difíceis, o que você imagina como um porto seguro? Ouro, dinheiro vivo, francos suíços, ienes japoneses, títulos da dívida pública do Reino Unido, títulos do Tesouro dos Estados Unidos, prata, yuans chineses, imóveis? Todas essas opções foram consideradas como bens patrimoniais seguros em uma época ou outra. Durante algum tempo, até mesmo o Bitcoin foi visto como um investimento superseguro — bem, pelo menos até seu preço desabar.

Portos seguros são importantes porque, enquanto outros bens se desvalorizam, os produtos do tipo porto seguro mantêm seu valor, ou ganham valor conforme a demanda aumenta. Parece algo muito simples e, durante anos, a tendência para que esses bens mantivessem seu valor foi algo considerado como verdadeiro. Recentemente, os resultados não são tão claros.

O ouro é o maior dos portos seguros. Sempre foi visto como o lugar mais seguro para investir sua riqueza. Seu valor não pode ser manipulado por taxas de juros. É um bem patrimonial físico que não pode ser impresso à vontade, como o dinheiro. Mas seu preço, normalmente calculado por onça, esteve muito volátil recentemente. Durante o ano de 2018, o preço de mercado do ouro por onça chegou a um pico de 1.356 dólares antes de despencar para 1.175 dólares, um declínio de 13%. Acrescente a isso o fato de que você não pode receber retornos se tiver ouro armazenado; você só pode esperar que seu valor aumente.

Outros bens considerados portos seguros também mostraram um desempenho inconstante. Inclusive, vem-se notando que, desde a crise de 2008, nem o ouro, nem o dólar americano nem o iene japonês estão particularmente estáveis. Assim, o que um investidor pode fazer?

> Investir em um mundo onde não há portos seguros óbvios não é fácil.

ENTRE EM AÇÃO

Tenha o mesmo cuidado que teria com qualquer outro bem

Se bens tradicionalmente considerados portos seguros não mantêm mais seu valor da forma que você espera, será que sobrou algum lugar para investir sua riqueza com segurança?

A resposta é simplesmente tratar portos seguros como qualquer outro bem patrimonial em que você potencialmente queira investir. Em outras palavras, não os trate de maneira especial. Não é mais possível investir seu dinheiro cegamente em portos seguros quando uma recessão ou uma crise global se avoluma. Em vez disso, pense em investimentos como ouro, títulos da dívida pública de determinado país ou francos suíços como alguns dos investimentos mais estáveis, mas reconheça que nenhum deles está livre de riscos e que podem se desvalorizar.

Assim como acontece com o ouro, portos seguros físicos tais como metais preciosos não oferecem retornos, enquanto os juros para depósitos em dinheiro são baixos. Os retornos (ou rendimentos) em títulos do governo, como as notas do Tesouro americano com prazo de trinta anos, os *bunds* alemães de dez anos ou os títulos da dívida pública do Reino Unido de dez anos também são baixos, e você não pode ficar com eles na expectativa de que seus preços de mercado subam para ter lucros com o capital.

Nenhum desses investimentos é uma aposta garantida, mas você deve tê-los consigo como parte de uma carteira diversificada de investimentos — uma estratégia conhecida como "proteger suas apostas" ou equilibrar diferentes riscos e recompensas. Uma alternativa mais fácil é investir em fundos que tenham um portfólio misto adequado às suas necessidades.

87

REACENDA A SUA CURIOSIDADE INFANTIL

> *"Eu costumava zombar de adultos que agiam como se fossem crianças. Hoje em dia, eu tento contratá-los!"*

O colunista Adam Bryant, do *The New York Times*, certa vez fez uma pergunta a setenta CEOs e a outros líderes empresariais: "Que qualidades você vê com mais frequência nas pessoas bem-sucedidas?". A resposta mais citada pode surpreender você: era a curiosidade apaixonada.

Uma pesquisa com três mil profissionais publicada na *Harvard Business Review*, em 2018, revelou que 92% dos entrevistados disseram que são os curiosos que trazem novas ideias para as equipes — que a curiosidade em uma equipe melhora a motivação e o desempenho das pessoas.

Quando a paixão e a curiosidade são combinadas, você tem pessoas com uma fascinação intensa por tudo o que acontece em suas vidas. Muitas inovações e sucessos nos negócios surgiram por conta de pessoas apaixonadamente curiosas. As gigantes da tecnologia de hoje — Facebook, Alibaba, Google etc. — são o resultado de fundadores que tinham essas qualidades, impelidos a inovar e criar soluções, frequentemente para problemas que ainda nem existiam.

A maioria não tem tempo de ser curiosa. Elas ignoram coisas que pessoas bem-sucedidas acham intrigantes. O escritor Paul C. Brunson descreveu uma conversa que teve com o bilionário turco Enver Yücel e ficou maravilhado com a curiosidade de Yücel sobre coisas que outras pessoas podem achar irrelevantes, como a altura relativa dos meios-fios das ruas em Washington DC e Istambul. Mas a questão é que a maioria das ideias inusitadas emerge por meio dessa curiosidade apaixonada. Ideias que podem até mesmo ser lucrativas. Você conhece alguém como Yücel ou acha que poderia agir de modo mais parecido com ele?

> A curiosidade é algo que pode ser aprendido e dominado com a prática.

ENTRE EM AÇÃO

Construa a sua riqueza baseando-se em perguntas, não em respostas

Eric Schmidt, ex-CEO do Google, disse em determinada ocasião que o Google é administrado com o princípio de fazer perguntas, não de encontrar respostas. Quando se deparar com desafios e oportunidades, expresse a sua curiosidade por meio de perguntas. Estimule as pessoas ao redor a também fazerem perguntas e não aceitarem o óbvio. Concentre-se em coisas como "Por que não?", "E se...?" e "O que pode ser possível?".

A riqueza se origina em criar valor pelo qual outras pessoas estão dispostas a pagar, e o valor frequentemente é o resultado de alguém ter sido curioso, de ter feito e explorado perguntas, encontrando assim um valor que ainda não tinha sido descoberto. Os acionistas da Polaroid ficaram muito ricos graças a um inventor, Edwin Land, que escutou o que sua filha lhe disse. Os dois estavam tirando fotografias e ela perguntou ao seu pai: "Por que temos que esperar para ver a foto"?

Seja sempre curioso, mesmo quando envelhecer

De maneira geral, 41% dos *millenials* compreende as criptomoedas quando comparados com apenas 18% dos *baby boomers*, de acordo com um estudo feito em 2018 pela Legg Mason. Em outra pesquisa de 2018, desta vez feita pelo YouGov, 44% dos *millenials* disse que esperam que as criptomoedas venham a ser amplamente usadas nos próximos dez anos, comparando-se com apenas 24% dos membros da geração X e 29% dos *baby boomers*.

Pessoas mais jovens têm a mente naturalmente mais aberta. Assim, mantenha-se jovem e não permita que seus anos de experiência fechem seus olhos para o que está acontecendo à sua volta. Você não sabe de tudo e deveria estar sempre disposto a sair da sua zona de conforto, abrir sua cabeça e explorar.

88

CULTIVE A SUA RIQUEZA EM UM MUNDO VICA

> *"O mundo de hoje, que vive em constante mudança e em alta velocidade, parece estar acelerando."*

Se você estiver investindo hoje, está fazendo isso em um mundo muito instável e acelerado. Nós vivemos em um mundo VICA, e isso significa que você deve esperar:

- Volatilidade;
- Incerteza;
- Complexidade;
- Ambiguidade.

A volatilidade nos dias atuais pode mesmo ser extraordinária, com mercados que sobem e descem rapidamente, às vezes em questão de segundos.

- Em outubro de 2016, o valor da libra inglesa caiu mais de 6% em dois minutos em relação ao dólar dos Estados Unidos;
- Em junho de 2017, o preço da maior criptomoeda depois do Bitcoin, o Ethereum, caiu de 300 dólares para 10 centavos de dólar em alguns minutos;
- O franco suíço se valorizou 40% em relação ao euro em uma questão de segundos, em janeiro de 2015;
- Em 2013, os preços da bolsa de valores de Singapura desabaram em até 87% em poucos minutos.

Crises instantâneas como essas são cada vez mais comuns devido à complexidade do *trading* atual em mercados financeiros causados pela alta frequência de transações, o *trading* complicado de futuros, transações do tipo *black box trading*, dependência exagerada de algoritmos computacionais e, é claro, até mesmo aquela pitada ocasional de manipulação de mercados.

Há não muito tempo, antes da disseminação da internet, dos e-mails e do sistemas on-line em tempo real para operações de *trading*, nada acontecia em segundos. Hoje em dia, milhares de transações podem ocorrer simultaneamente em milissegundos.

Além disso, você precisa lidar com um dilúvio de informações e dados ao ponto que uma pesquisa no Google por conselhos e informações sobre um mercado, ação ou empresa provavelmente não vai lhe dar exatamente o que precisa. Algumas fontes vão dizer que a resposta é preto, outras vão dizer que é branco. Infelizmente, você vai ter de se acostumar ao cinza.

> Invista somente no que você entende e contrate uma assessoria, se precisar.

ENTRE EM AÇÃO

Não confie tanto nas suas próprias habilidades de *trading*
Considerando a incerteza das informações e a extrema volatilidade dos mercados, está ficando mais difícil confiar em suas próprias habilidades para ser um investidor individual de sucesso. Um argumento que recebe cada vez mais apoio diz que o melhor a fazer é manter a maior parte dos seus investimentos em mercado financeiro em fundos administrados por profissionais com melhores sistemas, capacidade de pesquisa e *timing*.

Há também uma tendência maior a incluir bens físicos entre os investimentos, como imóveis, ouro e antiguidades — algo que alguns analistas financeiros definem como uma volta aos fundamentos. A beleza de bens como esses é que eles não perdem 80% do seu valor em cinco segundos. Essa é uma boa estratégia para contrabalançar as operações de *trading* de alta velocidade e fundamentadas em algoritmos na City londrina e em Wall Street.

Mantenha o impulso
Um dos efeitos do nosso mundo financeiro cada vez mais complexo é que é fácil ficar confuso, dividido ou perder o foco. Você espera que seus

investimentos rendam adequadamente e fica paralisado quando isso não acontece. Lembre-se dos conselhos que já apareceram antes neste livro: invista apenas naquilo que você entende e pague por uma consultoria profissional se precisar.

Quero também aproveitar para mostrar uma equação muito simples, criada pelo pesquisador social e escritor Michael McQueen. Ela diz que:

- Impulso (o processo de ir em frente e crescer) = (Atividade + Foco) × Consistência

Conseguir impulso com a sua riqueza, apesar de volatilidade, incerteza, complexidade e ambiguidade à sua volta não é fácil. Você precisa:

- Ter clareza sobre as atividades financeiras, produtos, bens patrimoniais e mercados nos quais quer investir;
- Dedicar atenção e tempo concentrados à sua riqueza;
- Ser consistente em suas escolhas e ações e não permitir que o ruído e a confusão à sua volta o tirem do rumo.

89

SEJA EXPERT EM NEGOCIAÇÃO

| *"Tudo está aberto a negociação."*

Você nunca vai ficar rico a menos que aprenda a negociar. Às vezes a negociação pede que você pressione seu interlocutor para conseguir o que precisa; às vezes, significa alcançar um meio-termo; e outras vezes significa simplesmente virar as costas e ir embora. Você provavelmente já negociou mais do que imagina quando comprou ou vendeu um imóvel, concordou com termos e tarifas do seu banco ou corretor de ações, assinou um contrato de serviço, acertou os detalhes de um aumento de salário ou de uma promoção no trabalho.

Um dos maiores negociadores do mundo é Stephen Schwarzman. Ele é cofundador e CEO do Blackstone Group, que conduziu e transformou em uma das maiores firmas de investimentos do mundo, administrando mais de R$450 bilhões em ativos. Ele aconselha qualquer pessoa que esteja em negociações para que encontre sua zona de convergência. Em outras palavras, a convergência daquilo que você precisa e quer com aquilo que a outra parte espera. A habilidade é reconhecer essa convergência e concordar em como vão chegar lá. E uma das melhores maneiras de conseguir isso é deixar suas necessidades claras e, ao mesmo tempo, colocar-se no lugar da outra parte para entender as pressões que ela sofre. Assim, acostume-se a declarar sua posição de maneira precisa, dizendo, por exemplo: "Preciso de uma redução de 20% nas minhas tarifas para poder continuar a usar os seus serviços" ou "Estou procurando por um prazo inferior a três meses para concluir este negócio. Caso contrário, vou procurar outra opção". Ao mesmo tempo, coloque-se no lugar da outra parte para compreender a pressão que ela sofre.

> A parte mais difícil de uma negociação é saber quando abandoná-la.

ENTRE EM AÇÃO

A prática leva à perfeição

Schwarzman passou quarenta anos aperfeiçoando suas habilidades. Você pode não estar nem perto disso. Talvez, a princípio você se sinta como um novato, lutando para declarar suas necessidades e preocupado se vai irritar a outra parte. Conforme ganhar experiência, vai se sentir mais confortável encontrando pontos de acordo na "zona de convergência".

Esteja preparado para abandonar as negociações

Quando você está envolvido em uma negociação, pode ser difícil ter noção do ponto no qual um acordo se torna inaceitável, quando uma oferta é baixa demais ou quando a porcentagem de ações exigida em troca de fundos para investimento é alta demais. É muito difícil chegar a esses pontos e dizer "não", simplesmente porque você provavelmente investiu tempo demais para chegar até aí. Pode ser impossível imaginar a discordância com as condições. Em momentos como esse, dê um passo para trás e faça uma pausa. Peça conselhos. Encontre um mentor com quem possa conversar.

Tenha um plano B

O que você faz se não consegue chegar a um acordo? Você precisa de um plano B. Roger Fisher e William Ury, membros do Harvard Negotiation Project, chamam isso de BATNA, a sigla em inglês para a "melhor alternativa a um acordo negociado". Essa é a segunda melhor opção para quando você não consegue concordar com os termos preferidos.

Coloque no papel

Quando chegar a um acordo, lembre-se de documentá-lo. Um e-mail curto às vezes é suficiente, mas o melhor é ter algo por escrito e compartilhar esse documento com as outras partes interessadas.

90

CONCENTRE-SE NO SEU QE, NÃO NO QI

> *"Se eu puder escolher, sempre opto por trabalhar com alguém com altos níveis de inteligência emocional."*

As pesquisas mostram consistentemente que, quanto maior for o seu QE (o quociente ou inteligência emocional), mais bem-sucedido você vai ser.

- A TalentSmart, uma consultoria com sede em San Diego e que atua na área de QE, avaliou um grupo de indivíduos em relação a 34 habilidades importantes no ambiente de trabalho. O estudo concluiu que a inteligência emocional é o preditor mais importante de desempenho, explicando 58% do sucesso de uma pessoa em seu trabalho;
- Em outro estudo que se estendeu por 45 anos e publicado no *Journal of Research in Personality*, oitenta cientistas foram avaliados aos 27 e 72 anos. A pesquisa revelou que as habilidades sociais e emocionais eram mais importantes do que o QI ao explicar a criatividade do indivíduo no decorrer da vida;
- Um estudo americano publicado no *Journal of Vocational Behavior* em 2017 concluiu que, quanto maior a inteligência emocional de uma pessoa, maior é o seu o salário e o grau de satisfação com o emprego.

O QE abrange:

- Sua compreensão ou autoconsciência das próprias emoções, ações e sentimentos;
- Sua capacidade de controlar ou autoadministrar essas emoções e ações;
- Sua habilidade de empatia, colocando-se no lugar de outras pessoas — o que também é chamado de ser socialmente consciente;

- Sua capacidade de administrar como você interage e se comunica com outras pessoas.

Em anos recentes, uma boa quantidade de pessoas super-ricas ao redor do mundo falou sobre a importância do tema em sua jornada para o sucesso, incluindo Jack Ma, que declarou, em 2017, que você precisa de um grande QE para trabalhar com pessoas. A lição é que, embora pareça algo pouco sério, você jamais deve subestimar sua capacidade de administrar suas emoções como um fator-chave do seu sucesso financeiro.

O QE é um alicerce essencial para poder criar uma vida de sucesso financeiro.

ENTRE EM AÇÃO

Entenda como o seu QE o impactou
Reflita sobre os momentos da sua vida em que o QE ajudou ou atrapalhou. Fazendo isso, você vai conseguir entender quais aspectos da sua inteligência emocional precisam ser mais bem administrados e desenvolvidos. Reserve um momento para colocar no papel os seus "melhores momentos do QE". Por exemplo: você ficou irritado com um colega de trabalho ou sócio, fazendo com que o relacionamento azedasse? Você se frustrou por receber um abono menor do que o esperado e decidiu pedir demissão do emprego?

Aprenda com o seu passado
Você provavelmente vai encontrar muitos exemplos em que suas emoções estavam no comando, em vez de ser você quem controlava o seu QE, e pode usar essas ocasiões como lições. É importante que você domine suas emoções, não deixando que elas o dominem. Dessa maneira você pode tomar decisões mais racionais e reagir a situações com mais calma. É aqui que você começa a ser um expert em QE.

Estimule outras pessoas a dominarem suas emoções
Não faz muito sentido ser emocionalmente inteligente se as pessoas à sua volta estão fazendo o oposto. Ajude as pessoas ao seu redor a

melhorarem seu QE também. A última coisa que você quer são explosões, palavras indesejadas e ações que impactem negativamente as suas finanças e planos financeiros.

91

MANTENHA SUA DOCUMENTAÇÃO EM ORDEM

> *"Quando fazemos alguma besteira, perdemos ou nos esquecemos de alguma coisa, só temos nossos 'eus' do passado para culpar."*

Se você quiser ser muito bem-sucedido, vai precisar ser organizado. Certa vez, conversei com uma mulher que havia perdido seu bilhete de loteria premiado. Ela passou dias procurando por ele, até finalmente decidir que havia sido jogado fora por engano. Da última vez que tive notícias, ela estava planejando entrar em contato com o conselho de urbanização da sua cidade para tentar convencê-los a fazer uma busca no depósito de lixo local.

Mesmo que você não tenha ganhado na loteria, esquecer-se ou perder documentos pode ser dispendioso. Se você já extraviou um contrato importante ou um acordo de participação acionária, ou se esqueceu de enviar a declaração do imposto de renda no prazo correto e foi multado por isso, entende a questão.

Conforme você expande o seu patrimônio, vai ter mais documentos e papelada para cuidar, o que aumenta a possibilidade de deixar passar alguma fatura sem pagá-la, um contrato sem assinar ou deixar de enviar um acordo no prazo correto.

Se você for muito rico, pode deixar toda a organização, a documentação e o arquivamento a cargo de outras pessoas. Se não pode se dar ao luxo de contratar assistentes para administrar tudo ou ter profissionais cuidando de um escritório de família, então é você que vai ter de cuidar de tudo isso.

Este é o seu mantra: organizar, arquivar, agir.

ENTRE EM AÇÃO

Tenha um espaço de trabalho organizado

Mantenha o seu local de trabalho limpo e organizado. Quando o seu escritório ou estação de trabalho está desorganizado, é mais difícil se concentrar em uma tarefa específica de cada vez. Um estudo publicado em 2011 no *Journal of Neuroscience*, por pesquisadores da Universidade de Princeton, revelou que o córtex visual do nosso cérebro fica sobrecarregado por papelada e objetos irrelevantes, tornando mais difícil completar tarefas de maneira eficiente.

Tenha à mão uma lista de todas as faturas que você espera receber e certifique-se de que as recebeu e pagou. Para cada um dos seus investimentos, mantenha uma lista de tarefas a completar e arquive toda a documentação necessária. Saiba as coisas que precisa enviar, atualizar ou arquivar e preste bastante atenção aos prazos, tais como os dias em que você deve pagar por coisas como taxas empresariais ou enviar a sua declaração de imposto de renda. Não se esqueça dos pagamentos em débito automático: se não fizer nada em relação a eles, as instruções sobre esses pagamentos serão renovadas automaticamente por mais doze meses.

Use serviços de secretariado

Dependendo da sua verba, você pode considerar a possibilidade de pagar alguém para ajudá-lo. É fácil contratar serviços de secretariado por hora, conseguindo exatamente o apoio administrativo de que precisa.

Use a internet

Existem algumas ferramentas on-line que são excelentes para manter tudo organizado. Dê uma olhada em sites e aplicativos como:

- Expensify, Zoho Expense e Evernote, que o ajudam a escanear e administrar recibos de despesas;
- GnuCash, Buddi e AceMoney, que são sistemas simples de contabilidade e registro de livro-caixa.

Não ignore os e-mails, especialmente se eles são o único meio de comunicação que você recebe de empresas prestadoras de serviços como fornecimento de energia, água, gás, ou da empresa que administra seus imóveis. Registre o seu conteúdo, imprima e arquive-os se precisar.

92

SEJA DISCRETO COM SUA RIQUEZA

> *"Ostentar sua riqueza é como tirar as roupas, mostrar sua barriga gorda para as pessoas e dizer: 'Olhem só para isso, ela está cheia de comida maravilhosa!'"*

Muitos dos bilionários existentes atualmente exibem um comportamento conhecido como riqueza discreta. Eles costumam voar abaixo do radar em seu dia a dia, não sentem a necessidade de ir de um lugar para outro nos carros mais caros ou de ser os donos da maior casa do bairro. Em outras palavras, eles não deixam que sua enorme riqueza lhes suba à cabeça.

- O fundador da Ikea, Ingvar Kamprad, por exemplo, dirige um Volvo que já roda há quinze anos e usa a classe econômica quando viaja de avião;
- Tim Cook, o CEO da Apple, mora em uma casa relativamente modesta em seu bairro em Palo Alto, que é repleto de imóveis que valem vários milhões de dólares;
- Uma das pessoas mais ricas do mundo, Carlos Slim, ainda mora no mesmo imóvel modesto que comprou há cerca de trinta anos e ainda vai para o trabalho todos os dias dirigindo seu próprio automóvel.

Nunca ostente sua riqueza. Arrogância não é algo que fica bem em ninguém. Seja gentil quando estiver falando da sua riqueza e evite fazer com que outras pessoas se sintam diminuídas e inadequadas, mas, da mesma forma, não negue o que você conquistou. Você trabalhou duro e merece o que tem.

De que maneiras você vem ostentando sua riqueza e finanças?

ENTRE EM AÇÃO

Seja humilde e tenha os pés no chão

Não existe razão para ficar constrangido por ter enriquecido ou por querer desfrutar da sua riqueza por meio do seu estilo de vida. É normal sentir orgulho por ser financeiramente bem-sucedido, mas aja com moderação. Seja discreto e humilde ou corra o risco de ser usado como um caixa eletrônico por pessoas próximas. Compartilhar é ótimo, mas se você dá constantemente aquilo que tem, seus relacionamentos vão mudar e o dinheiro vai se tornar o principal laço de amizade, com a inveja borbulhando logo abaixo da superfície. Ninguém quer isso.

Se começar a ostentar demais, você pode acabar se tornando um alvo para pessoas de fora do seu círculo mais próximo de amizades. Não vai demorar muito tempo até encontrar conhecidos, vizinhos e até mesmo estranhos querendo o seu dinheiro, sendo amigáveis em excesso ou fazendo pedidos financeiros — tanto de maneira direta quanto por meio de pessoas próximas a você. Provavelmente o que você vai ouvir com mais frequência são pedidos de empréstimo para ideias de negócios. Falar sobre startups pode ser divertido, mas não se você for constantemente o alvo de pedidos de financiamento.

Tenha a coragem de dizer não

Você nunca vai conseguir agradar todo mundo que quiser uma parte da sua riqueza. De maneira regular, pense em quem, na sua vida, você gostaria de ajudar. Seja cortês, mas firme, ao dizer não a pedidos feitos por outras pessoas. Desenvolva uma tolerância maior a frustrações, se necessário, para facilitar esse processo.

Diga "sim" às pessoas com clareza e franqueza

Com aquelas pessoas que você está disposto a ajudar, demonstre isso sem fazer com que o outro lado implore, sinta-se culpado ou constrangido. Seja muito franco com elas e sobre o quanto você pode dar. Explique claramente suas expectativas e se o dinheiro está sendo dado ou emprestado. E lembre-se: nada de ostentação; dê seu dinheiro às pessoas que escolher discretamente, sem alarde.

93

NÃO CULPE OS OUTROS PELAS SUAS PERDAS

> *"Assuma 100% da responsabilidade pela sua vida financeira. Não fazer isso vai lhe trazer ansiedade constante e amargura."*

Nunca coloque a culpa pelos seus problemas financeiros em outras pessoas.

- O corretor de imóveis não tem culpa por você não ter perguntado sobre a faixa de impostos ou a taxa de condomínio quando comprou o apartamento;
- O corretor de ações não tem culpa pelo retorno do fundo no qual você investiu não ter crescido na casa dos dois dígitos;
- A imobiliária não tem culpa por não ter conseguido encontrar inquilinos dispostos a pagar um aluguel acima do valor de mercado para morar no seu imóvel recém-reformado;
- Seu chefe não tem culpa por você não ter sido promovido ou recebido um aumento;
- O novo investidor não tem culpa por você não ter estabelecido mais cláusulas de proteção no seu contrato acionário, mesmo que você achasse que precisava fazer isso.

Certa vez comprei uma casa na Malásia sem perceber que um condomínio de apartamentos estava prestes a ser construído bem nos fundos do meu imóvel. Eu não consegui acreditar que o corretor de imóveis e o advogado nunca tocaram no assunto, mas, na realidade, não perguntei a respeito, e o alvará de construção foi enviado somente durante a compra. Ninguém teve culpa pelo que aconteceu além de mim mesmo. Nunca cheguei nem a olhar os fundos do imóvel e pensar "Por que estão terraplenando essa área?".

> Quando o assunto é o seu próprio dinheiro, você é a única pessoa que pode receber os créditos — e a culpa.

ENTRE EM AÇÃO

Não procure bodes expiatórios

A menos que esteja com uma arma apontada para a cabeça, você é o único responsável quando assina e concorda com alguma coisa. Transferir a culpa para os outros é uma estratégia ruim e estressante. Serve apenas para alienar outras pessoas e impede que aprenda com seus erros. E você vai cometer erros. Você não sabe de tudo. Mas, da próxima vez, terá mais sabedoria e, se as coisas correrem bem, espera-se que nada dê errado.

Você não pode mudar para melhor se nunca admitir seus erros. Ao tomar responsabilidade e assumir seus erros, coisas incríveis acontecem. Você fica mais resiliente e autoconfiante, mais cuidadoso ao fazer escolhas financeiras. Pronto para fazer e refazer checagens quando necessário e sempre preparado para ajustar ou alterar uma decisão anterior.

Cuidado para não ser extorquido

Da mesma maneira, se foi vítima de um golpe ou se foi enganado, você pode legitimamente culpar outras pessoas. Houve muitos exemplos de profissionais que deram conselhos desonestos ou que empurraram produtos que seus clientes não precisariam comprar. Pratique a sensatez e a desconfiança. Verifique os conselhos que receber e peça opiniões a outras pessoas, se precisar.

94

FAÇA UMA VERIFICAÇÃO ANUAL DA SUA RIQUEZA

> *"Quando você não cuida devidamente da sua riqueza, pode ficar com um arrombo financeiro."*

A maioria de nós vai ao médico de tempos em tempos para fazer um check-up. Com suas finanças, a situação não é diferente. Você precisa verificar a saúde dos seus investimentos, eliminando os problemas. Se não repassar suas decisões, não há como saber se elas continuam sendo eficazes. É incrível como tomamos decisões e fazemos escolhas importantes e, posteriormente, nos esquecemos completamente delas. O mais bizarro é o número de pessoas que deixa seu dinheiro em contas e planos de poupança e se esquecem de que elas existem.

Se fizer uma verificação regular sobre a sua saúde financeira, pode avaliar o desempenho daqueles que o administram. Na próxima página você vai encontrar um guia passo a passo sobre como fazer uma verificação de saúde financeira e com o que precisa tomar cuidado.

> Não é um bom sinal se a sua primeira verificação de riqueza só acontecer depois que você se vê em meio a um arrombo financeiro.

ENTRE EM AÇÃO

Faça uma verificação anual de saúde financeira
Como foi o desempenho do seu dinheiro investido em fundos? Os retornos dos fundos estão melhores do que índices comparáveis? No Reino Unido, a maioria dos fundos costumam ser comparados ao índice FTSE

100. Poucos fundos conseguem superar esse índice todos os anos, mas você não deve continuar investindo em um fundo que nunca excede seu índice comparativo.

Qual é o tamanho da renda proveniente de dividendos que você recebe?

Isso é fundamental se você depende de uma renda regular advinda de investimentos em ações. Está em boa situação se recebeu pelo menos cinco ou seis centavos para cada libra investida em ações. Mas você pode conseguir algo melhor? Para o próximo ano, pode trocar seu dinheiro de ações que pagam menores dividendos para outras que paguem dividendos maiores?

Como a sua carteira de investimentos mudou?

Se as ações tiveram um bom resultado este ano, você pode ter passado de uma carteira dividida em 50:50 entre títulos e ações para uma divisão de 70:30 em favor das ações. Pretende reequilibrar essa equação? Pensando pela perspectiva do risco, o seu portfólio atual se adequa às suas necessidades?

Há taxas melhores para os seus investimentos com prazo fixo?

Mantenha um registro para saber quando qualquer período de depósito com prazo fixo expira antes de ser automaticamente renovado, deixando o seu dinheiro preso por mais um ano. Explore o mercado para saber se há opções melhores.

Seus investimentos em imóveis estão otimizados?

Os seus retornos sobre os aluguéis (antes ou depois da incidência dos impostos) estão de acordo com suas expectativas? São comparáveis com a média do mercado? Os imóveis estão mantendo ou ganhando valor de mercado? As taxas cobradas pelas empresas que administram os imóveis são competitivas?

95

PASSE ADIANTE SUAS DICAS SOBRE FINANÇAS

> *"Aprendi muito quando passei a ensinar outras pesoas. Conforme compartilho o que aprendi, fico espantado com o número de insights que consigo ter."*

Ensinar é uma das melhores maneiras de aprender. Você consegue orientar outras pessoas para que conquistem sua própria independência financeira? Você pode achar que não tem experiência suficiente, mas ninguém nunca sabe realmente o bastante. Os experts aprendem e ganham novos conhecimentos constantemente e ensinam e praticam a mentoria com outras pessoas ao fazerem isso.

Não importa o nome que você dá ao processo: coaching, ensino, mentoria, compartilhamento ou apoio. Compartilhar o que aprendeu é uma combinação de ouvir, questionar e aconselhar. É o ato de ajudar alguém a:

- Evitar os erros que você cometeu com o seu dinheiro;
- Aprender os atalhos que descobriu durante sua trajetória;
- Adotar a mentalidade e a postura necessárias;
- Compartilhar suas próprias necessidades, expectativas e desafios em relação às finanças;
- Recuperar a autoconfiança quando sofreram perdas financeiras.

Passar isso para outros é um processo em que todos saem ganhando. Aqueles que você ajuda estarão mais bem equipados para expandir e lidar com suas finanças, e você ganha de três maneiras, pelo menos:

- Você se sente bem em poder contribuir;
- Você cresce conforme reflete sobre sua própria jornada financeira;
- Novos insights e inspirações podem lhe surgir conforme você compartilha suas experiências.

Você está pronto para começar a retribuir por meio de ensinamentos e mentoria?

ENTRE EM AÇÃO

Ajude seus "parceiros financeiros"

Você pode estar expandindo sua fortuna em conjunto com um companheiro ou cônjuge, tocando uma empresa com um ex-colega de trabalho, investindo conjuntamente com amigos em imóveis ou em algo não tão convencional, como um clube de vinhos. Todas essas pessoas são seus parceiros financeiros, e é importante que tenham o mesmo conhecimento e noção sobre finanças que você. Ensine o que sabe e esteja aberto a aprender com eles, em um processo de mentoria e apoio mútuos.

Ensine os jovens

A maioria dos pais nunca ensina aos seus filhos sobre dinheiro e finanças. É uma oportunidade perdida. Comece hoje e ajude-os a perder sua ingenuidade em relação a finanças de modo que possam evitar alguns dos erros que outras pessoas cometem na adolescência e no início da idade adulta.

Ensine a comunidade

Eu tenho uma amiga que oferece seu tempo voluntariamente em uma prisão feminina local, ensinando as detentas sobre como ganhar dinheiro. Suas oficinas mais recentes se concentraram em como abrir uma empresa e reduzir dívidas. Como você pode ajudar pessoas em sua comunidade?

96

NÃO É PRECISO SE AFOBAR; ESTAMOS EM UMA MARATONA

> *"Investir se compara a observar as árvores crescerem, um arranha-céu alto ser construído e a passagem das estações."*

Em um megaestudo de 2017 intitulado *A taxa de retorno sobre tudo, 1870-2015*, um grupo de economistas da Alemanha e dos Estados Unidos analisaram os índices anuais de retornos de títulos do governo, investimentos em *equities* e em imóveis residenciais. Eles analisaram dados de dezesseis países, incluindo Estados Unidos, Alemanha, Japão e Reino Unido, e calcularam que os índices médios de retorno (ajustados pela inflação) no decorrer de 145 anos foram:

Imóveis residenciais	7,05%
Equities	6,89%
Títulos do governo	2,5%
Títulos do Tesouro	0,98%

Isso é um exemplo extremo sobre como investir no longo prazo, uma estratégia conhecida como "comprar e segurar".

Todas as evidências sugerem que, quanto mais tempo você segurar um investimento, maior é a garantia de que haverá um retorno anual positivo.

O Schwab Center for Financial Research analisou os retornos do índice S&P 500 durante 85 anos, de 1926 a 2011. Eles descobriram que, para ter 100% de garantia de retornos anuais positivos, você precisaria segurar um investimento no índice por vinte anos (em qualquer ponto desse intervalo de 85 anos). Eles calcularam que isso daria um retorno entre 3 e 17%. Segurar o investimento por períodos mais curtos traria consigo o risco de sofrer perdas consideráveis; por exemplo, segurar por qualquer período de três anos lhe daria um retorno anual entre -27% e -31%. Em outras palavras, você poderia ter perdido um terço do seu investimento, ou poderia ter ganhado a mesma porcentagem. Parece até uma visita ao cassino.

Essas análises históricas apontam para uma conclusão: investimentos não são uma atividade de curto prazo. Se estiver procurando por vitórias rápidas, prepare-se também para derrotas rápidas. Ter uma orientação focada no longo prazo pode garantir o seu sucesso financeiro.

Leva tempo para construir riqueza.

ENTRE EM AÇÃO

Desapegue-se e seja paciente

Tente dividir os seus bens patrimoniais e fundos em dois grupos:

- Gerenciados ativamente: essa é a porção com a qual você quer trabalhar ativamente, ajustando por meio de compras e vendas de acordo com a movimentação dos mercados;
- Comprar e segurar: essa é a porção que você quer simplesmente deixar crescer. Essa parte do seu portfólio deve aumentar como uma porcentagem de toda a sua riqueza conforme vai envelhecendo.

Uma estratégia de "comprar e segurar"

Esses estudos históricos respaldam a estratégia de custo médio em dólar: a ideia de investir a mesma quantia a cada mês ou ano nos mesmos fundos e jamais cortar suas perdas quando o mercado se desvaloriza.

Fique de olhos abertos

Há sugestões de que comprar e segurar empresas de qualidade em índices como o S&P não é mais uma aposta garantida. Em parte, isso reflete a instabilidade extrema que impacta muitas empresas estabelecidas que estão na *Fortune 500*.

Pode ser que comprar e segurar *equities* pensando no longo prazo possa não mais ser algo tão garantido quanto costumava ser. É bom você manter isso em mente e considerar conforme planeja seus investimentos.

97

DURMA TRANQUILAMENTE À NOITE

> *"Se você deixar a porta da sua casa aberta, não fique surpreso se alguém entrar e roubar suas coisas."*

Não há nada pior do que perder dinheiro simplesmente porque não protegeu o que tinha. Imagine comprar a casa dos seus sonhos e ser vítima de uma enchente ou incêndio e, em seguida, descobrir que você tem de pagar a reconstrução do próprio bolso porque não fez um seguro do imóvel. Ou perder seu marido ou esposa para descobrir que a cobertura do seguro da vida caducou alguns anos antes.

Há muitas maneiras pelas quais você pode proteger diferentes bens e investimentos. Nenhuma delas é capaz de protegê-lo 100% de todas as possibilidades, tais como investimentos idiotas, torrar dinheiro em uma startup comandada por alguém que nunca teve sucesso nos negócios ou emprestar dinheiro para alguém que desaparece. Mas é importante pensar em maneiras de se proteger para evitar perdas maiores.

> Não há nada pior do que perder dinheiro simplesmente porque você não protegeu o que tinha.

ENTRE EM AÇÃO

Eis algumas opções essenciais de "proteção" para você considerar.

Proteja a sua hipoteca

Em muitos países, é possível fazer um seguro em seu financiamento imobiliário de modo que, se você morrer ou ficar incapacitado, o financiamento é quitado parcial ou totalmente. Em alguns países, isso é exigido pelo banco para lhe conceder o financiamento. No Reino Unido, esse tipo de seguro é chamado de seguro-proteção de pagamento de hipoteca. Ele tipicamente cobre os pagamentos do seu financiamento por dois anos ou o equivalente a dois terços da sua renda mensal, o que for menor. O benefício começa a ser pago um ou dois meses depois que você não possa mais trabalhar.

Coloque seu seguro de vida em um truste

Faça um seguro de vida, caso tenha dependentes ou alguém de quem gosta muito e que teria dificuldades financeiras se você morresse ou mesmo se sofresse um acidente. No Reino Unido, o prêmio do seguro pode evitar taxas de herança se o seguro de vida for feito por meio de um truste.

Hedging

Hedging é um modelo de seguro em que você tem ações, matérias-primas ou uma moeda estrangeira em particular. Você a mantém consigo porque espera que seu preço aumente ou porque precisa disso para os seus negócios.

Se você se preocupa com uma possível desvalorização, pode comprar o que chamamos de opção de venda. Este é um exemplo de derivativo, que lhe permite ganhar dinheiro quando a ação, a moeda ou outro produto se desvaloriza. Esse ganho equilibra a perda que você teria por manter esse bem patrimonial.

Seguros para empresas

Há todo tipo de planos de seguros disponíveis que podem pagar um prêmio caso você não seja mais capaz de trabalhar, administrar sua própria empresa ou então se a sua empresa estiver passando por algum tipo de dificuldade.

Depósitos com bancos protegidos

No Reino Unido, até 85 mil libras (ou 170 mil libras em contas conjuntas) mantidas em um banco ou sociedade financeira estão protegidos pelo Financial Services Compensation Scheme. Isso significa que, enquanto o seu banco for parte desse plano, você pode ter o seu saldo em conta, até o limite desses montantes, reembolsados caso o banco vá à falência. Nos

Estados Unidos, o mesmo tipo de seguro sobre montantes depositados é garantido pela Federal Deposit Insurance Corporation. Planos similares existem em outros países, como o Fundo Garantidor de Crédito (FGC), no Brasil.

98

PLANEJE-SE PARA O FIM

> *"Planejar sua herança é o presente mais importante que você pode dar à sua família."*

De acordo com uma pesquisa realizada em 2017 no Reino Unido pelo site unbiased.co.uk, somente 40% das pessoas possuem um testamento; esse número cai para 16% no caso de pessoas que têm idade entre 18 e 34 anos; e 28% para pessoas que têm entre 35 e 54 anos. A maioria dos entrevistados alegou que faria seu testamento no futuro, quando estivesse mais velha, citando o fato de ainda possuírem poucos bens patrimoniais como principal razão para ainda não terem elaborado o seu documento.

Assim, por que planejar meticulosamente como vai criar sua riqueza se você não se importa com o que vai acontecer com ela depois de sua morte? Você tem a oportunidade de especificar quem vai recebê-la, e não somente isso, mas também minimizar o montante de impostos que devem ser pagos.

Morrer sem um testamento (também conhecido como intestado) não é um problema se você não se opuser ao fato de que a sua riqueza vai ser distribuída de acordo com a lei.

Um tribunal do Reino Unido passaria a sua riqueza para o seu cônjuge e filhos; dois terços para o marido ou esposa e o restante é dividido igualmente entre os filhos. Mas e se você não quiser dividir seu patrimônio dessa maneira? E se quiser que um dos seus filhos herde, na totalidade, a empresa que ele vem lhe ajudando a administrar, ou se você quiser deixar uma boa parte do seu patrimônio para uma instituição de caridade ou outro parente?

E que tal ajudar sua família a minimizar os impostos sobre heranças quando você morrer, conhecendo a legislação sobre herança, limites isentos de impostos e maneiras de legar sua riqueza a outras pessoas enquanto você ainda está vivo?

Planejar com antecedência vai lhe trazer paz agora e evitar problemas e dificuldades para a sua família.

ENTRE EM AÇÃO

Escreva seu testamento

Tenha a certeza de estar entre os 40% da população que fizeram o esforço de escrever um testamento. Melhor ainda, mantenha-o atualizado e acrescente novos bens a ele ou escreva um novo quando for necessário. Não é preciso deixar dinheiro para alguém que morreu há vinte anos. Se você pretende criar um testamento, ele pode pode ser feito sem muitos custos ou até mesmo gratuitamente, e há muitos sites nos quais você pode se informar a respeito.

Aproveite os limites disponíveis

Use plenamente todos os limites e as regras disponíveis para ajudá-lo. Por exemplo, no Reino Unido, a legislação prevê impostos menores quando a própria residência é passada para descendentes diretos, o que significa que você pode deixar uma quantia maior da sua riqueza sem estar sujeito a um imposto tão alto sobre heranças. Converse com um especialista em tributação para se familiarizar com todos os regulamentos.

Distribua seus bens ainda em vida

No Reino Unido e também em outros países há várias maneiras de distribuir seus bens sem precisar pagar impostos quando você ainda está vivo, tais como:

- Dar até 3 mil libras por recebedor por ano (mas tenha em mente que, se você viver por menos de sete anos depois de fazer essa doação, nem todo o montante estará isento de impostos sobre heranças);
- Doar quantias ilimitadas de renda em excesso (lembre-se de que você pode precisar dos serviços de um contador para ajudá-lo a calcular qual é a sua renda em excesso).

Onde quer que você viva, uma coisa é certa: as regras e as leis são complicadas e nem um pouco intuitivas. Por isso, peça ajuda.

Compartilhe conselhos com parentes mais velhos

Por que não compartilhar as dicas deste capítulo com seus pais e avós e estimulá-los a planejar pensando no futuro, de modo que não deixem toda a sua riqueza sujeita a impostos sobre heranças?

99

PREPARE-SE PARA VIVER ALÉM DOS CEM ANOS

> *"Algumas pessoas falam em começar uma nova vida após os cinquenta anos. Eu acho que nós vivemos mais do que duas vidas."*

A ONU estima que haverá 3,7 milhões de centenários no mundo em 2050, comparados com meio milhão atuais. Inclusive, há 20% de chance de você viver mais de cem anos, de acordo com um estudo da Agência Nacional de Estatística do Reino Unido, que também prevê que, em 2081, haverá mais de 650 mil centenários no Reino Unido, um crescimento real em relação aos 15 mil atuais. A pessoa mais velha do mundo até hoje, Jeanne Calment, morreu com 122 anos e, de acordo com os pesquisadores na Universidade de Groningen, viver além dos cem anos pode se tornar comum. Eles estimam que, em 2070, uma em cada vinte mil pessoas vai viver até depois dos 125 anos. Isso significa que é possível que você possa passar mais tempo aposentado do que passou trabalhando e estudando.

Idade de aposentadoria	Anos de vida profissional (aprox.)	Anos de vida profissional (aprox.)[1]	Anos de vida profissional (aprox)[2]
50	30	50	70
60	40	40	60
70	50	30	50

[1] Presumindo que a morte ocorra aos 100 anos
[2] Presumindo que a morte ocorra aos 120 anos

Quantidades cada vez maiores de aposentados não estão simplesmente vivendo uma vida tranquila com os proventos da aposentadoria.

Eles estão viajando e vivendo em outras partes do mundo, adotando novos hobbies e atividades, administrando e abrindo novas empresas, trabalhando e fazendo trabalhos voluntários e beneficentes.

Como você está se planejando financeiramente para sua vida após a aposentadoria?

ENTRE EM AÇÃO

A aposentadoria morreu; vida longa ao trabalho

O que o futuro reserva? Parece que muitos de nós vão preferir não se aposentar formalmente, mas continuar trabalhando nos empregos que já têm ou explorar novas oportunidades de carreira e negócios.

Os acadêmicos Andrew Scott e Lynda Gratton, da London Business School, calculam que, se você viver além dos cem anos e poupar 10% do seu salário todos os anos, vai precisar trabalhar até o fim da casa dos oitenta anos para conseguir viver com uma aposentadoria e poupança igual à metade do seu salário anterior. Em muitos países, os planos de aposentadoria estatais são muito baixos, o que aumenta ainda mais a necessidade de continuar trabalhando.

Assim, a menos que você tenha acumulado riqueza suficiente, provavelmente vai trabalhar até bem depois dos setenta anos. De acordo com o Departamento de Trabalho e Pensões do Reino Unido, uma em cada dez pessoas acima de setenta anos continua trabalhando para se sentir mental e fisicamente desafiada, além de fazê-lo por razões financeiras.

Viver além dos cem anos é uma dádiva e, com os avanços da medicina, você pode esperar ter boa saúde durante a maior parte da terceira idade também. Assim, continue construindo o seu portfólio de investimentos, mas talvez seja uma boa ideia torná-lo um pouco mais conservador do que ele era em sua juventude. Você pode também abrir uma empresa ou começar a trabalhar em algum emprego para não consumir suas economias.

100

TUDO VALEU A PENA?

> *"Quando olho para trás, tenho poucas decepções. Do tipo que podem ser consertadas em alguns minutos."*

Nos anos que estão por vir, do que você vai se arrepender de ter feito ou de não ter feito hoje? A enfermeira australiana Bronnie Ware entrevistou centenas de pacientes em cuidados paliativos e ouviu as mesmas coisas serem repetidas várias e várias vezes.

- Gostaria de ter tido a coragem de viver uma vida mais verdadeira para mim e não a que os outros esperavam que eu vivesse;
- Eu gostaria de não ter trabalhado tanto;
- Queria ter tido a coragem de expressar meus sentimentos;
- Eu gostaria de ter mantido contato com meus amigos;
- Queria ter me permitido ser mais feliz.

Enquanto você estiver ocupado investindo seu tempo e energia para alcançar suas metas financeiras, não se esqueça de olhar ao redor e de apreciar aquilo que tem.

Enriquecer não é tão importante, no fim das contas. Isso é o que as pessoas que estão prestes a morrer vão lhe dizer.

ENTRE EM AÇÃO

Não perca as coisas que o dinheiro não pode comprar
Começando hoje, pare de se arrepender de coisas que aconteceram em seu passado ou que estão em seu presente. Pare de se sentir incomodado e como se tivesse um peso na consciência. Faça o que precisa fazer hoje, de modo que, quando sua hora chegar, você esteja em paz com todas as

suas escolhas e decisões. Ter e escrever um diário é uma ótima maneira de continuar em contato com suas decisões e planos, com a certeza de que arrependimentos nunca se materializem. Concentre-se particularmente nas três áreas seguintes:

1. Tempo e sonhos

Você está usando bem o seu tempo ou precisa usá-lo de um jeito diferente? Que atividades você elimina ou encontra tempo para fazer, mesmo se elas não lhe geram renda?

2. Família e relacionamentos

Com quem você quer passar mais tempo e quem precisa de uma quantidade menor do seu tempo? Como você precisa mudar a qualidade do tempo que passa com as pessoas mais próximas?

3. Desculpas e reconhecimento

Há alguém a quem você precisa pedir desculpas? Pedir perdão é uma experiência poderosa e purificadora. E, finalmente, há alguém a quem você precisa agradecer? Às vezes as pessoas mais próximas são aquelas que você deixa passar despercebidas. Ninguém pode criar uma vida maravilhosa, cheia de riquezas e felicidade, sozinho.

E FINALMENTE...

"Agora é com vocês".

Espero que as ideias, os exercícios e as sugestões neste livro inspirem você a agir e o equipem com as ferramentas para ter sucesso em sua jornada financeira.

Aproveite as cem coisas descritas aqui e expanda as ideias. Faça suas próprias descobertas, aprendizados e experimentações. Crie uma lista que funcione para você.

Eu adoraria manter contato para saber como está sendo o seu progresso para se tornar mais rico, tanto financeiramente quanto na criação de uma vida mais plena e relevante. Por favor, converse comigo pelo Facebook, LinkedIn, Twitter ou Instagram. Ou entre em contato comigo através do meu e-mail nigel@silkroadpartnership.com.

BIBLIOGRAFIA

Capítulo 3

Charles Schwab & Co., Inc., Modern Wealth Index, https://content.schwab.com/web/retail/public/about-schwab/schwab-modern-wealth-index-2018.pdf (acessado em maio de 2019).

Emolument.com, How much do you need to feel wealthy? https://mailchi.mp/emolument/pressrelease-which-jobs-are-most-likely-tocause-burn-outs-647429 (acessado em maio de 2019).

Capítulo 5

Legg Mason Global Asset Management, *Rise of the conviction investor*, https://www.leggmason.com/content/dam/legg-mason/documents/en/insights-and-education/brochure/global-investment-survey-brochure.pdf (acessado em maio de 2019).

Capítulo 7

Andrew T. Jebb, Louis Tay, Ed Diener e Shigehiro Oishi, *Happiness, income satiation and turning points around the world*, https://www.nature.com/articles/s41562-017-0277-0 (acessado em maio de 2019).

Capítulo 9

Gallup's Annual Economy and Personal Finance survey, Dennis Jacobe, *One in three Americans prepare a detailed household budget*, https://news.gallup.com/poll/162872/one-three-americans-prepare-detailed-household-budget.aspx (acessado em maio de 2019).

Office for National Statistics, *Making ends meet: are households living beyond their means?* https://www.ons.gov.uk/economy/nationalaccounts/uksectoraccounts/articlesmakingendsmeetarehouse holdslivingbeyondtheirmeans/2018-07-26 (acessado em maio de 2019).

Capítulo 10

Business Wire, *Fidelity® Survey Finds 86 Percent of Millionaires Are Self-Made*, https://www.businesswire.com/news/home/20120719005724/en/Fidelity%C2%AE-Survey-Finds-86-Percent-Millionaires-Self-Made (acessado em maio de 2019).

Dr Nolen-Hoeksema, https://www.nytimes.com/2013/01/14/us/susan-nolen-hoeksema-psychologist-who-studied-depression-in-women-dies-at-53.html. Vários estudos, incluindo: https://www.ncbi.nlm.nih.gov/pmc/articles/PMC3398979/ (acessado em maio de 2019).

Dwayne Johnson – Conta oficial no Twitter: https://twitter.com/therock/status/1470165687804968977lang=en (acessado em maio de 2019).

Capítulo 12

Catherine T. Shea, *Low on self-control? Surrounding yourself with strong-willed friends may help*, Psychological Science, https://www.psychologicalscience.org/news/releases/low-on-selfcontrol-surrounding-yourself-with-strong-willed-friends-may-help.html (acessado em maio de 2019).

Capítulo 14

Taylor Tepper/Bankrate.com, *Most Americans have inadequate savings, but they aren't sweating it*, https://www.bankrate.com/banking/savings/financial-security-june-2018/ (acessado em maio de 2019).

Emma Elsworthy, *A quarter of British adults have no savings, study reveals, Independent*, https://www.independent.co.uk/news/uk/home-news/british-adults-savings-none-quarter-debt-costliving-emergencies-survey-results-a8265111.html (acessado em maio de 2019).

Financial Conduct Authority, *Understanding the financial lives of UK adults: Findings from the FCA's Financial Lives*, Survey 2017, https://www.fca.org.uk/publication/research/financial-livessurvey-2017.pdf (acessado em maio de 2019).

Giovanna Sutto e Pablo Santana, InfoMoney, https://www.infomoney.com.br/economia/90-dos-brasileiros-nao-guardam-dinheiro-para-a-aposentadoria-diz-estudo/ (acessado em abril de 2021).

Capítulo 17

Miles Brignall, *Survey reveals 6m Britons fear never being debt-free with 25% struggling to make ends meet and 62% worried about personal debt levels*, https://www.theguardian.com/money/2017/oct/30/average-uk-debt-at-8000-per-person-not-including-the-mortgage (acessado em maio de 2019).

Matt Tatham/Experian Information Services, Inc., *A look at US consumer credit card debt*, https://www.experian.com/blogs/ask-experian/state-of-credit-cards/ (acessado em maio de 2019).

Naiara Bertão, Valor Investe, https://valorinveste.globo.com/objetivo/organize-as-contas/noticia/2020/10/04/quase-metade-dos-brasileiros-tem-divida-entre-r-1-mil-e-r-5-mil-e-cartao-de-credito-e-o-principal-vilao.ghtml (acessado em abril de 2021).

Capítulo 20

Dalton Conley, https://www.neatorama.com/2008/09/05/rich-people-work-longer-hours-thanpoor-people-do/ e https://www.nytimes.com/2008/09/02/opinion/02conley.html (acessado em maio de 2019).

Daniel Kahneman e Angus Deaton, *High income improves evaluation of life but not emotional well-being*, https://www.princeton.edu/~deaton/downloads/deaton_kahneman_high_income_improves_evaluation_August2010.pdf (acessado em maio de 2019).

Mihaly Csikszentmihalyi, vide https://en.wikipedia.org/wiki/Mihaly_Csikszentmihalyi (acessado em maio de 2019).

Capítulo 25

Credit Suisse, Global Wealth Report 2018, https://www.credit-suisse.com/corporate/en/research/research-institute/global-wealth-report.html (acessado em maio de 2019).

The Guardian, *One in three pensioners living well below the poverty line, says report*, https://www.theguardian.com/australia-news/2016/sep/15/one-in-three-pensioners-

living-well-below-the-poverty-line-says-report (acessado em maio de 2019).
Ekaterina Bystrova, Syndicate Room/FTI Consulting, https://www.syndicateroom.com/learn/investor-tools-reports/big-investor-survey-2018 (acessado em maio de 2019).

Exame Invest, https://invest.exame.com/mf/48-dos-brasileiros-nao-controlam-o-proprio-orcamento-mostra-pesquisa (acesso em abril de 2021).

Capítulo 27

Soyoung Q. Park, Thorsten Kahnt, Azade Dogan, Sabrina Strang, Ernst Fehr e Philippe N. Tobler, *Nature Communications, A neural link between generosity and happiness*, https://www.nature.com/articles/ncomms15964 (acessado em maio de 2019).

Brent Simpson (University of South Carolina) e Robb Willer (University of California, Berkeley), *Altruism and indirect reciprocity: the interaction of person and situation in prosocial behaviour*, https://greatergood.berkeley.edu/images/uploads/Simpson-AltruismReciprocity.pdf (acessado em maio de 2019).

Capítulo 31

Thomas C. Corley, *I spent 5 years studying poor people and here are 4 destructive money habits they had*, http://richhabits.net/i-spent-5-years-studying-poor-people-and-here-are-4-destructive-money-habits-they-had/ (acessado em maio de 2019).

Capítulo 33

Eugene O'Kelly (Afterword by Corinne O'Kelly), *Customers who Viewed Chasing Daylight: How My Forthcoming Death Transformed My Life (first edition)*, USA: McGraw-Hill Education (15 October 2007).

Capítulo 39

Chris Taylor, Reuters, *70% of rich families lose their wealth by the second generation*, http://money.com/money/3925308/rich-families-lose-wealth/ (acessado em maio de 2019).

US Trust Insights on Wealth and Worth (2015), https://newsroom.bankofamerica.com/press-releases/global-wealth-and-investment-management/us-trust-study-high-net-worth-investors (acessado em maio de 2019).

Capítulo 42
Himalayan Database, https://www.himalayandatabase.com/ (acessado em maio de 2019).

Capítulo 43
The Luck Factor, Richard Wiseman (Miramax, 2003).

Capítulo 46
Details of study can be found at https://www.aaii.com/journal/article/trading-more-frequently-leads-to-worse-returns (acessado em maio de 2019), com citações de Brad M. Barber e Terrance Odean, *'Trading is hazardous to your wealth: the common stock investment performance of individual investors'*, The Journal of Finance, Volume LV, Number 2, abril de 2000. © John Wiley & Sons.

Capítulo 48
Amy J. C. Cuddy, S. Jack Schultz, Nathan E. Fosse, P-*Curving a more comprehensive body of research on postural feedback reveals clear evidential value for power-posing effects: reply to Simmons and Simonsohn (2017) Psychological Science*, https://journals.sagepub.com/eprint/CzbNAn7Ch6ZZirK9yMGH/full
Michael W. Kraus and Dacher Keltner, Rich man, poor man: study shows body language can indicate socioeconomic status, https://www.psychologicalscience.org/news/releases/rich-manpoor-man-study-shows-body-language-can-indicate-socioeconomic-status.html (acessado em maio de 2019).

Spencer D. Kelly, Sarah Ward, Peter Creigh and James Bartolotti, *An intentional stance modulates the integration of gesture and speech during comprehension, Brain and Language*, http://www.colgate.edu/portaldata/imagegallery/faculty/90382552/imagegallery/faculty/Kelly,%20Creigh%20and%20Bartolotti%202007.pdf (acessado em maio de 2019).

Janine Willis e Alexander Todorov, *First impressions: making up your mind after a 100-ms exposure to a face*, https://www.princeton.edu/news/2006/08/22/snap-judgments-decide-facescharacter-psychologist-finds (acessado em maio de 2019).

G.L. Stewart, S.L. Dustin, M.R. Barrick e T.C. Darnold, *Exploring the handshake in employment interviews*, Journal of Applied Psychology (September 2008), https://www.ncbi.nlm.nih.gov/pubmed/18808231 (acessado em maio de 2019).

Careerbuilder.com (2010) http://www.careerbuilder.com/share/aboutus/pressreleasesdetail.aspx?sd=7%2F29%2F2010&id=pr581&ed=12%2F31%2F2010 (acessado em maio de 2019).

Capítulo 52

Jonah Berger (University of Pennsylvania), *Contagious: Why Things Catch* (Simon & Schuster, 2013).

Capítulo 53

The Economist, How the 0.001% invest, (15 December 2018), https://www.economist.com/leaders/2018/12/15/how-the-0001-invest (acessado em maio de 2019).

Capítulo 56

Bill Gates interview with Time (2017), http://time.com/4786837/bill-gates-books-reading/ (acessado em Maio de 2019).

Richard Branson blog (15 December 2017), https://www.virgin.com/richard-branson/readlead-0 (acessado em Maio de 2019).

Pew Research Center, *The rising cost of not going to college*, https://www.pewsocialtrends.org/2014/02/11/the-rising-cost-of-not-going-to-college/ (acessado em Maio de 2019).

Department of Education, UK, Graduate labour market statistics (2016), https://assets.publishing.service.gov.uk/government/uploads/system/uploads/attachment_data/file/610805/GLMS_2016_v2.pdf (acessado em Maio de 2019).

Carolina Riveira, Exame, https://exame.com/brasil/no-brasil-faculdade-dobra-salario-por-que-isso-e-ruim/ (acessado em abril de 2021).

Capítulo 60

Accenture (2015), https://newsroom.accenture.com/industries/global-media-industry-analystrelations/accenture-research-finds-listening-more-difficult-in-todays-digital-workplace.htm (acessado em maio de 2019).

Ralph G. Nichols (University of Minnesota) and Leonard A. Stevens, *Listening to people, Harvard Business Review*, https://hbr.org/1957/09/listening-to-people (acessado em maio de 2019).

Capítulo 61

Jeremy Kahn and Martijn Van Der Starre, *Google lowered 2015 taxes by $3.6 billion using 'Dutch Sandwich', Bloomberg*, https://www.bloomberg.com/news/articles/2016-12-21/googlelowered-2015-taxes-by-3-6-billion-using-dutch-sandwich (acessado em maio de 2019).

Capítulo 62

United States Census Bureau, *Income and Poverty in the United States: 2017*, https://www.census.gov/library/publications/2018/demo/p60-263.html (acessado em maio de 2019).

Capítulo 63

Entrevista com Bill Gates no David Rubenstein Show: Bill Gates (17 October 2016), https://www.bloomberg.com/news/videos/2016-10-17/the-david-rubenstein-show-bill-gates. Citado online em: https://www.businessinsider.com/bill-gates-splurge-porsche-911-microsoft-money-2016-10?r=US&IR=T (acessado em maio de 2019).

Warrant Buffett quote, https://www.goodreads.com/quotes/7374480-if-you-buy-things-youdo-not-need-soon-you (acessado em maio de 2019).

Capítulo 65

Barbara L Fredrickson, *The broaden–and–build theory of positive emotions*, The Royal Society (September 2019), https://www.ncbi.nlm.nih.gov/pmc/articles/PMC1693418/ (acessado em maio de 2019).

Martin E. Seligman e Peter Schulman, *Explanatory style as a predictor of productivity and quitting among life insurance sales agents*, Journal of Personality and Social Psychology (abril de 1986), https://www.researchgate.net/publication/232497771_Explanatory_Style_as_a_Predictor_of_Productivity_and_Quitting_Among_Life_Insurance_Sales_Agents (acessado em maio de 2019).

Gabrielle Oettingen citando https://www.cnbc.com/2017/10/05/why-should-you-be-highly-optimistic-if-you-want-to-be-successful.html (acessado em maio de 2019).

Capítulo 66

Benjamin Graham, *The Intelligent Investor: The Definitive Book on Value Investing* (Collins Business Essentials, 2006).

Julian Wadley, *The improvements that add value to your house* (July 2017), https://blog.zopa.com/2017/07/18/improvements-that-add-value-to-your-house/ (acessado em maio de 2019).

Capítulo 67

MBO Partners, *State of Independence*, https://www.mbopartners.com/wp-content/uploads/2019/02/State_of_Independence_2018.pdf (acessado em: maio de 2019).

Maximilian Yoshioka, *How entrepreneurial was the UK in 2015?*, Centre for Entrepreneurs (janeiro de 2016), https://centreforentrepreneurs.org/how-entrepreneurial-was-the-uk-in-2015/ (acessado em maio de 2019).

Department for Business, *Energy and Industrial Strategy. Business population estimates for the UK and regions 2018* (October 2018), https://assets.publishing.service.gov.uk/government/uploads/system/uploads/attachment_data/file/746599/OFFICIAL_SENSITIVE_-_BPE_2018_-_statistical_release_FINAL_FINAL.pdf (acessado em maio de 2019).

Kristin Pryor, *Here are the startup failure rates by industry*, https://tech.co/news/startup-failurerates-industry-2016-01 (acessado em maio de 2019).

Capítulo 68

Estatísticas sobre a Internet, disponíveis em https://www.internetworldstats.com/stats.htm (os números mudam em tempo real) (acessado em maio de 2019).

Simon Kemp, *Digital in 2018: world's internet users pass the 4 billion mark*, https://wearesocial.com/blog/2018/01/global-digital-report-2018 (acessado em maio de 2019).

Capítulo 71

Amy Guttman, *A successful VC and founder says intuition is everything, Forbes*, https://www.forbes.com/sites/amyguttman/2015/09/28/a-successful-vc-and-founder-says-intuition-iseverything/ (acessado em maio de 2019).

Capítulo 72

Brad M. Barber (University of California, Davis) e Terrance Odean (University of California, Berkeley - Haas School of Business), *The behavior of individual investors* (7 September 2011), https://papers.ssrn.com/sol3/papers.cfm?abstract_id=1872211 (acessado em maio de 2019).

Capítulo 74

Ho Law, Sara Ireland and Zulfi Hussain, *The Psychology of Coaching, Mentoring and Learning (first edition)* (Wiley, 2007).

Credit Suisse, *Global Wealth Report 2018*, https://www.credit-suisse.com/corporate/en/research/research-institute/global-wealth-report.html (acessado em maio de 2019).

Capítulo 75

Russel Kinnel, *Mind the gap: why investors lag funds, Morningstar* (February 2013), https://www.morningstar.com/articles/582626/mind-the-gap-why-investors-lag-funds.html (acessado em maio de 2019).

John Authers, I*nvestor returns are all about the timing, Financial Times*, https://www.ft.com/content/338eea6c-e8db-11e4-b7e8-00144feab7de (maio de 2019).

Fund managers rarely outperform the market for long, The Economist, https://www.economist.com/finance-and-economics/2017/06/24/fund-managers-rarely-outperform-the-market-forlong (acessado em maio de 2019).

Capítulo 76

7 bad habits truly wealthy people never have, https://www.inc.com/quora/7-bad-habits-trulywealthy-people-never-have.html (acessado em maio de 2019).

Statista data: (US) https://www.statista.com/statistics/186833/average-television-use-perperson-in-the-us-since-2002/; (UK) https://www.statista.com/statistics/528255/uk-surveyhours-spent-watching-tv-weekly/ (acessado em maio de 2019).

T.S. Conner, K.L. Brookie, A.C. Richardson e M.A. Polak, *On carrots and curiosity: eating fruit and vegetables is associat*ed with greater flourishing in daily life, British Journal of Health Psychology (maio de 2015), https://www.ncbi.nlm.nih.gov/pubmed/25080035 (acessado em maio de 2019).

Candice L. Hogan, Jutta Mata e Laura L. Carstensen, *Exercise holds immediate benefits for affect and cognition in younger and older adults*, Psychology and Aging (junho de 2013) https://www.ncbi.nlm.nih.gov/pmc/articles/PMC3768113/ (acessado em maio de 2019).

Capítulo 77

L. Ganzini, B.H. McFarland e D. Cutler, *Prevalence of mental disorders after catastrophic financial loss*, Journal of Nervous and Mental Disease (November 1990), https://www.ncbi.nlm.nih.gov/pubmed/2230754 (acessado em maio de 2019).

Melissa McInerney, Jennifer M. Mellor e Lauren Hersch Nicholas, *Recession depression: mental health effects of the 2008 stock market crash*, Journal of Health Economics (dezembro de 2013) https://www.ncbi.nlm.nih.gov/pmc/articles/PMC3874451/ (acessado em maio de de 2019).

Capítulo 79

Syndicate Room, *The big investor survey 2018*, https://www.syndicateroom.com/learn/investortools-reports/big-investor-survey-2018 (acessado em maio de 2019)
Asset Allocation Survey, https://www.aaii.com/assetallocationsurvey (Os números mudam em tempo real nas pesquisas deste site).

Capítulo 80

Daniel C. Molden e Chin Ming Hui (Northwestern University), *Promoting de-escalation of commitment: a regulatory-focus perspective on sunk costs (2011)*, https://www.psychology.northwestern.edu/documents/faculty-publications/molden-%20hui_2011.pdf (acessado em maio de 2019).

Capítulo 81

Morgan Stanley, *84% of Millennial investors interested in sustainable investing*, https://sustaincase.com/morgan-stanley-84-of-millennial-investors-interested-in-sustainable-investing/ (acessado em maio de 2019).

UBS Investor Watch, *Global insights: What's on investors' minds? Volume 2 (2018)*, https://www.ubs.com/content/dam/ubs/microsites/ubs-investor-watch/IW-09-2018/return-on-valueglobal-report-final.pdf (acessado em maio de 2019).

Schroders Institutional, Investor Study 2018, Institutional perspectives on sustainable investing, https://www.schroders.com/en/sysglobalassets/schroders_institutional_investor_study_sustainability_report_2018.pdf (acessado em maio de 2019).

Mark Haefele, *Sustainable investing can propel long-term returns (September 2018)*, https://www.ft.com/content/292ecaa7-294c-3a4b-bde6-a7a744cb85a9 (acessado em maio de 2019).

Sarah Moore, *Fit for the future: how ethical investing went mainstream, Money Week*

(15 de fevereiro de 2018), https://moneyweek.com/481615/sri-esg-how-ethical-and-sustainable-investing-went-mainstream/ (acessado em: maio de 2019.

Capítulo 82

Pierre Azoulay (MIT and NBER), Benjamin F. Jones (Northwestern University and NBER), J. Daniel Kim (MIT) and Javier Miranda (US Census Bureau), *Age and high-growth entrepreneurship* (23 de março de 2018), https://www.kellogg.northwestern.edu/faculty/jones-ben/htm/Age%20and%20High%20Growth%20Entrepreneurship.pdf (acessado em maio de 2019).

Capítulo 83

Social Media Newsroom, *6 million UK households could not survive until the weekend on savings according to First Direct* (9 de janeiro de 2012), https://www.newsroom.firstdirect.com/press/release/6_million_uk_households_could (acessado em: maio de 2019).

Capítulo 85

Marc Alpert e Howard Raiffa (1982) *A progress report on the training of probability assessors*. In Daniel Kahneman, Paul Slovic, Amos Tversky Judgment Under Uncertainty: Heuristics and Biases (Cambridge University Press, 1982), https://philpapers.org/rec/ALPAPR (acessado em maio de 2019).

Stav Atir, Emily Rosenzweig e David Dunning, *When knowledge knows no bounds: self-perceived expertise predicts claims of impossible knowledge*, Psychological Science (14 de julho de 2015), https://journals.sagepub.com/doi/abs/10.1177/0956797615588195 (acessado em maio de 2019).

Brad M. Barber and Terrance Odean, *Boys will be boys: gender, overconfidence, and common stock investment*, https://faculty.haas.berkeley.edu/odean/Papers%20current%20versions/BoysWillBeBoys.pdf (acessado em maio de 2019).

Daniel Kahneman, Thinking, Fast and Slow (Farrar, Straus and Giroux, 2013).

Brad M. Barber (University of California, Davis) e Terrance Odean (University of California, Berkeley – Haas School of Business), *Trading is hazardous to your wealth: the common stock investment performance of individual investors* (12 de abril de 2000), https://papers.ssrn.com/sol3/papers.cfm?abstract_id=219228 (acessado em maio de 2019).

Alicia R. Williams e S. Kathi Brown, *2017 Retirement Confidence Survey*, AARP Research (dezembro de 2017), https://www.aarp.org/content/dam/aarp/research/surveys_statistics/econ/2017/2017-retirement-confidence.doi.10.26419%252Fres.00174.001.pdf (acessado em maio de 2019).

James Montier, Behaving badly, Global Equity Strategy, DrKW Macro research (February 2006), https://www.kellogg.northwestern.edu/faculty/weber/decs-452/behaving_badly.pdf (acessado em maio de 2019).

Capítulo 87

Adam Bryant, The Corner Office: *Indispensable and Unexpected Lessons from CEOs on How to Lead and Succeed (first edition)*, (Times Books, 2011).

Francesca Gino, *The business case for curiosity, Harvard Business Review*, https://hbr.org/2018/09/curiosity (acessado em maio de 2019).

Paul Carrick Brunson, *I've worked for two billionaires. Here's what I learned from them* (18 de março de 2016), https://www.linkedin.com/pulse/ive-worked-two-billionaires-heres-what-ilearned-from-brunson/ (acessado em maio de 2019).

Legg Mason Global Asset Management, *Legg Mason Global Investment Survey (2018)*, https://www.leggmason.com/content/dam/legg-mason/documents/en/insights-and-education/brochure/global-investment-survey-brochure.pdf (acessado em maio de 2019).

Jamie Ballard, *79% of Americans are familiar with at least one kind of cryptocurrency, YouGov* (setembro de 2018), https://today.yougov.com/topics/technology/articles-reports/2018/09/06/cryptocurrency-bitcoin-popular-americans (acessado em Maio de 2019).

Capítulo 89

Roger Fisher, William L. Ury e Bruce Patton, *Getting to Yes: Negotiating Agreement Without Giving In* (Penguin Books, 1991).

Capítulo 90

TalentSmart, *Emotional Intelligence Can Boost Your Career And Save Your Life*, https://www.talentsmart.com/articles/Emotional-Intelligence-Can-Boost-Your-Career-And-Save-Your-Life-915340665-p-1.html (acessado em maio de 2019).

Gregory J. Feist (San Jose State University) e Frank X Barron, *Predicting creativity from early to late adulthood: Intellect, potential, and personality*, Journal of Research in Personality 37(2):62–88 (abril de 2003), https://www.researchgate.net/publication/222085214_Predicting_creativity_from_early_to_late_adulthood_Intellect_potential_and_personality (acessado em maio de 2019).

Joseph C. Rode (Miami University), Marne L. Arthaud-Day (Kansas State University), Aarti Ramaswami (École Supérieure des Sciences Economiques et Commerciales) e Satoris Howes, *A time-lagged study of emotional intelligence and salary, Journal of Vocational Behavior 101* (maio de 2017), https://www.researchgate.net/publication/316816644_A_time-lagged_study_of_emotional_intelligence_and_salary (acessado em maio de 2019).

Capítulo 91
S. McMains e S. Kastner, *Interactions of top-down and bottom-up mechanisms in human visual cortex*, Journal of Neuroscience (janeiro de 2011), https://www.ncbi.nlm.nih.gov/pubmed/21228167 (acessado em Maio de 2019).

Capítulo 96
Oscar Jord, Katharina Knoll, Dmitry Kuvshinov, Moritz Schularick e Alan M. Taylor *The Rate of Return on Everything*, 1870–2015 (março de 2019), https://economics.harvard.edu/files/economics/files/ms28533.pdf (acessado em maio de 2019).

The Schwab Center for Financial Research, http://retirementdesk.com/wp-content/uploads/schwab-charts-through-06302011.pdf (acessado em maio de 2019).

Capítulo 98
31 million UK adults at risk of dying without a will, unbiased (2 de outubro de 2017) https://business.unbiased.co.uk/press-releases/31-million-uk-adults-at-risk-of-dying-without-awill-2-10-2017 (acessado em maio de 2019).

Capítulo 99
Renee Stepler, *World's centenarian population projected to grow eightfold by 2050, Pew Research Center*, https://www.pewresearch.org/fact-tank/2016/04/21/worlds-centenarianpopulation-projected-to-grow-eightfold-by-2050/ (acessado em maio de 2019).

Office for National Statistics, *What are your chances of living to 100?* (14 de janeiro de 2016) https://www.ons.gov.uk/peoplepopulationandcommunity/birthsdeathsandmarriages/lifeexpectancies/articles/whatareyourchancesoflivingto100/2016-01-14 (acessado em maio de 2019).

Joop de Beer, Anastasios Bardoutsos e Fanny Janssen, *Maximum human lifespan may increase to 125 years*, Nature, 546: E16–E17 (29 de junho de 2017) https://www.nature.com/articles/nature22792?draft=collection&platform=oscar (acessado em maio de 2019).

Capítulo 100

Bronnie Ware, *The Top Five Regrets of the Dying: A Life Transformed by the Dearly Departing* (Hay House, 2012).

Primeira edição (agosto/2021) • Terceira reimpressão
Papel de miolo Ivory Bulk 58g
Tipografias New Aster LT Std, Nexa Light e Chaparral Pro
Gráfica LIS

DYLAN Elétrico | Do folk ao rock

TAMBÉM DE

ELIJAH WALD

Talking 'Bout Your Mama:
The Dozens, Snaps, and the Deep Roots of Rap

The Dozens:
A History of Rap's Mama

The Blues:
A Very Short Introduction

How the Beatles Destroyed Rock 'n' Roll:
An Alternative History of American Popular Music

Global Minstrels:
Voices of World Music

Riding with Strangers:
A Hitchhiker's Journey

The Mayor of MacDougal Street:
A Memoir, de Dave Van Ronk e Elijah Wald

Escaping the Delta:
Robert Johnson and the Invention of the Blues

Narcocorrido:
A Journey into the Music of Drugs,
Guns, and Guerrillas

Josh White:
Society Blues

River of Song:
A Musical Journey Down the Mississippi
(com John Junkerman*)*

Exploding the Gene Myth
(com Ruth Hubbard*)*

DYLAN Elétrico | Do folk ao rock

ELIJAH WALD

A noite que mudou os anos **1960**

TORDSILHAS
Rio de Janeiro, 2025

Dylan elétrico: do folk ao rock

ISBN: 978-65-5568-242-7.

Impresso no Brasil — 1ª Edição, 2025 — Edição revisada conforme o Acordo Ortográfico da Língua Portuguesa de 2009.

Dados Internacionais de Catalogação na Publicação (CIP)
(BENITEZ Catalogação Ass. Editorial, MS, Brasil)

W171d
1.ed. Wald, Elijah
Dylan elétrico : do folk ao rock / Elijah Wald ; tradução Christiano Sensi. - 1.ed. - Rio de Janeiro : Tordesilhas, 2025.
320 p.; 15,4 x 23 cm.

ISBN 978-65-5568-242-7

1. Cantores - Estados Unidos - Biografia. 2. Dylan, Bob, 1941-. I. Título.

12-2024/68 CDD 782.42164091

Índice para catálogo sistemático:
1. Estados Unidos : Cantores : Biografia 782.42164091
Aline Graziele Benitez - Bibliotecária - CRB-1/3129

Produção Editorial: Grupo Editorial Alta Books
Diretor Editorial: Anderson Vieira
Editor da obra: Rodrigo de Faria e Silva
Vendas Governamentais: Cristiane Mutüs
Gerência Comercial: Claudio Lima

Produtora Editorial: Mariana Portugal
Tradução: Christiano Sensi
Copidesque: Lívia Rosa Rodrigues
Revisão: Letícia Carvalho
Diagramação: Rita Motta

ALTA BOOKS
GRUPO EDITORIAL

Rua Viúva Cláudio, 291 — Bairro Industrial do Jacaré
CEP: 20.970-031 — Rio de Janeiro (RJ)
Tels.: (21) 3278-8069 / 3278-8419
www.altabooks.com.br — altabooks@altabooks.com.br
Ouvidoria: ouvidoria@altabooks.com.br

Editora **afiliada à:**
ASSOCIADO

Para Sandrine

AGRADECIMENTOS

Este livro explora o mundo em que cresci, e a primeira rodada de agradecimentos vai lá para trás no tempo: a Pete Seeger e Bob Dylan. Ambos me influenciaram profundamente, embora eu nunca tenha conhecido Dylan e tenha feito apenas algumas visitas a Seeger. A Dave Van Ronk, que me ensinou muito sobre música, escrita e vida, e Eric Von Schmidt, a única pessoa que me contratou para tocar gaita. E aos meus pais, George Wald e Ruth Hubbard, que compraram discos para mim, me levaram a shows e me fizeram mergulhar nas lutas políticas dos anos 1960 — embora, infelizmente, eles nunca tenham me levado aos festivais de Newport.

Sempre que possível, tentei recorrer a fontes primárias — gravações, filmagens e textos dos períodos que cobri — e tive a sorte de ter mais acesso do que a miríade de pesquisadores anteriores a algumas fontes importantes relativas ao tema. Em particular, pude ouvir cópias intactas de praticamente todas as fitas do Newport Folk Festival, contando com orientações que esclareceram quem apareceu em cada concerto e workshop e o que cantaram, o que me permitiu corrigir e expandir descrições anteriores não apenas do set de Dylan, mas de apresentações de Seeger, Joan Baez, da Paul Butterfield Blues Band, dos Chambers Brothers, de Richard e Mimi Fariña e muitos outros. O maior prazer deste projeto foi poder imergir por dias na música incrível desses festivais, e quando cito ou descrevo uma apresentação em Newport sem indicação nas notas de referência é porque trabalhei diretamente a partir de gravações de áudio ou filmagens dos eventos, complementadas por material de bastidores das deliberações e correspondências do conselho do festival. A maioria das fitas foi preservada por Bruce Jackson e agora está disponível na Biblioteca do Congresso, e devo agradecimentos especiais a Todd Harvey, que também forneceu os arquivos de Alan Lomax das reuniões e correspondências do conselho de Newport; a Ann Hoog; e a Rob Cristarella, que digitalizou as fitas e explicou sutilezas sonoras que eu teria perdido. Consegui preencher as lacunas restantes graças a Fred Jasper da Vanguard/Welk Music, e tenho um débito especial com Murray Lerner, cujos filmes *Festival!* e *The Other Side of the Mirror* são fontes inigualáveis sobre Newport e Dylan, que forneceram dados contextuais adicionais e filmagens de momentos que não foram capturados nas fitas de áudio. Agradecimentos especiais (e um jantar em Nova Orleans) a Mary Katherine Aldin por sua listagem única das fitas de Newport e sua paciência infinita. Mais agradecimentos a Jeff Place, Stephanie Smith, Greg Adams e a todos no Smithsonian Folklife, que me guiaram pelos arquivos de atas e correspondências de Ralph Rinzler, do conselho de Newport, e pelas fotos de Diana Davies; Mitch Blank, um "Dylanologista" extraordinário, que me recebeu em sua casa e me abarrotou de documentos e gravações; e a todas as pessoas ao longo dos anos que preservaram as fitas de shows e entrevistas de Dylan. Também agradeço a Jasen Emmons do Experience Music Project pelo caderno de anotações do repórter Robert Shelton sobre o festival de 1965; Herb Van Dam pelo álbum de recortes que ele e Judy Landers compilaram naquele ano; Ron Cohen, que mais uma vez abriu seus volumosos arquivos sobre o renascimento do folk; Steven Weiss e Aaron Smithers da Southern Folklife Collection da Universidade da Carolina do Norte; Dave Samuelson pela sessão de instrumentos elétricos dos Weavers; Jeff Rosen, Todd Kwaite, Nick Spitzer e Joe Carducci por me encaminharem entrevistas com figuras-chave; e a todas as pessoas prestativas da Biblioteca da Tufts University, da Biblioteca Pública de Medford e da Biblioteca Pública de Boston.

Também me sinto em dívida com todas as pessoas que entrevistei ou que responderam às minhas perguntas por e-mail e peço desculpas àqueles que não foram citados: dei preferência a fontes da época, que por vezes só compreendi porque tive a oportunidade de conversar com pessoas que lá estiveram, e algumas das conversas mais úteis não chegaram ao livro final. Então do mesmo modo agradeço, em ordem alfabética, a M. Charles Bakst, Jessie Cahn, Willie Chambers, Len Chandler, John

Cohen, Jim Collier, John Byrne Cooke, Barry Goldberg, Bill Hanley, Jill Henderson, Bruce Jackson, Robert Jones, Norman Kennedy, John Koerner, Al Kooper, Barry Kornfeld, Jim Kweskin, Jack Landrón, Julius Lester, Raun MacKinnon Burnham, Janie Meyer, Geoff Muldaur, Maria Muldaur, Mark Naftalin, Tom Paley, Jon Pankake, Tom Paxton, Arnie Riesman, Jim Rooney, Mika Seeger, Betsy Siggins, Peter Stampfel, Jeffrey Summit, Jonathan Taplin, Dick Waterman, George Wein, David Wilson e Peter Yarrow. E também a muitas outras pessoas que estavam em Newport e trouxeram informações e insights úteis, incluindo Peter Bartis, Christopher Brooks, Dick Levine, Ann O'Connell, Ruth Perry e Leda Schubert.

Mais agradecimentos vão a todos que deram dicas, incentivo e conselhos, incluindo David Dann, Greg Pennell, Clinton Heylin, Ben Schafer e todos que responderam às minhas iniciativas de *crowdsourcing* no Facebook. Eu não seria capaz de listar todo mundo, então, por favor, perdoem minhas omissões. Entre os não omitidos, agradecimentos a Peter Keane pelas longas e frutíferas conversas e a Matthew Barton por ler o manuscrito e me salvar de alguns erros graves.

No lado da produção, devo primeiro agradecer à minha esposa, Sandrine Sheon (também conhecida como Hyppolite Calamar), que interrompeu seus estudos de clarinete para me dar uma ajuda com as transcrições de citações; que suportou seis meses de pânico com prazo e empregou suas habilidades de design para criar as inserções fotográficas. Minha formidável agente, Sarah Lazin, trabalhou várias horas extras para encontrar um bom destino para este livro e me proporcionou uma escolha difícil entre vários (obrigado a Suzanne Ryan e Ben Schafer pela compreensão e amizade contínua). Denise Oswald, da Dey Street Books, que foi uma editora consistentemente útil, encorajadora e apropriadamente desafiadora. Heather Pankl transcreveu muitas das entrevistas de forma rápida e confiável.

A edição de texto de Ben Sadock me poupou de constrangimentos e me lançou em algumas missões interessantes na busca por fatos, e seu amplo conhecimento de música e idiomas revelou algumas informações inesperadas. Marilyn Bliss, mais uma vez, fez uso de suas admiráveis habilidades de indexação. A todos vocês e a todos os outros que me apoiaram e ajudaram neste processo, muito, muito obrigado.

SUMÁRIO

Este livro inclui um caderno de fotos
exclusivo do Bob Dylan, disponível
para download em altabooks.com.br

INTRODUÇÃO

Na noite de 25 de julho de 1965, Bob Dylan subiu ao palco do Newport Folk Festival usando jeans preto, botas pretas e jaqueta de couro preta, carregando uma Fender Stratocaster no lugar de seu violão acústico de sempre. A multidão agitava-se inquieta, enquanto ele avaliava a afinação, acompanhado por um quinteto de músicos de apoio. E então a banda se jogou em um boogie brutal de Chicago, e, fazendo esforço para ser ouvido por cima da música mais alta que já ecoou em Newport, ele soltou a frase de abertura: "I ain't gonna work on Maggie's farm no more!"

O que aconteceu em seguida foi obscurecido por um turbilhão de impressões conflitantes: o *The New York Times* relatou que Dylan "foi amplamente vaiado por puristas da música folk, que consideraram a inovação o pior tipo de heresia". Algumas lendas dizem que Pete Seeger, o gigante amigo da cena folk, tentou cortar os cabos de som com um machado. Algumas pessoas dançaram, outras choraram, muitas ficaram impressionadas e iradas, outras ainda aplaudiram, e outras mais ficaram impactadas pelo choque feroz da música ou espantadas pelas reações negativas que viam ao redor.

Como se desafiasse os céticos, Dylan avançou em rugidos para "Like a Rolling Stone", seu novo hit nas rádios, e cada refrão confrontava o público com a pergunta: "How does it feel?" ["Como você se sente?", em tradução livre]. O público rugia de volta com sentimentos contraditórios e, após apenas três músicas, ele deixou o palco. A multidão gritava mais alto do que nunca — alguns com raiva da traição de Dylan, e outros milhares porque tinham vindo ver seu ídolo e ele mal havia se apresentado. Peter Yarrow, da banda Peter, Paul and Mary, tentou acalmá-los, mas foi impossível. Finalmente, Dylan reapareceu com um violão acústico emprestado e lançou sua despedida de Newport: "It's All Over Now, Baby Blue".

Essa é a lenda de Dylan em Newport, e muito disso é verdade. Seeger não empunhava um machado, mas essa história se tornou tão difundida que, no fim das contas, até ele encontrou uma maneira de encaixá-la em suas lembranças, dizendo que gritou: "Se eu tivesse um machado, cortaria o cabo do microfone". Pessoas certamente vaiaram, muitas aplaudiram e, mais tarde, os fãs iriam se debruçar sobre clipes do show tentando entender as reações da multidão — um exercício infrutífero, já que a maioria dos clipes foi adulterada para se adequar à lenda, unindo os gritos angustiados depois que Dylan deixou o palco a outras partes de sua apresentação para criar a ilusão de que a confrontação mítica havia sido registrada em vídeo.

Por que isso importa? Por que aquilo que um músico tocou em uma noite continua a ressoar meio século depois? Uma resposta é que Dylan foi a voz icônica de uma década famosa pela rebeldia e Newport foi a ruptura histórica do jovem roqueiro com a velha sociedade que não o aceitaria. Ele já era reconhecido como um gênio volátil, o estranho no ninho, comparado a Woody Guthrie em *Bound for Glory*, Jack Kerouac em *On the Road: Pé na Estrada*, Marlon Brando em *O Selvagem*, Holden Caulfield em *O Apanhador no Campo de Centeio*, ao alienado Meursault de *O Estrangeiro*, de Albert Camus — e mais do que todos esses, a James Dean em *Juventude Transviada*. Ele foi o herói existencial da década, vagando pelo oeste, errando pelas ruas de Greenwich Village à meia-noite, rabiscando palavras anguladas em mesas arranhadas de cafés lotados, roncando pela estrada em sua motocicleta, subindo relaxado no palco ou disparando para fora dele, estivesse o público pronto ou não.

O Dylan de Newport é lembrado como um artista pioneiro que desafiou as regras, e danem-se as consequências. Desde então, os apoiadores de novas tendências musicais — punk, rap, hip-hop, música eletrônica — compararam seus críticos aos fãs mais radicais de folk entediantes que não entendiam que os tempos estavam mudando, e uma escolha complexa de um artista complexo em um momento complexo se tornou uma parábola: o profeta da nova era seguindo seu próprio caminho, apesar da rejeição zombeteira de seus antigos fãs. Ele desafiou o establishment: "Something is happening here, and you don't know what it is, do you, Mr. Jones?" [em tradução livre: "Alguma coisa está acontecendo, mas você não sabe o que é, não é Sr. Jones?"] Ele definiu sua própria transformação: "Eu era muito mais velho naquele tempo; agora sou mais jovem do que antes". Ele traçou uma linha entre si mesmo e aqueles que o questionaram: "Eu dou o melhor para ser exatamente como sou, mas todo mundo quer que eu seja exatamente como eles são". E ele alertou aqueles que eram cautelosos em seguir novos caminhos: "Quem não se ocupa de nascer está se ocupando de morrer".

Na maioria das narrativas, Dylan representa a juventude e o futuro, e as pessoas que o vaiaram estavam presas no passado moribundo; mas há outra versão, na qual o público representa a juventude e a esperança, e Dylan se fechava atrás de uma parede de ruído elétrico, trancando-se em uma cidadela de riqueza e poder, abandonando o idealismo e a esperança e se vendendo para a máquina de produzir estrelas. Nessa versão, os festivais de Newport eram encontros idealistas e comunitários, nutrindo a contracultura em florescimento, os ensaios para Woodstock e o Verão do Amor, e os peregrinos que vaiavam não estavam rejeitando esse futuro; eles estavam tentando protegê-lo.

Por mais patético que seja dividir a história em segmentos decimais precisos, a década de 1960 foi um período de reviravolta dramática e 1965 marcou uma ruptura significativa. O otimismo da primeira metade da década foi abalado pelos assassinatos de William Moore, Medgar Evers, quatro jovens em Birmingham, John F. Kennedy, Goodman, Schwerner e Chaney, de Viola Liuzzo e muitos outros. Em fevereiro, houve o assassinato de Malcolm X. Três semanas após o Festival de Newport, Watts explodiu em protestos, e a onda pública de "We Shall Overcome" foi quebrada por gritos de "Black power!". Ainda faltavam três anos para os assassinatos de Martin Luther King e Robert Kennedy, e muitas pessoas continuavam a acreditar no sonho de integração, igualdade e fraternidade universal; mas no fim de semana em que Dylan subiu ao palco com sua Stratocaster, o presidente Johnson anunciou que iria duplicar o recrutamento militar e se comprometeria com a vitória dos Estados Unidos no Vietnã.

Ainda faltavam dois anos para *Sargeant Pepper*, três anos para os "Days of Rage", quatro anos para o Festival de Altamont, e cinco anos para o massacre de Kent State. Nas simplificações da lenda e da retrospectiva, lembra-se frequentemente de Dylan como uma voz daqueles últimos anos, e é fácil esquecer que, após um acidente de moto em 1966, ele desapareceu, parou de fazer turnês, deu poucas entrevistas e passou o resto da década fazendo discos enigmáticos que pareciam intencionalmente alheios aos eventos que explodiam nas manchetes. Em 1968, pressionado por um velho amigo a explicar por que não estava mais envolvido nos protestos do Vietnã, ele respondeu: "Como você sabe que não sou... a favor da guerra?"

Nós sabíamos que não, porque não poderia ser. Ele havia escrito "Masters of War", havia colocado os sentimentos incipientes de uma geração em palavras com "The Times They Are a-Changin'", havia proporcionado uma trilha sonora para nossa expansão de consciência com "Mr. Tambourine Man", havia gritado por nossa alienação com "Like a Rolling Stone" — e onde quer que ele estivesse agora, o que quer que estivesse fazendo, essas músicas estavam em todos os lugares e tinham mais significado do que nunca. Nós cantávamos Dylan e reconhecíamos aqueles que eram nossos amigos porque eles finalizavam as frases conosco: "Don't follow leaders, watch the parking meters" ["não siga líderes, fique atento aos parquímetros", em tradução livre]; "Money doesn't talk, it swears" ["o dinheiro não manda, ele xinga", em tradução livre]; "You don't need a weatherman / to know which way the wind blows" ["você não precisa do repórter do tempo / para saber em que direção sopra o vento", em tradução livre]. Ele era mais do que um músico, mais do que um poeta, certamente mais do que um artista: ele era o *Zeitgeist*, o espírito da época.

Este livro é sobre Dylan nos anos antes de se tornar um ícone sagrado, e sobre Newport, e sobre Pete Seeger, que nunca foi o ícone de uma época, mas foi o ícone do renascimento folk. É sobre um aspecto particular de Dylan: o músico que teve um aprendizado quando roqueiro adolescente e estava aproveitando a energia, a paixão e a atitude rebelde daquele aprendizado na noite em que apareceu em Newport com uma banda elétrica; foi aplaudido e condenado, e saiu do confronto mais forte do que nunca. Aquele Dylan tendeu a ser obscurecido por outro: o compositor inovador e contemporizador que não era um grande cantor, nem um grande guitarrista, nem um grande tocador de gaita, nem um grande showman, mas que escreveu letras tão impactantes que não poderiam ser ignoradas. Por alguns anos, no início dos anos 1960, quase todo mundo ouviu as músicas de Dylan antes de ouvi-lo em si: tocadas por Seeger, por Peter, Paul e Mary, por Joan Baez, por Judy Collins; por centenas de jovens músicos que cantavam em cafés e milhares de jovens que dedilhavam violões e cantavam com seus amigos; e então por Johnny Cash, pelos Byrds e pela Cher. Vieram primeiro as músicas, e só depois o jovem magro de cabelo rebelde que, de alguma forma, as havia produzido. Então é fácil esquecer que antes de Dylan ser um poeta exercendo seu ofício ou arte sombria na calada da noite, ele havia sido um músico profissional enraizado no country e western, no rockabilly, no R&B e no blues, ou que ele havia sido aclamado no *New York Times* e contratado por uma grande gravadora como cantor e guitarrista antes de ser conhecido como compositor — e, na crítica do *Times,* ele foi descrito cantando Blind Lemon Jefferson, não Woody Guthrie, enquanto as notas do encarte de seu primeiro álbum listavam entre suas influências os Everly Brothers, Carl Perkins e Elvis Presley.

Em 1965, Dylan tinha apenas 24 anos, mas já havia passado por muitas mudanças e sido criticado e atacado por cada uma delas. Suas primeiras apresentações como adolescente roqueiro foram recebidas com risos e vaias. Quando ele se voltou para a música folk, a namorada do colégio que compartilhava suas paixões iniciais ficou preocupada, perguntando por que ele havia desistido "do lance do blues pesado". Quando ele deixou de cantar canções folclóricas tradicionais para escrever seu próprio material, antigos apoiadores o acusaram de ter se tornado "melodramático e piegas" — um deles, ao se deparar com um rascunho datilografado de "The Times They Are a-Changin", questionou: "Que merda é essa?" Quando ele deixou de cantar letras temáticas críticas para passar a explorações poéticas introspectivas, os seguidores que o aclamavam como a voz de uma geração lamentaram que ele estivesse abandonando seu verdadeiro caminho e "desperdiçando nosso precioso tempo". Quando ele trouxe uma banda elétrica para o palco, ele foi vaiado por devotos angustiados de todo o mundo, e em um lance memorável, um deles o xingou: "Judas!".

A cada mudança e ataque, o público de Dylan crescia, e seus novos fãs sempre se sentiam superiores aos antigos, que não o haviam entendido de verdade, e cada nova onda o aclamava como um outsider desafiador. Sua deserção elétrica em Newport foi a declaração mais dramática de independência, um símbolo para uma década rebelde e uma geração que não queria ser bem-sucedida nos mesmos termos de seus pais e professores ou sucumbir ao establishment, ao sistema, à máquina. Se as vaias em Newport sempre foram exageradas, é porque eram essenciais para a lenda, prova de que não importava o quanto os discos de Dylan subissem nas paradas pop, ele não estava nem se vendendo, nem comprando espaço, e sim corajosamente seguindo seu próprio caminho.

Este livro também é sobre Newport e a cena folk, sobre o início dos anos 1960, o movimento pelos direitos civis, o triunfo do rock, os mundos que moldaram Dylan e o rejeitaram e o abraçaram e fizeram dele um símbolo icônico, e também seguiram seus próprios caminhos; às vezes com ele, às vezes sem. Não houve evento igual aos Festivais de Folk de Newport daquele período, e algumas das pessoas que se lembram deles com mais carinho não tinham interesse em Dylan e nem conseguem se lembrar se o viram se apresentar. Para muitos, Newport também era um símbolo de rebelião contra as demandas e expectativas do mainstream — não apenas o mainstream da segregação e do militarismo, mas o mainstream das estrelas do rock, do pop e até do folk que vendiam milhões.

Newport incluía muitos artistas que eram mais velhos e mais conservadores do que Dylan, muitos que eram mais tranquilos e acessíveis, e alguns que eram mais jovens, mais selvagens, mais difíceis, mais comprometidos, mais radicais ou mais obscuros. O renascimento do folk era um mundo heterogêneo e em evolução, e, olhando para trás, é fácil lembrar do movimento como um bando de garotos e garotas legais com violões e esquecer que eles estavam dividindo o palco com Mississippi John Hurt e Eck Robertson, os Moving Star Hall Singers, os Blue Ridge Mountain Dancers, com Jean Carignan, Spokes Mashiyane, Bill Monroe, Maybelle Carter, Son House, Muddy Waters e o Reverendo Gary Davis. No choque da reinvenção elétrica de Dylan, é fácil esquecer que Lightnin' Hopkins, os Chambers Brothers e a Paul Butterfield Blues Band já haviam feito seus sets elétricos em Newport naquele fim de semana. E é fácil separar Dylan, o gênio solitário, dos amigos, colegas e rivais que o ajudaram, ensinaram, inspiraram e influenciaram: Dave Van Ronk, Eric Von Schmidt, John Koerner, os Clancy Brothers, os New Lost City Ramblers, Jim Kweskin, Peter Stampfel, Len Chandler, Joan Baez — e a velha guarda que os acolheu, alguns animadamente, outros com cautela: Alan Lomax, Sis Cunningham, Irwin Silber, Odetta, Theodore Bikel, Oscar Brand e sempre, em todos os lugares, Pete Seeger.

Seeger é uma figura central nesta narrativa, porque a história de Dylan em Newport também é a história daquilo que Seeger construiu, o que Newport significava para ele e as luzes que escureciam quando os amplificadores sugavam a energia. É o que foi perdido e também o que foi ganho, o entrelaçar de ideais e sonhos que nunca casaram, e pessoas que tentaram fazê-los se encaixar e continuaram acreditando que poderiam fazer. Em uma formulação simples, Seeger e Dylan podem representar os dois ideais americanos definidores: Seeger, o ideal de democracia, de pessoas trabalhando juntas, ajudando-se, vivendo, acreditando e tratando umas às outras como membros de uma sociedade otimista de iguais; Dylan, o ideal do individualista endurecido, esculpindo uma vida na natureza, que não depende de ninguém e de nada além de si mesmo. Nesses termos, eles também podem representar as duas metades da década de 1960: na primeira metade, a música folk foi associada ao movimento pelos direitos civis, aos cantos de união no espírito de integração, não apenas de negros e brancos, mas dos velhos e jovens e do presente com o passado, a velha esquerda, o movimento trabalhista, a classe trabalhadora, "Everybody might just be one big soul", "We Shall Overcome". Na segunda metade, o rock foi a trilha sonora da contracultura, da nova esquerda, do movimento jovem, da expansão da nossa consciência, do "Foda-se o Sistema!", "Conecte, sintonize, abandone", "Liberte sua mente e seu corpo a seguirá".

Claro que essas são simplificações exageradas, principalmente de Dylan e Seeger, dois homens complicados, talentosos, tímidos, determinados e por vezes difíceis. Mas vale a pena mantê-los em mente, porque muitas pessoas se viam e viam uns aos outros nesses termos. O que aconteceu em Newport em 1965 não foi apenas um desentendimento musical ou um único artista rompendo com seu passado. Aquilo marcou o fim do renascimento do folk como um movimento de massa e o nascimento do rock como a voz artística madura de uma geração, e em suas respectivas metades da década, tanto o folk quanto o rock simbolizavam muito mais do que música.

Cinquenta anos depois, tanto a música quanto as vaias ainda ressoam, em parte porque Dylan continua sendo um ícone, em parte porque a geração que se importava naquela época continuou a se importar — mas também porque o próprio momento se tornou icônico. Este livro traça as linhas que levaram àquele momento, por vezes buscando desembaraçá-las, em outras enfatizando o quanto elas permanecem emaranhadas, às vezes sugerindo pontos que cronistas posteriores podem ter imaginado ou adicionado linhas que não existiam ou não eram visíveis na época, outras vezes tentando explicar, e outras ainda tentando tornar a história mais complicada, ou apontando o quanto uma narrativa conhecida pode parecer diferente, se a olharmos sob uma nova luz. Dylan é uma dessas linhas narrativas, os Festivais de Newport são outra, e Seeger é a terceira. Há muitas mais, mas essas são as três linhas narrativas a se manter em mente, porque Dylan é o herói e Newport é o cenário, e porque é impossível imaginar Newport, ou Dylan, ou a cena folk dos anos 1960 sem Pete Seeger.

Capítulo 1

A CASA QUE PETE CONSTRUIU

Na **primavera de 1949, Pete Seeger** e sua esposa, Toshi, começaram a construir uma casa de madeira em um pedaço de terra de cerca de sete hectares às margens do Rio Hudson, nas cercanias da cidade de Beacon, no estado de Nova York. Vivendo em uma barraca e cozinhando sobre uma fogueira, eles cortaram e arrumaram toras, desenterraram pedras e misturaram argamassa para fazer uma chaminé e, no outono, com a ajuda do irmão de Toshi e do fluxo de amigos que passavam para dar uma força, eles tinham quatro paredes e um telhado, com janelas e portas simples. "Não estava lá muito arrumada", lembrou Seeger. "Mas nós construímos uma casa".

Da mesma forma, eles construíram uma casa na comunidade local. Quando seus filhos começaram a escola, Toshi se envolveu no processo e logo tornou-se líder da Associação de Pais e Mestres. Quando mais espaço foi necessário para a escola, um grupo de pais se ofereceu para limpar o terreno e Pete foi lá e trabalhou com os outros. Ele gostava de trabalho manual, ficava feliz em sujar as mãos e fazer parte de uma equipe. Muitos anos depois, participei de um retiro de fim de semana para cantores e compositores de esquerda não muito longe de Beacon. Como em todos esses encontros, havia muitos egos inflados, pessoas exibindo suas habilidades musicais, suas últimas composições, sua experiência superior e domínio de ortodoxias radicais. Pete, então um ícone sagrado na casa dos sessenta, apareceu para o almoço no segundo dia e foi convidado a dizer algumas palavras. Pelo que me lembro, todo seu discurso foi: "Este é um evento maravilhoso, e eu queria poder passar o fim de semana inteiro com vocês, mas infelizmente só posso ficar aqui por algumas horas. Então, se alguém quiser falar comigo, vamos para a cozinha e podemos conversar enquanto lavamos a louça".

Seeger era um homem difícil de conhecer e por vezes difícil de gostar, mas era um homem fácil de admirar, ele apoiava suas palavras e crenças com ações. Algumas pessoas podem achar que foi pedante construir aquela casa com as próprias mãos, que era o garoto de Harvard morando em um trecho de pradaria a uma hora e meia do norte de Manhattan. Isso foi reforçado quando ele arrastou um tronco para o palco e cortou-o com um machado para acompanhar uma *work song* do Texas — meu irmão mais velho o viu fazendo a cena no final dos anos 1950 e se lembrou disso para sempre como uma grande besteira; mas, besteira ou não, a casa foi construída e Pete e Toshi viveram nela pelos 60 anos seguintes, acrescentando um celeiro confortável e quartos de hóspedes, patinando no lago ao lado no inverno, e extraindo xarope das árvores de bordo. Era parte do mito e se encaixava em sua imagem, mas era uma casa de verdade, e quando ele voltava da estrada, sentava-se em frente à lareira construída com pedras de suas terras, e os amigos apareciam para tocar música, e ele respondia a todas as cartas que as pessoas lhe escreviam, assinando cada uma com o desenho de um pequeno banjo, e sempre parecia encontrar tempo para todos, ou pelo menos se esforçar muito para isso.

Pete construiu o renascimento folk dos anos 1960 da mesma forma, tora por tora e pedra por pedra. Ele teve mais ajuda, mas de muitas maneiras também foi um assunto de família. A casa não tinha o jeito dele — ele sempre incentivava as pessoas e tentava agir como parte da equipe, e embora encorajasse todos os músicos que apareciam, ele ficava infeliz frequentemente com a forma como o cenário evoluía e mudava, e no fim se afastava dele. Mesmo quando era claramente a figura central, apresentando os shows e planejando os Newport Folk Festivals, era, geralmente, descrito como um modelo ou inspiração do que como organizador ou gerente, e, nos últimos anos, ele passou a ser cada vez mais descrito como um santo, nem sempre como um elogio. Era uma presença calorosa e acolhedora no palco, mas fora dele podia parecer distante e um tanto frio, seus esforços implacáveis para sempre fazer a coisa certa podiam ser cansativos ou desanimadores. Por vezes a coisa certa não se mostrou tão certa, seja se opor à entrada dos EUA na Segunda Guerra Mundial durante o período do pacto Stalin-Hitler ou se opor ao set de instrumentos elétricos de Bob Dylan em Newport em 1965. Ele tentou corrigir seus erros — alistando-se no exército em 1942, gravando com instrumentos elétricos em 1967, expressando sua angústia em relação à ditadura soviética —, mas eles também se tornaram parte de sua lenda.

Em retrospecto, essa lenda com frequência ofuscava seu trabalho, e é fácil esquecer qual era o trabalho. Isso é particularmente verdadeiro porque Seeger foi, antes de tudo, um artista de performance ao vivo, e apenas uma sombra de sua arte sobrevive em gravações. Ele não se importava — ele sempre sentiu que as gravações eram apenas outra maneira de levar músicas e canções para o mundo. Se o elogiassem, ele sugeriria que ouvissem as pessoas que o inspiraram, e muitos de nós fizemos isso e descobrimos Woody Guthrie, Lead Belly, Uncle Dave Macon, Bob Dylan e centenas de outros artistas cuja música muitas vezes gostávamos mais do que a dele. Algo com o que, novamente, ele não se importava. Essa era sua missão e, de muitas maneiras, atingiu sua expressão máxima nos Festivais de Folk de Newport, especialmente os dois ou três primeiros depois que Pete e Toshi se envolveram com o planejamento e direção em 1963, reconcebendo-os como fóruns inclusivos para artistas tradicionais de comunidades rurais ao redor do país e ao redor do mundo, para as músicas do movimento pelos direitos civis e para jovens músicos que estavam se aperfeiçoando nos velhos estilos rurais e escrevendo novas músicas sobre seus tempos e sentimentos.

O renascimento do folk foi cheio de contradições, em parte porque nunca foi, em nenhum sentido, um movimento organizado. Os interesses e realizações de Pete eram igualmente amplos e, às vezes, igualmente contraditórios. É sempre tentador simplificar uma história, dar aos personagens atributos em especial ou fazê-los representar pontos de vista particulares. Em histórias sobre Bob Dylan, a cultura jovem dos anos 1960 e a ascensão do rock, Seeger costuma ser retratado como o guardião conservador, preso ao passado, que defendia regras e ideais antigos que, embora talvez fossem nobres, já eram certamente ultrapassados. Há alguma verdade nessa simplificação, assim como há alguma verdade na simplificação de que Dylan era um carreirista cínico, mas isso obscurece histórias mais interessantes.

Pete citava seu pai, Charles Seeger: “a verdade é como um coelho em um arbusto cheio de espinhos. Raramente pode-se colocar a mão nele.

Só é possível se aproximar, apontar e dizer: 'Está ali em algum lugar'". Se quisermos entender o renascimento do folk, Pete é a melhor pessoa para seguir na direção dos arbustos espinhosos, porque ele sempre estava lá, circulando, apontando para lampejos de pelagem lisa, orelhas em pé ou os olhos brilhantes — e talvez, às vezes, apenas imaginando que viu um coelho e convencendo outras pessoas de que também o haviam visto, ficando assustado ou desapontado quando descobria que não era o coelho, ou que era outra coisa. Por dois ou três anos no início dos anos 1960, muitas pessoas que circulavam aquele arbusto pensaram que Dylan era o coelho, e em certos momentos algumas delas pensaram que tinham colocado as mãos nele. E embora ele sempre escapasse, por alguns anos o cenário folk certamente foi seu arbusto espinhoso.

Admitindo a bagunça dessa metáfora, vale a pena tê-la em mente, porque as tendências e os grupos da música folk americana no final dos anos 1950 e início dos anos 1960 estavam infinitamente amarrados, mas Seeger serviu como um guia para praticamente todos, quer se considerassem tradicionalistas, revivalistas, agitadores ou potenciais estrelas pop. Mesmo as pessoas que insistiam em trilhar seus próprios caminhos através dos espinheiros não conseguiam escapar de sua influência, porque seus caminhos eram definidos em parte por evitar os dele. Uns dos elementos mais importantes da história e do trabalho de Seeger tendem a ser negligenciados ou esquecidos, exatamente pelas razões que ele achava que deveriam ser, e alguns são lembrados exatamente pelas razões que ele desejava que não fossem: suas realizações mais duradouras sobrevivem independentemente de sua biografia ou de gravações, enquanto sua reputação pessoal perdura como um artefato da cultura de celebridades e dos conceitos de "grande homem" da história que ele tentou combater ao longo de sua carreira.

Houve inúmeras visões e concepções acerca do renascimento do folk, mas em geral elas podem ser divididas em quatro vertentes básicas: o incentivo à produção musical comunitária (amadores pegando violões e banjos e cantando junto com amigos); a preservação de canções e estilos associados a comunidades regionais ou étnicas específicas (a música da região rural dos Apalaches, do Delta do Mississippi, das planícies ocidentais, da região cajun da Louisiana, das Ilhas Britânicas, do Congo ou de qualquer outro lugar com cultura vernácula vibrante); a celebração da "música popular" e da "cultura folk" como expressão de um conceito mais amplo de povo ou folclore (ligando tradições musicais camponesas e proletárias a movimentos políticos progressistas e populistas); e o crescimento do cenário de performance profissional no qual uma ampla variedade de artistas era anunciada como cantores folk. Pessoas comprometidas com uma dessas correntes frequentemente tentavam se distanciar de pessoas identificadas com outra — puristas criticavam popularizadores, popularizadores zombavam de puristas —, mas todas se sobrepunham e se entrelaçavam, e todas fluíam diretamente de Pete Seeger.

O nome de Seeger foi herdado do tataravô alemão que imigrou para os Estados Unidos em 1787, mas a maioria de seus ancestrais vieram da Inglaterra no início do período colonial. Seus pais eram músicos clássicos, a mãe violinista e o pai pianista e musicólogo. Uma foto de 1921 mostra Pete, aos dois anos, sentado no colo do pai enquanto os pais tocavam música em uma clareira de terra entre um trailer de madeira feito em casa e uma barraca improvisada. Eles estavam tentando levar cultura para pessoas comuns, viajando em apoio ao socialismo e à disseminação populista de "boa" música. Uma foto posterior mostra Pete aos nove ou dez anos, na floresta, vestido com uma tanga e uma faixa na cabeça, mirando com um arco e flecha feitos em casa. Ele estava em uma breve temporada em casa após um ano em uma de várias escolas que o levaram a Harvard, que ele abandonou aos 19 anos, quando mudou-se para Nova York para trabalhar como repórter em um jornal. Ele tinha aprendido a tocar banjo ao longo do caminho, embora fosse um banjo de quatro cordas em vez da variedade rural com cinco e suas primeiras apresentações foram com o quinteto de jazz da escola. Ele também se interessou por música folclórica, após passar um verão em Washington, D.C., onde sua madrasta, Ruth Crawford Seeger, transcrevia gravações de campo coletadas por John e Alan Lomax, a equipe pioneira de pai e filho folcloristas.

O grande evento daquele verão foi uma viagem que Pete fez com o pai para Asheville, Carolina do Norte, onde um tocador de banjo chamado Bascom Lamar Lunsford organizou um Festival anual de Canção e Dança Folclórica. Foi sua primeira experiência com música rural em algo parecido com seu habitat nativo, ele se lembrou disso depois como uma revelação:

> Comparadas às trivialidades das canções populares que meus irmãos e eu antigamente cantávamos juntos, as palavras dessas canções continham toda a essência da vida humana. Elas

> falavam de heróis, bandidos, assassinos, tolos. Elas não tinham medo de ser trágicas e não apenas sentimentais. Elas não tinham medo de ser escandalosas, em vez de risonhas ou fofas. Acima de tudo, elas soavam francas, diretas, honestas.

Em Nova York, Alan Lomax apresentou Pete ao lendário cantor afro-americano Lead Belly, que lhe ensinou os rudimentos do violão de doze cordas. Lomax também conseguiu para ele um emprego catalogando gravações folk na Biblioteca do Congresso e arranjou sua primeira aparição como cantor folk. A data era 3 de março de 1940; o evento foi uma apresentação de "As Vinhas da Ira" em benefício de organizações progressistas de Oklahoma e também de outros artistas como Lomax, um baladeiro do centro-oeste chamado Burl Ives, Golden Gate Quartet, que cantou músicas gospel, Aunt Molly Jackson, que cantou sobre os mineiros do Kentucky, e um novato do oeste chamado Woody Guthrie. Pete estava nervoso e esqueceu a letra de sua única música, mas ficou fascinado por Guthrie, de quem ele se lembrava como "um sujeito baixo e pequeno, com chapéu e botas do oeste, de calça jeans azul e barba por fazer, que contava histórias e músicas que ele mesmo havia inventado".

Dois meses depois, o baladeiro do Dust Bowl e o jovem e ingênuo tocador de banjo foram para o oeste. Seeger costumava brincar que Woody devia gostar de sua forma de tocar, "porque todo o resto em mim devia ser bem estranho para ele. Eu não bebia, não fumava, nem ficava atrás de garotas". Guthrie fazia mais do que sua cota dos três, e embora tenham continuado a trabalhar e tenham vivido juntos por vezes ao longo da década, era um relacionamento muitas vezes difícil. Na primeira viagem, eles foram para o Texas, onde Guthrie estava em processo de separação da esposa com quem tinha três filhos. Então Pete partiu sozinho, pegando carona e trens de carga para Montana até fazer seu caminho de volta para Nova York. Woody lhe ensinou alguns sucessos de jukebox que eram bons para ganhar gorjetas em bares do oeste, e ele ganhou alguns dólares extras cantando músicas políticas em sindicatos. Ele estava agindo de acordo com a exortação de Woody de "se vacinar direto nos grandes fluxos e no sangue do povo", e se lembrou daquela viagem como parte essencial de sua educação, mais tarde aconselhando jovens fãs a passarem as férias de verão pegando carona pelo país, conhecendo pessoas comuns e aprendendo a se defender em território desconhecido.

De volta a Nova York, Seeger passou a maior parte da década de 1940 tocando com Guthrie e várias agregações improvisadas em piquetes, em auditórios de sindicato, em "festas de aluguel" na casa comunal que dividiam e em danças de quadrilha; a dança folclórica era uma grande parte do renascimento do folk urbano, e Pete conheceu sua futura esposa, Toshi Ohta, por meio de um grupo de dança de quadrilha que ele acompanhava. Sua única pausa significativa foram os dois anos e meio no exército — sua política de esquerda e a noiva nipo-americana o tornaram um risco à segurança e o mantiveram fora do combate, mas ele serviu no Pacífico Sul como coordenador de entretenimento e tocador de banjo, cantando com uma banda caipira e apresentando números pop como "Sidewalks of New York" e "Tea for Two". Naquela época, ele havia acumulado um repertório grande e variado e se orgulhava de sua capacidade de fazer com que outras pessoas se juntassem a ele. Como escreveu numa carta para casa, "Mesmo que a música não seja das melhores, quando o público se sente seguro de si, eles cantam com confiança, e é ótimo."

Esse sempre seria o talento único de Pete: não importava o público, não importava a situação, ele conseguia fazer as pessoas cantarem. Pelo resto da década, ele aprimorou sua arte, praticando, improvisando e se apresentando onde quer que pudesse. Por um tempo, ele morou em uma casa comunitária de três andares na West Tenth Street com um elenco variado de personagens, incluindo Woody, um cantor baixo e robusto do Arkansas chamado Lee Hays, Bess Lomax (irmã de Alan, com quem ele dividia um quarto), Sis Cunningham (uma acordeonista que mais tarde editaria a revista *Broadside*) e um aspirante a escritor chamado Millard Lampell. Eles chamavam seu prédio de Almanac House e se apresentavam em grupos improvisados, como o Almanac Singers — Hays que deu o nome, explicando que, em cabanas no campo, os únicos livros que se encontra são uma Bíblia e um almanaque, um para levá-lo ao outro mundo e o outro para ajudá-lo a passar por este. Eles fizeram algumas gravações também, incluindo um álbum de cantos do mar e outro chamado *Sod Buster Ballads*, no qual Guthrie cantava "House of the Rising Sun", mas sua especialidade era criar letras políticas de agitação e propaganda para cada questão e ocasião. Como *Songs for John Doe*, um disco rapidamente suprimido e esquecido de "canções de paz" compostas durante o pacto nazista-soviético, acusando Franklin Roosevelt de ser belicista, mas seu álbum mais popular foi *Talking Union*, que se tornou onipresente em lares progressistas junto com amostras semelhantes de Guthrie, Paul Robeson, Josh White e o Red Army Chorus.

Na década de 1940, Robeson, Guthrie e White eram mais conhecidos que Seeger, assim como Lead Belly, Burl Ives, Richard Dyer-Bennett e, no final da década, alguns artistas mais jovens como Susan Reed. Era assim que ele gostava, já que um princípio básico da organização esquerdista era ser membro exemplar da equipe, trabalhando duro e falando sobre questões que diziam respeito a todos, mas não se apresentando como porta-voz ou líder público. Seeger sempre foi tímido, e a filosofia da participação anônima se adequava à sua natureza, assim como às suas crenças políticas — embora isso causasse algum atrito nos Almanac Singers, já que ele e a maioria dos outros sentiam que suas músicas deveriam ser apresentadas como criações anônimas e comunitárias, ao passo que Guthrie queria ser devidamente creditado por seu trabalho.

Quando Seeger saiu do exército em 1945, ele estava mais confiante em suas habilidades e aceitou alguns trabalhos como solista, mas a maior parte de sua energia foi dedicada à construção de uma organização chamada People's Songs, a qual fornecia composições e cantores temáticos para causas progressistas. Mais lembrado por seu *People's Songs Bulletin*, o antecessor da revista *Sing Out!*, o grupo serviu como agência de reservas, shows patrocinados e sessões de canto anunciadas como "hootenannies" — elas foram as principais responsáveis por introduzir a palavra, e na década de 1950 o *New York Times* a proibiria em seus anúncios por causa de sua associação com o radicalismo de esquerda — em seu auge, o grupo ostentava mais de mil membros em vinte estados. Embora com frequência fosse atacada como uma "frente comunista", a People's Songs recebia pouco incentivo do partido, que não achava que as canções folclóricas atrairiam os proletários urbanos e preferia cultivar artistas como Duke Ellington. Seeger lembrou-se de um funcionário comunista dizendo a ele: "Se vai lidar com trabalhadores da cidade de Nova York, você deveria estar no campo do jazz. Talvez você devesse tocar clarinete".

No inverno de 1946-47, Seeger fez uma primeira breve incursão no mundo das casas noturnas, aparecendo no Village Vanguard em uma listagem com a pianista Maxine Sullivan, a cantora e dançarina haitiana Josephine Premice e um combo de coquetéis. A *Billboard* o aclamou como o "Sinatra alto e magro do clã da música folk", destacando sua performance de "House of the Rising Sun", algumas composições de orientação política e uma peça de banjo chamada "Cumberland Mountain

Bear Chase", e elogiou sua "bela voz que, glória a Deus, não tem nenhum traço do tom nasal tão frequentemente encontrado nos cantores mais populares". No entanto, ele trabalhou principalmente no *Bulletin*, apresentou programas educacionais sobre música folclórica e tocou em eventos beneficentes, danças de quadrilha e eventos comunitários, como as "wing-dings" de sábado de manhã que ele fazia para crianças em seu apartamento em Greenwich Village.

Ele e Toshi estavam morando no porão da casa dos pais dela na MacDougal Street — o pai japonês e a mãe virginiana eram radicais convictos, então ele se encaixou perfeitamente. Pete parece ter ficado feliz com essa situação, ganhando salário mínimo, servindo a causas progressistas e, em suas palavras, "me parabenizando por não me tornar comercial". Então, em uma tarde de 1949, quando ele estava trabalhando na People's Songs, alguém ligou para perguntar se Richard Dyer-Bennett estava disponível para um evento beneficente. Irwin Silber, que estava gerenciando o escritório, disse que não tinha certeza em relação a Dyer-Bennett, mas Seeger estava disponível. "Ah, nós conhecemos Pete", respondeu o interlocutor, mas "precisamos de alguém que possa trazer bastante público. Precisamos arrecadar dinheiro".

Seeger ficou surpreso e a ligação o levou a "uma reconsideração profunda": "Lá estava eu, tentando seguir o que eu pensava ser um caminho tático e estratégico, e ainda assim Dick Dyer-Bennett — que estava fazendo carreira de forma tradicional — era mais útil do que eu". Também havia pressões familiares: ele e Toshi agora tinham dois filhos e o porão dos pais dela estava apertado. Então, aos 30 anos, ele decidiu que era hora de construir uma carreira profissional mais séria.

Não haveria nada particularmente notável nessa decisão — nos 20 anos seguintes, centenas de cantores folk tentaram construir carreiras comerciais, a maioria com sucesso limitado —, se não fosse o fato de que, um ano e meio depois, ele lançaria o disco mais popular dos Estados Unidos. Mais uma vez, foi como membro de um grupo: junto com Lee Hays e dois cantores mais jovens, Fred Hellerman e Ronnie Gilbert, formou um quarteto chamado Weavers. Eles aprimoraram suas habilidades por alguns meses em comícios e eventos beneficentes, e então, em dezembro de 1949, conseguiram reservar o Village Vanguard. Era uma sala pequena, e tiveram que dividir a mesma taxa que Seeger havia ganhado como artista solo três anos antes, mas era uma chance de serem vistos e resolverem seus problemas diante de um público pagante. No final de janeiro, eles estavam indo bem nos negócios e a *Billboard* deu a eles uma crítica positiva, escrevendo: "O show é bruto, sem polimento, precisa de figurinos e organização melhores. Mas, apesar das deficiências individuais, o grupo tem entusiasmo e energia que indicam mais do que valor comercial casual". Gordon Jenkins, um popular líder de banda e produtor musical, concordou. Os Weavers já tinham feito uma gravação, uma composição de Seeger e Hays chamada "The Hammer Song", mas ela não atraiu praticamente nenhuma atenção — embora em maio de 1950 Irwin Silber tenha adotado o chamado da música para "sing out danger, sing out a warning, sing out love between all of my brothers" [em tradução livre, "cantar o perigo, cantar um aviso, cantar o amor entre todos os meus irmãos"], como título de sua nova revista de música folk, *Sing Out!* Jenkins tinha um público maior em mente e levou o quarteto para a Decca Records, onde acrescentou orquestração pop ao banjo, violão e harmonias vocais, e no verão de 1950, sua versão de "Goodnight Irene" foi número um nas paradas de rádio, jukebox e vendas da Billboard.

Os Weavers chegaram em um momento perfeito. Dez anos antes, o mercado pop havia sido monopolizado por um punhado de produtores de partituras e discos de Manhattan, mas uma disputa de publicação abriu o campo do rádio para compositores não contratados; as jukeboxes adicionaram um componente democrático ao rastrear os gostos dos ouvintes, e uma disputa entre a Federação Americana de Músicos e as grandes gravadoras encorajou empresas regionais menores. Enquanto isso, a Segunda Guerra Mundial trouxe muitos sulistas e pessoas do centro-oeste rural para cidades costeiras, e sua música viajou com eles, enquanto o uso crescente de amplificação elétrica significava que bandas caipiras e de blues podiam trabalhar em situações que antes exigiam orquestras completas. Em decorrência, cada vez mais música pop vinha do sul e do centro do país, e os estilos rurais estavam se infiltrando na parada de sucessos. O único disco a vender mais que "Goodnight Irene" em 1950 foi "The Tennessee Waltz", igualmente gentil e nostálgico, gravado por Patti Page, uma cantora de Oklahoma que cresceu ouvindo country e western, "Irene" também chegou ao Top 10 com o dueto dos cantores country Ernest Tubb e Red Foley, e também em versões de Jo Stafford e Frank Sinatra.

A cena pop do pós-guerra estava ansiosa por discos agradáveis e reconfortantes, e a mistura de harmonias caseiras dos Weavers com um toque de swing e sofisticação se encaixava no perfil. Desde o início, porém, Seeger teve dúvidas. Ele gostou do desafio de trabalhar em um grupo bem organizado e bem ensaiado, mas também achou isso restritivo e se irritou com os compromissos que acompanhavam o sucesso mainstream. "Irene" chegou no auge do Macarthismo e a Decca se esforçou para obscurecer e minimizar o passado político dos cantores. Agora a banda conseguia atrair boas multidões em eventos beneficentes de esquerda, mas o empresário dos Weavers o proibiu de tocar neles, e as músicas do grupo eram examinadas quanto ao conteúdo potencialmente problemático. Em uma carta à revista *Broadside* 14 anos depois, ele explicou como tiveram que retrabalhar "So Long, It's Been Good to Know Yuh", uma das baladas de Guthrie sobre o Dust Bowl, período de severas tempestades de poeira em Oklahoma:

> A Decca Records insistiu que as palavras deveriam ser alteradas "porque ninguém está interessado em tempestade de poeira; ela deve ser transformada em uma música geral para qualquer pessoa no mundo cantar". Naquela época, eles tinham total direito de decidir qual música gravaríamos e como (incluindo o uso de orquestras). Conversamos com Woody e todos decidimos que valia a pena um acordo. Lembre-se de que naquela época as músicas de Woody não estavam sendo gravadas como agora, e o cara precisava de dinheiro para alimentar a família. Woody foi ao apartamento de Gordon Jenkins, o líder da banda, e se esparramou no chão, rabiscou alguns versos novos em uma grande folha de papel, e todos nós demos ideias e sugestões. As novas palavras, embora não tão boas quanto os versos 'empoeirados', não eram ruins. No entanto, acho que posso falar por todos os Weavers que estamos felizes que os versos anteriores sobre a poeira sejam os que são cantados principalmente por todos os jovens guitarristas agora.

Uma carta anterior da *Broadside* elogiou Guthrie enquanto atacava os Weavers por "masculinizar" sua música em busca de lucros fáceis e concluiu: "Por isso, eles provavelmente nunca serão perdoados". Ataques semelhantes começaram assim que o grupo apareceu nas paradas pop, e Irwin Silber acusou-os de degradar a arte do Lead Belly em um artigo da *Sing Out!* intitulado "Um grupo totalmente branco pode cantar músicas da cultura negra?"

Durante a maior parte de sua vida, a política e a música de Seeger permaneceram orgulhosamente fora do mainstream, e era onde ele e seus associados se sentiam mais confortáveis. Eles acreditavam que estavam trabalhando para o bem da humanidade, aproveitando os valores e tradições compartilhados da sociedade e apontando o caminho para uma vida melhor para a maioria das pessoas, mas estavam intensamente cientes das forças que lutavam contra eles: o sistema capitalista e os interesses monetários que o sustentavam. Quando esse sistema os recompensava ou esses interesses os aplaudiam, era natural pensar na pegadinha — se perguntar se eles estavam fornecendo uma alternativa à máquina capitalista ou se, de alguma forma, estavam se tornando engrenagens dela.

O sucesso dos Weavers deu a Seeger uma plataforma, mas também serviu como aviso. Do verão de 1950 até o inverno de 1952, o grupo teve uma série de sucessos e estabeleceu grande parte do cânone do revival do folk: "Goodnight Irene", "So Long, It's Been Good to Know Yuh", "Midnight Special", "Rock Island Line", "Wreck of the John B.", a hebraica "Tzena, Tzena, Tzena", a sul-africana "Wimoweh", "On Top of Old Smoky" (na qual Pete criou um modelo para futuros cantores falando cada verso antes que o grupo cantasse, como um pregador 'desenhando' um hino religioso) e algumas composições originais, como "Kisses Sweeter than Wine". Era emocionante ouvir sua música no rádio e nas jukeboxes, mas as orquestrações de Jenkins diluíram seu estilo e, além de inspirar milhares de jovens a pegar violões e banjos, seu sucesso inspirou profissionais do pop a lucrar com a tendência. Sinatra fez sucesso com "Irene"; Mitch Miller fez um cover de "Tzena, Tzena" e produziu sucessos com sabor folk para Doris Day, Frankie Laine e Guy Mitchell; e centenas de grupos imitariam o modelo dos Weavers nos 15 anos seguintes, muitos com sucesso comercial. Os Four Lads fizeram sucesso com "Down by the Riverside" e "Skokiaan" em 1954, os Tarriers com "Cindy, Oh Cindy" e "The Banana Boat Song" em 1956, e o Kingston Trio com "Tom Dooley" em 1958.

O Trio adicionou um novo sabor jovem e universitário e se tornou o grupo pop-folk definidor do início dos anos 1960. Em 1961, os Highwaymen seguiram com "Michael, Row the Boat Ashore", e os Tokens lideraram as paradas adicionando tambores da selva e novas letras a "Wimoweh" e renomeando-a como "The Lion Sleeps Tonight". No ano seguinte, o Trio alcançou o Top 40 com "Where Have All the Flowers Gone" de Seeger; Peter, Paul e Mary conseguiram seu primeiro hit no Top 10 com "Hammer Song" (renomeada "If I Had a Hammer"); e em 1965 os Byrds estavam em primeiro lugar com "Turn, Turn, Turn".

Alguns desses grupos eram cantores folk dedicados; outros estavam apenas pegando carona em uma tendência; mas todos saíram diretamente dos Weavers, a ponto de, para a maioria dos americanos na década de 1950 e no início da década de 1960, "música folk" significar basicamente o estilo dos Weavers. Como seus críticos frequentemente apontavam, isso tinha muito pouco a ver com tradições folk autênticas. Joe Boyd, que produziu vários grupos de folk e de rock na década de 1960, caracterizou a abordagem do grupo como diluída e ideológica; "pega um blues, uma música country, uma música da Guerra Civil Espanhola, uma música de mineiros sul-africanos, uma balada escocesa e uma música russa, e canta todas estilisticamente tão próximas, tão similarmente quanto possível, e dá a todas elas o mesmo tipo de harmonia, e o mesmo tipo de dedilhado na guitarra. Como se isso provasse de alguma forma que todos os homens fossem irmãos, todos os trabalhadores fossem irmãos, certamente... Um ideal que eu acho ótimo, mas que não resulta em uma música muito tocante".

Em seus momentos mais introspectivos, Seeger tendia a concordar. Escrevendo sobre "Michael, Row the Boat Ashore", uma música originalmente transcrita no século XIX por barqueiros afro-americanos nas Ilhas do Mar da Carolina, ele refletiu:

> Deve ter sido uma coisa absolutamente magnífica. As vozes cruas no sentido formal — mas vozes soberbamente treinadas no sentido de que haviam cantado a vida toda. Hoje, isso vem de várias escolas e acampamentos de verão, uma peça musical tão pálida e insossa em comparação com o que era antes. E percebo que meu próprio canto é meio pálido e insosso, em comparação com o que era antes. Isso me faz pensar: é possível reviver a música folk? Bem, finalmente cheguei à conclusão: sim, é possível. Podemos tentar. Tudo o que se pode fazer neste mundo é tentar. E uma boa tentativa é certamente melhor do que nunca ter tentado.

Seeger entendia as complexidades e os compromissos do renascimento folk tão bem quanto qualquer um, e se ele estivesse inclinado a esquecer, ele tinha amigos prontos para lembrá-lo. Alan Lomax resmungou:

"Peter via a música folk como algo para atrair a todos, se conseguissem cantar ou tocar afinados ou algo semelhante". Lomax, por outro lado, queria focar a atenção em músicas e artistas proletários autênticos. Ele ficava feliz quando um artista conhecido estava disposto a ajudar com essa missão, fossem os Weavers ou uma cantora de pop-jazz como Jo Stafford, mas ficava irritado que Pete encorajasse amadores urbanos a pensar que estavam levando adiante tradições folk.

Durante a década de 1950, a maioria dos artistas profissionais — incluindo os poucos que se autodenominavam cantores folk — continuava a presumir que tradições autênticas eram muito rudes para ouvidos urbanos, e Lomax estava liderando uma pequena e solitária cruzada. No final daquela década, porém, o culto dos verdadeiros crentes estava crescendo, e jovens puristas ecoavam sua crítica. Em Minnesota, Jon Pankake e Paul Nelson lançaram um boletim informativo chamado *Little Sandy Review* para promover o autêntico estilo folk, e tornaram-se notórios por seus ataques ao que chamavam ironicamente de "folkum" e "fakelore" [em tradução livre, "folk falsificado"]. Em 1964, Pankake escreveu um artigo de oito páginas intitulado "Pete's Children: The American Folksong Revival, Pro and Con", que retratava Seeger como fonte de um movimento que muitas vezes se desviava. Ele o descreveu como uma espécie de retrocesso arcaico, embora 'fenomenal': "o último, talvez, das grandes personalidades de plataforma na tradição americana de Mark Twain e William Jennings Bryan". Ninguém conseguia resistir a Seeger tocando ao vivo, mas isso apenas minava as virtudes mais sutis das tradições rurais autênticas, e a "produção atroz do Kingston Trio gestada entre as páginas do manual *How to Play the Five-String Banjo* de Pete, nutrida por sua filosofia 'Puxa, é divertido brincar com canções folclóricas'". Não importa quantas vezes Pete dissesse: "Não aprenda comigo; aprenda com aqueles que me ensinaram", era mais divertido simplesmente pegar um violão e chamar seus amigos para outro refrão de "This Land Is Your Land". O único consolo eram os poucos ouvintes que ouviam a mensagem mais profunda de Pete: "Cerca de cinco por cento dos convertidos de Seeger se tornaram o núcleo do tipo de renascimento dentro de um renascimento que se mostrará construtivo e benéfico para a perpetuação da música folk americana em sua forma real muito depois que os modistas superficiais se cansarem da música folk e passarem para alguma outra aposta temporária".

O artigo de Pankake destacou um fato essencial: conforme o cenário folk cresceu ao longo dos anos 1950, ele se dividiu em panelinhas que frequentemente criticavam de forma amarga, mas todas vinham por meio de Seeger, e enquanto suas gravações com os Weavers criavam o estilo pop-folk, ele estava simultaneamente criando seus oponentes tradicionalistas. O manual de banjo que Pankake mencionou era típico de sua abordagem: ele o escreveu em 1948 em resposta a pedidos do público, imprimiu-o ele mesmo em uma máquina mimeográfica e vendeu algumas centenas de cópias por ano em concertos e por correspondência. Muitos compradores o usaram como guia para seu estilo e acabaram soando muito como Pete ao tocar, incluindo Dave Guard, do Kingston Trio. Mas também forneceu transcrições da execução de artistas rurais obscuros, como B. F. Shelton e Walter Williams, e edições posteriores adicionaram as primeiras instruções na palhetada de *bluegrass* de Earl Scruggs, inspirando tanto os músicos mais assiduamente puristas quanto os mais deslumbrantemente inovadores da cena urbana.

Seeger normalmente minimizava esse aspecto de seu trabalho. Durante um workshop de banjo no Festival de Newport de 1965, ele demonstrou o arranjo de Shelton de "Darling Corey" e a maneira original de Frank Proffitt de tocar "Tom Dooley", mas apresentou ambos como exemplos da simplicidade que ele apreciava na execução rural antiga, sugerindo que qualquer um poderia dominar o estilo se apenas ouvisse com atenção e tentasse. Na mesma época, ele avaliou seus próprios talentos em uma crítica anônima, escrevendo: "Pete só faz uma boa palhetada tradicional ocasionalmente. Seu irmão Mike consegue tocar com os dedos mínimos." A maioria dos fãs de música antiga concordou, e poucos se lembravam de que ele havia sido o pioneiro em sua abordagem. O New Lost City Ramblers, um trio formado em 1958 por Mike Seeger, John Cohen e Tom Paley, foi o porta-estandarte do renascimento das antigas bandas de cordas, e o LP de Paley de 1953, *Folk Songs from the Southern Appalachian Mountains*, é frequentemente citado como o chamado claro desse movimento. Mas esse disco seguiu o *Darling Corey* de Seeger, lançado em 1950, e Paley imediatamente o creditou como uma inspiração, dizendo que todos que estavam tentando aprender estilos autênticos antigos o admiravam: "Não que sua forma de tocar soasse exatamente como qualquer músico country antigo em particular, mas ele acertou o sabor da música. Eu sentia que estava tocando muito bem, mas não achei que estava no mesmo nível de Pete."

Em 1950, Seeger tinha trinta e um anos, mas *Darling Corey* foi seu primeiro álbum solo, e ele não gravaria outro por vários anos. Foi lançado por uma nova gravadora especializada chamada Folkways, uma das várias pequenas empresas que aproveitaram o novo formato de long-playing (LP) disponível para apresentar clássicos, jazz e outros gêneros de nicho para consumidores urbanos de classe média. Enquanto grandes empresas como a Decca buscavam sucessos de rádio e jukebox, a Folkways tentava documentar músicas historicamente importantes de todo o mundo, e o álbum de Seeger pretendia ser um exemplo de execução rural do sul.

Como sempre, Seeger viu isso como parte de uma missão maior. Os cantores folk urbanos tendiam a pensar em cantores e músicos rurais como "fontes", portadores brutos de tradições camponesas que precisavam ser suavizadas e polidas para execução profissional. Alguns folcloristas tentaram transcrições precisas de canto ou execução rural, mas era uma ideia nova aprender e executar peças tradicionais da mesma forma que músicos clássicos aprendem e executam as obras de Mozart ou Wagner. Ao ensinar e gravar arranjos de banjo aprendidos com Shelton, Williams, Proffitt, Lilly Mae Ledford e Tio Dave Macon, Seeger estava implicitamente fazendo essa analogia, sugerindo que músicos rurais eram dignos de estudo e emulação não apenas como portadores de tradição, mas como compositores, arranjadores e virtuosos. Ele também estava sendo pioneiro em um novo conceito de música folclórica como um processo ativo e vivo, uma questão de estilo, abordagem e interação entre músicos e ouvintes. Como ele escreveu mais tarde, "Palavras e melodias podem não ser tão importantes quanto a maneira como são cantadas ou ouvidas. Nesse sentido, um montanhista cantando música pop para alguns vizinhos em sua cabana pode ter mais música folclórica do que um artista de shows cantando para uma plateia do Carnegie Hall uma antiga balada britânica."

Seeger fez mais de cinquenta concertos no Carnegie Hall e entendeu onde se encaixava nessa formulação: "Quando as pessoas me chamam de 'cantor folk', digo a elas que, de certa forma, sou apenas um novo tipo de cantor pop", escreveu ele em 1965, e embora não tenha expressado esse pensamento da mesma forma dez anos antes, ele sempre esteve ciente da diferença. Como ele escreveu em 1958:

> Talvez o papel de artistas como eu deva ser melhor considerado como o de um intermediário. Podemos apresentar música a

> públicos para os quais o material direto pareceria muito cru, bruto ou ininteligível. Também temos a vantagem de ser capazes de apresentar um quadro mais amplo da música folk do que qualquer verdadeiro músico folk poderia. Um verdadeiro músico folk pode ser um gênio em seu próprio tipo de música — mas esse tipo é suscetível a ser tudo o que ele conhece.

Seeger atuou como intermediário para uma gama surpreendente de estilos — junto com o manual de banjo, ele publicou guias para técnica de violão de doze cordas da Lead Belly, para flauta do pastor israelense e para leitura à primeira vista da notação musical padrão — e recriar arranjos de outros artistas era apenas parte desse processo maior. Em 1947, ele narrou o filme *To Hear Your Banjo Play*, de Alan Lomax, e contribuiu com interlúdios de banjo que enquadravam clipes de Guthrie, o cantor de baladas Texas Gladden e a dupla de blues Sonny Terry e Brownie McGhee; em meados da década de 1950, ele e Toshi começaram a fazer seus próprios documentários, primeiro de artistas americanos como Big Bill Broonzy e Elizabeth Cotten, depois de músicos de comunidades na África, Europa e Ásia. Era algo contínuo: em 1950, ele gravou a canção zulu "Wimoweh" com os Weavers; em 1955, gravou um álbum completo, Bantu Choral Folk Songs, com o Song Swappers, um grupo de adolescentes de Nova York, incluindo Mary Travers do futuro Peter, Paul and Mary; e em 1964, ele e Toshi filmaram um documentário, *Singing Fishermen of Ghana*, mostrando música vocal africana autêntica em seu ambiente doméstico. Da mesma forma, ele começou a tocar estilos tradicionais de banjo do sul na década de 1930, escreveu seu manual de instruções em 1948, gravou um LP complementar em 1954 e, no início da década de 1960, estava produzindo a primeira reedição das gravações do Uncle Dave Macon, ajudando a trazer artistas do sul para Newport e Nova York, e cuidando para que parte dos lucros dos festivais de Newport fossem para apoiar a produção musical local em comunidades do sul.

Seeger sempre preferiu pensar em si mesmo como um canal, um proselitista e catalisador em vez de uma estrela. Apesar de sua experiência com banjo e violão de doze cordas, suas gravações incluíam poucas peças instrumentais de exibição, e quando ele fez uma gravação ambiciosa de instrumentais originais e arranjos de composições de Gershwin, Bach, Beethoven e Stravinsky, ele a chamou de *The Goofing-Off Suite* e descreveu seu processo criativo como apenas "deitar na cama tocando banjo".

Ele valorizava a música folk como algo que pessoas comuns tocavam para si mesmas e para os vizinhos em suas comunidades: suas notas para Folk Songs of Four Continents, um dos quatro álbuns que ele fez em 1955 com os Song Swappers, descreveu o grupo como "propositalmente composto por vozes 'medianas', de alcance limitado e pouco treinamento", com o objetivo de "encorajar o canto em grupo entre os amantes da música folk, amadores e profissionais" (embora tenha sido mais tarde creditado a Pete Seeger e os Song Swappers, o disco original incluía seu nome apenas em uma nota de rodapé, como arranjador de uma música). Ele, às vezes, argumentava que "o primeiro dever de qualquer artista é produzir boa arte", mas não queria desencorajar ninguém destacando sua própria virtuosidade. Como resultado, embora ele fosse de longe o artista de gravação mais prolífico na cena folk, lançando seis álbuns por ano de 1954 a 1958, sua execução e seu canto eram frequentemente mais profissionais do que emocionantes, e é fácil subestimar suas habilidades e influência sobre outros músicos.

Para Seeger, tudo era político. Sua crença na música folk se encaixava em suas crenças na democracia e no comunismo, e se ele frequentemente ficava incomodado com os frutos dessas crenças, permanecia determinado, repetindo: "Tudo o que se pode fazer neste mundo é tentar". Durante a década de 1950, ele não gravou muitas músicas explicitamente políticas, em parte devido à paranoia da Guerra Fria, mas também porque seus anos com os Almanac Singers e a *People's Songs* o tornaram ciente das limitações dessa abordagem. Ele esperava apoiar um movimento trabalhista que fazia música, mas descobriu que "a maioria dos líderes sindicais não conseguia ver nenhuma conexão entre música e costela de porco" e lamentavelmente observou que, no final da década de 1940, "'Which Side Are You On?' era conhecida em Greenwich Village, mas não em nenhum sindicato local de mineiros". Na visão de seu biógrafo David Dunaway, ele concluiu que a maneira mais eficaz de conectar sua música à sua política era cantando as músicas *da* classe trabalhadora, em vez de escrever músicas *para* ela.

Além disso, em meados da década de 1950, ele estava fazendo a declaração política mais forte de sua vida em um local muito diferente. O sucesso dos Weavers chamou a atenção dos 'caçadores de bruxas' anticomunistas, e enquanto o quarteto viajava pelo país, eles eram seguidos por agentes do FBI e confrontados por legionários americanos. Boates e salas de show cancelaram suas apresentações, e em 1953 a Decca os abandonou e o grupo se desfez. Seeger continuou a se apresentar, mas foi criticado pela imprensa e sofreu protestos em aparições pessoais, e em agosto de 1955 ele foi intimado pelo Comitê de Atividades Antiamericanas da Câmara (HUAC). Embora ostensivamente organizado para investigar espionagem e subversão, o HUAC funcionava em grande parte como uma máquina de publicidade para políticos anticomunistas, intimando não apenas radicais ativos, mas também liberais limítrofes cujos nomes atrairiam cobertura da mídia. As maiores manchetes surgiram no início dos anos 1950, quando o comitê questionava estrelas de Hollywood e da Broadway, e o fato de Seeger não ter sido chamado até 1955 indica um status relativamente menor no mundo do entretenimento. Naquela época, os procedimentos do comitê haviam se tornado quase puramente banais, e, se ele tivesse se comportado como uma testemunha normal, "amigável" (citando nomes de seus associados) ou "hostil" (recusando-se a testemunhar com base na Quinta Emenda), sua aparição teria atraído pouca atenção. Foi o que cantores folk anteriores fizeram e o que a maioria de seus amigos aconselhou, mas Seeger estava se sentindo frustrado e ineficaz, e queria uma afirmação mais forte. Então, em vez de "recorrer à Quinta Emenda", anunciou que se valeria do direito de liberdade de expressão pela Primeira Emenda, apoiando-se no princípio de que ninguém deveria ser forçado a dizer mais do que optou sobre suas crenças ou associações.

A publicidade resultante fez de Seeger um herói para a esquerda e um anátema para todos os cidadãos patriotas da América de Eisenhower. Alguns fãs estavam mais devotados do que nunca, mas os trabalhos se tornaram menores e pagavam menos — em uma turnê pela Califórnia, sua taxa máxima era de vinte e cinco dólares e um dia típico incluía aparições na escola primária pela manhã e à tarde, um show no parquinho ao anoitecer e uma festa privada à noite. Houve dias melhores: em 1955, Harold Leventhal, o empresário dos Weavers, reuniu o grupo para um concerto de Natal que lotou o Carnegie Hall, e eles começaram a fazer turnês e gravar novamente. Mas em julho, Seeger foi citado por desacato ao Congresso, e em março seguinte um grande júri o indiciou por dez acusações, cada uma com potencial de pena de prisão de um ano. Ele recordou dos cinco anos seguintes como incrivelmente difíceis — toda vez que Toshi agendava uma turnê, era com o entendimento de que ele poderia ter que cancelar para ir a julgamento ou para a prisão — mas a perseguição lhe deu um novo senso de propósito. Ele sempre foi atormentado por dúvidas sobre si, e dessa vez ele sabia que estava certo.

Um resultado da confiança recém-descoberta de Seeger foi sua separação dos Weavers. O quarteto reunido havia gravado vários álbuns na Vanguard Records, uma pequena gravadora clássica, mas as reservas para shows continuavam escassas e os pagamentos baixos, e Seeger estava cada vez mais desconfortável com os compromissos profissionais do grupo. Embora os Weavers sejam frequentemente lembrados como os guardiões da verdadeira chama folk, eles também eram produtores de discos pop e mantinham os olhos na parada de sucessos. Em 1957, um jovem cantor de rockabilly chamado Jimmie Rodgers colocou sua música "Kisses Sweeter than Wine" no Top 10, e a Vanguard respondeu lançando rapidamente um novo single da música pelos Weavers e agendando uma sessão no início de 1958 com bateria, baixo, gaita cromática e três guitarras elétricas. O resultado foi um single de "Gotta Travel On", uma música semitradicional de um jovem cantor colecionador chamado Paul Clayton, apoiada por uma reescrita de uma música *chain-gang* afro-americana, "Take This Hammer", como uma letra romântica leve: "Pegue esta carta, leve-a para minha querida". Seeger fez o melhor que pôde para se encaixar no cenário rock'n'roll e, embora o disco não tenha ido a lugar algum, um cantor country chamado Billy Grammer alcançou o Top 10 pop em 1959 com um cover folk-rock de "Gotta Travel On". Mas não era o tipo de música que Pete queria tocar, e quando os Weavers foram contratados para fazer um comercial de cigarro um mês e meio depois, foi a gota d'água. Como o único não fumante do grupo, ele se curvou ao processo democrático e fez a sessão, mas desistiu imediatamente depois, observando que "o trabalho era pura prostituição... [e] a prostituição pode ser boa para profissionais, mas é um negócio arriscado para amadores". Ele recomendou Erik Darling, dos Tarriers, como seu substituto, e jurou nunca mais se meter nessa situação.

Para uma geração que cresceu em uma atmosfera de histeria da Guerra Fria e carreirismo na Madison Avenue, as batalhas legais de Seeger e a resistência ao comercialismo andavam de mãos dadas com seus gostos musicais. A música folk não era apenas mais um tipo de entretenimento; era um martelo de justiça, um sino de liberdade e uma canção sobre o amor entre irmãos e irmãs — e, por mais piegas que isso possa parecer, Seeger e sua música eram guias de esperança e virtude em uma época em que quase todos os outros da esquerda estavam correndo assustados. Peter Stampfel, mais tarde uma figura lendária na cena beat excêntrica e permeada de drogas do centro de Nova York, cresceu em Milwaukee na década de 1950 e lembra que não se empolgava com os Weavers, preferindo o som forte e amplificado de Muddy Waters e Fats Domino. Nem ficou impressionado pelos ícones rebeldes cinematográficos da época, James Dean e Marlon Brando, considerando-os estrelas de cinema cujos fãs eram apenas outro tipo de seguidores de tendências, chegando ao ensino médio com jaquetas de couro parecidas, mas, em 1957, ele conheceu alguns boêmios genuínos:

> A mulher tinha cabelo comprido, não usava maquiagem e usava meia-calça preta, e o cara morava sozinho desde os 17 anos, tinha cabelo comprido, era um ótimo tocador de banjo e violão, muito inteligente e totalmente cínico. A única coisa sobre a qual ele não era cínico era Pete Seeger. Pete Seeger, para muitas pessoas, era assim — simplesmente não havia muitos *heróis* por aí naquela época. Ele veio para Milwaukee e fomos vê-lo tocar, era em uma igreja, com talvez cento e cinquenta pessoas, algo assim. E nossa opinião foi que parecia que, quando todos estavam ouvindo Pete Seeger — bem, ele era simplesmente melhor do que qualquer outra pessoa que já tínhamos visto. Ele parecia irradiar uma bondade intensa e poderosa, que parecia contagiar todos na plateia. Era assim, e não era como qualquer coisa que eu tivesse sentido antes, ou pensado em sentir.

Stampfel estava na periferia boêmia, mas muitas crianças americanas normais compartilhavam esse sentimento. Nick Reynolds do Kingston Trio lembrou que ele e seus parceiros viram um dos últimos shows dos Weavers com Seeger e disseram: “Nós todos ficamos às lágrimas desde a primeira nota que eles cantaram até a última. Foi a noite mais mágica que já tive na minha vida”. A música era parte disso, mas também “essa coisa os colocou com algumas milhares de pessoas que têm uma causa; olha, cara, foi fantástico”.

Em 27 de março de 1961, quando o caso de Seeger finalmente foi a julgamento, “Tom Dooley” do Kingston Trio deu início a um boom folk em grande escala e os cinco melhores álbuns da semana incluíam discos do Trio, dos Brothers Four e dos Limeliters. Os conjuntos folk foram responsáveis por dez dos treze álbuns mais vendidos por duplas ou grupos, os Weavers sem Seeger entre eles. Trios e quartetos suavemente polidos ainda eram de longe os shows folk mais populares; embora Joan Baez tivesse lançado seu primeiro álbum em janeiro e a Billboard o tivesse indicado como um disco para se ficar de olho, ele ainda chegava apenas aos entendidos. Mas o mainstream estava se recuperando: alguns meses antes, Seeger havia assinado um contrato com a Columbia Records, a mais poderosa das grandes gravadoras, e o *New York Post* ridicularizou o departamento de justiça por insistir com sua condenação, intitulando sua história "Menestrel Perigoso Preso Aqui" e terminando com uma declaração sonora: "A prisão será um lugar mais alegre se ele for parar lá, e as coisas serão mais sombrias do lado de fora".

Em 29 de março, Seeger foi considerado culpado por desacato ao Congresso. Em sua audiência de sentença na semana seguinte, perguntaram a ele se queria fazer uma declaração final e ele respondeu com um resumo dos ideais que projetou no palco:

> Alguns dos meus ancestrais eram dissidentes religiosos que vieram para a América há mais de 300 anos. Outros eram abolicionistas na Nova Inglaterra nas décadas de 1840 e 1850. Acredito que, ao escolher meu curso atual, não os desonro, nem àqueles que podem vir depois de mim.
>
> Tenho 42 anos e me considero um homem de muita sorte. Tenho esposa e três filhos saudáveis, e moramos em uma casa que construímos com nossas próprias mãos, às margens do belo Rio Hudson. Por 20 anos, tenho cantado canções folclóricas da América e de outras terras para pessoas em todos os lugares.

Ele perguntou se poderia cantar "Wasn't That a Time", uma canção que traça o heroísmo americano por Valley Forge, Gettysburg e a guerra contra o fascismo, que havia sido citada como exemplo de suas visões subversivas. O juiz disse: "Não pode", e o sentenciou a um ano e um dia de prisão. Para os fãs românticos do folk jovem, Seeger se juntara às fileiras de mártires heroicos fora da lei ao lado de Jesse James, Joe Hill e Pretty Boy Floyd. "Estão armando para ele", disse um jovem cantor chamado Bob Dylan que viera recentemente a Nova York para visitar o velho companheiro de viagem de Seeger, Woody Guthrie. "Eles querem calá-lo."

Capítulo **2**

NORTH COUNTRY BLUES

Bob Dylan cresceu a um mundo de distância de Pete Seeger. Ele nasceu em maio de 1941 em uma família judia de classe média, em uma pequena cidade de Iron Range, no norte do estado de Minnesota. Seeger atingiu a maioridade na Grande Depressão e nunca perdeu a impressão de que a desigualdade econômica era a raiz dos problemas da humanidade, que uma vasta maioria dos trabalhadores estava ameaçada e subjugada por uma pequena minoria de capitalistas vorazes e que a única solução era organizar movimentos de massa que fizessem uso da vantagem de quantidade numérica do povo para combater a riqueza dos opressores. Vinte anos depois, Dylan cresceu na era economicamente mais equânime da história americana. A Segunda Guerra Mundial havia impulsionado a economia dos EUA e as reformas do New Deal fizeram a riqueza ser distribuída de forma mais uniforme do que nunca. Quando ele queria um carro ou uma motocicleta, o pai comprava para ele, e muitos de seus amigos também tinham carros ou motocicletas. As batalhas de sua juventude não eram lutas políticas organizadas, eram gestos individuais de protesto contra a plácida conformidade dos mais velhos e de seus pares menos imaginativos.

As transições econômicas foram acompanhadas por mudanças semelhantes na música popular. Na juventude de Seeger, as canções pop eram escritas em Nova York e difundidas por grandes orquestras de dança e cantores de caráter polido. À medida que a era do jazz evoluiu para a era do swing, os estilos dominantes passaram a incluir a doce música para dançar de Guy Lombardo e o swing quente de Benny Goodman — ambos superavam Duke Ellington e Count Basie — e o cantor dominante era Bing Crosby. Crosby, um garoto da cidade pequena de Spokane, no estado de Washington, foi uma das primeiras estrelas brancas de vocal a dominar os padrões rítmicos negros, mas seu fraseado jazzístico especializado foi ofuscado por sua descontraída atitude despreocupada, e em 1931 ele gravou a música que Seeger frequentemente citava para caracterizar a atitude do cenário pop em relação ao sofrimento humano: "Wrap Your Troubles in Dreams (And Dream Your Troubles Away)".

Vinte anos depois, Crosby ainda era o modelo americano de cantor pop, acompanhado por discípulos, como Frank Sinatra, Perry Como e Tony Bennett, mas o disco número um de 1951 estava mais longe da apatia do que qualquer outro cantor branco já havia estado. Johnnie Ray era outro garoto de cidade pequena do noroeste, mas era um personagem estranho e problemático que usou seu aprendizado musical no cenário de clubes negros de Detroit, e suas performances eram exibições catárticas de emoção crua: ele se contorcia, caía de joelhos e chorava, sua voz saltava das rádios para todo o país, soando como um homem possuído. A música era "Cry" e, para muitos ouvintes, sinalizava uma nova era. Hank Williams, o mais sincero dos cantores country, saudou Ray como um antídoto ao tom insípido do pop mainstream, dizendo: "Ele é genuíno, e mostra que é honesto. É por isso que é popular. Para mim, ele está falando sério". Ray colocou em termos mais duros: "Eles vêm para ver como é o cara esquisito. Eles querem saber o que esse cara tem. Eu sei o que é. Eu os faço sentir, eu chego neles, alcanço suas emoções controladas, aquelas coisas profundamente enterradas, e puxo-as para a superfície". Mais de 40 anos depois, Dylan ainda se lembrava de Ray exatamente nesses termos: "Ele realmente conseguia fazer você sentir". O adolescente Bobby Zimmerman era um garoto tímido, cheio de emoções não elaboradas e não expressadas, e dizia que a sinceridade dolorida de "Cry" fez de Ray "o primeiro cantor por cuja voz e estilo eu me apaixonei completamente."

Dylan também amava Williams, e comprou todos os seus discos e aprendeu suas músicas, mas o principal apelo ali eram as letras melancólicas, e, quando estava no ensino médio, ele já vinha procurando sons mais ousados. Para um adolescente transbordando de energia, o estilo country e western era muito contido, e também excessivamente disponível. Ele precisava de música que não apenas capturasse sua imaginação, mas o destacasse, e a encontrou nas transmissões de R&B que ele sintonizava no rádio de cabeceira depois que a programação local tradicional saía do ar. KTHS, uma estação de canal limpo de 50 mil watts de Little Rock, Arkansas, tocava um programa de Shreveport, Louisiana, intitulado *No Name Jive*, apresentado por um DJ de música black chamado Frank "Gatemouth" Page. "Tarde da noite eu costumava ouvir Muddy Waters, John Lee Hooker, Jimmy Reed e Howlin' Wolf tocando de Shreveport", Dylan recordou. "Era um programa de rádio que durava a noite toda. Eu costumava ficar acordado até duas, três da manhã. Ouvia todas aquelas músicas e depois tentava decifrá-las".

Nas décadas de 1930 e 1940, o rádio era dominado por redes nacionais que transmitiam The Kraft Music Hall, Your Hit Parade, Amos 'n' Andy e The Lone Ranger para todas as casas com eletricidade, mas na década de 1950 esse papel foi assumido pela televisão, e o rádio se tornou um paraíso para a programação local, étnica, para nichos de mercado menores e pequenos patrocinadores. Um segmento proeminente do *No Name Jive* era o "Stan's Record Revue", patrocinado pela Stan's Rockin' Record Shop em Shreveport, que anunciava "pacotes especiais" de discos apresentados no programa. Como a comercialização ocorria em grande parte por correspondência, Stan Lewis se especializou em gravações em pequenos selos regionais de pessoas como Muddy Waters e B. B. King, que eram difíceis de encontrar em muitas lojas de música. Ele relembrou sua surpresa quando começou a receber encomendas de Hibbing, no estado de Minnesota, solicitadas por um garoto chamado Bobby Zimmerman.

Na década de 1930, Seeger teve que viajar para o Asheville Folk Festival para encontrar sons brutos do sul que mudaram sua vida, mas Dylan fez a mesma jornada sem sair do quarto. Até certo ponto, isso significava que eles tinham relações diferentes com a música: para Seeger, ela era inseparável das comunidades que a criavam e dos processos históricos que moldavam tais comunidades, enquanto para Dylan, a música era um mundo particular de imaginação, mas, em outros aspectos, suas descobertas eram semelhantes e a diferença era que a música não era mais uma curiosidade rústica. O que parecia ser uma tradição folk incipiente na década de 1930, agora era uma propriedade comercial aquecida, e apesar da maioria dos fãs de folk não perceber esse fato, alguns ficavam animados. Alan Lomax tinha ido para a Europa no início dos anos 1950 para escapar da lista negra do macarthismo, e quando organizou o show de boas-vindas "Folksong '59" no Carnegie Hall, ele descreveu a mudança:

> Uma manada de jovens em disparada — caipiras, urbanos, rockabillies — irrompeu pelos portões e fez a América cantar, dançar, balançar em seus próprios ritmos. As jukeboxes tocavam o canto selvagem e expressivo que eu já havia procurado no Delta do Mississípi. Vi plateias de rock and roll batendo palmas fora do ritmo e jovens dançando mais expressivamente do que minha memória poderia recordar. Quando fechava os olhos, muitas vezes não conseguia distinguir um cantor negro de um branco. Tin Pan Alley, com seus padrões europeus esnobes sufocantes, de alguma forma tentava se manter em pé.

Poucas pessoas na comunidade da música folk compartilhavam seu entusiasmo. Junto com os esperados bailes e cantores de baladas, o show de Lomax tinha Muddy Waters e Memphis Slim liderando uma banda de blues de Chicago com guitarra elétrica, e ele também convidou os Cadillacs, um grupo vocal do Harlem que tinha um disco de rock eletrizante chamado "Speedoo". Os Cadillacs não conseguiram estar presentes, mas ele os substituiu por um grupo feminino de doo-wop de Detroit. Ele recordou: "Elas usavam camisolas curtas quando subiram ao palco e os jovens do folk ficaram chocados e as vaiaram".

Como os devotos do jazz moderno e da "música antiga" clássica, os devotos do folk estavam se definindo como ouvintes inteligentes e conscientes com gostos específicos, distintos da vasta massa de seguidores de rebanho que absorviam o que quer que a grande mídia estivesse produzindo naquela semana. Em 1957, uma ouvinte folk preocupada escreveu para a *Sing Out!* que uma recente apresentação improvisada hootenanny de Pete Seeger havia incluído rock'n'roll e dança *lindy*, e ela não ficou nada satisfeita quando Irwin Silber respondeu às suas reclamações, dizendo, " que clichê... porque 'Rock'n'roll' vem do rhythm and blues, que é de fato música folk". Ela escreveu:

> Há momentos em que eu subia em um palanque e gritava por mais tolerância, e que também não tinha nada de errado em ampliar os horizontes das pessoas, musicais ou não... [Mas] para quem quer ter mente aberta assim, tem o Brooklyn Paramount,

> o Alan Freed e 85% de todas as estações de rádio. Um *hoot* tem que ser algo especial.

O desejo de ter sua própria música especial não se limitava a nenhum estilo em particular, e na década de 1950 muitos fãs de rock 'n' roll eram tão obstinadamente puristas quanto seus colegas folk. Escritores mais recentes enfatizaram muito a devoção de Dylan a Elvis Presley e Buddy Holly, e em seu livro de memórias, *Chronicles*, ele se conectou ainda mais ao mainstream adolescente branco ao declarar ter afinidade com a estrela de TV Ricky Nelson, mas, como adolescente solitário em Hibbing, ele se orgulhava de ter um gosto místico. Ele se inspirou em Presley e Holly, e relembrou: "Ouvir [Elvis] pela primeira vez foi como sair da prisão... Ele fez isso comigo, assim como fez com todo mundo. Elvis estava naquela faixa de idade específica e eu o segui a partir de 'Blue Moon of Kentucky'. E havia outros; eu admirava muito Buddy Holly". Mas é significativo que ele tenha conectado Presley àquele primeiro disco, lançado pela pequena gravadora Sun em 1954, quando o jovem cantor estava aparecendo no Louisiana Hayride, de Shreveport, em vez de "Heartbreak Hotel", lançado um ano e meio depois pela RCA, que obteve sucesso nacional e fez de Elvis uma sensação pop. Graças às transmissões de *No Name Jive* do Gatemouth Page, Dylan estava recebendo a música diretamente de sua fonte sulista e valorizava-a em parte porque era um conhecimento secreto. Como seu amigo de escola John Bucklen relembrou, "Tentar tornar a vida especial em Hibbing era um desafio. O rock 'n' roll fez Bob e eu nos sentirmos especiais porque sabíamos de algo que ninguém mais em Hibbing sabia. Nós fomos perdendo o interesse em Elvis depois que ele começou a se tornar popular".

O rock 'n' roll não era apenas uma música emocionante; era uma maneira de se destacar e reconhecer espíritos semelhantes e, como aconteceu com o boom folk posterior, isso trouxe problemas quando se tornou uma mania nacional. Não há honra em amar algo que todo mundo na sua escola curte. O purismo era uma maneira de separar os poucos hipsters hardcore da massa de amantes do pop superficiais, e Dylan tinha orgulho de seus preconceitos. Em uma conversa gravada com Bucklen em 1958, ele manteve zelosamente o padrão do R&B autêntico: naquele momento ele estava se modelando em Little Richard, e quando seu amigo sugeriu que o resultado seria "apenas pular e gritar", Dylan respondeu: "Você *tem* que ter expressão!" Bucklen rebateu que Johnny Cash tinha expressão, mas Dylan rebateu de forma monótona, "eu ando na linha, porque você está na minha", e então insistiu, "quando você ouve uma boa música de rhythm and blues, arrepios correm pela espinha... Mas quando ouve uma música como a de Johnny Cash, o que faz? Você quer *ir embora*! Você quer, você... quando ouve algo como uma boa música de rhythm and blues, fica com vontade de chorar quando ouve uma música dessas!"

Quanto ao rock 'n' roll mainstream, Dylan descartou Ricky Nelson como imitador de Elvis que "não sabe cantar de jeito nenhum", e mudou para os Diamonds, um grupo de doo-wop de canadenses brancos que havia acabado de chegar às paradas pop com covers fracos de discos de R&B dos Gladiolas e dos Rays: "Eles são grandes estrelas populares, mas de onde tiram todas aquelas músicas...? Eles copiam todos os pequenos grupos. A mesma coisa com Elvis Presley. Elvis Presley, quem ele copia? Ele imita Clyde McPhatter, imita Little Richard, imita os Drifters".

Bucklen o desafiou a "nomear quatro músicas que Elvis Presley copiou", e Bob respondeu com "Rip It Up", "Long Tall Sally" e "Ready Teddy" de Little Richard; vacilou para dizer a quarta, mas quando Bucklen sugeriu "Money Honey", ele reagiu com: "Não, 'Money Honey' ele copiou de Clyde McPhatter. Copiou 'I Was the One' dos Coasters. Copiou 'I Got a Woman' de Ray Charles".

Acontece que "I Was the One" foi escrita para Elvis e nunca gravada pelos Coasters, mas ainda é significativo que Dylan tenha escolhido essa música em vez daquela do outro lado do disco, "Heartbreak Hotel", que liderou as paradas. Os detalhes importavam menos do que a exibição de perícia arcana: conhecer os originais de R&B negros em vez de seus equivalentes brancos do mainstream era uma questão de orgulho, especialmente para um garoto do interior que, de outra forma, poderia ter dúvidas sobre sua credibilidade hipster. Também refletia a ligação de Dylan com a fonte da música sulista. Como Nick Reynolds, do Kingston Trio, disse à revista Down Beat em 1959: "Descobrimos que os nativos de Nashville e Memphis, independentemente da raça, desprezam Elvis e curtem Bo Diddley. O pessoal de Nova York tende a ser mais quadrado."

Nos círculos certos, o conhecimento musical era moeda social. Quando Dylan conheceu um colega fã chamado Larry Kegan em um acampamento sionista de verão em 1954, ele chamou atenção imediata ao conhecer todos os discos que Kegan nomeou "e o que havia do outro lado". Logo eles formaram um grupo *a cappella*, os Jokers, e em 1956 gravaram um disco de 78 rpm cheio de vaidade com "Be-Bop-a-Lula" de um lado e "Earth Angel" do outro, e foram a um programa de televisão nas Twin Cities (Mineápolis e Saint Paul) usando cardigans sem mangas com o nome do grupo costurado na frente. Kegan era um garoto da cidade cujos parceiros habituais de canto incluíam vários adolescentes afro-americanos, e eles podem ter sido os primeiros negros que Dylan conheceu.

De volta a Hibbing, o conhecimento musical também ajudou Bob a conseguir sua primeira namorada séria. Echo Helstrom era uma adolescente da classe trabalhadora, na contramão dele, e ela relembrou: "Ele estava sempre tão bem-vestido e quieto, e eu o via como um cara bonzinho", mas um dia ela estava em um café local com uma amiga e o viu do lado de fora, tocando violão na rua, e quando ele entrou, explicou que estava formando uma banda. Helstrom estava sintonizando as transmissões de R&B de Shreveport tarde da noite, e perguntou se ele conhecia a música "Maybellene". Em sua lembrança, Bob explodiu:

> "'Maybellene', de Chuck Berry? Pode apostar que eu já ouvi!" E continuou falando sobre Chuck Berry, Fats Domino, Little Richard, Jimmy Reed — Bob achava que ele era fabuloso, o melhor! — e todos que eram populares naquela época em outras partes do país, mas que poderiam muito bem nem existir para grande parte de Hibbing. Ele seguiu falando sobre a música deles e como era ótima, como amava tocá-la, e como um dia queria mais do que qualquer outra coisa ser um cantor de rock and roll — tudo com os olhos meio revirados, em um *mundo* totalmente diferente até que... Ele parou o que estava dizendo, inclinou-se na metade da mesa, seus olhos bem arregalados, e sussurrou: "Você... Não vai me dizer que você também... Você ouve Gatemouth Page?"

Isso foi em 1957, o ano em que Bob fez 16 anos, e ele logo fez sua estreia no rock 'n' roll com um quarteto de colegas de escola apelidado de Shadow Blasters. Foi em um show de variedades no auditório da escola, e eles surgiram com camisas cor-de-rosa combinando, óculos escuros e os melhores topetes que conseguiram fazer. Bob mandou ver no piano e gritou duas músicas de Little Richard, e foi recebido como uma novidade bizarra — Echo lembrou: "As pessoas riam e gritavam para Bob, e eu ficava sentada ali envergonhada, quase chorando" —, mas o grupo foi convidado a fazer outro show na faculdade local. Seus companheiros de banda, no entanto, gostavam mais de jazz do que de rock 'n' roll, e foi só no ano seguinte que ele formou um grupo fixo, o Golden Chords, com o melhor guitarrista da escola, Monte Edwardson, e um amigo motociclista chamado LeRoy Hoikkala na bateria. Mais uma vez, eles fizeram a estreia em um evento escolar, e dessa vez a resposta foi para além do riso. Bob estava cantando um novo hino de rebelião adolescente, "Rock and Roll Is Here to Stay", de pé ao piano na frente de três microfones — ele havia conectado todos os amplificadores da escola, e estava terrivelmente alto — e tocava com uma energia tão desenfreada que quebrou um pedal. Isso era mais do que o diretor podia suportar, e ele derrubou a eletricidade do lugar e puxou a cortina, explicando mais tarde: "Ele e os outros estavam fazendo a maior algazarra, bem no meio palco, e saiu do controle. Eu não conseguia tolerar... Ele ficou *louco*".

Echo se lembrou da multidão rindo e zombando, e de Bob exultando em seu triunfo: "Ele estava com os olhos arregalados e animado como sempre. Acho que Bob vivia em seu próprio mundo, porque aparentemente as vaias e risadas do público não o incomodavam nem um pouco". Outros colegas de escola lembraram que ficaram empolgados com a energia da apresentação, e o trio fez uma aparição algumas semanas depois em um concurso de talentos patrocinado pela Câmara de Comércio de Hibbing, onde ganharam o segundo prêmio, e depois em um evento musical no National Guard Armory. Um anúncio no jornal prometia "entretenimento no intervalo com os GOLDEN CHORDS de Hibbing, apresentando Monte Edwardson / Leroy Hoikkala / Bobby Zimmerman". Eles também apareceram no *Chmielewski Funtime,* programa de televisão de polca e variedades, na cidade vizinha de Duluth e por algum tempo realizaram ensaios nas tardes de domingo acima de uma churrascaria que atraía uma plateia regular de dançarinos adolescentes.

Cada pesquisador que explorou esse terreno conta uma história bem diferente, já que cada um fala com pessoas diferentes e as memórias se mesclam e desaparecem. Alguns veem que os Golden Chords foram fortes por um ano, outros enfatizam que Edwardson e Hoikkala logo se separaram de Bob para formar uma banda mais polida, os Rockets. De uma forma ou de outra, ele continuou se apresentando durante os anos de ensino médio. Ele tinha um grupo em Duluth chamado Satin Tones; juntou-se brevemente aos Rockets; adotou o pseudônimo Elston

Gunn e liderou uma banda chamada Rock Boppers; tocou no Hibbing High School Winter Jamboree com Bucklen na guitarra, o baixista dos Shadow Blasters e um coro de apoio de três garotas da faculdade local, e apresentou uma canção obscura de rockabilly, "Swing, Daddy, Swing", e uma balada country triste, "Time Goes By".

O instrumento principal de Bob nesse período parece ter sido o piano, e sua foto do anuário do ensino médio trazia a inscrição "para se juntar a 'Little Richard'". Ele também tocava violão; primeiro tocou um acústico Silvertone barato, depois um violão elétrico Supro de corpo sólido sunburst, e há fotos dele posando com o elétrico e tocando acústico no palco com os Golden Chords, mas o piano era mais distinto e percussivo, um acompanhamento forte para seus vocais gritados. Além da música, sua outra paixão eram os filmes — seu tio era dono do cinema local, então ele podia ir sempre que quisesse — e amigos se lembram que ele ficou particularmente fascinado por *Juventude Transviada*, ao qual assistiu repetidamente e que o levou a comprar uma jaqueta vermelha igual à do personagem de James Dean. Para muitos adolescentes na década de 1950, atores como Dean e Brando forneciam uma contrapartida visual à música rebelde do rádio — havia pouca oportunidade de ver roqueiros na televisão, e os ouvintes frequentemente tinham que imaginar vidas e rostos para seus heróis musicais. Havia ainda menos chance de ver a maioria desses artistas pessoalmente, ainda mais no norte de Minnesota, mas uma exceção foi Buddy Holly, que tocou no Duluth Armory em 31 de janeiro de 1959, em um show com Link Wray e Ritchie Valens, três dias antes de seu avião cair em um milharal de Iowa. Dylan se sentou na primeira fila e frequentemente se lembrava da conexão que sentiu com o cantor naquela noite. Em suas memórias, ele também escreveu sobre outro contato com o estrelato: ele estava tocando violão em um palco improvisado no saguão do Hibbing Armory como entretenimento de improviso marcado antes de uma apresentação de luta livre, e o lutador estrela, Gorgeous George, passou "com toda sua glória magnífica", olhou para Dylan e piscou para ele de forma encorajadora.

Os companheiros adolescentes de Dylan se lembram dele como um rapaz solitário, tímido, quieto, meio pateta, frequentemente distante, às vezes maldoso — até mesmo seus amigos mais próximos descrevem que ele pregava peças, zombava ou os enganava — e de que era absolutamente convencido de que seria famoso. Era como se ele sentisse que seus iguais não eram os jovens comuns ao seu redor, mas pessoas como Holly,

Dean e Gorgeous George. Ele fez o irmão mais novo fotografá-lo em uma esquina com sua motocicleta, como Brando em *O Selvagem*. Ele estava determinado a ser grande, de uma forma ou de outra.

A única pessoa que serviu de alguma forma como mentor na vida real apareceu, mais uma vez, como uma voz no rádio. Uma pequena estação local começou a transmitir um programa de R&B de uma hora apresentado por um DJ chamado Jim Dandy, que morava a meia hora de distância em Virginia, no Minnesota. Dandy estava tocando o tipo certo de disco, e quando Bob e Bucklen perguntaram, descobriram que ele era afro-americano — na estimativa de Bucklen, "o único negro em um raio de oitenta quilômetros". Isso já teria sido suficiente para fascinar Bob. Echo se lembrou que ele ficou "furioso" por não haver "pessoas de cor" em Hibbing e buscava avidamente qualquer conexão com a cultura negra: "Ele amava tanto a música da cultura negra que toda vez que ouvia falar que uma pessoa negra estava passando pela cidade, ele ia procurá-la só para conhecê-la, conversar um pouco e descobrir como ela era". Os dois adolescentes dirigiram até a Virgínia e encontraram um homem quieto e pensativo na casa dos trinta chamado James Reese, que os recebeu em um apartamento no terceiro andar que tinha mais discos do que já haviam visto. Eles o visitaram várias vezes nos meses seguintes, Echo foi junto algumas vezes, e Reese fez o melhor que pôde para lhes ensinar sobre a música afro-americana contemporânea. Como muitos adultos no ramo do R&B, ele considerava o que tocava no rádio algo corrompido pelos gostos brutos do público de massa e preferia as explorações intrincadas do cool jazz e do hard bop. Bucklen se lembra dele dizendo: "Eu gosto de blues. Eu gosto de rock. Mas não há profundidade nisso como no jazz". Dylan não estava pronto para essa mensagem, mas valorizava o mensageiro. Como Bucklen disse, "Ele foi bom para nós. Era como visitar um guru. Ficávamos sentados de pernas cruzadas ouvindo o cara falar, um cara negro cuja alma estava no lugar certo".

Naquela época, Dylan estava pronto para algo diferente, e se jazz não fosse o ideal, havia outras opções. Quando se formou no ensino médio, os pais deram uma festa para comemorar, e alguém — talvez um tio — lhe deu um disco de 78 rotações do Lead Belly. No dia seguinte, ele ligou para Bucklen. "Bob quase gritou ao telefone: 'Descobri algo ótimo! Você tem que vir aqui!'" Desta vez, porém, seu amigo não compartilhou de seu entusiasmo. Em vez de uma banda elétrica de sucesso, os discos traziam apenas um velho cantando com um violão, e Bucklen relembrou: "Era muito simples para mim em 1959".

Lead Belly foi mais uma inspiração do que uma influência direta — poucas de suas músicas aparecem nas muitas fitas e discos de Dylan —, mas sua música sugeria um caminho para algo mais profundo do que os sucessos de rádio adolescentes. Antes de seguir por esse caminho, porém, Bob teve mais um contato com o rock 'n' roll. Ele estava indo para a faculdade em Mineápolis na primavera, mas conseguiu um emprego de verão como ajudante de garçom e lavador de pratos em Fargo, na Dakota do Norte, e lá conheceu um cantor local dois anos mais novo, mas que havia gravado um disco de verdade para uma gravadora de verdade. Bobby Velline montou uma banda de amigos adolescentes, renomeou-se Bobby Vee e teve sua grande chance quando a morte de Buddy Holly deixou um baile em Moorhead, Minnesota, sem sua atração principal, e eles foram contratados para substituí-lo. Ele logo gravou um disco, "Suzie Baby", que se alavancou sobre "Peggy Sue" de Holly e começou a conseguir mais trabalhos. Ele vinha pensando em contratar um pianista quando, conforme contou, "um dia, meu irmão Bill chegou em casa e disse que estava conversando com um cara na Sam's Recordland que alegou que tocava piano e tinha acabado de sair de uma turnê com Conway Twitty". Era Bob, embora Vee diga que ele tinha dado o nome Elston Gunnn, "com três enes — meio estranho, mas pensamos, vamos tentar".

> Agora estávamos ganhando dinheiro suficiente para comprar camisas combinando e assim ele entrou no The Shadows. O primeiro baile conosco foi em Gwinner, na Dakota do Norte. Tudo que eu lembro é de um velho piano enferrujado que não tinha sido afinado... nunca! No meio de "Lotta Lovin'", ouvi o piano ficar em silêncio. A próxima coisa que ouvi foram as palmas de Gene Vincent, bap-bap... bap, BAP-BAP... BAP, e uma respiração pesada perto do meu ouvido; eu me virei e vi Elston Gunnn dançando ao meu lado enquanto começava um vocal de fundo à parte.

Foi basicamente o que aconteceu com Elston no Shadows — havia poucos pianos que funcionavam nos locais de bailes de dança para adolescentes de Dakota do Norte —, mas isso trouxe um toque de realidade aos sonhos de rock 'n' roll de Bob. Vee encerrou suas reminiscências:

"Não houve ressentimentos da parte de ninguém quando ele saiu para a Universidade de Minnesota".

No auge da década de 1960, ir para a faculdade ainda era um grande rito de passagem e significava não apenas sair de casa, conhecer novas pessoas e obter uma graduação, mas também crescer musicalmente. O rock 'n' roll era divertido, mas era música de adolescente, e o R&B era mais difícil, mas era música da classe trabalhadora. Todos, incluindo a maioria dos fãs de rock e R&B, esperavam que, se fossem para a faculdade, aprenderiam a apreciar estilos mais adultos e intelectuais, os mais óbvios sendo o jazz ou a música clássica, e em meados da década de 1950 algumas pequenas gravadoras de jazz e música clássica estavam adicionando LPs folk às suas listas. Canções folclóricas de três acordes tocadas em violão eram uma transição fácil para adolescentes acostumados ao rock 'n' roll de três acordes feito no violão, e, se a música não fosse mais sofisticada, as notas do encarte forneciam cobertura: os álbuns folk eram educacionais, fossem eles de canções de camponeses de climas estrangeiros, canções afro-americanas do sul dos Estados Unidos ou músicas eróticas atrevidas da Restauração — *When Dalliance Was in Flower and Maidens Lost Their Heads*, de Ed McCurdy, era uma das favoritas onipresentes nos quartos de república. Em 1958, essa tendência foi acelerada pelo insistente grupo universitário Kingston Trio, e logo uma manchete da *Billboard* anunciou os "hipsters folk do tipo universitário sob demanda".

Com os tambores de bongô adicionando um toque beatnik, o Kingston Trio proporcionou uma introdução picante à boêmia folk e levou muitos fãs de Pat Boone e Connie Francis a pegar violões e banjos, e talvez até mesmo a conferir artistas como Pete Seeger e os New Lost City Ramblers. No entanto, essa trajetória funcionou melhor para os nova-iorquinos que buscavam uma alternativa mais pé no chão ao pop mainstream do que para os jovens de cidades pequenas que associavam bailes com música de banjo e sotaques anasalados a dirigir um trator ou ser garçonete no Mom's Café. Um adolescente que desdenhava Elvis Presley como uma imitação pálida de Clyde McPhatter e se animava com Lead Belly não veria seu mundo mudar ao ouvir o Kingston Trio. Quando Dylan relembrou sua iniciação na música folk, o modelo que ele citou era feito de um couro mais grosso: um cantor negro carismático e estrela de cinema chamado Harry Belafonte.

Belafonte geralmente não é lembrado como cantor folk, mas para muitas pessoas na década de 1950 ele era o maior símbolo desse nicho. Ele vendeu milhões de álbuns e atraiu todas as faixas etárias, raças e gostos. "A faixa que ele atingia na cultura popular incluía norte, sul, leste, oeste, todas as direções", lembra Peter Stampfel, observando que os "garotos descolados" da Universidade de Wisconsin gostavam dele, mas "minha mãe e suas amigas de classe média baixa também eram grandes fãs, dizendo que nunca tinham pensado em dormir com um homem negro antes, mas que transariam com ele". Como Dylan escreveu em suas memórias:

> Harry era o melhor baladeiro da região e todo mundo sabia disso. Ele era um artista fantástico, cantava sobre amantes e escravos — presidiários forçados a trabalhar, santos e pecadores e crianças e também muitas canções folclóricas caribenhas, todas arranjadas de forma que atraísse um público amplo, muito mais amplo do que o Kingston Trio. Harry tinha aprendido músicas diretamente de Leadbelly e Woody Guthrie... Ele também era uma estrela de cinema, mas não como Elvis. Harry era um durão autêntico.

Belafonte tinha se inspirado originalmente em Josh White, o guitarrista e cantor negro da Carolina do Sul que tornou o blues rural palatável para o público de cabaré de Nova York, e depois ramificou para canções de esquerda e baladas anglo-americanas. White e Belafonte inspiraram uma onda de cantores folk afro-americanos: Stan Wilson, mentor do Kingston Trio em São Francisco; Brother John Sellers, Casey Anderson e Clarence Cooper e Bob Carey, dos Tarriers, em Nova York; Inman e Ira em Chicago; Jackie Washington em Boston; e vários outros ao redor do país. A mais respeitada era Odetta, que cresceu na Costa Oeste e treinou como cantora clássica, depois pegou o violão e passou para canções folclóricas no início dos anos 1950. Parece que Dylan ouviu um de seus discos enquanto ainda estava em Hibbing, e relembrou: "Naquele momento, eu saí e troquei minha guitarra elétrica e amplificador por um violão acústico, um Gibson flat-top". Para um jovem músico que tinha problemas para manter bandas unidas, era um apelo óbvio à música que podia ser tocada solo, e as canções de Odetta também se encaixavam com seus gostos literários maduros — ele começou a escrever poesia quando criança, e amigos do ensino médio se lembram dele delirando sobre os romances de John Steinbeck. O rock 'n' roll era divertido, mas, como ele mais tarde lembrou, "não era o suficiente".

> "Tutti Frutti" e "Blue Suede Shoes" eram ótimas frases musicais de efeito e ritmos pulsantes, e ficávamos chapados com a energia delas, mas não eram sérias ou não refletiam a vida de uma forma realista... Quando entrei na música folk, era mais desespero, mais tristeza, mais triunfo, mais fé no sobrenatural, sentimentos muito mais profundos... "My Bonnie Love Is Lang a-Growing", "Go Down, Ye Bloody Red Roses", até mesmo "Jesse James" ou "Down by the Willow Garden", definitivamente não são coisa de marica. Nelas há mais vida real em um verso do que em todos os temas do rock 'n' roll. Eu precisava daquilo.

Em comparação aos cantores de R&B nos quais ele se modelava, a maioria dos cantores folk brancos soava algo indefinido e quadrado, mas a rica mistura de *bel canto* e blues de Odetta proporcionou uma conexão com os artistas que Dylan já amava. Mesmo se sua voz não soasse nada parecida com a dela, isso não era barreira para alguém que já havia se modelado em Little Richard, e ele chegou a Mineápolis com um repertório extraído amplamente de seus discos: "Santy Anno", "Muleskinner Blues", "Jack O' Diamonds", "'Buked and Scorned", "Payday at Coal Creek", "Water Boy", "Saro Jane" e suas primeiras canções de Woody Guthrie, "Pastures of Plenty" e "This Land Is Your Land" — Odetta havia gravado as duas.

Dylan também pegou algumas músicas de Belafonte, mas a julgar pelo que sobreviveu nas primeiras fitas, sua segunda influência mais forte foi outro cantor folk negro com formação clássica, Leon Bibb, que lhe forneceu meia dúzia de músicas, incluindo seu ápice de show, uma canção gospel expressiva chamada "Sinner Man". O resto de seu repertório naqueles primeiros meses era uma mistura de padrões folk pegos de outras pessoas na cena de Mineápolis ou aprendidos em gravações de Bob Gibson, Ed McCurdy, The Weavers e quem mais houvesse chamado sua atenção.

Havia um punhado de cafeterias nas Twin Cities que apresentavam ou pelo menos permitiam música folk, e logo Dylan se tornou um artista regular lá, diferenciado por seu repertório cada vez maior e energia inesgotável. Ele estava fazendo o melhor para cantar como Odetta e Bibb — John Koerner, que tocava com ele ocasionalmente, relembrou: "Ele tinha uma voz muito doce, uma voz bonita, muito diferente daquilo em que ele se tornou". Suas fitas sobreviventes desse período mostram alguém bem indefinido, mas Koerner diz que ele já era "uma pessoa incomum e notável. Ele era um pouco diferente do resto de nós, e tinha um certo talento. Tocava com confiança, digamos. Parecia que não estava muito preocupado com o que estava fazendo." A experiência de Dylan como um adolescente roqueiro deu a ele uma vantagem sobre as pessoas que tinham pegado nas guitarras ao chegar à faculdade, e também uma dose extra de poder rítmico. O colega de quarto de Koerner, Harry Weber, lembrou-se de Dylan retrabalhando uma antiga canção gospel, "Every Time I Hear the Spirit", e disse: "Era como o espírito afro-americano em que ele se baseava, exceto que tinha uma batida de rockabilly".

Dylan também estava pensando mais profissionalmente do que a maioria das pessoas do cenário. Em um ponto, Koerner foi a Chicago para ver Odetta no Gate of Horn, ele se lembra de Dylan lhe dando uma fita de audição para levar para ela. Ele era naturalmente tímido, mas se apresentar trouxe algo à tona: "Eu nunca conseguiria sentar em uma sala e tocar sozinho", ele escreveu. "Eu precisava tocar para as pessoas, sempre." Era uma maneira de se relacionar com novos conhecidos, mas também, em alguns aspectos, uma maneira de excluí-los, e nem todos o apoiavam. "Você ia a uma festa e Bob pegava uma cadeira, ia direto para o centro da sala e começava a cantar", lembrou Weber. "Se alguém não quisesse ouvir, tinha que sair da sala, e eu ficava ressentido com isso".

Alguns ouvintes achavam seu canto inepto e seus trejeitos agressivos e irritantes, mas, pela primeira vez na vida, Dylan estava cercado de pessoas que podia considerar colegas e mentores. Ele parou de ir às aulas em seu primeiro semestre e, em vez disso, ficava em cafés, bares e apartamentos de amigos, absorvendo conversas, música, livros e a cultura boêmia que tanto faltava em Hibbing. Um amigo particularmente influente, Dave Whittaker, direcionou-o para autores beat e existencialistas e também compartilhou seu interesse pela cultura afro-americana. Whittaker relembrou:

> Havia uma casa black que costumávamos frequentar, as prostitutas ficavam lá, e nós entrávamos e havia os caras tocando

> blues. E usando drogas. As drogas estavam chegando. Os caminhoneiros usavam *bennies* [Benzedrine] e costumávamos tomar quatro ou cinco e ficávamos por dois ou três dias seguidos bebendo cerveja, tocando violão e indo de cena em cena. Ele costumava ficar muito bêbado, todos nós fazíamos isso. Mas ele sempre tocava violão.

Foi um período de altos e baixos, Dylan estava explorando novos mundos e experimentando novas personas. Um cantor ou disco chamava sua atenção, ele pegava mais uma dúzia de músicas, cantava por alguns dias, mantinha as que funcionavam para si e descartava o resto. O mesmo acontecia com as pessoas: "Quando precisa de alguém em quem se apoiar, você acaba encontrando alguém em quem se apoiar", explicou. "Eu fiz isso com muitas pessoas, e por isso passei por muitas mudanças."

Mineápolis era um viveiro de músicos, ouvintes e argumentadores apaixonados, e Dylan não poderia ter chegado em melhor hora. Era fora do caminho comum e, embora houvesse um círculo de devotos mais velhos do folclore na universidade, a maioria dos conhecidos de Dylan estava tateando pelo caminho com relativa pouca orientação e às vezes divergiam de seus colegas da costa. Entre os fãs mais jovens e influentes estavam Paul Nelson e Jon Pankake, que tinham acabado de descobrir que a música folk era mais do que Belafonte, McCurdy, Bibb, Odetta e o Kingston Trio — Pankake lembra que até Seeger era relativamente novo para eles: eles tinham ouvido os Weavers, é claro, mas seus discos solo estavam na Folkways, "e não havia muitas lojas de discos por aí que vendessem Folkways. Mas Paul estava trabalhando para uma distribuidora de discos, e eles tinham alguns álbuns da Folkways". Nelson ficou particularmente intrigado com um conjunto de três coleções de LPs duplos de gravações rurais do sul da década de 1920 intitulado Anthology of American Folk Music e compilado por um excêntrico beat chamado Harry Smith. "Parecia interessante", diz Pankake, "então ele o levou para casa para que pudéssemos ouvi-lo, e, uau!"

A antologia de Smith os apresentou ao violino dos Apalaches, o blues caseiro, o gospel caipira, o acordeão cajun e baladas rústicas acompanhadas de banjos vibrantes, e eles responderam às revelações com fervor religioso. Haviam tomado lixo comercial por arte popular autêntica, e era dever deles resgatar outros inocentes que também haviam sido enganados. Então, na primavera de 1960, eles começaram um pequeno fanzine, o *Little Sandy Review*, para disseminar o evangelho e, como escreveram em sua segunda edição, disparar "um ataque geral de 'Give 'Em Hell' contra todos os impostores que diluem e pervertem a música popular americana — transformando-a em 'folkum', e não em folk verdadeiro".

O *Little Sandy Review* foi um esforço sincero para educar as massas, uma alegre disparada de dardos envenenados, e desde o início atraiu fãs que repetiam avidamente suas últimas difamações: Belafonte era "Belaphoney", um novo disco de Bibb "poderia servir de bandeja para servir martini", e a primeira emanação do florescente cenário folk de Cambridge foi descartada com o comentário: "é patético pensar na quantidade de tempo e talento que Joan Baez desperdiçou aprendendo a versão perfeita de Odetta de 'Sail Away, Ladies'" (Baez se tornou um alvo favorito, sendo constantemente intimada por ter transformado música folk genuína em arte musical imatura); mas, mesmo atraindo mais atenção com suas críticas, a revista dedicou muito mais páginas a elogios e ajudou dezenas de artistas tradicionais e revivalistas a atingir públicos que, de outra forma, não eram sequer conhecidos.

Dylan estava saindo com Pankake e Nelson e tinha acesso não apenas às suas resenhas, mas a todos os LPs sobre os quais eles estavam escrevendo. Em particular, eles tinham enviado para a Inglaterra discos de Ewan MacColl e Peggy Seeger, Alan Lomax e outro expatriado americano que se autodenominava Ramblin' Jack Elliott. Dylan era fascinado por todas as performances de Elliott, de baladas de cowboy a blues e canções de escravos. Seu canto era selvagem e descontrolado, com iodelei, com gemidos e mímicas misteriosas — em *Jack Takes the Floor*, Elliott cantou "New York Town" como um dueto com Woody Guthrie, pegando ambas as partes e intercalando os versos com comentários no sotaque de Oklahoma de Woody. Para alguns ouvintes, era um pouco demais: até mesmo Pankake e Nelson tinham dúvidas ocasionais, escrevendo que Elliott cantava canções de prisão afro-americanas "de uma maneira tão ousadamente étnica que é preciso pelo menos respeitá-lo por tentar, se não conseguir"; mas Dylan estava encantado e inspirado: quando Pankake saiu da cidade por algumas semanas, ele se armou com um pacote de discos, e sua namorada atual, Bonnie Beecher, recordou-se dele tocando os álbuns de Elliott, um após o outro, enquanto insistia que ela reconhecesse seu brilhantismo: "É sério, preciso que fique na sala até ouvir todos e entender".

Em retrospecto, a atração de Dylan por Elliott tende a ser enquadrada em termos de Woody Guthrie, que foi modelo e espécie de mentor para ambos; mas as performances de Dylan que mais obviamente refletem a influência de Elliott foram músicas como "San Francisco Bay Blues" de Jesse Fuller — a faixa principal de *Jack Takes the Floor* — que ele tocou em um estilo da mesma forma áspero e barulhento, completo com acordes de guitarra propulsivos e comentários estudados e improvisados. Guthrie exerceu forte influência em ambos, mas eles também estavam conectados de outras maneiras — ambos judeus, de classe média, solitários e introvertidos que se reinventaram como míticos menestréis errantes. Woody foi uma inspiração tanto por sua independência anárquica quanto por suas habilidades musicais específicas, e embora eles cantassem dezenas de músicas de Guthrie, isso era quase uma reflexão posterior. Elliott lembra que, quando estava com Woody, "a maior parte do que cantávamos eram músicas antigas da Carter Family, coisas assim", e os primeiros discos de Guthrie pelos quais Dylan se apaixonou foram suas gravações com Cisco Houston e Sonny Terry — elogiadas na *Little Sandy Review*, "o melhor de Woody Guthrie, agora disponível", que estava entre "os maiores LPs folk já produzidos em qualquer lugar" — que não incluía composições originais.

Para muitos fãs jovens, os escritos mais influentes de Guthrie não foram as canções, mas seu livro de memórias, *Bound for Glory*, e sua música estavam inextricavelmente conectados à sua vida — ou, mais precisamente, já que o livro é altamente ficcionalizado, à sua lenda. O Guthrie de *Bound for Glory* é um cantor folk errante, que pega canções por onde passa, às vezes improvisando uma letra para se adequar a uma situação específica, mas em geral cantando as canções familiares a pessoas comuns trabalhadoras. O verdadeiro Guthrie passou muito tempo em uma máquina de escrever, mas cantou uma gama semelhante de material, mas nos discos, no rádio e mas apresentações no palco ele não mostrou preferência por suas próprias composições. Para Dylan, Guthrie era empolgante como cantor, instrumentista e compositor, mas, acima de tudo, como um homem que vivia a vida em seus próprios termos. Dado o tanto que as biografias de Dylan dedicam a Guthrie, uma das coisas mais impressionantes sobre as fitas sobreviventes daquele ano e meio em Mineápolis é que há pouco material de Guthrie nelas: cinco músicas apenas e pelo menos quatro delas Dylan havia aprendido de gravações de outras pessoas.

Os amigos de Dylan daquele período costumam se lembrar de Elliott e Guthrie como suas principais influências, mas também de todas as músicas que ele pegou de Koerner e outros músicos locais, e de discos com todo tipo de música, de canções espirituais afro-americanas a baladas britânicas. Os detalhes sobre quem aprendeu o quê e de quem se perderam há muito tempo, já que a maioria dos artistas que Dylan conheceu e com quem tocou nunca foram gravados ou só foram gravados anos depois, e as memórias de todos foram afetadas por eventos posteriores. Nelson se lembrou de Dylan mudando instantânea e dramaticamente depois de ouvir aqueles primeiros álbuns de Jack Elliott: "Ele voltou em um dia, ou dois no máximo, e... de um cantor básico, sem nada de especial... Ele voltou e soou como quando fez o primeiro disco da Columbia". Na realidade, a evolução de Dylan não foi tão rápida nem tão clara. Ele ouviu centenas de cantores e músicas, pegou tudo que lhe interessava, reteve o que podia usar e seguiu em frente — um processo típico para um adolescente entusiasmado. Ele era mais rápido do que a maioria, era particularmente hábil e insistente em se apresentar para o público e tinha um talento incomum para reconhecer estilos e materiais que combinavam com seus talentos, mas o caminho que percorreu de Odetta até Guthrie, passando por Elliott, incluiu vários desvios. Por exemplo, a mesma edição de *Little Sandy* que contou com gravações de Elliot tinha uma resenha de um LP produzido por ele mesmo de uma galeria de arte e bar em Denver, no Colorado, o *Folk Festival at Exodus*, apresentando outro cantor folk negro, Walter Conley, junto com atrações locais menores como o Harlin Trio e a jovem Judy Collins. A fita seguinte de Dylan incluía quatro músicas que estavam naquele disco, e ele logo apareceu na porta de Conley, em Denver, perguntando se poderia tocar no Exodus.

Era o verão de 1960, e Dylan seguiu sua viagem para Denver e fez outras jornadas curtas no outono, para Chicago e Madison, no Wisconsin. Foi seu breve gostinho da vida errante, pegando carona, dormindo em sofás e vendo um pouco do mundo além de Minnesota. Ele também teve um gostinho do cenário do folk profissional no meio do país: em Denver, ele fez um set de abertura para uma dupla de música folk e comédia chamada Smothers Brothers, que o achavam péssimo, e então Conley arranjou para ele o show no Gilded Garter em Central City, que ele mais tarde descreveria como um "clube de striptease", mas que, na verdade, era uma falsa armadilha para turistas do Velho Oeste, onde as multidões barulhentas e bêbadas o ignoravam.

Dylan tinha ido tão longe quanto podia nas cidades irmãs de Mineápolis e Saint Paul e estava pronto para algo diferente, mas não estava nada claro o que seria. Ele estava buscando uma direção, e Guthrie forneceu uma luz no fim do túnel — não por muito tempo, mas Dylan fixou-se nela com o ardor de um romance adolescente. Ele tinha 19 anos, e ainda estava tentando descobrir quem era. Little Richard e Odetta tinham sido modelos inspiradores, mas Guthrie era mais do que apenas um músico empolgante: ele era um contador de histórias, uma lenda, e naquele outono ele parece ter se tornado uma fixação. A *Little Sandy Review* publicou uma edição especial sobre Guthrie no verão, incluindo um pequeno artigo de Pete Seeger e um monte de cartas de Woody do hospital em Nova Jersey onde ele estava confinado desde meados da década de 1950 com uma doença nervosa degenerativa. As cartas eram efusões de ortografia peculiar e jogo de palavras exuberante que permaneceriam uma influência potente na prosa de Dylan, e a notícia de que Guthrie estava vivo e acessível capturou sua imaginação. Amigos se lembram de ele ter adotado a voz, os maneirismos e até mesmo a identidade do cantor mais velho. Bonnie Beecher lembrou: "Se você não o chamasse de Woody, ele não atenderia". Outro amigo lembrou que Bob telefonou para o hospital e pediu a uma enfermeira que dissesse a Woody que ele estava a caminho. Em dezembro, ele fez uma última viagem a Hibbing, parou por uma ou duas semanas em Chicago e depois fez uma breve visita a Madison, onde se encontrou com alguns estudantes que iam para Nova York. Em entrevistas posteriores, alguns velhos amigos e conhecidos se lembraram dele dizendo que estava indo para lá para se tornar uma estrela, e talvez realmente estivesse; mas primeiro ele deixaria de ser apenas mais um garoto de Minnesota que cantava canções folclóricas. Ele se tornaria um andarilho e viajante, saindo do Oeste para ver Woody, cantar para ele e vivenciar uma parte de sua vida.

Capítulo 3

NOVA YORK

Bob Dylan chegou a Nova York em janeiro de 1961 e foi para Greenwich Village, onde se introduziu ao contexto local tocando em um café na MacDougal Street. Ele então foi encontrar Woody Guthrie — algumas versões da história dizem que primeiro Dylan visitou a casa da família Guthrie no Queens, depois foi para o Hospital Psiquiátrico Greystone Park em Nova Jersey; outras trazem essas visitas invertidas; mas, de qualquer maneira, naquela primeira semana, ele conheceu Guthrie, cantou para ele e se estabeleceu como um dos poucos jovens artistas que tinham uma conexão direta com Woody, não apenas como uma lenda, mas como uma pessoa.

Mais do que isso, ele se estabeleceu em meio ao grupo folk de Nova York como uma nova encarnação do Woody que havia saído do Oeste 20 anos antes. Embora tenha nascido em Duluth, Dylan alegava ter crescido em Gallup, Novo México, ter fugido de casa várias vezes e viajado por todo o país. Ele pegou suas primeiras canções com cowboys em Gallup, e, quando começou a tocar *slide guitar* alguns meses depois de chegar a Nova York, dizia que havia aprendido o estilo naquela cidade também, com um músico negro de um olho só chamado Wigglefoot. Ele se juntou a um parque de diversões mambembe quando tinha 13 anos e por vezes viajou com o grupo ao longo da adolescência tocando piano para os dançarinos. Às vezes, ele dizia que havia conhecido Woody na Califórnia, antes de começar a tocar violão ("Acho que Jack

Elliott estava junto"). Em todos os lugares que esteve, encontrou músicos de quem aprender: uma cantora de rua cega chamada Arvella Gray em Chicago; Jesse Fuller, a banda de blues de um homem só, em Denver; um trabalhador rural chamado Wilbur ("nunca soube seu sobrenome") em Sioux Falls, Dakota do Sul, que tocava auto-harpa; mais alguns cowboys ("cowboys de verdade — não consigo lembrar seus nomes") em Cheyenne, Wyoming; "uma moça chamada Dink" perto do Rio Brazos, e o cantor rural Mance Lipscomb em Navasota, Texas; Big Joe Williams, que acompanhou nas ruas de Chicago ou talvez tenha conhecido enquanto vagabundeava em trens de carga. Dylan ainda tocou piano com Bobby Vee e gravou com Gene Vincent em Nashville, embora não soubesse se os discos haviam sido lançados.

Amigos em Hibbing e Mineápolis se acostumaram com Bob criando fantasias sobre seus feitos e conhecidos — quando voltou de Dakota do Norte, ele mostrou a John Bucklen um disco de Bobby Vee e alegou tê-lo feito ele mesmo sob esse pseudônimo, e contou ao verdadeiro Bobby Vee que fez uma temporada com Conway Twitty. O que era novo era o tipo de pessoa que agora povoava seus mitos. Ele havia absorvido a estética da revista *Little Sandy Review* e, em vez de reivindicar parentesco com estrelas, estava estabelecendo sua autenticidade como cantor folk que havia aprendido a música em suas raízes enquanto vagava pelo país. Algumas das alegações eram absurdas: a letra que todos conheciam como "Dink's Song" havia de fato sido cantada por uma mulher chamada Dink no Texas, mas havia sido descoberta em 1908, pelo folclorista John Lomax. Algumas eram críveis: Jesse Fuller tocou em Denver na época em que Dylan esteve lá, mas, se eles passaram qualquer tempo significativo juntos, é estranho que a única música de Fuller em seu repertório tenha sido conhecida de um disco de Jack Elliot.

Outra diferença era que as histórias de Dylan agora eram sustentadas pela realidade: ele havia pegado carona do centro distante do país até Nova York e procurado Woody Guthrie, então não havia razão para duvidar que ele havia vagado por outros lugares e aprendido com outros músicos antigos. "Ele tinha aquela persona 'Guthriesca', tanto no palco quanto fora dele, e todos nós acreditávamos nisso", recordou-se Dave Van Ronk. "Não que acreditássemos que ele era realmente um índio Sioux do Novo México ou qualquer variação maluca que ele estivesse vendendo no momento, mas acreditávamos na essência de sua história". O fato de eles quererem acreditar ajudava. Os nova-iorquinos haviam lido *Bound for Glory* e aprendido as canções de Woody, e Pete Seeger havia estabelecido Woody como o ideal apolíneo de um cantor folk, recorrendo a uma fonte de tradição profunda para criar letras que combinavam preocupações atuais com a sabedoria do passado e cantando-as com uma voz que tinha a beleza rústica de um cânion rochoso e a rudeza da poeira da pradaria. Cantores mais jovens admiravam Jack Elliott por ter se agarrado a essa lenda, fugindo de uma casa confortável no Brooklyn para participar de um rodeio na adolescência e depois viajando para a Califórnia com Woody. Eles admiravam todos os artistas rurais desaparecidos que ouviam em discos raros de 78 rotações, e sobreviventes como Roscoe Holcomb, um tocador de banjo magrelo do Kentucky que fez sua estreia em Nova York, algumas semanas depois que Dylan chegou, no primeiro concerto do festival Friends of Old Time Music; mas Woody era uma mistura única, um autêntico bardo do campo que não apenas serviu como portador da tradição, mas cantou com Pete, Lee Hays, Alan Lomax e outros ali mesmo em Greenwich Village, e mostrou como os estilos antigos poderiam ser remodelados para iluminar questões contemporâneas. Ele era a essência real, mas também era um deles. Quando ele sucumbiu à doença de Huntington e não conseguiu mais cantar ou escrever, ele continuou sendo um ideal. E lá estava Dylan, recém-saído do Oeste, um sucessor em potencial, acolhido pelo próprio Woody.

Pessoas que realmente conheciam Woody ou andavam com Dylan sempre souberam que não era tão simples assim. "Havia detratores que acusavam Bob de ser um imitador de Woody Guthrie", diz Tom Paxton, um cantor de Oklahoma que havia chegado ao Village um ano e pouco antes. "Mas estava na cara que isso era besteira, porque Jack Elliott era um clone mais consciente de Woody do que Bob jamais foi. Quando Bob cantava músicas de Woody Guthrie, era algo muito distinto; Bob cantava como Bob desde o início". Seeger concordava: "Ele não se moldou a Woody Guthrie. Foi *influenciado* por ele. Mas foi influenciado por muitas pessoas. Bob era ele mesmo, sempre."

Dylan amava as músicas de Guthrie e se importava em visitá-lo e cantar para ele, e algumas pessoas próximas a Woody sentiram que Dylan estabeleceu uma conexão mais forte do que qualquer um dos outros jovens cantores que haviam feito essa peregrinação. Elliott lembrou que Guthrie não conseguia mais falar de forma inteligível, mas disse: "Eu conhecia Woody tão bem que conversávamos um com o outro sem palavras... [e] acontecia o mesmo com Bob". Nora Guthrie tem lembranças semelhantes, dizendo: "O relacionamento dele com meu pai, acredito, era completamente sincero e útil. Bob estava presente para Woody, em vez de estar para si mesmo." Ela acrescentou que o pai temia que suas músicas fossem esquecidas, então, "haver alguém como Bob, que podia tocar todas as músicas que meu pai já havia escrito, era simplesmente muito bom." Há uma fita de Dylan tocando na casa de Robert e Sidsel Gleason em East Orange, Nova Jersey, onde Guthrie passava os fins de semana descansando do hospital, e é fácil perceber por que Guthrie teria gostado de suas apresentações. Ele canta "Pastures of Plenty" — em um ano, desde sua gravação em Mineápolis, ele trocou a versão de Odetta pela de Woody e adicionou gaita — e as versões de Guthrie de duas baladas tradicionais, "The Buffalo Skinners" e "Gypsy Davy", assim como "Remember Me (When the Candle Lights Are Gleaming)", uma favorita sentimental do country que provavelmente poucos nova-iorquinos conheceriam. Os Gleasons disseram que Guthrie ficou satisfeito e impressionado, dizendo a eles: "Aquele garoto tem uma voz boa. Ele realmente sabe cantar", e quando Dylan conseguiu sua primeira apresentação formal em uma casa de shows, Sidsel Gleason supostamente deu a ele um dos ternos de Woody para vestir.

Dylan ficou emocionado por ter uma conexão direta com Guthrie e enviou um cartão postal para amigos em Mineápolis: "Eu conheço Woody, eu o conheço, o encontrei, o vi e cantei para ele... Caramba!" Em uma gravação feita durante uma viagem rápida de volta à região de Mineápolis em maio, ele apresentou "Pastures of Plenty" com o comentário: "Aprendi isso com Woody. Ele disse para cantá-la — uma vez ele me disse que eu canto essa música melhor do que qualquer um". Enquanto isso, Dylan vinha ouvindo muitas outras músicas em Nova York e explorando outros estilos. Junto com as músicas de Guthrie da fita de East Orange, ele cantou uma versão de uma antiga canção de cunho religioso, "Jesus Met the Woman at the Well", que expunha uma dívida óbvia com Van Ronk, e na gravação de Mineápolis ele tocou a versão de Van Ronk de uma música de Muddy Waters, "Two Trains Running", e duas músicas do herói de Van Ronk, o reverendo Gary Davis. Assim como as canções de Guthrie foram tocadas em um simulacro digno do estilo de Woody, as peças aprendidas com Van Ronk sugeriam os arranjos de guitarra distintos e o fraseado de blues rude de Dave, e, nas canções de Davis, Dylan conseguiu se aproximar do vocal gospel áspero do reverendo.

Todos se lembram da velocidade com que Dylan absorvia estilos e mudava de persona — ele era "uma esponja", "um papel mata-borrão", "um camaleão" — e a única generalização segura sobre ele naquele momento é que era alguém muito difícil de definir. Ele faria 20 anos em maio e aproveitaria a oportunidade para criar uma nova identidade, em um novo ambiente. Não era de surpreender que suas escolhas e declarações parecessem frequentemente contraditórias. Ele não estava apenas mudando, mas as situações em que entrava continuavam mudando. Às vezes, ele era um personagem, às vezes outro; algumas vezes queria se encaixar no grupo, e, outras, queria se distinguir dele.

Nada disso o tornava particularmente incomum. Greenwich Village estava cheio de jovens tentando estabelecer identidades, encontrar novas personas e relacionar-se com novos contextos, inclusive tentando se distinguir de forasteiros e uns dos outros. O bairro era famoso por isso — em romances, filmes e revistas, e em tudo na televisão, de seriados a programas de detetive; o Village era retratado como um refúgio para artistas, excêntricos, beatniks e esquisitos. O primeiro clube em que Dylan tocou na MacDougal Street era um ponto para turistas, o Café Wha?, projetado para atrair pessoas de fora da cidade que desejassem conferir as excentricidades. Próximo dali, o Café Bizarre havia iniciado a tendência alguns anos antes, misturando decoração de casa mal-assombrada com "poetas e folkswingers", anunciando que ali era "Onde o beat encontra a elite" e sugerindo: "Esteja preparado para o inesperado". Anúncios do Wha? mostravam um esboço de um beatnik com barba, boina e óculos escuros e prometia canções folk, comédia, calipso, congas e poesia em seu "BAILE *FREE* — Toda tarde, cara!"

No verão antes de Dylan aparecer, o Village Voice publicou uma série de artigos sobre a cena da rua MacDougal que começava com um pintor local lamentando:

> Esta rua se transformou em uma versão maluca do "Inferno". É a vida imitando a arte — ou o mito burguês da arte. Se eu visse leões copulando com unicórnios aqui embaixo, não ficaria surpreso. Mas mesmo assim, eles seriam de papel machê... As pessoas não vêm mais aqui como tolas querendo fazer arte, vêm apenas como tolas. É como a Times Square agora. Melhor, como Coney Island.

Qualquer um que tente entender as convulsões culturais da década de 1960 tem que reconhecer a velocidade com que os movimentos anti-establishment, de vanguarda e de base foram cooptados, clonados e embalados como produtos de venda e como isso foi inesperado, confuso e ameaçador para pessoas que com sinceridade estavam tentando encontrar novas maneiras de entender o mundo ou torná-lo um lugar melhor. Nat Hentoff descreveu uma cena dois anos depois, quando Dylan fez um teste para o principal programa de variedades da CBS, o Ed Sullivan Show. Meia dúzia de árbitros do programa ouviu enquanto ele tocava algumas músicas, então explicaram ao agente que o acompanhava que não conseguiriam tomar uma decisão de imediato.

> "Disseram que nunca ouviram alguém como você antes. Eles precisam de tempo para decidir o que você é", o agente disse a Dylan.
>
> "Ahn?", disse Dylan. "Eu estava bem na frente deles. Ou eles gostaram de mim, ou não gostaram."
>
> "Não é tão simples assim", disse o homem da MCA. "Eles acham que você é bem diferente, mas ainda não sabem se é o tipo de diferente que vende."

Em termos de música folk no início dos anos 1960, parecia bem claro o tipo de "diferente" que estava vendendo. A revista *Time* publicou: "Sem 'rock', sem 'roll' e rico, o Kingston Trio agora carrega 12% das vendas anuais da Capitol sozinho, e eles superaram o antigo astro da Capitol, Frank Sinatra". O artigo tinha como manchete "Como se viesse de Halls of Ivy" e posicionava o grupo como excitante e boêmio, mas ainda tranquilamente universitário. O líder Dave Guard era recém-formado em Stanford, onde "havia ganhado a reputação de uma espécie de pré-beatnik de barba que estava sempre querendo sair de lá". Seus amigos Nick Reynolds e Bob Shane foram para o menos prestigioso Menlo College e dedicavam suas energias respectivamente ao tênis e ao álcool. Agora, os três tinham se organizado, estavam ganhando dez mil dólares por semana e poderiam ter mais que dobrado esse valor se estivessem dispostos a tocar em Las Vegas, mas insistiram: "Preferimos uma cena menos do tipo Sodoma e Gomorra". O que quer dizer que eles eram um pouco atrevidos, mas basicamente rapazes habilidosos e saudáveis de classe média, uma alternativa bem-vinda aos roqueiros adolescentes analfabetos e cantores de salão de performance duvidosa.

Em 1961, o Trio era o grupo mais vendido nos Estados Unidos, respondendo por sete dos cem LPs mais vendidos nas paradas da revista *Billboard*. Harry Belafonte tinha três, os Limeliters tinham um, e o único outro disco listado voltado ao folk era o do elenco da peça da Broadway *The Sound of Music*, se considerarmos a entrada de Theodore Bikel no palco dedilhando o violão como Capitão von Trapp. Dois anos depois, o Trio caiu para a quarta posição, ultrapassado por Peter, Paul e Mary na primeira e Joan Baez na terceira (Andy Williams era o número dois), e os outros folkies no top cinquenta eram os Smothers Brothers, os New Christy Minstrels, Belafonte e Trini Lopez, um roqueiro chicano cujo álbum apresentava uma releitura de "If I Had a Hammer" em ritmo latino e a canção de rock "This Land Is Your Land". A fórmula mais óbvia para fazer sucesso na música folk era formar um grupo, e muitos o fizeram: o Chad Mitchell Trio, o Shenandoah Trio, o Ivy League Trio, o Cumberland Three, o Brothers Four, o Modern Folk Quartet, os Highwaymen, os Journeymen, os Lettermen, os Villagers, os Tarriers, os Wayfarers, os Gateway Singers, os Belafonte Singers, os Tiffany Singers, os Serendipity Singers, os Folk Singers, os Womenfolk e centenas de outros.

Para o público de massa nacional, essa era a face do renascimento folk, junto com alguns cantores de baladas românticas de cabelos longos, todos tocando arranjos uniformes e ordenados e cantando com vozes melífluas. Como Alan Lomax explicou em *House Beautiful*:

> A popularização de uma canção folk é, na verdade, a tradução de uma língua para outra e, como de costume, algo se perde no processo. Muitos de nós gostamos das versões popularizadas porque têm melodias envolventes na linguagem musical familiar da canção popular. Os tons são melódicos, as harmonias justas, a batida é ritmada e forte, e os músicos são artistas educados — de acordo com nossos padrões.

Seu argumento era que os ouvintes tradicionais precisavam reconhecer as limitações desses padrões; que, "a menos que aprendamos a distinguir as versões reais das comerciais, nunca conheceremos o mundo de emoção e experiência do qual a música folk vem"; mas quantas pessoas realmente desejavam conhecer esse mundo? Em 1960, quando a empresa de cosméticos Revlon patrocinou um episódio do programa *Folk Sound USA* na CBS, com atrações como Cisco Houston, John Lee Hooker, Lester Flatt e Earl Scruggs, Peter Yarrow antes de Paul e Mary e Joan Baez nos seus 19 anos, o crítico de televisão da Variety resumiu o programa como "o tipo de música folk que associo a tipos boêmios diferentes. Quero dizer, o tipo que usa sandálias de couro e lhe entretém depois do jantar (uma caçarola de coração de cabra no alho, cozidas em vinho ruim) com suas gravações velhas e rústicas de canções de blues de Leadbelly e Blind Willie Johnson".

Pessoas normais podem achar divertido visitar o Café Bizarre ou o Wha? e ver os esquisitos em seu habitat nativo. Mas o Kingston Trio não era apenas mais polido e divertido; eles também eram mais honestos. Como Dave Guard disse: "Por que deveríamos tentar imitar as inflexões de Leadbelly quando temos tão pouco em comum com o histórico e a experiência dele?" Os boêmios eram um bando de impostores que se vestiam mal, ouviam música estridente e eram, na melhor das hipóteses, ridículos e, muitas vezes, francamente irritantes.

Claro, os boêmios viam a situação de forma bem diferente: para eles, o Trio e seus fãs eram um bando de conformistas cabeça-oca, marchando no ritmo da batida da Madison Avenue e do complexo militar-industrial da Guerra Fria, e qualquer esforço para ter sucesso no cenário folk comercial representava um acordo com uma cultura corporativa insossa, retrógrada e maligna — a cultura da lista negra, da segregação e da aniquilação nuclear. Além disso, a música era péssima. Nas palavras de Van Ronk:

> A versão deles de grupo folk era formada por garotos de terno de três botões com lapelas estreitas e gravatas finas, e garotas de vestido de noite. Cortes tipo escovinha! Cortes do tipo escovinha até o rabo. E a maioria das músicas era tão preciosa e tão cafona que dava vontade de vomitar... Havia um subtexto óbvio para o que aqueles baladeiros conformados de Babbitt estavam produzindo, e era: "Claro, somos realmente superiores a toda essa porcaria caipira — mas não é bonitinho?" Esses não eram discípulos verdadeiros, nem mesmo imitadores honestos — eles eram um bando de vigaristas espertos vendendo bonecos

> do Mickey Mouse na Igreja. Se eu entraria em um desses grupos? Eu preferiria ser fervido em mijo de gambá.

Havia muitas pessoas que trespassavam essa divisão cultural, vestindo camisas bem passadas, vestidos adequados e mocassins nos dias de semana, e depois os trocavam por jeans, sandálias e camisa de flanela para cantar com os amigos na Washington Square nas tardes de domingo. Também havia alguns que se orgulhavam de ser verdadeiros boêmios, dedicando suas vidas a outros objetivos diferentes de um bom emprego e uma casa nos subúrbios, assim como uma maioria substancial que não queria nada com qualquer coisa que fosse boêmia. E isso não era simplesmente uma questão de gosto: a paranoia da Guerra Fria significava que escolhas que pareciam inocentes poderiam ter repercussões significativas. Em 1960, John Cohen, do New Lost City Ramblers, disse a um repórter que tinha ouvido falar de "brigas com socos de verdade, que aconteciam em dormitórios, onde os alunos tentavam impedir à força seus colegas de quarto de irem ao baile — sob o argumento de que isso prejudicaria seriamente suas chances futuras, especialmente de conseguir empregos no governo, se soubessem que eles estavam se associando a pessoas como nós". Em 1963, a namorada de Dylan, Suze Rotolo, foi informada de que o marido de seu primo, um oficial de carreira do exército, havia perdido uma promoção que exigia autorização de segurança porque ela havia sido fotografada com Dylan na capa de seu álbum *Freewheelin'*, e, ainda em 1968, um amigo meu foi expulso da banda da escola em Long Island simplesmente por ir a um show de Pete Seeger.

Naquele contexto, "pessoas como nós" incluíam todos, dos New Lost City Ramblers aos Weavers, mas em outros contextos o cenário do folk estava gerando mais divisões, e comercialismo e política não eram os únicos fatores. Durante a maior parte da década de 1950, fãs sérios faziam distinção entre cantores folk autênticos, que tocavam a música tradicional de suas comunidades, e "cantores de canções folk", como Seeger, Burl Ives, Richard Dyer-Bennett e Odetta, que tocavam material coletado nessas comunidades, mas não tinham crescido naquele ambiente cultural. Cantores urbanos aprendiam canções rurais, mas raramente tentavam dominar ou imitar estilos rurais autênticos — os esforços ocasionais de Seeger para transcrever e recriar arranjos de banjo dos Apalaches eram exceções até mesmo dentro de seu próprio repertório. No final da década, porém, alguns jovens músicos ficaram insatisfeitos com a abordagem de intérpretes urbanos anteriores. A música que eles ouviam em discos de relançamento como a *Anthology of American Folk Music* e *The Country Blues* — um LP de "discos de raça" pré-guerra lançado pela Folkways em 1958 — não era apenas mais autêntico, mas também mais virtuoso tecnicamente e mais exigente artisticamente do que qualquer coisa tocada pelos revivalistas bem conhecidos, e se eles fossem tocar a música, queriam fazê-lo direito.

Van Ronk, uma figura importante neste grupo, mais tarde os apelidou de "neo-étnicos". Alguns tocavam hillbilly music [música caipira] antiga, outros tocavam blues, outros ainda cantavam baladas medievais, e havia muitos outros sabores na mistura:

> Um músico ia para o México ou Grécia e voltava com algumas músicas novas, outro topava com um disco de música de cabaré africana e tirava algumas melodias dali. Era muito mais eclético do que ficou alguns anos depois. O único fator limitante era a insistência na "autenticidade", em reproduzir os estilos étnicos tradicionais, ao ponto de acertar os sotaques. Não importava se você tinha a característica étnica à la Furry Lewis ou à la Jimmie Rodgers, ou à la Earl Scruggs; era uma questão de gosto pessoal, mas que deveria ser autenticamente étnico era uma questão de princípio.

A ágora do movimento neo-étnico era o Washington Square Park, onde músicos e fãs se reuniam todas as tardes de domingo. Roger Sprung, o homem que trouxe o bluegrass para Nova York, estaria presente com seu banjo, acompanhado por Lionel Kilberg tocando um baixo caseiro de uma corda e um bando de jovens acólitos que, ao longo dos anos seguintes, formaram o núcleo do bluegrass urbano e das cenas dos velhos tempos. Jovens que aprenderam canções em grupos em acampamentos de verão progressivos erguiam suas vozes em rodas de canto comprometido socialmente. Dançarinos folclóricos rodopiavam; cantores de baladas gorjeavam; cantores de blues rosnavam, gemiam e trocavam lambidas nas cordas das guitarras. Pelas lembranças de Dylan, "poderia haver quinze jug bands [bandas de garrafas], cinco bandas de bluegrass e uma velha banda ruim de cordas, vinte grupos confederados irlandeses, uma banda de montanha do sul, cantores folclóricos de todos os tipos e cores cantando canções de trabalhadores de John Henry".

Permitia-se música no parque do meio-dia às cinco, e se você não estivesse satisfeito, haveria uma festa e um concerto naquela noite no prédio do American Youth Hostels na Eighth Street. Então, músicos e cantores sérios se reuniam na Spring Street, número 190, onde vários deles tinham apartamentos, ou em vários outros lofts, porões e apartamentos sem elevador ao redor do Village ou do Bowery, e a apresentação continuava até o amanhecer. Em relação a novas músicas e estilos, conhecer outros músicos e desenvolver habilidades e repertório, as festas eram pelo menos tão importantes quanto os clubes e cafés. Os músicos do Village aprendiam uns com os outros e eram o público mais importante um do outro. Alguns músicos e cantores influentes raramente se davam ao trabalho de se apresentar no palco, exceto talvez em *jams* informais em noites de festa, e apenas uma pequena fração da música daquele período sobrevive em gravações. Quando músicos em turnê vinham da Califórnia, de Cambridge, de Chicago ou Mineápolis, seus shows públicos eram sempre seguidos por festas e encontros com músicos locais. Quando artistas rurais antigos começaram a passar pela cidade, eles se tornaram parte dessa mistura também — era ótimo ver Mississippi John Hurt ou Doc Watson no palco do Gaslight Café, mas era ainda melhor compartilhar um drink e ouvir umas músicas com eles depois, ou ouvi-los escolher músicas para ouvir uns com os outros.

Os polos gêmeos do movimento neo-étnico eram os brancos antigos, o hillbilly, o bluegrass e o black blues, as jug bands e o gospel. No cenário do Village, as figuras mais influentes nesses estilos eram, respectivamente, os New Lost City Ramblers e Dave Van Ronk. Os Ramblers evoluíram das jam sessions do Washington Square: Tom Paley levou as primeiras tentativas de Pete Seeger com antigos estilos de banjo a um novo nível e adicionou violão dedilhado e harmonia das montanhas, e em 1958 ele se juntou a John Cohen, também nos vocais, no violão e no banjo, e Mike Seeger, meio-irmão mais novo de Pete, nos vocais, no violão, banjo, bandolim, violino, auto-harpa, gaita e praticamente qualquer outro instrumento que surgisse em seu caminho. Eles mergulharam nos discos antigos e depois viajaram para o sul para conhecer os músicos originais, e assim se transformaram em um laboratório vivo e museu de estilos rurais do sul: vestiam coletes e gravatas como os músicos em fotografias antigas, exumavam canções esquecidas e dominavam uma gama sem precedentes de técnicas instrumentais. Eles remodelaram canções e arranjos para se adequarem aos seus gostos e talentos, mas sempre dentro das linguagens musicais do sul rural. Em três anos eles gravaram seis discos para a Folkways e geraram imitadores por todo o país.

Van Ronk, por outro lado, veio para o Village como aspirante a músico de jazz, tocando banjo e violão com bandas de revival de Nova Orleans, mas em uma tarde de domingo ele, por acaso, ouviu Paley dedilhar um blues na Washington Square, e percebeu que poderia conseguir mais trabalho se aprendesse aquele estilo e se tornasse um solista. Como um eclético dedicado, ele continuou a tocar jazz, ragtime, novidades de vaudeville, baladas britânicas, músicas religiosas e tudo o mais que lhe agradasse — ele até cantou ocasionalmente madrigais elizabetanos em um quarteto livre com Dylan, Ed McCurdy e John Winn, um transplante da cena Exodus de Denver —, mas o blues era sua essência. Ele era um gigante barbudo, com 1,92 metro e mais de noventa quilos, e sua voz variava de um sussurro rouco a um grito áspero. Sua música devia créditos a músicos mais velhos, daqueles de estilo rural arcaico como Lead Belly e John Hurt a criadores de sucessos sofisticados como Leroy Carr e Bessie Smith, com uma forte sobreposição de Louis Armstrong e um aceno para Josh White — mas ele sempre teve sua própria voz, e quando Dylan chegou à cidade, ele era "o prefeito da MacDougal Street". Ele organizava festas semanais no Gaslight e socializava no bar ao lado, o Kettle of Fish. Dylan saiu inúmeras noites com Van Ronk; dormia em seu sofá, absorvia músicas e técnicas de guitarra e conseguia trabalhos ocasionais por meio da esposa de Dave, Terri, que às vezes atuava no tempo livre como gerente e agente de agendamento de shows. O relacionamento não era apenas sobre música. Eles bebiam muito vinho, jogavam muito xadrez e fumavam uma boa quantidade de maconha, e Van Ronk fez o melhor que pôde para ensinar a Dylan sobre literatura e política de esquerda — por trás de sua personalidade bruta de homem do blues, ele era incrivelmente culto e um trotskista dedicado que tinha atividades paralelas no anarcossindicalismo. Mas a música sempre esteve no centro de tudo, e logo Dylan estava tocando um dedilhado razoável e cantando muito mais blues.

Para a maioria dos jovens urbanos, era difícil soar como um meeiro sulista ou um cowboy do Texas, mas para Dylan os estilos neo-étnicos hardcore foram libertadores. Ele cresceu ouvindo Hank Williams e R&B, e nunca se sentiu realmente confortável imitando os tons redondos de Odetta e Leon Bibb. Elliott, Guthrie e Van Ronk tinham vozes que sugeriam experiência arduamente conquistada em ambientes difíceis e não um treinamento em conservatório, e eles proporcionaram modelos de como mesclar uma ampla gama de materiais díspares em um estilo pessoal coeso. Ele conheceu outro modelo de voz rouca no verão de 1961 em uma viagem para Boston: Eric Von Schmidt era pintor, guitarrista e padrinho boêmio barulhento da cena da Harvard Square, que combinava a devoção de Van Ronk ao jazz e ao blues antigos com o entusiasmo anárquico de Elliott. Ele era conhecido por remodelar músicas antigas, pegando letras de ragtime sobre champanhe e uísque e fazendo-as incluir peiote e retrabalhar melodias e arranjos de guitarra a ponto de poderem ser considerados composições originais. Seus shows se transformavam em jam sessions improvisadas com frequência, e seus amigos lotavam o palco levando uns aos outros às alturas de formas inesperadas e irreproduzíveis.

Cronistas posteriores transformaram o rastreamento das fontes de Dylan em um fetiche, buscando os discos ou pessoas com quem ele aprendeu ou que ele imitou, mas as músicas eram constantemente passadas de mão em mão e sofriam mutações, e até mesmo quando podemos fixar uma fonte única, muitas vezes havia vários intermediários: alguém aprendeu uma música de um velho disco de 78 rotações e cantou em uma festa; outra pessoa ouviu e repetiu de memória mudando algumas palavras e adicionando alguns versos de outra música; uma terceira pessoa a adaptou do banjo para o violão. "Estávamos meio que pulando de um lugar para outro — uma espécie de existência transitória", Dylan relembrou mais tarde. "Você ouvia discos onde conseguia, mas, principalmente, ouvia outros artistas". Isso incluiu algumas das pessoas que fizeram os antigos discos — ele mencionou Clarence Ashley, Doc Watson, Dock Boggs, Memphis Jug Band, Furry Lewis —, mas também jovens colegas como Van Ronk, Von Schmidt, Mark Spoelstra, Jim Kweskin, Len Chandler, Jackie Washington e vários outros esquecidos há tempos.

Aquilo que os músicos tocavam no palco era uma extensão das jams fora do palco. Dylan fez alguns shows como um projeto de trio com Kweskin, que logo formaria a jug band mais influente da década, e Peter Stampfel, um tocador de violino e banjo que ganhou notoriedade com os Holy Modal Rounders e os Fugs, os shows normalmente consistiam em quatro sets, um de cada um dos três e no quarto eles misturavam e combinavam duplas e trios. Dylan e Kweskin fizeram duetos com canções de Guthrie e Houston, e Stampfel acrescentava o violino ao show ou usava kazoo em “San Francisco Bay Blues”, enquanto Dylan marcava o ritmo com a palheta e Kweskin dedilhava os solos de ragtime.

Era uma cena vibrante e solidária, e Dylan estava cercado por outros músicos; eles trocavam músicas, aprendiam uns com os outros e estimulavam uns aos outros. Por vezes ele foi criticado pelo quanto pegava emprestado de outros, mas isso não foi um problema até ele se tornar famoso. Na época, como Van Ronk disse, “nós todos vivíamos com as mãos nos bolsos uns dos outros. Você aprendia uma nova música ou criava um novo arranjo, e, se fosse bom, você saberia porque em uma ou duas semanas todo mundo estaria tocando aquilo”. Em retrospecto, algumas pessoas se ressentiram por Dylan ter roubados suas músicas ou arranjos, enquanto outras sentiram orgulho daquilo que ele havia aprendido com elas, e em ambos os casos isso só importava por causa do que acontecia depois.

Naqueles primeiros meses, muitas pessoas consideravam Dylan apenas mais um jovem cantor folk com voz particularmente abrasiva, e alguns ainda ficam perplexos com seu sucesso. Mas outros dizem que ele imediatamente se destacou: “Ele simplesmente tinha algo especial”, lembra Kweskin:

> Ele era elétrico. Você não conseguia tirar os olhos dele. Ele tinha atração magnética. Na época, para mim, tinha mais a ver com a presença dele do que com a música. Eu gostava da música dele, mas o que era especial era sua personalidade. Ele era justamente uma daquelas pessoas que subia ao palco e o dominava.

Van Ronk observou que as performances de Dylan naquele período eram muito diferentes de tudo o que ele fez nos anos posteriores:

> Naquela época, ele sempre parecia estar improvisando, fazendo associações livres, e era uma das pessoas mais engraçadas que eu já vi no palco... Ele tinha uma persona de palco que só posso comparar com “Little Fellow” de Charlie Chaplin. Ele era um artista muito motor, nunca ficava parado e tinha um monte de manias e gestos nervosos. Ele estava obviamente tremendo na base a maior parte do tempo, mas ele fazia disso parte do show. Saía uma frase de efeito, um murmúrio, um resmungo, outra frase de efeito, uma pancada na guitarra. Mais do que tudo, seu

> timing era incrível: ele fazia todas essas coisas pseudo-desajeitadas, chacoalhava o suporte de gaita e coisas assim, e conseguia fazer o público rir sem dizer uma palavra.

A cena do Village proporcionou a Dylan uma oportunidade única de aprender e aprimorar suas habilidades. Ele veio para a cidade grande e foi imediatamente aceito no centro fervilhante do renascimento folk, e trabalhava constantemente em todas as casas da MacDougal. O público era geralmente formado por multidões de turistas bêbados, mas isso tornava ainda mais necessário encontrar maneiras de capturar e manter a atenção da plateia. Quando ele fez uma breve visita a Mineápolis, Jon Pankake ficou surpreso com a transformação: "Eu o achava terrível, mas fiquei fascinado. Quando ele havia estado aqui, era tão inibido quanto o resto de nós, mas agora ele estava uivando e balançando para cima e para baixo. Ele escolheu manter a liberdade antes de aprender a técnica".

Pankake não tinha visto Bobby Zimmerman castigando o piano em Hibbing, ou ele poderia ter feito uma conexão diferente. Dylan vinha tocando a mistura padrão neo-étnica de baladas antigas e blues, mas, diferentemente da maioria das pessoas no cenário do folk, ele não as apresentava como peças de museu. Ele fazia a música ganhar vida de novas maneiras, e se alguns de seus colegas ficavam chocados com o resultado, outros achavam empolgante. Stampfel, por exemplo, diz que aquilo mudou sua vida:

> Quando o vi pela primeira vez, foi no Fat Black Pussycat, e ele estava com um boné, carregando um violão, e pensei: "Esse cara é um engomadinho de Nova Jersey, que deve ter ouvido que, se andar pelo Village com um estojo de violão nas costas vai conseguir alguém para transar". Sabe: "Eu conhecia o tipo..." Mas então eu o vi no Folk City, cantando uma música antiga chamada "Sally Gal", e aquilo me surpreendeu. Seu estilo de canto e fraseado eram rhythm and blues rude! Ele encaixou os dois estilos perfeitamente, era muito evidente, e percebi pela primeira vez que meus dois verdadeiros amores, a música tradicional e o rock, eram de fato um só.

Muitas pessoas acham os comentários de Stampfel surpreendentes — Dylan não estava cantando rock 'n' roll naquela época, dizem, ele estava cantando músicas de Woody Guthrie; mas a lembrança de Stampfel é apoiada pelo riff dos Everly Brothers que dá início a "Highway 51" no primeiro LP de Dylan e o ataque vocal feroz e os ritmos de guitarra na "Fixin' to Die Blues" inédita com Van Ronk, como também inúmeras gravações de "Sally Gal", nas quais a energia rude de Dylan pode sugerir Elliott ou Von Schmidt mais do que Little Richard, mas com um impulso rockabilly inquieto. Em qualquer caso, não há razão para esperarmos que as gravações capturem a música de Dylan desse período em seu momento mais poderoso, já que nenhuma delas foi feita no tipo de situação em que ele surpreendeu Stampfel, fazendo de tudo para chamar a atenção de uma multidão barulhenta e potencialmente hostil.

Nem a mistura de material folk e rock 'n' roll era tão única quanto Stampfel sugeriu inicialmente — quando pressionado, ele rapidamente, em um esforço semelhante, surgiu com "Mule Skinner Blues" dos Fendermen, um hit no Top 10 de 1960, e a guitarra forte e o canto desinibido daquele disco soam um pouco como o estilo inicial de Dylan em Nova York. Pode não ser coincidência que os Fendermen fossem de Wisconsin, o estado seguinte depois de Minnesota, e que seu hit estivesse no mesmo selo de Mineápolis que gravou Bobby Vee. Toda a ideia do rockabilly é uma fusão de hillbilly e rock 'n' roll, remontando a "Blue Moon of Kentucky" de Elvis e, uma década antes, "Hillbilly Boogie" dos Delmore Brothers, e de certa forma a divisão entre folk e pop-rock não era tão musical quanto ideológica: "Mule Skinner Blues" foi originalmente gravada em 1930 por Jimmie Rodgers, o cantor de "blues iodelei", que soava como um cara que sabia o que era tocar mulas e trabalhar longas horas sob o sol quente por um salário péssimo. Guthrie a gravou na década de 1940, assim como Bill Monroe e seus Bluegrass Boys, e era exatamente o tipo de música que os revivalistas folk preferiam — Elliott, Dylan, Odetta e Belafonte cantavam versões poderosas delas, evocando um estilo de vida rural árduo. Em contraste, os Fendermen tratavam a canção como uma piada. Como o Kingston Trio, os Smothers Brothers e outros grupos folk universitários — eles eram, por acaso, uma banda de rock universitária — estavam se divertindo com música rural, mas se distanciando cuidadosamente, retratando-a como bonitinha e engraçada. Eles tinham muito vigor juvenil, mas nada da coragem de Rodgers, Guthrie, Elliott ou Belafonte — ou de Little Richard ou do jovem Elvis Presley.

Para Dylan, assim como para Pete Seeger, a atração da música folk era que ela estava enraizada na realidade, na história, em experiências profundas, mitos antigos e sonhos duradouros. Não era um som ou gênero específico; era uma maneira de entender o mundo e enraizar o presente no passado. Como ele refletiu mais tarde, pensando naquela época: "As canções folk eram a maneira como eu explorava o universo, eram imagens e as imagens valiam mais do que qualquer coisa que eu pudesse dizer... Não que eu fosse contra a cultura popular ou algo assim... Eu apenas pensava que a cultura dominante era uma porcaria, uma grande enganação. O que eu estava fazendo era a coisa tradicional com T maiúsculo e estava o mais distante possível da cena *mondo teeno*."

Sempre houve uma desconexão entre a estética do cenário do folk hardcore e as categorias de marketing do mercado musical. Pelos gêneros de marketing, Ray Charles, Bobby Darin e Frankie Avalon eram roqueiros e Guthrie, Baez e o Kingston Trio eram cantores folk, mas neo-étnicos como Van Ronk, Elliott e os críticos da *Little Sandy* amavam Charles e Guthrie, desprezavam Darin, Avalon e os pop-folkies, e tinham percepções contraditórias sobre Baez, cujo gosto eles aprovavam, mas cujo canto era muito refinado. A divisão era em parte política — a música do proletariado, em oposição à música da burguesia —, mas, em um nível visceral, era uma reação contra a insipidez desalmada da cultura comercial convencional. Dwight MacDonald, um escritor muito admirado nos círculos intelectuais do Village, criticou no *New Yorker* e no *Partisan Review* os efeitos homogeneizadores da produção em massa na arte, inventando o termo "midcult" (cultura "middlebrow", ou mediana, que busca agradar a qualquer um), que ele alertava estar substituindo tanto a arte erudita quanto a arte popular.

Os Weavers, Belafonte e o Kingston Trio prestavam homenagem às tradições populares, mas do ponto de vista das neo-étnicas eles estavam fazendo música midcult, de "caldeirão cultural" (mesclada para agradar a todos). Como MacDonald escreveu, citando Randolph Bourne, um dos primeiros teóricos do que viria a ser conhecido como multiculturalismo, o ideal do caldeirão cultural era virtuosamente igualitário, mas na prática significava cozinhar as qualidades distintivas de inúmeras culturas étnicas e fundi-las "em um fluido insípido e incolor de uniformidade, a cultura americana do jornal barato, dos filmes, da música popular, do automóvel onipresente". Ou, mais obviamente no início dos anos 1960, a televisão, onde a falta de cor e a uniformidade eram explicitamente impostas pela lista negra e pela segregação racial.

O rock 'n' roll havia surgido na década de 1950 como música de raiz, rugindo do sul rural e dos guetos urbanos do norte, e muitos jovens o saudaram como um antídoto para o mainstream midcult. Em poucos anos, porém, os experientes marqueteiros pop adicionaram os novos estilos ao caldeirão, cozinhando as impurezas e condensaram-na em uma mercadoria insossa que ainda se chamava rock 'n' roll, mas era tão mansa e uniforme quanto o programa *American Bandstand* conseguiria torná-la. Em 1961, uma das novidades favoritas de Dylan era "Acne", de Von Schmidt, cantada em uma evocação dolorosa do som de Frankie Avalon, por vezes com Jack Elliott proporcionando apoio satírico adequado: "Found out I have acne (doo-wah) / Now you won't ask me (doo--wah) / Now you won't ask me to the senior prom" [em tradução livre, "Descobri que tenho acne (doo-wah) / Agora você não vai me convidar (doo-wah) / Agora você não vai me convidar para o baile de formatura"].

Em vez de refinar o estilo do rock 'n' roll, Dylan estava voltando às suas raízes, de Elvis a Jimmie Rodgers e a Carter Family, e de Little Richard a Rabbit Brown e Robert Johnson. As pessoas em geral veem esse processo como uma busca pela pureza rural, mas na cena de Nova York também havia uma longa história de música folk sobrepondo-se a estilos pop afro-americanos mais recentes. Quando Lead Belly morreu em 1949, Alan Lomax organizou um concerto memorial que incluiu Pete Seeger, Woody Guthrie, Jean Ritchie e o reverendsso Gary Davis, mas também Hot Lips Page, Sidney Bechet, Count Basie e Sonny Terry e Brownie McGhee acompanhando o irmão, Stick, que havia acabado de chegar ao topo das paradas de R&B com um hit de rock chamado "Drinkin' Wine Spo-Dee-O-Dee". Oscar Brand também tocou naquela noite e, quando publicou sua história pioneira do renascimento do folk, *The Ballad Mongers*, em 1962, observou essas conexões e sugeriu que artistas como Elvis Presley continuassem a servir como ponte entre os estilos pop e roots: "Como o treinamento dele refletia a concatenação sulista da música country e do gospel, isso ajudou a tornar o folk mais palatável em geral".

Alguns fãs de folk ficaram indignados com essa comparação, já que Presley simbolizava tudo o que eles odiavam: um simulacro de Hollywood de blues autêntico, adotado pela Madison Avenue como uma forma de vender a cultura negra sem mostrar rostos negros; mas a visão de um jovem Elvis gritando "You ain't nothin' but a hound dog" sem dúvida preparou muitos jovens para a energia rude de Bob Dylan cantando músicas de Woody Guthrie na Folk City. "Toquei todas as músicas folk com uma atitude rock 'n' roll", Dylan recordou. "Foi isso que me tornou diferente e me permitiu atravessar toda a bagunça e ser ouvido". Era fácil perder essa conexão nas músicas de Woody Guthrie — embora ele obviamente tivesse inflexões e ritmos diferentes dos de Guthrie —, mas isso se tornou cada vez mais claro à medida que ele mergulhou no blues.

Quando Dylan alcançou um grande público alguns anos depois, foi principalmente como compositor, então seu crescimento artístico tendeu a ser rastreado nesses termos — ele veio para Nova York cantando composições de Guthrie, escreveu suas primeiras músicas no estilo de Guthrie e depois expandiu para outros estilos. Essa narrativa funciona se fosse possível imaginar ele chegando ao lado da cama de Woody, escrevendo as duas músicas originais de seu primeiro disco, "Song to Woody" e "Talkin' New York", e então prosseguindo para "Blowin' in the Wind" e "The Times They Are a-Changin'", mas isso ignora todas as outras mudanças pelas quais ele estava passando naqueles anos.

Para começar, havia seu estilo de gaita. Dylan não parece ter tocado muito o instrumento antes de vir para o leste, mas seu primeiro show regular na cidade foi como acompanhante de gaita de Fred Neil, um cantor influenciado pelo blues que comandava as festas no Café Wha?. Ele rapidamente se estabeleceu como parceiro valioso e, naquele contexto, tocou de forma bem diferente do que tocaria mais tarde em seus próprios discos. Dylan se tornaria conhecido por seu jeito de tocar a gaita em um suporte de metal, deixando as mãos livres para tocar violão; seu estilo era enérgico e eficaz e se tornou um dos sons mais distintos da época. Tecnicamente, porém, ele nunca atingiu o nível de seu trabalho com gaita neste período inicial, quando estava se concentrando no instrumento e o segurava nas mãos ou pegava e largava para adicionar efeitos tonais e rítmicos. Uma gravação caseira de dezembro de 1961 inclui sua versão de seis minutos da obra-prima de Sonny Terry, "Long John", alternando um poderoso som rítmico com lamentos, gemidos e imitações de trens de carga barulhentos e cães latindo e, embora não esteja no nível de Terry, é uma performance surpreendente que merece crédito.

Pelos padrões da época e do lugar, a forma de tocar de Dylan se destacou, e suas primeiras gravações profissionais foram tocando gaita como acompanhamento. A mais impressionante em termos pop foi uma sessão para o disco *Midnight Special* de Harry Belafonte, que exibiu seu acompanhamento lamentoso na faixa-título, e também tocou em três músicas de Carolyn Hester, uma cantora e guitarrista do Texas que havia sido contratada pela Columbia Records como resposta a Joan Baez. Pelos padrões do blues, porém, seu maior feito foi acompanhar Big Joe Williams, um autêntico mestre do Mississipi, em várias músicas para Victoria Spivey, uma importante artista de blues da década de 1920 que havia acabado de lançar sua própria gravadora. Williams e Dylan alegaram que seu relacionamento remontava há muito tempo — Williams às vezes dizia que havia conhecido Dylan na década de 1940 e Dylan disse que seguia Williams pelas ruas de Chicago quando criança — e, qualquer que seja a verdade dessas alegações, eles claramente gostavam um do outro e de tocar juntos. Len Kunstadt, parceiro de Spivey, ficou surpreso com o relacionamento deles, dizendo que pouquíssimas pessoas conseguiam tocar com Williams: "Ele é errático, irregular, imprevisível, e nunca vi ninguém acompanhar Big Joe tão bem."

As habilidades de Dylan com o violão estavam se desenvolvendo junto com as da gaita. Van Ronk lembrou que ele era muito inquieto para aprender arranjos com precisão, mas que rapidamente pegou os rudimentos do dedilhado e um repertório de músicas com pitada de ragtime de Van Ronk, Elliott e Von Schmidt: "Cocaine Blues", "Candy Man" e "Baby, Let Me Follow You Down" se tornaram itens básicos de seu repertório, e ele as tocou com habilidade relaxada e swing. Onde ele realmente se soltou e deixou sua marca, no entanto, foi na fusão de licks de blues dedilhados com o ritmo de palheta de seus dias de rock 'n' roll. Essa execução tinha frescor e potência que combinavam com a intensidade exagerada de seu canto e proporcionava um contraste com performances melancólicas como "Song to Woody" e "He Was a Friend of Mine".

Dylan também estava começando a desenvolver algumas habilidades de composição — Kweskin diz que estava constantemente rabiscando em blocos de notas —, mas, no momento, suas músicas originais eram novidades em um grande saco de material tradicional e semitradicional. Entre a multidão neo-étnica, composição era algo que tendia a ser visto com desconfiança, em grande parte porque estava associada à geração Seeger-Weavers e às tendências pop-folk. Os músicos mais antigos adulteraram a tradição com fabricações pseudoproletárias como "If I Had a Hammer" e "Kisses Sweeter than Wine", e agora uma nova onda de criadores de sucessos estava agravando o crime com lixo piegas, como "They

Call the Wind Mariah" e "Scarlet Ribbons (For Her Hair)". Até mesmo os mais hardcore abriram exceções em alguns contextos — fazia sentido escrever uma letra temática se você estivesse cantando em um comício ou manifestação —, mas se quisesse cantar sobre bandidos ousados ou dores do amor desprezado, havia séculos de ótimo material disponível, de "Gypsy Davy" a "Black Snake Moan". Cantores folk sérios e autênticos se apegavam ao material tradicional, que tocavam na melhor aproximação possível dos estilos tradicionais.

O blues, porém, era um pouco diferente, porque a improvisação fazia parte da tradição. Todos os antigos cantores de blues misturavam e combinavam versos, adicionando novos quando esqueciam uma rima ou tinham alguma inspiração, e todos tentavam colocar sua própria marca no que cantavam. Dylan se apresentou como alguém que estava absorvendo música diretamente de artistas de raízes tradicionais. Em sua primeira entrevista para um jornal, ele disse a Robert Shelton, do *New York Times*, que havia aprendido canções de Mance Lipscomb, Jesse Fuller e do mítico Wigglefoot, como também de discos de Rabbit Brown, Blind Lemon Jefferson, Ray Charles e Little Walter. Quando Israel Young, que dirigia o Folklore Center em MacDougal, o questionou sobre as notas do programa de seu primeiro concerto formal no Carnegie Chapter Hall, ele falou que havia passado um tempo com Blind Arvella Gray e descreveu uma tarde na casa de Alan Lomax em que trocou canções com Bessie Jones, do Georgia Sea Island Singers. A conexão que ele estava estabelecendo ia além do repertório e da técnica: os nova-iorquinos estavam aprendendo tradições rurais como forasteiros e precisavam ter cuidado para fazê-las corretamente, mas Dylan agia como um *insider*, alguém que havia aprendido tudo o que surgia em seu caminho enquanto vagava pelo país: "Eu canto velhas canções de jazz, canções sentimentais dos cowboys, coisas das paradas de sucesso do Top 40 — as pessoas têm que dar um nome a elas, e então as chamam de 'música folk'". Ele não estava apenas aprendendo com o folk; ele era um deles, e soava como tal. Ele disse a Young que seus cantores favoritos eram Van Ronk, Elliott, Stampfel, Kweskin e Von Schmidt, todos individualistas de voz áspera, e se colocou na mesma classe: "Minhas músicas não são fáceis de ouvir".

Dadas suas habilidades e gostos, o blues foi uma direção natural para Dylan explorar. Era aí que os tocadores de violão acústico do Gaslight Café se sobrepuseram às bandas de rock do No Name Jive, e a convergência o libertou para moldar seu próprio som. Quando ele cantava músicas de Woody Guthrie, ele soava muito como Woody ou Jack Elliott, mas quando cantava blues, soava como ninguém mais, e sua abordagem idiossincrática aos estilos afro-americanos atraiu atenção em alguns lugares surpreendentes. Quatro meses após chegar a Nova York, ele conseguiu uma apresentação na mais prestigiada casa de shows da cena neo-étnica, o Gerdes Folk City, abrindo para o lendário John Lee Hooker, alguns meses depois seus talentos foram reconhecidos por outra lenda, o produtor musical John Hammond. Hammond havia supervisionado as últimas sessões de Bessie Smith, estava atualmente liderando a reedição das gravações de Robert Johnson e havia ficado famoso por descobrir Billie Holiday, Count Basie e, na época, Aretha Franklin, com seus 18 anos. Ele também lutou contra a lista negra, persuadindo a Columbia Records a contratar Pete Seeger, e estava se ramificando para o cenário do folk mais jovem. Ele trouxe Carolyn Hester para a Columbia e conheceu Dylan em um ensaio no apartamento que Hester dividia com o marido, um tocador de dulcimer chamado Richard Fariña. Hammond ficou mais impressionado com a atitude e aparência do jovem do que com sua musicalidade, mas achou que ele tinha algo especial, e, quando ouviu "Talkin' New York", fechou o negócio: "Foi um daqueles lampejos. Pensei: 'Preciso falar sobre contrato agora mesmo'".

Provavelmente ajudou o fato de Dylan ter aparecido para a sessão de gravação de Hester depois de uma crítica entusiasmada do *New York Times*. Ele estava no Folk City de novo naquela semana, abrindo para os Greenbriar Boys, a principal banda de bluegrass do Village, e o Times fez uma crítica escandalosamente positiva, mencionando as atrações principais apenas nos dois últimos parágrafos. Nenhum outro jovem músico havia recebido esse tipo de atenção, e o autor da crítica, Robert Shelton, continuaria a aparecer em momentos importantes nos anos seguintes. Na verdade, Shelton pode ter se envolvido em conseguir a reserva do Folk City para Dylan e certamente foi além da prática jornalística normal ao impulsionar a carreira dele e estabelecê-lo como um arquétipo do boêmio desleixado. Escritores que descreveram outros artistas do sexo masculinos em termos de música consistentemente chamavam a atenção para a aparência e as roupas de Dylan, e praticamente todas as descrições se assemelhavam ao original de Shelton: "Parecido com um cruzamento entre um menino de coro de igreja e um beatnik, o Sr. Dylan tem aparência angelical e um tufo de cabelo desgrenhado que cobre parcialmente com um boné de veludo cotelê preto Huck Finn." A voz de Dylan era "tudo, menos bonita", mas isso apenas acentuava a pureza de sua arte: "Ele está conscientemente tentando recapturar a beleza rude de um trabalhador braçal do sul. Ele pode murmurar o texto de 'House of the Rising Sun' com um rosnado ou entre soluços de forma dificilmente compreensível, ou enunciar claramente a pungência poética de um blues de Blind Lemon Jefferson". Shelton expandiu esses elogios nas notas do encarte do primeiro álbum de Dylan, escrevendo sob o pseudônimo de Stacey Williams, e Dylan disse a Izzy Young que passava suas horas vagas praticando piano na casa do escritor. Esse relacionamento, sem dúvida, exacerbou o ressentimento de alguns colegas de Bob: Shelton lembrou que o artigo do *Times* foi aplaudido por Van Ronk e Elliott, mas "grande parte da roda musical do Village reagiu com ciúmes, desprezo e zombarias". Quando um contrato de gravação com a Columbia veio na sequência, "Dylan sentiu a ferroada do ciúme profissional. Ele começou a perder amigos tão rápido quanto os havia feito". Na opinião de Shelton, isso era em grande parte o que foi chamado de 'playa-hating' [gíria para ódio por aqueles que conseguem se projetar, em tradução livre]: "O mundo folk tendia a tentar derrubar qualquer um que estivesse 'se dando bem'", mas o problema não era apenas a quantidade de atenção que Dylan estava recebendo; era o tipo de atenção. Ele estava sendo tratado como um novo tipo de celebridade, um intrigante personagem jovem de Jack Kerouac cuja música evocava simultaneamente as minas de carvão do Kentucky e os clubes beatnik. Em um artigo da *Playboy* sobre o crescente boom folk, Nat Hentoff escreveu:

> Bob Dylan, um andarilho de 22 anos... De alguma forma assimilou um arco-íris de estilos, do blues negro arcaico ao lamento ácido das montanhas brancas, e emergiu como um cantor penetrantemente único, além de um habilidoso tocador de gaita e violão. Dylan, o mais vital dos jovens citadinos, parece a princípio um cervo acuado; mas quando começa a cantar, o garoto franzino com boné de veludo cotelê preto, suéter verde e calças de veludo cotelê azul atrai o público para suas histórias como se fosse um antigo bardo.

A revista *Time*, em uma matéria de capa com Joan Baez, escreveu:

> A tradição de Broonzy e Guthrie está sendo levada adiante por um grande número de discípulos, mais notavelmente um jovem errante e promissor chamado Bob Dylan. Ele tem 21 anos e é de Duluth. Ele se veste com pele de carneiro e um boné preto de veludo cotelê Huck Finn, que cobre apenas uma pequena parte do cabelo longo e desgrenhado. Ele faz visitas a Woody Guthrie no hospital e canta suas músicas com um nasal estudado que tem a honestidade certa de um prendedor de roupa no nariz e apela àqueles que mais se importam.

A ironia da última frase tipificou as atitudes tradicionais em relação a todo cenário folk, e provavelmente apareceria em uma crítica aos New Lost City Ramblers, mas os Ramblers sempre deixaram claro que estavam explorando as tradições de outras pessoas: eles dedicaram suas vidas a tocar música rural autêntica, procurando músicos mais velhos e ajudando-os a gravar e encontrar empregos no crescente circuito de revival. Por seus esforços, eles foram recompensados com pequenas plateias em campi universitários e gravaram para o selo Folkways, que era mal distribuído e mal pagava; ninguém se empolgava com seus cabelos longos e desgrenhados ou os comparava a filhotes de cervo acuados. Enquanto isso, Dylan estava cantando músicas antigas de uma forma que parecia fresca e distinta para algumas pessoas, mas que muitos tradicionalistas consideravam forçada, pretensiosa e inepta.

Mais precisamente, nem a *Playboy* nem a *Time* teriam dado a Dylan esse tipo de cobertura se ele não estivesse em uma grande gravadora nacional, e muitas pessoas não conseguiam entender o que ele estava fazendo ali. Além do pequeno e fervoroso grupo de admiradores que ele havia cultivado no Village, poucos ouvintes achavam que ele era algo especial, e quando seu disco chegou às lojas, o público em geral não ficou nem emocionado nem indignado, mas simplesmente o ignorou. As vendas foram baixas, e na Columbia ele ficou conhecido como "a Viagem de Hammond".

No contexto da carreira posterior de Dylan, esse primeiro disco é particularmente interessante pelo que sugere sobre seus gostos e habilidades musicais. Billy James, o publicitário da Columbia designado para escrever sua biografia, ficou impressionado pela estranheza de "um jovem branco e magro soando como um homem negro de 80 anos... E fazendo isso com certeza e intensidade, e aquela compreensão inabalável de quem ele era e o que queria fazer". Isso significava que ele pensava em Dylan como uma espécie de Elvis Presley acústico, e essa analogia não é apenas um produto da retrospectiva. O cerne do purismo neo-étnico era uma distinção entre música de raiz autêntica e degradações comerciais, e o escopo dessa distinção não se limitava às melodias de violino dos Apalaches e aos vocais do campo do Delta; a verdadeira música country era Jimmie Rodgers, não Jim Reeves; o verdadeiro jazz era Bunk Johnson ou Thelonious Monk, não Dukes of Dixieland ou Dave Brubeck (embora Paul Desmond fosse bom); o verdadeiro blues era Muddy Waters, não B. B. King (pelo menos não B. B. King com uma banda de instrumentos de sopro); o verdadeiro rock 'n' roll era Little Richard, Buddy Holly ou Elvis Presley na Sun, mas não Pat Boone, Frankie Avalon ou o Elvis do disco *Blue Hawaii*. A *Little Sandy Review* se referia com aprovação à "voz selvagem, quase presleyana" de Eric Von Schmidt, e quando Dylan disse a Shelton que havia gravado com Gene Vincent em Nashville, foi uma afirmação de autenticidade, não uma divergência dela. Longe de obscurecer suas raízes rockabilly, as notas do encarte daquele primeiro LP apontavam que a "'Highway 51' é de um tipo cantado pelos Everly Brothers" e listava suas influências como sendo "Hank Williams, o falecido Jimmie Rodgers, Jelly Roll Morton, Woody Guthrie, Carl Perkins, o Elvis Presley do começo".

Em termos musicais, aquele álbum era um conjunto variado. Além de "Song to Woody" e "Talkin' New York", trazia três músicas gospel, dois blues diretos, dois blues ragtime, um hillbilly blues de iodelei, uma balada britânica animada, o arranjo de Van Ronk de "House of the Rising Sun" retrabalhado com palhetadas à la Guthrie ou Elliott, e "Man of Constant Sorrow", um lamento country comovente que Dylan mais tarde descreveu como a performance de maior sucesso do disco. Em retrospecto, a maioria dos escritores tendeu a destacar as duas músicas originais, que, junto com a escolha de Dylan, montam sua imagem como baladeiro guthriesco evoluindo para compositor; mas a maioria das seleções aponta para outra direção, e as primeiras sessões para seu álbum seguinte as reforçam. Dylan continuou escrevendo músicas, incluindo algumas sobre temas do momento na tradição de Guthrie, mas ele estava simultaneamente estendendo sua musicalidade por meio da imersão cada vez mais profunda no blues.

Bob Dylan foi lançado em março de 1962, e pouco mais de um mês depois ele voltou ao estúdio Columbia e editou mais quatorze músicas.

Elas incluíam suas primeiras composições políticas: a satírica "Talking John Birch Paranoid Blues", a assustadora "Let Me Die in My Footsteps" e a sombria e didática "Death of Emmett Till". Havia três outras composições originais — algumas novidades do tipo de "Talking" e um conto de estilo Guthriesco, "Rambling, Gambling Willie" — e trazia também uma canção de Hank Williams e "Sally Gal", o som de baile folk movido a gaita que havia impressionado Stampfel um ano antes. Mas as seis canções restantes eram blues puro, incluindo regravações de "Milk Cow's Calf" de Robert Johnson e "Louisiana Blues" de Muddy Waters.

Nenhuma dessas gravações entrou no álbum que acabou sendo lançado como *The Freewheelin' Bob Dylan*, e na sessão seguinte em julho, Dylan gravou "Blowin' in the Wind", a canção que mudou tudo; mas na época ele parecia não reconhecer que aquela música apontava uma nova direção: a sessão de julho começou com um de seus esforços mais selvagens, "Babe, I'm in the Mood for You", um salto exuberantemente solto em melodia tradicional pontuada por gritos orgásticos, e quatro das outras cinco músicas eram blues de um tipo ou outro. A música estranha — confusamente intitulada "Bob Dylan's Blues" — era um longo monólogo rimado que, em retrospecto, pressagiava excursões posteriores ao surrealismo lírico, mas na época parecia mais um aceno para Guthrie, completado com uma introdução que imitava o sotaque de Oklahoma de Woody: "Ao contrário da maioria das músicas hoje em dia que estão sendo escritas na Tin Pan Alley — o lugar de onde a maioria das canções folclóricas vem hoje em dia — esta é uma canção, isso não foi escrito lá. Foi escrita em algum lugar dos Estados Unidos."

A Columbia tinha vinte e uma músicas prontas até então, mais do que o suficiente para um disco que seria a continuação lógica da estreia de Dylan. Teria mais algumas músicas originais, mostrando sua crescente habilidade como escritor, e seu trabalho com o blues também ficava mais seguro; o dedilhado no violão estava mais especializado e distinto, os vocais mais confiantes e várias letras tinham sido remodeladas a ponto de poderem ser consideradas composições originais. Em vez disso, em agosto, Dylan assinou com um novo empresário, Albert Grossman, e todas as apostas antigas foram canceladas. Em vez de lançar o disco esperado, ele ficou fora do estúdio pelos três meses seguintes e, quando voltou no final de outubro, foi com uma banda de apoio de piano, baixo, bateria e guitarra elétrica. O som era um retorno aos primeiros sucessos da Sun, completo com um cover de "That's All Right, Mama" de Elvis, e no início de 1963 a Columbia lançou o primeiro single de Dylan, um rockabilly de sua autoria chamado "Mixed-Up Confusion".

Dylan tende a rejeitar essa incursão no rock 'n' roll puro, dizendo que escreveu "Mixed-Up Confusion" em um táxi a caminho do estúdio e nunca teve muito interesse no single resultante, mas alguém deve ter ficado esperançoso com a canção, já que a equipe de gravação dedicou três sessões para acertá-la e completou quinze *takes* dela. Em retrospectiva, essas sessões claramente prenunciaram a evolução musical posterior de Dylan, até o aparecimento de Bruce Langhorne, que tocou guitarra em *Bringing It All Back Home* em 1965, abrindo "That's All Right" com o mesmo riff que tocaria em "Maggie's Farm". Considerando o que estava nas paradas naquele momento, no entanto, foi uma venda difícil. A *Billboard* deu ao single uma classificação de quatro estrelas, indicando "potencial comercial suficiente para merecer ser estocado por revendedores", mas se alguém agiu de acordo com o conselho, deve ter ficado desapontado. Não deu em nada; a música foi rapidamente esquecida, e embora a faixa do outro lado, "Corinna, Corinna", tenha entrado na versão final de *Freewheelin'*, ela tinha um acompanhamento mais contido e atraiu pouca atenção.

De fato, quando o álbum foi lançado em junho de 1963, a ideia de comercializar Dylan como um intérprete de blues distinto, um inventor do violão com estilo e quase rock 'n' roll havia sido abandonada. Ele gravou mais treze faixas, mas apenas duas eram blues e nenhuma foi incluída no disco finalizado. Em vez disso, ele renasceu como compositor, os três covers de blues do álbum foram descartados como preenchimento, e ele se tornou a voz poética e a consciência de uma geração.

Capítulo 4

BLOWIN' IN THE WIND

Enquanto os revivalistas neo-étnicos do folk em Greenwich Village insistentemente tentavam dominar os antigos estilos rurais do sul, uma nova geração de cantores sulistas estava envolvida em um tipo muito diferente de revival. Guy Carawan nasceu em Los Angeles em 1927, mas seus pais eram das Carolinas, e, por volta dos vinte anos, ele se interessou pela música folk como forma de se reconectar a suas raízes. Em 1953, munido de um diploma em sociologia, ele fez sua primeira viagem ao sudeste com dois amigos músicos, Frank Hamilton e Jack Elliott, "cantando nas esquinas, em lojas do interior, postos de gasolina, bares, em festivais de folk e no rádio". Ele se apaixonou pela região e por sua música, e também se interessou pelo emergente movimento pelos direitos civis. Em 1957, ele foi para Moscou com Peggy Seeger para participar de um Festival Mundial da Juventude, foi para a China desafiando uma proibição de viagens do Departamento de Estado, depois voltou para os Estados Unidos e começou a fazer turnês por faculdades, cantando e falando sobre suas experiências. Ele gravou seu primeiro disco para a Folkways em 1958, uma coleção de canções tradicionais, e a *Little Sandy Review* o listou ao lado de Elliott como um jovem cantor urbano que estava absorvendo e retrabalhando estilos rurais com sucesso. Nas notas do encarte, ele explicou que havia reagido contra as canções políticas do momento no cenário folk: "Toda a ideia de cantar sobre o contexto presente e eventos recentes parecia muito estranha para mim e eu não gostava daquilo". No entanto, ele havia percebido gradualmente que o obstáculo para si era "o fato de muitas dessas canções serem ruins", e decidiu que havia um lugar para boas canções novas que expressassem preocupações contemporâneas — embora em seus próprios discos ele continuasse a se manter no material tradicional. No ano seguinte, por recomendação de Pete Seeger, ele foi contratado como diretor musical da Highlander Folk School no Tennessee.

A Highlander era um centro educacional para organizadores comunitários, fundado durante as lutas trabalhistas da década de 1930, sua filosofia era ensinar providenciando recursos e assistência, e não colocando sua equipe como autoridades ou líderes. Na década de 1950, a escola começou a sediar workshops sobre questões raciais, dando apoio a ativistas afro-americanos no estabelecimento de "escolas libertárias" que ensinavam as habilidades necessárias para testes de registro de eleitores, espalhando a filosofia da resistência não violenta e proporcionando a organizadores de várias regiões um lugar para se encontrar, compartilhar experiências e formular táticas. Rosa Parks estava na Highlander em 1954 e alguns meses depois desafiou o sistema de trânsito segregado de Montgomery, desencadeando o boicote a ônibus que, por sua vez, trouxe Martin Luther King para o movimento. Uma foto de 1957 mostra Parks, King e Seeger em Highlander para o vigésimo quinto aniversário da escola, e outra foto dessa visita logo foi estampada em outdoors ao redor do Sul sob letras maiúsculas gritantes: MARTIN LUTHER KING NA ESCOLA DE TREINAMENTO COMUNISTA.

De acordo com a filosofia da Highlander, Carawan descrevia seu trabalho como "ajudar as pessoas a conseguir cantar e compartilhar suas músicas. Quando alguém começava a cantar, eu dava suporte de leve com o violão para que se encorajassem e continuassem". Ele também ajudou a espalhar músicas de um grupo para outro e, seguindo o modelo dos membros do grupo The Almanacs, encorajou os ativistas a retrabalhar o material para atender às suas necessidades. Em particular, ele sugeriu adaptar hinos e cânticos de trabalho escravo familiares.

> Algumas pessoas ficaram ofendidas no início — eram músicas sobre salvação muito pessoais. Mas, por vezes, as pessoas eram repentinamente levadas a mudar uma palavra — como Bernice Johnson Reagon fez quando mudou "over my head I see trouble in the air" ["acima da minha cabeça vejo problemas no ar", em

> tradução livre] para "*freedom* in the air" ["liberdade no ar", em tradução livre] — e algo acontecia. As pessoas perceberam que essas eram suas músicas e que poderiam mudá-las para expressar o que estavam sentindo.

Logo, centenas de músicas e versos estavam sendo adaptados: "This Little Light of Mine" mudou da luz de Jesus para a luz da liberdade, e "Keep your hand on the plow" ["mantenha a mão no arado", em tradução livre] se tornou "Keep your eyes on the prize" ["Mantenha os olhos no objetivo", em tradução livre]. No processo, músicas que tinham sido esquecidas no Sul e reavivadas por cantores folk urbanos voltaram às origens: Seeger ficou preocupado que sua versão de "Michael, Row the Boat Ashore" soasse insípida, e a versão que os Highwaymen levaram ao topo das paradas pop em 1961 era ainda mais diluída, mas o brando sucesso de rádio foi recuperado por manifestantes do sul, e em uma cela de prisão em McComb, no Mississipi, o ativista de direitos civis Bob Moses foi aplaudido ao ouvir outros prisioneiros cantando "Michael row the boat ashore, aleluia... Mississippi's next to go, aleluia".

Em 1960, Carawan organizou um workshop para discutir o papel da música no movimento a favor da liberdade no sul e apresentou uma música que Seeger havia aprendido com outro membro da equipe da Highlander, Zilphia Horton, na década de 1940. Ela cantou como "We Will Overcome", mas Seeger mudou "will" para "shall", e quando Carawan e seus compatriotas a cantaram algumas semanas depois na conferência de organização do Student Nonviolent Coordinating Committee [SNCC, 'Comitê de Coordenação Não Violenta Estudantil', em tradução livre], ela se tornou um hino. Bernard LaFayette, do Nashville Quartet, um dos primeiros grupos de canto do movimento, relembrou seu poder: Em 1961, ele era um "cavaleiro da liberdade", viajando pelo Sul com um grupo inter-racial para acabar com a segregação em estações de ônibus e acomodações públicas, e em Montgomery eles foram encurralados por uma multidão armada e furiosa.

> Nossa única esperança era ficarmos juntos. Demos as mãos em um círculo e começamos a cantar "We Shall Overcome". A música tem significados diferentes em momentos diferentes. Às vezes, você está cantando sobre problemas em todo o mundo: "We shall overcome" ["Nós venceremos", em tradução livre];

> em outras está cantando sobre problemas na comunidade local: "We shall overcome". Mas naquela estação de ônibus era uma oração — uma canção de esperança de que sobreviveríamos e que mesmo se nós naquele grupo não sobrevivêssemos, então nós como um povo venceríamos.

Na década de 1930, os Almanac Singers sonhavam com um movimento trabalhista com música, mas descobriram que poucos trabalhadores estavam interessados. No movimento pelos direitos civis do sul, seu sonho se tornou realidade. Em todo o Sul, as pessoas compunham canções, muitas adaptadas de canções de trabalho escravo e favoritas do gospel, mas também retrabalhando blues, hoedowns e sucessos de R&B. As mais populares eram composições simples e comunitárias que mudavam e cresciam conforme os manifestantes adicionavam novos versos para se adequar ao momento ou à sua inspiração. Seeger escreveu que quando pedia aos manifestantes as palavras de uma música, eles frequentemente diziam: "Não há letras" — a música básica era apenas uma estrutura, e o melhor que ele conseguia coletar eram "*algumas* palavras", as letras que uma pessoa ou grupo em particular sentia vontade de cantar em um dia específico. Os manifestantes cantavam em reuniões da igreja, em marchas, em protestos e para manter o ânimo na prisão. Muitos eram adolescentes, e em abril de 1962 a terceira edição do boletim informativo de Nova York, *Broadside,* incluía uma música usando a melodia de um sucesso de dança recente, "(Baby) Hully Gully", retrabalhada como "Freedom, Freedom Rider" por Marilyn Eisenberg, que passou um mês e meio na notória fazenda prisional de Parchman, no Mississipi. Uma nota explicativa dizia: "Na prisão, as meninas estavam sempre dançando — o Twist, o Watusi e o Hully Gully eram suas favoritas". Na página seguinte, havia uma queixa ousada sobre os abrigos antiaéreos sendo escavados em cidades por toda a América em preparação a uma guerra nuclear iminente, intitulada "I Will Not Go Down Under the Ground". Ela denunciava o alarmismo onipresente, a ideia de que "em vez de aprender a viver, estão aprendendo a morrer", e seu autor era Bob Dylan.

Na década de 1950, havia poucas oportunidades para esquerdistas urbanos cantarem em comícios e piquetes. Isolados, atormentados e desencorajados, alguns continuaram a escrever canções temáticas, provando que continuavam na luta e lembrando uns aos outros que não estavam sozinhos, mas suas composições circulavam apenas em reuniões privadas e pequenos bailes, em acampamentos de verão progressistas, em gravações ocasionais e nas páginas da *Sing Out!* Seus modelos eram Woody Guthrie e os Almanacs, e o artista mais visível era Pete Seeger, cuja produção prolífica para a Folkways incluía um disco de 1958, *Gazette, Vol. 1*, com composições atualizadas sobre tudo, da Ku Klux Klan às viagens espaciais. Em 1961, Seeger fez uma turnê pelas Ilhas Britânicas e ficou surpreso com a vitalidade do cenário folk de lá, e em particular com a quantidade de composições musicais temáticas. Os clubes de folk se encontravam nos fundos de pubs por toda a Inglaterra e Escócia, e jovens compositores estavam fazendo "canções exigindo o fim da insanidade da bomba atômica, canções escandalizando políticos corruptos, canções dizendo francamente ao Tio Sam para tirar seus submarinos nucleares da (base naval) Clyde e enfiá-los naquele lugar". De volta aos Estados Unidos, ele sugeriu à sua antiga colega de trabalho do Almanac, Sis Cunningham, que eles deveriam encorajar um florescimento semelhante de novas canções, e ela lançou uma publicação quinzenal impressa em casa misturando partituras com newsletter chamada *Broadside*.

A edição de estreia de oito páginas da *Broadside* apareceu em fevereiro de 1962 e incluía a primeira música impressa de Bob Dylan, uma sátira da paranoia anticomunista chamada "Talking John Birch". Dois meses depois, "I Will Not Go Down Under the Ground" lamentava: "There's been rumors of wars and wars that have been / The meaning of life has been lost in the wind" ["Há rumores de guerras e guerras que se foram / O significado da vida se perdeu no vento", em tradução livre]. E no final de maio, a primeira página da edição 6 foi ocupada por uma extensão de três versos desse pensamento, intitulada "Blowin' in the Wind". Uma nota na página seguinte anunciou o lançamento do primeiro disco de Dylan e um songbook projetado, e acrescentava: "Com apenas 20 anos, alguns o consideram o compositor mais próximo que tivemos de Woody Guthrie nos últimos anos". Também prometia que uma edição futura incluiria sua "Ballad of Emmett Till", sobre o assassinato de um adolescente negro no Mississipi.

A *Broadside* tinha bons motivos para estar animada. A newsletter logo se tornaria um fórum para uma geração de jovens compositores: Tom Paxton, Phil Ochs, Len Chandler, Buffy Sainte-Marie e Peter LaFarge, assim como Malvina Reynolds, uma esquerdista mais velha que contribuiu com dezenas de músicas, incluindo "Little Boxes" e, claro, Pete Seeger. Naquelas primeiras edições, no entanto, Dylan era a nata de uma safra bastante insignificante. Gil Turner, que comandava o Folk City Hoots e atuava com Seeger como consultor do boletim informativo e olheiro de talentos — as memórias divergem quanto a qual deles trouxe Dylan a bordo — sugeriu na declaração de abertura da primeira edição que ele estava ciente disso, escrevendo: "O objetivo da BROADSIDE não é tanto selecionar e decidir, mas sim circular o máximo de músicas possível e lançá-las o mais rápido possível... A única forma de descobrir se a música é boa é proporcionar a ela ampla circulação e deixar que os cantores e ouvintes decidam por si mesmos".

Sempre houve uma relação de quem nasceu primeiro, o ovo ou a galinha entre a *Broadside* e seus colaboradores: ela fornecia um fórum para Dylan e seus colegas, e eles escreviam músicas temáticas em parte porque havia um fórum. Alguns fãs de Dylan acharam que isso era o caminho errado. Encerrando uma crítica entusiasmada de seu primeiro disco, a *Little Sandy* publicou: "Esperamos sinceramente que Dylan se afaste dos manifestantes, continue a escrever músicas próximas da maneira tradicional e continue a desenvolver sua maestria em seu estilo difícil, delicado e altamente pessoal"; mas o problema de Dylan não era que ele tinha energias limitadas e precisava canalizá-las; era que ele estava explodindo de tantas ideias e precisava de oportunidades para experimentá-las. Assim como suas habilidades de canto e com instrumentos, sua composição era crua, e a *Broadside* era mais um lugar onde ele poderia se apresentar e se testar. Ele não estava escrevendo músicas de protesto sobre abrigos nucleares e adolescentes assassinados no lugar das baladas de vagabundos errantes e blues apaixonados — ele estava escrevendo todo tipo de música e também aprendendo mais músicas antigas. No início de 1962, ele caiu no feitiço de Robert Johnson, cujas gravações da década de 1930 tinham acabado de ser relançadas pela Columbia — John Hammond lhe deu uma cópia antecipada do lançamento — e logo estava tocando versões de "Kind Hearted Woman" e "Rambling on My Mind" de Johnson.

A *Little Sandy* poderia argumentar que as canções políticas de Dylan eram mais fracas do que seu repertório anterior, mas isso não vem ao caso. Quando Moe Asch encomendou a Woody Guthrie um disco sobre Sacco e Vanzetti, anarquistas executados, Guthrie se orgulhou de sua capacidade de compor uma dúzia de canções sobre um assunto tão limitado e, embora nenhuma delas estivesse à altura de seus melhores trabalhos, ainda assim foi um feito impressionante e um exercício de sua arte.

Se algumas das canções políticas de Dylan eram medíocres, elas fizeram com que ele se esforçasse e desenvolvesse os músculos de composição. Ele vinha escrevendo constantemente, e os esforços mais desajeitados foram rapidamente esquecidos. No início de 1962, ele gravou um programa de rádio da *Broadside* com Seeger e Turner, e Pete começou pedindo algumas de suas novas músicas, e explicou: "De todas as pessoas que ouvi nos Estados Unidos, ele parece ser o mais prolífico" e perguntou: "Bob, você faz uma música antes do café da manhã todos os dias ou antes do jantar?"

Dylan primeiro objetou: "Não, às vezes posso ficar cerca de duas semanas sem fazer uma música". E então explicou:

> "Bem, essas são as músicas que eu canto... Eu escrevo um monte de coisas, na verdade, escrevi cinco músicas ontem à noite, mas dei todos os papéis por aí — foi em um lugar chamado Bitter End, e algumas eram apenas sobre o que estava acontecendo no palco. Eu nunca as cantaria em lugar algum. Elas eram apenas para mim e para outras pessoas; se me dissessem: 'escreva uma música sobre isso', eu escrevo."

Ele acrescentou que não era o tipo de compositor que "espalharia jornais pelo chão e escolheria um tema para escrever uma música", mas algumas de suas músicas eram nesse estilo, sobre incidentes específicos que ele via nos jornais ou na televisão. Ele estava escrevendo sobre o que lhe interessava e as pessoas com quem estava saindo, e neste ponto as "pessoas que protestavam" incluíam alguns de seus amigos mais próximos. Ele estava cercado de esquerdistas de vários tipos desde seus dias em Mineápolis — não havia como escapar disso na Boemia urbana — e em agosto de 1961 ele conheceu uma jovem de 17 anos chamada Suze Rotolo, que seria sua companheira, amante e, por vezes, musa, ao longo dos dois anos seguintes. Rotolo foi para um acampamento de verão socialista e foi suspensa do ensino médio por circular uma petição para "proibir a bomba"; foi voluntária do Committee for a Sane Nuclear Policy [SANE — sigla em inglês de Comitê para uma Política Nuclear Sã], participou da primeira marcha pelos direitos civis em Washington, em 1958, fez piquetes em filiais locais da Woolworth em apoio a protestos estudantis nos balcões de almoço do sul da loja e, em 1961, estava trabalhando no escritório de Manhattan do Congresso da Igualdade Racial (CORE).

Essa foi a primavera das passeatas pela liberdade, e os nortistas brancos que permaneceram alheios aos problemas no sul estavam sendo confrontados com fotos de passageiros, negros e brancos, sendo brutalmente espancados por grupos racistas e presos pela polícia que ignorava seus agressores. Nas palavras de Rotolo: "Os brancos estavam olhando para si mesmos e para o que sua história havia causado, como um animal doméstico tendo seu rosto enfiado em sua própria urina".

As primeiras músicas temáticas de Dylan abordavam uma lista de preocupações atuais — violência racista, paranoia da Guerra Fria, pena de morte —, mas no início de 1962 ele compôs uma letra que capturava o sentimento mais amplo e vago de que o mundo estava conturbado e antigas injustiças não podiam mais ser ignoradas. Em vez de contar uma história específica ou fazer uma argumentação didática, ela colocava questões: "How many years can some people exist before they're allowed to be free?" ["Quantos anos algumas pessoas podem existir antes de serem autorizadas a serem livres?", em tradução livre]; "How many times must the cannonballs fly before they are forever banned?" ["Quantas balas de canhão devem ser atiradas antes de serem banidas para sempre?", em tradução livre] e "How many times can a man turn his head and pretend that he just doesn't see?" ["Quantas vezes um homem consegue virar o rosto e fingir que simplesmente não vê?", em tradução livre]. Guthrie havia usado uma abordagem semelhante em sua música antiguerra mais explícita, que perguntava: "Why do your warships sail on my waters, why do your bombs drop down from my sky?" ["Por que seus navios de guerra navegam em minhas águas, por que suas bombas caem do meu céu?", em tradução livre]; mas Dylan combinou as perguntas diretas com outras que eram mais simbólicas: "How many years can a mountain exist before it is washed to the sea?" ["Quantos anos uma montanha pode existir antes de ser levada para o mar?", em tradução livre] e "How many seas must a white dove sail before she sleeps in the sand?" ["Quantos mares uma pomba branca deve cruzar antes de repousar na areia?", em tradução livre]. A melodia era cadenciada e bonita, adaptada de uma canção de escravos do século XIX que Odetta havia gravado havia pouco tempo: "No More Auction Block for Me".

Os amigos de Dylan na *Broadside* reconheceram imediatamente que "Blowin' in the Wind" era excepcional. Ele cantou a música para Gil

Turner no porão do Folk City, e Turner ficou tão impressionado que a tocou no palco naquela noite, enquanto lia a letra manuscrita grudada ao microfone. Por enquanto, porém, Dylan ainda estava buscando outras direções. Em um breve set no Folk City em abril de 1962 ele pode ser visto tocando principalmente músicas baseadas em blues, incluindo um honky-tonker do Texas, "Deep Ellum Blues", e quando ele seguiu com "Blowin' in the Wind", sua introdução soou quase apologética: "Isso aqui é, essa só é uma... é uma...". Ele fez uma pausa, procurando as palavras certas. "Não é uma música *de protesto* ou algo assim, porque eu não escrevo músicas de protesto. Eu tento fazê-las, ahn... Quero dizer, eu... Eu estou apenas escrevendo como algo meio... é algo a ser dito, para alguém... por alguém".

Dylan era conhecido como intérprete enérgico da música de raiz do sul e rural, e "Blowin' in the Wind" era algo diferente. No início do set, ele havia tocado "Talking New York", e o público aplaudiu a frase do dono da cafeteria que o dispensou: "Você parece um caipira! Queremos cantores folk aqui." Eles reconheceram a crítica como um símbolo de orgulho, prova de que, em vez de soar como os universitários inexperientes sendo comercializados como cantores folk, Dylan estava no mesmo campo de Dave Van Ronk e os New Lost City Ramblers, evocando as tradições étnicas autênticas de pessoas como Lemon Jefferson e Roscoe Holcomb. Só que "Blowin' in the Wind" não era o tipo de música que se ouviria em um bar no Texas ou em uma varanda dos fundos em Kentucky. Era música de cantor folk.

A introdução hesitante de Dylan pode ter refletido sua familiaridade com o público da Folk City e não suas próprias dúvidas, mas a música era uma inovação para ele, e ele entendeu que alguns ouvintes poderiam ficar com dúvidas. Em termos de habilidade de composição, era mais ambiciosa e habilidosa do que "Talking John Birch" ou "The Death of Emmett Till", mas essas músicas se encaixavam no resto de seu repertório, abordando preocupações do momento em uma linguagem rural forte. Seu primeiro disco tinha acabado de ser lançado e, como artista, ele ainda estava aprimorando seu estilo de blues, adotando uma abordagem cada vez mais ousada às letras e elaborando arranjos de guitarra mais concisos e consistentes. A *Broadside* estava lhe proporcionando um público diferente e a oportunidade de explorar uma atividade paralela Guthriesca, mas embora alguns leitores o classificassem como compositor de temas atuais, isso continuou sendo uma atividade paralela. Mesmo como escritor, suas letras políticas sempre foram superadas em número por canções sobre divagações e sentimentos românticos. Ele era a voz mais forte da *Broadside*, e algumas das canções que ele publicou lá se tornaram clássicos, mas a maioria eram iniciativas dispensáveis adaptadas a um público limitado cujo modelo ainda era Woody e os Almanacs.

Há uma tendência a pensarmos na composição como um esforço mais pessoal do que cantar ou tocar a música de outras pessoas, mas, naquele período, as composições originais de Dylan frequentemente soavam como derivadas de outras do que suas adaptações de material mais antigo: quando ele cantava uma canção de Robert Johnson, ele nunca soava como Johnson, mas suas próprias canções tendiam a ser muito parecidas com as de Woody. "Blowin' in the Wind" foi uma exceção, mas em 1962 ele não estava escrevendo tantas músicas assim. Levaria cinco meses até que ele compusesse outra letra importante, "A Hard Rain's a-Gonna Fall", e nesse meio tempo ele estava gravando as primeiras sessões de *Freewheelin'* e suas performances continuavam a depender fortemente do blues e do material tradicional.

No nível das casas de show, isso fazia sentido tanto artística quanto comercialmente. Os cafés de Greenwich Village desse período eram famosos por nutrir artistas no molde de Dylan, Van Ronk e Baez, uma mistura de cantores, compositores e tradicionalistas cantando blues e baladas antigas; mas as casas mais populares e prestigiadas do Village continuaram a apresentar jazz, e, mesmo as salas menores, que pagavam menos e contratavam cantores folk também tinham muito mais: em agosto de 1962, os colegas de Dylan na *Broadside*, Len Chandler e Tom Paxton, estavam tocando em residências de casas locais, e o nome de Chandler foi anunciado junto com um guitarrista de flamenco enquanto Paxton estava abrindo para um grupo de "músicos do Oriente Próximo".

Enquanto isso, Seeger estava lotando o Carnegie Hall, e em 22 de setembro ele organizou um baile folk na casa, patrocinado pelo *Sing Out!*, para apresentar novos artistas de talento: o compositor escocês Matt McGinn, cujas letras temáticas e atrevidas o haviam inspirado durante sua visita britânica; Bernice Johnson do Freedom Singers; uma banda de bluegrass de Boston chamada Lilly Brothers; e Dylan, tocando para o maior público que já havia enfrentado. Seeger vinha acompanhando o crescimento de Dylan como compositor e já o descrevia como "um jovem poeta, um verdadeiro poeta", mas Dylan primeiro mostrou suas habilidades musicais, abrindo com a gaita explosiva de "Sally Gal" e o toque pungente de "Highway 51". Então veio "Talking John Birch", uma escolha perfeita para o público de Seeger, que arrancou risadas entusiasmadas e uma grande ovação, depois da qual ele deixou o clima austero com "Ballad of Hollis Brown", sobre um homem que é levado a matar sua família inteira pela pobreza, e terminou com a primeira grande apresentação de "A Hard Rain's a-Gonna Fall". No *New York Times*, Robert Shelton escreveu que Dylan "encantou e cativou seu público" e descreveu suas letras como tendo "um pé plantado no folk coloquial das planícies americanas e o outro nos 'mares explorados' pelos poetas simbolistas". A citação vinha de uma nota que Woody Guthrie havia escrito na década de 1940, "Eu tenho que ficar longe das águas do Velho Walt Whitman", que Seeger havia citado em um artigo para a *Little Sandy Review*, e embora a maioria dos leitores sem dúvida não tenha percebido a referência, ela carregava uma mensagem poderosa para os insiders: Dylan havia calçado os sapatos de Guthrie e agora caminhava para onde Guthrie temia pisar.

Quanto a Seeger, ele ficou em segundo plano, servindo como "mestre de cerimônias gracioso e modesto", mas Shelton ficou surpreso ao saber que ele e Lee Hays haviam composto "If I Had a Hammer", naquele momento em sua sexta semana nas paradas pop e subindo para o Top 10 graças à mais recente sensação do pop-folk: Peter, Paul e Mary.

Shelton havia feito o perfil do trio quase um ano antes, quando eles estavam se apresentando em uma casa chique no centro da cidade, o Blue Angel. Em suas listas de casas noturnas, a *New Yorker* resumiu-os sucintamente como "dois barbudos e uma boneca" e, por mais humilhante que fosse essa descrição, ela capturou nitidamente o conceito: descolado com glamour. Como Shelton explicou, "o apelo sexual como pedra angular para um grupo de música folk foi ideia do empresário do grupo, Albert B. Grossman, que procurou por meses pela 'garota ideal' até decidir pela alta e esbelta Mary Travers, uma loira com longos cabelos cascateados, rosto fluido e aura fascinante". Os outros membros eram Peter Yarrow, que havia atraído certa atenção como cantor solo no circuito universitário e já era gerenciado por Grossman e Paul Stookey, um comediante descolado anunciado na MacDougal Street como "O Salvador Dalí da Boca". Eles ensaiaram por vários meses sob o olhar de Grossman antes de estrear na nova casa de shows pop-folk do Village, o *Bitter End*, onde foram um sucesso imediato. Seu disco inicial, lançado em março de 1962, gerou dois singles no Top 40, manteve o primeiro lugar na parada de LPs da *Billboard* por sete semanas e permaneceu no top 100 por três anos e meio. A chegada do trio sinalizou o que o *Village Voice* chamou de "alta renascença" da música folk, "alcançando alturas vertiginosas de fama e fortuna por uma trilha de casas de show aberta para eles por suas ancestrais harmônicas, as sempre populares Andrews Sisters". O artigo continuava: "Desde que Charlie Chaplin acumulou milhões sob o disfarce de um vagabundo infeliz, não apareceram artistas que se igualassem aos novos cantores folk profissionais de hoje em transformar os lamentos da pobreza em um seguro de vulto contra a experiência dela."

Acusações semelhantes foram feitas aos Weavers em 1950 e ao Kingston Trio em 1960, e como Dylan chamou a atenção primeiro do público de Seeger, depois do público maior atraído por Peter, Paul e Mary, ele recebeu o mesmo tratamento: "Ele desperta a impressão de que é um substituto...", escreveu a revista Time na primavera seguinte, "e seus fãs urbanos têm uma tendência infeliz de cortar a letra G do fim dos gerúndios [em língua inglesa] quando o elogiam... Mas Dylan é o mais novo herói de uma arte que fez da autenticidade um fetiche". Havia duas distinções que o diferenciavam das estrelas folk anteriores: ele era principalmente um compositor, e tinha voz ruim.

À medida que a reputação de Dylan cresceu nos dois anos seguintes, essas características andaram de mãos dadas. Shelton o havia chamado anteriormente de "um dos cantores de blues branco mais atraentes já gravados", mas agora escrevia: "Sua voz é limitada e caseira, áspera, mas pronta para servir ao propósito de exibir suas canções". A mensagem era que ele era um escritor, não cantor ou artista. A *Time* descreveu sua aparição no Monterey Folk Festival como um show "com campeões do folk e do *fakelore,* como The Weavers, Bill Monroe, Mance Lipscomb e Peter, Paul and Mary", e escreveu que, "embora quase todos cantassem melhor... Uma multidão de 5.200 pessoas o recompensou com aplausos sinceros e ardentes". A crítica enfatizou as deficiências vocais de Dylan: "Às vezes ele cai em um rosnado presleyano desmilinguido" e "no seu melhor, sua voz soa como se estivesse flutuando sobre as paredes de um sanatório de tuberculosos — mas isso faz parte do charme". Ele era a antítese de um vocalizador pop-folk rebuscado. Diferentemente, "ele tem algo único a dizer, e ele diz isso em canções de sua própria invenção que são as melhores canções do estilo desde as de Woody Guthrie".

A imagem de Dylan como compositor que triunfou apesar da falta de habilidades vocais e instrumentais suplantou quase completamente sua reputação anterior como intérprete dinâmico da música rural de raiz.

Seu trabalho despertava opiniões intensas desde o início — as pessoas tendiam a amá-lo ou odiá-lo —, mas no passado essas opiniões eram baseadas em seu canto, na execução e presença de palco. Críticas positivas se referiam à "intensidade abrasadora" de sua voz, "gaita e violão empolgantes, chorosos, intensos" e ao brilhantismo de suas brincadeiras improvisadas e linguagem corporal chaplinesca. Agora, porém, ele estava alcançando um público com padrões muito diferentes daqueles dos radicais neo-étnicos da *Little Sandy Review* e do Gaslight Café. Ainda se podia apreciar a autenticidade, mas o modelo era Joan Baez, uma jovem misteriosa com voz surpreendentemente bela que havia gravado para uma gravadora clássica, evitava casas noturnas e cantava baladas antigas com convicção dolorosa. Quando a revista *Life* deu a Peter, Paul e Mary sua primeira exposição nacional, foi como parte de uma reportagem fotográfica cômica na qual um "Bando de Cantores Folk Novos" posava em um cenário representando os títulos de suas canções — o Kingston Trio se reuniu em volta de uma vela representando "This Little Light of Mine", os Smothers Brothers dançaram em um barco atracado à la "Dance, Boatman, Dance" e PP&M viraram um quarteto com a adição de "Ole Blue", um basset hound triste —, mas Baez, descrita como "uma tradicionalista suscetível e solitária", recusou-se a posar segundo o conceito e foi fotografada cantando em uma enseada tranquila perto de sua casa na Califórnia, usando um vestido simples de algodão e exibindo a "pureza estilística que a coloca em uma classe quase única".

Ninguém ligado à música folk comercial entendeu essa intrincada interação de imagens melhor do que Albert Grossman. Ele havia feito um planejamento para Baez em 1959, mas, como ela se lembrava, "ele me aterrorizava, dizendo coisas como, 'você pode ter tudo o que quiser. Você pode ter *quem* quiser". Ele a levou ao palco no primeiro Newport Folk Festival daquele ano e ao escritório de John Hammond na Columbia, mas ela fugiu para a companhia mais agradável e discreta de Manny Greenhill, um apresentador de shows da Boston Folklore Society e da Vanguard Records, cujo lema era "Gravações para o Conhecedor" — embora ela se lembrasse de que Grossman permaneceu uma presença à espreita durante os anos 1960, uma "sombra do show business me lembrando que não importava o quão bem eu estivesse indo, eu poderia ir muito melhor se me juntasse a ele".

Baez era um artista assustadoramente sincera; na frase de Joan Didion, ela era "a Madonna dos descontentes". Grossman viu tanto o apelo quanto as limitações dessa imagem e apresentou Peter, Paul e Mary como mais acessíveis e divertidos, mas ainda elevados o suficiente para estarem em uma classe diferente do Kingston Trio e seus clones universitários. Em vez de ostentar um visual alegre de fraternidade, Yarrow e Stookey tinham os cavanhaques descolados, ternos escuros e gravatas finas do Modern Jazz Quartet e tinham um apelo semelhante: eles eram cantores folk autênticos de Greenwich Village, mas bem-treinados e apresentados com classe e bom gosto. E isso não era apenas uma imagem: Travers havia gravado com Pete Seeger em 1955; Yarrow havia estabelecido uma sólida reputação no circuito universitário; e os três levavam a sério tanto a música quanto seus compromissos políticos. O material deles também era distinto: em vez de apenas refazer as canções preferidas nos acampamentos de verão, eles apresentavam uma mistura bem-pensada de canções folclóricas tradicionais e novas criações de jovens compositores em ascensão. Alguns outros grupos estavam tentando uma abordagem semelhante — mais notadamente o Chad Mitchell Trio —, mas nenhum teve sucesso ou influência comparáveis.

Os talentos de Grossman como promotor eram mais do que igualados por sua sigiloso traquejo financeiro, e uma verdade fundamental do negócio musical americano é que os artistas colhem a fama no palco, mas o dinheiro está na publicação das músicas (como um resquício dos dias das partituras, o editor de uma música normalmente recebe metade de todos os pagamentos de royalties, embora em 1960 a única contribuição do editor possa ter sido persuadir o compositor a assinar um contrato). Parece que ele se interessou por Dylan durante a primavera de 1962, e, pela maioria dos relatos, foi "Blowin' in the Wind" que chamou sua atenção. Como frequentador regular da Folk City, ele já estaria ciente da popularidade local de Dylan e do contrato de gravação da Columbia, e reconheceu o potencial inexplorado nas composições do jovem. Dylan já tinha um agente, Roy Silver, mas seu primeiro LP não estava indo a lugar nenhum e, quando Grossman se ofereceu para substituir Silver por dez mil dólares, pareceu um bom negócio. Dylan também tinha um contrato de publicação, arranjado para ele por John Hammond, mas Grossman o fez comprá-lo de volta também e contratou-o com a M. Witmark & Sons, uma subsidiária proeminente da Warner Brothers. Grossman tinha um acordo único com Witmark, recebendo metade dos royalties da editora por qualquer compositor que ele trouxesse para a empresa, e seu contrato de gestão com Dylan — assim como com Odetta; Peter, Paul e Mary; Ian e Sylvia; e outros performers que ele logo adquiriu — lhe davam 20% dos ganhos, com 5% adicionais para a renda das gravações. Como resultado, ele tinha um interesse muito forte no fato de Dylan escrever músicas, gravá-las e vê-las gravadas por seus outros artistas e qualquer outra pessoa que quisesse se juntar à festa.

Além dos promotores da velha guarda do showbiz que gerenciavam grupos como Kingston Trio, os agentes de cantores de folk em geral eram fãs que viravam empresários, o que não era bom para os saldos bancários dos artistas, mas preservava a separação do mainstream comercial. Grossman era uma fera, completamente diferente: ele havia fundado uma das primeiras casas noturnas de folk, a Gate of Horn de Chicago, havia coproduzido os dois primeiros Newport Folk Festivals e frequentava o cenário do Village, então era bem um insider do mundo folk, mas também um empresário brilhante, animado e voraz, que gostava de se distinguir dos boêmios de trabalho caseiro com ostentações de riqueza e poder. "Albert assustava as pessoas", diz Jonathan Taplin, que começou como seu assistente e se tornou um produtor de cinema de sucesso. "Ele foi o maior negociador da história". Van Ronk se lembra de Grossman como um companheiro fascinante e divertido sem limites, mas acrescentava: "Ele tinha uma espécie de prazer perverso em ser totalmente inescrupuloso". Em 1962, a maioria das pessoas do cenário folk só tinha conhecimento tangencial de Grossman, mas nos anos seguintes ele passaria a ser amplamente considerado a cobra no jardim.

Bob Neuwirth, que foi um dos companheiros mais próximos de Dylan em meados da década de 1960, argumentava que Grossman "havia inventado" Dylan, assim como inventou Peter, Paul e Mary: "Bob Dylan não poderia nem ser preso antes de Albert aparecer! Nós dois nos sentávamos no meio-fio e contávamos dinheiro para ver se tínhamos o suficiente para comprar uma garrafa de Thunderbird. Albert conseguiu para ele uma mesada de cinquenta dólares por semana, que era suficiente para pagar o aluguel". Dylan tinha um disco em uma grande gravadora e era o principal compositor da equipe da *Broadside* antes de Grossman se envolver, mas o disco vendeu mal, e trabalhos remunerados eram poucos e tinham intervalos grandes entre si. Ele era um talento único, mas ninguém imaginava que poderia se tornar uma estrela nacional. Os efeitos da influência de Grossman não são nada claros, muito menos o que teria acontecido sem seu envolvimento — e se a lembrança de Neuwirth de uma mesada de cinquenta dólares por semana for precisa, a vida de Dylan não mudou tão drasticamente no começo; mas Grossman certamente encorajou Dylan a se concentrar com mais seriedade na composição de canções e trouxe-as perante os olhos de um público novo e diferente.

Até o final de 1962, Dylan continuou sendo principalmente um intérprete de estilos de raízes rurais: de dezessete músicas gravadas em um show do Gaslight em outubro, apenas quatro eram composições próprias; mas outras pessoas vinham notando sua escrita, e quando a edição de outono da *Sing Out!* trouxe Dylan na capa, incluiu três de suas músicas e um artigo de Gil Turner aclamando-o como o "jovem compositor mais prolífico" da América. Turner se concentrou no material mais recente e introduziu "Blowin' in the Wind" com uma citação de Dylan que destacou a mensagem lírica: "Alguns dos maiores criminosos são aqueles que viram a cabeça quando veem algo errado e sabem que é errado. Tenho apenas 21 anos e sei que houve muitas guerras... Vocês, pessoas com mais de 21 anos, deveriam ser mais sábios... Porque, afinal, vocês são mais velhos e mais inteligentes".

Dylan tinha a sensação de que o mundo era uma bagunça e admirava o idealismo de Guthrie e Seeger, mas sua política era uma questão de sentimentos e observação pessoal, e não de estudo ou teoria. "Ele era um populista", disse Van Ronk. "Ele estava sintonizado com o que estava acontecendo — muito mais do que a maioria da multidão do Village, ele estava sintonizado não apenas com o que estava acontecendo nas universidades, mas também, nas casas de show das estradas —, mas era o caso de compartilhar o mesmo clima, e não de ter um ponto de vista político organizado". Comparando-o com Phil Ochs, que havia se formado em jornalismo antes de começar a tocar violão, Rotolo observou: "Dylan tinha percepções. Ele sentia. Ele não lia ou recortava os jornais... Era tudo intuitivo, em um nível emocional".

Os colegas mais ativistas de Dylan ficavam frequentemente frustrados com sua falta de comprometimento ideológico, mas era isso que dava a músicas como "Blowin' in the Wind" um apelo universal. Em vez de intimidar, ele expressava medos e esperanças generalizados. Muitas pessoas no início dos anos 1960 compartilhavam a sensação de que as coisas tinham dado terrivelmente errado, sem ter uma ideia clara de como ou quando elas mudariam. A violência racista no Sul expôs a hipocrisia de um país que se orgulhava de ter vencido o fascismo no exterior enquanto o ignorava e o perpetrava em seu próprio território, e velhos males permaneciam profundamente arraigados. Algumas batalhas importantes estavam sendo vencidas, mas era difícil ter prazer nas vitórias do momento quando todos poderiam estar mortos no dia seguinte. Em outubro de 1962, a crise dos mísseis cubanos trouxe a ameaça de aniquilação nuclear mais para perto do que jamais havia chegado. Suze estava passando o semestre na Itália, e Dylan escreveu a ela que achava que "aqueles maníacos iriam agir mesmo desta vez". Ele passou uma noite no Café Figaro, "esperando o mundo acabar", esperando "morrer rápido e não ter que aguentar a radiação".

Nessa situação, Dylan não precisava de base ideológica para escrever músicas como "Train a-Travelin'", retratando o mundo como um grande motor fora de controle com "uma fornalha cheia de ódio e medos". Ele estava simplesmente expressando suas experiências cotidianas. No início de 1963, ele gravou várias sessões novas para uma série planejada de LPs por colaboradores da *Broadside* e também vinha cantando músicas mais atuais nos shows ao vivo, embora as iniciativas de uma semana normalmente fossem substituídas na semana seguinte, e poucas canções permanecessem por muito tempo em seu repertório. Uma que durou mais do que a maioria foi "Masters of War", escrita durante uma visita de um mês a Londres. Dylan foi contratado para interpretar o papel de guitarrista e cantor em uma produção teatral e aproveitou a visita para mergulhar no cenário folk britânico, frequentando clubes locais e aprendendo com jovens artistas como Martin Carthy. Ele vinha escrevendo letras mais longas e complexas, e o formato das canções britânicas proporciosnava padrões úteis: "Girl from the North Country" e "Bob Dylan's Dream" eram baseadas nas versões de Carthy de "Scarborough Fair" e "Lady Franklin's Lament", "With God on Our Side" em "The Patriot Game" de Dominic Behan, e "Masters of War" em "Nottamun Town", a sobrevivente nos Apalaches de uma misteriosa canção inglesa que retinha ecos de ritos antigos de pantomima. Como de costume, foi um deslumbre passageiro, e quando voltou para os Estados Unidos, ele logo mudou para outros estilos, mas isso representou uma mudança decisiva em como sua música era ouvida e entendida. Ele continuou a explorar formatos de blues e a escrever monólogos guthriescos irônicos, mas também estava escrevendo material que atraía artistas como Baez e Judy Collins, que se especializaram em baladas britânicas.

Em novembro de 1962, a revista *Time* trouxe Baez na capa e uma história de cinco páginas sobre a explosão do boom folk. O tom era tipicamente sarcástico, mas a mensagem era clara: a música folk era mais do que apenas outra tendência pop; era um fenômeno social que expressava as preocupações de uma geração. Baez explicou:

> Quando comecei a cantar, senti como se tivéssemos um limite de tempo de vida, e ainda me sinto assim... Fica pairando sobre a cabeça. Os jovens que cantam sentem que realmente não têm futuro — então pegam um violão e tocam. É um tipo de desespero, e muitos estão perdidos.

O artigo distinguia três linhagens de cantores folk: os "puros", representados por artistas rurais autênticos como Jean Ritchie e Frank Proffitt; os "impuros", representados por artistas comerciais como o Kingston Trio, os Limeliters e Peter, Paul e Mary; e os "semipuros", representados por Baez, Dylan, Odetta e Seeger — e sugeria com veemência que, com a ascensão de Baez, os dias dos impuros estavam contados.

Na rede de televisão ABC, alguns produtores astutos se esforçaram em discordar. Qualquer estilo que aparecesse na capa da *Time* e colocasse vários discos nas paradas pop valia a pena ser explorado, especialmente quando isso podia ser feito com um orçamento baixo. Os cantores folk eram baratos, e a história da *Time* sugeria uma oportunidade perfeita: era música universitária, então por que não gravar shows ao vivo em faculdades? Quanto ao nome, havia um, pronto e esperando que combinava um apelo da base de fãs da *Sing Out!* com uma brincadeira despreocupada que poderia atrair jovens menos envolvidos: *Hootenanny!*

Em 3 de março de 1963, a *Billboard* anunciou que um episódio piloto para o novo programa havia sido filmado na Syracuse University, com os Limeliters, uma cantora de Chicago chamada Jo Mapes e o grupo gospel de Clara Ward, e transmissões regulares estavam programadas para abril. Uma semana depois, Nat Hentoff divulgou uma história no *Village Voice*, seguindo uma dica do *Broadside*: intitulada "That Ole McCarthy Hoot". Ela relatava que, embora o show tivesse tirado seu nome dos encontros musicais que Seeger vinha liderando desde a década de 1940, os censores da rede haviam decidido que nem ele nem os Weavers teriam permissão para aparecer. Baez já havia anunciado que não aceitaria participar se Pete não fosse convidado, e um grupo de artistas rapidamente se reuniu no Village Gate e anunciou um boicote, com Dylan, Ramblin' Jack Elliott, Dave Van Ronk, Peter, Paul, Mary e o Kingston Trio entre dezenas que prometeram apoio.

Outras figuras populares julgaram que a exposição na televisão era mais importante do que o propósito. Theodore Bikel declarou que a lista negra era "doentia e maligna", mas sugeriu que os Weavers, se não

Seeger, seriam capazes de aparecer na televisão se apenas "agissem como pessoas sãs e responsáveis e não se envolvessem em protestos públicos inócuos" — presumivelmente uma referência à recusa consistente deles em assinar um juramento de lealdade anticomunista. Para complicar ainda mais as coisas, Judy Collins, os New Lost City Ramblers e os Tarriers consultaram Seeger antes de decidir se apareceriam, e ele não apenas disse a eles para irem em frente, mas substituiu os Tarriers no Bitter End na noite das filmagens. No entanto, muitos mantiveram o boicote. Como Van Ronk recordou:

> [Pete] sempre sentiu que a música era o mais importante — o homem não é nada; o trabalho é tudo — e ele achava que muitos artistas que mereciam uma audiência nacional estavam se privando da oportunidade. Sua atitude básica era: "Pelo amor de Deus, rapazes, deixem-me para trás, deixem-me com apenas uma bala". Claro, não lhe demos a mínima atenção. Nossa posição era: "Desculpe, Pete, meu velho, mas você é um símbolo", e, de qualquer forma, *Hootenanny* foi tão ridiculamente horrível que mal durou uma temporada.

Seja como for, o programa deu à música folk uma exposição sem precedentes na grande mídia e turvou ainda mais as linhas entre o que era puro e o que era impuro: onde estava a virtude quando o Kingston Trio apoiava um boicote esquerdista e os New Lost City Ramblers curtiam a exposição no mercado comercial? Em 1964, havia três revistas *Hootenanny* concorrentes: a revista oficial da ABC-TV *Hootenanny Show Magazine*, um fracasso de edição única chamado *Hootenanny Songs and Stars*, e a *Hootenanny*, editada por Robert Shelton, que negava qualquer conexão com o programa e apresentava Dylan e Baez na capa. A *Sing Out!* condenou a lista negra da rede, mas incorporou a prática publicando o *Hootenanny Song Book*. A Columbia lançou o LP *All Star Hootenanny* com faixas de Seeger e Dylan. A Prestige Records publicou anúncios para os discos de Van Ronk e Elliott sob o título "Hootenanny... No estilo da Prestige". A Mercury Records encampou um baile hootenanny de férias de primavera de nove dias em Daytona Beach em abril de 1963, que atraiu mais de sete mil estudantes para assistir a trinta e seis grupos universitários de canto folk competindo por um contrato de gravação (os vencedores foram os Rum Runners, da

Universidade do Texas em Houston). No mesmo mês, Dylan fez sua estreia nacional na televisão no especial de uma hora *Folk Songs and More Folk Songs*, com Carolyn Hester, os Brothers Four, Barbara Dane e os Staple Singers, e também deu seu primeiro grande concerto solo no Town Hall de Nova York, apresentado a pedido de Pete Seeger por Harold Leventhal, empresário de Pete, Woody e os Weavers.

O show no Town Hall marcou uma nova fase na carreira de Dylan, tanto por tê-lo estabelecido como artista de shows quanto por consistir quase que inteiramente de músicas originais. Nos seis meses seguintes ao show no Gaslight, ele abandonou todo o material tradicional — as únicas exceções foram "Highway 51", que ele havia tornado distintamente sua, e "Pretty Peggy-O", que ele tocou atendendo a um pedido, depois de perguntar: "Ahn... Vocês querem mesmo ouvir isso?" Os aplausos e gritos de "Sim!" o convenceram, mas ele ainda parecia hesitante, e disse: "OK... Se eu conseguir me lembrar", brincando despreocupadamente com os versos. Algumas novidades cômicas como "Bob Dylan's New Orleans Rag" e "If I Had to Do It All Over Again (I'd Do It All Over You)" (apresentada como "uma música ragtime de 1930 que escrevi na semana passada") sugeriram uma nova direção particular, e "Hero Blues" era um blues modernista de doze compassos antecipando as letras de rock que ele escreveria alguns anos depois. Mas o corpo do show foi composto de composições recentes no estilo 'cantor e compositor' que ele vinha criando. Quase metade delas era algo atual ou socialmente consciente, culminando com sua nova composição sobre a característica do excepcionalismo americano, "With God on Our Side", e quando um fã pediu "Song to Woody" como bis, ele hesitou, dizendo: "Sinto muito, mas tenho que cantar algo para lhe contar algo" e então, no lugar, ele tocou "Masters of War". E para um segundo bis, ele recitou um longo poema, "Last Thoughts on Woody Guthrie".

O concerto no Town Hall foi uma estreia formal para Bob Dylan, que se tornou famoso, o cantor e compositor poético que transformou a música popular. Ainda não era exatamente o Dylan do qual a maioria de nós lembra — havia aquelas performances estranhas de ragtime, e menos da metade das músicas aparece em algum de seus discos —, mas ele se apresentou antes de tudo como escritor, exibiu as músicas com significado social e demonstrou uma segurança nova e madura. Seu trabalho com o violão era mais discreto e a voz mais controlada — ele havia se livrado das inflexões de Guthrie, exceto em dois blues prolixos, e desenvolveu uma percepção mais forte de melodia e dinâmica. A única dica de que ele abrigava sentimentos mistos em si veio em sua apresentação de "Blowin' in the Wind": "Aqui vai uma música que escrevi e que foi gravada. Ah, não soa bem como ela, como eu a toco, mas — as palavras são as mesmas. Isso é o mais importante." O Chad Mitchell Trio havia estreado seu single da música um mês antes no Ed Sullivan Show, e foi a primeira vez que uma de suas composições obteve um novo som e um novo papel no mundo pop mainstream — uma sensação estranha para alguém acostumado a escrever material para a própria voz e estilo; mas, no geral, ele parecia estar surpreendentemente relaxado e feliz.

Notavelmente, ninguém na plateia aplaudiu quando Dylan começou a tocar a melodia de "Blowin' in the Wind" na gaita, a canção que logo se tornaria icônica. As únicas canções que receberam um pouco de aplauso de reconhecimento, sugerindo que os ouvintes já as conheciam e queriam ouvi-las, foram "Highway 51" e "A Hard Rain's a-Gonna Fall". *Freewheelin'* ainda levaria mais de um mês e meio para sair, e as pessoas que haviam gostado de seu primeiro disco ainda estavam pedindo "Pretty Peggy-O" e "Freight Train Blues". As pessoas que aplaudiram na primeira frase de "Hard Rain" possivelmente o haviam ouvido ao vivo em casas de show ou no Carnegie Hoots, ou lido a letra na *Sing Out!*, mas mais provavelmente já tinham ouvido Pete Seeger cantá-la, pois ele a estava apresentando em seus shows. O próprio Dylan ainda era em grande parte um fenômeno local, conhecido de boca em boca, e a coisa mais impressionante sobre a apresentação no Town Hall foi que cerca de novecentas pessoas apareceram, sentaram-se com atenção total por mais de duas horas e aplaudiram uma seleção de músicas em grande parte desconhecidas.

Para Dylan, este parece ter sido um momento particularmente feliz e tocante. Ele logo completaria vinte e dois anos; havia fundido suas influências díspares em um novo estilo dinâmico e estava prestes a se tornar um grande artista nacional, mas a atenção a ele ainda não havia desembestado. Ainda estava em um relacionamento sólido com Suze, ainda saía com amigos no Village, ainda conseguia andar pela rua ou ir a uma casa noturna sem ter que se preocupar em ser incomodado. Ele estava se sentindo mais seguro de si e, normalmente, reagia a essa confiança recém-descoberta se afastando das certezas fáceis de suas primeiras letras da *Broadside*, que frequentemente ecoavam as ortodoxias dos politizados ao seu redor. Agora ele começava a reagir, insistindo na instabilidade e ambiguidade de cada posição, incluindo a sua. Embora trouxesse uma crítica à arrogância americana na superfície, "With God on Our Side" se dirigia a todos os verdadeiros crentes, todos que achavam que sabiam com certeza onde estava a virtude.

Algumas semanas após o show no Town Hall, Dylan deu uma entrevista a uma rádio de uma hora a Studs Terkel em Chicago, e passou boa parte dela refletindo sobre duas noções que iriam emergir repetidamente no ano seguinte. Terkel era um velho esquerdista, contemporâneo de Guthrie e Seeger, e ele acolheu Dylan como a voz de uma nova geração, mas Dylan se retraiu, insistindo que realmente não se encaixava em nenhum grupo, fosse ele geracional ou não. Ele se comparou a um amigo escritor, Robert Gover, que havia publicado recentemente um romance experimental sobre um estudante universitário branco apaixonado por uma prostituta negra: "Você não pode rotulá-lo", disse Dylan. "Ele não pode ser rotulado."

Terkel continuou a discussão, concordando que na década de 1930 "havia jovens passionais, sabe? Sob um rótulo ou outro, entende? Só que eles eram meio que rotulados". Em contraste, Dylan, Gover e pessoas como eles expressavam preocupações generalizadas, mas "não pertenciam a ninguém além de si mesmos".

"Bem, talvez seja apenas o momento", respondeu Dylan. "Esse é um momento em que talvez você tenha que pertencer a si mesmo, sabe. E acho que talvez em 1930, conversando com Woody, Pete e algumas outras pessoas que conheço por lá, parece que tudo era bom ou ruim, preto e branco, fácil de ver. Hoje em dia, é só — não sei como ficou assim, mas não parece tão simples. Existem mais de dois lados, sabia? Não é mais preto e branco."

Ele havia tocado no mesmo tema em "Bob Dylan's Dream", canção escrita logo após uma visita à Inglaterra, quase que com as mesmas palavras: "As easy it was to tell black from white / It was all that easy to tell wrong from right" ["Assim como era fácil distinguir o preto do branco / Era bem fácil distinguir o errado do certo", em tradução livre]. Alguns ouvintes interpretaram isso como referência à sua juventude em Hibbing, mas poderia igualmente ter sido uma juventude imaginada na década de 1930 com Woody e Pete, sentados em uma cabana ao redor de um "velho fogão a lenha", os chapéus pendurados em cabideiros, cantando as velhas canções conhecidas. Ele retornaria a esse tema novamente em um longo poema dedicado ao amigo de Mineápolis, Dave "Tony"

Glover, publicado no programa do Newport Folk Festival naquele verão: lembrando como costumavam cantar "as canções da fazenda na terra... as canções da tigela de terra... as canções da depressão... as canções dos pobres... o velho blues e as baladas", ele novamente conectou a memória à era de Woody, quando havia apenas "dois caminhos para escolher... o caminho americano ou o caminho fascista" e apenas "dois tipos de histórias para contar as notícias... pelos olhos dos sindicatos ou pelos olhos dos chefes". Naquela época, "era tão fácil", mas em algum momento "as coisas ficaram confusas — mais lados surgiram na história. Havia tantos lados que todos começaram a ficar parecidos". As velhas canções serviam àquele tempo que ele cantava em sonho, quando "o pensamento nunca atingiu / Que a única estrada pela qual viajávamos iria se despedaçar e se dividir". Agora, porém, simplesmente não era mais assim.

Dylan não estava dizendo que achava que todos os lados eram iguais. Ele ainda tinha a percepção de que havia forças malignas em ação: os "Mestres da Guerra", os "John Birchers carregando espingardas e agitando bandeiras", "os cães assassinos e os sprays assassinos" — em junho, as telas de televisão mostraram a polícia de Birmingham soltando pastores alemães e apontando mangueiras de incêndio aos que protestavam pela liberdade —, "o senador de 70 anos que quer bombardear Cuba" e sabe-se mais quem que "havia roubado a estrada de Abraham Lincoln e nos vendido a rodovia de Bill Moore".

William Moore era uma imagem potente para muitos americanos naquela primavera. Um carteiro branco de Baltimore, ele partiu sozinho em uma caminhada pela liberdade de Chattanooga, no Tennessee, a Jackson, no Mississipi, para entregar uma carta ao governador segregacionista, Ross Barnett. Ele não tinha apoio de nenhuma organização, era apenas um homem solitário caminhando pelo Sul, usando um cartaz que dizia "Direitos Iguais para Todos — Mississípi ou Nada" e conversando com todos que encontrava pelo caminho, amigos e inimigos. Foi um gesto pequeno e quixotesco e mal virou notícia até o terceiro dia, quando foi morto a tiros em um trecho tranquilo de estrada perto de Gadsden, no Alabama.

Isso ocorreu três dias antes da entrevista de Dylan com Terkel, e a morte de Moore estava em sua mente, mas sua resposta foi uma divergência surpreendente do horror unificado da maioria dos esquerdistas. Ele estava refletindo sobre a noção que havia levantado em sua introdução para "Masters of War" no Town Hall: que muitas pessoas tratavam a bomba atômica como um deus, adorando-a, esforçando-se para apaziguá-la, dedicando suas vidas a ela. Terkel concordou, acrescentando: "Pessoas muito boas também na vida cotidiana", e Dylan interrompeu:

> Sim, sim, eu não acredito que sejam pessoas más, não, eu não acredito. Bem, assim como o cara que matou esse sujeito pegando carona pelo Alabama. Sabe... o sujeito que realmente atirou a bala, não dá para dizer com certeza — não existe nada mais terrível. Quero dizer, um tiro bem nas costas. E mesmo esse cara, sabe, quando você vê algo assim: eu vi tantas pessoas antes de chegar a Nova York que são *boas*, que são, que talvez sejam *pobres*. Sabe, talvez um pouco pobres, e há outras pessoas dizendo a elas, sabe, ahn... *Por que* elas são pobres, sabe, e *quem* fez com que elas *se tornassem* pobres. E para desviar suas mentes do fato de serem pobres, elas têm que escolher, têm que escolher um bode expiatório.

Dylan sempre foi um solitário. Não era só que ele se sentia deslocado em Hibbing ou entre os intelectuais de cafeterias em Mineápolis e os esquerdistas dedicados no Village. "Ele se retraía em qualquer lugar a qualquer hora", recorda-se Rotolo. "Podia acontecer em uma sala barulhenta cheia de pessoas ou quando estávamos apenas nós dois." Para alguns amigos e conhecidos, isso era uma deficiência, um sinal de que ele não se importava ou pensava que era melhor do que eles; para outros, era apenas o jeito dele. Suas músicas também eram assim. Ele não havia escrito "We Shall Not Be Moved" ou "We Shall Overcome". Ele escrevia sobre indivíduos, frequentemente indivíduos difíceis e complexos. "The Ballad of Donald White", uma de suas primeiras composições temáticas, impressa pela *Sing Out!* ao lado de "Song to Woody" e "Blowin' in the Wind", era sobre um jovem negro que havia sido preso como ladrão, havia encontrado paz de espírito na prisão, e, quando foi solto, não conseguiu lidar com o mundo exterior e, depois de implorar para ser reconstitucionalizado, matou um homem e acabou no corredor da morte. Dylan cantou essa história na voz de White e, em outra música, imaginou-se dentro de "The Walls of Red Wing", um reformatório juvenil perto de Mineápolis, cantando sobre companheiros de prisão, alguns dos quais haviam se tornado advogados, outros criminosos profissionais e "alguns de nós se levantarão para encontrá-lo em sua encruzilhada"

— uma imagem emprestada de inúmeras baladas de personagens fora da lei, e ele como o viajante solitário e seus ouvintes entre os respeitáveis roubados.

Muitas pessoas no cenário folk achavam fácil se identificar com ladrões heroicos, já pensar em si mesmas como personagens problemáticas como Donald White era mais difícil, e era praticamente impossível ter empatia por alguém que atiraria em um manifestante de direitos civis. Para Dylan, dar esse passo público foi em parte um sinal de confiança crescente, e também uma maneira de se distanciar da aura que já estava começando a se formar ao seu redor, a noção de que ele falava por uma geração com anseios e batalhas comuns. Quando Terkel o parabenizou por "Blowin' in the Wind", dizendo: "Acho que essa música está popular agora, não é?", Dylan respondeu instantaneamente: "Deus, espero que não".

Terkel se apressou em tranquilizá-lo, explicando que quis dizer "popular" no sentido de as pessoas gostarem, não no sentido de música pop, e, sem dúvida, Dylan estava reagindo em parte à ideia de que ele estava se unindo à moda pop-folk. Só que o problema maior era que ele sempre se sentia desconfortável ao ser tipificado ou rotulado, ou quando alguém agia como se ele estivesse falando por um grupo ou fizesse parte de um movimento. Ele estava visceralmente perturbado pelos males ao seu redor e pelas pessoas que casualmente aceitavam esses males — o tema de "Blowin' in the Wind" —, mas qualquer que fosse o poder daquela música, ele não a queria como o hino de uma geração marchando ombro a ombro, certa de sua verdade e seu dever. "Muitas dessas pessoas descoladas estão me dizendo onde está a resposta, mas, ah, eu não acredito nisso", disse a Gil Turner, explicando o verso do título da música. "Eu ainda digo que está no vento".

Dylan conseguia apreciar as crenças profundamente arraigadas de um homem como Bill Moore, caminhando sozinho pelo Sul em busca de uma verdade pessoal, mas também aquelas do homem que atirou nele, certo de uma verdade diferente. Fosse posando de caixeiro viajante do Novo México ou se lembrando de pessoas que conheceu em Hibbing, ele estava se distanciando dos intelectuais autoconfiantes que desprezavam os caipiras de cidade pequena, que faziam pouco caso das "pessoas *boas* que talvez sejam pobres". Era uma postura que de certa forma se conectava com a ortodoxia marxista, mas para ele era mais um reconhecimento pessoal de verdades difíceis — quando os guetos explodiram em tumultos alguns anos depois, alguns compositores temáticos tentaram capturar o clima de raiva e frustração reprimidas, mas nenhum fez isso melhor do que uma frase que Dylan havia escrito em 1961 em "Talking New York": "A lot of people don't have much food on their table, but they got a lot of forks and knives, and they got to cut something" ["Muitas pessoas não têm comida suficiente na mesa, mas têm muitos garfos e facas e precisam cortar alguma coisa", em tradução livre].

Um mês após a entrevista de Terkel, Dylan expandiu sua meditação sobre o assassino de Moore em uma de suas letras temáticas mais afiadas. Em 11 de junho, o presidente Kennedy fez seu primeiro grande discurso sobre direitos civis, declarando o tema como uma questão moral "tão antiga quanto as escrituras e [...] tão clara quanto a Constituição americana", e naquela noite um membro do Conselho de Cidadãos Brancos do Mississipi respondeu assassinando Medgar Evers, o secretário de estado da NAACP. Foi um momento decisivo, facilmente enquadrado como um confronto entre o bem e o mal, mas Dylan respondeu como havia feito durante o caso de Moore, expressando sua compreensão sobre o assassino, a quem ele retratou como uma pessoa potencialmente decente manipulada por forças maiores. Desta vez, porém, ele fez isso em uma música: "Only a Pawn in Their Game". Não era nada parecida com outros hinos ao mártir caído, e foi rapidamente reconhecida como uma declaração importante. Ativistas dos direitos civis estavam tentando evitar enquadrar sua causa em termos puramente raciais, como negros enfrentando brancos, e a letra de Dylan emprestou um apoio eloquente à retórica de fraternidade universal de Martin Luther King. Pete Seeger e Theodore Bikel o levaram para Greenwood, Mississipi, para cantar a música em um comício coberto pela imprensa nacional, e em agosto ele foi convidado para cantá-la na Marcha sobre Washington.

O que ninguém parecia ter notado era que, em outro nível, "Only a Pawn" expressou uma sensibilidade em desacordo com qualquer movimento de massa. A ação coletiva depende de indivíduos atuando pelo menos até certo ponto como peões, figuras pequenas e relativamente insignificantes em um plano maior. Esse era o papel de Guy Carawan em Highlander e nas marchas: tocar violão ou usar a voz como apoio a quem cantasse uma canção de liberdade; o mesmo papel que Seeger reivindicou quando atuava como apenas uma entre milhares de vozes em seus shows ou se juntava a colegas de trabalho na cozinha para lavar a louça: "O homem não é nada, o trabalho é tudo". A luta unificada exige a aceitação de decisões que não se entende completamente e a submissão da vontade de alguém à vontade do grupo, por vezes até ao ponto do martírio. Quando dois trabalhadores brancos dos direitos civis, Michael Schwerner e Andrew Goodman, foram assassinados no Mississipi junto com seu colega de trabalho negro, James Chaney, a esposa de Schwerner, Rita, ficou de luto por seu marido, mas também reconheceu que o assassinato de dois homens brancos atraiu a atenção do governo federal de uma forma que os assassinatos de ativistas negros não atrairiam.

Dylan conseguia reconhecer o valor desse tipo de abnegação e dedicação, mas era repelido pela ideia de alguém entregar sua mente a qualquer organização ou ideologia. Ele não participava de comícios ou marchas e negava regularmente que suas músicas expressassem algo além de suas próprias experiências e sentimentos. Quando ele se apresentou como um jovenzinho, um cara comum, seu modelo era Woody, o peculiar bardo de Oklahoma que nunca se encaixou em nenhum grupo e foi rejeitado pelo Partido Comunista como indisciplinado e não confiável. Mesmo quando ele se juntou ao boicote *Hootenanny*, ele se sentia meio desconfortável em debater sua lógica. Como ele disse a uma plateia no Carnegie Hall em outubro:

> Um amigo meu e um amigo de todos vocês, tenho certeza, Pete Seeger, foi colocado na lista negra. Ele e outro grupo chamado Weavers... Agora, eu recusei aquele programa de televisão, mas... Eu me sinto mal por recusar, porque os Weavers e Pete Seeger não podem estar nele. *Eles* deveriam recusar; mas nem foram convidados a participar porque estão na lista negra. Ahn — e isso é... é uma coisa ruim. Não sei por que é ruim, mas é simplesmente ruim, é ruim em todos os aspectos.

Dylan se sentia mais confortável como um solitário do que como um porta-voz, e quando ele se posicionou mais fortemente contra a censura, em maio de 1963, foi direto para as páginas de *Bound for Glory*. Ele havia sido contratado para aparecer no Ed Sullivan Show, o programa de variedades mais popular da América, mas quando lhe disseram que não poderia cantar "Talkin' John Birch Paranoid Blues", ele deixou o programa, assim como Woody deixou um programa de shows no Rainbow Room do Rockefeller Center na cena final do livro.

Na vida real, Woody estava no Rainbow Room como um membro dos Almanac Singers, mas, quando ele retrabalhou a história para seu livro de memórias, estava sozinho, era um cara pequenino enfrentando uma equipe de figurões corporativos, e para qualquer um que goste do livro, aquele é um trecho emocionante. Dylan o recriou em circunstâncias mais públicas e significativas, e sua posição foi saudada como um golpe contra a lista negra e consolidou sua reputação como herdeiro de Woody. Considerando quantas músicas melhores ele havia escrito até então, "Talkin' John Birch" foi uma escolha estranha para o programa de Sullivan, e é tentador imaginar que ele a escolheu justamente sabendo que poderia ser banida. Seria uma afirmação forte de qualquer forma, já que cantar a música seria uma resposta retumbante aos que estavam na lista negra, e ir embora em protesto quando o proibiram de cantá-la era uma prova retumbante de que ele era como Guthrie e Seeger, não apenas um cantor, mas um dissidente honrado, pronto para defender seu propósito e sofrer as consequências.

Em todo caso, no verão de 1963, Dylan estava se tornando conhecido como mais do que apenas mais um jovem cantor folk. O show no Town Hall foi no início de abril, o incidente no programa de Sullivan no início de maio, e o lançamento de *Freewheelin'*, duas semanas depois. Em junho, Seeger cantou três de suas canções em um show esgotado no Carnegie Hall, e o single "Blowin' in the Wind" do Chad Mitchell Trio foi eclipsado pelo de Peter, Paul e Mary. Ainda assim, a grande mídia permanecia fora de alcance, e a *Billboard* descreveu a gravação de forma comicamente apolítica, como uma "canção habilidosa de Bob Dylan, um lamento de marinheiro, cantado suave e ternamente". Em julho, ele viajou com Seeger e Bikel para o Mississipi, e o *New York Times* apresentou sua fotografia e um verso de "Blowin' in the Wind" em um artigo intitulado "'Freedom Songs' Sweep North", enquanto a revista *Time* publicou outro verso da canção junto com "We Shall Overcome". Menos de três semanas após aquela viagem, Dylan estava em um avião particular fretado por Albert Grossman, viajando com Peter, Paul e Mary para o Newport Folk Festival.

Capítulo 5

NEWPORT

O **programa do Newport Folk Festival de** 1963 abria com uma fotografia de página inteira da vila costeira com árvores arqueadas e torres de igreja pontiagudas, vista por sobre as águas cintilantes de um porto tranquilo, entre mastros de três veleiros ancorados em tapumes de madeira. Ela evocava valores antigos de cidade pequena, e sugeria que ofícios e costumes tradicionais sobrevivem até mesmo neste lendário refúgio de milionários metropolitanos. A imagem não era exatamente enganosa: Newport era uma cidade pequena da Nova Inglaterra, e muitos de seus residentes tinham pouco em comum com os Vanderbilts e Astors, cujos "chalés" de setenta cômodos fizeram de seus nomes sinônimos dos excessos da era dourada americana. Ao mesmo tempo, era um resort cuja opulência levou o crítico social Thorstein Veblen a cunhar o conceito de "consumo conspícuo" e, embora sua fortuna tenha diminuído um pouco na década de 1950, continuou sendo um playground de verão para nova-iorquinos ricos.

O Newport Jazz Festival chegou em 1954, e duas figuras leoninas locais foram convidadas, os Lorillards, que ficaram encantados com o clube de jazz de George Wein em Cape Cod e persuadiram a diretoria do Newport Casino a disponibilizar a ele um espaço na área de tênis para um festival que animaria o calendário de verão. Em 1959, Wein decidiu incluir uma tarde de música folk com Pete Seeger, Odetta e o Kingston Trio nas opções do Jazz Festival, seguindo o sucesso de programas anteriores de gospel e blues. Embora em termos musicais a conexão fosse tênue — os concertos "From Spirituals to Swing" de John Hammond no Carnegie Hall haviam canonizado o gospel e o blues como as raízes do jazz, mas os tocadores de banjo caipiras eram outra história —, em termos comerciais fazia sentido. O público do jazz estava envelhecendo e seus jovens descendentes estavam se aglomerando em clubes folk.

Na década de 1940, locais de Nova York como o Café Society e o Village Vanguard provaram que algumas das pessoas que gostavam de Sidney Bechet, Mary Lou Williams e Billie Holiday também ficavam felizes em ouvir Josh White, Richard Dyer-Bennett e os Weavers, e em 1958, o Kingston Trio fez sua estreia em Nova York no Vanguard em um show dividido com Thelonious Monk ("No começo ele parecia muito diferente", Dave Guard disse à *Down Beat*, "mas a música deles cresce em você"). Junto com esse público misto, o jazz e o folk compartilhavam histórias semelhantes de conflitos entre puristas e popularizadores. Ao menos um crítico proeminente, Ralph Gleason, traçou uma trajetória quase idêntica para ambos os estilos: ele começou como um "saudosista" celebrando o jazz tradicional de Nova Orleans de Bunk Johnson em vez do swing comercial de Count Basie, evoluiu para um fervoroso promotor de Basie, bebop e modernismo, e recapitulou essa evolução ao ignorar Dylan e a nova onda de cantores folk urbanos, para depois os abraçar e tornar-se um impulsionador do folk-rock.

Wein levou estilos contemporâneos a seus eventos de jazz em Newport, da escola cool de Dave Brubeck ao hard bop dos Jazz Messengers e, no final, as improvisações livres de Ornette Coleman, mas equilibrou as atrações com bastante "trad", seja tocado por velhos negros de Nova Orleans ou jovens revivalistas brancos de Dixieland com camisas listradas e chapéus de palha. Com ritmos alegres, banjos estridentes e piadas cafonas, os Dixielanders eram modelos óbvios para os conjuntos folk universitários, então fazia sentido que a primeira apresentação folk em um festival de Newport trouxesse Kingston Trio em um projeto com o All-Stars de Louis Armstrong. Fãs de "When the Saints Go Marching In" eram provável plateia para "Tom Dooley"— e, como aconteceu, quando o Trio voltou uma semana depois para o primeiro Newport Folk Festival, "The Saints" foi destaque de seu set.

Naquela época, Wein havia expandido a ideia original de uma tarde folk no Jazz Festival para preencher o fim de semana próprio separadamente, mas nos dois primeiros anos o Newport Folk Festival se manteve próximo do modelo do Jazz Festival, e herdou controvérsias parecidas. O programa de jazz de 1958 incluiu um concerto de blues no sábado à noite que, a pedido de John Hammond, contou não apenas com Ray Charles e a voz do R&B Big Maybelle, mas também com Chuck Berry. Wein escreveu depois: "Eu era totalmente contra Chuck Berry. O rock and roll, na minha mente e nas dos críticos e fãs de jazz que eu conhecia, não pertencia ao Festival de Newport, assim como Guy Lombardo [...]. Quando ele começou com aquele passo de pato durante 'School Days', eu literalmente me encolhi". Só que ele acrescentou: "A grande ironia está no fato de que trazer Chuck Berry para Newport foi uma jogada ousada que abriu as portas para apresentações semelhantes em todo o mundo. Então recebo crédito por ter sido um visionário". É algo revelador o fato de que Wein ficou menos horrorizado com os ritmos quentes e as músicas cativantes de Berry do que com seu andar de pato. Tal como os puristas do folk, os puristas do jazz não estavam tão empenhados em proteger a pureza da música em si — os dois estilos eram extremamente variados e versáteis —, mas uma pureza moral herdada do mundo clássico, em que "a música em si" deveria ser apreciada e se opor aos truques comerciais.

Wein tinha pouca experiência com o cenário folk, então, para cuidar da programação dos dois primeiros festivais, ele trouxe Albert Grossman, que conhecia e respeitava como empresário de Odetta e como colega dono de casa de shows. A programação de 1959 foi bem preenchida com artistas de casas noturnas e concertos do revival urbano: na noite de sábado, dia 10 de julho, Pete Seeger encabeçou uma programação de quinze atos que incluía Odetta, John Jacob Niles, Josh White, os Clancy Brothers e Cynthia Gooding, além do pianista de blues Memphis Slim e o cantor gospel Alex Bradford. Seeger encerrou a noite com uma performance de cinco minutos de "Careless Love", transformando a antiga letra primeiro em uma evocação das paixões descuidadas da juventude, depois em um apelo por compreensão: "Vamos cantar esse refrão mais uma vez para cada patriota e revolucionário que o mundo já conheceu, que talvez tenha amado a humanidade não de forma sábia, mas tenha amado demais — cujos corações são partidos com frequência".

Seeger e Slim voltaram na tarde de domingo para um programa mais rural, com Earl Scruggs, os Stanley Brothers, o compositor do Arkansas Jimmy Driftwood e os New Lost City Ramblers. Então, na noite de domingo, o Kingston Trio foi a atração principal de outra extravagância de quinze atos com Oscar Brand, Jean Ritchie e Bob Gibson, assim como

Scruggs, os Stanleys, o reverendo Gary Davis e — de acordo com a propaganda, embora não tenha acontecido de fato — Bo Diddley. Ninguém parece se lembrar por que Diddley foi incluído ou por que ele não apareceu, mas a ideia de apresentá-lo nesse cenário acompanhou a promessa não consumada de Alan Lomax de apresentar os Cadillacs em seu concerto Folksong '59, um reconhecimento de que o R&B era, à sua maneira, um tipo de arte popular.

Ao analisar o primeiro Folk Festival para o *The Nation*, Robert Shelton estimou que entre doze e quatorze mil ingressos foram vendidos para os três concertos e descreveu o público como "predominantemente jovem", mas "que tinha propósito e atenção muito mais sérios do que o do festival de jazz do fim de semana anterior". No *New York Times*, ele elogiou o programa como "a tentativa mais ambiciosa já feita de se aplicar uma seção transversal na música folk do país", variando de "gritos abrasivos do reverendo Gary Davis, um pastor e ex-cantor de rua, até aquela fusão de música folk e show business chamada Kingston Trio".

Nas lendas do renascimento folk, o momento mais memorável daquele festival ocorreu na noite de sábado, quando Bob Gibson trouxe ao palco Joan Baez, na época nos seus dezoito anos, para cantar duas músicas. Embora já fosse adorada por um pequeno grupo de estudantes universitários em Cambridge, Baez ainda era desconhecida no mundo folk maior, mas Grossman a trouxe para Chicago naquele verão para abrir para Gibson no Gate of Horn, e quando sua voz soprano cristalina flutuou sobre o vocal tenor suave de Gibson em um dueto de "The Virgin Mary Had One Son", ela foi instantaneamente consagrada como a Santa Madonna do universo folk — os críticos rotineiramente a descreviam como virginal e sobrenatural — e Wein lembrou-se dela como tendo "uma impressão visual de pureza que combinava com sua voz cantada". Embora poucas críticas a mencionassem, Wein se lembrou de Baez como "não apenas a grande descoberta, mas também o símbolo vivo do primeiro Newport Folk Festival".

Se a estreia de Baez pressagiou os triunfos que estavam por vir, a hora final da noite indicou conflitos posteriores. A crítica de Shelton enfatizava a superficialidade comercial do Kingston Trio, dizendo que eles saltavam no palco "com verve característica" e causavam "o tipo de excitação que Valentino poderia ter gerado visitando a casa de uma mulher solteirona mais velha". A implicação disso era eles serem muito showbiz para uma programação séria de folk e, durante um incidente que, em retrospecto é abertamente irônico, Grossman ergueu a bandeira do purismo e trocou empurrões com o empresário deles após sugerir "nos termos mais rudes" que a banda não tinha direito de estar lá.

Em 1959, essa ainda era uma posição de minoria, e grande parte do público apareceu para ver especificamente os criadores de sucessos do momento — o que criou problemas de outro tipo. De acordo com o *Newport Daily News*:

> Uma multidão que gritava e aplaudia loucamente ficou à beira da retaliação contra todo o Newport Folk Festival no início desta manhã, até que finalmente tiveram aquilo que queriam: Kingston Trio.
>
> Os dinâmicos artistas, programados originalmente para levar o show a um final apoteótico, subiram ao palco uma posição antes, para felicidade dos adolescentes que haviam ficado sentados na garoa intermitente por mais de quatro horas para ouvi-los.
>
> Quando aqueles cantores de primeira encerraram sua apresentação para que o tocador de banjo Earl Scruggs pudesse entrar, a multidão rugiu em uma explosão insaciável de protesto.
>
> Só a promessa de que os rapazes voltariam para encerrar o show fez com que a multidão finalmente voltasse aos seus lugares.

Wein mais tarde escreveu que a programação estava atrasada e ele foi cercado por pais furiosos, e então cometeu o erro de colocar o Trio antes de Scruggs, e o resultado foi como relatado: a multidão gritou por dez minutos e só deixou o show prosseguir depois que Dave Guard apareceu, prometeu que o Trio voltaria para um bis e solicitou respeito da plateia para seu ídolo do banjo. Scruggs fez um set abreviado, e a atração principal voltou com aplausos entusiasmados. Wein lembrou: "Para alguns puristas do folk, levaria anos para eu conseguir uma redenção". A opinião dos puristas importava porque eles não eram apenas seus clientes mais leais, mas em muitos casos seus conselheiros e amigos pessoais. Sozinhos, porém, eles não conseguiam encher a plateia do festival — a noite de sábado com Seeger atraiu cerca de 4.500 pessoas, enquanto a de domingo com o Trio atraiu 5.500 — e o crítico do *Daily News* capturou o ponto de vista em colisão:

> Seja qual for o nível da demonstração, a alegria da multidão era justificada. O Kingston Trio é top. Eles deixaram o palco como donos do show, do festival e dos corações de centenas de garotas adolescentes.

Apesar de algumas suscetibilidades tocadas e cabelos que ficaram em pé, o primeiro Newport Folk Festival foi um sucesso, e no ano seguinte Wein e Grossman expandiram o evento para três dias. Baez foi o destaque da sexta e do sábado, acompanhada por muitos dos favoritos do ano anterior — Seeger, Odetta, Gibson, Niles, Brand e Scruggs — e três dos principais grupos pop-folk: os Tarriers, os Brothers Four e os Gateway Singers. Houve também alguns acréscimos de um círculo mais distante: o guitarrista de flamenco Sabicas, um ex-lenhador de 87 anos chamado O. J. Abbott, o cantor de baladas britânico Ewan MacColl, a estrela gospel Clara Ward, uma trupe de música e dança israelense e um contingente de blues incluindo Jesse Fuller, John Lee Hooker (tocando violão acústico em vez da guitarra que havia usado no festival de jazz daquele ano) e uma dupla de artistas assustadoramente desconhecida da Louisiana: a dupla de violino e violão rústicos Butch Cage e Willie Thomas.

Sob a manchete "Second Newport Folk Festival Combines Primitive and Popular" ["Segundo Folk Festival de Newport Combina o Primitivo e o Popular", em tradução livre], Shelton aplaudiu o "fechamento da lacuna entre a música folk popularizada e a característica real das origens". Descrevendo Cage e Thomas como "artistas autênticos descobertos e trazidos ao Norte por Harry Oster, folclorista da Louisiana", ele escreveu que o "blues ríspido, resmungado, energizante e, sem dúvida, sincero foi tão calorosamente recebido quanto os arranjos polidos, conscientes e bem pensados de um trio da cidade, os Tarriers". Como algo que foi surpresa, Shelton considerou o fato como "uma possível tentativa dos planejadores do festival de conquistar membros do evento de jazz para a música folk". Nos 20 anos desde os concertos "Spirituals to Swing", o público de jazz se acostumou a programações educacionais que combinavam estrelas populares com exemplos das raízes da música: a gaita sem acompanhamento de Sonny Terry, o gospel antigo dos Mitchell's Christian Singers e gravações de cantos cerimoniais africanos. Tais programações faziam parte da missão de estabelecer o jazz como forma de arte séria, demonstrando que possuía uma história profunda e que seu público, assim como o público clássico, estava disposto a experimentar música mais "difícil". Os promotores do folk tendiam a ser menos ousados e, em 1960, a onda neo-étnica ainda se limitava a pequenas reuniões de verdadeiros seguidores em Cambridge e Washington Square. Isso logo mudaria, mas das dezenas de artistas apresentados nos dois primeiros festivais de Newport, os New Lost City Ramblers eram os únicos representantes do que ainda era uma faixa marginal quase invisível.

Do ponto de vista comercial, e talvez até artístico, nem os Ramblers nem Cage e Thomas eram artistas ideais para o palco de um grande festival. Apesar da alegação de Shelton de que a dupla da Louisiana se mantinha firme com os Tarriers, quando a Folkways Records os incluiu em um lançamento tradicionalista ironicamente intitulado The Folk Music of the Newport Folk Festival, Irwin Silber lamentou em nota que "o antigo blues country estava perdido na vasta arena do Freebody Park... Eles estavam no lugar errado na hora errada — tentando em vão se comunicar com um público que não tinha base para entender sua música". Eles eram verdadeiros artistas folk no sentido sociológico, amadores que tocavam para amigos e vizinhos em festas e piqueniques da comunidade local, e estavam muito longe de casa.

A massa de fãs urbanos apreciava a ideia de música com raízes tradicionais e rurais, mas, como fãs em geral, eram atraídos principalmente por artistas e estilos que refletiam suas próprias vidas. Em termos de apresentações em shows, isso poderia significar Seeger, Odetta, Baez ou os trios e quartetos mais pop — mas isso se expandia para além das apresentações, e uma das grandes atrações de Newport era a experiência social mais ampla. Um artigo na *Mademoiselle* mencionou a exuberância com que o público jovem abraçou a mistura de "blues e canções de união, canções de errantes, música country, hinos, flamenco, baladas elizabetanas e baladas dos desastres de minas de carvão dos dias mais recentes", mas apenas como introdução ao argumento principal:

> Todas as noites, a música continuava bem depois do fim das apresentações regulares, quando se tornava propriedade não de profissionais, mas de pequenos grupos de estudantes que carregavam seus sacos de dormir e instrumentos até a praia. Lá, ao redor de fogueiras para afastar a neblina, construídas em buracos escavados na areia, jovens dos clubes de canto folclórico de Yale trocavam canções e solos instrumentais com estudantes da Sociedade Folclórica da Universidade de Michigan; e estudantes

> da Cornell, da Universidade de Vermont, da Sweet Briar — junto com outros que não tinham os logos de suas faculdades estampados em suas camisas de moletom — cantaram e bateram palmas para músicas como "Takes a Worried Man". A festança geralmente durava até o amanhecer... E antes que a manhã acabasse, os estudantes estariam cantando e tocando novamente — nas praias, nos pequenos parques de Newport, nos gramados e na estreita faixa de grama que divide o boulevard principal.

Esse espírito do tipo "faça você mesmo" diferenciava o festival folk de sua contraparte de jazz e dos festivais de rock que se seguiram — e sem dúvida foi o que havia de "folk" mais autêntico no renascimento do estilo. Como as escolas de canto religioso e os acampamentos do século XIX ou os concursos de violino e convenções de bluegrass do século XX, os primeiros festivais folk giravam em torno não apenas de fazer amigos e compartilhar música, mas de assistir outras pessoas tocando no palco. Quando os críticos atacavam o Kingston Trio, os Brothers Four ou os New Christy Minstrels por terem vozes e habilidades instrumentais medianas e apoiarem-se em um repertório pequeno de músicas conhecidas, eles estavam destacando exatamente o que tornava esses grupos atraentes para milhões de jovens nos Estados Unidos: a ideia de que qualquer um poderia fazer parte do movimento, não apenas como espectador, mas como participante.

Esse sempre foi um dos sonhos de Seeger e uma das razões pelas quais sua abordagem irritava muitos folcloristas. Alan Lomax argumentava que os jovens ouvintes deveriam se conscientizar das tradições autênticas, "todos aqueles tremendos artistas que tocavam perfeitamente e cantavam lindamente com grande estilo", em vez de tratar a música folclórica como "algo para acampamento de verão, ou uma noite de amadores". Como compilador assíduo de songbooks que equipavam os amadores com letras, melodias e acordes de violão, Lomax dificilmente estaria em posição de criticar, e havia apoiado o canto nos acampamentos de verão da década de 1940; mas na década de 1960, muitos dos jovens que ele e Seeger haviam inspirado não estavam mais satisfeitos com cantorias em volta da fogueira:

> Era para o "People's Songs" incluir qualquer um que quisesse participar, que também quisesse cantar. Claro, o que acabou

> acontecendo foi que aquelas pessoas que também cantavam se tornaram profissionais e no fim das contas basicamente derrubaram o nível por não terem a menor ideia do que fazer. Eles não tinham herança de estilo, eram apenas jovens de acampamento de verão que praticavam muito e aprendiam a tocar violão muito bem.

Seeger compartilhava algumas das preocupações de Lomax e, ao mesmo tempo em que encorajava os jovens a cantar junto e aprender a dedilhar o banjo ou o violão, também os incentivava a procurar e estudar artistas tradicionais autênticos. A diferença entre as visões de ambos era que ele não via nenhuma contradição entre jovens urbanos aprenderem a apreciar a complexidade e a profundidade dos estilos folclóricos rurais e também criar suas próprias variações menos tradicionais ou menos virtuosas desses estilos. Seeger gostava de ver pessoas sentadas em um círculo, cantando "This Land Is Your Land", e também de vê-las assistindo O. J. Abbott cantando suas canções de lenhador, e embora ele entendesse as contradições e armadilhas de jovens da cidade tentarem cantar como Abbott, ele esperava que isso pudesse pelo menos dar a eles alguma noção de como era ser um idoso que havia sido lenhador. Se eles passassem a ganhar a vida cantando canções de lenhador em casas de shows para plateias cheias de outros moradores da cidade, era exatamente isso que Seeger havia feito alguns anos antes. E se eles se saíssem bem o suficiente, eles poderiam não apenas fazer mais pessoas se interessar por canções de lenhador, como também desenvolver um público para músicos rurais autênticos: quando Wein o contratou para o Festival de Newport de 1960, Seeger solicitou que, em vez de lhe pagarem, usassem seu cachê para trazer ao festival Jean Carignan um violinista franco-canadense.

Em 1960, esse foi apenas um gesto compassivo, mas três anos mais tarde se tornou a base do novo tipo de festival. Primeiro, porém, veio o desastre: uma semana após o encontro folk de 1960, o Newport Jazz Festival atraiu uma multidão de quinze mil espectadores para o show de sábado à noite, e cerca de três mil jovens fãs ficaram bloqueados nas ruas, nada felizes. A polícia tentou removê-los, e no fim usou mangueiras de incêndio e gás lacrimogêneo; os jovens responderam jogando latas de cerveja; e os fuzileiros navais e a patrulha costeira foram chamados. O tumulto virou manchete e o Conselho Municipal votou a favor do cancelamento do restante dos shows do fim de semana e de revogar as licenças dos festivais. A única concessão foi permitir que o show de blues da tarde de domingo prosseguisse conforme o planejado, com apresentações de Butch Cage e Willie Thomas, o vocal de Kansas City Jimmy Rushing e sets elétricos de John Lee Hooker e a banda Muddy Waters, que culminou com Waters balançando, gritando e movendo seus quadris em um retrato provocativo do que significava fazer seu carisma funcionar.

Wein não estava pronto para desistir de Newport e, embora tenha levado dois anos de política de bastidores, ele trouxe o festival de jazz de volta em 1962. Reviver o festival folk levou outro ano a mais, mas isso ocorreu em parte porque ele decidiu fazer algumas mudanças fundamentais. Naquela época, Albert Grossman estava gerenciando um criadouro de estrelas, incluindo Peter, Paul, and Mary e Bob Dylan, e mesmo que estivesse disponível para ajudar a administrar o festival, muitas pessoas do meio o consideravam um vendedor sórdido. Wein queria criar um evento que aproveitasse não apenas a música, mas o idealismo do mundo folk, e sentiu que a maneira de fazer isso era colocar o leme nas mãos de alguém que "iria defender — até mesmo incorporar" esses ideais, "uma figura proeminente cujos próprios interesses eram indistinguíveis daqueles do movimento folk... [que] tivesse o respeito de músicos tradicionais, mas também de compositores contemporâneos, e a capacidade de trabalhar com a mesma facilidade com artistas mais comerciais. Em outras palavras", disse ele, "eu precisava de Pete Seeger".

Wein dirigiu até Beacon com sua esposa, Joyce, e durante o jantar na casa de madeira dos Seegers, Pete e Toshi apresentaram o conceito para um festival que aproveitaria os vários pontos fortes do mundo folk. Na viagem de volta de Newport em 1960, Toshi se perguntava se a ideia de Pete de bancar a aparição de Carignan poderia ser expandida como um princípio geral. Ela imaginou um evento sem fins lucrativos organizado por músicos em vez de promotores, que pagaria a todos uma taxa básica de cinquenta dólares por dia, mais viagem e hospedagem. Se estrelas como Seeger, Baez e Peter, Paul e Mary concordassem com esse esquema, eles poderiam atrair dezenas de milhares de clientes pagantes, e o dinheiro economizado com as taxas habituais poderia ser usado para trazer artistas tradicionais desconhecidos.

Wein adorou a ideia, Seeger convidou Theodore Bikel para completar o comitê de planejamento, e os três elaboraram uma proposta de criar uma fundação, administrada por um conselho rotativo de diretores não remunerados. O conselho do primeiro ano seria composto inteiramente por artistas que organizariam o festival e desembolsariam quaisquer lucros "em benefício de todo o meio da música folk". A programação inicial consistiria em três grandes concertos noturnos com assentos marcados e ingressos pagos, mas também de oito a quinze pequenas "sessões de workshop" com foco em estilos, instrumentos ou regiões específicos; um ou dois sets de caráter hootenanny diurnos "onde qualquer um que quisesse poderia ter a chance de se apresentar"; duas ou três sessões de conversas nas quais as pessoas poderiam debater questões relacionadas à cena folk; e "dezenas de sessões improvisadas pela cidade em gramados, praias, casas, restaurantes ou bares — incentivadas pelo festival".

O primeiro conselho incluiu Seeger, Bikel e o cantor de baladas dos Apalaches Jean Ritchie; Bill Clifton dos Dixie Mountain Boys, que havia organizado um dos primeiros festivais de bluegrass dois anos antes; Erik Darling, que havia substituído Seeger nos Weavers e emplacado dois hits no Top 10 com os Tarriers e acabara de conseguir mais um hit número um com os Rooftop Singers; Clarence Cooper, um cantor afro-americano que estava na configuração dos Tarriers daquele momento; e Peter Yarrow. Foi uma seleção inteligente, equilibrando apelo de público com boa-fé artística: com quatro veteranos de grupos pop-folk de sucesso e as credenciais da Broadway de Bikel, o conselho estava perfeitamente projetado para alcançar artistas conhecidos que, de outra forma, poderiam ter dúvidas em relação a prestar serviços como doação; Seeger, Ritchie e Clifton eram respeitados pela ala tradicionalista do revival; Bikel era um artista multilíngue de canções folclóricas internacionais; e Seeger e Yarrow estavam entre os apoiadores mais ativos da nova geração de compositores de destaque.

Dylan já estava sendo reconhecido como o compositor mais talentoso daquela geração, mas mal havia se apresentado fora de Nova York. Em julho de 1963, quando chegou a Newport, suas músicas eram muito mais conhecidas do que ele. "Blowin' in the Wind" estava se tornando um hino em particular: a gravação de Peter, Paul e Mary havia sido lançada no mês anterior e havia vendido 320 mil cópias em uma semana — segundo alguns relatos, o single mais vendido na história da Warner Brothers até aquele momento — e também havia sido gravada pelos New World Singers, Chad Mitchell Trio e Kingston Trio. A versão do próprio Dylan havia sido lançada em maio como a faixa principal de seu segundo álbum, mas *Freewheelin'* só passaria a subir na parada de LPs da *Billboard* em setembro. Já havia algum burburinho em torno do disco

— na semana anterior a Newport, a *Billboard* deu a ele espaço na seção "Pop Spotlight", com o texto: "Embora seu primeiro álbum não tenha estourado de forma importante, há uma boa possibilidade de que isso aconteça com este" —, mas, no momento, seu público estava limitado aos conhecedores de folk.

Claro, Newport era uma reunião desses conhecedores do folk, e grande parte das pessoas que se juntaram ao festival de 1963 já tinham visto Dylan nas apresentações dançantes *hootenannies* de Seeger no Carnegie Hall ou em seu próprio show no Town Hall, nos cafés de Greenwich Village ou Cambridge. Mesmo naquele mundo, porém, ele continuava sendo um novato promissor e não um líder estabelecido. Se ele deixou Newport como algo mais, foi em grande parte porque ele exemplificou as esperanças e sonhos do renascimento, uma das matérias puras criando arte em conjunto, que permaneceu profundamente enraizada nas tradições familiares — ainda que não se deva menosprezar seu carisma e a administração inteligente de Albert Grossman.

Pensando naquele festival, Wein relembrou o impacto definidor do movimento pelos direitos civis. Os Freedom Singers estavam lá, recém-saídos das marchas e prisões na luta sulista, e junto com suas apresentações no festival, o quarteto liderou uma marcha por Newport e realizou um comício no parque da cidade, acompanhado por Baez e cerca de seiscentos outros apoiadores. Wein abraçou esse espírito ativista e a oportunidade de "conhecer e se relacionar com indivíduos corajosos que arriscavam suas vidas e liberdade pela causa", escrevendo que considerava o festival "uma plataforma e um fórum" para eles. Ele acrescentou: "Se a causa dos direitos civis tinha um grito de guerra naquela época, esse grito era 'Blowin' in the Wind' de Bob Dylan".

Essa caracterização estava de certa forma desequilibrada: para os manifestantes sulistas, havia dezenas de gritos de guerra mais populares e orgânicos — de forma óbvia, "We Shall Overcome"; mas em termos de mobilizar apoio entre os nortistas brancos, a música de Dylan era uma declaração única e poderosa. A maioria dos ouvintes o associava a Peter, Paul e Mary, e, como tinham status de grupo folk mais popular do país, Wein planejou dar a eles o encerramento da primeira noite. No entanto, Grossman tinha uma ideia diferente, e como empresário do grupo suas ideias tinham muito peso: ele persuadiu Wein a fazê-los encerrar a primeira metade do show e dar o set final para Dylan. Wein se lembrou que "pode ter parecido incongruente para alguns observadores" encerrar a noite com "aquele garoto magricelo de voz anasalada e comportamento iconoclasta, excêntrico", mas resumia perfeitamente os ideais do festival. Dylan não era uma estrela; ele era um jovem comum com voz comum e habilidades instrumentais que serviam como canal para músicas extraordinárias. Como garantia, as maiores estrelas da constelação do pop-folk estavam à disposição para proporcionar um bis infalível: Peter, Paul e Mary não apenas apresentariam a música de Dylan no set do grupo, mas também se juntariam a ele para o encerramento da noite.

O modelo de trabalho de Newport dependia desse equilíbrio de poder estelar habilmente canalizado e ideais sinceros, e, mesmo havendo contradições, por alguns anos, criou uma experiência genuinamente comunitária. O primeiro concerto da noite recebeu uma plateia de treze mil pessoas, e centenas de outras ouviram silenciosamente do lado de fora dos portões.

O senador de Rhode Island, Claiborne Pell, deu a largada lembrando ao público que a música folk era "a única forma de arte cujas raízes criativas vêm da alma de todas as pessoas e não apenas de uns poucos talentosos". Então vieram Bill Monroe e seus Bluegrass Boys, na época quase desconhecidos do público urbano; um jovem cantor folk melodioso no estilo Baez chamado Raun MacKinnon; a dupla de blues da Carolina, Brownie McGhee e Sonny Terry; e um conjunto de canções e melodias franco-canadenses de Hélène Baillargeon e Jean Carignan. O anúncio de que Peter, Paul e Mary seriam os próximos fez com que uma onda de jovens fãs corresse para o palco, e a polícia e os funcionários do festival tiveram que os mandar de volta para seus lugares. O *Providence Journal* brincou com o trio por sua aparência boêmia, escrevendo que Peter e Paul pareciam "os Irmãos Smith da marca de pastilhas para tosse, com a versão mais charmosa da pastilha, Mary", mas os considerou "artistas soberbos... Engraçados, divertidos, justos e líricos". Eles abriram com "Go, Tell It On the Mountain", uma canção de trabalho tradicional que ganhou um novo slogan relevante, "Let my people go", ao longo da luta pela liberdade no sul, e seguiram com "500 Miles", "Puff, the Magic Dragon" e uma releitura cômica da balada "Old Dog Blue" no estilo doo-wop teen-pop. Yarrow deu um passo à frente e disse algumas palavras:

> Há um homem chamado Woody Guthrie [ele foi interrompido por uma explosão de aplausos], que é considerado hoje um

> dos maiores poetas folclóricos americanos que já existiram. Há um jovem que vive hoje e escreve da mesma forma que Woody Guthrie escrevia 30 anos atrás. Suas canções são tão pungentes e tão significativas que sentimos — isto é, Paul, Mary e eu — que ele é o cantor folk jovem mais importante da América hoje. Ele é muito jovem — tem apenas 21 anos. Seu nome é Bob Dylan [aplausos mais longos e altos] e esta é uma das canções que ele escreveu.

Eles cantaram "Blowin' in the Wind", seguido por "If I Had My Way" do Reverendo Gary Davis, e então explicaram que voltariam com Dylan mais tarde naquela noite e terminaram com "If I Had a Hammer", e houve uma ovação tumultuada.

Os Freedom Singers abriram a segunda metade do show, seguidos pela cantora escocesa Jean Redpath e o virtuoso guitarrista da Carolina do Norte Doc Watson, que foi acompanhado por Monroe no bandolim em várias músicas. Então Yarrow apresentou Dylan, um artista "atento ao pulso da nossa geração". O Newport Daily News ecoou a surpresa que muitos ouvintes devem ter sentido, descrevendo-o como "ligeiramente curvado" e "como se tivesse dormido com suas roupas folgadas e amarrotadas", mas com dons que "ficam surpreendentemente aparentes no momento em que ele abre a boca. Sua voz, supostamente fraca e esquálida, saiu alta, clara e forte enquanto ele cantava músicas de sua própria invenção. Ele é a voz dos oprimidos na América e o campeão dos homens comuns."

Dylan abriu com sua mais recente reviravolta nos monólogos cômicos de Guthrie, "Talking World War III Blues", e exibiu seu material mais político: "With God on Our Side", "Only a Pawn in Their Game", "Talking John Birch Blues" e "Hard Rain". Seu set foi bem recebido, mas a apoteose ainda estava por vir. Yarrow anunciou que se sentia "muito privilegiado" em trazer Dylan de volta ao palco e Dylan disse ao microfone: "Quero apresentar algumas pessoas. Todos nós vamos cantar uma música para vocês." Um por um, ele convidou Seeger, os Freedom Singers, Baez (cujo nome trouxe os maiores aplausos) e Peter, Paul e Mary, então anunciou, sem surpresa para ninguém: "Vamos cantar 'Blowin' in the Wind'". Ele dedilhou alguns acordes e começou a cantar, e os outros formaram um coro atrás dele, primeiro cantarolando junto seus versos e emprestando suas harmonias ao coro, depois cantando os versos em si. Foi algo um pouco irregular e desorganizado, mas a imagem foi inesquecível: aquele jovem magro de camisa simples de manga curta, com a realeza do mundo folk em pé atrás de si, dando base e compartilhando uma visão que ele sozinho havia colocado em palavras. A multidão ficou hipnotizada, e então explodiu em aplausos e vivas. Bikel tentou encerrar o show, prometendo: "Haverá cantoria a noite toda pela cidade de Newport", mas foi recebido com gritos de "Mais!" e um coro crescente: "Queremos Dylan! Queremos Dylan." O grupo de artistas voltou ao palco e fez um bis improvisado, harmonizando em um tom, e então começou o que Dylan introduziu — sob algumas risadas nervosas dos outros — como "uma música que Peter, Paul e Mary tornaram famosa, chamada 'We Shall Overcome'". Os onze cantores deram os braços enquanto cantavam, criando uma imagem icônica de solidariedade. A mensagem não era apenas de unidade entre as raças, mas de estrelas famosas dando espaço para enquadrar os artistas menos conhecidos e populares no coração da música: Seeger e Bikel de um lado, Peter, Mary, Paul e Joan do outro, e, no centro, Dylan e os Freedom Singers.

Dylan se apresentou novamente nos dois dias seguintes, e foi consistentemente tratado como alguém especial: em um workshop de baladas na manhã de sábado com cantores tradicionais britânicos, por moradores das montanhas do sul, por estudiosos cantores revivalistas (incluindo o West Coaster Sam Hinton, que lhe emprestou um violão) e um jovem triunvirato feminino de Baez, MacKinnon e Judy Collins. Jean Ritchie o premiou com a música final. Ajudou o fato de ele ter ensaiado um dueto de "With God on Our Side" com Baez, que apresentou um pouco timidamente como "uma espécie de balada", mas conectada ao que tinha vindo antes, notando que Jean Redpath havia cantado "The Patriot Game" e a canção usava a mesma melodia. O público ficou agradecido, e foi o workshop mais frequentado da manhã, embora, de acordo com os planos do conselho, tenha atraído mais conhecedores do que um público de massa — o *Providence Journal* estimou que havia 450 pessoas sentadas no gramado em frente à varanda de treliça que servia como palco improvisado.

Collins se sentou atrás de Dylan, observando-o com concentração estudada, e na noite de sábado ela incluiu "Blowin' in the Wind" no show principal, descrevendo-a como "uma das coisas mais importantes que aconteceram no ano passado para a música folk". No workshop Topical Songs and New Songwriters de domingo à tarde, Dylan seguiu os Freedom Singers e, embora tenham recebido uma ovação de pé simplesmente por aparecerem no palco, o Providence Journal escreveu que o público se aglomerou mais quando ele chegou ao microfone: "Era óbvio que muitos estavam esperando para ouvir as canções amargas daquele jovem baixo e franzino". Ele cantou "Who Killed Davey Moore" e "Masters of War", e então Seeger se juntou a ele para liderar a cantoria de uma de suas músicas mais recentes, "Ye Playboys and Playgirls (Ain't Gonna Run My World)".

O concerto de domingo à noite culminou com um golpe duplo dos cantores e cantoras mais populares do mundo folk: Primeiro veio Baez, que abriu com "Oh, Freedom", seguida por "Don't Think Twice, It's All Right". Ela brincou com os puristas, dizendo "Não sinto que tenho nem metade da autenticidade da maioria das pessoas que esteve aqui esta noite, mas não há nada que eu possa fazer em relação a isso — eu nasci em Staten Island". Junto com favoritos familiares como "All My Trials" e "Wagoner's Lad", ela fez um cover brincalhão de um hit recente do rock adolescente, "She's a Troublemaker" do Majors, como bis, imitando alegremente o falsete masculino do original, finalizando com a antiga balada de "Mary Hamilton", e voltou mais uma vez com Dylan a tiracolo, dizendo, "Só precisamos cantar mais uma", e eles reprisaram "With God on Our Side". Finalmente, Pete Seeger encerrou o fim de semana de forma apropriadamente comunal. Ele começou o set com a apresentação de guitarra de doze cordas de Lead Belly, "Fannin Street"; seguiu para um boogie lento que de alguma forma evoluiu para "Michael, Row the Boat Ashore", e então encorajou os marinheiros locais a se juntarem a si no canto "Shenandoah". Depois de mais algumas músicas, ele foi acompanhado por quase duas dezenas de outros artistas para um *grand finale*, e o parque se encheu com dez mil vozes cantando o refrão de "This Land Is Your Land". O Newport Daily News foi particularmente aplaudido pelo zelo com que o público recebeu o clássico de Guthrie, escrevendo que "provou que, por mais rebelde ou 'beat' que a atual geração jovem pudesse ser, o amor pelo país estava profundamente enraizado neles".

O fim de semana incluiu mais de 70 artistas circulando por quatro grandes concertos e 16 workshops, e muitas pessoas se lembram de outros momentos como sendo mais emocionantes, comoventes ou cheios de habilidade do que as aparições de Dylan. Em particular, o workshop de blues da tarde de sábado marcou a primeira grande aparição de Mississippi John Hurt, um emissário do passado sagrado de 69 anos — dois de seus discos de 1928 foram incluídos na *Antologia da Música Folk Americana* — que também, por acaso, foi um dos artistas mais encantadores e habilidosos da década de 1960. Alguns anos depois, refletindo sobre o fato de que jovens cantores passaram a considerar Newport o lugar onde se alcançaria o anel de bronze da fama folk, Manny Greenhill insistiu: "Há apenas uma pessoa que, de repente, se tornou grande por aparecer em Newport, e essa pessoa é Mississippi John Hurt... John Hurt é o único que se pode considerar que foi para Newport e *bang*, aconteceu ali mesmo, assim, do nada". Foi o workshop mais frequentado do dia, com cerca de 500 ouvintes sentados na grama e aglomerados nas laterais da varanda do cassino, e Wein ecoou a avaliação de Greenhill, escrevendo que "quase igualou o final da noite de sexta-feira em importância para o mundo folk". Hurt foi a grande notícia, mas ele teve excelente companhia, incluindo Dave Van Ronk, o jovem John Hammond (filho do antigo produtor de Dylan) surpreendendo os ouvintes com seu comando dos primeiros estilos de guitarra e vocal, Sonny Terry e Brownie McGhee tocando duetos enérgicos e John Lee Hooker tocando gemidos acústicos melancólicos. Hooker também apareceu no palco principal naquela noite com uma guitarra elétrica de corpo sólido, apoiado por Bill Lee no baixo, e apresentou uma variação do recente hit de dança "Green Onions" e o single de sua autoria Top 20 de R&B do ano anterior, "Boom Boom" — o *Providence Journal* escreveu que ele "por vezes soa muito como um artista de rhythm and blues... [e] empunha uma guitarra elétrica como um revólver."

Foi um fim de semana mágico, não apenas para os espectadores, mas para os artistas e a equipe, que continuaram a curtir a música depois que os shows formais terminaram. Wein se lembrou que assistiu da varanda de uma das casas de hospedagem dos artistas enquanto Hurt dava um show improvisado para um grupo de jovens e enfiou a cabeça em uma sala onde "Baez e Dylan, a rainha virgem e o príncipe herdeiro do folk revival... estavam trocando músicas". Naqueles primeiros anos, a socialização informal e a produção musical tornaram Newport tão especial para os artistas quanto para o público. Jovens músicos que adquiriram habilidades debruçando-se sobre discos arranhados ficaram emocionados ao se verem conversando, tocando e aparecendo nos palcos com os homens e mulheres que haviam feito aqueles discos mais de três décadas antes. Paul Rothchild resumiu um sentimento comum quando comparou os primeiros festivais de Newport ao Washington Square Park em uma tarde de domingo, só que com milhares de pessoas e uma gama inacreditável de talentos em exibição. Era inspirador, e ainda assim havia algo íntimo naquilo, um sentimento de que todos faziam parte de uma pequena camarilha compartilhando uma paixão secreta:

> Era tudo muito privado, não era o Kingston Trio, não era Harry Belafonte. Ouvíamos música de montanha tocada por pessoas reais. Ouvíamos blues do Delta tocado por pessoas reais... E depois desses festivais nós íamos embora e trabalhávamos naquilo por um ano, e no ano seguinte alguns de nós estaríamos naqueles palcos fazendo aquele tipo de música.

Para músicos rurais que passaram a vida tocando para vizinhos e em pequenos bailes locais, a experiência foi ainda mais marcante. Os organizadores do festival tentaram apoiá-los e os encorajaram a trazer membros da família para acompanhar, mas, sem dúvida, alguns acharam a experiência desorientadora. Com os lucros do festival de 1963, o conselho comissionou Ralph Rinzler para viajar pelos Estados Unidos em busca de artistas pouco conhecidos, e parte de seu trabalho era prepará-los e tranquilizá-los, “para que não sentissem que tinham que fazer um discurso, se levantar ou colocar uma gravata borboleta e terno preto ou um vestido de vovó, mas apenas ser eles mesmos”.

Para alguns, a experiência foi uma mudança de vida. O violinista cajun Dewey Balfa havia crescido vendo sua música como arcaica e desrespeitada, a ponto de, quando ele e seus irmãos foram convidados para Newport em 1964, o que foi dito em sua cidade foi: “Eles vão ser ridicularizados”. Diferentemente, eles foram aclamados:

> Eu tinha tocado em bailes de casa, reuniões familiares, talvez um salão de dança onde poderia ser visto por até duzentas pessoas juntas. Na verdade, duvido que eu já tivesse visto duzentas pessoas ao mesmo tempo. E em Newport, havia dezessete mil. Dezessete mil pessoas que não nos deixavam sair do palco.

O resultado para Balfa e seus irmãos não foi apenas uma carreira profissional, mas o nascimento de um revival regional — a notícia de seu sucesso no norte despertou um novo orgulho em tradições em extinção, e o conselho de Newport forneceu financiamento para os primeiros festivais de música Cajun na Louisiana, iniciando um revival que se espalharia por todo o país e, no fim, pelo mundo.

Na programação do festival de 1963, foram incluídos quase o dobro de revivalistas folk urbanos em relação aos artistas rurais ou "étnicos", mas isso mudou nos anos seguintes e, em 1967, as proporções foram praticamente invertidas. Qualquer que fosse o equilíbrio, a relação recíproca entre esses dois grupos foi o que tornou os festivais de Newport tão especiais: os artistas tradicionais proporcionavam profundidade histórica, conhecimento técnico e uma base de autenticidade, enquanto os artistas urbanos reforçavam a vitalidade e a relevância dos estilos relacionados ao folk no mundo moderno. A mistura nem sempre foi fácil: Wein lembrou que Buell Kazee, um tocador de banjo que havia gravado algumas das faixas mais queridas da Folkways Anthology, estava perturbado pelo ethos esquerdista e anti-Guerra do Vietnã do festival de 1968: "Não quero ter nada a ver com a destruição da América", reclamou, e acrescentou, "não sei por que essas pessoas não fazem a coisa honesta e admitem que isso é ideologia e não apenas música. Se eu soubesse que seria assim, teria ficado em Kentucky".

Por outro lado, Frank Proffitt, cuja versão de "Tom Dooley" foi a fonte original do hit do Kingston Trio, escreveu para a *Sing Out!* após o festival de 1965: "Posso entender os jovens e outros cujos corações clamam por expressão na forma de canções e música, sentimentos e pensamentos que tiveram sobre si mesmos e seus arredores". E acrescentou:

> Eu apoio 100% qualquer um que cante e toque qualquer estilo em qualquer lugar a qualquer hora com qualquer tipo de instrumento que escolher. Um sujeito me escreveu: "Mas eu não tenho uma tradição como a sua!" Ao que respondi: "Se você acredita no Adão bíblico, tenho certeza de que ele cantou para Eva. Se sua mente foca nessa coisa de vir do macaco, tenho certeza de que o homem das cavernas se pendurou nos penhascos, sugou a medula dos ossos da caça e coaxou algumas melodias. Que outra tradição você quer?

Para os artistas e o público, os festivais de Newport muitas vezes pareciam um mundo à parte, um lugar onde grupos díspares podiam se encontrar e, por meio de seu amor pela música compartilhado, superar suas diferenças. Jovens radicais sentavam-se aos pés de anciãos conservadores, e os caipiras tentavam ser educados sobre os costumes estranhos da cidade. Wein se lembrou que na primeira noite do festival de 1964, o ônibus que levava os artistas de seus alojamentos para o local do festival já estava lotado de membros de um grupo branco da Sacred Harp de uma pequena cidade no Alabama quando chegou à casa onde os negros do Georgia Sea Island Singers estavam hospedados.

> Houve um silêncio constrangedor; os dois grupos haviam vindo de lugares onde negros e brancos não tinham interação alguma. O contingente da Sacred Harp era um grupo cristão fundamentalista; eles estavam acostumados à segregação como modo de vida.
>
> A tensão no ônibus era palpável. Então, sem que ninguém dissesse uma só palavra, um dos homens do Sacred Harp Singers se levantou e ofereceu o assento a uma mulher do Georgia Sea Island Singers. Após um momento de hesitação, ela aceitou com gratidão. Logo outro cavalheiro da Sacred Harp ofereceu seu assento, depois outro — até que todas as mulheres do Georgia Sea Island estivessem sentadas.

Barry Kornfeld tem uma história semelhante de quando chegou atrasado para o festival de 1959 com o reverendo Gary Davis, entrou na tenda dos artistas e encontrou todas as cadeiras ocupadas, e Earl Scruggs — que Kornfeld tem certeza de que nunca tinha ouvido falar de Davis — imediatamente se levantou e ofereceu sua cadeira ao cantor de rua cego. Wein e Kornfeld enquadram suas histórias como exemplos de sulistas brancos fazendo gestos louváveis atravessando as linhas raciais, mas sua surpresa sugere que eles tinham seus próprios estereótipos a superar e também estavam aprendendo e crescendo como parte de sua experiência em Newport.

Essa sensação de calor e comunidade, de deixar as diferenças do lado de fora dos portões do festival e se juntar à camaradagem musical não era o estilo de Dylan. Ninguém se lembra dele socializando com alguém desconhecido, e John Cohen é uma das várias pessoas que parecem incomodadas ao descrevê-lo vagando pelo recinto do festival em 1963 com um chicote enrolado em seu ombro. Anthony Scaduto escreveu que quando as pessoas perguntavam: “O que faz com isso?”, Dylan respondeu:

"'Eu arranco os cigarros das bocas das pessoas. É isso que eu faço com isso, cara'. Ele abalava muitas pessoas com sua arrogância, com os muros que ele erguia ao redor de si".

Os muros não eram todos metafóricos. Cohen e os outros New Lost City Ramblers, como os artistas rurais, a maioria dos revivalistas urbanos e a equipe de apoio, dirigiam ou andavam de ônibus para Newport e dormiam nos alojamentos improvisados que o festival fornecia, muitos deles em camas dobráveis. Ao mesmo tempo, os clientes favoritos de Grossman voavam de Nova York, primeiro para Providence e depois de avião particular para Newport, e ficavam em quartos privados no elegante Viking Hotel. Suze Rotolo relembrou disso como uma experiência inebriante:

> A sensação de que havia negócios pairando — o som do dinheiro, misturado com a perspectiva de contratos de gravação e fama — era excitante para os músicos folk emergentes que buscavam uma chance. Havia muita coisa acontecendo. Os fotógrafos David Gahr e Jim Marshall estavam em todos os lugares ao mesmo tempo, tirando fotos. Bob estava todo envolvido em negócios e diversão ao mesmo tempo. Estalando aquele chicote. Fazendo o chão tremer.

Os fotógrafos flagraram Dylan relaxando com amigos na piscina do Viking, uma foto parece ter sido criada para destacar o contraste entre seu estilo de vida e a missão social do festival: ele está de camisa de manga curta e óculos escuros, com as palmas das mãos estendidas, explicando algo ao afro-americano Bill Lee, que está separado dele por uma cerca de madeira com uma placa dizendo *SOMENTE* CONVIDADOS REGISTRADOS PODEM USAR A PISCINA. A foto foi presumivelmente encenada como uma piscadela de provocação para placas semelhantes que reforçavam a segregação racial do sul, mas também sugeriu as maneiras pelas quais o poder e o dinheiro do norte replicavam os mesmos efeitos, com Dylan do lado afortunado.

Quaisquer que fossem as complexidades e contradições subjacentes, como figura pública, Dylan personificava a mistura de juventude urbana e tradição rural, pureza popular e ativismo político de Newport. Como Shelton escreveu mais tarde em sua biografia:

> Com suas roupas esfarrapadas, canções mordazes, postura anti-show business [e] identificação com os direitos dos negros e com a paz... Dylan se tornou o emblema do Festival. Sua foto estava em todo lugar — o rosto magro e fundo, ombros frágeis cobertos por uma camisa militar cáqui desbotada com dragonas murchas, jeans azul desbotado. Tudo parecia espontâneo, da mesma forma que o espírito de grupo de Newport em si. No entanto, Albert e Dylan tinham feito um planejamento considerável para aquilo tudo.

Essa descrição foi de certa forma hipócrita, já que a exposição mais proeminente da foto de Dylan foi nas páginas de abertura do programa do festival, acompanhando um poema do jovem e magro bardo — e esse programa foi editado pelo sósia pseudônimo de Shelton, Stacey Williams. Shelton escreveu mais tarde que "Dylan chegou lá como uma figura underground e saiu como uma estrela", mas ele também antecipou essa transformação, e o próprio Grossman dificilmente poderia ter feito um trabalho melhor; ele emoldurou o fim de semana como uma cerimônia de passagem da tocha de Pete e Woody para o "compositor de 22 anos de Nova York, via Hibbing, Minnesota; Gallup, Novo México e todos os pontos no meio do caminho."

No geral, o livreto do programa era um modelo de inclusão, suas 38 páginas equilibravam o antigo e o novo, o urbano e o rural, anúncios comerciais e partituras da *Sing Out!* A capa interna tinha um anúncio brilhante da Decca Records para Bill Monroe, "o pai da 'música blue grass'", seguido por uma recepção geral do conselho do festival e breves declarações do propósito de cada um dos seus sete membros. Então veio o poema em prosa de Dylan "– for Dave Glover", que preenchia uma página e meia e começava com uma foto do jovem poeta tocando gaita melancolicamente. Anúncios de discos de artistas do festival na Elektra e na Vanguard eram seguidos por "Folklore in Your City", um artigo de Tony Schwartz, que passou uma década vagando pelas ruas de Nova York com seu gravador de rolo e encorajou outros moradores urbanos a fazerem o mesmo. Então veio um elogio brilhante da Sis Cunningham na *Broadside* para a nova geração de compositores, "filhos de Woody", liderados por "Bob Dylan, com apenas 22 anos, cujas músicas em poucos meses percorreram o país e o exterior".

Em seguida, um anúncio de página inteira da Columbia Records mostrou Pete Seeger cantando junto a plenos pulmões, justaposto a uma cena estudadamente Woody de Dylan tocando uma Gibson surrada. O texto os posicionou como um rei respeitado e um príncipe jovem:

> Pete Seeger vem cantarolando e dedilhando por todo o país desde 1940, um ano antes de Bob Dylan nascer. Hoje, a eminência de Pete como autoridade em sua área é indiscutível e seu dom especial para envolver o público em suas apresentações é amplamente responsável pelo renascimento do folk. Bob Dylan, que explodiu no cenário há apenas dois anos com um estilo tão único quanto as músicas que escreve, encontrou públicos experientes e receptivos, bem capazes de apreciar seus talentos tocantes e incomuns. Ambos os artistas são forças dinâmicas no mundo do canto folk. Ambos estão na Columbia Records.

Os artigos seguintes, de Jean Ritchie e Ralph Rinzler, forneceram algum fundamento e boa-fé, saudando a popularidade renovada do dulcimer dos Apalaches e o sucesso dos Amigos da Música Antiga, que patrocinaram as primeiras apresentações em Nova York de Roscoe Holcomb, Doc Watson, Jesse Fuller e Furry Lewis e se ofereceram para atuar como um bureau de artistas para comitês de entretenimento universitário que buscavam artistas semelhantes.

Então veio uma seleção mais controversa: Lightnin' Hopkins e Eric Von Schmidt debatendo se "jovens brancos" sabiam cantar blues. Hopkins foi categoricamente negativo:

> Garotos brancos simplesmente não têm voz para blues. Eles sabem tocar, mas não sabem cantar... Não é música de homem branco. Eles podem sentir, mas simplesmente não conhecem sua essência... Eles não passaram por isso, só conseguem o sentimento com discos e shows, mas não vivem isso.

A resposta de Von Schmidt reconheceu as dificuldades: "A maioria dos jovens brancos que canta blues tem esse problema em particular. Todas as manhãs, quando acordam, ainda são brancos. Meio rosa-acinzentados, roxo-alaranjados, verde-amarelados — você sabe, brancos."

No entanto, ele sugeriu que essa desvantagem poderia ser superada se eles parassem de tentar recriar o passado:

> Branco, preto ou azul — você é você. Robert Johnson e Bukka White estavam falando sobre os tempos *deles*, das mulheres *deles*. Precisamos lidar com isso AGORA. Aviões a jato, não carros antigos; espaço sideral em vez de mulas. O mais perto que conseguiremos chegar de Clarksdale, no Mississipi, é a loja de discos na esquina...
>
> Alguns dos caras mais jovens estão começando a fazer isso. E quando acontecer, não vai soar como o Delta ou o Southside. Vai ser o som *deles*. Eles estão ouvindo os músicos de raiz pela abordagem em vez do estilo, pela poesia, e não pelo repertório. Quem precisa de imitações quando Sleepy John e Big Joe estão vivos e se divertindo? Pule o Hal Holbrook e me passe um pouco daquele Tom Wolfe.

No cenário de Cambridge, o próprio Von Schmidt foi o principal exemplo dessa abordagem, um homem branco rosnador barbudo que cantava sobre lançamentos de foguetes e velejava em seu barco pela Costa do Golfo; mas, no cenário nacional, Dylan foi o artista mais óbvio a misturar influências do blues com o modernismo wolfeiano.

O programa apresentava música e letras de uma balada tradicional, "The Golden Vanity", a programação de concertos e workshops, e depois um artigo de Shelton com sua própria assinatura sobre o movimento dos direitos civis do canto e, em particular, sobre os Freedom Singers, que, junto com "milhares de membros anônimos do coro pela integração, estão escrevendo novos versos a cada dia para uma música emocionante que está diretamente movendo as pessoas". Quatro páginas depois, vinha a partitura de um desses hinos anônimos, "Woke Up This Morning (With My Mind on Freedom)" — mas a música apresentada junto com a peça de Shelton era "Blowin' in the Wind".

Um anúncio da agência de reservas de Harold Leventhal trazia uma dica de que o momento era particularmente adequado para o surgimento de uma nova estrela folk: as letras maiúsculas do banner desejavam "Bon Voyage!" a Seeger e sua família, que estavam partindo em uma turnê mundial de um ano por 21 países.

Então Mitchell Jayne, dos Dillards, proporcionou um paralelo caipira à exortação de Von Schmidt. Um quarteto das Montanhas Ozark, os Dillards se tornaram visitantes familiares nas salas de estar americanas por meio de aparições recorrentes no *The Andy Griffith Show* e logo seriam a primeira banda de bluegrass a gravar uma música de Dylan. Como o conheceram pela primeira vez em Newport, Jayne provavelmente não estava pensando em Dylan quando escreveu a peça, mas, em retrospectiva, parece uma defesa da nova onda que ele estava liderando, começando com uma paráfrase satírica sobre a maneira com que os "pedantes" estavam tentando "purgar a música, secando sua vitalidade e rejeitando a mudança":

> Não é para brincar com as inovações, que são o próprio coração e a própria alma da música antiga. A violação deste mandamento é indicação de que os artistas estão interessados em nada mais além de dinheiro e, portanto, estão se prostituindo. [Este] é o grande erro dos tradicionalistas, que ocasionalmente levantam um clamor contra um artista que está deixando o caminho batido da música folk para um caminho mais denso.

A página seguinte mostrava outro visitante dos Ozarks sentado na plateia do Newport Folk Festival daquele ano, ladeado por um quarteto de adolescentes alegres: Jimmy Driftwood, cuja música "The Battle of New Orleans" liderou as paradas pop e country em 1959 (atrás dele, aparentemente despercebidos pelo fotógrafo, estão sentados Dave e Terri Van Ronk). Abaixo da foto havia uma partitura para uma versão de "Pretty Peggy-O", transcrita do canto de George e Gerry Armstrong, que apareceram no First Annual Arkansas Folk Festival de Driftwood, em abril. Pode ter sido pura coincidência que essa música também estivesse no primeiro álbum de Dylan, embora o papel de Shelton como escritor das notas da capa daquele álbum sugira que pode não ter sido assim.

O programa do festival não era simplesmente um gambito maquiavélico em um jogo de xadrez centrado em Dylan, mas Peter Yarrow observa que "havia camaradagem e até mesmo uma espécie de cumplicidade entre Robert Shelton e Albert Grossman", e neste período o escritor se sentiu pessoalmente responsável por grande parte do sucesso de Dylan e abraçou o trabalho do cantor como um veículo para suas próprias missões estéticas e profissionais. Ele era um cruzado comprometido com a música folk autêntica e a política progressista, e Dylan exemplificava ambas. Como Guthrie, Dylan era uma personificação do tradicionalismo progressista, um poeta populista cujas canções ofuscavam seu carisma pessoal e cuja voz rouca e estilo neo-étnico inevitavelmente limitariam seu apelo e o manteriam fora do mainstream pop.

Ainda que Shelton estivesse errado sobre essa última suposição, ele tinha muita companhia. E se Dylan estava decolando em velocidade surpreendente e carregado de expectativas desmedidas, o mesmo era verdade para o cenário folk em geral e para o Newport Folk Festival em particular. O evento daquele ano vendeu 48 mil ingressos, superando o Festival de Jazz em mais de dez mil, e Wein disse ao Newport Daily News que foi "a maior experiência da minha vida provar que as pessoas podem fazer as coisas de forma altruísta". Jean Ritchie escreveu que o evento proporcionou a ela "uma série de memórias excepcionalmente belas, numerosas demais para listar, mas talvez resumidas em um sentimento de que o mundo de alguma forma ficou melhor por todas essas pessoas terem se unido e por todas essas coisas terem acontecido".

Capítulo 6

TIMES A-CHANGIN'

Olhando para trás a partir de um ponto de vista da década de 1980, Robert Shelton descreveu Newport 1963 como "um ensaio geral para a Nação Woodstock... O casulo de uma cultura alternativa". Naquela época, era uma analogia tentadora, mas em 1963, "os anos 60" ainda não tinham acontecido, e não havia como saber que aconteceriam. O pessoal de Newport tinha esperanças de um futuro melhor e via o festival como um passo na direção certa, mas o resto do país não estava prestando muita atenção, ou, se estava, tendia a considerá-los extravagantes. Os costumes da década de 1950 ainda estavam firmemente em vigor, e até mesmo a maioria dos frequentadores de Newport imaginava um futuro melhor muito parecido com a América contemporânea, só que mais aberto, inclusivo e pacífico. Quais eram as alternativas? A Europa Ocidental estava se reconstruindo depois da Segunda Guerra Mundial, com os Estados Unidos como modelo. A Europa Oriental parecia mais sombria a cada dia, e apenas os comunistas mais tacanhos e tradicionais ainda a consideravam o berço de uma possível utopia. A Ásia era pobre e estava devastada por guerras. A América Latina era uma colcha de retalhos de ditaduras e repúblicas de bananas. Apesar das falhas, os Estados Unidos eram prósperos e seguros, e o sonho da classe média parecia mais acessível do que nunca. Era por isso que estavam marchando no sul, não era? O direito de comer em restaurantes, votar em eleições, ir para boas escolas, conseguir bons empregos e viver em bairros agradáveis.

Quem não estivesse acreditando nesse sonho estava profundamente ciente de ser parte de uma pequena minoria, ou de ser pessoalmente estranho, neurótico e sozinho. Era isso que fazia de Greenwich Village um refúgio, porque encontrar uma cafeteria onde outras pessoas gostassem da mesma música, dos mesmos livros e dos filmes era transformador, e proteger esses gostos compartilhados era muito importante. Os punk rockers de 15 anos depois, os fãs de hip-hop e os jovens tatuados e com piercings do novo milênio viveram uma situação diferente, porque eles puderam olhar para a década de 1960 e ver que uma geração anterior havia se rebelado e sobrevivido. Em 1963, muitos jovens estavam olhando para a história recente, para o que havia acontecido não apenas nos Estados Unidos, mas na Alemanha de Weimar. Como eles poderiam não ser paranoicos? Na década anterior, os americanos haviam perdido empregos e ido para a prisão por irem aos shows errados, terem os amigos errados, apoiarem as causas erradas ou se recusarem a denunciar outras pessoas que haviam feito essas coisas. Pete Seeger e os Weavers ainda eram barrados de se apresentar nas redes de televisão. Ewan MacColl e Peggy Seeger, que se tornou cidadã britânica quando se casou com MacColl, tiveram seus vistos negados para entrar nos Estados Unidos. O sul estava explodindo, e não havia como dizer onde isso iria parar. Havia um crescente senso de otimismo e sinais de que as coisas estavam mudando: o baby boom do pós-guerra havia criado uma enorme geração que estava chegando à maioridade cada vez mais ciente de que desejava um mundo diferente e melhor; mas também houve reação: William Moore havia sido baleado. Medgar Evers havia sido baleado. Centenas de manifestantes pacíficos haviam sido brutalmente espancados e milhares mais haviam sido presos. As coisas poderiam estar melhorando — a vitória de Kennedy sobre Nixon foi certamente um sinal positivo —, mas foi a eleição mais acirrada desde a Primeira Guerra Mundial, e a balança poderia facilmente pender para o outro lado, em direção à retração conservadora, uma repressão governamental, ou até mesmo uma ditadura fascista. E isso se eles vivessem o suficiente. A nova administração liberal de Kennedy não tinha uma resposta melhor para a ameaça de aniquilação nuclear do que tornar essa aniquilação mais completa, dissuadindo a Rússia e a China com a promessa de "destruição mutuamente assegurada".

Em termos culturais, ainda não eram os anos 60 dos hippies e de Hendrix. Ainda era a década de 60 do Hootenanny: estudantes universitários bem-arrumados e de cabelo penteado sentados em fileiras organizadas, cantando com cantores folk animados de ternos e gravatas combinando. A música era mais adulta e inteligente do que "At the Hop" ou "Puppy Love", mas, em retrospecto, há uma perfeição surreal em assistir à aparição de Leon Bibb no programa, cantando "Little Boxes" para um salão lotado de estudantes de graduação da UCLA, todos vestidos de forma conservadora, todos exibindo seus sorrisos de propaganda de pasta de dentes, balançando a cabeça e murmurando as palavras junto com ele: "The people in the houses all go to the university / And they all get put in boxes, little boxes all the same" ["As pessoas nas casas vão todas para a universidade / E todas são colocadas em caixas, pequenas caixas todas iguais", em tradução livre].

Seja lá o que fosse, Newport não era isso. A música era assustadoramente heterogênea; o público incluía muitos de jeans azuis — tanto garotas quanto rapazes —, de sandálias e alguns de barba; e longe de ser banido, Pete Seeger estava em todos os lugares: cantando, tocando e encorajando velhos músicos rurais e jovens compositores. O que não quer dizer que os mundos eram totalmente separados, já que três dos sete membros do conselho do festival de 1963 apareceram no *Hootenanny* no ano seguinte: Clarence Cooper, que apresentou o workshop de blues, também pôde ser visto de costa a costa, de terno e gravata, com os Tarriers — um grupo inter-racial com um excelente tocador de banjo, mas muito no molde do Kingston Trio. Erik Darling, que havia substituído Seeger nos Weavers — o grupo pioneiro na canção folk de terno e gravata — estava com os Rooftop Singers, que tiveram um hit pop número um com um antigo número de jug band chamado "Walk Right In". E Theo Bikel estava com Judy Collins, fazendo um dueto de "Kisses Sweeter than Wine" dos Weavers. Foi isso que tornou o *Hootenanny* tão irritante: foi simultaneamente a vitrine mais visível para o renascimento do folk e um suporte da estrutura de poder conservadora e conformista que os revivalistas desprezavam. O entusiástico encerramento de fim de ano dos maiores sucessos do folk trazia "If I Had a Hammer" e "Blowin' in the Wind", e poucos espectadores sabiam que os compositores e intérpretes dessas músicas estavam na lista negra ou boicotavam o próprio programa.

Para complicar ainda mais as coisas, a febre do pop-folk trouxe muita atenção adicional não apenas a estrelas de ingressos esgotados e de televisão e alternativas como Baez, Seeger e Peter, Paul e Mary, mas também a artistas rurais como Mississippi John Hurt e Doc Watson. Clubes folk surgiram em todo o país, e se alguns preferiam grupos universitários organizados, também havia muito trabalho para neo-étnicos autênticos, e também para jovens com vozes trêmulas e habilidades instrumentais limitadas que cantavam músicas atacando a complacência da sociedade dominante. O público também se mesclava — muitos espectadores do *Hootenanny* se aglomeravam nos shows de Baez e apareciam quando seus festivais folk universitários apresentavam Dave Van Ronk ou Tom Paxton. Gostos que alguns anos antes pareciam marginais estavam cada vez mais populares, o que era ótimo em alguns aspectos, mas perturbador em outros — era, claro, maravilhoso que a música tivesse um público maior, mas isso diluía o sentimento de compartilhar algo secreto e precioso, e havia todos os motivos para temer que o mainstream transformasse a arte sincera em lixo produzido em massa. Como Seeger comentou durante um painel no dia de abertura do festival, "Todos nós sabemos que a música folk cresceu muito, e agora estamos começando a nos preocupar com as consequências disso".

Uma das razões pelas quais tantas pessoas se importavam muito com Seeger, Baez e Dylan era que cada um conseguia atingir grandes públicos sem parecer se corromper — e o sucesso de Dylan foi ainda mais chocante do que o de Seeger ou de Baez. Ambos eram artistas únicos e comprometidos, mas também agradáveis e confiáveis e, se estivessem dispostos a abrir mão de seus compromissos políticos, poderiam facilmente ter aderido à onda *Hootenanny*. Dylan foi um ponto de inflamação particular em parte porque ele era um símbolo de autenticidade e comprometimento, em parte porque continuava mudando e surpreendendo as pessoas, mas também porque soava muito diferente de outras estrelas folk e era potencialmente muito irritante. Em cada estágio, seus fãs e apoiadores estavam cercados por críticos perplexos que o rejeitavam como um posudo irritante e chorão, e os ataques os faziam defendê-lo com mais paixão, o que os fazia se sentirem ainda mais traídos quando ele mudava de ritmo.

A apoteose de Dylan em Newport definiu sua persona clássica: o jovem amarrotado e herdeiro de Woody Guthrie que escreveu letras poderosas sobre os problemas da sociedade e ficou de braços dados com Seeger, Baez e os Freedom Singers; mas para seus fãs anteriores isso representou uma mudança de direção, e alguns sentiram que ele estava perdendo o rumo e rebaixando seus talentos. Seus velhos amigos da *Little Sandy Review* receberam *Freewheelin'* com frio desprezo: "Ele se tornou melodramático e piegas, sem a economia guthriana; suas melodias têm mais relação agora com a música popular do que com a música folk. Como artista, ele às vezes é afetado e pretensioso". Essas eram pessoas que Dylan conhecia e respeitava, e cujos gostos ele compartilhava amplamente. Então, mesmo sendo aclamado pelo establishment folk como uma nova e tocante voz, ele se sentia pressionado a explicar suas mudanças. Seu poema no programa do festival foi uma defesa de sua nova direção, endereçado a Dave "Tony" Glover, um tocador de gaita e crítico de blues da *Little Sandy* que havia formado recentemente um trio de raiz com John Koerner e outro guitarrista de blues de Mineápolis, Dave Ray.

Dylan se dirigiu a Glover como seu "melhor amigo na mais alta forma", desculpando-se por não estar em contato e insistindo que ainda se importava com a música antiga: "As canções folclóricas me mostraram o caminho... Me mostraram que as canções podem dizer algo humano". Agora, porém, "preciso fazer minhas próprias afirmações sobre esses tempos". Ele ainda estava na tradição de Guthrie e Seeger, "cantando para mim e para um milhão de outros eus que foram forçados a se unir pelo mesmo sentimento", mas seu mundo era mais complicado do que o deles. Em vez de esquerda e direita, preto e branco, era "um grande CÍRCULO COMPLICADO de rock". Então ele estava buscando seu próprio caminho, tentando não se preocupar "com os críticos sem talento e os filósofos ignorantes". Isso incluía escrever material atual, mas também muito mais: a meia dúzia de composições novas que ele mencionava incluíam "Masters of War" e "With God on My Side", mas também "Seven Curses", baseada em uma lenda dos Bálcãs sobre roubo de cavalos e enforcamento, e "Boots of Spanish Leather", sobre um apaixonado que navega para praias estrangeiras. As canções políticas estavam recebendo mais atenção, e ele escreveria mais algumas — mais proeminentemente a canção-título de seu disco seguinte, *The Times They Are a-Changin'* —, mas quando esse disco consolidou seu status como príncipe do protesto, ele estava, de uma forma geral, documentando seu passado.

A escolha de temas de Dylan era importante para os ouvintes neste período, e suas reações vêm colorindo as visões dos cronistas desde então, mas em termos de evolução artística, o afastamento das questões sociais não foi tão significativo. É fácil se deixar levar pela argumentação da época, e alguns fãs ficaram muito chateados quando ele parou de escrever sons com propaganda política direta no estilo *Broadside*, mas, em retrospecto, "A Hard Rain's a-Gonna Fall", por mais temática que tenha sido, está em uma linha estilística direta com "Mr. Tambourine Man" e "Desolation Row". Sua grande mudança não foi da consciência social para a introspecção, mas de cantar músicas antigas para escrever novas, e de tocar no Gaslight Café para tocar no Hollywood Bowl. No verão de 1963, o sinal mais óbvio dessa mudança foi uma nova parceira musical e romântica: Joan Baez.

Dylan e Baez se tornaram próximos antes de Newport, mas o festival foi a estreia como casal, e o relacionamento mudou fundamentalmente sua imagem e seu público. Baez começou como cantora de cafeteria especializada em baladas antigas, e ainda subia no palco apenas com o violão e sua voz adorável, mas ela também era uma grande estrela que atraía multidões de dez ou quinze mil adoradores. Em agosto daquele ano, ela levou Dylan para uma turnê e mais tarde relembrou: "Arrastar meu pequeno vagabundo para o palco foi um experimento grandioso":

> As pessoas que não tinham ouvido falar de Bob ficavam furiosas e por vezes até o vaiavam quando ele interrompia as melodias cadenciadas da cantora mais núbil do mundo com suas notas de imagens, indignação e humor crus. Eu respondia balançando o dedo para os ofensores como uma professora, aconselhando-os a ouvir as palavras dele, porque aquele jovem era um gênio.

Em termos musicais, o contraste era gritante. Como Van Ronk disse, "o que quer que Dylan tenha feito como escritor, estava claramente no campo neo-étnico. Ele não tinha voz bonita e fazia o melhor que podia para cantar como Woody, ou pelo menos como alguém de Oklahoma ou do sul rural, e sempre soava muito rústico e autêntico". Com Baez, "tudo girava ao redor da beleza de sua voz", e não era só ela: quase todas as estrelas folk femininas cantavam em estilos influenciados pelo *bel canto* clássico. "Enquanto os rapazes estavam intencionalmente tornando suas vozes mais rústicas, as moças vinham tentando tornar suas vozes cada vez mais bonitas e virginais, e isso lhes dava um tipo de apelo ampliado para as pessoas que estavam ouvindo Belafonte e os cantores mais velhos, e os grupos universitários certinhos."

Um mito central do renascimento folk é que os ouvintes jovens, urbanos e de classe média se apaixonaram pela música antiga, rural e da classe trabalhadora, mas como Charles Seeger apontou, esse sempre foi um paradigma instável: "As pessoas, independentemente do estrato em que vivem, têm o desejo de fazer música na tradição desse estrato. E a música de outros..., Bem, eles vão ouvi-la às vezes, mas não a querem tanto." Alguns fãs de folk eram exceções a essa regra, mas compunham as modestas plateias do Festival Folclórico da Universidade de Chicago, não os milhões assistindo ao *Hootenanny* ou à maioria das dezenas de milhares em Newport (mesmo no festival de Chicago, que se concentrava em artistas rurais autênticos, um crítico do *Little Sandy* lamentou que, em vez de ouvir os mestres, "uma enorme reunião de folkniks" se juntou no porão e "cantou todo o repertório do Kingston Trio").

Para o mainstream, as músicas de Dylan eram muito mais atraentes do que sua maneira de cantá-las, e sua reputação foi amplamente espalhada por Baez — que o levou ao palco, fez duetos com ele e gravou suas composições — e Peter, Paul e Mary. Alguns ouvintes passaram a comprar seus álbuns e assistir aos shows, mas era possível gostar muito das músicas sem se importar com o autor. De fato, poderiam adorá-las sem se importar com o cenário folk: no ano seguinte, "Blowin' in the Wind" foi gravada por mais de 50 artistas, incluindo Lena Horne, Eddy Arnold, Duke Ellington, Stan Getz e Marlene Dietrich, e parte de seu apelo era que soava como muitas músicas que seus fãs já conheciam e gostavam.

O apelo político da música era semelhante: ela expressava um senso de preocupação e consciência de injustiça, mas não era um chamado estridente às armas, e embora tenha sido adotada por milhões de pessoas que sentiam que o movimento pelos direitos civis era uma luta nobre e histórica, a maioria deles não ia a passeatas ou comícios, nem necessariamente se importava em passar muito tempo com pessoas negras. Assim como os fãs hardcore de folk que genuinamente buscavam e apreciavam os velhos estilos rurais, havia americanos brancos que participavam ativamente da luta e em alguns casos eram presos, espancados e mortos —, mas havia também um grupo muito maior e vagamente solidário que simpatizava, mas preferia permanecer em suas próprias comunidades e se associar a pessoas como eles.

Os membros mais pensativos de ambos os movimentos estavam cientes dessas complexidades. Van Ronk sugeriu que cantar canções de protesto "não faz absolutamente nada, exceto dissociar você e seu público de todos os males do mundo", e John Cohen argumentou que canções atuais eram na verdade menos relevantes do que velhas baladas e melodias de violino, já que elas "cegam os jovens, levando-os a acreditar que estão realizando algo... Quando, na verdade, não estão fazendo nada além de ir a shows, lojas de discos e festas". Até mesmo pessoas que acreditavam no poder da música política tiveram momentos de dúvida. Peter, Paul e Mary se apresentaram na Universidade do Mississipi em 1962, enquanto James Meredith lutava para integrar a escola, e Mary Travers teve o "terrível pensamento" de que o público todo branco cantando junto com "If I Had a Hammer" estava "encantado pela vida e vitalidade da música, mas deliberadamente alheio" ao seu significado. Em outra ironia, a revista *Jet* escreveu que os alunos aplaudiram "sem saber que o baixista do trio é um negro holandês de pele clara".

Mesmo quando os artistas viajaram para o sul para cantar em comícios pelos direitos civis, alguns acharam a mensagem ambígua. Jack Landrón, que, como Jackie Washington, foi o único artista afro-americano no cenário inicial de Cambridge, foi ao Mississipi com uma Caravana da Liberdade e lembrou que, enquanto cantavam suas músicas de protesto social, "os jovens negros estavam sentados lá no calor, entediados pra caramba".

> Para que as pessoas de lá precisavam daquilo? Elas estavam cantando pra caramba! Era a única coisa que elas tinham a seu favor — que os ajudava a suportar a semana! Elas se reuniam e cantavam para si mesmos um adeus! Quem precisava de Joan Baez ou Phil Ochs, ou de mim, para falar a verdade? Essas pessoas estavam sendo usadas para fazer os cantores parecerem bons. Elas vinham para "ajudar o negro", mas estavam se ajudando com todo tipo de publicidade como humanitários, e depois se separavam.

Muitos ativistas do sul acolheram os apoiadores do norte como fonte de força e inspiração. Julius Lester relembra a "revelação" de ver telegramas de conselhos estudantis em Harvard e Yale: "Fiquei simplesmente surpreso que havia pessoas brancas que se importavam. Foi uma experiência de que o tipo de pessoas brancas que eu conhecia tendo crescido no sul não eram os únicos tipos de pessoas brancas no mundo." Barbara Dane contou sobre uma mulher em uma reunião no Mississipi que, após sua apresentação, anunciou: "Esta senhora veio da Califórnia, deixou os filhos para trás, veio até aqui para cantar algumas músicas para nós. O mínimo que podemos fazer é levantar amanhã de manhã e nos registrar". Em uma sociedade segregada, significava muito quando as pessoas cruzavam as fronteiras raciais. Relembrando uma viagem a Albany, Geórgia, Seeger ecoou as dúvidas de Landrón: "Os negros em Albany tinham sua própria música. Por que precisariam de um ianque para vir e cantar para eles?" Mas ele também descreveu uma troca engraçada, mas significativa, durante sua apresentação: uma mulher se debruçou sobre Cordell Reagon, do Freedom Singers, e disse: "Se esta é uma música de gente branca, não penso muito nisso", e Reagon respondeu: "Silêncio, se esperamos que eles nos entendam, tenho que tentar entendê-los".

Canções simpáticas podem não mudar o mundo, mas podem pelo menos chamar a atenção para a luta. Quando Martin Luther King liderou a Marcha em Washington por Empregos e Liberdade em 18 de agosto de 1963, Dylan e Baez cantaram nos degraus do Lincoln Memorial junto com Odetta, Len Chandler, Josh White, Mahalia Jackson e Peter, Paul e Mary. Dylan cantou "Only a Pawn in Their Game" e "When the Ship Comes In" e, embora a enorme multidão tenha aplaudido sua apresentação, parece improvável que a maioria dos ouvintes pudesse ouvi-lo claramente o suficiente para acompanhar a letra ou se importar muito com suas abstrações poéticas. Mas, como Harry Belafonte apontou, "Não estávamos lá apenas para enviar uma mensagem a nós mesmos".

> Estávamos lá para comunicar algo terrivelmente urgente ao centro de poder da cultura na época, e esse centro de poder era branco. Joan e Bob demonstraram com sua participação que liberdade e justiça são preocupações universais importantes para pessoas responsáveis de todas as cores.

O fato de dois cantores folk de 22 anos puderem servir de ponte entre Martin Luther King e o centro de poder da cultura branca americana era um sinal dos tempos. Para Dylan, também era um sinal de que sua vida estava mudando de maneiras inesperadas, nem todas agradáveis.

No outono de 1963, dois incidentes trouxeram esse fato à tona com clareza gritante. O primeiro foi um par de artigos de perfil que o pintaram como moda passageira e fraude. O *News Tribune* de Duluth intitulou seu artigo "My Son the Folknik" — uma referência ao álbum *My Son, the Folksinger* de Allen Sherman, que parodiou favoritos folk em dialeto judaico — e escreveu que os velhos conhecidos de Bobby Zimmerman "riram de seu sotaque e traje caipira e das biografias cheias de imaginação que leram sobre ele. Eles se lembram dele como um jovem bastante comum de família respeitável, talvez um pouco peculiar em seus modos, mas com pouca semelhança com o personagem do show business que é hoje". Seus pais disseram ao repórter que Bobby sempre fizera poemas, mas ficaram perturbados ao vê-lo agindo como um caipira, e seu pai deu uma explicação que seus jovens fãs poderiam esperar achar particularmente condenatória: "Meu filho é uma corporação e sua imagem pública é estritamente uma atuação".

Dylan pode ter descartado isso como pequenos males de cidade pequena, mas duas semanas depois a história foi reproduzida pela *Newsweek* em nível nacional e teve algumas reviravoltas adicionais. Criticando "principalmente estudantes do ensino médio e da faculdade para quem Dylan é praticamente uma religião", a revista zombou:

> Ele sofreu; ele foi enforcado, cara, sem pão, sem uma garota, com fios retorcidos crescendo dentro dele. O público compartilha sua dor e parece invejoso porque cresceram em lares e escolas convencionais.

O que era particularmente bobo, porque — ah-hah! — o próprio Dylan era um garoto legal e convencional chamado Zimmerman, vindo de uma casa igual à deles. Ele pode alegar ter deixado isso para trás, dizendo: "Eu não conheço meus pais, eles não me conhecem. Perdi o contato com eles há anos. Mas — te peguei! — "A algumas quadras de distância, em uma das pousadas de Nova York, o Sr. e a Sra. Abe Zimmerman de Hibbing, no Minnesota, estavam ansiosos para ver seu filho cantar no Carnegie Hall. Bobby pagou a viagem para o leste e enviou ingressos para eles". Não era só isso: surgiu um rumor de que Dylan havia roubado "Blowin' in the Wind" de um estudante do ensino médio de Nova Jersey — algo que tanto Dylan quanto o estudante negaram, mas quem realmente sabia a verdade? E, ainda assim os jovens continuaram sendo sinceros e iludidos. Citaram que Joan Baez disse: "há muita coisa sobre o Bobby que eu não entendo, mas não me importo. Eu entendo suas palavras. Isso é tudo o que importa".

Claro que isso não era tudo o que importava, longe disso. Dylan ficou chateado com o artigo da Newsweek, e isso aumentou sua sensação de isolamento e paranoia, de ser perseguido e mal interpretado. Amigos e apoiadores ficaram furiosos; Pete Seeger escreveu uma nota para ele do Japão dizendo: "Tudo em que eu conseguia pensar era: 'Desgraçados'.

Esses caras certamente conseguem pensar em maneiras bem inteligentes de crucificar uma pessoa"; mas se alguém esperava que seus fãs ficariam chocados com as revelações da revista, teria ficado profundamente desapontado. Grande parte do apelo de Dylan era que pessoas como seus pais e os repórteres da *Newsweek* não entendiam o que ele era. Oscar Brand destacou que isso não era apenas uma questão de política e que muitos esquerdistas mais velhos estavam tão desatualizados quanto seus pares do centro e da direita: eles viam Dylan como "uma segunda chance, um elo com sua própria juventude perdida que os validava e lhes dava esperança de seu próprio ressurgimento". Isso estava no cerne de todas as analogias com Woody Guthrie, e algumas pessoas ficaram, sem dúvida, surpresas ao saber que Dylan não era um autêntico vagabundo proletário, mas até Irwin Silber da *Sing Out!* reconheceu que, por mais que Dylan amasse Guthrie, havia muito de James Dean nele também — e se essa fosse a analogia relevante, as revelações apenas consolidaram sua boa-fé. Ele cresceu no mundo monótono e conformista de *Juventude Transviada*, e o fato de ter escapado desse contexto e criado uma nova identidade havia sido uma vitória.

Para seus jovens admiradores, os ataques dos mais velhos apenas fizeram Dylan parecer mais precioso e relevante; mas fãs e inimigos estavam projetando nele poderes e significados que ele não havia escolhido e muitas vezes não queria. Ele originalmente esperava ter sucesso como músico e, mais tarde, como escritor, mas não havia se inscrito para o cargo de porta-voz de uma geração, e nada poderia tê-lo preparado para seu papel nas guerras culturais dos anos 1960. Cantores anteriores haviam expressado preocupações sociais, mas ninguém os havia saudado como líderes nacionais ou estudado suas letras como manifestos ideológicos. Dois anos mais tarde, ele estaria na capa da revista *Esquire* em uma montagem que mesclava quatro ícones do movimento estudantil, com cabelo volumoso e olhar inquisitivo unido à barba desgrenhada de Fidel Castro, ao olhar penetrante de Malcolm X e o sorriso confiante de John F. Kennedy. O que ele fez para estar naquele tipo de companhia?

Em 1963, ninguém teria agrupado Kennedy como ícone radical com Fidel e Malcolm — ele foi uma mudança bem-vinda a Eisenhower, mas era ainda um representante da estrutura de poder existente —, mas em novembro a bala de um assassino o colocou firmemente ao lado dos direitos civis e da mudança progressiva. O assassinato de Kennedy é frequentemente lembrado como uma perda de inocência nacional, o momento em que as vagas preocupações de "Blowin' in the Wind" se tornaram realidades gritantes. Para os ativistas, no entanto, ele se encaixava em um padrão muito familiar. A balada de Phil Ochs sobre Medgar Evers, impressa na *Broadside* no mês de julho anterior, foi intitulada "Too Many Martyrs", enfatizando a longa história de linchamentos e assassinatos, e depois daquilo quatro meninas foram mortas em um atentado a bomba em uma igreja em Birmingham. Suze Rotolo lembrou que ela e Dylan estavam assistindo à carreata de Kennedy na televisão quando o assassinato aconteceu, e ele ficou paralisado: "Todo mundo ficou"; mas para muitas pessoas em seu círculo, o choque se misturou com uma compreensão da reação inflamatória de Malcolm X de que o assassinato foi um exemplo de "aqui se faz, aqui se paga". Kennedy fez alguns discursos emocionantes, e havia esperança de que ele os levasse adiante, mas em termos de ação direta, sua administração fez pouco para proteger os direitos civis dos trabalhadores ou processar seus agressores e assassinos. No mesmo dia em que Martin Luther King proclamou seu sonho de igualdade, John Lewis, da SNCC, também se manifestou, e embora os organizadores o tenham feito suavizar seus comentários, ele havia planejado perguntar: "De que lado está o governo federal?" Uma letra que Dylan cantou naquele dia prenunciou o comentário de Malcolm, alertando: "They'll... Know that it's for real, the hour when the ship comes in" [em tradução livre, "Eles... Saberão que é para valer, a hora em que o navio chegar"].

Baez e Dylan com frequência irritavam amigos da esquerda com suas políticas desfocadas, mas em termos sociais eles estavam solidamente com os radicais. Richard Fariña escreveu que, em situações privadas, eles eram "muito mais propensos a brincar com as harmonias de uma canção de rock 'n' roll ou a rever cenas importantes de um filme recente do que a considerar as táticas de desobediência civil ou a expressar aversão à guerra biológica", mas ele descreveu a forma como processavam as ideias, não a força dos seus sentimentos:

> Como muitas outras pessoas em seus 20 e poucos anos, eles derivam um senso de indignação política da totalidade das conversas cotidianas e da mídia que os cercam — um processo mais parecido com osmose do que com raciocínio. E por causa dessa abordagem subjetiva dos problemas em questão, para suas respectivas disposições, metáforas são mais adequadas do que franqueza.

Enquanto os teóricos e políticos mais ativistas no círculo de Dylan estavam se juntando a organizações e discutindo táticas, suas afiliações próprias eram mais com indivíduos, reais ou imaginários. Isso era particularmente verdadeiro quando se tratava de raça: durante seu período inicial em Nova York, ele fez amizades com alguns músicos de blues mais velhos; namorou Delores Dixon, uma dançarina negra nascida no Alabama que era membro do New World Singers; e passou muito tempo no apartamento de Mell e Lillian Bailey, um casal afro-americano que o alimentou e ampliou sua paleta musical com sua volumosa coleção de discos. Ele também tocou ocasionalmente em eventos beneficentes para a SNCC e estava genuinamente preocupado com os direitos civis, mas não se sentia confortável com abstrações raciais ou sociológicas e, quando escrevia sobre eventos atuais, tendia a personalizar os protagonistas, fossem eles heróis ou vilões. Ele vinha pensando, falando e cantando sobre assassinatos desde a primavera anterior e foi aplaudido por sua reação complexa ao assassinato de Medgar Evers, "Only a Pawn in Their Game", mas enquanto os teóricos esquerdistas reconheciam a música como uma ilustração poética do argumento de que os sulistas brancos estavam sendo manipulados por seus supostos líderes, Dylan também estava humanizando e simpatizando com o assassino. Essa era uma diferença sutil, e como artista esperava-se que ele criasse personagens e usasse metáforas — mas três semanas após o assassinato de Kennedy, ele apareceu em um jantar para o Emergency Civil Liberties Committee [ECLC, Comitê de Emergência para Liberdades Civis, em tradução livre] para receber o prêmio anual Tom Paine da organização e se viu em uma situação à qual seus talentos habituais não serviam.

O ECLC era uma organização liberal proeminente, e a maioria dos participantes tinha a idade dos pais de Dylan. Eles eram adultos de classe média vestidos com trajes formais adequados, e embora sua mensagem fosse decididamente progressista, o meio era pouco diferente de um jantar de arrecadação de fundos para a Metropolitan Opera ou para o Partido Republicano. Dylan se sentiu deslocado e indisposto e queria ir embora mais cedo, mas foi informado de que tinha que ficar e aceitar o prêmio. Então ele bebeu muito vinho e, quando se levantou para falar, disse o que lhe passava pela cabeça. Ele apreciou a honra e aceitou-a em nome de seus amigos na SNCC e amigos que viajaram para Cuba — mas apenas seus amigos, não qualquer grupo, e ele precisava ser específico, porque "eles são todos jovens e levei muito tempo para ficar jovem e agora me considero jovem. E tenho orgulho disso... E eu só queria que todos que estão sentados aqui nesta noite não estivessem aqui e eu pudesse ver todos os tipos de rostos com cabelo na cabeça". Ele disse que seus ouvintes pareciam "as pessoas que estão me governando e fazendo minhas regras", e isso o deixava tenso, e ele desejava que todos fossem para a praia.

Até aí, tudo bem: ele havia sido convidado como uma voz da juventude, e os convidados do jantar concordaram que a geração anterior a deles havia bagunçado as coisas e ficaram felizes em rir de suas piadas. Mas então as coisas ficaram meio confusas. Ele começou seu falatório habitual sobre como as coisas haviam ficado mais complicadas desde a época de Woody, mas saiu do assunto, reclamando que os negros que viu na Marcha em Washington não pareciam seus amigos porque estavam todos usando ternos, e "meus amigos não precisam usar ternos para provar que são negros respeitáveis". Então ele chegou ao assassinato de Kennedy: homenageados anteriores haviam lamentado os assassinatos de Kennedy, Evers e Moore, mas Dylan seguiu seu caminho habitual: "Tenho que ser honesto... O homem que atirou no presidente Kennedy, Lee Oswald, não sei exatamente onde — o que ele pensava que estava fazendo, mas... Vi um pouco de mim nele. Eu não acho que teria ido — não acho que poderia ir tão longe; mas eu tenho que me levantar e dizer que vi em mim coisas que ele sentiu."

Era algo muito parecido com o que ele havia dito sobre o assassino de Moore, a mesma identificação que havia produzido uma de suas canções mais celebradas, mas dessa vez o público não quis ouvir, e alguns gritaram em desaprovação. Dylan respondeu: "Podem vaiar, mas vaiar não tem nada a ver com isso". Ele sabia que eles não o entenderiam. Como explicou mais tarde: "Eles olharam para mim como se eu fosse um animal. Eles realmente pensaram que eu estava dizendo que foi uma coisa boa Kennedy ter sido morto. Eles estavam distantes do ponto. Eu estava falando sobre Oswald, eu tinha lido muito sobre seus sentimentos nos jornais, e eu sabia que ele era tenso, eu vi nele muito do tempo em que nós estamos vivendo".

Dylan estava bêbado; ele era um cantor e compositor, não um orador; e mais tarde escreveu um de seus longos poemas como uma espécie de explicação ou pedido de desculpas. Ele escreveu que estava cansado de generalizações como "Todos nós compartilhamos a culpa" e, em vez disso, "Devo dizer 'eu' sozinho e abaixar minha cabeça sozinho / pois sou eu sozinho que estou vivendo minha vida"; mas, por mais vago e mal pensado que seu discurso possa ter sido, ele continha um duro cerne de verdade: muitos jovens sentiam que os mais velhos os haviam decepcionado, independentemente de sua filiação política. Os líderes dos EUA e da URSS pareciam muito semelhantes, um bando de velhos de terno discutindo sobre quantos megatons de ogivas nucleares cada um teria permissão para construir e como manteriam o equilíbrio de poder. Por mais simplista que fosse o enquadramento geracional, para muitos jovens americanos os velhos líderes pareciam seus pais, e eles eram intensamente cientes de que seus pais eram parte do problema, não da solução.

Daí a atração particular a Cuba. No disco de Dylan do início dos anos 1960, muitas vezes há aplausos quando ele menciona o país — por exemplo, na letra de "Who Killed Davey Moore" — e Rotolo lembrou o quanto todos eram fascinados por Castro e Che Guevara, jovens arrojados com barbas e uniformes militares que começaram como estudantes universitários de classe média, foram para a Sierra Maestra com um pequeno grupo de amigos, venceram uma revolução contra uma ditadura apoiada pelos EUA e agora "estavam desafiando os monólitos da Guerra Fria, tanto os Estados Unidos quanto a União Soviética, com seu comportamento arrojado e rebelde de enfiar o dedo no olho de ambos os lados". Foi uma revolução perfeita para jovens americanos criados com os filmes de John Wayne e Marlon Brando, que sonhavam em criar um novo mundo por meio de gestos emocionantes e heroicos.

Esquerdistas mais velhos que haviam dedicado suas vidas a construir organizações progressistas ficavam alternadamente estimulados e horrorizados pelos jovens radicais. Eles queriam aquela energia juvenil e estavam muito cientes de seus próprios erros e fracassos, mas realmente precisavam de um idiota como Dylan reclamando que os manifestantes de Washington eram muito quadrados e empáticos com Lee Harvey Oswald? Talvez estivessem ficando velhos e não fossem tão descolados quanto ele, mas o que ele estava sugerindo como alternativa? Seus oponentes tinham a maior parte do dinheiro, das bombas e da maquinaria do poder estatal, e moldar um futuro melhor seria uma luta longa e difícil. Demolir é fácil; construir é difícil.

Dito isso, não foi ideia de Dylan fazer um discurso para a ECLC ou ser o porta-voz de um movimento ou de uma geração. Como ele escreveu em uma carta-poema de seis páginas ao estilo de Guthrie para a *Broadside* em janeiro, "Agora sou famoso pelas regras da fama pública /

ela me pegou de surpresa". Ele não sabia o que fazer com as pessoas que queriam autógrafo — ele gostava, às vezes, mas era estranho. Ele não sabia o que fazer com todo o dinheiro que entrava, pensando se deveria se sentir culpado por isso e como deveria gastá-lo. Ele ficava incomodado com as estrelas do folk que concordavam em ir ao *Hootenanny*, mas ficava perturbado por ser chamado de herói por não ir ao programa, já que era um programa idiota e ele não precisava disso. Ele estava confuso — "minha mente às vezes corre como um rolo de papel higiênico / e eu odeio com todas as minhas forças vê-la se desfazer e se desenrolar" — e ele não se sentia mais confortável no apartamento decadente no Village. Felizmente, a Columbia lhe havia dado um fonógrafo e o novo disco de Pete Seeger, *We Shall Overcome*. Pete cantou duas de suas músicas, assim como composições recentes de Tom Paxton e Malvina Reynolds e várias canções sobre liberdade, mas a faixa que ele estava ouvindo "pela bilionésima vez" era a cubana "Guantanamera", com a introdução de Pete sobre José Martí, o poeta que viveu no exílio e escreveu setenta livros antes de ser morto em uma revolta abortada. "Acredito que prefiro ouvir Pete cantar Guantanamera do que ter tudo o que há para possuir", escreveu Dylan. "Ele é tão humano que eu poderia chorar / ele me diz tanto / ele faz eu me sentir tão bem... Sim, para mim ele é verdadeiramente um santo / e eu o amo / talvez mais do que eu conseguiria demonstrar". Ele havia recebido recentemente uma carta de Seeger, assinada com a antiga saudação de Woody: "Pegue leve, mas pegue". Ele queria dizer o mesmo para o pessoal da *Broadside* e garantir a eles que estava "muito contigo". Enquanto isso, a noite se aproximava, e ele logo estaria vagando por sonhos "com revistas *Newsweek* queimando, pessoas decepcionantes ardendo e línguas falantes em chamas".

No final do ano, a *Broadside* e a *Sing Out!* questionariam o afastamento de Dylan das canções explicitamente de protesto e, como muitas outras pessoas, só o descobriram naquela época, os conflitos foram facilmente exagerados. Dylan estava perplexo com sua crescente fama, magoado pelo jornalismo pegajoso da *Newsweek* e despreparado para situações como o jantar da ECLC, e respondeu se tornando mais retraído e introspectivo, e mais insistente em seguir sua própria direção. Mas, na primavera de 1964, ele ainda pensava no pessoal da *Little Sandy* e da *Broadside* como compatriotas, por todos se oporem ao comercialismo entorpecente da *Hootenanny*, da grande imprensa e das paradas pop, e sentiam o mesmo por ele. Johnny Cash respondeu à meditação de Dylan com sua própria epístola na *Broadside*, expressando solidariedade e gritando para o mundo: "Não fale mal dele antes de ouvi-lo... Ele é quase novo em folha... CALEM A BOCA!... E DEIXEM-NO CANTAR!" Alguns escritores posteriores caracterizariam isso erroneamente como uma defesa de Dylan contra os críticos da newsletter, mas Cash estava argumentando de forma diferente, expressando solidariedade a Dylan e à *Broadside* simultaneamente.

Isso foi algo surpreendente para uma estrela de Nashville no início dos anos 1960. Sempre houve sobreposições entre música folk e country, e quando os Weavers e Burl Ives fizeram sucessos pop nos anos 1950, as estrelas de Nashville fizeram o melhor que puderam para seguir o exemplo, mas em 1964 o público principal da música country de sulistas brancos não poderia estar mais distante do eleitorado da *Broadside*, e o alcance de Cash até esse mundo foi a prova de sua independência. Também poderia ser uma escolha comercial inteligente, se funcionasse, já que a música folk era uma das tendências nacionais mais em alta, enquanto a música country permanecia como um mercado regional limitado. Cash tinha a vantagem de estar na Columbia e vinha alcançando o público folk com uma série de discos históricos: *Songs of Our Soil*, *Ride This Train* e *Blood, Sweat and Tears*. Nenhum teve vendas enormes, mas, em 1963, seus esforços deram retorno com aparições na *Hootenanny* e seu filme spin-off, *Hootenanny Hoot*, e em janeiro de 1964 ele liderou as paradas country e chegou ao Top 40 pop com "Understand Your Man", uma reescrita de "Don't Think Twice, It's All Right". Ele escreveu uma carta para a *Broadside* em março, enquanto gravava o primeiro disco de protesto explícito, *Bitter Tears: Ballads of the American Indian*, que apresentava quatro músicas de um dos colaboradores mais prolíficos da newsletter, Peter LaFarge. E em julho ele apareceu no Newport Folk Festival.

Cash foi uma escolha tão controversa para Newport quanto Newport foi para ele. O festival já havia contratado artistas com sucessos pop, mas pessoas como Peter, Paul, Mary e os Rooftop Singers, que haviam surgido do cenário folk. Cash era uma estrela country e western começou a carreira de gravação como herdeiro de Elvis na Sun Records. Ele subiu ao palco de Newport na noite de sábado com o choque elétrico rockabilly de "Big River", e quando tocou "Rock Island Line", ele se baseou no sucesso pop de Lonnie Donegan, não no original de Lead Belly. Ele seguiu a música com "Don't Think Twice, It's All Right", apresentando-a como "um pedido especial de um amigo nosso... Nunca fui tão honrado na minha vida... Nosso bom amigo Bob Dylan. Temos tocado essa música em nossos shows por todo o país, tentando contar às pessoas sobre Bob, que achamos ser o melhor compositor desta época, desde Pete Seeger."

Poucas pessoas no cenário folk teriam equiparado Seeger e Dylan como compositores, e é tentador explicar o elogio de Cash como reverência à divindade local — ou simplesmente como um gesto educado, já que Seeger o havia apresentado naquela noite. Mas Cash vinha observando o boom folk de fora, e no rádio convencional "Blowin' in the Wind" chegou na esteira de "Where Have All the Flowers Gone" e "If I Had a Hammer". Havia também a conexão com a Columbia: a contratação de Seeger abriu caminho para Dylan e, como aconteceu, o anúncio da empresa no programa do festival daquele ano mostrava os LPs de Seeger, Dylan e Cash lado a lado.

Outra coisa notável sobre o comentário de Cash é que ele estava "tentando contar às pessoas" sobre Dylan. A maioria dos ouvintes de pop e country conhecia suas músicas pelo rádio e televisão e não liam artigos sobre a tendência folk de protesto, e no verão de 1964 Dylan ainda era amplamente desconhecido para eles. Em um perfil da *New Yorker* mais tarde naquele ano, Nat Hentoff indicou seu "sucesso acelerado" ao notar que, cumulativamente, seus três primeiros LPs tinham vendido quase 400 mil cópias. Em comparação, o LP *Ring of Fire*, de Cash, lançado logo após o segundo álbum de Dylan, havia vendido cerca de 500 mil cópias em seu primeiro ano, o que ainda não chegava perto do que Baez estava vendendo, enquanto Peter, Paul e Mary estavam em um nível diferente, colocando álbuns e singles no topo das paradas regularmente.

Para Cash, o cenário folk representava uma inspiração e uma oportunidade. Seu último single havia sido "Ballad of Ira Hayes" de LaFarge, um amargo poema de protesto sobre um herói de guerra nativo-americano que se tornou ícone em Iwo Jima, mas que foi esquecido em casa. Não era um pop ou country típico, mas ele acreditava naquilo, e quando a Columbia não conseguiu divulgar o disco, ele comprou um anúncio de página inteira na *Billboard* emoldurado como uma carta aberta aos DJs americanos, exigindo: "Onde está a *coragem* de vocês?" Argumentando que os ouvintes estavam prontos para um material forte, ele deu Newport como referência:

> Você está certo! Adolescentes e compradores de discos dos Beatles não querem ouvir essa história triste. [Mas] no Newport

> Folk Festival este mês visitei muitos, muitos cantores "folk" — Peter, Paul & Mary, Theodore Bikel, Joan Baez, Bob Dylan (para citar alguns nomes) e Pete Seeger... "The Ballad of Ira Hayes" roubou minha parte do show. E todos nós sabemos que o público (de quase 20 mil) não era de "country" ou de caipiras. Eles eram uma amostra inteligente da juventude e da meia-idade americanas.

Muitos fãs de folk tinham sentimentos mistos sobre Cash; sua biografia do festival descreveu uma infância rural "cercada por trabalho duro e canto de hinos com a família", mas também mencionou que seu primeiro disco havia "vendido 100 mil cópias somente no sul". Essa combinação era normal para Nashville, mas para alguns folkies soava como se ele estivesse se vendendo. Enquanto isso, os insiders do country resmungavam que "Cash estava entrando na onda da música folk de Dylan como forma de fazer incursões maiores no mundo pop, que era mais lucrativo". Foi um encontro de dois mundos com fortes noções de pureza e tradição, cada um preocupado de que o outro representava o mainstream que ameaçava diluir ou cooptar justamente aquilo que os tornava especiais.

O Newport Festival de 1964 trouxe exemplos tanto de triunfos quanto de perigos do boom folk. Enquanto a programação do ano anterior havia incluído 75 artistas em dois dias e três noites, em 1964 havia 228 artistas reunidos em três dias e quatro noites de concertos, com um total de mais de setenta mil ingressos pagos — a multidão era tão grande que a prefeitura de Newport colocou placas nas estradas que davam acesso à cidade solicitando que as pessoas sem ingressos ficassem longe. O concerto de abertura na noite de quinta-feira foi programado por Alan Lomax, com 27 atrações mostrando a amplitude dos estilos tradicionais: a gaita de foles irlandesa de Seamus Ennis; os gritos do campo do Texas de Dock Reese; as canções de cowboy de Glenn Ohrlin; o antigo violino de Clayton McMichen; baladas à cappella de Almeda Riddle; blues de Elizabeth Cotten, Jesse Fuller e John Hurt; blue-grass dos Stanley Brothers; gospel do grupo branco Sacred Harp e dos negros do Moving Star Hall Singers; e finalmente uma dança juke com Muddy Waters tocando delta slide acústico. Foi uma programação terrivelmente variada, mas apenas cerca de 4.500 pessoas apareceram para ouvir, e muitos eram marinheiros da base da Marinha local que haviam ganhado ingressos gratuitos. Para uma programação folk tradicional, era uma multidão grande — especialmente considerando o clima, que estava frio e úmido

—, mas nada comparado aos quinze mil que lotaram o Freebody Park nas três noites seguintes, quando estrelas como Baez, Seeger, Dylan, Judy Collins e Peter, Paul e Mary fizeram seus shows. Como George Wein relembrou, "Nunca houve um contraste tão claro entre o público folk 'autêntico' — um pequeno e devotado grupo de aficionados — e o público mais amplo. Estávamos aprendendo em primeira mão que o chamado "boom folk" nacional tinha mais a ver com as celebridades do que com qualquer interesse popular profundo".

O ideal de Newport, conforme concebido por Wein e os Seegers, envolvia um pouco de jiu-jitsu: usar o peso do cenário pop contra si mesmo. Os ouvintes seriam atraídos pelas estrelas folk famosas e, então, descobririam o poder e a beleza da música tradicional autêntica e de artistas desconhecidos. O *Providence Journal* sugeriu os limites dessa abordagem quando descreveu o concerto de Lomax como um "curso de pesquisa universitária". Como o antigo sonho de Charles Seeger de levar "boa música" às massas, presumia-se que as massas não tinham seus próprios gostos e reconheceriam o valor de estilos mais difíceis ou mais distantes se tivessem a chance. A estratégia às vezes funcionava, mas, em geral, as hordas de estudantes de Newport estavam lá como parte de suas férias de verão, não em busca de mais estudo. Nem os tradicionalistas radicais ficaram necessariamente satisfeitos quando o público do workshops aumentou de algumas centenas de espectadores para milhares, especialmente quando muitos dos recém-chegados eram fãs casuais esperando ver suas estrelas favoritas.

A sexta-feira começou com o workshop Singing Styles ["Estilos de Canto", em tradução livre], no qual artistas de várias regiões e etnias demonstraram diferentes maneiras de cantar uma canção de trabalho de escravos, "You Got to Walk That Lonesome Valley", e culminou em um dueto de Joan Baez e Mary Travers que a transformou em uma canção de liberdade: "You Got to Go Down to Mississippi". Mil pessoas apareceram, e era muito mais do que o público no workshop simultâneo de auto-harpa e dulcimer com Mike Seeger, Jean Ritchie e Doc Watson. Naquela tarde, grupos relativamente pequenos se reuniram para ouvir workshops sucessivos de violão e banjo, que trouxeram Muddy Waters, Robert Pete Williams, o guitarrista havaiano Noelani Mahoe e Watson; e também Mike Seeger novamente com Ralph Stanley, Frank Proffitt e Elizabeth Cotten. Enquanto isso, mais de duas mil pessoas assistiam ao meio-irmão de Mike, Pete, apresentar um workshop de canções temáticas e, embora tenha começado com artistas mais velhos da Irlanda, Cuba e Estados Unidos, a maioria do público estava lá para saber quem eram os escritores da *Broadside*: Len Chandler, Phil Ochs, Tom Paxton, Malvina Reynolds, Hedy West e Dylan. Dylan cantou duas novas músicas, "It Ain't Me, Babe" e "Mr. Tambourine Man", recebendo fortes aplausos e boas críticas da *Broadside* e do *Newport Daily News* — embora o que mais tenha agradado o público pareça ter sido o Chad Mitchell Trio, cantando "Barry's Boys", uma sátira de vaudeville dos jovens direitistas apoiando Goldwater na eleição presidencial. Seguiu-se, a este workshop, uma segunda sessão temática apresentada por Guy Carawan, trazendo um novo grupo de Freedom Singers vindos do sul para demonstrar as últimas canções de mobilização de luta, mas, embora Seeger, Chandler, Travers e Theodore Bikel tenham ficado para cantar juntos, algumas pessoas claramente consideraram aquilo algo ultrapassado, e pelo menos um dos repórteres interpretou a mudança de tom como um sinal para partir para o workshop de banjo.

Nem todo mundo podia sair do trabalho em um dia de semana e ir a um festival, então a primeira grande multidão compareceu na sexta-feira à noite. Segundo a maioria dos relatos, foi o maior público de concerto na história de Newport, estimado em mais de quinze mil pessoas, e aplaudiu jovens artistas, incluindo Baez, Ochs e o Mitchell Trio, além de dar calorosas boas-vindas a Doc Watson e sua família e a Sleepy John Estes, que liderava um barulhento trio de blues do Tennessee e provou que estava atualizado ao retrabalhar uma antiga canção country para dançar e fazer "Sleepy John's Twist". Ainda assim, a imprensa foi unânime em dizer que o ponto alto da noite foi Baez, a quem o *Boston Globe* chamou de "a garota glamourosa do mundo folk", e em particular seu dueto de encerramento com Dylan de "It Ain't Me, Babe", que foi seguido por "We Shall Overcome", que os dois cantaram puxando a multidão.

Dadas as centenas de artistas e milhares de espectadores no festival, é absurdo sugerir que havia algo como um único clima, ou uma única experiência compartilhada. Os fãs de blues ainda se lembram daquele ano com admiração: John Hurt estava de volta, e entre os novatos estavam Robert Pete Williams, o guitarrista com o som mais profundamente africano no espectro do blues; Fred McDowell, um dos maiores tocadores de slide do Mississipi; Estes com Yank Rachell no bandolim e Hammie Nixon na gaita e no jug. Muddy Waters tocou um set acústico solo como substituto de seu antigo mentor Son House e fez um dueto com o pianista

Otis Spann; e também estiveram lá Elizabeth Cotten, a cantora texana Dock Reese, o reverendo Robert Wilkins que conectou o blues à tradição gospel, Joe Patterson, que tocava flautas de pã caseiras. E — sem aviso no programa do festival, porque ele havia sido encontrado apenas um mês antes em um hospital do Mississipi — o lendário Skip James, cujo estilo espantoso de falsete e guitarra em tom menor continua sendo para muitos ouvintes o blues mais profundo já registrado.

Samuel Charters, que havia iniciado a busca por lendas desaparecidas do blues com seu livro *The Country Blues*, lembrou que Newport não era apenas um deleite para os espectadores, mas também um ponto de encontro único para os músicos: "Para alguns deles, foi a primeira vez desde a juventude que perceberam que não estavam sozinhos em seus esforços para manter seus estilos mais antigos vivos". A maioria dos bluesmen mais velhos estava alojada em uma única casa, e a música rolava 24 horas por dia:

> Às vezes, pela manhã, era Robert Pete Williams sentado na beira de uma cama em um dos quartos do andar de baixo tocando para si, enquanto observava a névoa cinzenta de Newport pela janela. No andar de cima, Hammie Nixon tocava uma de suas gaitas enquanto Yank Rachell brincava com o bandolim. Se alguma música começasse em uma das salas, geralmente no minuto seguinte John Hurt apareceria na porta para ficar ouvindo. No final da tarde, após o workshop de blues, Skip James tocava tranquilo para um grupo de espectadores sentado no chão e nas camas ao redor dele.

Violinistas antigos, tocadores de banjo e cantores de baladas ficaram igualmente satisfeitos em conhecer colegas de outras regiões, e jovens revivalistas urbanos ainda tocam músicas aprendidas ou gravadas naquele fim de semana e valorizam momentos mágicos como o workshop de sexta-feira, quando Doc Watson conheceu o jovem virtuoso da palheta, Clarence White, e os dois fizeram uma série de duetos brilhantes.

Newport estava levando sua missão a sério, proporcionando um local de exibição sem precedentes para estilos tradicionais. No ano anterior, a Newport Foundation também havia preparado o terreno para o futuro, financiando pesquisas e apresentações folclóricas em todo o país. Guy Carawan usou uma bolsa de Newport para começar festivais locais em Johns Island, Carolina do Sul, e trouxe os Moving Star Hall Singers consigo para mostrar o resultado. Aquele foi o "Verão da Liberdade", quando centenas de estudantes universitários do norte viajaram para o Mississipi para ajudar no registro de eleitores, e o *Boston Globe* achou interessante que em Newport "muitos brancos do sul estão hospedados na mesma casa, andando de ônibus e aparecendo no palco com negros. Espiamos em todo lugar, não ouvimos qualquer ofensa racial, em lugar nenhum".

O *Globe* também ficou impressionado com a quantidade de música no estilo "faça-você-mesmo" nos ambientes periféricos do festival: "Sob praticamente todas as árvores, do Cliff Walk Manor até a Avenida Bellevue, em uma extensão de quase dois quilômetros, os entusiastas de folk amadores estavam tocando violões e cantando músicas. E cada um tinha seu próprio público privado de 25 ou 30 pessoas". Um correspondente da *Broadside* escreveu que "a visão mais bonita durante o Festival" era a praia à noite, onde "milhares de velas iluminavam os guitarristas e bebedores de cerveja". Como um *insider* do cenário folk, o correspondente também escreveu sobre uma festa de sexta-feira à noite para artistas e amigos na qual Baez e Travers dançaram twist.

O fim de semana proporcionou infinitas memórias pessoais para amadores e profissionais. Tony Glover esteve lá com seu trio de blues de Mineápolis e aproveitou a oportunidade para se reencontrar com Dylan, e passou uma tarde no Viking Hotel trocando melodias de músicas antigas de Hank Williams e canções novas do primeiro LP dos Rolling Stones, que havia sido lançado menos dois meses antes. Ele também se lembrou de uma festa tarde da noite com Dylan, Baez, Johnny Cash, June Carter, Ramblin' Jack Elliott e o multi-instrumentista Sandy Bull: Dylan e Cash sentaram-se no chão trocando, Baez montou um gravador portátil e Dylan gravou duas músicas para Cash, "It Ain't Me, Babe" e "Mama, You've Been on My Mind", pelas quais Cash retribuiu dando a Dylan um violão. Foi a primeira vez que cantaram juntos, e Cash se lembrou disso como o ponto alto do festival. Ele chegou um dia atrasado para suas aparições programadas da sexta-feira, quase estragou o show, e estava nas profundezas de seu vício em anfetaminas — Glover o descreveu como "magro e tenso, mas visceral pra caramba" — e mais tarde escreveu: "Não tenho muitas lembranças daquele evento, mas me lembro de June e eu e Bob e Joan Baez no meu quarto de hotel; nós estávamos tão felizes de nos conhecer que estávamos pulando na cama como crianças". Três meses depois, sua gravação de "It Ain't Me, Babe", com June cantando a harmonia e o virtuoso da gaita de Nashville Charlie McCoy tocando baixo e emulando o estilo de Dylan, se tornou a primeira música de Dylan a chegar à parada Hot 100 da *Billboard* com bateria e instrumentação pop.

Esse era outro lado de Newport: a música folk havia se tornado um grande negócio, e jam sessions improvisadas podiam levar a transações importantes. Glover relembrou a "estranha mistura de simpatia e postura, de camaradagem e atos traiçoeiros":

> Aquela foi minha primeira percepção das grandes negociações e acordos. Executivos e agentes de reservas de shows estavam negociando e se apressando como moinhos de vento enlouquecidos. Homens adultos rosnavam uns para os outros, apertavam as mãos, sorriam e discutiam, enquanto os músicos ficavam parados observando enquanto eram negociados como pedaços de carne. Que inferno, nós estávamos lá apenas pela música.

O conceito original de Seeger estava funcionando até certo ponto: se alguns recém-chegados apreciavam o aspecto tradicional do festival mais do que outros, todos estavam experimentando uma amostra da autêntica música rural, e a maioria gostava pelo menos um pouco, e em todo caso eles estavam lá e tinham pago pela mais ampla reunião de artistas folk já realizada em um festival americano. Só que o cenário folk estava mudando, e aquele fim de semana revelou fissuras que estavam aumentando. Peter Yarrow fez lobby para algumas oficinas que apresentariam novos artistas que não eram nem estrelas do pop-folk nem tradicionalistas rurais, e ele organizou um concerto do New Folks na tarde de domingo, incluindo os escritores da *Broadside* Tom Paxton e Len Chandler, juntamente com Buffy Sainte-Marie, Koerner, Ray e Glover, a Jim Kweskin Jug Band, uma cantora de blues de 21 anos chamada Judy Roderick e José Feliciano, de 18 anos, que roubou a cena com uma "La Bamba" com uma pitada de flamenco e uma imitação solo de uma banda de jazz Dixieland.

O problema, como Paul Nelson apontou em uma longa crítica para *a Little Sandy Review*, era que os jovens urbanos se adequavam melhor aos gostos do público de Newport do que os portadores da tradição rural:

> Velhos com banjos não são o tipo de heróis que a geração jovem entende bem; eles acabam sendo tolerados porque Pete Seeger diz que devem amá-los e estão no mesmo palco com Joan Baez e Bob Dylan, mas eles não podem esperar que sejam compreendidos. São pitorescos e adoráveis, como velhos ursinhos de pelúcia com marcas nos rostos, mas quando cantam, são algo engraçado, e apenas ficam lá sentados a maior parte do tempo.

Alguns jovens revivalistas estavam ansiosos para transpor essa divisão, juntando-se aos mais velhos em workshops e pedindo aos fãs que prestassem atenção aos velhos mestres. Baez saiu cedo na sexta-feira de manhã para a apresentação Estilos de Canto, apareceu no programa Canções de Liberdade naquela tarde, e levantou-se novamente às dez da manhã de sábado para cantar uma canção portuguesa no workshop de Canções Internacionais com artistas da Irlanda, Israel, Sudão, Havaí e Cuba. À tarde, voltou com Seeger, Yarrow, Jean Ritchie, Bessie Jones e dois grupos de dançarinos folclóricos para o workshop Festa e Brincadeiras e Canções para Crianças; mas ela era uma exceção e, embora tivesse apenas 23 anos, já representava uma geração mais velha. O cenário folk havia sido dividido anteriormente entre tradicionalistas e popularizadores, ambos inspirados pela estética de Seeger — baladas antigas e banjos —, mas um terceiro grupo cada vez mais influente estava aparecendo, com poucas conexões com tradições rurais, nem mesmo como fonte de material.

A visão de Seeger para a *Broadside* havia sido criar um fórum para novas músicas que as pessoas pudessem mesclar ao repertório folk mais antigo, e não gerar um novo estilo, muito menos um novo gênero. A ideia era manter a tradição em contato com os eventos atuais, como Woody havia feito na década de 1940 e os Freedom Singers estavam fazendo no sul. Essa vinha sendo sua missão havia três décadas, e estava funcionando. Ele cantava velhas baladas britânicas, tocava melodias de banjo dos Apalaches e escrevia novas músicas como "Where Have All the Flowers Gone". A maioria das pessoas chamava tudo isso de música folclórica, mas outras não, e ele tendia a concordar: "Se alguém me perguntar se [minhas composições] são canções folclóricas, eu só posso dizer que não, porque eu tomo emprestado não apenas da música folk mais antiga, mas de muitas outras fontes, como o pop e música clássica". Mas ele acrescentou, "o melhor das novas canções será lembrado e passado de cantor para cantor, ganhando melhorias e adições. E daqui a um século, algum folclorista pode aparecer e chamá-las de canções folclóricas, se quiser. A poeira que somos nós não entrará no caminho."

Para Seeger, a música folk era definida por sua relação com comunidades e tradições: era o que os não profissionais tocavam em suas casas ou locais de trabalho para o próprio entretenimento, e as canções e músicas que transmitiam por meio desse processo para as gerações posteriores. Isso não significava que era melhor do que a música de Beethoven ou Gershwin, mas era diferente, e uma grande parte da diferença era que era compartilhada, que ninguém a possuía ou controlava. Ele registrou direitos autorais de suas composições e até mesmo de alguns de seus arranjos de músicas tradicionais, mas com relutância e frequentemente direcionando o dinheiro para causas apropriadas, e esperava que outras pessoas por sua vez as adaptassem e retrabalhassem — quando Trini Lopez mudou a melodia de "If I Had a Hammer" e fez um hit de rock 'n' roll, a reação de Seeger foi notar que as duas melodias harmonizavam, acrescentando: "E então, isso não é uma boa lição para o mundo?". Em todo caso, ninguém prestou muita atenção nas décadas de 1940 e 1950, porque ninguém estava enriquecendo com aquele seu tipo de música.

Isso mudou na década de 1960, por variadas razões. Uma delas foi o novo formato de LP: "Goodnight Irene" vendeu muitos discos, mas só ganhou royalties por aquela música e a que estava no outro lado do disco de 78 rotações. Em contraste, se o Kingston Trio vendesse um milhão de cópias de cada disco e tivesse direitos autorais em todos os acordos, eles poderiam coletar royalties sobre dezenas de títulos e comprar casas com piscinas. Mesmo assim, eles só podiam controlar os direitos e receber royalties por suas próprias versões de "Tom Dooley" e "Sloop John B" — e não para as de outros. Essa foi uma das razões pelas quais a música folk nunca foi realmente um grande negócio — um disco ou artista pode se dar bem por um tempo, mas não era como possuir os direitos de "Summertime" ou "Stardust". Quando Peter, Paul e Mary fizeram sucesso, cantando composições originais de Seeger, Dylan e deles próprios, foi um jogo comercial totalmente novo, não apenas para os compositores e cantores, mas para os editores e empresários.

A princípio, os escritores da *Broadside* não notaram essa mudança, já que não estavam pensando em termos comerciais — se Dylan estivesse atrás de sucessos e royalties em 1962, ele não escreveria "Blowin' in the Wind" ou "Masters of War". Buffy Sainte-Marie contou várias vezes a história de ter cantado "Universal Soldier" no Gaslight Café e ser elogiada por um homem simpático que se ofereceu para ajudá-la a publicar a música, escreveu um contrato em um guardanapo de papel, pagou a ela um dólar e depois ficou com 50% da fortuna que ela fez quando se tornou um sucesso internacional —, mas a maioria das músicas daquele momento não se tornou sucessos internacionais ou mesmo locais. Seeger, Dylan, Ochs, Paxton, Sainte-Marie e Malvina Reynolds escreviam músicas porque tinham um desejo interior, queriam expressar uma opinião ou precisavam de uma letra que se encaixasse em uma situação específica. Agora, havia uma nova onda de artistas que estavam escrevendo músicas porque queriam ser como Seeger, Dylan, Ochs e os outros — alguns por ambições profissionais, outros apenas por os admirarem. Essa onda incluiu muitos jovens que haviam começado cantando "Barbara Allen" ou tocando "Old Joe Clark", mas em 1964 também incluía pessoas cuja conexão com as tradições folclóricas não ia além de "Where Have all the Flowers Gone" e "Blowin' in the Wind", e continuaram nesse estilo que acabou sendo apelidado de "cantor-compositor". Na década de 1960, ainda era chamado de "música folk", mas, diferentemente de Seeger, Dylan e Baez, artistas como Ochs não conseguiam se encaixar com uma banda de cordas das antigas ou em um workshop de blues, mesmo que quisessem, porque não conheciam esses estilos, nem estavam escrevendo músicas que necessariamente todos pudessem cantar em coro ao redor de uma fogueira ou em uma praia à luz de velas.

Seeger estava animado com os novos compositores, e seus álbuns recentes apresentavam suas composições, mas em Newport ele tendia a se concentrar em músicas tradicionais e estilos instrumentais em vez de no material do momento. Para ele, esse era o objetivo do festival, e em 1964 ele tinha essa força em especial. Ele havia passado o ano anterior viajando pelo mundo como embaixador da música folk americana, e isso tinha sido uma mudança bem-vinda em relação aos anos de batalhas políticas. Havia escolhido novas músicas, ampliado suas experimentações com estilos estrangeiros e havia adquirido confiança renovada: antes, ele raramente cantava *à cappella*, mas seu concerto principal na noite de domingo incluiu duas músicas sem acompanhamento das Ilhas Britânicas, a obscena "Maids, When You're Young, Never Wed an Old Man", e "Manyura Manyah", uma canção lamentosa de Matt McGinn sobre um carregador de esterco cujo ofício havia se tornado redundante pelo automóvel. Quinze mil vozes alegremente se juntaram ao coro de "manuuuur-ah, manuuur-ah", embora alguns críticos o tenham criticado pela simplicidade do assunto — de fato, aquela foi tratada como uma canção mais controversa do que qualquer uma das canções antirracistas ou antiguerra do fim de semana, que eram esperadas e passavam sem comentários.

Dylan também tocou naquela noite, seu set sugeriu que estava se movendo na direção oposta, tentando criar uma música única e moderna e sem fazer qualquer tentativa de se encaixar no resto do programa. Ele estava obviamente se divertindo, brincando com o público e com seu fraseado de uma maneira despachada, quase irreverente. Robert Shelton ficou tão irritado com esse comportamento que não mencionou o set de Dylan em sua crítica do New York Times, concentrando-se no canto final de Odetta de "We Shall Overcome", que demonstrou "o compromisso social da música folk unido à sua base estética, em uma conclusão triunfante".

A programação da noite de domingo foi particularmente forte: a primeira metade tinha Stanley Brothers, Skip James, Hedy West, os Clancy Brothers e Pete Seeger, e a segunda teve os Staple Singers, os Kentucky Colonels, Mississippi John Hurt, os Freedom Singers, Dylan, os Ragtime Jug Stompers de Dave Van Ronk, que não duraram muito, e Odetta. Todos, exceto Dylan, estavam tocando música obviamente impregnada de tradições folclóricas — apesar da guitarra elétrica de Pop Staples — e ele parecia feliz em ser o estranho. Ele abriu com "All I Really Want to Do", que Shelton elogiaria em retrospecto como uma espirituosa letra "anti-amor", mas seu antigo incentivador ficou cada vez mais decepcionado à medida que ele seguiu com "To Ramona", "Mr. Tambourine Man", "Chimes of Freedom" e o dueto obrigatório com Baez em "With God on Our Side" e escreveu que "quanto mais tempo ele ficava, mais desleixada sua performance se tornava... Enquanto ele afinava entre os números, Dylan às vezes cambaleava", e, no geral, ele parecia estar chapado e "fora de controle."

Os sentimentos de Shelton foram aparentemente compartilhados por alguns outros ouvintes, mas a julgar pelo que sobreviveu em filmagens, isso foi mais uma questão de clima do que da performance de Dylan — ele parece vertiginosamente alegre e talvez chapado, mas também no controle e com uma excelente voz, ele não teve problemas em manter seu foco durante os sete minutos e meio de "Chimes of Freedom". A maioria das críticas foi aduladora, o *Providence Journal* escreveu que ele era "maravilhoso", mostrando "aquela estranha magia que todos os grandes projetam", e fez "seus imitadores parecerem garotos do ensino médio". O *Newport Daily News* ficou satisfeito ao vê-lo "mais bem vestido do que no ano passado" e escreveu que ele "é obviamente a voz da juventude da América, e também dos oprimidos, o campeão do homem simples. Apesar de seu longo cabelo cacheado, sua aparência desleixada e corpo magro, há uma aura de grandeza nele", e observou que seu set proporcionou uma introdução ideal para o final "majestoso e magnífico" de Odetta. Na *Little Sandy Review*, Paul Nelson também expressou prazer pelo set, embora pelo motivo exatamente oposto, descartando Odetta como uma "autoparódia dolorosa" e seu fechamento como "burlesco e medonho", enquanto elogiou Dylan por se livrar da "muleta emocional do benfeitor" e escolher "mostrar suas músicas mais pessoais e introspectivas em vez de atirar no alvo óbvio e mais fácil de acertar" — embora tenha acrescentado também que seus fãs não estavam prontos para essa mudança e, "anestesiados, fizeram-no voltar para apenas dois bis, em vez dos sete ou oito habituais".

No filme, a multidão parece tudo menos anestesiada, gritando para Peter Yarrow, que, cada vez mais aflito, implora para que deixem Van Ronk e Odetta se revezarem. "Queremos mais!", cantam enquanto ele implora: "é impossível, é simplesmente impossível". Por fim, Dylan salta para o palco, radiante e aparentemente no topo do mundo. "Tempo!" ele grita alegremente, agitando os braços: "É tudo uma questão de tempo, dizem..." Ele pula para longe do microfone, dá de ombros teatralmente, seu sorriso cresce. E então, voltando na ponta dos pés: "Obrigado! Quero dizer obrigado — eu amo vocês". Ele está de fato vestido mais elegantemente do que no passado, com uma camisa preta de gola alta e jaqueta de camurça, jeans apertado e botas de cowboy pontudas. O cabelo cresceu cobrindo o colarinho e no topo da cabeça, formando um halo volumoso. Ele não parece mais um bardo Okie magro. Dylan parece um Beatle animado.

CAPÍTULO **7**

JINGLE-JANGLE MORNING

QUANTAS VEZES TENHO que
REPETIR que
Eu Não Sou Um cantor folk
até que as pessoas
parem de dizer
"Ele Não É Um cantor folk".

Em maio de 1964, Dylan rabiscou a pergunta de sete linhas no verso de uma folha de papel timbrado do Mayfair Hotel de Londres. Do outro lado, havia um rascunho inicial de "It Ain't Me, Babe", e essa combinação sugere uma mensagem para os fãs adoradores. Eles estavam em busca de um herói, alguém que pudesse abrir todas as portas, que morreria por eles e muito mais, mas, "não, não, não", não era ele. Ele havia trilhado esse caminho por algum tempo, mas agora estava em outra viagem, pronto para lutar com os arruaceiros locais que haviam conquistado o mundo com seu alegre "Yeah, yeah, yeah".

"Que saco que deve ter sido", refletiu Marianne Faithfull. "Lá fora, sozinho com um violão, só gemendo. Especialmente na Inglaterra, onde todos os músicos que ele vinha conhecendo estavam em *grupos*... The Animals, Manfred Mann, The Bluesbreakers, The Pretty Things, The Beatles, The Stones. Todas essas coisas de clube de meninos que fazem a vida ser divertida".

A viagem para a Inglaterra foi alguns meses antes do Festival de Newport, e Dylan parecia estar pensado da mesma maneira. Em fevereiro, ele tentou ter seu próprio clube de meninos, partindo em uma viagem com o cantor e colecionador de canções Paul Clayton, um amigo jogador de xadrez chamado Victor Maymudes e um amigo de Suze, Pete Karman. Eles dirigiram pelo país, levando o carro pela linha branca na estrada sagrada de Kerouac, de Nova York a Nova Orleans, depois para oeste até São Francisco. Foi uma jornada repleta de lendas e nostalgia: a primeira parada foi no condado de Harlan, Kentucky, para entregar roupas doadas às famílias de mineiros de carvão que estavam em greve. Eles passaram pela casa de Carl Sandburg na Carolina do Norte, pois Bob esperava falar com ele de poeta para poeta, mas o senhor não estava familiarizado com seu trabalho e foi simplesmente educado. Em Atlanta, eles visitaram Bernice e Cordell Reagon, dos Freedom Singers, e enquanto dirigiam para Meridian, Mississipi, cidade natal de Jimmie Rodgers, Dylan escreveu "Chimes of Freedom". Chegando em Nova Orleans para o Mardi Gras, em meio aos trajes esvoaçantes e bandas de rua, ele começou a escrever "Mr. Tambourine Man". De lá, eles seguiram para noroeste, para Denver, onde procurou velhos amigos e fez uma viagem paralela para Central City, depois para a costa.

O cenário era americano clássico, mas a trilha sonora foi cheia de surpresas. Os Beatles apareceram no *The Ed Sullivan Show* enquanto Bob e os garotos atravessavam o Mississipi, e quando eles cruzaram as Montanhas Rochosas a banda tinha cinco músicas na parada Hot 100 da *Billboard*, e "I Want to Hold Your Hand" ocupava firmemente o primeiro lugar. Era um disco contagiante e pop, sem orquestras ou metais extravagantes, apenas uma banda básica de rock 'n' roll de quatro integrantes com guitarras elétricas na frente e no centro, e ainda assim havia algo neles que era completamente novo: nas lembranças de Dylan, "seus acordes eram ultrajantes, simplesmente ultrajantes, e as harmonias tornavam qualquer coisa válida". Era compacto, empolgante, interessante e divertido — e bem no meio havia um momento em que todos os cantores gritavam: "I get high! I get high! I get high!" [em tradução livre, "Eu fico chapado!"]. Aqueles eram os dias em que usuários de drogas falavam uns com os outros em código, e Bob e seus amigos já eram bem iniciados, então ficaram empolgados ao ouvir os inglesezinhos alegres inserindo uma frase dessas de forma maquiada em um sucesso das paradas do pop adolescente. Foi só em agosto, quando Dylan conheceu os Beatles em

Nova York e sugeriu que ficassem chapados juntos, que eles explicaram que na verdade cantavam "I can't hide!".

Maconheiros ou não, os Beatles foram uma lufada de ar fresco, uma banda de guitarras como Buddy Holly and the Crickets, e estavam em todas as rádios. E não eram só eles. Eles estavam liderando um bando de roqueiros ingleses e abrindo uma porta para alguns americanos que também tinham ideias bem malucas. Os sucessos daquele fevereiro incluíram Tommy Tucker cantando "Hi-Heel Sneakers", um blues serpenteante levado por guitarra que aconselhava uma garota a sair com um vestido vermelho, chapéu e o calçado do título [em tradução livre, "tênis de salto alto"], e acrescentava: "You better wear some boxing gloves, in case some fool might want to fight" ["É melhor você usar luvas de boxe, caso algum idiota queira brigar", em tradução livre]. Johnny Cash vinha cantando "Understand Your Man", sua versão reescrita de "Don't Think Twice" — Dylan dificilmente poderia ficar irritado, já que sua música era uma reescrita de "Who's Gonna Buy You Ribbons" de Clayton, e ambos devem ter ficado nervosos quando a música de Cash chegou ao Top 40. Logo, Chuck Berry estaria lá também, pela primeira vez desde os anos 1950, com uma obra-prima de jogo de palavras intrincado e rima propulsiva chamada "Nadine". Muita música boa estava voltando à moda, e novas conexões estavam sendo feitas. Graças ao seu show de abertura para os Beatles em sua primeira turnê pelos Estados Unidos, Jackie DeShannon foi parar no *American Bandstand* cantando "Oh Boy" de Holly, enquanto um cover do single anterior "Needles and Pins" estava fazendo sucesso na voz de uma banda de guitarras inglesa, os Searchers. E ela era uma grande fã de Dylan: uma legítima roqueira country do Kentucky que havia descartado o renascimento do folk como fraco e falso. Ela recordou de ter parado em Nova York em 1963 e ter sido avisada de que precisava ouvir "'aquele grande cantor e compositor de blues'. Fomos ao show e um garoto apareceu de Levis e botas e tocou uma coisa chamada 'Don't Think Twice' e 'With God on Our Side'. Eu simplesmente surtei." Então, além de gravar singles e compor sucessos para bandas da Invasão Britânica, DeShannon gravou um LP folk com quatro composições de Dylan.

Os mundos musicais estavam convergindo e, embora Dylan ainda estivesse preso na categoria folk, suas músicas estavam tendo uma companhia mais variada. Quando ele voou de volta para o leste em março, os Beatles estavam nas duas primeiras posições na parada de discos da

Billboard, e logo atrás deles estava In the Wind, de Peter, Paul e Mary, que trazia a música-título de sua autoria, que vinha de um mês como número um. Sua própria canção "Times They Are a-Changin'" vinha subindo em direção ao número 20, e *Freewheelin'* estava caindo do número 22. Ele não estava vendendo na faixa de PP&M ou Baez, mas as vendas não eram tudo. Ele era mais descolado do que eles, o que contaria muito nos anos seguintes, e eles estavam cantando palavras suas. Logo ele alcançaria um público que eles mal imaginavam alcançar — especialmente na Inglaterra, para onde ele foi em maio para tocar no Royal Festival Hall e fazer uma rodada de entrevistas.

Os cenários musicais inglês e americano sempre se sobrepuseram, mas no início dos anos 1960 eram muito diferentes. Por um lado, a Inglaterra era muito menor e mais pobre, e ainda estava se recuperando da guerra, os Estados Unidos eram grandes, ricos e empolgantes. Para muitos jovens britânicos, a música americana era um guia brilhante, e não apenas a música que seus contemporâneos americanos consideravam descolada ou atual; estilos que nos Estados Unidos eram considerados regionais, étnicos ou arcaicos eram ouvidos no Reino Unido como parte de um movimento contínuo emocionante. Na década de 1950, Lonnie Donegan tocava músicas de Lead Belly e Woody Guthrie na guitarra, entre os sets como tocador de banjo da banda de jazz tradicional de Chris Barber, e quando sua "Rock Island Line" decolou, a Grã-Bretanha explodiu em uma onda de bandas de folk skiffle com violões com suporte em bateria que tocavam uma mistura de jazz de Nova Orleans, canções caipiras, blues e rock 'n' roll. Muddy Waters veio para a Inglaterra a convite de Barber e chocou alguns fãs tradicionais com o volume ensurdecedor de seu blues elétrico de Chicago, mas outros correram e compraram guitarras elétricas, aprenderam suas músicas e as misturaram com canções de seus jovens companheiros da gravadora Chess, Chuck Berry e Bo Diddley.

Havia puristas musicais na Inglaterra também, mas os limites eram traçados de forma diferente. Keith Richards lembrou-se de improvisar com outros alunos no banheiro masculino da Sidcup Art School e descreveu que o repertório principal era "basicamente música folk, coisas de Jack Elliott"; palhetavam músicas de Woody Guthrie e dedilhavam "Cocaine Blues", mas sua própria obra-prima era "I'm Left, You're Right, She's Gone", das sessões de Elvis na Sun. Alguns de seus colegas o provocavam por ser um fã de pop: "na época, eu ainda gostava de Elvis e Buddy Holly, e eles não entendiam como eu poderia ser um estudante de arte e gostar de blues e jazz e ter algo a ver com aquilo". No entanto:

> Isso refletia aquela incrível explosão de música, de música como estilo, de amor pela cultura americana. Eu invadia a biblioteca pública em busca de livros sobre a América do Norte. Havia pessoas que gostavam de música folk, jazz moderno, jazz tradicional, pessoas que gostavam de coisas mais do blues, então estávamos ouvindo o protótipo do soul. Todas essas influências estavam lá.

Isso incluía um pouco de pop adolescente do momento, mas tinha que ser o material certo, grupos como Ronettes e Crystals: "Nós ouvíamos um disco e pensávamos: Isso é errado. Isso é falso. *Isso* é real. Ou isso é uma merda ou não é uma merda, não importa de que tipo de música estivesse falando... Havia uma linha muito definida."

Logo, Richards e alguns amigos estavam no Ealing Jazz Club na noite de blues, e quando Dylan chegou, em maio de 1964, eles tinham formado os Rolling Stones e estavam nas paradas em ambos os lados do Atlântico com "Not Fade Away". Para alguém com a formação de Dylan, aquele era um disco fascinante, porque o original de Buddy Holly era uma reformulação rockabilly dos exercícios rítmicos corajosos do Mississipi de Bo Diddley e, em vez de imitar o som de Holly, os Stones o levaram de volta às suas raízes com guitarra distorcida, bateria forte, maracas e gaita lamentosa, fazendo o melhor para soar como se estivessem saindo do Delta ou do South Side de Chicago. Eram estrelas pop de cabelos compridos, mas também neo-étnicos dedicados, tão imersos em estilos de raiz autênticos quanto a multidão folk hardcore do Village, e muito mais puristas do que os Weavers ou Peter, Paul e Mary. Nos Estados Unidos, os Stones foram comercializados como parte da Invasão Britânica, equivalentes mais grosseiros dos Beatles, mas em termos musicais eram uma proposta diferente, não apenas porque tinham gostos diferentes, mas porque eram muito mais crus: seus acordes eram mais simples, os arranjos mais soltos, Mick Jagger era um cantor choroso e nasal e Brian Jones era um tocador de gaita rudimentar, assim como Dylan havia sido três anos antes.

Outro disco nas paradas inglesas daquele mês de maio soou ainda mais familiar: as palavras eram "Baby, Let Me Take You Home" em vez de "Baby, Let Me Follow You Down", mas era a mesma música, completa com o verso "I'll do anything in this God-almighty world", copiado da versão de Dylan; mas era um single de rock 'n' roll com órgão elétrico alto de um novo grupo chamado Animals, que logo seguiu com outra música do LP de Bob Dylan, "House of the Rising Sun", e o hit alcançou o número um em ambos os lados do Atlântico.

Dylan ficou impressionado com os Beatles, mas eles eram impecavelmente entrosados, e suas composições deviam mais à Tin Pan Alley e ao Brill Building do que ao blues ou às tradições folk. Ele não iria fazer um som como o deles, assim como não iria soar como o Kingston Trio ou Peter, Paul e Mary. Em contraste, as bandas inglesas mais blueseiras e roots estavam tocando a mesma música que ele tocava antes de começar a compor, e elas inspiraram muitos músicos americanos de uma forma bem diferente: roqueiros locais que reconheceram os Beatles como inovadores e brilhantes ouviram os Stones tocando covers de R&B e disseram: "Que merda, isso é um sucesso? Eu toco melhor que isso." Dylan teve um clique adicional de reconhecimento, já que os roqueiros de blues ingleses estavam tocando músicas de seus discos e logo começaram a escrever letras que imitavam seu estilo.

Dylan ainda estava em outra viagem, tocando músicas acústicas melancólicas e lançando álbuns complexos e de longa duração, não singles pop de rock; mas seu mundo estava mudando. Maria Muldaur lembrou que quando o visitou nos bastidores após o show no Auditório Cívico de Santa Monica em fevereiro, eles ficaram presos no camarim por uma multidão de fãs gritando, depois foram para uma festa em Hollywood onde "mulheres lindas em trajes de cashmere deslumbrantes, mulheres jovens, diziam: 'Eu vou contigo para qualquer lugar, Bob'". Londres ainda era relativamente discreta, mas ele lotou o Royal Festival Hall e recebeu um telegrama de John Lennon no intervalo, explicando que os Beatles estavam ocupados fazendo um filme e lamentavam não poder ir. Em Paris, ele saiu com Hugues Aufray, que estava traduzindo suas músicas para o francês; bebeu bons vinhos; comeu em bons restaurantes; e teve um caso com Nico, a modelo e cantora alemã que mais tarde se juntaria ao Velvet Underground. De lá, ele foi para Berlim, depois para a Grécia com Nico a tiracolo. Ele estava escrevendo mais do que nunca; suas imagens estavam ficando mais imaginativas; seus temas mais íntimos.

De volta a Nova York, Dylan gravou o disco seguinte em uma sessão que durou uma noite inteira. A maioria das músicas era lenta, as melodias cadenciadas e bonitas, as letras introspectivas e conscientemente poéticas, os temas alternavam entre românticos e amargos. Havia alguns blues prolixos renovados, o surrealmente paranoico "Motorpsycho Nitemare" e outra variante de "I Shall Be Free", mas onde no passado ele havia enfatizado a distância que ficava no rádio — "Rockaday Johnny" cantando "ooh-wah, ooh-wah" —, ele agora brincava com os tênis de salto alto e chapéu de peruca. Ele também tocou piano em uma faixa no agitado "Black Crow Blues", canção completada com um glissando de Jerry Lee Lewis e uma linha de baixo em estilo boogie pulsante.

Um mês e meio depois, ele estava em Newport, exibindo suas novas composições e um guarda-roupa mais elegante. As roupas podem parecer um detalhe insignificante, mas todos as notaram. Foi um período em que o vestuário estava particularmente conectado a afinidades e fronteiras culturais, e cada artigo sobre Dylan ou Baez destacava suas vestimentas estranhas e a maneira como os fãs imitavam suas escolhas. Muitas reminiscências do período são igualmente conscientes da moda. Alguns sugerem que personagens verdadeiramente descolados não se importavam com o que vestiam, e era isso que os tornava distintos: "Criamos uma cultura em que as roupas não eram importantes", lembrou Paul Rothchild. "Você podia ter dois pares de jeans, três camisas, um par de botas, quatro pares de cuecas e pronto. Literalmente. Ter um cinto era opcional". Às vezes, eles sugerem uma consciência afiada, como quando Suze Rotolo descreveu sua lembrança de Dylan "na frente do espelho experimentando uma peça de roupa amassada após a outra, até que tudo se encaixasse para parecer que Bob tinha acabado de se levantar e vestir algo". Ela estava escrevendo sobre os primeiros dias deles juntos, quando os jornais o descreveram como parecido com "um Holden Caulfield (protagonista de *O Apanhador no Campo de Centeio*) que se perdeu nas tempestades de poeira de 1930", mas embora ela diga que "a imagem significava tudo", ela não queria dizer que estavam fingindo: "A música folk estava tomando conta de uma geração e era importante acertar, incluindo o visual — ser autêntico, descolado, e ter algo a dizer. Acreditávamos que poderíamos mudar as percepções, a política e a ordem social das coisas".

É fácil zombar dos boêmios que se importavam com parecer descuidado da maneira certa e os autoproclamados não-conformistas que imitavam o vestir dos outros; mas tanto o cuidado quanto o descuido poderiam ser genuínos: Dylan era um artista, e sua vestimenta aparentemente casual combinava com seu canto e execução aparentemente casuais. Ele estava estabelecendo novos critérios e inspirou muitas pessoas a pegar violões e tentar cantar, apesar de suas habilidades limitadas e pouco interesse em aperfeiçoá-las. Inspirou-as a se vestir com jeans e qualquer camisa que estivesse relativamente limpa naquela manhã, e a escrever sobre todas as ideias malucas que passavam por suas cabeças. Como Seeger e Baez, ele estava usando habilidades incomuns para criar uma versão elevada de algo acessível e compartilhado. Paul Stookey relembrou o choque de vê-lo subir no palco do Town Hall com roupas normais, com o violão recém-encordoado e as pontas das cordas balançando loucamente. "Era a coisa real", disse Stookey, e embora entendesse o aspecto teatral da persona de palco de Dylan, ele estava falando sério. Era muito diferente de Peter, Paul e Mary em seus ternos e vestidos, cantando harmonias perfeitas. Ao contrário deles, ao contrário do Kingston Trio, ao contrário de Elvis ou Duke Ellington ou Hank Williams ou Leopold Stokowski, Dylan, Seeger e Baez entravam no palco com o mesmo visual que tinham quando andavam pela rua ou saíam com os amigos — um afastamento consciente e marcante não apenas do traje de palco anterior, mas dos ternos, da maquiagem e do cabelo bem penteado que ainda eram a norma para grande parte do público.

No Festival de Folk de Newport de 1964, Dylan ainda estava se vestindo de forma boêmia, mas o cabelo estava mais longo, a jaqueta e as botas eram mais bonitas, e ele parecia descolado em vez de desleixado. A gola alta preta não era uma roupa da classe trabalhadora; vinha da capa do disco *Meet the Beatles*, visual europeu preferido dos poetas, pintores e roqueiros britânicos descolados. A capa de *Another Side of Bob Dylan* acrescentou um toque distinto de estilo caseiro, com a perna esquerda levantada para exibir os reforços de lona que Suze costurou nos tornozelos do jeans para que pudessem caber sobre as botas de cowboy.

Esse álbum foi lançado no início de agosto, na mesma semana em que o "House of the Rising Sun" dos Animals chegou às paradas dos EUA e *A Hard Day's Night* estreou nos cinemas de Nova York. Algumas semanas depois, os próprios Beatles estavam na cidade, e Dylan apareceu no quarto de hotel deles. Há discordâncias sobre se foi ele quem proporcionou a eles o primeiro gostinho de maconha, mas certamente ficaram chapados juntos, e a banda mais popular do mundo o recebeu não apenas como um colega criador de tendências, mas como um modelo de arte lírica e uma inspiração. Lennon explicaria que havia escrito "A Hard Day's Night" no estilo de Dylan, embora ele tenha dito, "depois nós a beattle-ficamos", e eles tinham acabado de gravar uma composição ainda mais Dylanesca, "I'm a Loser", que incluiu uma gaita dissonante. Os fãs podem ignorar a influência, mas eles estavam espalhando a influência. Em janeiro, o *New Musical Express* da Inglaterra publicou um artigo intitulado "Beatles Say — Dylan Shows the Way", no qual George Harrison explicou: "Gosto de toda a atitude dele, da maneira como se veste, da maneira como ele não dá a mínima. A maneira como canta discordâncias e toca discordâncias. A maneira como ele ridiculariza tudo". Ele acrescentou: "Nós conhecemos Joan Baez também, em Denver. Ela é boa também — uma espécie de Dylan feminina no que diz respeito às palavras de suas canções, mas mais educada".

Cantores folk e roqueiros tinham muito a oferecer um ao outro. Os Beatles foram originalmente comercializados como garotos pop animadinhos — eles eram fofos e adoráveis, e as garotas gritavam e desmaiavam como as gerações anteriores tinham feito por Sinatra e Elvis. Suas respostas em coletivas de imprensa eram excepcionalmente inteligentes, mas quando o filme deles foi lançado, a crítica do *New York Times* tipificou as reações adultas: "Vai te surpreender — pode te derrubar da cadeira", escreveu Bosley Crowther, chamando o filme de "uma comédia gigante" e acrescentando, "eu também não acreditaria se não tivesse visto com meus próprios olhos atônitos". No *Village Voice*, Andrew Sarris ficou igualmente surpreso, embora, por ser mais conhecedor, citou "a brilhante cristalização de partículas culturais tão diversas como o filme pop, o rock 'n' roll, o cinema-verité, a nouvelle vague" e comparando-o favoravelmente a *Tom Jones* e *O Senhor das Moscas*. "Os Beatles são um bando astuto de anarquistas anti-establishment", ele concluiu, "mas são muito espertos e dão as mãos às autoridades".

Eles também eram espertos demais para a maioria dos ouvintes sérios de música. "Deve haver muitos fãs ferrenhos de folk que gostam de Dylan, mas que não gostam dos Beatles", admitiu Harrison, acrescentando que o fato de Dylan gostar deles "nos deixa de queixo caído". Comparados a Dylan — ou a Baez, Seeger ou qualquer músico adulto sério —, muitas pessoas desprezavam os Beatles como coisa comercial de moleques. Quando eles começaram a atrair atenção positiva de intelectuais, foi uma grande mudança não apenas para a banda, mas para o futuro do rock e do pop, e para os fãs de folk foi uma mudança que significava perigo. Robert Shelton soou o alarme na edição de novembro da revista *Hootenanny* (um periódico ambiciosamente de mercado de massa não relacionado ao programa de TV). Ele garantia que havia "certo mérito na *música* dos Beatles... Uma certa qualidade ritmada, de blues", mas relembrou aos leitores a história recente: "Kingston Trio surgiu em uma época em que o tipo de música que os Beatles agora estão revivendo havia saturado completamente o mercado. As oscilações sem sentido da primeira onda do rock 'n' roll eliminou a percepção genuína de country blues que Elvis Presley havia trazido de Memphis e a distorcido para além do reconhecimento". Sim, os Beatles eram músicos decentes e, sim, o Kingston Trio tocava pop-folk elaborado, mas compare "os dois mundos representados por 'I Want to Hold Your Hand' e 'Tom Dooley'... A diferença entre uma balada baseada em um evento real e enriquecida pelo tempo, e uma canção de amor turbinada e supertrabalhada". Quaisquer que sejam suas falhas, o Trio teve a coragem de se juntar ao boicote do *Hootenanny*; seu último álbum, *Time to Think*, exibiu a crescente consciência social; e os fãs não sinalizaram entusiasmo jogando balas como faziam os Beatlemaníacos enquanto gritavam. Claro que eles não estavam na classe de Dylan, Baez e Seeger, mas o boom folk que eles iniciaram foi um importante desenvolvimento musical e cultural, e, Shelton concluiu, "Se os Beatles acabarem com isso, todos nós sairemos perdendo".

Poderia-se argumentar que Shelton estava preso em uma mentalidade arcaica e que, à altura de novembro de 1964 era algo bobo pintar o folk como adulto, inteligente e socialmente consciente e contrastá-lo com o rock como música adolescente boba para namorar e dançar. Ele estava certo de que os Beatles e seus seguidores eram uma ameaça à tendência pop-folk — quaisquer que fossem seus defeitos, o rock dos Dave Clark Five era claramente mais empolgante do que o folk dos Brothers Four, e as paradas de sucesso confirmavam que o público estava abandonando um e migrando para o outro —, mas não havia meio do Kingston Trio ser mais inteligente do que os Beatles, não importa quantas baladas dos Apalaches eles cantassem, e quando os Animals levaram "House of the Rising Sun" para o número um, não adiantaria nem argumentar que o repertório do Trio era mais enraizado no tempo e mais autêntico. Grupos de raiz e voltados para o blues como os Stones e os Animals eram uma ameaça para alguns cantores folk, mas uma inspiração para outros. Como Dylan disse a um entrevistador em 1965: "a música folk ainda está por aqui, se quiser curtir. Não é que ela esteja entrando ou saindo. É toda essa merda suave e melosa, cara, que está sendo substituída por algo que as pessoas sabem que existe agora".

Shelton estava certo de que a tendência pop-folk levou alguns ouvintes a estilos mais profundos e sérios e encorajou milhões de jovens a fazerem sua própria música e irem além dos produtos comerciais da parada de sucessos. O próprio Dylan foi um exemplo disso, alguém que viajou de

Harry Belafonte e Odetta para Pete Seeger, Jack Elliott, Woody Guthrie e Robert Johnson, e encontrou sua própria voz no processo. Até mesmo o *Hootenanny* havia apresentado pessoas como Johnny Cash, Maybelle Carter e os New Lost City Ramblers, e também alguns grupos e músicas racialmente mistos que cantavam sobre direitos civis, justiça social e os males da guerra. Os Beatles podem ter sido os roqueiros brancos mais empolgantes desde Elvis, mas a máquina pop transformou Elvis em um boneco bonitinho de Hollywood cujo último hit no Top 10 foi "Bossa Nova Baby", e o mais próximo que os Beatles chegaram de fazer conteúdo de cunho social foi "[Money] Can't Buy Me Love" — que, se você comprasse o disco, era confrontada por "Money (That's What I Want)".

Porém, dessa mesma forma, os invasores britânicos estavam levando os jovens ouvintes a Chuck Berry, Little Richard e, em alguns casos, a Muddy Waters e Howlin' Wolf — em maio de 1965, os Rolling Stones disseram que só iriam ao popular programa de música adolescente *Shindig* se o Wolf também fosse apresentado, o que proporcionou à lenda de Chicago o maior público de sua carreira. Mesmo que se considerasse os Beatles leves, eles estavam apontando na direção certa: um escritor da *Sing Out!* descreveu como ele "tremeu por anos" enquanto a revista condenava os grupos folk comerciais, comparando-os aos roqueiros, já que era ridículo comparar "enlatados amaciados" como os pop-folkies a "música altamente emocional e rítmica". Agora ele se divertia ao ver Izzy Young escrevendo coisas boas sobre os Beatles, "mas suponho que, se os jovens folkniks podem ser convertidos pelo Kingston Trio, ele pode ser convertido por suas contrapartes no rock-n-roll".

A ideia de que os roqueiros ingleses estavam conduzindo os americanos brancos para tradições afro-americanas autênticas se tornaria um lugar-comum na história do rock, mas poucas pessoas ressaltavam isso em 1964 ou 1965, e certamente não em Newport, onde Muddy Waters e John Lee Hooker eram rostos familiares. A equação comum ainda era que a música folk era madura e artesanal, enquanto o rock era adolescente e artificial. Marianne Faithfull começou como cantora de baladas em cafeterias e lembrou que entre os boêmios britânicos, assim como entre seus colegas americanos, o rock era para quadrados e seguidores da massa. "O jazz era moderno e o blues era moderno, mas o rock 'n' roll era considerado muito sofisticado e comercial. O rock 'n' roll naquela época significava Billy Fury e caras com cabelo loiro descolorido." Quando começou a gravar, Faithfull foi comercializada como uma Baez britânica, adornada com imagens virginais: seu primeiro disco, *As Tears Go By*, foi uma tentativa óbvia dentro do estilo folk feminino entristecido — "My riches can't buy everything / I want to watch the children sing" ["Minhas riquezas não podem comprar tudo / Eu quero ver as crianças cantarem", em tradução livre] — e sua biografia para a imprensa a descreveu como uma garota de convento de 17 anos com "um sorriso tímido e uma predileção por pessoas 'de cabelo comprido e socialmente conscientes'". Seu single seguinte foi "Blowin' in the Wind", acompanhado de "House of the Rising Sun".

O que era complicado no cenário britânico era que a música de Faithfull não havia sido escrita por uma cantora folk de cafeteria, ou mesmo por um compositor comercial copiando o estilo de cafeteria — foi por Mick Jagger e Keith Richards, e eles eram roqueiros e boêmios. Quando Faithfull finalmente se envolveu com Jagger de uma forma mais íntima, eles foram para o quarto dele e discutiram sobre Roman Polanski, "estados de espírito perturbados" e Dylan, depois deram uma volta no parque, onde ela o questionou sobre o Rei Arthur e o Santo Graal. "*Era* bem ridículo", ela relembra, "mas éramos assim naquela época. Você perguntava ao seu namorado, 'Você conhece Genet? Você leu *À Rebours*?' E se ele dissesse que sim, transava com ele".

Aquela noite começou nos bastidores de um show pop onde Jagger pegou dicas com Tina Turner sobre como dançar o 'pônei lateral', mas ainda estava muito longe de Elvis ou do Kingston Trio. Por mais que Baez amasse dançar e pudesse ter gostado de uma aula daquelas, não havia contexto nos Estados Unidos onde ela cruzaria o caminho com Turner, e as estrelas do rock americanas também não discutiam Polanski e Genet, e embora alguns pudessem achar as músicas de Dylan interessantes, eles não o olhavam com admiração. Na Grã-Bretanha, por outro lado, "Dylan era, naquele momento, nada menos que a pessoa mais descolada do planeta". Na memória de Faithful: "o espírito da época fluía através dele como eletricidade. Ele era meu herói existencial, o Rimbaud desengonçado do rock usando óculos escuros Phil Spector com uma auréola de cabelo e ironia fervilhante".

Naquela época, era maio de 1965, e Dylan estava de volta ao Reino Unido com um single elétrico de rock, "Subterranean Homesick Blues". No ano desde sua visita anterior, ele vinha simultaneamente seguindo dois caminhos: por um lado, ele vinha escrevendo músicas mais longas e complicadas. Em outubro, ele deu um show no Philharmonic Hall de Nova York que incluiu "Talkin' John Birch", "Who Killed Davey Moore" e um segmento de quatro músicas com Baez, mas também as novas "Gates of Eden" e "It's Alright, Ma", respectivamente com duração de mais de sete e quase nove minutos. Ele percebeu o quanto eram longas, mesmo para um público ansioso para ouvir poesia simbolista raivosa, e separou as obras-primas com uma nova e engraçada canção de sedução, "If You Gotta Go, Go Now". Assim como em Newport, ele era apaixonado e poético, mas também alegre, e a multidão estava com ele o tempo todo — em determinando ponto, após vários pedidos por suas músicas mais antigas, alguém gritou "Mary Had a Little Lamb!" e ele respondeu: "Deus, eu gravei isso?" Em seguida: "Essa é uma canção de protesto?". Os fãs riram, gritaram e aplaudiram.

Enquanto isso, o produtor de Dylan estava pensando nos Beatles, nos Stones e nos Animals. Tom Wilson era um fã de jazz negro, formado em Harvard, que havia gravado Sun Ra e Cecil Taylor em sua própria gravadora antes de ingressar na Columbia. Ele havia assumido o lugar de John Hammond no fim das sessões do *Freewheelin'* e, embora tivesse uma opinião ruim sobre cantores folk, ficou imediatamente impressionado com a mensagem das letras de Dylan e, especialmente, seu blues, que "eram crus, originais, diferentes dos de outros brancos". Ele recorda que disse a Albert Grossman: "Se você der um pouco de background aí, poderá ter um Ray Charles branco com uma mensagem". Demorou um pouco para dar esse salto, mas em dezembro de 1964 Wilson sobrepôs um acompanhamento elétrico na antiga "House of the Rising Sun" de Dylan e em algumas outras músicas. Nenhuma delas ficou boa o suficiente para ser lançada, mas ele fez valer seu argumento e, quando voltaram ao estúdio em janeiro, Dylan teve o apoio de uma banda de instrumentos elétricos.

De certa forma, a banda foi uma evolução orgânica. O baixista era Bill Lee, um músico folk veterano e frequentador assíduo de Newport, e o guitarrista principal era Bruce Langhorne, que havia tocado violão e violino com a gaita de Dylan no álbum de Carolyn Hester quatro anos antes, e a guitarra elétrica principal nas sessões de rockabilly de Dylan no "Mixed-Up Confusion" de 1962. Langhorne havia adotado a guitarra elétrica graças a outro frequentador assíduo da Washington Square, Sandy Bull, que começou no banjo antigo, mas surpreendeu a todos em 1963 ao gravar um álbum com Billy Higgins, o baterista do quarteto de Ornette Coleman, que variou de uma extravagância de banjo sobre *Carmina Burana* a uma improvisação elétrica de dez minutos no estilo de Pop Staples. Langhorne recordou que, para a nova sessão de Dylan, ele pegou emprestado o amplificador de reverberação dupla de Bull e basicamente "tocou o mesmo tipo de linhas que eu tocaria com alguém como

Odetta, que proporcionaria o mesmo tipo de coisa que Dylan exprimia... Uma estrutura rítmica realmente inevitável". Algumas das faixas principais eram mais voltadas para o rock do que o comentário sugere, mas eram semelhantes ao que ele havia tocado no antigo single de Dylan e também em algumas faixas do primeiro disco de Richard e Mimi Fariña, *Celebrations for a Grey Day*, gravado em setembro de 1964 — que eram provavelmente familiares para Dylan, já que Mimi era a irmã mais nova de Joan Baez e elas andavam juntas.

O folk e o rock estavam convergindo cada vez mais e com mais frequência, em uma variedade de formas e contextos: em julho, uma banda inglesa chamada Fairies lançou um single de "Don't Think Twice, It's Alright" com a habitual gaita sibilante, mas também com um solo de guitarra elétrica feroz de Jimmy Page, e os Rolling Stones fizeram sucesso com "It's All Over Now", na qual Jagger zombava com voz anasalada da sua garota, que costumava "run around... Playing her high- class game" ["correr por aí... jogando seu jogo de alta classe", em tradução livre], mas "the table's turned and now it's her turn to cry" ["a mesa virou e agora é a vez dela de chorar", em tradução livre] — um equivalente aproximado da história e do estilo que Dylan logo usaria em "Like a Rolling Stone". Em 1965, os Stones estavam gravando "Play with Fire", outra música zombando de uma mulher de alta classe que havia descido ao nível do cantor, mas desta vez com melodia folk e violão acústico dedilhado. E naquele verão eles estavam em primeiro lugar em ambos os lados do Atlântico com "Satisfaction", uma ode à alienação com letras ultra-Dylanesca: "When I'm watching my TV and a man comes on to tell me how white my shirts can be / Well he can't be a man 'cause he doesn't smoke the same cigarettes as me" ["Quando estou assistindo à minha TV e um homem vem me dizer o quanto minhas camisas podem ser brancas / Bem, ele não pode ser homem porque ele não fuma os mesmos cigarros que eu", em tradução livre]. Jagger se recordou de Dylan dizendo a Keith Richards, "Eu poderia ter escrito 'Satisfaction', mas você não poderia ter escrito 'Tambourine Man'", e como o entrevistador ficou chocado, ele acrescentou, "Foi simplesmente engraçado. Foi ótimo... É verdade".

Enquanto isso, uma convergência separada entre folk e rock estava tomando forma em Los Angeles. Ritchie Valens antecipou a tendência em 1958 com "La Bamba", transformando uma canção folclórica mexicana em um hit de rock para dançar, e os Beach Boys mantiveram o estilo da banda de guitarra vivo, reformulando o estilo de Chuck Berry como o som da cultura de praia da Califórnia. E então, quando o boom do folk chegou, havia muitas pessoas prontas para pegar a onda. Trini Lopez se jogou mais fundo, colocando seu "If I Had a Hammer" com influência de La Bamba no Top 10 no verão de 1963 e gravando uma série de álbuns que misturavam covers de rock 'n' roll, country e sons latinos com músicas de Lead Belly, Woody Guthrie e, finalmente, Dylan. No Whisky à Go Go da Sunset Strip, Johnny Rivers adotou uma abordagem mais voltada para o blues, mas também gravou com uma pequena banda ao vivo tocando sua própria guitarra elétrica e colocou "Memphis" de Chuck Berry e "Midnight Special" de Lead Belly nas paradas. No verão de 1964, a *Billboard* identificou uma tendência de "folk-rock", notando que a Vee Jay Records estava usando esse termo para promover o novo álbum de Hoyt Axton e que o principal local de pop-folk de Los Angeles, o Troubadour, estava patrocinando um novo grupo chamado The Men, que dava base a banjos, violões e bandolins com bateria de rock 'n' roll. Isso inspirou imitação instantânea no leste, onde o Café au Go-Go de Nova York formou um grupo de variedades no mesmo modelo chamado Au Go-Go Singers, adicionando guitarra elétrica em algumas músicas, graças a um jovem membro chamado Stephen Stills. Jerry Yester, um veterano do New Christy Minstrels e do Modern Folk Quartet, que tocou com várias bandas de folk-rock, lembrou que a influência foi direta e definitiva: "Os Beatles mataram a música folk no *Ed Sullivan Show*. Assim que aquilo aconteceu, foi como se houvesse uma grande flecha apontando na direção deles".

Para pessoas como Stills e Yester, que cresceram com o rock 'n' roll, seguir essa flecha era algo completamente natural. Os Weavers haviam inventado o estilo pop-folk combinando harmonias vocais firmes com os ritmos cativantes da era das big bands, e Lonnie Donegan, Jimmie Rodgers e os Highwaymen misturaram material folk com instrumentação de característica um tanto próxima do rock. Na Inglaterra, os Springfields, os Seekers e os Searchers deram base a arranjos pop-folk com bateria e, por vezes, usaram guitarras elétricas, tornando esse som parte integrante da Invasão Britânica e, em retrospecto, parece que era inevitável que um grupo de pop-folks se reunisse no Troubadour e decidisse formar uma banda no estilo dos Beatles. Gene Clark estava no New Christy Minstrels; David Crosby estava no Les Baxter's Balladeers (Baxter era um empresário de música ambiente lucrando com a tendência *Hootenanny*); e Roger McGuinn tocava violão e banjo para os Limeliters e para o Chad Mitchell Trio, e fez arranjos para vários discos de folk — incluindo o terceiro LP de Judy Collins, que continha seus arranjos de "Bells of Rhymney" e "Turn, Turn, Turn", de Seeger. O novo grupo começou como um pastiche britânico descarado chamado Beefeaters, mas seu produtor, Jim Dickson, teve uma ideia mais descolada: "Jim nos sugeriu que tentássemos algo realmente fora do comum e tocássemos uma música de Bob Dylan", Clark recordou. "Algo um pouco mais intelectual, um pouco mais poético". Eles se renomearam como Byrds — uma ortografia tímida e dylaniana — e com harmonias vocais folk, a guitarra elétrica de 12 cordas de McGuinn e o apoio de alguns dos melhores músicos de estúdio de Los Angeles, gravaram uma releitura beatleficada de "Mr. Tambourine Man" que alcançou o primeiro lugar em junho de 1965, seguida por um álbum com mais três músicas de Dylan e uma de Seeger.

O som dos Byrds era uma fusão lógica dos Beatles com Peter, Paul e Mary, e do ponto de vista dos prognosticadores do pop mainstream, fazia tanto sentido quanto Chubby Checker gravar um twist com calipso. Fãs hardcore de folk foram igualmente rápidos em fazer essa conexão, com uma implicação diferente: essas pessoas não eram inovadoras, eram oportunistas. Em 1963, eles usavam camisas de botão e tocavam banjos; agora, tinham cabelos na altura da gola e tocavam guitarras elétricas. Quando um grupo folk de Greenwich Village chamado Kingsmen passou a usar equipamentos elétricos no início de 1965, eles reconheceram essa atitude renomeando-se como Sellouts [em tradução livre, "Vendidos"], o que foi engraçado por um momento, mas, e se desse certo? A música folk e tudo o que ela representava corriam o risco de ser inundadas por uma onda de bandas de dança com belas harmonias vocais e letras pouco mais inteligentes do que "She loves you, yeah, yeah, yeah". O problema não era simplesmente a eletricidade; era uma confluência mais ampla de conflitos: música pop versus música de raiz, confecções comerciais versus criações comunitárias, escapismo versus envolvimento social.

Uma lenda básica da história do rock é que os Beatles foram recebidos pelos americanos como um antídoto saboroso para a depressão nacional após o assassinato de Kennedy, e essa elaboração captura exatamente o que incomodava muitas pessoas no cenário folk. Pete Seeger sugeriu um antídoto muito diferente: "Se você quiser sair de um clima pessimista, tenho um remédio certo para você: vá ajudar aquelas pessoas em Birmingham, no Mississipi ou no Alabama". Isso foi em 1963, e centenas de jovens nortistas seguiram seu conselho no ano seguinte, indo para o sul para o "Verão da Liberdade", mas os assassinatos de Goodman, Schwerner e Chaney fizeram a jornada soar bem menos otimista. Em fevereiro de 1965, Malcolm X foi morto. Em março, Viola Liuzzo, uma branca do norte que vinha ajudando os manifestantes de King, foi mortalmente baleada no Alabama. A fraternidade universal ainda parecia um ideal maravilhoso, pelo qual valia a pena lutar, mas alcançá-la demandaria uma luta longa e amarga, não era apenas uma questão de unir os braços e cantar "We Shall Overcome".

Para as pessoas comprometidas com essa luta — especialmente aquelas que estavam comprometidas desde a década de 1940 e sabiam exatamente o quanto poderia ser difícil —, a razão pela qual muitos jovens brancos preferiam se imaginar na agitada Londres do que no assassino Mississipi era óbvia, e era mais importante do que nunca para a música de envolvimento neutralizar a música de escapismo. A ideia de que os Beatles eram "anarquistas anti-establishment" era uma presunção intelectual encantadora, mas, em termos da política deles, *A Hard Day's Night* era apenas uma versão mais alegre de *Rebel Without a Cause*. Deixar o cabelo crescer, dançar rock 'n' roll e tirar sarro dos mais velhos era obviamente mais divertido do que ficar sério, resmungar e dirigir à beira de um penhasco, mas, no início da década de 1960, uma geração toda parecia reconhecer que ser rebelde com uma causa e um objetivo era mais gratificante do que a rebelião por si só. A música folk fez parte dessa mudança, unindo as pessoas, proporcionando a elas uma mensagem comum e lembrando-as de que a boa luta também pode ser uma fonte de satisfação e até mesmo de diversão. Quando as coisas ficavam difíceis, esperava-se que as músicas mantivessem os jovens rebeldes focados e unidos, evitando que dispersassem no barulho da manhã seguinte e desaparecessem nos anéis de fumaça de suas mentes.

Claro que as drogas faziam parte disso. Quando Gene Clark ouviu a demo de Dylan de "Mr. Tambourine Man", sua reação foi: "Cara, que música psicodélica!" e o arranjo musical dos Byrds enfatizou essa psicodelia. Os primeiros ouvintes da canção não eram descolados; era música para fumar maconha, tomar ácido, libertar a mente, expandir a consciência. Nas palavras de Paul Rothchild, as novas drogas eram "um dos grandes separadores entre nós e eles. E 'eles' não eram mais só nossos pais, mas eles e o pessoal da nossa geração que era como nossos pais. O mundo se dividiu naquele momento". A maioria das drogas já existia há algum tempo — meu pai fumou maconha com um grupo de estudantes de medicina em 1933, e fez anotações cuidadosas sobre suas revelações —, mas a elevação do uso de drogas a cultura das drogas e toda a equação envolvendo essa cultura e juventude, música e mudança social era algo novo.

As fissuras de meados da década de 1960 eram multifacetadas e multivalentes — geracionais, químicas, políticas, musicais e, claro, raciais — e não haviam sido abertas em linhas claras e consistentes. Perto do final de 1964, Irwin Silber na *Sing Out!* e Paul Wolfe da *Broadside* criticaram Dylan por suas escolhas líricas, musicais e sociais daquele momento: Silber sugeriu que ele estava se envolvendo na "parafernália da fama" e suas novas músicas eram "de uma sondagem interior, autoconscientes — talvez até um pouco piegas ou um pouco cruéis". Wolfe sugeriu que Dylan logo voltaria suas energias para romances e filmes e saudou Phil Ochs como compositor mais ativo e comprometido, enquanto se perguntava se Ochs também sucumbiria às "pressões, tentações, recompensas e egoísmos associados ao fato de se tornar uma celebridade". Ambos foram rapidamente seguidos por colegas folkies discordando ou concordando com veemência. Como um escritor da *Sing Out!* colocou:

> Depois de anos procurando pessoas que escrevessem, cantassem e tocassem músicas atualizadas, você finalmente encontra o cara — Dylan. E o que acontece? Ele se desvia da linha, começa a ficar pessoal com a coisa e, de repente, você está pulando nas costas dele. Eu gosto das Pessoas, mas e a Pessoa? Então ele não escreve sobre tempestades o tempo todo. E daí? Quem escreve?

Ochs, que amava os Beatles e aspirava ao nível de sucesso de Dylan, ficou particularmente irritado por ter sido chamado de anti-Dylan, dizendo ao *Village Voice*: "Não tem nada nobre no que estou fazendo. Estou escrevendo para ganhar dinheiro. Escrevo sobre Cuba e Mississipi por necessidade interna de expressão, não para mudar o mundo". Em uma carta à *Broadside*, ele acrescentou que, se alguém quisesse argumentar sobre a importância da música de caráter político, deveria se concentrar em Guy Carawan, "que não apenas escreve músicas, mas dedica seu tempo integral ao movimento pelos direitos civis no sul, trabalhando ativamente em uma luta real, promovendo workshops sobre como usar a música no movimento, e que às vezes vê seu banjo ser quebrado na sua própria cabeça em uma linha de piquete".

Na medida em que o argumento era genuinamente sobre músicas atuais, Dylan deu uma resposta adequada em uma entrevista naquela primavera, sugerindo que a questão era tanto uma questão de moda quanto de compromisso político:

> Eu prefiro ouvir Jimmy Reed ou Howlin' Wolf, cara, ou os Beatles, ou Françoise Hardy, do que ouvir qualquer cantor de música de protesto... Só porque alguém menciona a palavra "bomba", eu não vou dizer "Aeeee!" e começar a bater palmas... Há muitas pessoas com medo da bomba, certo. Mas há muitas outras pessoas que têm medo de serem vistas carregando uma revista *Modern Screen* na rua, sabe. Muitas pessoas com medo de admitir que gostam dos filmes do Marlon Brando.

O que estava agitando o cenário do folk, no entanto, não era realmente uma disputa a respeito das letras das músicas. Seeger havia encorajado jovens escritores voltados a material temático, mas também escritores de canções de amor e canções infantis, e pessoas que tocavam nos estilos tradicionais, e outras que só queriam se reunir com amigos e cantar qualquer música de que gostassem, e embora ele tenha gravado muitas canções de protesto, elas representavam apenas uma pequena fração de seu repertório. Joan Baez havia gravado apenas cinco canções temáticas em diversos discos. Muitos dos artistas mais velhos no Newport Folk Festival nem sequer estavam cientes do movimento das canções de protesto. A questão principal não era nem a amplificação: a maioria dos artistas em Newport ainda tocava instrumentos acústicos, mas isso era parte uma questão de logística, e parte questão de mostrar tradições rurais. Ninguém estava argumentando que Baez era um artista folk mais legítima do que John Lee Hooker ou os Staple Singers com seus equipamentos elétricos.

A questão central era que, naqueles últimos anos, um movimento vital e significativo de música folk vinha crescendo, não importa como o definisse: havia mais cantores novos de blues, mais cantores de baladas, mais bandas de bluegrass e country antigas, mais compositores atuais, mais grupos folk universitários, mais portadores de tradições autênticas sendo descobertos em áreas rurais remotas e mais trabalho para todos esses artistas, no palco e em discos, para um público crescente, atendido por um número cada vez maior de cafeterias, casas de shows, concertos e festivais, como também mais amadores fazendo música para si mesmos e uns para os outros. Certas grandes gravadoras se envolveram; alguns cantores se tornaram estrelas; outros, donos de casas de show; editores, agentes e empresários ganharam muito dinheiro; mas a música folk em geral permaneceu um movimento popular, e mesmo quando foi cooptada e comercializada em massa, praticamente todos a associaram a um senso de consciência social, solidariedade com os oprimidos e com as classes trabalhadoras, e ao menos uma tentativa de se escapar do consumismo do mercado de massa. Era música para pessoas que se importavam, e música com a qual elas se importavam.

Agora, um bando de jovens britânicos ansiosamente comerciais e apolíticos havia chegado usando ternos combinando e tocando rock 'n' roll, e a coisa toda estava ameaçando desmoronar. Folkies de carreira estavam pegando guitarras elétricas e tentando fazer um som parecido com o dos Beatles; milhões de fãs pareciam prontos para segui-los para aquela toca de coelho; e Dylan, o poeta folk e porta-estandarte da música comprometida e significativa, estava dando de ombros e fingindo que simplesmente não via — ou, pior ainda, estava cinicamente pegando carona na nova onda. Em março, ele e Baez fizeram uma turnê conjunta pelo nordeste, e ela ficou preocupada com a mudança de atitude dele. Ela recordou: "os jovens o chamavam para cantar as músicas que tinham significado para eles, como 'Masters of War' e 'With God on Our Side'. E ele não se importava. Estavam entrando em contato com ele, e ele não se importava. Ele só queria rock and roll". Dylan descreveu a turnê como agradável e continuou a falar bem de Baez, mas basicamente concordou, dizendo: "A única coisa que me desanimou quando toquei com ela foi que o público parecia um necrotério. Era como tocar em uma funerária".

Dylan dificilmente trocaria música séria por uma música pop bonitinha. Seu novo álbum foi lançado no final de março, e tinha algumas faixas de hard rock elétrico, mas também "It's Alright, Ma (I'm Only Bleeding)", uma crítica acústica de sete minutos e meio com aforismos como "Money doesn't talk, it swears" ["O dinheiro não manda, ele xinga" em tradução livre] e a advertência "Even the president of the United States sometimes must have to stand naked" ["Até o presidente dos Estados Unidos às vezes precisa ficar nu", em tradução livre]. A foto da capa o mostrava-o cheio de luxo, usando um paletó sob medida e com uma lareira de estilo grego de fundo, acariciando um gato persa e acompanhado por uma socialite blasé —, mas os LPs espalhados pelo local sugeriam que seus gostos musicais ainda eram sólidos: Eric Von Schmidt, Robert Johnson, Lotte Lenya cantando Bertolt Brecht. Sobre a lareira, estava Lord Buckley, o monologuista descolado cujos textos ele havia memorizado e apresentado no Gaslight. O único disco daquele momento era *Keep on Pushing*, uma prova contundente de que o cenário do folk não tinha tanta força na relevância: Curtis Mayfield e os Impressions estavam criando música que não apenas apoiava o movimento pela liberdade negra, mas havia saído do movimento e falava sua linguagem: "I've got to keep on pushing, I can't stop now / Move up a little higher, some way, somehow" ["Eu tenho que continuar pressionando, não posso parar agora / Subir um pouco mais alto, de algum jeito, de alguma forma", em tradução livre]. A letra também pode ser interpretada como uma repreensão aos críticos de Dylan: "I've got my strength, and it don't make sense not to keep on pushing" ["Eu tenho minha força, e não faz sentido não seguir pressionando", em tradução livre].

Dylan não estava abandonando seu passado; ele estava se tornando parte de uma conversa maior. Sam Cooke, o cantor gospel que virou estrela do R&B, ficou tão impressionado com "Blowin' in the Wind" que escreveu seu próprio hino pela luta social, "A Change Is Gonna Come", e tocava nas rádios naquela primavera após sua morte. O cantor de blues-soul do Mississippi Little Milton teve o maior sucesso de sua carreira em março com uma letra socialmente consciente, "We're Gonna Make It". Na mesma época, Solomon Burke, o Rei do Rock e Soul, foi ao estúdio Atlantic e gravou uma versão de "Maggie's Farm", e qualquer um que pensasse que as letras de Dylan não eram mais políticas deveria ter ouvido Burke rosnando, "The sheriff and the National Guard stand around his door / I ain't gonna work on Maggie's farm no more! ["O xerife e a Guarda Nacional estão cercando a porta dele / Eu não vou mais trabalhar na fazenda de Maggie!", em tradução livre].

A gravação de Burke foi um lado B obscuro nos Estados Unidos, mas, no Reino Unido, foi promovida como single, e a CBS lançou a versão de Dylan às pressas para competir. Nos EUA, "Subterranean Homesick Blues" começou a subir nas paradas em abril, e seu ritmo de rock e vocais no estilo de Chuck Berry fizeram dele o primeiro disco de Dylan a ser tocado em rádios pop. A Invasão Britânica estava tirando alguns artistas dos EUA das paradas, mas outros estavam tirando vantagem da nova tendência ao lançar discos que voltavam aos mesmos estilos de raiz que os britânicos estavam explorando. Na semana em que o single de Dylan chegou ao Hot 100, dois roqueiros do Texas também fizeram suas estreias nas paradas, o Sir Douglas Quintet com "She's About A Mover" e Sam the Sham and the Pharaohs com "Wooly Bully", dois discos animados com letras cheias de gírias e riffs crus de órgão elétrico, que o ultrapassaram e subiram ao Top 20, sendo que a segunda música alcançou o número dois. O disco de Dylan só chegou ao número 39, mas, no Reino Unido, chegou ao Top 10 — embora, mais uma vez, a história seja um pouco mais complicada: ele estava pronto para uma turnê pela Grã-Bretanha naquela primavera, e Donovan emergiu como um desafiante local ao trono folk, então a Columbia lançou "The Times They Are a-Changin'" como single, que foi para número nove e permaneceu nas paradas por 11 semanas, duas a mais que sua faixa de iniciativa no rock.

Pela própria definição de Dylan, ele deixou de ser um cantor folk quando parou de cantar músicas antigas. O que estava mudando agora era seu público, seu círculo de conhecidos e sua instrumentação — e ele via essas mudanças como adições, não subtrações. Na turnê britânica, ele ainda estava se apresentando sozinho, ainda abrindo com "The Times They Are a-Changin'" e cantando "The Lonesome Death of Hattie Carroll" tão apaixonadamente quanto qualquer uma de suas composições daquele momento. Em seu quarto de hotel em Londres, ele ainda trocava músicas com cantores folk locais e ensaiava faixas de Hank Williams com Baez. Quando alguns fãs jovens reclamaram que seu novo hit de rock não soava como algo dele mesmo, ele foi gentil e amigável, e respondeu em termos adolescentes: "Meus amigos tocaram comigo na faixa. Tenho que providenciar algum trabalho aos meus amigos. Vocês não se importam com isso, não é?". Alguns meses depois, ele explicaria sua escolha a um entrevistador de forma um pouco diferente: "Simplesmente não soou legal para mim. Tentei piano, cravo. Eu tentei tocá-la como um blues. Eu tentei no órgão de tubos, com kazoo. Mas combinou perfeitamente com a banda". Ambas as respostas foram jocosas, mas tinham elementos de verdade. Ele estava experimentando, aproveitando novas opções e voltando para a música de seus dias de colégio com alguns amigos mais novos e de som mais pesado. Em Londres, ele passou uma noite tentando gravar uma faixa com os músicos de blues locais John Mayall, Eric Clapton e John McVie, e também curtiu a adulação da aristocracia do rock. Faithfull relembrou uma noite em que os Animals e os Rolling Stones se reuniram em seu quarto de hotel, "bad boys de verdade vieram prestar suas homenagens e sentaram-se humildemente no sofá, enquanto o golfinho louco entrava e saía falando do Apocalipse e de Pensacola". Os Beatles também apareceram, e Dylan fez uma amizade especial com John Lennon, deslumbrando ainda mais o establishment musical britânico.

Em janeiro, Lennon havia dito que não conseguia ver Dylan "se tornando a nova mania dos jovens", que elas poderiam "passar a gostar de suas coisas, mas não poderia realmente haver uma 'Dylanmania'". Poucos meses depois, uma equipe de filmagem estava seguindo Dylan por Londres e, embora ele ainda pudesse andar pela rua sem atrair muita atenção, ele era cercado por adolescentes gritando após cada show à la *Hard Day's Night*. Goste ou não, ele estava se tornando uma estrela pop, embora fosse difícil descobrir que tipo ele era. A promoção de "Subterranean Homesick Blues" pela Columbia foi um exemplo perfeito: a capa de seu single reproduziu a história da *Melody Maker* na qual os Beatles o aclamaram por "mostrar o caminho", mas quando a empresa comprou um anúncio de página inteira na *Billboard*, eles o alinharam com discos da Barbra Streisand e de Andy Williams — as únicas outras entradas da gravadora nas paradas naquele momento, companhia muito diferente de Seeger, Johnny Cash ou os Fab Four.

Pode-se argumentar que a própria Streisand era uma anomalia, uma cantora pop mainstream, mas também um produto do cenário do Village, um ano mais nova que Dylan e contratada pela Columbia por meio da conexão de seu agente com os Clancy Brothers. À medida que as vendas de álbuns ultrapassavam os singles no início dos anos 1960, o mercado fonográfico começou a encontrar espaço para todos os tipos de artistas que não se encaixavam em categorias óbvias de marketing, e alguns se sobrepunham de maneiras surpreendentes. Foi assim que Cash acabou na Columbia, e que Ray Charles se tornou um superstar cantando música country. Foi uma época em que Nina Simone conseguia fazer a ponte entre ópera e jazz, em que teve sua "Mississippi Goddamn" publicada na *Broadside*, e os Animals fizeram um cover de "Don't Let Me Be Misunderstood" como a sucessora de "House of the Rising Sun". A conexão de Dylan com os Beatles e o sucesso britânico deram à Columbia um gancho óbvio, e, em junho, a empresa adotou um slogan que conectava o título de seu álbum às tendências pop transatlânticas: "Dylan is 'Bringing It All Back Home'" ["Dylan está 'Trazendo Tudo de Volta para Casa'", em tradução livre].

Naquela época, o disco estava no Top 10, atrás de Elvis e dos Beach Boys, mas à frente dos lançamentos do momento de Peter, Paul e Mary, dos Rolling Stones e dos Beatles — e embora os discos dos Beatles e dos Stones tivessem chegado mais alto nas paradas, PP&M nunca mais alcançariam seu nível de vendas. "Satisfaction", dos Stones, entrou na parada de singles em 12 de junho, com uma reverência óbvia à sua influência em letra, e a *Billboard* colocou a foto de Dylan na primeira página acompanhada de um artigo anunciando o folk-rock como o novo som da moda e um texto publicitário o aclamando como o artista que "virou a maré e reverteu a onda inglesa". Três dias depois, ele estava de volta ao Estúdio A da Columbia trabalhando no single que o tornaria uma estrela do rock 'n' roll.

Como antes, Tom Wilson reuniu a maior parte da banda, trazendo uma equipe de profissionais familiares aos estúdios, mas Dylan acrescentou um ingrediente vital: Mike Bloomfield, que havia crescido em Chicago e mergulhado no cenário do blues elétrico nas zonas sul e oeste da cidade. Dois anos mais novo que Dylan, ele era um virtuoso da guitarra e procurou Dylan em 1963 depois de ouvir o disco *Bob Dylan* ser anunciado como um lançamento de blues, e depois descartá-lo como algo "terrível". Ele se recordou: "Eu queria conhecê-lo, cortá-lo, subir lá e arrancá-lo do palco... Mas, para minha surpresa, ele era encantador... Eu achava que Jack Elliott era o melhor ao cantor sozinho, o melhor como apenas um cara com um violão, para superar [e] conquistar você. Mas Bob superou mais do que qualquer um que eu já havia visto."

Eles tocaram depois do show e se deram bem, e quando Dylan decidiu que era hora de gravar um single sério de rock 'n' roll, ele ligou para Bloomfield e o trouxe para Nova York. Bloomfield ficou inicialmente intrigado: "Imaginei que ele queria blues, cordas esticando, porque é isso que eu faço", mas em vez disso, "ele disse: 'não quero nada dessa merda de B. B. King, cara.' Ele tinha ouvido discos dos Byrds que o deixaram louco. Ele queria que eu tocasse como McGuinn". Bloomfield não tinha prestado muita atenção ao rock recente, e a música em que Dylan queria trabalhar era diferente de tudo o que ele esperava. No entanto, eles experimentaram por alguns dias e, no fim, como Bloomfield recordou, "toquei do jeito que ele curtia e ele disse que era da hora".

A música era "Like a Rolling Stone", e embora a versão que Dylan levou para o estúdio em 15 de junho fosse uma valsa melancólica de sete minutos, no dia seguinte eles mudaram para uma batida de rock 4/4 e, com a adição de Al Kooper no órgão, editaram a versão definitiva.

A contribuição de Kooper foi um feliz acidente —, ele esperava tocar guitarra, mas trocou de instrumento depois de ouvir Bloomfield e criou um riff simples e contagiante que imediatamente chamou a atenção de Dylan. Foi uma sessão solta e desorganizada, sujeita ao acaso e ao momento, e o disco resultante não tinha nenhuma semelhança com os arranjos meticulosos e harmonias suaves dos Byrds. A voz de Dylan era áspera e cortante, a letra era um rosnado desdenhoso, a banda era bruta e mais próxima dos Rolling Stones do que de qualquer coisa que tivesse sido rotulada como folk-rock. Ao mesmo tempo, era um poema surrealista complexo que durava mais de seis minutos, e o pessoal de marketing da Columbia presumiu que os DJs se recusariam a tocar a coisa toda, então as primeiras prensagens promocionais o dividiram para caber nos dois lados de um single de 45 rpm. Para a surpresa dos profissionais de marketing, alguns DJs começaram a tocar os dois lados e juntá-los novamente. A Columbia percebeu seu erro, e em 20 de julho aconteceu o lançamento oficial do disco de 45 rpm mais longo de todos os tempos — embora para evitar assustar programadores nervosos, o tempo foi listado no selo como 5:59.

Alguns fãs de folk acusaram Dylan de se vender às tendências pop, mas enquanto os Byrds suavizaram e encurtaram "Mr. Tambourine Man", "Like a Rolling Stone" foi tão rebelde e intransigente quanto qualquer um de seus trabalhos anteriores. Ele queria um sucesso, mas queria em seus próprios termos e, apesar de suas instruções a Bloomfield, sua nova abordagem se baseou diretamente em seu estilo de blues anterior. Embora só tenham sido lançadas muitos anos depois, as duas primeiras músicas que ele editou nas sessões de "Rolling Stone" foram um blues rápido e cru de dezesseis compassos chamado "Phantom Engineer", com Bloomfield torcendo as cordas como um louco e Dylan gemendo na gaita, e "Sitting on a Barbed Wire Fence", um blues de doze compassos com um riff de órgão copiado de "She's About a Mover" do Sir Douglas Quintet.

Não era música folk na tradição Seeger, mas era o que viria a ser conhecido como "música roots", e Dylan estava longe de ser a única pessoa se movendo nessa direção. No dia seguinte à sessão de "Rolling Stone", quatro quarteirões ao norte do Studio A, o primeiro New York Folk Festival abriu no Carnegie Hall com um concerto intitulado "The Evolution of Funk", programado por Dave Van Ronk e incluindo Son House, Mississippi John Hurt, Eric Von Schmidt, Mose Allison, Muddy Waters com uma banda completa de instrumentos elétricos e, no topo da programação, Chuck Berry. "Não era o som habitual de banjos ou baladas", escreveu Robert Shelton no *Times*. "Em vez disso, alinhando-se diretamente com a música que vem mantendo grande parte da juventude do mundo em movimento, o festival começou com música 'big beat'". Van Ronk explicou que estava atualizando o modelo de "From Spirituals to Swing" ["das canções de trabalho escravo ao swing", em tradução livre], mostrando as raízes profundas da música pop atual: "Quero evitar a imagem do blues do Newport Festival de velhos e jovens rosnando um para o outro". *Sing Out!* aplaudiu a iniciativa, escrevendo: "Com a participação de Chuck Berry, o conceito de música folk no mundo moderno de repente tomou outra dimensão"; a revista reclamou apenas que "um sistema de som totalmente inadequado não permitiu uma apreciação completa da incrível vitalidade de sua música".

O festival de Nova York foi patrocinado pela Cavalier, uma imitação da Playboy que estava tentando se conectar com o público universitário, e a revista ajudou a divulgar o evento enviando a Carolyn Hester e o Bill Monroe's Bluegrass Boys para Greenwich Village em uma carroça de feno puxada por cavalos, com um folder impresso brilhante de doze páginas resumindo o ano no folk: "O movimento da música temática ganhou força enquanto o 'hootenanny' desvaneceu, a lacuna étnico-pop diminuiu enquanto a 'reação aos Beatles' bateu, os festivais cresceram enquanto o folk permaneceu em segundo lugar depois do pop no ambiente musical do país". Embora não estivesse assinado, o resumo foi mais um trabalho de Robert Shelton e levou a um perfil de quatro páginas do cantor de 24 anos que ele havia aclamado no *Times* quatro anos antes, "Bob Dylan: O Garoto Carismático". Shelton havia acabado de acompanhar o "poeta genial" para ouvir a banda de blues de Paul Butterfield no Village Gate, e escreveu que Bob parecia mais confiante e feliz do que nos tempos anteriores, dizendo: "Tenho sorte... Não porque eu ganho bastante. Mas porque posso estar perto de pessoas legais. Não preciso temer nada e ninguém ao meu redor precisa temer nada. É aí que está: sustento, liberdade e nada de medo". O artigo observou que Dylan havia ganhado quase um milhão de dólares, havia sido contratado para escrever dois livros, estava trabalhando em uma peça e estava considerando ofertas de filmes. "Estou no show business agora", disse ele. "Não estou no negócio da música folk. É aí que está. Assim como Roscoe Holcomb, Jean Ritchie, Little Orphan Annie, Dick Tracy, daí para cima até o Presidente Johnson". Seu sucesso o tornou o foco de "ciúme, inveja e partidarismo", mas, longe de ser defensivo, Shelton escreveu:

> Ele quase convida a animosidade, como se soubesse que está certo e não pudesse esperar uma ruptura justa de qualquer coisa que se assemelhe a uma autoridade ou ao establishment... O garoto carismático simplesmente continuará seguindo seu próprio caminho, não importa o que digam sobre ele ou suas músicas. Ele continuará vagando e tropeçando pela estrada, procurando seus próprios pontos cardeais antes de tentar levar outra pessoa por seus caminhos.

A imagem de Dylan como um iconoclasta rebelde ainda funcionava, mas estava ficando mais difícil retratá-lo como um errante do folk. Na primeira semana de julho, Cher e os Byrds chegaram às paradas competindo cada um com sua versão de sua canção "All I Really Want to Do", e uma semana depois, Sonny e Cher lançaram uma imitação hiperpop de Dylan, "I Got You Babe". O mainstream estava fluindo em sua direção, e o rock e o R&B estavam mostrando cada vez mais sua influência, ao mesmo tempo em que voltavam às fontes de raízes folk. Johnny Rivers estava no Top 10 com "Seventh Son", um blues de Chicago de Willie Dixon que se baseava no hoodoo sulista, e Sam the Sham estava trabalhando no mesmo território com "Ju Ju Hand", cantando sobre "garras de crocodilo e pós de feitiço". James Brown estava anunciando a ascensão do funk com um blues de doze compassos chamado "Papa's Got a Brand New Bag". Ainda havia muito schlock — junto com "Satisfaction", o Top 5 incluía "I'm Henry VIII, I Am", "What's New Pussycat?" e "Cara Mia" —, mas a música pop estava entrando em uma nova era, e do gemido áspero de sua voz ao brilho amargo de suas letras e a força enraizada no blues de sua banda elétrica, Dylan estava abrindo o caminho.

"Para aqueles que levam a música folk a sério, Dylan é o mais importante novo escritor desde Woody Guthrie", escreveu Shelton mais uma vez, mas agora ele teve que adicionar um posfácio reconhecendo o resto do mundo: "Para aqueles que não a levam a sério, Dylan é mais importante do que o renascimento do folk".

Capítulo 8

ELETRICIDADE NO AR

O palco agora está pronto para o Festival de Newport de 1965, e todos nós sabemos como essa história termina: Dylan vestido com jaqueta de couro preta com a Stratocaster, tocando sua nova música elétrica para uma plateia dividida de jovens seguidores fervorosos e velhos adoradores do folk relutantes. Então, vamos começar com um epitáfio escrito por dois fãs de folk dedicados que estavam lá, e que, logo após aquele show arrasador, "fizeram algumas notas impressionistas" sobre o que tinham acabado de ver:

> Eles haviam vindo de todas as partes dos Estados Unidos, de carro, de caminhão, de motocicleta e a pé. Durante as tardes quentes e empoeiradas, eles participaram de quantos puderam ou gostaram dos 28 workshops, ou se reuniram espontaneamente à sombra para trocar músicas; em quatro dias, eles compareceram a seis shows, um deles sob chuva torrencial; e muitos dormiram em carros, tendas, sacos de dormir, em campos abertos — onde quer que a polícia os deixasse dormir. E naquela última noite, liderados por Pete Seeger, eles tinham acabado de cantar versões empolgantes de canções de liberdade com um conjunto impressionante de parte dos artistas mais renomados do reinado do folk. Sem dúvida, o silêncio deles agora se devia em grande parte à inspiração genuína, talvez reverência; mas em parte à exaustão eufórica.

> Eles caminharam pela encosta mal iluminada em direção aos carros, às bicicletas e à estrada, o que lembrava grupos semelhantes na história recente e distante, outros "bárbaros sagrados", outros "peregrinos do absoluto". Com barbas, cabelos longos e sandálias, eles poderiam ter sido os primeiros cristãos emergindo das catacumbas. Um jovem apareceu no palco vazio e escuro e tocou "Rock of Ages" com suavidade em sua gaita. O arrastar seco de pés e a música lenta, quase lamentosa, preencheram a noite clara e quente de verão. Então o lamento da gaita desapareceu; os passos se foram. E chegou ao fim outra peregrinação folk.

De um ponto de vista centrado em Dylan, esse resumo é desconcertante. Aquele solo final de gaita é parte de sua lenda — Mel Lyman, o guru místico da Kweskin Jug Band, ficou tão irritado com o set de Dylan que subiu ao palco sem ser convidado ou esperado, buscando curar a fenda na comunidade folk; mas era tarde demais. Dylan olhou a comunidade nos olhos e a matou a sangue frio. Como os escritores conseguiram levar tão a mal o significado daquilo tudo?

Acontece que os escritores eram fãs de Dylan cuja visão retrospectiva da transformação dele foi mais ou menos que, "justo quando as canções de protesto de todos estavam fazendo sucesso, ele teve coragem e integridade (e também a astúcia de um showman) para dizer, 'chega; não tem mais sentido' e se voltar para o folk-rock". Eles reconheceram o set de Dylan na noite de domingo, o momento em que ele "eletrizou metade da plateia e eletrocutou a outra", como o "acontecimento jornalístico" do Newport Festival de 1965. Só que eles não eram jornalistas tradicionais; eram jovens fãs de folk envolvidos na paixão e amplitude do revival, e aquela frase sobre eletrificar e eletrocutar não era a descrição deles sobre o que aconteceu; era a paráfrase de como isso foi mal interpretado e exagerado pelos quadrados da revista *Time*: "Após aquele evento, só haveria interesse público novamente no cenário americano do folk se Pete Seeger se juntasse à John Birch Society".

Em outras palavras, os quadrados não entenderam que o cenário era grande o suficiente ao ponto de incluir tradições preciosas e inovações elétricas, e, sim, o set de Dylan foi empolgante, e como uma celebridade folk, ele estava no mesmo nível de Seeger, mas o que estava acontecendo em Newport não tinha a ver com celebridades e era mais importante do que qualquer um deles individualmente. Nem era preciso ser uma

Pollyanna de olhos estrelados para se sentir assim. Mary Travers ficou terrivelmente decepcionada com o festival de 1965, escrevendo a um amigo que, embora Newport 1964 tenha sido algo "próximo de uma utopia", a atmosfera deste ano foi destruída pelo confronto competitivo dos jovens cantores da cidade, com sua "nuance hostil sofisticada" e "atitude de quem não tem tempo para se comunicar com ninguém". Mas seu discurso de quatro páginas não mencionou o set de Dylan, focando em vez disso em sua irritação com Baez por sempre ser o centro das atenções, ela ficou particularmente chateada com o final da noite de domingo, que considerou uma bagunça desorganizada e movida pelos egos: ela escreveu que, como membro daquele "conjunto de atrações impressionante, eu não queria nunca mais ser forçada a fazer parte de um fiasco como aquele".

Alguns frequentadores de Newport lembram do set de Dylan como o evento mais empolgante daquele ano, outros o lembram como decepcionante, alguns ficaram bravos e alguns o perderam porque preferiram participar dos workshops e jams (sessões de improvisação) e pularam os grandes shows. A *Billboard* destacou o set de Dylan e o final de Seeger como dois pontos altos da noite de domingo (com Josh White em terceiro lugar) e resumiu o festival como "um sucesso retumbante — artística e comercialmente", com "o comparecimento de mais de 74 mil pessoas altamente entusiasmadas, superando a plateia do ano passado de quase setenta mil" e uma estimativa de receita bruta de "mais de duzentos mil dólares". Os números de público representavam ingressos pagos e não frequentadores individuais do festival, e pessoas que compareceram a todos os quatro dias foram contadas várias vezes, mas ainda assim era algo surpreendente não apenas para um festival folclórico, mas para qualquer tipo de evento musical — o festival de jazz duas semanas antes havia vendido 47.500 ingressos, e ainda não havia um festival de rock — e esses números altos eram uma fonte de celebração e preocupação. Se houve tensão no local naquele fim de semana, não era tanto entre a tradição acústica e a modernidade elétrica, mas entre as pessoas animadas para fazer parte desse tipo de evento enorme e sensacional, e as pessoas preocupadas que seu local de peregrinação estivesse sendo invadido por fãs de pop e cambistas.

Guitarras elétricas eram rejeitadas como símbolos desse conflito ou quando seu volume interferia em outras músicas, mas, de outra forma, eram aceitas com pouca ou nenhuma crítica. Ninguém se incomodou com John Lee Hooker tocando boogie elétrico em 1963, e embora a aparição de Johnny Cash em 1964 tenha gerado algumas expressões de espanto, a questão era o comercialismo de Nashville, não os solos elétricos vibrantes de Luther Perkins. Muddy Waters tocou violão acústico naquele ano e deixou a maior parte de sua banda em casa, mas ninguém reclamou quando os Swan Silvertones e os Staple Singers usaram instrumentos elétricos. O Festival de Newport estava tentando se manter atualizado e, embora a programação de 1965 não incluísse nenhuma estrela do rock 'n' roll, Chuck Berry e os Everly Brothers estavam na lista de convidados do conselho, e Roger Miller havia sido escalado, embora tenha tido que cancelar devido a um conflito de agenda.

Havia mais amplificadores em evidência naquele ano, eles eram reconhecidos como um sinal de mudança, mas poucas pessoas os condenaram como um sacrilégio. No concerto de abertura na quinta-feira à noite, a primeira metade do show foi uma miscelânea de tradições mais antigas e respeitadas: grupos irlandeses e cajun, o evangelismo no violão do reverendo Gary Davis, os New Lost City Ramblers apoiando Mother Maybelle Carter, da lendária Carter Family, e Eck Robertson, um violinista do Texas que havia gravado o primeiro disco country comercial em 1922. A segunda metade incluiu Son House, o guitarrista de estilo slide e cantor do Delta do Mississipi que foi mentor de Robert Johnson e Muddy Waters. House havia sido escalado para o ano anterior, mas estava fraco demais para se apresentar, e os críticos que o descreveram disseram que parecia ser mais velho do que seus 63 anos, mas, para os fãs de blues, ele foi uma revelação. Mike Bloomfield relembrou o choque alguns dias depois:

> Ele está com tremor nas mãos e está nervoso, ele está falando a mil por hora, porque está morrendo de medo naquele palco, e ele coloca a guitarra na mão e toca um acorde, e eu nunca vi alguém assim — é uma transformação, é como uma coisa mística... Son House se transforma em blues, ele se transforma em um demônio qualquer, não ouve, não sente, cada nervo e fibra de seu corpo é tomada por aquela música.

Por melhor que ele fosse, a arte de House não era ideal para uma multidão do tamanho de um estádio, e a julgar pelas críticas, ele causou uma impressão relativamente fraca na massa de ouvintes. Como a maioria dos artistas da noite, ele estava tocando exatamente o tipo de música que Newport pretendia exibir, mas a imprensa deu a maior parte de sua atenção a Baez ("uma espécie de joia para este festival", escreveu o *Providence Journal*) e a dois novos e jovens artistas na segunda metade: os Chambers Brothers, um quarteto de instrumentos elétricos do nordeste do Mississipi via Los Angeles, e Donovan.

Aquele primeiro concerto atraiu dez mil pessoas, mais do que o dobro do comparecimento do ano anterior, e a maioria delas era jovem e universitária. O New York Times observou "a gama usual de estilos de seguidores do folk. Às vezes, um mar de camisas de algodão xadrez, mas em outras, parecia um mar de brim". Se o brim combinava com a antiga associação da música folk aos trabalhadores rurais, as camisas xadrez sugeriam uma mudança, e a música dos Chambers acompanhava as mudanças dos tempos. Eles abriram com "See, See Rider", seus vocais gospel apoiados por guitarras elétricas entrelaçadas, gaita, baixo e Sam Lay da banda Butterfield na bateria — e, embora, a música remontasse ao início do século XX, qualquer um com um rádio reconheceria sua dívida com a versão R&B de Chuck Willis, que alcançou o Top 20 em 1957 e inspirou a febre de dança "stroll". Eles seguiram em frente com "People Get Ready" do Impressions, um hit de rádio contemporâneo que também foi uma escolha perfeita para Newport, cuja letra era uma evocação religiosa do movimento pela liberdade: "People get ready for the train to Jordan, picking up passengers from coast to coast" ["As pessoas se preparam para o trem para a Jordânia, pegando passageiros de costa a costa", em tradução livre]. Esse era o tipo de música que os Chambers Brothers haviam cantado a vida inteira, harmonias gospel ricas embrutecidas com um rosnado do Mississipi, e a multidão ficou encantada. Eles aumentaram a energia com blues agressivo e roqueiro, "Goin' Upside Your Head", turbinados pelos solos de guitarra de Willie Chambers, e mudaram o clima novamente com uma saudação suave à estação, "Summertime", de Gershwin. Então, eles levaram a multidão de volta às suas infâncias rurais, soprando garrafas de refrigerante em uma batida de hambone, pontuada com gritos de falsete — música folk descolada do tipo mais autêntico, mas também familiar para os fãs de rock 'n' roll como a batida de Bo Diddley. Finalmente, eles tocaram um twist gospel-soul fervilhante no estilo Isley Brothers, "I Got It", que fez a multidão ficar de pé e rendeu a eles uma ovação extasiada.

O set dos Chambers Brothers foi uma mudança para Newport, e o *Providence Journal* escreveu que se eles não estivessem se apresentando em um festival folk, "teria que ser chamado de rock 'n' roll e rhythm and blues. Como se trata de música folk, no entanto, só podemos supor que o quinteto, com guitarras elétricas e tudo, são simples pesquisadores dedicados a fazer o som dos Beatles continuar". O *Patriot Ledger* foi um pouco mais longe, descrevendo-os como "quatro negros magros, ao estilo de Chuck Berry" e sugeriu que a apreciação entusiasmada da multidão era um sinal de "como o rock 'n' roll se infiltrou no núcleo básico do folk — ou vice-versa", acrescentando: "Se essa tendência atual mantiver seu ritmo, haverá muitos *rockin' folks* cantando *folk 'n' roll*."

Embora os repórteres tenham ficado surpresos, a maioria dos peregrinos e puristas de Newport acolheu os Brothers sem nenhuma dificuldade. O quarteto foi convidado por recomendação de Seeger depois que ele os viu em uma apresentação com Barbara Dane, e se encaixavam perfeitamente em seus gostos e agenda: um grupo familiar do Mississipi, tocando uma música que era orgânica da sua região natal e origem cultural, e também símbolos do novo espírito do sul afro-americano. Em um cenário onde o termo "étnico" era usado como sinônimo de cultura popular tradicional, eles eram inquestionavelmente étnicos, e sua música era uma evolução orgânica dos estilos de Gary Davis e Son House via Staple Singers e Muddy Waters. Não era uma questão de rock 'n' roll se infiltrando no folk ou vice-versa. Eles desenvolveram habilidades performáticas tocando em igrejas negras, onde a música tinha um estilo comunitário comum, e começaram a trabalhar em casas folk de Los Angeles ao lado de pessoas como Sonny Terry e Brownie McGhee, que também tocavam uma boa quantidade de R&B. Alan Lomax insistia desde a década de 1950 que a música folk contemporânea mais autêntica era a tocada em igrejas da classe trabalhadora e bares com música ao vivo ou *honky-tonks*, não aquilo que jovens de classe média branca estavam "revivendo" na Washington Square, e os Brothers reforçaram esse argumento, evocando simultaneamente o Mississipi rural e os estilos mais descolados no rádio. Chegando depois deles para apresentar House, Lomax gritou: "Estou muito orgulhoso esta noite por finalmente termos chegado ao Newport Folk Festival com nossa música folk americana moderna: o rock 'n' roll!"

A ironia era que, embora os Chambers Brothers tivessem raízes folk profundas e tocassem rock como loucos, em termos de marketing comercial, eles nunca se encaixariam na categoria folk-rock. Quando a *Billboard* falava sobre folk-rock, não significava que os Isley Brothers ou os Impressions levariam o rock de volta aos estilos de igreja rural do sul; significava extensões eletrificadas do Kingston Trio e de Peter, Paul e Mary. Os Brothers fizeram a multidão dançar e bater palmas, mas em termos de tendências pop-folk daquele momento, o artista mais notável da noite ainda estava por vir. Depois que os Brothers saíram sob os aplausos mais intensos da noite, House tocou um pequeno set de blues do Delta e então cedeu o palco para Joan Baez, que incorporou um sotaque inglês para apresentar a cantora e compositora de dezenove anos que era uma sensação chamada Donovan.

Donovan era o ideal de mídia do ídolo adolescente-folk: seu primeiro single, "Catch the Wind", chegou ao Top 40 dos EUA em maio, e muitas pessoas acharam sua voz e gaita, assim como o título de sua música, claramente derivados de Dylan. Como que para cimentar a conexão, ele chegou a Newport com Baez, que se juntou a ele no palco para cantar o novo single, "Colours". Ele era um rosto novo e um símbolo do movimento folk internacional em expansão, mas a *Billboard* daquela semana marcou "Colours" como um forte concorrente nas paradas pelo "Dylan inglês", e ele também poderia ser considerado a reverência mais abjeta do festival às tendências atuais, o pequeno invasor britânico no reino do folk.

"Sr. Dylan ele não é, mas talentoso, ele é", relatou o *Patriot Ledger*, e para alguns ouvintes, Donovan deve ter sido um pastiche bem-vindo do passado e presente de Dylan, misturando moda descolada e poesia simbolista com compromisso contínuo com o protesto social. Ele abriu com o conto de fadas "Little Tin Soldier", mas seguiu com "The Ballad of a Crystal Man", uma crítica ao racismo, militarismo e hipocrisia americanos, atraindo aplausos quando mencionou que havia sido banido pela BBC. Então veio uma canção romântica do guitarrista britânico Bert Jansch e "The War Drags On", uma saga exaustivamente presciente de um soldado desiludido pela carnificina no Vietnã. Poucos cantores americanos já haviam voltado suas atenções para o Sudeste Asiático, e o *Newport Daily News* sentiu que ele tinha ido longe demais, e comentou: "Percebemos que as canções de protesto são um reflexo das atitudes de muitos da geração mais jovem", mas esta seleção "poderia muito bem ter sido omitida, considerando que foi cantada a uma distância audível de uma das principais bases navais do país". E o repórter acrescentou: "O mesmo pode ser dito de várias canções da Srta. Baez".

Na verdade, a seleção de músicas de Baez foi majoritariamente apolítica. Depois de fazer dueto com Donovan, ela usou um sotaque sulista para apresentar os guardiões da tradição country-bluegrass de Boston, os Lilly Brothers, e se juntou a eles para fazer uma harmonia antiga em "A Satisfied Mind". Ela iniciou seu próprio set com "Farewell, Angelina" de Dylan, seguido pela balada de Nashville "Long Black Veil". Ela dedicou a tradicional "Wild Mountain Thyme" a "todos que estejam apaixonados, embora sejam poucos", então injetou uma breve nota de comentário social, anunciando sua próxima seleção como "uma pequena e rápida dedicatória ao presidente Johnson por sua maravilhosa política externa" e cantando um verso de "Stop! In the Name of Love", com sua advertência final: "Think it o-over" ["Pare para pensar",em tradução livre]. Algumas pessoas claramente não entenderam o argumento, e o *Patriot Ledger* simplesmente relatou: "Como se não conseguisse conter um impulso, ela liricamente lançou algumas linhas do hit das Supremes". Ela continuou com "Where Have All the Flowers Gone", embora sua mensagem tenha sido um pouco obscurecida — ou pelo menos deslocada do contexto americano —, já que ela cantou a letra alemã popularizada por Marlene Dietrich, "Sag mir wo die Blumen sind". Outra das composições de Dylan próximas daquele momento, "It's All Over Now, Baby Blue", proporcionou um final elevado e melancólico, e a multidão a chamou de volta para uma versão *à cappella* do hino dos direitos civis "Oh, Freedom".

Foi uma apresentação impactante, mas alguns insiders do cenário folk também devem ter achado triste — Dylan havia tratado Baez como espectadora em vez de parceira em sua turnê britânica, o romance deles havia acabado, e seu set poderia ser interpretado como uma despedida ao passado deles. Pelo menos um fã foi claramente antipático, e gritou "Queremos Dylan!" após o trecho dos Supremes, e ela respondeu, seca, "Ele não está aqui". Foi um momento amargo, e a separação pessoal pode ser vista como uma metáfora para fissuras mais amplas: o festival ainda era principalmente dedicado aos estilos tradicionais, rurais e regionais, mas a grande notícia do show de abertura foi uma estrela pop britânica adolescente e um quinteto negro com guitarras elétricas e uma batida twist. O *Patriot Ledger* sugeriu que Newport poderia adotar um novo apelido, "Folk Festival à Go Go", e embora o crítico tenha escrito isso como uma piada, nem todo mundo estava rindo.

Newport deveria ser um santuário para tradições locais e valores humanistas, mas os organizadores também queriam provar que essas tradições e valores eram relevantes no presente, e criar não apenas um museu, mas um guia a iluminar o caminho e um laboratório para a mudança social. Mas estava ficando cada vez mais difícil traçar linhas entre a cultura que eles amavam e a cultura que desprezavam. Newport ainda era um espetáculo único onde um fazendeiro arrendatário do Mississipi rural ou um jovem compositor conhecido apenas por um pequeno círculo de amigos poderia subir no palco na frente de milhares de pessoas, ser apresentado como um artista importante e ser apreciado, aplaudido e talvez conseguir lançar uma nova carreira. A questão não era a carreira; era música, e tanto o fazendeiro eloquente como o jovem porta-voz inflamado deveriam ser reconhecidos como representantes dos artistas desconhecidos que poderiam igualmente estar naquele palco. Inevitavelmente, porém, o meio minou a mensagem: quando dez ou quinze mil pessoas se sentam passivamente para assistir a uma pessoa se apresentar, é difícil pensar nessa pessoa como simplesmente um representante dos muitos reunidos. A magia especial de Seeger era manter essa ilusão, e essa também tinha sido a magia do fechamento de 1963: a sensação de que, em vez de ser um espectador, você estava se juntando aos Freedom Singers em um grande coro unificado de "We Shall Overcome", de braços dados com Pete, Bob, Joan, Peter, Paul, Mary, Theo e todas as milhares de pessoas que estavam contigo naquela campina vasta e generosa. Mas uma coisa era estar lá naquele momento, compartilhando esse espírito, e outra era ser um jovem cantor olhando para a fotografia icônica das estrelas no palco e imaginando-se lá em cima de braços dados com aqueles poucos virtuosos e escolhidos.

Para devotos sérios, Newport continuou sendo um local de peregrinação, mas para seus colegas mais desinteressados, que eram mais numerosos, era um festival de música divertido e até um pouco pop, onde eles podiam ver artistas que conheciam de discos e rádio. Um colunista do *Village Voice* criticou "sua semelhança com a loucura de Hollywood... As grandes estrelas perseguidas, caçadas... Garotas jovens correndo pelo Viking Hotel e gritando, 'BOBBY! Donovan! Dylan!'". Para os artistas, era uma chance de encontrar velhos amigos e entrar em contato com as raízes de sua música, mas também uma espécie de feira comercial. Uma aparição bem-sucedida em Newport poderia render ofertas de gravação de discos, turnês de shows e gestão profissional — Arthur Gorson, que era empresário de Phil Ochs, comparou-o ao "Festival de Cinema de Cannes do mundo folk, com pessoas sentadas conversando e fechando negócios". Na melhor das hipóteses, isso significava mais trabalho para bons músicos e uma gama maior de estilos disponíveis em todo o país, e depois em todo o mundo. Na pior das hipóteses, significava uma cooptação comercial grosseira, uma transformação de algo feito à mão e compartilhado em mais um brinquedo de plástico brilhante, produzido em massa e comercializado como cereal matinal.

No programa do festival, Robert Shelton encenou uma reviravolta dramática, sugerindo que os fãs de folk precisavam ter menos medo do cenário pop e que a programação de workshops deveria ter um pouco de rock 'n' roll e um acompanhamento de country de Nashville. Sua seção estava emoldurada com tiras de fotos dos Beatles, dos Byrds e de Buck Owens, e declarou sua conversão ao "big beat", incitando os leitores a "ouvir um pouco de Petula Clark com seu Jean Ritchie, os Supremes com os Almanacs e... Chuck Berry, e também Bill Monroe".

> O "folk rock" está se movendo tão rapidamente agora que só podemos imaginar para onde está indo. Bob Dylan, que não precisa de credenciais de pioneiro, está fundindo suas próprias letras com as cadências e o ímpeto das músicas de Chuck Berry. Os Byrds estão mesclando as músicas de Dylan e Pete Seeger com suas próprias harmonias arrebatadoras de surfe. O Lovin' Spoonful pode muito bem ser o "Beatles americano", misturando blues, big beat, jugband e folk em um novo estilo.

Se o ensaio de Shelton provocou grunhidos dos tradicionalistas, a página seguinte deve ter provocado uivos: o título "Off the Top of My Head" cortava a juba encaracolada do rapaz pioneiro em pessoa, e introduzia uma amostra do novo estilo de prosa de Dylan, uma efusão de surrealismo anfetamínico de fluxo de consciência narrando as aventuras de Horseman e Photochick — Bobby e Joanie, talvez? — que não servia a nenhuma função possível, exceto exibir o nome do autor e transmitir a mensagem de que, não importa o que ele fizesse, ele continuava fazendo parte da mistura de Newport. Destacou-se como uma mosca no copo de leite, uma provocação pop-art em meio a ensaios sobre a história das bandas rurais de pífano e tambores (o grupo de Ed Young do interior do Mississipi estava fazendo sua primeira viagem ao norte naquele ano), a crescente popularidade das gaitas (Dylan, John Hammond e John Sebastian foram citados, embora o escritor ainda não conhecesse Paul Butterfield), a meditação de Irwin Silber sobre "A Revolução da Canção Temática em Midpoint" (com o subtítulo "A Música em Contato com a Vida Real") e uma discussão sobre como preservar as tradições gaélicas da Ilha de Cape Breton em meio ao ataque da mídia moderna.

O modelo que usava as celebridades pop para neutralizar a própria indústria pop sempre foi arriscado. Fazia sentido para Pete Seeger porque essa era sua missão: ser fã de Seeger significava ir aos shows e comprar seus discos, mas também cantar as músicas de Woody Guthrie; apreciar Maybelle Carter, Seamus Ennis e Mississippi John Hurt; tocar um pouco de banjo ou violão; e acolher a oportunidade de interagir com dançarinos folclóricos africanos, israelenses e dos Apalaches. Ser fã de Dylan, Baez ou Peter, Paul e Mary era potencialmente muito diferente, porque poderia amá-los como expoentes modernos do cenário folk tradicional e comunitário, mas também como exceções, jovens estrelas empolgantes no meio de todos aqueles velhos chatos. Essa dicotomia era mais difícil de minimizar agora que Dylan estava se envolvendo com os Beatles e fazendo sucessos do rock 'n' roll, não apenas porque ele e sua música estavam mudando, mas porque seus novos fãs estavam potencialmente vindo para Newport e sofrendo por ter que passar pela música folk para ter uma chance de ver a mais nova estrela pop.

Também havia uma crescente divisão geracional dentro da própria comunidade folk. Fervorosos ouvintes e músicos jovens, não importa o que pensassem de Dylan, estavam ficando cansados da geração mais velha de estrelas do pop-folk. Era perfeitamente possível amar as baladas de Margaret Barry, o violino de Eck Robertson, o slide Delta de Son House, os ritmos de rock dos Chambers Brothers e a ferocidade elétrica de "Like a Rolling Stone" e, porém, ficar entediado e incomodado com os tons vocais cultos e o polimento de casas de show da geração dos Weavers. Como os liberais brancos que haviam sempre argumentado que os negros deveriam ter direitos iguais, e agora encontravam jovens afro-americanos expressando sua igualdade por rejeitar a liderança liberal branca, os cantores mais velhos que se viam como pontes entre as artes populares antigas e o público moderno de shows agora enfrentavam uma geração que sentia que eles haviam diluído e deformado as tradições autênticas.

Jim Rooney, um músico country e de bluegrass que comandava o Club 47 de Cambridge e que logo se juntaria ao conselho do festival escreveu uma carta aos membros do conselho daquele momento, resumindo a divisão: "Muitos dos mais jovens acham que os artistas mais velhos são bem artificiais. As piadas, os arranjos, os gestos são todos parte de uma cena". Houve um tempo em que pessoas que não apreciavam Oscar Brand ou Theo Bikel ainda admitiam que eles faziam parte de um cenário maior, mas, em 1965, muitos dos profissionais urbanos mais velhos pareciam apenas performers de cabaré cansados cujo tempo havia passado. Rooney reconheceu que a geração mais velha tinha suas próprias queixas: um urbanita branco de 20 anos cantando como um camponês negro era, à sua maneira, "apenas outra forma de artificialidade", e alguns artistas jovens estavam equiparando autenticidade à falta de profissionalismo, vestindo-se de forma desleixada e ignorando seu público. Mas qualquer que fosse o julgamento de cada posição, ele notava um aumento de "sentimentos de hostilidade" em ambos os lados.

Rooney equilibrou essa observação com vinhetas de camaradagem: "Bill Monroe ouvia Mance Lipscomb e admirava a maneira como ele cantava. Michael Gorman gostava muito de Tex Logan. Sammy Lay... Conversava até tarde da noite com Arthur Smith sobre música country". Mas essa lista era em si uma espécie de manifesto: o bluegrass de Kentucky se misturava bem com o blues do Texas, o violino irlandês com o violino caipira, o blues de Chicago com o country de Nashville. Cada um desses artistas era, à sua maneira, "autêntico"; nenhum deles havia se familiarizado com plateias de público folk urbano nos anos anteriores, e esse foi o triunfo de Newport. Na sua crítica na *Sing Out!*, Nelson exultou: "A clara falta de entusiasmo com os artistas 'de nome' foi incrível, enquanto os aplausos para músicos country como Cousin Emmy, McGee Brothers, Arthur Smith, Lightnin' Hopkins e muitos outros surpreenderam a todos. É difícil esquecer a cena das pessoas saindo para comer um cachorro-quente durante shows da Odetta ou do Brand ou da Baez, e depois correndo de volta para ouvir um músico tradicional".

Mas foi realmente tão difícil? Os elogios de Nelson aos artistas étnicos tradicionais e aos workshops intimistas que pontilhavam a área do festival foram seguidos por sua observação de que "Newport ainda é um lugar para o Grande Momento, o Grande Impacto, aquele minúsculo segundo de Alto Drama que congela o sangue e acende o cérebro" — o que quer dizer, o choque do set elétrico de Dylan na noite de domingo, "a cena mais dramática que já testemunhei na música folk".

Shelton descreveu Newport no *New York Times* como "o circo de três círculos da música folk americana" e, como em um circo com vários anéis ou círculos, o que você via dependia de onde estava sentado. Donovan, um novato no círculo central, soou emocionado e perplexo ao contar à *Melody Maker* sobre a experiência:

> O público era lindo. Eles cercaram Dylan e eu — ou talvez eu devesse dizer que cercaram Dylan, e eu estava com ele. Eles eram como fãs de pop — e devo admitir que isso me deixou um pouco para baixo. Eu esperava que as pessoas no Festival de Folk de Newport ficassem quietas. Mas elas saem gritando e pedindo autógrafos, assim como os fãs de pop que eles deveriam criticar... [Um] sujeito ficou um pouco enlouquecido e gritou: "Eu mato por você, Bob. Quem você quer que morra?"

"Ele disse alguma coisa?", perguntou o entrevistador.

"Não", respondeu Donovan. "Eu me pergunto, o que Dylan *deveria* ter dito? O que *qualquer pessoa* deveria ter dito?".

Em termos de vendas de discos e reconhecimento de nome, Dylan ainda estava atrás de Peter, Paul e Mary e meio que no mesmo nível de Baez, mas, em termos de tendências do momento, ele estava em outro nível. Originalmente, ele havia sido programado para quinta-feira à noite, mas houve tantas reclamações de fãs que não poderiam estar no primeiro show que ele e Baez foram movidos; ela foi para a quinta-feira e ele foi alocado no programa final de domingo. Joe Boyd estava vagando pelo local na sexta-feira e lembrou: "Podia-se ouvir as pessoas perguntando: 'Onde está Dylan? Ele já chegou?'". Quando ele apareceu no dia seguinte, os repórteres o destacaram como o único artista "que foi literalmente cercado por fãs". Baez também era popular — "Ela realmente arrastava uma multidão por onde passava e discípulos adoradores se reuniam ao redor dela quando ela estava em um workshop" —, mas ela ainda conseguia circular e ouvir a música, e "Pete Seeger, Odetta e até Peter, Paul e Mary, passavam praticamente despercebidos".

A diferença não era apenas uma questão de popularidade. Dylan estava colocando discos de rock 'n' roll nas paradas, vestindo as últimas tendências da moda de Londres e agindo como uma estrela distante e misteriosa. Baez gostava de se misturar com a multidão jovem e tentava acalmar a excitação deles — naquele ano, ela irritou alguns e conquistou a simpatia de outros ao insistir em apertar as mãos em vez de dar autógrafos — e atribuiu o distanciamento de Dylan a uma combinação de paranoia e insegurança, dizendo que ele estava "genuinamente apavorado" com as multidões que o adoravam, mas também "de certa forma, ele precisava que as pessoas batessem no carro, quebrassem a antena do carro, subissem sob o capô e tudo mais". A equipe de filmagem de Murray Lerner o capturou parecendo preso e confuso no sábado enquanto sua van avançava lentamente pela multidão que gritava, ignorando propositalmente uma garota loira que batia desesperadamente na janela do carro ao lado de sua cabeça. Também capturou um grupo de adolescentes no domingo expressando seu desgosto por esse comportamento:

"As pessoas começam a idolatrar esses artistas, sabe, e quando isso acontece, sabe... como Dylan ontem, todo mundo vem, as massas, não sei quantas pessoas estavam lá, e" — o jovem imitou um fã olhando boquiaberto — "todos eles sentam lá, e, tipo: 'É Bob Dylan, é realmente ele!'"

Outro jovem acrescentou uma analogia ao ecce homo de Pôncio Pilatos: "'Lá está ele, lá está o homem!' Deus e tudo mais." O que, para eles, foi o fim: "Quem mais precisa dele? Ele é aceito — ele é parte do seu establishment, e... esqueça-o".

Exceto que era impossível esquecê-lo, mesmo se você quisesse, porque Dylan estava atraindo multidões no estilo pop. Os workshops diurnos deveriam ser eventos íntimos com algumas centenas de ouvintes, mas entre cinco e sete mil pessoas apareceram para o workshop de Canções Contemporâneas de Sábado, onde ele estava programado. Boyd lembrou que a multidão era "tão imensa que inundava os outros workshops", e os adoradores Dylanitas estavam longe de se desculpar: "As pessoas estavam reclamando: 'Aumente o volume de Dylan, porque estamos ouvindo o banjo do outro lado!'"

Peregrinos honestos que tinham viajado por longas e poeirentas estradas para ouvir os mestres sagrados do banjo dos Apalaches, do violino do Texas, do slide do Delta ou das baladas de Cape Breton ficaram compreensivelmente irritados por serem silenciados por um bando de idólatras pop inexperientes, e não ajudou o fato de que alguns dos colegas de Dylan já tivessem causado problemas no dia anterior. Nas lendas sobre Newport de 1965, o set de Dylan na noite de domingo foi o ápice de uma batalha de três dias entre rebeldes eletrificados e puristas folk obstinados, e a rajada de abertura foi disparada na sexta-feira pela Paul Butterfield Blues Band.

A Butterfield Band era uma anomalia em Newport, e não apenas porque era o grupo mais barulhento que já havia aparecido ali. Butterfield era um rapaz branco de 22 anos que se encantou com a gaita de blues na adolescência, e se inspirou no estilo R&B moderno de Little Walter, e seu interesse ia além da música: ele mergulhou no estilo de vida dos bares do

South e West Side de Chicago, e saía com músicos negros, participava de bandas e tinha o respeito dos ouvintes do bairro. Mike Bloomfield, que estava tocando seu primeiro show ao vivo com a banda naquele fim de semana, ficou impressionado com ele:

> Paul era a coisa real, sabe; me fascinava e me intimidava também. O cara simplesmente descia lá, descia nos piores guetos negros, cara, e era tão foda quanto os caras mais fodas de lá, cara, não aceitava nenhuma brincadeira de ninguém, sabe? E se garantia. *Deus*, como ele se garantia.

Foi uma experiência muito diferente de tocar em Greenwich Village ou Harvard Square, e se alguém precisasse ser lembrado disso, tudo o que precisava fazer era abrir o jornal. Martin Luther King chegou a Chicago naquela sexta-feira, declarando-a "uma das cidades mais segregadas dos Estados Unidos" e fazendo dela sua primeira parada em uma campanha para levar a luta pelos direitos civis para o norte, para continuar avançando em comunidades urbanas brancas que preferiam pensar que as batalhas estavam ocorrendo lá no Mississipi.

A Butterfield Band foi convidada para Newport em parte como um símbolo de integração: Butterfield, Bloomfield e o guitarrista Elvin Bishop foram acompanhados pelo baixista Jerome Arnold e pelo baterista Sam Lay, músicos negros que foram os pilares da banda de Howlin' Wolf. Mas se alguém investigasse um pouco mais fundo, a história era mais complicada: Lay e Arnold haviam se juntado à banda depois que Butterfield conseguiu um show regular em um bar no bairro de Old Town, e não foi coincidência que músicos brancos estivessem abrindo esse caminho, ou que um líder de banda branco relativamente desconhecido pudesse contratar acompanhantes de Wolf. Os músicos brancos tinham pagado algumas dívidas no cenário de casas negras, mas também tinham acesso a públicos que seus colegas negros não conseguiam alcançar — especificamente todos os garotos brancos que queriam curtir o som do South Side, mas não se sentiam confortáveis em bares de gueto. Bloomfield levou sua própria banda para o North Side na mesma época e, ao atrair um novo público, esses artistas abriram oportunidades para seus colegas negros, mas o fato era que novatos brancos competentes conseguiam empregos que veteranos negros experientes não conseguiam.

Com todas suas complexidades e contradições, Chicago oferecia oportunidades únicas para músicos brancos servirem como aprendizes em clubes negros, para músicos negros alcançarem públicos brancos e para músicos brancos e negros se misturarem e trabalharem juntos. "Os caras de Cambridge e tudo mais cantam blues, mas é um sentimento totalmente diferente", Bloomfield disse a Lerner em uma entrevista no espaço do festival. "Eles nunca ouvem blues na vida real, eles não conhecem esses caras e não vão nas casas de shows, cara, dessas casas pequenas decadentes onde eles estão bebendo, sabe, e as prostitutas estão na rua... Eles não vão a esses bares e não veem o blues em seu ambiente natural, então há uma diferença aí. Há mais um tipo de coisa ideológica — idolatrada". Bloomfield admirava pessoas como Waters e Wolf, mas também os considerava "mais como contemporâneos meus. Eu trabalho nos mesmos bares que eles, e tocamos a mesma música".

Ao mesmo tempo, Bloomfield estava ciente de ser um estranho: "Não está no meu sangue, não está nas minhas raízes, na minha família. Cara, eu sou judeu, sabe. Sou judeu há anos." Ele tinha absoluta certeza de suas habilidades instrumentais e sentia uma conexão profunda e pessoal com a música, mas quando falava sobre os músicos mais velhos e rurais, ele quase parecia um cultuador de ídolos. "Caramba, cara, eu não sou o Son House", ele disse a Lerner:

> Não me ferraram, não me pisaram nem cagaram em mim como fizeram com ele. Eu não passei por isso. Cara, meu pai é multimilionário, sabia? Eu vivi uma vida rica, farta e feliz, cara... Eu sei tocar blues e consigo sentir, de certa forma. Mas, cara, esses caras são uma história diferente.

Ao contrário de seus companheiros de banda elétrica, Bloomfield também estava conectado ao cenário do folk de Chicago — ele frequentava a Old Town School of Folk Music, tocava estilos acústicos, se interessava por bluegrass, e havia até contribuído em alguns boletins "Our Man in Chicago" para a revista *Hootenanny*. Junto com suas apresentações em Butterfield, ele deu um workshop de guitarra de blues nas manhã de sexta-feira e aproveitou uma sessão de palhetada mais tarde com Bill Monroe; mas ele não tinha paciência com pessoas que consideravam a eletricidade uma adulteração da tradição e ficou indignado que Hooker e Waters foram encorajados a tocar violões acústicos em seus sets de workshop em Newport. Ele estava familiarizado com a atitude — o blues elétrico era "facilmente confundido com rock 'n' roll e, tipo, em um festival folk você não pode ser rock 'n' roll, por alguma razão idiota, o rock 'n' roll parece invalidar o propósito de um festival folk" —, mas, para ele, o som elétrico urbano simbolizava a verdadeira cultura folk. Como ele se lembrou mais tarde, "foi isso que ouvi nas ruas da minha cidade, pelas janelas, nas estações de rádio e jukeboxes em Chicago e por todo o sul... E era isso que a arte popular significava para mim — aquilo que as pessoas ouviam". No workshop de sexta-feira, ele fez uma introdução brilhante a Lightnin' Hopkins do Texas — "Meu cantor de blues favorito, o rei do blues" — com uma guitarra amplificada e pronto para dançar, e esquematizou para que Lay somasse o poder da percussão à batida de bar de Hopkins.

Bloomfield também ficava irritado com os fãs brancos que presumiam classificar os músicos de blues com base na cor da pele. Ele reconhecia o papel da raça e da cultura na tradição e, em algumas situações, estava disposto a minimizar sua própria autenticidade, mas se alguém tivesse dúvidas sobre sua liderança na banda, ele estava preparado para corrigi-los: "Não há essa besteira de ser branco com Butterfield. Se ele fosse verde, não faria diferença. Se ele fosse uma planária, um sanduíche de atum, Butterfield estaria no blues".

Tudo isso para dizer que a equipe de Butterfield veio para Newport com uma atitude. "Nós éramos Chicago", relembra Barry Goldberg, tecladista ocasional da banda. "Foi assim que crescemos, essas eram nossas raízes e as roupas que vestíamos. Era diferente dos jovens da Costa Leste. Sempre carregamos esse tipo de resistência de Chicago". Estava lá nas primeiras linhas de sua canção característica: "I was born in Chicago, nineteen and forty-one / My father told me, 'Son, you had better get a gun'" ["Eu nasci em Chicago, 1941/ Meu pai me disse: 'Filho, é melhor você arrumar uma arma'", em tradução livre] — e Geoff Muldaur ressalta que a letra não era apenas uma cena: Butterfield de fato carregava uma pistola. Eles eram calejados, espertos e preparados para conquistar o mundo folk; haviam acabado de assinar contrato com a Elektra Records, tinham lotado casas em Greenwich Village e recebido incentivo de Albert Grossman, que estava falando de se tornar seu empresário. Newport era uma grande vitrine que poderia levá-los a outro nível, eles queriam aproveitar ao máximo, mas também a consideravam um território estrangeiro e talvez hostil, e não estavam totalmente errados. Para os puristas do blues, os Chambers Brothers, Lightnin' Hopkins — até mesmo, em um trecho, Bo Diddley e Chuck Berry — eram expoentes autênticos da cultura folclórica étnica, enquanto Bloomfield, Butterfield e Bishop, por mais talentosos que fossem, eram intérpretes. O fato de Butterfield ter dois músicos negros em sua banda provava que ele estava genuinamente ligado à tradição, não que ele fosse genuinamente parte dela. E por mais que alguém se importasse em defender a boa-fé dos músicos brancos, era indiscutivelmente verdade que a primeira banda de blues de Chicago convidada para o Folk Festival era liderada por um jovem branco, e sua cor foi um importante fator em seu contrato de gravação e no interesse de Grossman.

Se havia uma pessoa no cenário folk singular e oficiosamente inclinada a se ressentir desse tipo de favoritismo, era Alan Lomax. Embora frequentemente lembrado como conservador em termos musicais, Lomax tinha longa experiência com o cenário pop — ele queria levar estilos folk para um público de massa e havia produzido programas de rádio em rede que misturavam artistas folk com orquestras de estúdio e discos de criadores de sucessos populares como Jo Stafford. Ele foi o primeiro folclorista a gravar um grupo com steel guitar elétrica, em 1941, e o mais proeminente a abraçar o rock 'n' roll, ganhando vaias de jovens puristas quando apresentou cantores de doo-wop e blues eletrizantes de Chicago no Carnegie Hall em 1959. Mas ele estava firmemente comprometido com a ideia da música folk como uma expressão de comunidades da classe trabalhadora, o equivalente musical de um dialeto local ou étnico, e ficava intensamente desconfiado de jovens de classe média que pretendiam executar estilos folk. Stafford conseguiu passagem porque era uma grande estrela cujos discos conseguiam atrair o público para o material real, assim como Seeger, Baez ou Peter, Paul e Mary haviam atraído o público para ouvir artistas tradicionais autênticos em Newport; mas como o homem que descobriu Muddy Waters na plantação de Stovall, antes de Bloomfield ou Butterfield nascerem, Lomax estava ciente de que havia muitas bandas mais profundamente enraizadas em Chicago.

Na tarde de sexta-feira, Lomax apresentou um ambicioso concerto-palestra intitulado "Blues: Origins and Offshoots" ["Blues: Origens e Desdobramentos", em tradução livre]. Foi mais uma atualização de "From Spirituals to Swing", com a diferença de que ele não era apenas um organizador e mestre de cerimônias, era um polemista apaixonado, determinado a corrigir e castigar. A crítica de Shelton o descreveu como "um apresentador-narrador articulado, esclarecedor, fluente, mas às vezes enlouquecedoramente pedante" que comparou o blues "à stornelli italiana, à copla espanhola e ao corrido mexicano [sic]" e, ao longo de duas horas, "levou o ouvinte das reminiscências africanas primitivas no Mississipi ao deslumbre eletrônico da modernidade do big-beat". A excursão começou com o grupo de pífano e tambor do norte do Mississipi de Lonnie e Ed Young batendo em bumbos caseiros e soprando flautas de junco, e Lomax traçou sua conexão com as tradições africanas, chamando-os, em tom de brincadeira, embaixadores culturais em Gana. Em seguida, ele discutiu as tradições vocais africanas, começando com o solo field holler — apesar de seu desdém por recriadores urbanos, ele próprio demonstrou esse estilo —, depois um par de canções de trabalhadores executadas por um quinteto de ex-presidiários do Texas, culminando na épica "Go Down, Old Hannah".

Tendo estabelecido as raízes, Lomax passou para o blues antigo com Son House e Mance Lipscomb. Ele lembrou que havia gravado House 25 anos antes em uma cabana de plantação, comparou o "Levee Camp Moan" de House ao *cante jondo* flamenco e relembrou com o cantor sobre bares de dança no interior, onde os clientes misturavam rapé no uísque e dançavam scraunch, billy-walk e dog dance. Lipscomb apresentou um estilo mais leve, cantando um ragtime, "Alabama Jubilee" e "Mama Don't Allow No Boogie Woogie Round Here" — um título que, em retrospecto, parece mais do que um pouco irônico — e então deu lugar aos primeiros "ramos": Sam e Kirk McGee, uma equipe de guitarristas caipiras recém-saídos do Grand Ole Opry. Como Kirk explicou, "A maioria das músicas de blues que conhecemos, aprendemos com pessoas de cor quando começamos. Nosso pai tinha uma loja lá, então todas essas pessoas vinham até essa pequena loja de campo, e é por isso que aprendemos mais sobre blues". Primeiro, eles tocaram "Milk Cow Blues", uma música regravada por todos, de Robert Johnson a Elvis e Dylan, então Sam tocou seu clássico "Railroad Blues", levando Lomax a comentar: "Há um homem que superou a desvantagem de não ser de cor". Bill Monroe foi o próximo, lembrando que, na adolescência, ele havia tocado músicas de *square dance* com um guitarrista negro chamado Arnold Shultz e liderou os Bluegrass Boys com "Blue Yodel #3" de Jimmie Rodgers e uma balada de corrida de cavalos de alta energia, "Molly and Tenbrooks".

Lomax então traçou o roteiro da grande migração até "a própria bluesville em Chicago, a capital do blues desde 1914". O programa prometia a presença de Memphis Slim, um pianista que tocou em centenas de discos nas décadas de 1930 e 1940, mas ele cancelou e foi substituído por Eddie Boyd e Lafayette Leake, apoiados por Willie Dixon no baixo. Todos eram craques de Chicago: Boyd, um sofisticado baladeiro de blues que empregou Muddy Waters como seu guitarrista por um breve período, cantou "Five Long Years", o lamento melancólico que havia levado ao topo das paradas de R&B em 1952. Leake era menos famoso como vocalista, mas seus créditos no piano incluíam tudo, desde blues profundo até "Johnny B. Goode" e "Rock and Roll Music" de Chuck Berry. Dixon também era regular nos discos de Berry e de praticamente todos que gravavam para o selo Chess, onde trabalhou como caça-talentos, produtor e o mais influente compositor no cenário de Chicago, autor de "Seventh Son", "Hoochie Coochie Man" e uma miríade de outros sucessos.

O próximo passo óbvio era apresentar uma banda elétrica moderna, e o grupo de Butterfield se encaixava perfeitamente no modelo "Spirituals to Swing", já que o concerto de 1939 havia representado a iteração contemporânea da música negra daquela época com a unidade birracial similar de Benny Goodman. Só que Goodman era uma grande estrela, o "Rei do Swing", enquanto Butterfield era virtualmente desconhecido fora de Chicago, e não era um artista que Lomax teria escolhido. Se ele não pudesse escalar Muddy Waters, ele teria preferido alguém como Buddy Guy ou os Chambers Brothers, não um bando de intrusos de classe média que pensavam ser bluesmen porque tinham passado algum tempo fazendo bico no South Side. Ele sempre reclamou que Newport era muito comercial e via seu papel no conselho do Festival como defensor de tradições autênticas — sua declaração no livro de programação daquele ano terminava com a afirmação "Dinheiro e prestígio não contam nada na arte se comparados à honestidade". Ele não tinha ouvido aqueles garotos Butterfield — o primeiro disco deles não seria lançado em alguns meses —, mas ele sabia que eles tinham sido escolhidos por Peter Yarrow com o apoio da Grossman e da Elektra Records, em vez de um painel de estudiosos do blues. E, para piorar a situação, depois de liderar seu público pela exploração mais séria do blues já apresentada em Newport, ele teve que prolongar sua introdução para que os garotos brancos pudessem montar seus equipamentos sofisticados.

Para ser justo, se Bloomfield tivesse sido colocado na posição de apresentar uma banda branca desconhecida em um programa com House,

Lipscomb, Monroe, Dixon e Boyd, ele poderia ter ficado igualmente irritado. Ele poderia ser tão purista quanto Lomax e não mais diplomático — sua opinião sobre grupos de blues brancos dos Rolling Stones em diante era que a maioria era "ridícula, com sotaque, falsa, sem graça, fazia imitações grosseiras de algo realmente legal" —, mas eram puristas de gerações diferentes, com gostos diferentes e, caramba, a Butterfield Band era um grupo de bar experiente de Chicago, aceito pelo público negro do gueto, e muitos shows de blues em Newport eram de antigos folkies de Nova York e Cambridge que nunca tinham pisado em uma casa de shows de negros. Além disso, Grossman estava assistindo, e Jac Holzman da Elektra, e provavelmente muitas outras pessoas importantes, o tipo de pessoa que poderia conseguir turnês e sucessos para eles e potencialmente transformá-los no show de blues mais vendido do mundo. O que, é claro, só aumentou a irritação de Lomax.

Então, enquanto a banda se conectava e se organizava, Lomax fez uma peroração final sobre a história do blues, a jornada "de um pífano de cana e um tambor quebrado ao equipamento elétrico". A instrumentação mudou, as modas mudaram, mas o importante não era a tecnologia, era "quanta verdade vem pelo microfone". Ele havia apresentado uma programação de artistas para quem o blues não era apenas música, era o tecido de suas vidas, seu mundo, suas famílias e vizinhos, suas tristezas e alegrias, e isso não era o mesmo que vir de fora da cultura e aprender a replicar os sons. Claro, houve pessoas como Benny Goodman que aprenderam a tocar um tipo de blues: "Nós, os gatos brancos, sempre nos intrometemos, chegamos um pouco atrasados, mas tentamos alcançá-los". O que o levou à banda em questão: "Eu entendo que esta combinação atual não apenas alcançou, mas ultrapassou o resto. É isso que ouço — estou ansioso para descobrir se é verdade ou não". Ele começou a apresentar os músicos. "Temos conosco esta noite, altamente recomendado, já o Rei de Chicago, que é um grande, ahh, tributo: Paul Butterfield" e assim, passou pelo resto do grupo, terminando, "de qualquer forma, este é o novo blues de Chicago, tocado em..." nesse ponto Butterfield o abafou com o riff de gaita de abertura de "Juke" de Little Walter.

A banda chegou forte, e de acordo com a lenda, o instrumental de abertura deu fundo para um confronto épico: quando Lomax saiu do palco, foi confrontado por Albert Grossman, que estava irado. Nas lembranças de Paul Rothchild, as palavras iniciais de Grossman foram: "Que porra de maneira é essa de apresentar uma banda de músicos?

Você deveria ter vergonha de si mesmo". Lomax retrucou — o folclorista Richard Reuss relatou que ele disse: "Você quer um soco na boca?"

Grossman continuou — Mary Travers recordou suas palavras precisas: "Eu não tenho que aceitar isso de um viado como você!"

Lomax tentou empurrar Grossman para o lado, ou talvez tenha sido Grossman quem empurrou Lomax. De qualquer forma, em segundos o corpulento profeta da tradição e o corpulento abastecedor de mamom — "dois grandes ursos", na descrição de Maria Muldaur — estavam trocando socos desajeitados e rolando no chão.

"Foi um confronto perfeito cujo simbolismo não passou despercebido por nenhum de nós", Rothchild lembrou, e George Wein preencheu as lacunas:

> Lomax simbolizava as tradições sacrossantas do folk; Grossman era o agenciador do poder cuja própria existência ameaçava corromper essas tradições. Pela primeira vez, a tensão que vinha espreitando sob a superfície plácida do renascimento popular irrompeu à vista de todos. O conflito foi personificado, ali, em carne e osso.

Simbolismos à parte, muitos observadores se lembraram da briga com alegria. Nas palavras de Eric Von Schmidt: "Foi uma adrenalina, cara. Todo mundo adorou. Havia muitas pessoas notáveis lá assistindo à confusão com grande, grande alegria". Willie Dixon, que tinha sido um campeão adolescente de boxe amador, recriou o cenário na casa de blues naquela noite, e Samuel Charters propôs que Lomax e Grossman fossem pagos para reencenar sua batalha no palco. Alguns espectadores tomaram partido — Bloomfield recordou que gritou: "Chuta a bunda dele, Albert!" e decidiu na hora que precisavam fechar um contrato com aquele cara que "colocaria seu corpo em risco para defender nosso direito de tocar nosso som" —, mas a maioria se contentou com variações de "uma peste em ambos os lados".

Os detalhes são inevitavelmente confusos — algumas pessoas se lembram de Lay pulando do palco para separar os combatentes, outras se lembram de Bruce Langhorne e Richard Fariña assumindo a tarefa, enquanto outras ainda insistem que os lutadores estavam tão fora de forma que se jogaram no chão em comum acordo — e as histórias múltiplas e conflitantes são um aperitivo adequado para os relatos conflitantes do show de Dylan no domingo. Algumas testemunhas discordam sobre quando e onde aconteceu a luta, colocando-a no palco principal no domingo, às vezes em conexão com o set de Butterfield e em outras com a passagem de som de Dylan. A maioria concorda que foi no workshop de Lomax, mas erram o momento exato, já que quase sempre lembram do acontecimento como algo que aconteceu logo após a introdução, mas as filmagens de Lerner mostram Grossman sorrindo com gosto durante o primeiro número da banda, e Maria Muldaur provavelmente está certa quando se lembra que a luta ocorreu depois que eles terminaram de tocar.

Quanto à apresentação, o *Quincy Patriot Ledger* escreveu:

> Paul Butterfield... cumprimentou uma multidão de cabelos longos e botas altas com sons pulsantes giratórios à la Muddy Waters. Em questão de momentos, seu ritmo catártico, caótico e erótico produziu uma reação em larga escala de contorções e gritos, tamanha a agonia e o êxtase da banda Butterfield — um grupo a meio caminho entre os Righteous Brothers e os Rolling Stones.

O lamento da gaita de Butterfield, a virtuosidade crua da guitarra de Bloomfield e o ritmo agudo combinados com a amplificação de alto volume fizeram os ouvintes gritar, aplaudir e dançar. Fotos mostram a máfia da Cambridge coffeehouse — Eric Von Schmidt, Geoff e Maria Muldaur, Dick e Mimi Fariña — entusiasticamente entrando no ritmo. "Eu estava quase pulando para fora do corpo", lembra Maria. "Eu estava totalmente energizada e eletrificada pela música. Desde a primeira nota eu estava perdida. Eu simplesmente pensei que era a melhor coisa que já tinha ouvido". Geoff foi ainda mais longe:

> Para mim, a Butterfield Blues Band foi a coisa mais importante que aconteceu em Newport em 1965. O que aconteceu que mudou o mapa mundial da música foi que uma banda integrada veio de Chicago para tocar o verdadeiro blues de Chicago. Claro, esse modelo foi baseado em caras como Muddy Waters, mas o fato é que esse cara branco era muito bom e tinha uma banda que conseguia fazer isso e se manter entre os reis, o que eles realmente fizeram. Num piscar de olhos, haveria duzentas mil bandas de blues no mundo baseadas naquele modelo.

Rothchild, que estava produzindo o primeiro álbum da banda, argumentou que "Born in Chicago" representava uma nova fusão: "a tradição dos compositores e a tradição das raízes. Foi isso que vimos nos Beatles, o mesmo fenômeno". Dylan não estava no workshop, mas disse a um repórter da revista *Time* que o encontrou brevemente na área do festival: "Para mim, agora, existem três grupos: Butterfield, Byrds e o Sir Douglas Quintet" .

Olhando em retrospectiva, é interessante encontrá-lo ligando três grupos tão diferentes — uma banda de blues de Chicago, um grupo de pop-folkies que haviam acabado de passar a instrumentos elétricos e um grupo de performers de casas de show do Texas entrando na onda da Invasão Britânica — e o repórter seguiu sua citação com a nota: "Não consegui dizer se ele estava me zoando". Quer ele estivesse ou não, a combinação sugere outra razão pela qual os tradicionalistas acharam a Butterfield Band desconcertante: todas aquelas citações a colocam em uma categoria fundamentalmente diferente de outros artistas de blues — ao lado dos Righteous Brothers, dos Beatles, dos Stones, dos Byrds e de Sir Douglas —, mas a única coisa que esses grupos tinham em comum era que todos eram brancos e populares. Como um escritor disse posteriormente, David Dann, Butterfield e Bloomfield surpreenderam a todos porque "todo aquele embelezamento e improvisação — elementos fundamentais para grande parte da música afro-americana — estavam sendo criados por dois garotos brancos. Tradução: Pessoas *como nós*". De certa forma, era semelhante à excitação que os jovens nova-iorquinos sentiam quando os New Lost City Ramblers ganhavam concursos de banjo e violino do sul, mas também era fundamentalmente diferente — os Ramblers eram tradicionalistas firmes, que viajavam para o sul para gravar músicos mais velhos e dar apoio a Maybelle Carter, Cousin Emmy e Eck Robertson, e ninguém os estava comparando aos Beatles e aos Rolling Stones.

Havia muitos ouvintes que apreciavam Son House, Cousin Emmy e os Ramblers e também gostavam da banda Butterfield e dos novos sucessos de rock de Dylan, mas é fácil entender por que alguns fãs de folk temiam que seu idílio estivesse ameaçado. Deixando de lado as dúvidas sobre o comercialismo, alguém poderia amar a excitação elétrica do rock e do blues contemporâneos e, ainda assim, sentir que era errado para Newport. Quando a Butterfield Band retornou ao palco do Bluesville no sábado, estava em uma companhia mais agradável, após uma jam session de mistura e combinação de inovadores do blues de cafeterias, incluindo Von Schmidt, Koerner, Tony Glover e membros da Kweskin Jug Band. Desta vez não houve atrito entre os bluesófilos, mas Maybelle Carter e Mike Seeger estavam no meio de um workshop de auto-harpa quando Butterfield tocou com tudo que tinha e, para citar as notas de um repórter da *Vanguard Records* diante do resultado: "Neste ponto da fita, uma banda elétrica de blues começa a tocar no palco ao lado, tornando o restante deste material acústico inaudível".

A maioria dos frequentadores do festival não sabia dos conflitos, mas alguns ânimos estavam se desgastando, e, nos bastidores, Lomax tentou estancar a onda comercial na fonte. De acordo com Boyd, ele convocou uma reunião de emergência do conselho — cuidadosamente omitindo Yarrow — e eles votaram por banir Grossman do local, tanto por atacar Lomax quanto porque havia rumores de que ele estava trazendo drogas ilegais (Grossman era bem conhecido por envolvimento com maconha, e o boato provavelmente era preciso, mas ele dificilmente estava sozinho — o contingente de Cambridge era composto por víboras notórias). No entanto, "quando o veredito foi entregue a Wein para implementação, ele reuniu novamente o conselho e explicou os fatos empíricos". A saber, Grossman era o empresário de Dylan, Odetta, Ian e Sylvia, Mimi e Richard Fariña, Gordon Lightfoot, a banda Kweskin e Peter, Paul e Mary — e se ele fosse expulso, provavelmente levaria seus clientes com ele.

A diretoria recuou, o festival continuou conforme o planejado e, se Dylan não tivesse tido nenhuma ideia brilhante, a confusão entre Lomax e Grossman provavelmente teria sido esquecida. Do jeito que a coisa estava, Dylan se inspirou pela presença da banda Butterfield e, embora Grossman fervesse mais reservadamente do que Lomax, muitos insiders sugerem que a briga deles o deixou coçando a mão para lançá-la no reduto do folk. Quando Grossman encontrou Al Kooper na área do festival, a última peça do quebra-cabeças se encaixou. Como sempre, as histórias se entrelaçam e os detalhes são confusos, mas um ensaio foi convocado para a noite de sábado, com Dylan, Kooper, Bloomfield e a seção rítmica de Butterfield.

Capítulo 9

MAIS JOVEM DO QUE ISSO AGORA

Eric Von Schmidt estava no palco principal na noite de domingo, armado com sua confiável guitarra e cercado por um bando de Kweskinites. Era de longe o maior público que ele já havia enfrentado, não as habituais 75 a 150 pessoas, mas dezessete mil, porém ele estava agindo como fazia a cada show, como uma chance de sair de lá com mais alguns amigos e fazer música, arriscar, deixar acontecer o que acontecesse. Ele abriu com "Grizzly Bear", uma canção de trabalho afro-americana que ele havia aprendido em uma gravação de um campo de prisioneiros do Texas feita em 1951 por Pete e Toshi Seeger. Era uma balada de foras da lei, ou talvez uma canção de protesto: o urso-cinzento poderia ser um condenado particularmente durão ou um guarda particularmente implacável. O líder cantava um verso e os outros trabalhadores entravam na conversa:

He come a-huffing and a-blowing like (Grizz-a-lee Bear)
He come a-walking and a-talking like (Grizz-a-lee Bear)
He had great long tushes like (Grizz-a-lee Bear)
He had big blue eyes like (Grizz-a-lee Bear)
He had great long hair like (Grizz-a-lee Bear)
Oh the grizzly, grizzly (Grizz- a- lee Bear)

["Ele vem bufando e soprando como (Urso-pardo) /
Ele vem andando e falando como (Urso-pardo) /
Ele tem um grande traseiro como (Urso-pardo) /
Ele tem grandes olhos azuis como (Urso-pardo)
Ele tem pelo longo como (Urso-pardo)
Oh, o urso, urso (Urso-pardo)",
em tradução livre].

Von Schmidt adicionou um trecho de guitarra e gravou a música em sua estreia no Folkways em 1961, e ela se tornou sua marca registrada — para os jovens residentes dos cafés de Cambridge, o urso-pardo era o próprio Von Schmidt, com sua barba desgrenhada, dentes tortos e olhar selvagem. Dylan se recordou de ter aparecido na porta de sua casa em um dia chuvoso, quando juntou-se à festa em andamento, e depois caminhou até o Club 47 para ouvi-lo cantar a música, envolvido no "mundo contente, louco, triste, cortante, empolgante, assustador, rabugento, feliz, esclarecedor, envolvente e excitante de Eric Von Schmidt... Um homem que consegue tirar o pássaro do fio e a borracha do pneu com seu canto... que canta o porquê do céu e a comoção do oceano".

Em Newport, com o baixo de Fritz Richmond batendo ao fundo e a guitarra de Geoff Muldaur cortando contrarritmos e distorcendo notas altas para combinar com seu grito em falsete, Von Schmidt estava selvagem e solto como de hábito, rosnando, uivando, brincando e pisando forte. Então ele parou, e deu um testemunho feito um pregador sulista:

> Vou contar uma coisa a vocês! Ouvi essa música há muito tempo, há uns cinco anos. Sim, o "Grizzly Bear". E já a conhecia quando a ouvi, mas não sabia quem a havia escrito. E acontece que o homem que a escreveu estava cantando ontem à noite, quando ele estava cortando um velho toco louco neste palco. O nome do homem é R. G. Williams, rapaz! Ele sabe sobre o urso pardo. YEEEEEEE-OOOW, SENHOR!
>
> Vou dizer, um urso pardo grande, grande, urso par-doooo...
>
> Sim, isso que é Newport!
>
> Grande, grande urso pardoooo...
>
> Se você não consegue fazer algo assim, simplesmente nem dê as caras por aqui! Não venha para Newport se não quiser algumas surpresas! WUUUUUH, SENHOR!

Havia muita coisa acontecendo naquele fim de semana, e o problema era como acompanhar, absorver e evitar pensar sobre o que se estava perdendo. Na sexta-feira de manhã, se você quisesse ver aquele grupo de música de trabalhadores do Texas, poderia ter ido ao workshop sobre Grupos Negros de Canto e Padrões Rítmicos e visto-os junto com os Moving Star Hall Singers, o grupo de flauta e bateria do Mississipi, e os Chambers Brothers, que, de acordo com o *Patriot Ledger*, "mostrou que o rock 'n' roll provavelmente veio para ficar". Mas então você teria perdido o workshop de guitarra de blues que Mike Bloomfield estava apresentando com Lightnin' Hopkins, o Reverendo Gary Davis, Son House, Mississippi John Hurt e John Koerner. Qualquer um teria sido um sonho para qualquer fã de blues, mas também havia o workshop de banda de cordas com a Kweskin Jug Band, os New Lost City Ramblers, Sam e Kirk McGee, os Lilly Brothers e os Blue Grass Boys de Bill Monroe. E se isso não o fizesse sofrer o suficiente, havia Broadside: Passado e Presente, com Mance Lipscomb e o folclorista e cantor britânico A. L. Lloyd trazendo o passado e Donovan, Len Chandler, Mark Spoelstra e Guy Carawan explorando o presente. Além disso, Seeger teve a ideia de uma "Ballad Tree" durante todo o dia, onde os artistas esperados incluíam Hurt, Joan Baez, Maybelle Carter, Ian e Sylvia, Jean Ritchie, a cantora irlandesa Margaret Barry, Arthur Nicolle de Newfoundland e um novato ruivo chamado Norman Kennedy em sua primeira viagem para fora da Escócia.

Dylan ainda não estava no local naquela manhã. Parece que ele havia chegado em algum momento na sexta-feira à noite, embora ninguém se lembre com certeza, porque ele aparentemente foi direto para o quarto, ou pelo menos para o quarto de alguém, talvez com Bob Neuwirth, talvez com Albert Grossman contando a briga com Lomax e o brilhantismo da Butterfield Band. As primeiras vezes que ele foi visto oficialmente foram no sábado, quando ele estava programado para o workshop de Canções Contemporâneas.

Os workshops de Newport foram originalmente planejados para trazer música intercalada com discussões e apresentações educacionais, mas, em 1965, a maioria das pessoas simplesmente pensava neles como minishows. Houve um workshop de dança no sábado, onde 100 frequentadores do festival aprenderam passos de *clogging* e *contra*, e outros artistas apresentaram instrumentos ou abordagens específicas, mas em geral eram apenas cenários onde podiam trocar músicas de uma forma mais íntima e casual do que no grande palco. Eram particularmente adequados para estilos mais calmos e artistas que talvez não se sentissem confortáveis cantando na frente de uma grande multidão, e davam aos ouvintes a chance de sentar perto e ter a sensação de estar fazendo uma visita a um velho violinista ou cantor de baladas e de estar ouvindo músicas na varanda de casa. Como um estudante de Nova York explicou, "Você ouve pessoas como Son House e fica na grama e tudo mais e você quase pensa que está nos lugares onde essas pessoas vivem e então uma gaivota começa a gritar, ou um avião passa, ou um apito de barco sopra de Newport e isso faz você perceber que são eles que estão aqui, e não você que está lá".

Um workshop típico teria de cinquenta a algumas centenas de ouvintes sentados ou deitados na grama, e para alguns artistas até mesmo isso era uma multidão assustadora. Norman Kennedy relembra o medo que sentiu quando viu a multidão no palco de baladas e a pressão adicional de estar sentado ao lado da lendária Maybelle Carter. Ralph Rinzler sugeriu que ele fechasse os olhos e fingisse que estava sozinho, e ele se recorda: "Fechei os olhos e cantei 'Barbara Allen', e quando os abri, ela estava debruçada na minha direção, tinha a mão no meu joelho direito e estava olhando para o meu rosto. E ela disse: 'Ora, filho, eu também conheço essa história'". Os workshops deveriam proporcionar pequenos e preciosos momentos como esses: um flautista sul-africano trocando melodias com um pífaro do Mississippi; Son House e Mance Lipscomb tocando em um dueto improvisado; ou Pete Seeger assistindo ao grupo de música de trabalhadores do Texas cortar um tronco enquanto criava umdiálogo musical, e "ele mesmo balançando um machado sem fio, cortando grandes lascas de forma habilidosa no ritmo de sua própria música de trabalho". A qualquer momento, entre onze da manhã e cinco da tarde, havia meia dúzia de workshops acontecendo ao mesmo tempo, e na sexta-feira eles atraíram um total de 3.500 a 4 mil pessoas ao longo de seis horas. Em contraste, os grandes concertos noturnos no palco principal ficavam lotados, com plateia esgotada de 15 mil pessoas, com mais 2 a 4 mil ouvindo do estacionamento. A pequena participação diurna foi intencional — em 1964, as multidões muitas vezes pareciam esmagadoras, e em 1965 o conselho decidiu que a maioria dos workshops deveria se concentrar em instrumentos e estilos tradicionais específicos, sinalizando que eram destinados aos seguidores sérios. Um repórter descreveu a experiência de vagar de palco em palco, "tentando pegar as coisas que pareciam valer a pena ou ser interessantes", e tropeçar ocasionalmente em uma oportunidade adicional, improvisada — uma jam session matinal no palco Bluesville com Lafayette Leake, Willie Dixon, Bruce Langhorne, Odetta e o baterista nigeriano Hassan Rarak trocando refrões de "Back Home Again in Indiana", ou a trupe de Cape Breton vagando após seu workshop, para continuando a cantar na beira do campo: "Foi uma das experiências maravilhosas que ocorrem de vez em quando em um festival folk, velhos com rostos maravilhosamente enrugados e sulcados, rostos marcados pelo vento e pelo clima, sentados na grama e cantando pelo puro prazer disso, sem se importar se alguém estava ouvindo ou não".

O mesmo repórter observou que no sábado as multidões eram maiores e a maioria das pessoas estava procurando estilos mais modernos. No palco do Bluesville, ele encontrou "apenas algumas pessoas ouvindo algo tradicionalista", e uma hora depois "uma multidão se reuniu para ouvir e aplaudir Eric von Schmidt ou algum outro expoente popular do City Blues". Quanto ao workshop de Canções Contemporâneas:

> Era uma experiência e tanto estar em um canto distante do campo e ver uma nuvem de poeira se movendo na direção do que é conhecido oficialmente como Área II (onde o workshop Canções Contemporâneas estava acontecendo). Imediatamente surge a pergunta: "Quem causou essa grande migração? Quem levou as tribos para a travessia do deserto?"

Naquele momento, o repórter concluiu que eram Ian e Sylvia, mas eles estavam se apresentando no final do workshop, e parece provável que grande parte da horda estivesse em busca de Dylan, que estava atrás deles. Ele também estava programado para a Ballad Tree, mas essa área era apenas um carvalho retorcido, não um palco adequado, e logo ficou óbvio que o local não poderia acomodar seu público. Então, enquanto os outros palcos atraíam seus grupos de ouvintes fiéis, a multidão na Área 2 aumentou para cinco ou sete mil pessoas.

Considerando a frequência com que o mundo folk comercial estava se voltando para jovens cantores compositores, a presença excepcional em seu show não foi surpreendente, e algumas pessoas sentiram que Newport estava lhes dando pouca importância. Os tradicionalistas continuavam a pensar em artistas urbanos como simples iscas para atrair públicos para a verdadeira música folk, mas outros — Peter Yarrow em particular — argumentavam que aqueles compositores eram autênticos artistas folk em seu próprio tempo e lugar. O modelo antigo havia sido significativo quando os cantores urbanos estavam apenas interpretando tradições rurais e podiam ser vistos como ponte para artistas mais autênticos: se você gostava do Kingston Trio, deveria ouvir Frank Proffitt; se gostava de Baez, deveria ouvir Almeda Riddle; se gostava de Dave Van Ronk, deveria conferir Lightnin' Hopkins. Mas para as pessoas que gostavam dos mais atuais como Dylan, Donovan ou Len Chandler, não havia nenhuma conexão óbvia semelhante com os portadores de tradições antigas. Dependendo da definição, poderia se dizer que eles estavam criando música folk moderna ou negar que seu trabalho pertencia à categoria folk, mas, de qualquer forma, eles estavam fazendo algo essencialmente novo e diferente, e Yarrow se esforçou para convencer os outros membros do conselho de que eles mereciam mais espaço: "Eu não achei apropriado para pessoas como Joan Baez e Bob Dylan, e Peter, Paul & Mary atraírem essas grandes multidões e não reconhecerem os novos cantores urbanos que estavam surgindo nas fileiras". Apoiado por Seeger, ele conseguiu agendar mais compositores promissores e um show do New Folks na tarde de domingo, mas os tradicionalistas continuaram a dominar a programação do workshop, e a programação do Canções Contemporâneas foi a única oportunidade no sábado para os fãs jovens verem um elenco de artistas que tinham mais a ver com eles mesmos e cantavam sobre o que estavam vivenciando em suas próprias vidas.

Como resultado, aquele workshop provavelmente teria sido o evento mais popular da manhã, mesmo que Dylan não estivesse envolvido. As outras opções eram Canções Internacionais, Instrumentos de Sopro Folclóricos, música infantil e um programa de blues incluindo Hopkins, Lipscomb e House — mas os fãs hardcore de blues já tinham visto esses artistas na sexta-feira, e até mesmo alguns deles estavam prontos para uma mudança. Geoff Muldaur se recorda que os dias em Newport eram sempre cheios de decisões dolorosas, mas naquela manhã em particular, "Meu calendário estava fechado para Dylan". Para muitas pessoas, nem era uma decisão: os workshops de sexta-feira atraíram quatro mil pessoas, mas o sábado atraiu quase nove mil, e a diferença numérica correspondeu perfeitamente ao número de ouvintes agrupados na Área 2, sugerindo que muitos tinham aparecido apenas para aquele evento.

A apresentação contemporânea foi um reconhecimento de outras mudanças de tendências também: foi a primeira vez que Newport apresentou um workshop de compositores que não se concentrou em material temático. Havia algumas letras políticas, mas mais canções de amor e desilusão, alienação e divagação, blues moderno e novidades cômicas. A apresentação também era diferente: em outras oficinas, os artistas tendiam a sentar juntos e trocar canções, mas cada um dos artistas ou duplas contemporâneas fazia um conjunto independente de quatro canções, e a ordem de execução refletia aproximadamente sua popularidade no momento. Patrick Sky, um compositor de blues da Geórgia, começou, seguido por uma aparição especial com uma canção de Pete Seeger, depois Gordon Lightfoot, um novato que ainda não havia lançado seu primeiro álbum, mas estava atraindo atenção com sua composição "Early Morning Rain", que Ian e Sylvia usaram como canção-título de seu LP mais recente. Depois vieram Eric Von Schmidt, Richard e Mimi Fariña, um set não programado de Richie Havens (abrindo com "Maggie's Farm"), uma intercalação de três músicas de Ronnie Gilbert do Weavers (incluindo "Masters of War"), depois Donovan, Ian e Sylvia, e Dylan.

Por si só, essa formação sugeria a maneira como o cenário do folk urbano estava mudando. Sky e Von Schmidt eram cantores folk no sentido antigo, imersos em tradições rurais e equipados com grandes repertórios de blues e baladas que intercalavam com composições próprias. Donovan havia começado com gostos semelhantes, mas, oito mil quilômetros do outro lado do Atlântico, ele vinha levando a música como uma importação exótica, apresentadores de televisão astutos o haviam notado imediatamente, e, com seu primeiro single, ele se estabeleceu como o poeta folk teen-beat sensível da Grã-Bretanha. Ele aproveitou a chance para ver pessoas como John Hurt de perto, sair com Dylan e Baez e ter um gostinho do cenário americano, mas a primeira coisa que Robert Shelton notou nele quando se encontraram naquela manhã foi seu visual: óculos escuros, botas de deserto, veludo cotelê azul desbotado, gola alta cinza, jaqueta de camurça e um brinco de ouro recebido do velho parceiro de Jack Elliott, Derroll Adams. Donovan estava ansioso para falar sobre Adams, a quem ele considerava um mentor e modelo de boêmia honesta, mas Shelton estava mais interessado em falar sobre folk-rock, e notou a opinião de Donovan de que "tudo deveria se fundir".

Esse foi outro racha entre o workshop de Canções Contemporâneas e os workshops sobre estilos tradicionais. Quando outros palcos misturavam artistas da Grã-Bretanha, Canadá e várias regiões dos Estados Unidos, o objetivo era mostrar seu parentesco filosófico como guardiões da tradição e sabedoria da comunidade, mas também destacar as diferenças e particularidades de cada tradição. Em contraste, o workshop contemporâneo era todo fusão e mistura, tanto no palco quanto fora dele — a voz de Donovan tinha as inflexões de Dylan em uma música, a de Bert Jansch em outra e a de Buffy Sainte-Marie em uma terceira, e Shelton observou que, nos bastidores, Baez e Yarrow estavam adotando o sotaque inglês de Donovan.

Richie Havens era outro apóstolo da fusão — quando seu primeiro disco foi lançado dois anos depois, ele se chamava Mixed Bag e incluía uma leitura melancólica de "San Francisco Bay Blues", junto com canções de Dylan e dos Beatles, acompanhadas de violão, instrumentos elétricos e cítara —, mas como cantor folk negro, ele era uma espécie de anomalia na onda de cantores compositores, e embora há anos transitasse pelo Village como poeta, pintor e músico, ele só iria estourar em 1967, quando Albert Grossman o contratou e lhe proporcionou acesso a uma grande gravadora e a um público mais amplo. Por enquanto, Grossman ainda estava seguindo o caminho que havia trilhado com Peter, Paul e Mary, e o showcase contemporâneo exemplificava seus interesses do momento: quatro dos sete artistas programados estavam em sua lista.

Lightfoot também foi uma das contratações de Grossman naquele momento, um compositor canadense que estudou arranjos orquestrais e trabalhou como compositor de jingles em Los Angeles no final dos anos 1950, depois voltou para Toronto e formou uma dupla pop-folk, passou um ano na Inglaterra apresentando o *Country and Western Show* da BBC e agora estava surgindo como um artista solo. Ele logo se tornaria uma grande estrela no Canadá, mas levaria mais cinco ou seis anos até que decolasse para sul da fronteira, atingindo o início dos anos 1970 junto com a onda de artistas de soft-rock influenciados pelo country que incluíam James Taylor e John Denver. Entrevistado por Shelton naquela manhã, ele disse que estava "mirando em algo novo... Na intersecção entre o folk e o country", listou entre suas principais influências Dylan, Bob Gibson e Hank Williams, e mencionou um apoiador de Toronto que chamou seu estilo de "Country e Lightfoot". Ele estava feliz por estar lá, mas claramente não queria ser rotulado como um cantor folk.

Se alguém quisesse uma referência familiar para o trabalho de Lightfoot, a escolha óbvia naquele momento era Ian e Sylvia, os mais populares embaixadores do Canadá no cenário dos EUA. Eles haviam se mudado para Nova York e assinado com Grossman em 1962, e foram um sucesso no Newport Festival de 1963 com harmonias firmes, guitarras e auto-harpa com um toque de bluegrass, e uma mistura inteligente de baladas canadenses, canções de cowboy e um toque de blues. Eles tinham raízes tanto no campo tradicionalista quanto no pop-folk, e Grossman os aconselhou a assinar com a Warner Brothers e lançarem-se em seu grande momento, mas eles optaram pelo selo Vanguard, mais "elegante", que havia funcionado muito bem para Baez. Como resultado, eles estabeleceram uma sólida reputação no circuito universitário, mas a gravadora nunca deu impulso aos seus singles nem conseguiu colocar seus discos nas rádios mainstream, e embora ambos fossem compositores potentes, seus sucessos foram para outros artistas: Bobby Bare colocou "Four Strong Winds" de Ian nas paradas country e pop, competindo lado a lado com a versão de Johnny Cash de "It Ain't Me Babe", e quando chegaram a Newport, "You Were on My Mind" de Sylvia entrou na lista Hot 100 da *Billboard* em uma versão folk-rock de um grupo da Califórnia chamado We Five, aparecendo treze posições acima de "Like a Rolling Stone" no número 78, e continuaria a subir até estar junto com o disco de Dylan no Top 5. Mais tarde naquele ano, eles adotariam um som mais elétrico, mas seu novo estilo nunca realmente decolou, e Ian mais tarde se lembrou de 1965 como o fim do boom folk, o ano em que "os Beatles nos eliminaram".

Se Ian e Sylvia viram sua estrela desaparecer com a tendência do folk-rock, Grossman tinha outro casal de ouro nos bastidores. Richard e Mimi Fariña eram naturais de Newport: Mimi era irmã de Joan Baez, o que lhe rendeu entrada automática no panteão, e Dick era um compositor conhecido na *Broadside* — Joan havia cantado "Birmingham Sunday" em Newport em 1964 — e um raro inovador em um instrumento folk americano tradicional, o dulcimer dos Apalaches. Ele estava conectado aos cenários de Cambridge e de Nova York, estava casado com Carolyn Hester quando ela gravou o primeiro disco na Columbia e mais tarde gravou um de duetos em Londres com Von Schmidt (os dois projetos, incidentalmente, incluíam Dylan como músico acompanhante). Charmoso e malandro, praticamente todos se lembram dele como sendo arrojado, bonito, engraçado, talentoso e absolutamente determinado a se tornar uma estrela, seja como cantor, escritor ou aventureiro faz-tudo. Parte irlandês, parte cubano, ele reivindicou conexões com o Exército

Republicano Irlandês e os revolucionários cubanos, correu com os touros em Pamplona e escreveu artigos sobre o cenário jovem para a revista *Mademoiselle*, além de ter feito uma sólida aposta literária com o romance universitário *Been Down So Long It Looks Like Up to Me*. Suas habilidades musicais eram limitadas, mas distintas: ele costumava reciclar músicas antigas e confiava mais em ritmos de condução do que em linhas melódicas intrincadas, mas com Mimi tocando o contraponto no violão, os Fariñas eram instrumentistas fortes, e Shelton notou sua ampla gama de influências, escrevendo que uma de suas apresentações "fundia sons de bouzouki, cítara e melodias caipiras". O primeiro disco deles havia sido lançado em abril e, junto com melodias anglo-irlandesas, texturas do Oriente Médio e letras que exploravam temas contemporâneos em uma linguagem que lembrava baladas medievais, vinham mais duas faixas com guitarra elétrica, piano, baixo e uma batida de rock 'n' roll.

Os Fariñas ainda eram relativamente desconhecidos quando chegaram a Newport, e Dick em particular viu isso como sua grande chance. Mimi ficou feliz em ir junto, mas tinha sentimentos um tanto confusos — ela amava Dick e a música que estavam fazendo juntos, mas também era uma Baez idealista, intensamente ciente de que a viagem estelar de Dylan tinha sido difícil para sua irmã e que Joan e os pais, que tinham ido assistir sua grande estreia, consideravam Dick um oportunista interesseiro. Foi um momento complicado para o casal, tanto profissional quanto emocionalmente, e a prova disso veio minutos após sua chegada, quando Mimi viu o anúncio de meia página da Grossman Management, Inc., no programa do Folk Festival, e descobriu que Dick os havia inscrito como clientes sem consultá-la. "Fiquei muito brava", ela disse a David Hajdu. "Ele não fez isso de forma honesta." Mas ela acrescentou: "Eu entendi por que ele fez isso. Ele queria que nós déssemos certo e começássemos a ganhar dinheiro, e ele via que assinar com Albert e ir para Newport eram as grandes jogadas para conseguir isso."

Uma terceira jogada foi garantir que as apresentações em Newport atraíssem atenção, o que Dick planejou fazer adicionando percussão e eletricidade. No workshop Contemporary Songs, a presença de Dylan garantiria uma grande multidão, com proporção razoável de fãs que possivelmente gostassem do estilo elétrico, mas a agenda estava apertada e Yarrow os manteve no formato de dupla. Os Fariñas, no entanto, abriram com o blues-rock "One Way Ticket", que ficou um pouco fraco sem a banda, e o set incluiu "Sell-Out Agitation Waltz", um dos exercícios mais intrincadamente Dylanescos de Dick na crítica social: "Cut your hair and never stare at people who ain't aware / That every morning they wake up dead" ["Corte seu cabelo e nunca encare pessoas que não estão atentas / Que todas as manhãs acordam mortas", em tradução livre]. Eles chegaram mais perto de uma configuração de banda completa algumas horas depois na oficina de dulcimer de Jean Ritchie, com Bruce Langhorne tocando pandeiro e Al Kooper na guitarra — e Dick apresentou Langhorne como "o guitarrista de instrumento elétrico principal do último disco de Bob Dylan, *Bringing It All Back Home*", em vez de mencionar sua aparição em seu próprio disco. A sessão de rock dos Fariñas precedeu a de Dylan, mas era óbvio quem estava ditando o ritmo, e Dick mais tarde reclamaria sobre a pressão "para se mexer tão rápido quanto ele".

Quanto ao próprio Dylan, estava descolado e bonito naquela tarde usando uma camisa roxa escura, paletó preto solto, jeans preto justo e botas de couro pretas com bico fino e saltos de quatro centímetros. Seu novo visual claramente agradou alguns fãs mais do que outros, e um repórter estudantil lamentou que ele havia "atraído para si todo o grupo de adolescentes foliões do rock and roll cujos gritos e ruídos de êxtase quando o artista subia no palco eram muito irritantes". Ele abriu com um trabalho em andamento, uma versão da música que ele gravaria no mês seguinte como "Tombstone Blues", mas sem refrão e definida para uma melodia melancólica e monótona em vez do blues-rock cortante da edição final. A multidão pareceu gostar das letras surrealistas, rindo alto em alguns versos, mas Shelton não ficou impressionado, descrevendo-a como "arrastada".

Dylan seguiu com uma música mais familiar, a romântica "Love Minus Zero/No Limit" do seu último álbum. Uma brisa soprou, levando para longe a neblina e aliviando a umidade da manhã, e seu alto emaranhado de cabelo tremeu em conjunto com as folhas e galhos ondulantes atrás dele. "If You Gotta Go, Go Now" não arrancou as risadas habituais — o cenário ensolarado ao ar livre não combinava com o tema noturno —, mas o público estava encantado e atento. Uma variedade de rostos se estendia pelo campo, preenchendo cada pedaço de grama, aglomerando-se e esforçando-se para ver a pequena figura no palco e captar suas palavras vindas de um sistema de som projetado para plateias bem menores.

A programação já estava atrasada, e atrás do palco baixo de madeira Eck Robertson e outros veteranos podiam ser vistos preparando os instrumentos, transitando e sussurrando enquanto esperavam para começar a oficina de violino e bandolim. Dylan cantou um encerramento apropriado, "It's All Over Now, Baby Blue", agradeceu à multidão e tentou sair, mas foi recebido com uma onda de aplausos que não mostrou sinais de enfraquecimento e gritos urgindo seu retorno, então Yarrow o trouxe de volta para um bis. Alguns pediram "Mr. Tambourine Man", depois veio uma enxurrada de pedidos por "Rolling Stone" — assim como por "Happy Birthday", que arrancou uma risada de Dylan, que se divertia com todos os gritos. "Esta é boa, vocês vão gostar desta", ele disse, e apesar de mais alguns gritos dizendo "Rolling Stone!", ele começou "All I Really Want to Do". O primeiro verso foi recebido com aplausos muito mais altos do que as seleções anteriores, o que sugeriu satisfação dos espectadores ao ouvir um sucesso que reconheciam de Cher e o Byrds.

Dylan ainda vinha atraindo seus antigos fãs e continuava sendo o favorito dos frequentadores de Newport, mas também estava trazendo uma nova multidão. Durante todo seu set, fotógrafos se aglomeraram ao redor, escalando a cerca de neve atrás dele, montando em um canto da plataforma onde ele estava, ajoelhado na grama, ajustando lentes teleobjetivas. A equipe de filmagem de Murray Lerner fez questão de capturar seu rosto de perto e filmar a multidão atrás dele, captando a silhueta daquela figura esguia, vestida de preto com o violão contra as multidões em suas roupas de verão de cores claras. Ele não era apenas o artista mais famoso do workshop e, por consenso geral, o mais talentoso; ele parecia estar diferente, e soava assim. Todos os outros ainda estavam no modo folk, vestindo roupas de trabalho ou casuais e boêmias, e as vozes eram roucas como velhos cantores rurais ou suaves como profissionais de casas de shows. A voz de Dylan tinha um tom cortante avançado; o som de seu antigo estilo de blues estava afiado com a segurança fria de um artista no auge de sua habilidade, ainda cru, ainda abrasivo, mas absolutamente, definitivamente original. Dava para amar ou odiar aquele som, mas não poderia negar sua singularidade.

Duas horas antes, Pete Seeger havia subido ao mesmo palco e apresentado uma de suas composições mais sutis e simples: "One grain of sand," ele cantou com voz de tenor ligeiramente trêmula, "one drop of water in the sea / One grain of sand— one little you, one little me"

[“Um grão de areia”, “uma gota d’água no mar / Um grão de areia... uma você pequenina, um pequeno eu”, em tradução livre]. Ele estava levando a coisa em frente como sempre, navegando na maré de Newport. Ele começou na quinta-feira à noite, tocando banjo para os Blue Ridge Mountain Dancers e apresentando o reverendo Gary Davis, apresentou o workshop sobre estilos de canto em grupo na sexta-feira e depois apareceu no workshop de acompanhamento de banjo, onde incentivou os jovens músicos a simplificarem seus estilos. Ele ressaltou que a versão de Frank Proffitt de “Tom Dooley” foi tocada com apenas um acorde, e B. F. Shelton havia gravado uma versão de “Darling Corey” em 1928 que usava apenas duas notas para acompanhar os versos — também era a versão que ele havia gravado em seu primeiro álbum solo em 1950, mas ele não mencionou isso, mas interrompeu para comentar sobre as gaivotas que voavam: “Elas também fazem uma música muito boa”. Naquela noite, ele estava no palco principal, tocando banjo de blues com Lafayette Leake e Willie Dixon — ele e Dixon haviam aparecido com Memphis Slim no Newport Jazz Festival três semanas antes, onde ele também havia tocado “Summertime” com uma banda de jazz de cinco integrantes — e feito um set de encerramento que culminou com Baez, Donovan, Mary Travers e George Wein se juntando a ele em “This Land Is Your Land”.

Esse set incluiu algumas de suas canções habituais — “It Takes a Worried Man”, “Oh, Mary, Don’t You Weep” — assim como um instrumental de banjo, “Coal Creek March”, que ele apresentou dizendo: “Você sabe, todos os fluxos de música folk da nossa terra às vezes me lembram de pequenos riachos de montanha que saem do caminho manjado, e as pessoas correm pela autoestrada, e de lá, elas nunca os veem de perto, de onde você pode ver que são muito bonitos. É como essa música...”. Ele tocou um pouco, então acrescentou: “Realmente vai fluindo, não tem fim”, e prosseguiu em seu pensamento:

> Todos aqueles pequenos córregos de música folk, por todo o país, fluindo. E eles não estão secando, eles estão bem ali, por trás das colinas, ou surgem de volta na memória de alguém. Bem aqui em Newport, você pode encontrar portugueses que se lembram das antigas canções portuguesas [um murmúrio de alegria da plateia saúda os portugueses locais]. Você pode encontrar, em todas as cidades do nosso país, pequenos riachos de música.

Os riachos fluíram durante todo o fim de semana: baladas, auto-harpas, pífanos, danças folclóricas, dulcimers, gaitas, bandas de cordas, canções de trabalhadores. Um workshop final à tarde de cantores britânicos foi oferecido por A. L. Lloyd, que havia se juntado a Ewan MacColl para fundar o movimento do clube folclórico britânico na década de 1950 — uma foto de 1962 o mostra com sorriso largo atrás do jovem Bob Dylan, um visitante americano do Singer's Club em Londres. Lloyd ficou agradavelmente surpreso com Newport, e disse a Shelton que estava preparado para "um grande circo", e a realidade foi "muito mais agradável do que o que havia esperado" — embora ele tenha acrescentado que, na Grã-Bretanha, eles distinguiam folk de pop e canções temáticas, e que Donovan não tinha nada a ver com seu mundo.

Lloyd também liderou um contingente britânico no show de sábado à noite, mas estava indesejavelmente preso entre o set de blues elétrico de Lightnin' Hopkins em sua elegante jaqueta xadrez de lapela fina e óculos escuros, e o show psicodélico retrô e cheio de diversão da Kweskin Jug Band. O *Providence Journal* chamou a reunião dos Kweskin de "duendes divertidos, uma espécie de resposta folknik americana aos Beatles. Operando frequentemente em um idioma ragtime, esses rapazes e uma moça zombam gentilmente de muitas das preocupações mais intensas dos partidários do folk e fazem um som que soa muito como o de Coney Island em vez de sua Boston natal". A grande surpresa da noite foi uma aparição não programada do sul-africano Spokes Mashiyane, o "rei do Kwela", a convite de Seeger, tocando um conjunto de jive de flauta pennywhistle acompanhado por Pete no banjo, George Wein no piano e Sam Lay na bateria. O *Patriot Ledger* escreveu que ele recebeu a única ovação de pé da noite com sua "batida de swing de pastor" (uma referência a um hit de flauta de jazz de 1958, "Swingin' Shepherd Blues").

Enquanto isso, Dylan estava fazendo planos para sua própria surpresa. A ideia de montar uma banda pode ter lhe ocorrido quando ele soube que Bloomfield e o grupo Butterfield estavam no festival, ou pode ter sido uma decisão de última hora na sexta-feira à noite, ou mesmo em algum momento no sábado. Algumas pessoas se lembram de Grossman trazendo Al Kooper de Nova York a pedido de Dylan, mas Kooper escreveu que já estava lá e de fato ia todo ano: "Seja qual for sua propensão musical, Newport era um dos encontros sociais mais legais que se poderia frequentar. A maioria dos músicos do centro da cidade fazia a peregrinação anualmente, e era como uma festa de quarteirão de Greenwich

Village transferida para a praia". Ele estava vagando pela área com a esposa no sábado quando Grossman os abordou, entregou a ele um par de passes para os bastidores e disse que Dylan queria se reunir com ele naquela noite.

O ensaio ocorreu em Nethercliffe, a mansão de Newport que servia como dormitório, refeitório e ponto de encontro central para a equipe do festival e artistas. Kooper estava no teclado, Bloomfield na guitarra, Lay na bateria e Jerome Arnold no baixo. Barry Goldberg pode ter estado lá também — ele tinha vindo ao festival para tocar piano com Butterfield, mas isso foi vetado por Rothchild, que queria um som mais despojado, e ficou satisfeito por ser incluído no grupo de Dylan que finalmente surgia —, mas ele acha que só se juntou a eles no domingo, na passagem de som. Bloomfield e Kooper haviam tocado na sessão de "Like a Rolling Stone", mas Arnold e Lay tiveram que ser atualizados. Lay lembrou que havia ouvido "Rolling Stone" no rádio e gostado, mas quando foi convidado para o ensaio, sua primeira reação foi: "Quem diabos é Bob Dylan?". Arnold não estava familiarizado com o cantor e com sua música, e parece ter achado toda a situação confusa. No entanto, de acordo com Kooper, foi "muito divertido... Um bom ensaio" — e ele ironicamente acrescentou: "Foi muito melhor do que o show". Bloomfield, por outro lado, lembrou que Arnold não conseguia acertar os acordes e a coisa toda foi um desastre: "Estávamos praticando em uma sala, e Odetta estava olhando para nós, e Mary Travers estava lá; estávamos tocando e o som estava horrível".

Bloomfield admirava as letras e o estilo vocal de Dylan — mais tarde ele o destacaria como um dos poucos artistas brancos que realmente conseguiam cantar blues —, mas estava incomodado com a maneira descompromissada de trabalhar em grupo. Relembrando as sessões de gravação no mês seguinte, ele reclamou: "Simplesmente aprendemos as músicas ali mesmo, ele cantou e nós tocamos perto dele. Ele nunca entrou na banda para que pudéssemos curtir juntos... Ele parecia estar sempre brigando com a banda". Em Newport, eles tinham o problema adicional de que era tarde da noite, todos estavam cansados, e alguns músicos eram *bluesmen* de Chicago que nunca tinham tocado aquele tipo de som. Dylan, no entanto, parece ter ficado animado com a chance de se ligar à tomada e fazer barulho, e depois que os outros músicos foram embora, ele continuou. Um repórter que passou pela casa às 4h30 da manhã descreveu o cenário para o *Providence Journal*: Odetta, usando um vestido de noiva mexicano branco, "saltava para cima e para baixo, batendo um pandeiro enquanto um homem magro chamado Bobby Dylan, de botas de salto alto para combinar com o cabelo longo, detonava uma guitarra elétrica". Dylan parecia alheio a tudo ao seu redor; ignorava Odetta e se recusou a atender um telefonema de Baez. "Ninguém sabia o que fazer com a situação. Bobby Dylan arrebentando como se fosse um ídolo do rock 'n' roll. As expressões faciais. Seus giros. Os amplificadores rugindo. 'Isso é música folk?', alguém perguntou".

Os Weins também estavam acordados e parecem ter aceitado tudo como uma loucura corriqueira de festival. Eles tinham organizado uma festa pós-show até as 2h30, e agora George "estava sentado em outra sala, tomando uma bebida, lutando contra a exaustão", conversou com o repórter sobre talvez fazer um festival de uma semana em 1966, com os dias extras dedicados a artistas tradicionais, "para o verdadeiro aficionado por folk". Então subiram para ligar para os departamentos de polícia próximos e verificar se havia algum problema — era uma noite tranquila, mas os moradores estavam reclamando de visitantes dormindo em carros e quintais, e a polícia estava circulando, "mandando jovens embora". Joyce Wein estava lá embaixo, servindo bebidas, pasta de amendoim, batatas fritas, creme de marshmallow e frios para os convidados que ainda estavam acordados, e disse que ficaria lá até o amanhecer, e depois teria que dar um jeito com o café da manhã. "Àquela hora," concluía o artigo, "a névoa já havia se dissipado e Bobby Dylan já havia se transformado em um cantor folk de volta".

Capítulo **10**

LIKE A ROLLING STONE

O domingo amanheceu abafado e nublado, e o concerto matinal religioso teve poucos espectadores. Os Moving Star Hall Singers iniciaram, seguidos por Maybelle Carter, Viola James do Mississipi e Roscoe Holcomb, acompanhado em sua última música por Jean Ritchie. Ritchie permaneceu no palco para cantar "Brightest and Best of the Suns of the Morning", e o *Providence Journal* relatou que, "por uma estranha coincidência, uma sirene de neblina perto da Estação de Treinamento Naval estava tão sincronizada... que soou com um toque triste no final de cada compasso, atingindo quase exatamente a mesma nota que a Srta. Ritchie". O reverendo Gary Davis se apresentou em seguida, e anunciou: "eu não vim aqui para lhes trazer algo arrastado e lento', e pregou com uma versão cheia de energia de "If I Had My Way", sua releitura rimada da história de Sansão e Dalila. E então, os Charles River Valley Boys tocaram country gospel, os cantores de Cape Breton misturaram suas harmonias, Son House cantou duas seleções *à cappella*, os New Lost City Ramblers deram suporte a Cousin Emmy e os Chambers Brothers fizeram um final gritante com "I Got It", levando a multidão a se levantar e bater palmas.

A tarde seria dedicada ao show dos New Folks ["novos representantes do folk", em tradução livre], e Peter Yarrow queria fazer uma passagem de som adequada para a Butterfield Band. Então, para afastar o público do palco principal, um painel de discussão intitulado "The Scholar and the Performer" ["O Acadêmico e o Artista de Palco", em tradução livre] foi convocado na plataforma Bluesville com Alan Lomax, A. L. Lloyd, Charles Seeger e o folclorista afro-americano Willis James. A logística de Yarrow foi comprometida pelo clima — estava nublado durante a maior parte do fim de semana e, ao meio-dia, o céu parecia ameaçador. Ninguém queria se apresentar com uma banda elétrica na chuva, mas, torcendo para dar certo, ajustaram os níveis para Butterfield. Yarrow queria fazer a checagem de Dylan ao mesmo tempo, mas depois da jam ao longo da noite toda, não houve como ele aparecer tão cedo, então o processo foi adiado para o intervalo entre os shows da tarde e da noite.

A exibição dos New Folks era a cria particular de Yarrow, uma chance de apresentar artistas que não eram estrelas conhecidas nem portadores de tradições sagradas. A programação se sobrepôs ao set Contemporâneos de sábado, incluindo Patrick Sky, Gordon Lightfoot e os Fariñas, mas também incluiu blues acústico de John Koerner, canções atuais de Mark Spoelstra, música country antiga de Byron e Lou Berline e os Charles River Valley Boys, harmonias doces de Kathy e Carol, e Hamilton Camp apresentando um set teatral que incluiu o recente hit do Herman's Hermits "Mrs. Brown, You've Got a Lovely Daughter". No curso normal dos eventos, os Chambers Brothers teriam sido a grande novidade — eles trouxeram Baez para cantar "Just a Closer Walk with Thee" com eles, e o *Journal* os chamou de "a resposta do Mississipi aos Beatles" e descreveu a resposta entusiasmada da multidão como prova de "que muitos nessas plateias estão dispostos a abandonar a música folk pela big beat". No entanto, os Fariñas também pretendiam injetar um pouco de rock em seu show e receberam um impulso adicional do acaso e do clima. Eles planejaram um set que gradualmente adicionaria músicos, e Barry Tashian, que tocava em uma popular banda de rock de Boston chamada Remains, recordou que apareceu com seu amplificador de guitarra mas ouviu Yarrow vetá-lo por ser muito complicado para a configuração de som. Yarrow, no entanto, apresentou os Fariñas como pioneiros de "uma nova forma musical muito bonita... uma das novas direções definitivas que a nova música folk está tomando", incluindo "instrumentos elétricos, algo que está se tornando, é claro, cada vez mais amplamente usado e aclamado e [...] não destruído [presumivelmente significando "destrutivo"]. Claro que você sabe que Bobby, Bobby Dylan, os usou em seu último álbum."

Os Fariñas foram acompanhados por Fritz Richmond no baixo *washtub* e o "rei do pandeiro Bruce Langhorne" na percussão — Langhorne foi amplamente divulgado como a inspiração para "Mr. Tambourine Man" — e Dick mais uma vez observou que havia tocado violão no último LP de Dylan. Eles abriram com um medley instrumental de sete minutos conduzido pelo dulcimer rítmico de Dick, então trouxeram Baez para fazer harmonia em canção mais conhecida dele, "Birmingham Sunday". Foi um sucesso garantido, e eles continuaram a crescer com a enérgica "House Un-American Blues Activity Dream", adicionando na gaita outro roqueiro de Boston, Kyle Garrahan, do Lost. Foi durante essa música que eles notaram que alguns membros da plateia pareciam inquietos e foram se levantando para ir embora. "Ficamos bravos", Dick lembrou. "Achávamos que as pessoas estavam indo embora porque não gostavam de nós". Então ele viu um relâmpago e percebeu que estava começando a chover.

O grupo continuou tocando, terminando com aplausos entusiasmados no que havia se tornado uma chuva torrencial, e Dick se inclinou para o microfone vocal, gritando "Espere! Espere! Espere! Temos mais!". Yarrow entrou, mais calmo, e disse: "Certo. Voltem, voltem"; e depois se voltou para a equipe: "Mova tudo isso de volta, todos os microfones e tudo mais." Virando-se para a multidão, ele explicou: "Enquanto tiramos os microfones da chuva para que não sejam danificados, quero deixar algo bem claro: não está chovendo!". Isso foi recebido com uma mistura de aplausos e vaias, e ele continuou: "É só que... é muito simples. Deus ficou muito comovido e está chorando um pouco. Esperamos que essa nova apresentação o acalme, assim que os microfones forem religados". Demorou alguns minutos, mas logo os Fariñas estavam de volta, dedicando a música seguinte "à memória dos Beach Boys" e disparando em "Leaving California (One Way Ticket)". Dick incitou a multidão: "Levantem-se e dancem! Vocês vão se sentir bem".

Pete Seeger descreveu os minutos seguintes como "uma visão que nunca esquecerei em toda a minha vida":

> Sete mil pessoas foram ficando encharcadas, e disseram: "Que se dane, vamos nos molhar". Elas começaram a tirar as roupas e a dançar ao som da música. Era uma apresentação de rock de verdade, com ritmo maravilhoso. E havia pessoas balançando as camisas no ar e dançando todos os tipos de danças, as

> mulheres tinham tirado as camisas; dançavam de sutiã. Foi um pandemônio. Sete mil pessoas dançando na chuva torrencial, e Dick e Mimi arrebentando. Foi maravilhoso.

Mais em retrospecto, Joe Boyd fez uma analogia óbvia: "As imagens que se tornariam clichês de festivais de rock nos anos seguintes — garotas dançando em blusas frágeis transparentes pela água chuva; lama manchando os rostos de jovens sorrindo em êxtase — apareceram pela primeira vez durante o set dos Fariñas naquela tarde". Nas filmagens documentais, o *Festival!* capturou vinhetas: a equipe de som lotando o palco, movendo microfones para longe do perigo, trazendo cobertores para cobrir amplificadores. Ralph Rinzler está atrás dos Fariñas, protegendo-os com um guarda-chuva, enquanto eles seguem tocando "Reno, Nevada", outro boogie animado. Richmond dedilha o baixo de balde, Langhorne bate no pandeiro, Garrahan se inclina para o microfone e toca harpa. Baez dança frug com um dos irmãos Chambers; Paul Stookey bate palmas. A chuva cai e os ouvintes estão dançando, sorrindo, cobrindo as cabeças com camisas e cobertores, muitos deles ainda com óculos escuros.

Para o final, os Fariñas foram acompanhados por Baez e uma multidão de outros artistas e lideraram a multidão em "Pack Up Your Sorrows", enquanto Dick instigava, "Vamos cantar até o sol sair de novo". A chuva parou tão rápido quanto começou, e o público estava torcendo roupas e limpando assentos. Teria sido um belo e dramático final de tarde, e muitas pessoas se lembram dessa forma: David Hajdu escreve que Theodore Bikel parabenizou os Fariñas nos bastidores, dizendo que o programa noturno teria que ser cancelado por causa do clima, mas que o set deles havia sido "uma maneira perfeita de encerrar o festival". Boyd escreve, "Quando encerramos com os Fariñas, uma luz rosada banhou o céu ocidental. Dez minutos após o fim do concerto, a chuva torrencial cessou, um arco-íris apareceu seguindo as nuvens para o leste e o local brilhou em suaves cores noturnas". Na verdade, Bernice Reagon seguiu os Fariñas com um set a cappella, e o *Newport Daily News* publicou que ela fez "o público encharcado bater palmas e pisar forte no acompanhamento". Yarrow voltou para explicar que a Butterfield Band não poderia se apresentar no palco molhado, mas tocaria um set de abertura especial antes do concerto noturno, e pediu a todos que espalhassem a notícia de que o show começaria quinze minutos mais cedo. Então, os Charles

River Valley Boys cantaram "Swing Low, Sweet Chariot" e terminaram a tarde com quatro canções de bluegrass.

A multidão saiu para jantar, e Dylan chegou para a passagem de som. Ele estava vestido de forma mais impressionante do que nunca, com camisa de poeta cor de pistache com grandes bolas brancas e mangas largas. Barry Goldberg, que ia tocar piano enquanto Al Kooper comandava o Hammond B3, lembra estar sentado no banco do órgão fumando um cigarro enquanto Dylan brincava no teclado, tocando uma versão rock de "This Land Is Your Land". "Estava tudo muito solto, e então tivemos uma passagem de som regular que era realmente muito angustiante, com Peter Yarrow gritando, e era muito desconfortável, ele trazia uma vibração ruim para a coisa toda". Jonathan Taplin, um adolescente que havia acabado de ser contratado por Albert Grossman como ajudante, tem uma lembrança semelhante: "Foi completamente caótico — sabe, nada daquilo havia sido planejado. Não era como se Dylan tivesse uma equipe organizada para montar amplificadores. Para ser honesto, ninguém lá sabia que porcaria estavam fazendo quando se tratava de fazer música elétrica no palco. Eles tocavam um verso e um refrão, e então paravam, e Peter Yarrow corria por aí gritando com todo mundo, e Dylan não levava aquilo a sério, e nem Bloomfield".

Parte disso foi filmado, e Yarrow certamente parece agitado, mas é difícil culpá-lo — ele está sem camisa, de óculos escuros, tentando segurar a situação e organizar os microfones enquanto os músicos tentam simultaneamente deixar o que lhes cabiam em ordem. "Esperem, cavalheiros, sem barulho agora", ele brinca, e então insiste: "É *essencial* que ajustem os níveis para os instrumentos e amplificadores e gravem-nos em suas cabeças!". Os músicos tocam a progressão de acordes de "Like a Rolling Stone", que soa bem, Sam Lay mantém a batida, Jerome Arnold acentua as notas de base, Paul Rothchild atua brevemente como líder da banda, enfatizando como devem tocar uma frase de tons no refrão: "bah-bah-bah-bah, bah!". Paul Butterfield está sentado em um amplificador de um lado, fumando um cigarro, com cara de entediado. Dylan está ficando claramente impaciente, e suspira de forma teatral, "Oh, cara", enquanto outro problema surge, e ele imita os gritos repetidos pedindo fita adesiva.

Boyd lembrou que ele e Rothchild estavam na mesa de som com Grossman, algumas centenas de metros na área de plateia, e foram particularmente meticulosos com os níveis de Dylan, marcando o volume e a equalização para cada canal com marcador rosa fluorescente para que pudessem checá-los no escuro.

> De volta ao palco, perguntei a cada um dos músicos se estavam felizes com as posições e níveis dos amplificadores. Não havia monitores de palco naquela época e nem alimentação direta de instrumentos elétricos no sistema de som; um microfone tinha que ser colocado na frente de cada amplificador para captar o sinal. Eu delineei a posição dos amplificadores e microfones e as configurações dos mostradores com marcador rosa. O som que havíamos ensaiado deveria estar lá desde a primeira nota. Quando o palco foi limpo e os portões foram abertos ao público, nenhum de nós saiu para pegar comida: estávamos muito carregados de adrenalina para ficar com fome.

O show estava programado para começar às 20h e grande parte do público ainda estava chegando quando Yarrow chegou ao microfone, por volta das 19h40. "O show desta noite está começando cedo por um motivo muito específico", ele explicou:

> Houve a intervenção do espírito divino nesta tarde: ele chorou, lágrimas de alegria. Choveu, mas não admitimos que era de fato chuva. E por várias razões — e principalmente porque o grupo seria eletrocutado —, o grupo que deveria subir ao palco não pôde tocar, porque eles usam instrumentos elétricos.
>
> A maioria de vocês os ouviu em algum momento ou outro durante o fim de semana. Eles têm acompanhado todo mundo, eles têm se envolvido muito no festival como um todo, o que é um crédito para cada um deles. No entanto, eles não são músicos de apoio, apesar de que serão vistos mais tarde nesta noite acompanhando Bob Dylan. Eles estão hoje à noite acompanhando a si mesmos e à pessoa que é de fato o líder do grupo. Senhoras e senhores, por favor, recebam conosco — comigo — Paul Butterfield!

Além de Sam Lay, os músicos de Butterfield não tinham se misturado muito à multidão naquele fim de semana, e a introdução de Yarrow sugere que ele estava tentando apaziguar os céticos e provar que a banda teria a ver com Newport. A julgar pelos aplausos de boas-vindas, ele não precisava ter se preocupado. Butterfield abriu gentilmente, cantando o lento "Blues with a Feeling", e quando terminou, as palmas se misturaram a vivas e gritos. Eles seguiram com o rock com gaita de "Mellow Down Easy"; exibiram a guitarra slide de Bloomfield em "Look Over Yonders Wall"; acalmou os ânimos com um instrumental de soul-jazz, "Work Song" de Cannonball Adderley; e terminaram com "Born in Chicago". Naquela época, eles estavam com uma boa plateia — na sequência do filme *Festival!* filmada no ombro de Butterfield usando jaqueta de veludo cotelê, com os assentos cheios até o fundo do espaço. Butterfield balança para frente e para trás, sua gaita batendo firme, vibrando e ecoando como um sax tenor. Arnold balança atrás dele, Bloomfield curva os ombros e move o queixo, disparando conjuntos agudos de notas. O set durou quase vinte minutos, e Butterfield agradeceu ao público com aplausos apreciativos pontuados por gritos de "Mais!". Seeger foi até o microfone e, depois de agradecer a Butterfield, preparou o ambiente para a celebração final daquele fim de semana:

> Como aqueles que estão aqui há quatro dias sabem, provavelmente tivemos mais variedade de música do que em qualquer festival em qualquer estado. Tivemos os lenhadores do Texas; tivemos pessoas cantando em gaélico da Ilha Cape Breton, na Nova Escócia; tivemos pessoas da Califórnia e da Geórgia, da cidade e do campo; tivemos pessoas que tocam blues gritantes e pessoas que cantam canções murmuradas, tristes e calmas; tivemos jovens, tivemos velhos. E por que fizemos isso? Porque nós — e quando digo "nós", quero dizer todo o conselho de diretores do Newport Folk Festival — acreditamos na ideia de que o homem e a mulher comuns podem fazer sua própria música nesta era das máquinas. Nem tudo *precisa* sair de um alto-falante. E você *pode* fazer isso, quer deseje gritar ou murmurar, cantar de jeito mais doce ou mais áspero. E isso pode ser sua própria música — e quando eu digo "sua própria", é a música de sua próprio grupo, seja sua família, sua cidade ou sua região, sua raça ou seu lugar, sua religião ou onde quer que seja sua origem.
>
> Agora aqui estão vocês, todos sentados ao ar livre, olhando para as luzes de Newport. Vocês veem a grande chaminé ali,

> veem a base naval lá, e se estivesse um pouco mais claro, e não tão enevoado, vocês poderiam ver o oceano mais à distância. Nós, como músicos, estamos sempre olhando para longe, para além. Gostamos de olhar além de algumas das coisas sórdidas que estão por perto, para ver as belezas um pouco além. Mas hoje à noite eu pedi a todos os artistas, jovens ou velhos, para manterem algo em mente. Aquele prédio ali à direita é um hospital, e as esposas dos caras da Marinha vão para lá para ter seus bebês. E, de certa forma, para todas as músicas desta noite, pedi que cantassem com a ideia de que estão cantando para um novo membro da raça humana. Em que tipo de mundo eles vão viver, quando crescerem e nós estivermos velhos e de cabelos grisalhos?

A irmã de Pete, Penny, e o marido, John Cohen, tinham um novo bebê, e Pete segurou um gravador perto do microfone para tocar "um pouco de música folk universal": o som da pequena Sonya gorgolejando e chorando. O público aplaudiu, e ele continuou sua meditação:

> Veja, essa bebezinha está meio que se perguntando em que tipo de mundo ela está entrando, e você e eu temos que ajudar a pensar sobre isso também. Que tipo de bombas estão penduradas sobre a cabeça dela? Que tipo de poluição estamos colocando em seu ar e em sua água?

E com isso, ele apresentou o primeiro artista programado da noite, Mance Lipscomb, "um homem cuja música é realmente das raízes do rock 'n' roll da cidade, é o blues country". Fazendeiro do Texas de setenta anos com um repertório variado de canções de ragtime, pop e blues, Lipscomb apresentou um set de quatorze minutos variando do ragtime "Truckin' My Blues Away" a um nostálgico "Shine On, Harvest Moon" e o gemido de slide guitar de "Motherless Children".

Eric Von Schmidt foi o próximo, abrindo com uma ode surrealista de dezessete segundos ao pai da bomba de hidrogênio, cantada em uma imitação de harmonia madrigal com Fritz Richmond: "Edward Teller told me yesterday that his eyebrows were not real" ["Edward Teller me disse ontem que suas sobrancelhas não eram reais", em tradução livre]. Eles foram acompanhados por Geoff Muldaur em "Grizzly Bear", depois por Maria Muldaur e Mel Lyman no blues romântico "My Love Come Rolling Down". Naquele momento, Von Schmidt recebeu sinal para sair do palco — cada set deveria durar cerca de doze minutos —, mas, encorajado pelos gritos entusiasmados do público, ele liderou o grupo para cantar "Out on the Rolling Sea" em estilo bahamiano *à cappella.*

O "violinista" Bob Beers, a esposa Evelyne e a filha Martha foram os artistas seguintes, tocando música americana antiga com violino, banjo e saltério, um ancestral do cravo de cordas beliscadas. Seu set suave foi seguido pelo novato mais popular da noite, Cousin Emmy, uma lenda country que havia sido gravada por Alan Lomax em 1947, apresentada por Mike Seeger como "a primeira artista caipira a ter um Cadillac", que havia se tornado uma atração regular na Disneylândia. Descrita por um crítico como "um presunto curado no palco com cabelo loiro e sorriso fluorescente", ela deu um show efervescente e agradável ao público, apoiada pelos New Lost City Ramblers, retorcendo seu banjo, cantando "Pretty Little Miss in the Garden" de forma apaixonada, esfregando uma rabeca, soprando uma gaita meio blues em "Lost John", batendo a melodia de "Turkey in the Straw" com as bochechas e terminando com outra peça de banjo — enquanto assegurava a todos os seus "amigos e vizinhos" que a recepção estava sendo simplesmente maravilhosa e a enchia "de tempero!". Foi maravilhosamente cafona, e o público aplaudiu e gritou por um bis, mas a noite tinha que continuar seguindo.

"Cousin Emmy é uma graça, certo?", Yarrow perguntou, e respondeu a si mesmo: "Certo". Ele tinha que ganhar tempo enquanto a equipe mudava a configuração do palco, e ele sabia que um momento difícil estava chegando: no ano anterior, ele havia enfrentado uma multidão furiosa que queria ouvir mais Dylan, e agora o artista mais popular da noite estava prestes a aparecer em um horário ainda menos apropriado, no meio da primeira metade da noite, novamente entre outros artistas. Para piorar as coisas, Dylan tinha sido claro sobre seu descontentamento: "Ele ficou ofendido", Yarrow relembra. "Ele notou que as pessoas ficariam muito bravas, porque algumas pessoas iriam querer mais dele, e elas ficariam bravas porque a implicação era que ele estava sendo desrespeitado." Yarrow tentou apaziguá-lo, explicando que eles queriam evitar um esquema de listagem de celebridades, mas Dylan disse que só tocaria as três músicas com equipamento elétrico que havia ensaiado, e pronto — então Yarrow não teve outro recurso a não ser tentar diminuir as expectativas do público. "Tem alguém vindo na programação agora..." ele começou, e interrompeu a si mesmo — "na verdade, a programação inteira desta noite foi projetada para ser um conjunto de pequenas apresentações... Estamos todos limitados ao tempo que podemos estar no palco, por uma razão muito específica: o conceito do programa desta noite é fazer uma sequência de muitos, muitos pontos de vista diferentes". Ele enfatizou novamente que a duração do set era limitada para todos, incluindo seu próprio grupo, é claro, que tocaria mais tarde.

A essa altura, os amplificadores estavam zumbindo e os músicos estavam entrando no palco. Bloomfield conectou sua guitarra e verificou sua afinação, e Yarrow protestou: "Por favor, não toquem ainda, cavalheiros; só mais um segundo". Bloomfield dedilhou mais algumas notas. Então Yarrow fez sua introdução formal:

> A pessoa que está chegando agora é uma pessoa que, em certo sentido [um zumbido elétrico alto o interrompeu] mudou [mais zumbidos] a face da música folk para o... para o público americano amplo [uma corda de violão tilintou], porque ele trouxe para ela, para a música, um ponto de vista de um poeta. Senhoras e senhores, a pessoa que vai subir agora tem um tempo limitado [a essa altura a multidão sabia quem estava vindo e reagia com uivos irônicos]. Seu nome [aplausos, gritos e assobios] é *Bob* [mais aplausos] *Dylan*!

Os aplausos aumentaram quando Dylan subiu ao palco, depois diminuíram até um murmúrio baixo enquanto os músicos testavam os instrumentos. Dylan dedilhou alguns acordes, e Bloomfield instruiu Yarrow: "Aumente isso aí, cara. Dê um pouco mais de volume pro Bobby". Kooper tocou um pouco de órgão. Goldberg brincou por um momento no piano. Dylan dedilhou as cordas graves. "Você quer mais alto?", Yarrow perguntou, e Bloomfield sugeriu, "Mais agudos", então murmurou para Dylan: "Comece". Dylan soprou sua gaita no microfone vocal e começou a dedilhar novamente. "Mais, um pouco mais", Bloomfield instruiu Yarrow, então disse: "OK". A essa altura, Dylan estava estabelecendo um ritmo constante; Lay veio atrás dele na bateria, e Bloomfield gritou como se estivesse pulando na carroceria de um carro de fuga — "Vamos lá!" — e cravou um riff de base cativante. Dylan ouviu por alguns segundos, sentindo a banda, foi até o microfone e soprou uma nota, como se estivesse verificando como soaria, então deu um passo para trás novamente, olhando ao redor para os músicos e a multidão. Bloomfield disparou uma série rápida de notas dobradas e Dylan olhou para ele, assentiu, encolheu os ombros e olhou de volta para os outros músicos. Ele estava vestido com uma jaqueta de couro que brilhava sob as luzes, e uma camisa salmão abotoada apertada no pescoço. Seus jeans pretos eram justos e cobriam as botas de cowboy pretas, e sua guitarra era uma Stratocaster de corpo sólido com acabamento com dégradée de queimado de sol. As luzes o destacavam, sozinho, na frente e no centro, entre as sombras dos outros músicos na escuridão por trás. Ele ouviu mais um momento, sentindo a força da banda, foi até o microfone e cantou um único verso: "I ain't gonna work on Maggie's farm no more". Dando um passo para trás, ele ouviu novamente quando Bloomfield entrou com uma passagem de resposta afiada, e deixou o ritmo carregá-lo por mais um momento antes de se levantar e repetir a frase. Bloomfield respondeu novamente, e ele ouviu por mais um momento antes de irromper no verso: "Well, I wake up in the morning, fold my hands and pray for rain, / I got a head full of ideas that are driving me insane" ["Bem, eu acordo de manhã, cruzo as mãos e rezo para que chova, / Estou com a cabeça cheia de ideias que estão me deixando louco", em tradução livre]. Yarrow agachou-se no fundo, mexendo nos cabos de som e fazendo pequenos ajustes nos amplificadores. Bloomfield estava na escuridão à direita de Dylan, iluminado momentaneamente pelos flashes dos fotógrafos no fosso logo abaixo. A voz de Dylan alternava com os preenchimentos firmes e crus da guitarra de Bloomfield. Entre cada verso, Bloomfield entrava para uma pausa, tocando conforme sentia, sem se ater a nenhum padrão específico, arrancando guinchos agudos, notas graves fortes, grupos de ruído dissonante e, em seguida, segurando de volta no riff repetitivo que sinalizava a próxima entrada de Dylan. Ele não estava apenas acompanhando Dylan; ele estava duelando com ele, desafiando-o e incitando-o. Dylan uivou no último verso: "I try my best to be just like I am, but everybody wants you to be just like them" ["Eu tento o máximo ser como eu sou, mas todo mundo quer que eu seja como eles", em tradução livre]. Ele se virou para Bloomfield, que deu um passo à frente, curvado sobre sua guitarra, balançando a cabeça com seu solo. Dylan o encarou, cortando o ritmo, então se virou para a banda, acenando para que eles fossem finalizando; dedilhou os últimos acordes e pronto.

Com as últimas notas de "Maggie's Farm", deixamos o reino da história e entramos no reino do mito. Alguns espectadores se lembram da multidão explodindo em vaias, alguns se lembram de aplausos, alguns apenas de um silêncio chocado. Há histórias que contam que Seeger caminhava pelos bastidores com um machado, ameaçando cortar o cabo de som, ou encolhido em seu carro, em lágrimas, incapaz de enfrentar a morte de seu sonho. Alguns se lembram de Dylan chorando também, terminando seu set mais cedo e desaparecendo enquanto a multidão gritava de raiva ou decepção e Yarrow implorava para que ele voltasse, e que ele finalmente voltou ao palco, arrependido, ou desafiador, com um violão acústico emprestado de Yarrow ou Johnny Cash, para cantar uma despedida melancólica ou amarga.

Algumas lembranças podem ser confirmadas ou refutadas — Dylan tocou uma sequência específica de músicas e esteve dentro e fora do palco por períodos mensuráveis de tempo, e parte do barulho da multidão foi gravado —, mas havia mais de dezessete mil pessoas na plateia, com todos os assentos e espaços na área do festival ocupados e outros dois a quatro mil espectadores ouvindo do estacionamento. O que qualquer um vivenciava dependia não apenas do que pensavam sobre Dylan, da música folk, do rock 'n' roll, das celebridades, sobre se vender, sobre tradição ou pureza, mas de onde estavam sentados e quem estava perto deles, e no final as disputas e memórias conflitantes podem valer mais do que as evidências preservadas em fitas e filmes — e alguns também devem ser encarados com cautela, já que os filmes eram editados para aumentar o drama do momento, intercalando o barulho clamoroso da multidão do começo ou do fim do set de Dylan para aumentar a resposta relativamente discreta capturada pelos microfones do palco após a primeira música.

Para as pessoas que estavam perto do palco, o maior problema era o som — Bill Hanley, que projetou e supervisionou o sistema de Newport, explica que o palco era inclinado, voltado na direção do público e direcionava o rugido dos amplificadores de instrumentos diretamente para a cara das pessoas na frente, enquanto a voz de Dylan só saía pelos alto-falantes PA de campo, nas laterais. Como resultado, os ouvintes privilegiados aos pés dos músicos e nos bastidores ouviram o som completo dos instrumentos, e muitos se lembram do canto de Dylan como virtualmente inaudível. No meio da multidão, o som era melhor — Hanley foi um pioneiro do áudio ao ar livre e diz que o sistema era capaz de segurar bandas com som muito mais alto do que a de Dylan —, mas ainda oscilava um pouco, dependendo do quanto se estava perto, e era muito mais alto do que a maioria dos ouvintes estava acostumada. Não eram muitas as pessoas familiarizadas com a distorção intencional de amplificadores de guitarra com overdrive naquela época. Alguns ficaram empolgados, outros entraram em pânico, todos ficaram chocados. "Foi uma resposta muito emocional", lembra Peter Bartis, agora um folclorista experiente, mas na época um garoto de quinze anos que mentiu para os pais e foi para Newport naquele dia de carona. "Algumas pessoas estavam aplaudindo, algumas vaiando. Algumas estavam chorando, elas estavam realmente assustadas. Eu meio que gostei, mas foi confuso".

O que sobrevive em fita e filme é uma destilação concentrada — apenas microfones estavam no palco, as câmeras estavam focadas em Dylan —, mas ainda dá uma poderosa sensação de caos e excitação: a aparição de Dylan é recebida com aplausos fervorosos, mas morre gradualmente ao longo dos cinquenta segundos seguintes conforme a banda se organiza. Eles tocam "Maggie's Farm", estendendo a música por cinco minutos, e terminam com uma explosão de Bloomfield, uma batida na bateria de Lay, Dylan murmurando "Muito obrigado" e o rufar final da bateria sob o órgão cintilante. Os aplausos são fortes sob as notas finais, mas morrem segundos depois.

Em vez de ir direto para a próxima música, há uma pausa enquanto Kooper muda do órgão para o baixo e Goldberg assume o B3. Arnold vinha tendo problemas por não conhecer o material e passou por "Maggie's Farm" mantendo-se firmemente em um acorde e ignorando as mudanças do resto dos músicos. "Like a Rolling Stone" era uma música mais complicada, e como Goldberg havia recebido uma cópia antecipada do disco de Bloomfield e conhecia a parte de órgão de Kooper, eles decidiram fazer a troca. A troca de instrumentos é um pouco complicada porque as cordas da guitarra ficam emaranhadas, e há uma breve confusão para endireitá-las, durante a qual uma voz feminina da multidão pode ser ouvida gritando: "Beatles! Toquem Beatles!". Kooper dedilha algumas notas. As luzes do palco estão acesas em cima da banda, e Kooper está de pé atrás de Dylan usando óculos escuros e a mesma camisa de bolinhas que Dylan usava antes. Dylan sopra algumas notas de gaita, verifica sua afinação, diz "OK" e toca os acordes de abertura, de costas para o público, esperando que os outros músicos entrem no ritmo. Vão-se mais uns vinte segundos, e ele parece confuso; caminha em direção ao microfone, recua e olha por cima do ombro, abrindo a boca para cantar, depois recuando novamente, e então finalmente cospe a primeira frase: "Once upon a time you dressed so fine, threw the bums a dime in your prime, didn't you?" ["Houve um tempo em que você se vestia muito bem, e jogava moedas para os mendigos no seu auge, não jogava?", em tradução livre].

É uma noite quente, e o suor brilha no rosto de Dylan. Ele nunca havia cantado a música em público e acaba abafando algumas falas, mas nos closes ele parece calmo e no controle. A banda o apoia solidamente, mantendo-se próxima ao arranjo gravado. As letras de Dylan são o foco, e não há solos, embora Bloomfield entre por um momento no final, soando como se estivesse pronto para decolar, até que Dylan se vira para o grupo e sinaliza o fim. Bloomfield fica claramente chateado, e diz: "Eu não sabia que vocês estavam terminando aí. Eu pensei que estavam...". A voz de Yarrow interrompe: "Mike! Mike! Mike. Mike. Abaixe um pouco o volume da guitarra, está soando muito...". O público está aplaudindo, mas depois de dez segundos tudo se acalma, exceto por alguns gritos indistintos. Dylan dedilha. Kooper verifica o órgão. Uma voz solitária de protesto surge da multidão, uma mulher gritando: "Tragam de volta a Cousin Emmy!". Há algumas vaias dispersas, mais gritos, e Dylan, fora do microfone, diz: "Phantom Engineer" — o título provisório de uma música que ele reformularia e gravaria em seu próximo álbum como "It Takes a Lot to Laugh, It Takes a Train to Cry". Há alguma confusão no palco, murmúrios indistintos terminando com Bloomfield explicando: "É um *shuffle* direto". Então Bloomfield começa um riff de apoio, a guitarra mais alta do que nunca e irregular com distorção, provocada por Cooper no órgão, repetindo o padrão até Dylan começar, sua calma arrastada combinando com a energia elétrica de Bloomfield. É um começo forte, mas na metade do primeiro verso as coisas desmoronam — o ritmo é de fato um shuffle de blues direto, mas a contagem de compassos fica peculiar a três quartos do caminho em cada verso, e Dylan estende uma frase mais do que o esperado, e depois volta antes para o padrão regular. Arnold fica completamente perdido, perde a mudança e vira a batida e acaba acentuando de forma diferente dos outros, e Dylan tenta se adaptar e compensar, e isso confunde todo mundo. Bloomfield irrompe para uma pausa e a energia surge, mas seu solo permanece no acorde raiz, sem se preocupar em seguir o padrão do verso; Arnold ainda está em seu próprio mundo, e as medidas complicadas do verso seguinte de Dylan os fazem tropeçar novamente. Bloomfield faz outro solo; eles fazem mais uma tentativa em um verso, quase conseguindo dessa vez; Bloomfield interrompe com seu solo mais longo e quente enquanto Kooper lamenta no órgão atrás dele, então Dylan leva a música para um final irregular, e solta, "Vamos lá, cara, é isso". Bloomfield fica surpreso, e diz, "É isso?".

O público não ouve a troca de palavras murmurada e espera em silêncio, então começa a gritar e vaiar enquanto Dylan desliga a guitarra e sai do palco, seguido pelos outros músicos. Yarrow vai até o microfone, ainda usando óculos escuros, com aparência cansada e preocupada. A multidão fica enlouquecida. "Bobby estava...", ele começa, faz uma pausa, juntando seus recursos: "Sim, ele vai tocar outra música, tenho certeza, se o chamarem de volta". O set de Dylan havia durado dezessete minutos, um pouco mais do que o tempo concedido, mas havia incluído apenas três músicas e muito espaço morto, e a multidão está cheia de pessoas que vieram a Newport especificamente para vê-lo. Não há como deixá-lo escapar tão facilmente, e eles enfrentam o desafio de Yarrow com uma mistura frenética de vaias, aplausos, assobios e gritos de "Mais!".

No filme, Yarrow parece compreensivelmente aborrecido. "Vocês gostariam que Bobby cantasse outra música?", ele pergunta, como se houvesse dúvida. Ele levanta os braços, incentivando os aplausos. Então diz: "Escute, é, é culpa do..."; ele se interrompe, percebendo que estava prestes a culpar seus colegas organizadores, então continua, "Disseram a ele que só poderia cantar por um certo período de tempo". Ele olha para a esquerda, dizendo, "O quê?". Da lateral, a voz de George Wein o tranquiliza: "Ele vai cantar mais uma". De volta ao microfone, para a alegria do público, Yarrow pergunta: "Bobby, poderia cantar outra música, por favor?".

O público ainda está gritando, e Yarrow tenta acalmá-los com um toque de gíria hipster, lançando involuntariamente uma das lendas mais persistentes da noite: na lateral do palco, longe demais do microfone para ser ouvida claramente, surge uma falação irritada, e alguém — parece Wein de novo — diz em voz alta: "Deixa disso, Pete", seguida por uma resposta ininteligível no timbre familiar de Seeger. Mais ou menos ao mesmo tempo, no microfone, Yarrow tenta tranquilizar o público e diz, referindo-se a Dylan em vez de Seeger, mas usando um nome para a guitarra usado por músicos de jazz, *axe* ['machado', em inglês], algo que alguns membros da plateia claramente interpretaram mal: "Ele vai pegar o machado".

Enquanto isso, a multidão já começa em um canto rítmico: "Queremos Dylan! Queremos Dylan!". Yarrow responde: "Ele está chegando", então, enquanto o canto continua, "Ele tem que pegar um *violão*". O canto agora é apoiado por palmas rítmicas, intercaladas com assobios. "Bobby está vindo agora", Yarrow diz novamente. "Sim, eu entendo, a questão é essa: 'Queremos Bobby.' E como queremos. O problema de tempo fez com que ele só conseguisse fazer essas três músicas". Mais gritos soam e vem o berro estrondoso de um fã de folk irado: "Diga a ele para pegar uma caixa de madeira!" (referindo-se supostamente a um instrumento de madeira de corpo oco). Outra voz grita: "Boo!". Yarrow responde calmamente: "Ele virá assim que pegar o violão". Aplausos sugerem que Dylan foi visto, mas rapidamente morrem, e os gritos de "Queremos Dylan" crescem novamente, e são interrompidos por uma voz masculina mais alta, que grita, "Queremos o velho Dylan", e uma voz feminina ecoando, com ênfase, "Queremos o *velho* Dylan!". Aparentemente encorajada, a voz masculina grita: "Queremos Pete Seeger!". A mulher ecoa o mesmo grito, então Dylan é visto: alguém grita: "Ele conseguiu"; uma voz fora do palco diz: "Chegando"; e uma última voz masculina irritada irrompe da multidão: "Ei, vamos lá, nós pagamos por isso!". Então Dylan volta ao palco, carregando um violão Gibson Southern Jumbo e é recebido com aplausos selvagens.

Dylan havia ficado fora do palco por apenas dois minutos, mas pareceu muito mais tempo — algumas testemunhas juram que foram dez ou quinze — e está claramente irritado. As pessoas gritam, uma mulher o encoraja, "Fique a noite toda, Bob", outra ecoa: "Cancelem o resto da programação!". Ele geme fora do microfone, "Não acredito nisso, cara... não acredito no que está fazendo comigo", então diz mais claramente: "Ei, Peter, tem outro violão, cara?". Não está claro o que há de errado com o Gibson, mas Yarrow responde: "Tudo bem, vou pegar outro para você". Mais um minuto se passa, Dylan dedilha notas, afina, assopra na gaita e implora: "*Por favor*, posso tocar um violão diferente?". Por fim, Yarrow volta com o próprio Martin D-28S, mas Dylan pede um capo. A multidão está inquieta, gritando comentários indistintos. Uma voz masculina irrompe: "Jogue fora essa guitarra elétrica. Droga!". Outros respondem: "Shhh!", "Sim!", "Não!".

Dylan voltou há pouco mais de dois minutos, mas não fez ainda nenhuma tentativa de abordar ou mesmo reconhecer o clamor. Finalmente, ele sopra alguns acordes de gaita, começa a dedilhar um ritmo regular e começa a cantar "It's All Over Now, Baby Blue". Aplausos saúdam as primeiras notas da melodia, e mais são ouvidos quando ele começa a cantar: "You must leave now, take what you need, you think will last"

[“Você tem que sair agora, pegue o que precisa, o que você acha que vai durar”, em tradução livre].

É uma performance feroz, cada verso claramente enunciado, e as palavras são um testamento amargo e uma despedida: “The empty-handed painter from your streets is drawing crazy patterns on your sheets / The sky too is folding over you” [“O pintor de mãos vazias de suas ruas está desenhando padrões malucos em suas telas / O céu também está caindo sobre você”, em tradução livre]. Dylan termina com aplausos avassaladores, que dessa vez não diminuem, e começa a sair do palco, então retorna ao microfone e, conforme os aplausos diminuem, pergunta se Yarrow ou alguém nos bastidores tem uma gaita na tonalidade de mi. Ninguém tem, aparentemente, e ele diz: “Olha no meu case, cara”. Alguém na plateia grita: “Toque ‘Tambourine’, Bobby!” e outros atendem ao chamado: “Tambourine Man!”. Dylan responde: “OK, eu toco essa para vocês”, atraindo aplausos selvagens. Há mais dedilhados e gritos — um homem grita: “Eu não gosto da sua banda!”. Uma mulher urra: “Fique quieto!”. Já se passaram alguns minutos desde a última música. Dylan repete: “Tudo bem, eu toco essa para vocês agora”, e começa a tocar um ritmo constante e galopante, mas em vez de cantar, ele apenas toca por um tempo, então pergunta no microfone: “Alguém tem uma gaita em mi? Uma gaita em mi, *qualquer* uma!”. Ele faz uma pausa. “Só jogue ela aqui”. Chovem gaitas no palco; Yarrow se abaixa e pega uma para ele. “Muito obrigado, cara”, diz Dylan.

“É uma gaita de Fá, cara, é uma Fá”, Yarrow avisa.

“OK”, diz Dylan, movendo o capo um traste para cima. “Muito obrigado”. Ele começa a soprar as primeiras notas de “Mr. Tambourine Man”, saudado por gritos entusiasmados e aplausos. É uma performance mais contida, mas sua voz é forte e ele parece estar saboreando as palavras, fraseando com cuidado e gentileza particulares. Seu rosto brilha de suor. A música dura cinco minutos e meio, então Dylan diz “Muito obrigado” e sai do palco; Yarrow se despede dele sob aplausos estrondosos: “Bob Dylan, senhoras e senhores. Obrigado, Bob. O poeta, Bob Dylan. Obrigado, Bob”.

O set de Dylan deixou alguns ouvintes empolgados, outros perplexos, alguns fascinados, outros irados com ele, alguns ainda bravos com os outros ouvintes. Seja qual for a opinião de cada um, os pessimistas têm alguns fatos a seu favor: a banda estava mal ensaiada e, mesmo que se achasse que as duas primeiras músicas haviam soado ótimas,

"Phantom Engineer" foi um desastre de trem em alta voltagem. Além da música, a apresentação de Dylan foi hesitante e desorganizada, e ele não fez nenhuma tentativa de se envolver com o público, de se desculpar pelos problemas ou de distrair o público da confusão. Seu set durou cerca de 35 minutos, mais do que o de qualquer outra pessoa naquela noite, mas isso incluiu os dois minutos enquanto ele estava fora do palco e mais oito com ele no palco afinando, esperando os outros rapazes se preparar, esperando uma nova guitarra, um capo, uma gaita, olhando para trás, reclamando, ou simplesmente dedilhando desarticuladamente e tocando uma nota ocasional na gaita.

O público de Newport estava acostumado a esperar pacientemente enquanto os mais velhos montavam dulcimers de martelo ou tocavam melodias obscuras de violino, e exultavam nos fechamentos não ensaiados com artistas lotando o palco para cantar canções de liberdade. Mas o set de Dylan foi algo diferente, e para muitos ouvintes pareceu uma afronta ou uma traição deliberada. Leda Schubert, uma fanática por Dylan autointitulada que o acompanhava desde seu primeiro álbum, diz que ficou "atordoada". Ela sempre o considerou um antídoto para artistas comerciais como o Kingston Trio e Peter, Paul e Mary, e agora, "pensei que Dylan estava nos abandonando; lembro-me de vagar pela multidão, meio que sem rumo; Dylan de repente estava vestindo uma jaqueta de couro preta, e o som era ALTO. Acho que fiquei um tempo e depois fui embora meio atordoada".

Nos bastidores, o sentimento de traição era ainda mais forte. Harold Leventhal relembrou: "Quando Bob subiu ao palco, eu estava nos degraus. Ele me disse, então: 'Onde está Pete Seeger?'. Eu disse: 'Ele está por aí em algum lugar'. E quando ele saiu do palco, ele me disse: 'Onde está Pete Seeger?'. Eu quase disse a ele: 'Não queira nem saber'".

Wein lembra que, quando o set começou, ele estava parado na extrema esquerda do palco com Yarrow, Bikel, Grossman e Seeger, e "ao som dos primeiros acordes amplificados, uma cor avermelhada tomou o rosto de Pete, e ele saiu correndo".

> O resto de nós ficou igualmente chocado e chateado — exceto, talvez, por Grossman, que deve ter aproveitado o momento... Depois de alguns minutos excruciantes, alguém me deu um tapinha no ombro. "Pete está realmente chateado. Talvez devesse falar com ele".

> Encontrei Pete sentado em um carro estacionado no campo atrás do palco.
>
> "Esse barulho é terrível!", ele gritou. "Faça isso parar."
>
> Eu disse: "Pete, é tarde demais. Não há nada que possamos fazer."

Outros se lembram de Seeger assumindo um papel mais ativo. Boyd escreve que Lomax, Bikel e Seeger o confrontaram nos bastidores, exigindo que ele desse a Rothchild uma ordem da diretoria do festival para abaixar o volume. Ele atravessou a multidão até a cabine de som, que ficava à esquerda do palco, e encontrou Grossman, Yarrow e Rothchild lá, "sorrindo como gatos". Quando ele entregou a mensagem de Lomax, Yarrow respondeu que o volume estava onde os músicos queriam e a mesa estava "adequadamente representada nos controles de som", e como uma mensagem de retorno ele ofereceu seu dedo do meio. Rothchild se recordou que o próprio Seeger apareceu na cabine, "quase meio metro mais alto que nós, apenas gritando e ameaçando", e Yarrow disse: "Pete, saia daqui ou eu vou te matar, caralho".

Os relatos são contraditórios e confusos — Rothchild também foi a única pessoa que afirmou ter visto Pete com um machado —, mas todos se lembram da consternação de Seeger. Yarrow o descreve como "apoplético", e Bikel se lembra dele dizendo: "'Estou com vontade de ir lá e quebrar aquela porra de guitarra' — uma linguagem bem fora do padrão de Pete". Mika Seeger se lembra do pai "correndo para desligar as coisas", e a mãe tentando impedi-lo: "Ela estava gritando com ele: 'Acalme-se, Pete'. Não o víamos perder a calma com frequência, mas quando isso acontecia, ele realmente perdia o controle. Ele ficava totalmente irracional... Aquilo meio que o deixou no limite porque ninguém o ouvia". Ela insiste, porém, que o problema era o volume: "Meu pai não era contra instrumentos eletrônicos. Ele dizia 'Abaixe o volume!'. Ele não estava dizendo 'Desligue isso'".

Para pessoas que nunca tinham ouvido um show de rock alto — ou seja, quase todas as pessoas por lá —, o volume era chocante, exasperante ou excruciante. "Estava terrivelmente alto", Maria Muldaur relembrou. "Para mim foi empolgante, mas muitas pessoas simplesmente surtaram. Elas simplesmente não conseguiam suportar". Sylvia Tyson se colocou no segundo grupo: "Os níveis de som estavam insuportáveis", ela relembrou, acrescentando, "poderia ter sido ótimo, mas não foi... Eles tocaram *mal*.

Eles tocaram tão alto que não conseguíamos ouvi-los". Os músicos tendiam a ficar aglomerados na frente do palco, e muitos concordaram. De acordo com Eric Von Schmidt: "Parecia que ele estava cantando com o volume desligado. Eu fui uma das primeiras pessoas que começou a gritar, 'Aumente o microfone do Dylan, abaixe a guitarra!'".

> Era óbvio que Bloomfield estava querendo detonar. Ele deixou a guitarra no volume mais alto que conseguiu, e estava tocando o máximo de notas que conseguia... "Maggie's Farm" era uma das minhas músicas favoritas do Dylan, mas Bloomfield não se importava nem um pouco se a estavam tocando "Maggie's Farm" ou "Old McDonald Had a Farm". Era apenas o momento dele de gritar.

Barry Goldberg, amigo de Bloomfield, diz que consegue entender a reação de Von Schmidt: "Ele realmente estava tocando alto, e meio que maliciosamente, sabe, tentando enfiar aquilo goela abaixo da multidão, tipo, talvez — ele tinha um pouco disso em sua personalidade — 'Vou mostrar a esses filhos da puta...'". Por outro lado, a forma como Bloomfield tocava nos sets da Butterfield era simplesmente muito forte, e todos, incluindo Von Schmidt, o aplaudiam por isso. Solos de guitarra ferozes eram básicos para o blues de Chicago, e Goldberg acrescenta: "Talvez ele estivesse apenas se divertindo".

Bloomfield lembrou-se de ter ficado emocionado com o show e perplexo com a reação:

> Achei que estávamos abafando, detonando. Depois que acabou, eu perguntei: "Bob, como você acha que fomos?". E ele respondeu: "Eles estavam vaiando. Você não ouviu?". Eu disse: "Não, cara. Achei que eram aplausos". Ele não parecia chateado, parecia perplexo. Ele era um cara com um single de sucesso, e eles o estavam vaiando.

Na fita, é difícil ouvir muitas vaias durante o show elétrico — em parte porque os microfones do palco estavam voltados para baixo para lidar com o volume, então muito pouco barulho da multidão passou —, mas quase todos na plateia se lembram disso. Alguns tentaram quantificar a reação, dizendo que metade estava aplaudindo e metade vaiando, ou as proporções eram 60/40 por cento, ou 80/20, ou um terço estava vaiando, um terço aplaudindo, um terço chocado, ou que apenas alguns estavam vaiando, mas essas poucas vaias foram tão surpreendentes que foram exageradas — como Maria Muldaur apontou, qualquer reação negativa era espantosa, "porque todas as outras vezes que víamos Dylan se apresentar era como se ele fosse Deus e não pudesse fazer nada errado". Naquela multidão enorme, ninguém conseguia ouvir além das pessoas em sua área, então, mesmo que todos se lembrassem com precisão, não é surpreendente que os relatos fossem diferentes. Não é difícil encontrar pessoas que ficaram incomodadas com a adoção do rock 'n' roll por Dylan ou que sentiram que foi inapropriado trazer o novo estilo para Newport, mesmo que, olhando para trás, seja muito mais fácil encontrar pessoas que dizem que estavam empolgadas — e algumas das reações foram desencadeadas por fatores diferentes daquilo que Dylan estava fazendo no palco.

Judy Landers, de dezoito anos, e o namorado Herb Van Dam estavam esperando pelo festival havia meses e, embora quisessem aproveitar o cenário todo, Dylan era sua principal prioridade. Eles aproveitaram as multidões e a loucura, tiraram fotografias e pegaram autógrafos — fotos com Phil Ochs, Mary Travers e Paul Stookey, de Donovan pedindo um pedaço da pizza de Judy e do "maravilhoso Pete Seeger"; pedaços de papel assinados por Von Schmidt, John Koerner, Odetta e Theo Bikel — e assistiram a muita música, algumas das quais eles adoraram e outras que os irritaram. Como muitos fãs jovens, eles foram pegos pelo espírito alegre do boom folk urbano, mas estavam menos interessados nas tradições rurais arcaicas: "Ficamos entediados com alguns dos shows noturnos", escreveu Landers em seu álbum de recortes, "porque não curtimos os veteranos que não sabiam cantar, nem os lenhadores, nem os cantores de Cape Breton. Eles eram realmente uma parte considerável do folk, mas não para nós!!". Eles passaram os dois primeiros dias perguntando a outras celebridades onde estava Dylan — Butterfield não respondeu, Baez disse que estava resfriado —, pegaram seu set de sábado à tarde e tiraram algumas fotos ótimas, e no domingo eles estavam preparados e prontos. Pelo menos eles acreditavam estar, até ouvi-lo sendo apresentado no meio do primeiro set:

> Todo mundo esperava que Bob aparecesse por último, então todos estavam comendo e pegando cerveja. Bem, ele chegou em

> 2º. Milhares de pessoas tentaram correr de volta para os assentos, bloqueando assim todos que já estavam sentados. Centenas ficaram nos corredores. Lá estava ele no auge de tudo vestido com uma jaqueta de couro preta com a Paul Butterfield's Band atrás de si e uma guitarra elétrica. Tínhamos planejado, quando ele terminasse, bater palmas para pedir mais, mas assim que ele começou a cantar "rock" e seguiu olhando para a banda, Herby apenas abaixou a cabeça. Eu tive uma sensação horrível e triste e metade da multidão começou a vaiar. Depois de três músicas, ele deixou o palco. Dezesseis mil pessoas tinham vindo vê-lo e ele saiu depois de três músicas, e Cousin Emmy havia tocado dez!! Ele voltou depois de muitas vaias; tentou encontrar um violão comum, mas não conseguiu. Finalmente encontrou e teve que afinar a guitarra. Ele cantou "Mr. Tambourine Man", e fiquei feliz por ele ter escolhido essa — isso o trouxe, em parte, de volta às minhas preferências.

Outras pessoas ficaram felizes com Dylan, mas horrorizadas com o público. Anne O'Connell, uma jovem fã em sua segunda viagem a Newport, diz que, em 1964, ela e os amigos gostaram de toda a música, mas "desta vez estávamos todos lá para ver Bob Dylan. Qualquer outra pessoa era encheção de linguiça". Eles ouviram "Like a Rolling Stone" no rádio e, quando ele apareceu com a banda, ela "realmente amou. Não me lembro do som ser terrível... Era muito alto para mim, o que eu gostei".

> Quando as pessoas começaram a vaiar, lembro-me de ter ficado um tanto surpresa. Eu não conseguia acreditar que as pessoas estavam sendo tão rudes... Na terceira música, a multidão ficou realmente brava. Quando Dylan foi embora, fiquei furiosa. Eu acreditava na época que havia sido a grosseria da multidão que o havia afastado, então minha raiva não era de Dylan. Sua volta ao palco e mais algumas músicas não ajudaram. Parecia que ele tinha desistido e estava tocando coisas que a multidão furiosa queria ouvir. Não me lembro bem dos músicos seguintes. Eu estava muito distraída e incrivelmente desapontada por termos esperado o dia todo e depois sido tão enganados. A última coisa de que me lembro claramente é de Peter, Paul e Mary. Eu

> gostava muito deles, mas não estava no clima. As pessoas acendiam velas e as balançavam ao som de suas músicas, o que me deixou furiosa de novo. Eu achava que eram estúpidas e só conseguiam digerir músicas simples com melodias simples. Saímos antes que o set deles acabasse.

Alan Lomax, ao escrever a um amigo alguns dias depois, relatou que Dylan "mais ou menos matou o festival", entrando no palco "todo de preto como um motociclista, na frente de uma banda elétrica muito ruim e com volume muito alto", e então saiu "depois de quatro músicas, e nenhuma palavra delas havia sido compreendida, com uma única palmada de aplausos". Ele descreve que o público ficou sentado, "aterrorizado e silencioso", até que "George Wein o enxotou de volta ao palco com um violão acústico. Então ele passou dez minutos horríveis trocando violões, procurando a velha gaita, afinando, enquanto dezesseis mil pessoas assistiam com fascinação horrorizada". Finalmente, ele terminou seu set, e "assim que ele o fez, quatro mil pessoas se levantaram como um só homem e deixaram o local. Todos os outros ficaram arrasados, e o resto da noite foi um caos. Aquele garoto é realmente destrutivo".

Wein estava esperando nos bastidores quando Dylan saiu com a banda:

> Eu disse a Bobby: "Você tem que voltar lá e cantar uma música acústica. Vai acontecer um tumulto se não fizer isso".
>
> Ele disse: "Eu não tenho um violão".
>
> Eu olhei em volta: "Alguém tem um violão para Dylan?". E, claro, vinte violões foram erguidos.

Arnold Reisman, que estava nos bastidores fazendo uma reportagem para o *Patriot Ledger*, descreveu que Dylan deu uma resposta mais dramática: "Eles não me querem lá".

Todos concordam que Dylan ficou surpreso com a resposta do público, mas, como aconteceu com tantas outras coisas naquela noite, os relatos de suas reações são contraditórios. Algumas pessoas que tinham lentes teleobjetivas focadas em seu rosto insistem que ele estava chorando, mas os close-ups do filme sugerem que provavelmente viram o suor, e Bernice Reagon insistiu que ele não estava: "Ele saiu do palco e ficamos juntos, então rejeito totalmente essa análise". Dylan disse a Anthony

Scaduto: "Eu não tinha lágrimas nos olhos. Eu estava apenas atordoado e provavelmente um pouco bêbado". Yarrow o descreve como bravo, em vez de triste — "impiedoso, sem remorso e realmente irritado", exigindo saber: "O que vocês fizeram comigo?". Yarrow interpretou isso como uma referência ao fato do conselho ter dado a ele uma agenda tão ruim, mas Dylan fez uma acusação diferente em uma entrevista um mês depois, dizendo: "Eles distorceram o som. Eles não gostaram do que eu ia tocar e distorceram o som antes de eu começar". Com todas as reclamações sobre o som, essa reação parece razoável — exceto que quase sem exceção essas reclamações vieram das pessoas nos bastidores e dos músicos em pé na frente do palco. Nenhum crítico mencionou problemas com o sistema de som ou qualquer problema em ouvir os vocais de Dylan, embora a maioria tenha descrito a resposta negativa do público. De acordo com a Billboard, "Gritos de pessoas que não eram fãs de Dylan para que ele voltasse ao 'Ed Sullivan Show' ou que ele jogasse a guitarra elétrica fora trouxeram aplausos", e o *Newport Daily News* relatou que, quando a banda deixou o palco, "surgiram vários gritos para que ele voltasse sozinho e 'jogasse fora aquela guitarra elétrica'".

Quanto ao show em si, os críticos tiveram reações mistas. O *Patriot Ledger* descreveu que, após seu set elétrico, Dylan deixou o palco "amargo e abatido sob uma torrente misturada de vaias e vivas", mas concluiu: "Não era folk, mas sua música mesmo assim era boa". A *Billboard* rebateu o relato de vaias acrescentando: "Com o ar de alguém que aprecia controvérsia, ele logo tinha a multidão na palma da mão. Uma interpretação particularmente comovente de sua 'Tambourine Man' fez a plateia se levantar com aplausos por mais".

A imprensa de folk teve reação foi igualmente mista. Phil Ochs opinou com uma crítica irônica no *The Realist*:

> Alguns vaiaram, alguns choraram, alguns gritaram "Tirem isso daí", mas a maioria apenas ficou sentada em silêncio em estado de choque chupando seus copos de cerveja amassados. Eu esperava que Deus abrisse os céus com sua ira, mas, em vez disso, Peter Yarrow embaraçosamente trouxe Dylan de volta, e ele gentilmente tocou dois bis sozinho com um violão acústico, depois de a banda aparentemente ter sido massacrada sob o palco de diamante por Dylan-maníacos implacáveis.

A *Broadside* relatou que Dylan subiu ao palco sob "gritos fanáticos", mas sua "jaqueta esportiva de couro preta, a camisa vermelha, as calças pretas justas e a guitarra elétrica assustaram alguns e deixaram muitos perplexos na plateia". O escritor observou "zombaria e assobios altos de algumas partes da plateia. E então, seguiu-se uma batalha constante entre vaias e aplausos". Ela achou que Dylan estava "obviamente bastante perturbado, a primeira vez que o vi assim na frente de uma plateia", mas quando ele voltou para as músicas acústicas, "mais uma vez ele teve os velhos aplausos estrondosos quase unânimes. No geral, foi um confronto dramático".

O *Broadside of Boston* (um boletim informativo folk não relacionado ao *Broadside* de Nova York) refletiu uma percepção generalizada, recusando-se a acreditar que Dylan havia recebido apenas um tempo limitado ou tinha apenas três músicas prontas, e insistiu: "Ele deixou o palco porque estava sendo vaiado por um grande segmento da plateia". O crítico sentiu que isso era encorajador, não porque concordasse com os vaiadores, mas porque era bom que os ouvintes "tivessem gosto e autodeterminação suficientes para ter uma opinião". No entanto, outro escritor na mesma edição destacou que Dylan "não foi totalmente rejeitado. Os fãs mais fiéis de Dylan e os da leva teeny-bop balançaram a cabeça em sintonia com o novo som". Apenas alguns críticos deixaram de mencionar as vaias. O *Boston Globe*, referindo-se a Dylan como "o ídolo de jaqueta de couro do set de músicas temáticas", observou apenas que "aquela que os fez gritar foi sua música mais popular, 'Tambourine Man'". O *Providence Journal* descreveu que a banda tinha uma "aparência macabra" e publicou: "Dylan agora canta rock 'n' roll, e as palavras importam menos do que a batida. O que ele costumava representar, quer concordemos ou não, era muito mais claro do que o que ele representa agora. Talvez ele mesmo tenha sido"; mas, apesar dessa ambivalência, o crítico acrescentou: "Os jovens gritam com os ruídos selvagens da guitarra elétrica e do órgão". Certamente houve mais aplausos do que vaias durante o set elétrico de Dylan, embora tenham diminuído muito mais rapidamente do que as ovações extasiadas dos anos anteriores; mas como diz o velho ditado do jornal, "Cachorro morde homem" não é novidade — para Dylan, ser aplaudido era normal, mas ser vaiado, e em particular ser vaiado em Newport, dava uma bela manchete. Qualquer expressão de consternação que tenha recebido o set elétrico, foi ofuscada pela reação quando Dylan deixou o palco. Ele enfrentou algumas vaias e assobios, mas o alvo mais óbvio da raiva da multidão foi Yarrow e seus esforços sinceros para acalmar a todos. Como diz a amiga de Yarrow, Mary Katherine Aldin: "Ninguém queria ouvir: 'Sentem-se e comportem-se, crianças; é hora dos Moving Star Hall Singers'. Eles vieram ver Dylan, pagaram para ver Dylan e não se importaram com os Moving Star Hall Singers".

Aconteceriam mais exumações nos meses e anos seguintes, mas, para o momento, o show tinha que continuar. Yarrow voltou ao microfone, implorando por respeito, simpatia ou pelo menos um pouco de compreensão: "Senhoras e senhores, o próximo grupo que está surgindo é o grupo do qual toda essa música começou. As tradições do blues em nosso país originalmente vieram da tradição africana, e a tradição africana...". A multidão gritava, e ele parou: "Senhoras e senhores, Bob não pode voltar". Ninguém prestou a mínima atenção, mas ele tentou novamente: "A tradição africana, quando foi trazida originalmente, foi trazida para o sul...". Suas palavras foram enterradas em uma avalanche de vaias, aplausos e gritos de "Dylan!". Agora havia um nota de desespero em sua voz: "Senhoras e senhores... *por favor*, sejam cuidadosos com o Bobby. Ele não pode voltar. Por favor, não tornem isso mais difícil do que já é". A multidão aos poucos pegou a mensagem, ficou mais quieta — e muitos simplesmente foram embora —, apesar de que os gritos ocasionais de "Dylan!" e "Queremos Dylan!" continuaram até que os cantores gospel subiram realmente ao palco. Eles estavam claramente nervosos, mas corajosamente começaram sua primeira canção de estilo espiritual, "He Is Everything to Me". Demorou alguns versos até que eles se recompusessem, mas, no final, estavam com voz muito boa e receberam uma resposta apreciativa, terminando a primeira metade do show com aplausos entusiasmados.

Após um breve intervalo, o segundo tempo começou com a Ishangi Dance Troupe da Nigéria, e o *Providence Journal* publicou que proporcionou uma parte colorida e muito bem-vinda da noite". O cantor e compositor afro-americano Len Chandler foi o artista seguinte, fazendo sua primeira aparição no palco principal, e proporcionou um lembrete de que havia controvérsias maiores em jogo do que o volume de guitarras elétricas. No *Providence Journal* daquela manhã, logo abaixo de "Record 16,000 Pack Folk Festival" ["Um recorde de dezesseis mil pessoas enchem o Festival Folk", em tradução livre], havia um artigo intitulado "EUA intensificarão todas as atividades no Vietnã". O presidente

Johnson havia convocado uma conferência para revisar a política dos EUA e, embora seu secretário de imprensa (o jovem Bill Moyers) negasse veementemente que qualquer decisão tivesse sido tomada, naquele fim de semana os Estados Unidos se comprometeram com uma guerra terrestre no Sudeste Asiático. Chandler parece ter sido o único artista a reagir publicamente: afinando após sua primeira música, ele quebrou uma corda e, ao trocá-la, comentou: "Gostaria de aproveitar este segundo para dizer que eu me oponho à política dos Estados Unidos no Vietnã". A resposta veio como vaias altas de alguns ouvintes, acompanhadas de aplausos de outros, e acrescentou: "O presidente Johnson vai convocar os reservistas na terça-feira. Espero que todos vocês que estão vaiando consigam ir". Isso atraiu gritos de: "Espero que eles peguem você, garoto!" e "Espero que você ame seu país!". "Eu amo", Chandler respondeu calmamente. "É por isso que estou fazendo o que estou fazendo".

Chandler foi seguido por um desfile de estrelas folk da velha guarda. Primeiro veio Ronnie Gilbert, que cantou duas músicas de Phil Ochs e "Masters of War", apresentando a composição de Dylan com uma mistura de respeito e arrependimento: "Gostaria de prestar homenagem, se pudesse, àquele gênio poético que só surge nos muito jovens, e que deve se resolver como algo mais, algum dia — mas, enquanto isso, é a coisa que desperta toda a vida, para todos nós".

Josh White tocou um conjunto de blues acompanhado por Wein no piano e pelo baixista de jazz Bob Cranshaw; então veio um conjunto de baladas dos Apalaches de Jean Ritchie, "cuja voz", o *Newport Daily News* descreveu, "é tão refrescante quanto um riacho da montanha e cuja performance foi igualmente refrescante depois de certas apresentações anteriores".

A noite estava se aproximando do final pretendido, e Seeger trouxe Guy Carawan para apresentar a cantora seguinte: Fannie Lou Hamer, que liderou o Partido Democrata da Liberdade do Mississipi na convenção de nomeação presidencial do ano anterior. Carawan não desperdiçou palavras, simplesmente a chamando de "heroína popular" e cedendo o palco, e Hamer trouxe os Freedom Singers para apoiá-la em quatro canções empolgantes da luta pelos direitos civis, gradualmente acompanhadas por um coro de apoio de Seeger, Bikel, Gilbert, Wein, Odetta e Richie Havens.

Peter, Paul e Mary foram os próximos, abrindo seu set com "The Times They Are a-Changin'", cantando cinco músicas e terminando com

Bruce Langhorne tocando violão em "If I Had My Way" de Gary Davis. A *Billboard* relatou que já passava da meia-noite, mas eles "receberam uma ovação de pé e a multidão se recusou a deixá-los sair do palco. Mary pediu para sair com a destreza de uma artista polida que consegue lidar com uma multidão. Ela então trouxe os artistas do festival para o palco". Travers planejava terminar com a canção unificadora de sempre, e liderou um antigo canto espiritual, "Come and Go with Me to That Land", acompanhado por um coro crescente de apoio que incluía Hamer, os Freedom Singers, Odetta, Seeger, Ritchie, Gilbert, Bikel, Baez, Davis, Chandler, Havens, Kweskin, Bob Beers e os Fariñas.

Normalmente, esse seria o fim, mas Seeger ainda estava chateado e tentava salvar a noite. "Ninguém quer ir para casa agora", ele anunciou, e perguntou a Baez se ela encabeçaria uma música em português. Ela respondeu com a animada "Até Amanhã", cantando o refrão como "La, la, la" para que todos pudessem participar, com outros artistas batendo palmas ou tocando pandeiros. Seeger então recebeu o Spokes Mashiyane, o flautista sul-africano, para guiar uma jam que encheu o palco com uma equipe heterogênea de cantores, amigos, empresários, DJs e um homem com boné e óculos de piloto da Primeira Guerra Mundial, batendo palmas e dançando twist, jerk e frug. Finalmente, Seeger assumiu a liderança e cantaram "Down by the Riverside" de forma empolgante.

O repórter da *Billboard* ficou encantado com a sessão de improvisação e canto, saudando-a como mais um exemplo da "aura de verdadeira dedicação à causa popular" de Seeger, mas muitos informantes de Newport ecoaram a descrição de Robert Shelton como uma "cena de máfia". Em *Sing Out!*, Irwin Silber escreveu que, começando com o set de Hamer, a noite se transformou em "hordas de cantores, músicos, participantes autoproclamados e aberrações temporárias que tomaram conta do palco em uma exibição de mau gosto de incesto frenético", e ele "percebeu um sentimento de repulsa até mesmo entre alguns dos diretores de Newport que estavam participando daquele desastre". Travers se sentiu ofuscado, indignado e triste, despejando sua raiva em Shelton e Silber (que a citaram anonimamente em suas peças) e escrevendo para um amigo que "a única coisa que faltava no final eram slides coloridos sobre Art Nouveau".

Phil Ochs sugeriu alegremente que o final do ano seguinte deveria "apresentar uma rotina de Rockette do Radio City Music Hall, incluindo zeladores, marinheiros bêbados, prostitutas da cidade, clérigos de todas as denominações, engenheiros sanitários, políticos mesquinhos de Rhode Island e um taxista perplexo", apoiados pela "nova banda elétrica do amado Mississippi John Hurt, composta por Skip James no baixo, Son House na bateria e Elizabeth Cotten no vibrafone, vaiada pelos neuróticos entusiastas étnicos".

E o *Newport Daily News* ainda lançou um final: "Durante todo o show, houve gritos pedindo Dylan, mas aqueles no palco pareciam não ouvir".

O show havia acabado, mas Mel Lyman sentiu que precisava fazer algo para acalmar as más vibrações. Boyd se lembra de ter consultado Seeger pouco antes do final e Seeger ter dado instruções de que, quando tudo terminasse, as luzes do palco deveriam ser desligadas e um microfone deixado ligado. Enquanto o público reunia seus pertences, Lyman subiu no palco escuro com a gaita e começou a tocar silenciosamente o velho hino "Rock of Ages". As notas ecoaram pelo campo: finas, sufocadas, pulsantes com vibrato, suavemente tristes. Por mais de dez minutos, ele explorou e acariciou a melodia simples, até que os últimos retardatários deixaram a área.

A noite havia sido longa, e Boyd equiparou o clima como o fim de uma batalha: "A velha guarda abaixou a cabeça em derrota enquanto os jovens, longe de serem triunfantes, foram castigados. Eles perceberam que em sua vitória estava a morte de algo maravilhoso". John Cohen levou a esposa e bebê de volta para o quarto, então foi para a festa e encontrou Dylan lá, sozinho. Eles conversaram brevemente e calmamente: "Ele estava realmente confuso", diz Cohen. "Ele me perguntou: 'O que aconteceu? O que deu errado?'. Ele não foi agressivo nem insistente, achei que ele estava apenas sendo honesto. Então eu disse: 'Bem, foi bem difícil ouvir as letras'. Eu ia continuar a conversa, mas então todo mundo entrou ali". Shelton recordou de Dylan "sentado em um canto... mal-humorado, no colo de Betsy Siggins do Clube 47 de Cambridge". Siggins lembra que isso aconteceu nos bastidores, e não na festa, mas em ambos os casos, ela lembra, "Ele não disse uma palavra. Ele parecia exausto, meio sobrecarregado, e era como se eu fosse sua cadeira."

Os artistas se reuniram no refeitório do Nethercliffe. "Rolou um jantar", lembra Maria Muldaur, "com mesas grandes e compridas, e estávamos todos em uma ponta e a velha guarda estava na outra, e você podia quase enxergar a tensão... Em um certo ponto, Dick Fariña começou a tocar ritmos cubanos, todos os tipos de ritmos sincopados com os talheres nos copos e nas louças, e logo todo mundo estava fazendo aquilo. Era como em uma cena de prisão onde os prisioneiros estão todos batendo em uma xícara de lata no refeitório, só que de forma mais rítmica, musical". Os Chambers Brothers estavam lá com seus instrumentos e amplificadores — algumas pessoas se lembram de que eles haviam sido contratados para tocar para o pessoal dançar, outros dizem que foi uma jam improvisada, mas em todo caso Muldaur lembrou que os jovens artistas que cresceram com o rock 'n' roll estavam prontos para sacudir a seriedade: "Depois que toda a merda folk acabou, mal podíamos esperar para levantar e dançar". Ela começou a dançar com Mimi Fariña — "Nós éramos as garotas principais não oficiais do cenário folk" —, então em um ponto voltou para a mesa, e Dick chamou sua atenção para Dylan: "Ele estava sentado no canto, sozinho, curvado, de pernas cruzadas, balançando a perna e o pé como costumava fazer. E Richard me disse: 'Maria, por que você não vai lá e convida Bob para dançar?'".

Muldaur nunca tinha ouvido falar que Dylan dançava, mas ela foi até lá, tocou em seu ombro e perguntou se ele gostaria de se juntar a ela. "Ele apenas olhou para mim com um olhar fulminante — não como se estivesse bravo comigo, mas apenas um tipo de olhar cansado — e disse: 'Eu dançaria com você, Maria, mas minhas mãos estão pegando fogo'". Naquele momento, pareceu uma resposta razoável.

Seeger não foi à festa, mas na manhã seguinte um jovem fã de folk estava tomando café da manhã no Viking e o viu sentado com o pai, Charles, na mesa ao lado. "Ele estava contando ao pai, que tinha problemas de audição, sobre o que tinha acontecido e o que ele pensava de Dylan, e ele meio que se inclinou, e essas foram suas palavras exatas: 'Eu pensei que ele era uma verdadeira promessa'".

Capítulo 11

RESULTADOS

Para muitas pessoas, a história do Festival de Newport de 1965 é simples: Bob Dylan estava ocupado nascendo, e qualquer um que não aceitasse a mudança estava morrendo. Paul Nelson deixou isso claro em uma crítica e despedida ao se demitir da *Sing Out!*: "Não se engane, o público tinha que fazer uma escolha clara, e eles fizeram. Eles escolheram sufocamento em vez de invenção e aventura, caminhar para trás e não para frente, um corpo morto em vez de vivo".

Você não precisava concordar com ele para reconhecer isso como uma linha divisória: "Quando Dylan entrou na onda elétrica, foi o começo do fim", diz George Wein. O Folk Festival "durou mais quatro anos, mas nunca mais foi o mesmo. Depois disso, não éramos mais 'os mais', não éramos mais descolados, não éramos mais a última novidade que estava acontecendo. Éramos apenas antigos cantores folk".

Nessa fala, Wein não está nem criticando Dylan nem o aplaudindo, apenas afirmando os fatos como ele os vê:

> Quando os Beatles entraram em cena, uma quantidade enorme de jovens os seguiu. Mas havia um monte de gente que ainda estava lutando pela música acústica. E Bobby Dylan e Joan Baez eram o rei e a rainha daquele mundo. Não Peter, Paul e Mary, nem o Kingston Trio — esses eram os comerciais. Mas os que mantinham os verdadeiros fãs mais fanáticos eram Bobby e

> Joanie. Quando o Bobby foi embora, eles puderam se juntar aos seus amigos. Eles não precisaram mais lutar contra seus amigos, porque seu ídolo havia partido.

Claro, Dylan já tinha "partido" seis meses antes em *Bringing It All Back Home*. Mas em Newport algo mais aconteceu. Naquela noite, durante o intervalo, Theodore Bikel resumiu, dizendo a um escritor da Broadside: "Você não assobia na igreja — você não toca rock and roll em um festival folk". Para que essa analogia se sustentasse, Newport tinha que ser a igreja: o lugar tranquilo e respeitável onde pessoas legais sabiam como agir. Pete Seeger era o pároco. Os fãs problemáticos eram os membros decentes e íntegros da comunidade. E Dylan era o jovem rebelde que assobiava. Que era exatamente o que ele sempre havia sido, e o que Seeger havia sido, e o que Newport havia celebrado.

Não foi Dylan que foi transformado naquele fim de semana; foi Newport e o delicado equilíbrio de alianças que formaram o renascimento folk e o espírito dos anos 1960 — os velhos anos 1960, que poucas pessoas ainda consideravam antigos, quando a ameaça era uma bomba indefinida pairando sobre as cabeças de todos, a jovem esquerda ainda admirava os antigos organizadores sindicais, e a esperança era integração e direitos civis para todos. Ou, para personificar essa era, não foi Dylan que foi transformado; foi Seeger. Foi assim que Nelson terminou sua caracterização da escolha do público: eles podiam escolher o passado ou o futuro, e escolheram Seeger. Não era novidade que Dylan era o futuro; a novidade era que Seeger era o passado.

E não era qualquer passado: ele era o passado conservador e certinho — o diretor da Hibbing High School — de pé com um machado na mão. "Nós podíamos vê-lo claramente, andando com pisadas fortes", um jovem da plateia recorda, e "no dia seguinte todo mundo estava falando sobre o machado".

> Eu passei a detestar Pete Seeger pelo resto da vida por seu fascismo de palco. Dylan e Butterfield falavam por e para nós, e (percebi que) Seeger falava por... Pela geração dos meus pais. Toda a conversa fiada sobre listas negras e guitarras matando fascistas e seguir Woody Guthrie como um cachorrinho desapareceu para mim quando Seeger subiu ao palco para tentar impor sua visão de hootenanny, da *Sing Out*, sobre o que a música deveria ser.

O grande mito de Newport de 1965 é Seeger com seu machado. Paul Rothchild foi uma testemunha ocular, e recordou que, quando Dylan e a banda tocaram no volume do rock 'n' roll, "Pete Seeger ficou lívido. Ele correu para algum lugar e voltou com um machado, e disse: 'Vou cortar os cabos de energia se vocês não os tirarem do palco já!'". Outras pessoas negam que ele realmente tivesse um machado, mas concordam que ele estava procurando: "Já ouvi isso de várias pessoas", diz Peter Yarrow. "Que ele queria pegar um machado e cortar os fios, o que seria consistente com sua raiva". Wein ressalta que Seeger demonstrou suas habilidades com o machado com o grupo de música de trabalho do Texas, adicionando verossimilhança à história, e várias pessoas se lembram erroneamente dos texanos ou de Seeger cantando uma música enquanto cortavam um tronco naquela mesma noite.

É assim que as lendas se formam: Yarrow disse a dezessete mil pessoas: "Ele vai pegar o machado", e foi fácil a pergunta "Ele está falando sobre Pete?" evoluir para "Você ouviu que Pete Seeger foi pegar um machado?". Logo algumas pessoas melhoraram a história, dizendo que elas ou um amigo o viram empunhando a arma; outros entraram na conversa para explicar de onde ela veio; e eventualmente até Seeger encontrou uma maneira de encaixá-la em suas lembranças. Ele era frequentemente questionado sobre aquela noite, e na década de 1990 ele tinha chegado a uma explicação de como o machado se tornou parte da lenda:

> Fiquei furioso que o som estava tão distorcido que não dava para entender uma palavra do que ele estava cantando. Ele estava cantando uma música ótima, "Maggie's Farm", uma ótima música, mas você não conseguia entender. E eu corri até o técnico de som e disse: "Arrume o som para que possam entendê-lo". E eles gritaram de volta: "Não, é assim que eles querem!". Eu fiquei tão bravo que disse: "Droga, se eu tivesse um machado, cortaria o cabo agora mesmo".

Não há razão para duvidar da sinceridade dessa memória, assim como não há razão para duvidar que Rothchild sinceramente se lembrou de Seeger empunhando um machado, ou que alguns membros da plateia se lembram de Dylan tocando o melhor rock 'n' roll que já haviam ouvido, enquanto outros se lembram do set como um desastre. Na época, porém, Seeger estava preocupado com muito mais do que o sistema de som. Como ele escreveu alguns dias após o incidente: "Corri para tampar meus olhos e ouvidos porque não conseguia suportar nem os gritos da multidão, nem as músicas das mais destrutivas deste lado do inferno".

Era uma mensagem pessoal, uma tentativa de resolver seus sentimentos. Ele tinha visto "o garoto frágil, inquieto e sem-teto que veio para Nova York em 61" se tornar "a estrela frágil, inquieta e sem-teto no palco" e mudar do poeta questionador autor de "A Hard Rain's a-Gonna Fall" para alguém que escreveu: "There is no place I'm going to". Ele ficou consternado porque "o rosnado intrigante da voz [de Dylan] agora não carregava esperança", e se perguntou por quê: "Uma garota que ele perdeu, talvez. Um empresário. As garras dos fãs. Ou ele foi morto com gentileza?". Ele se preocupava que suas próprias esperanças extravagantes tivessem sido parte do problema. Lembrando da morte da sogra por câncer, ele imaginou "uma fera com presas ocas... [Que] sugou os sucos de vida de seu corpo", e escreveu, "Quem sabe, talvez eu seja uma das presas que sugou Bob até secar. É na esperança de que eu possa aprender que escrevo estas palavras, fazendo perguntas cujas respostas eu preciso de ajuda para delinear, usando uma linguagem que nunca pretendi. Esperando que talvez eu esteja errado — mas se eu estiver certo, espero que isso não aconteça novamente".

Mesmo em suas reflexões privadas, Seeger insistiu que não se opunha ao rock 'n' roll ou ao uso de instrumentos elétricos, escrevendo que gostava de Muddy Waters e Chuck Berry, mas acrescentou: "Confesso que, como o blues e a música flamenca, não consigo ouvi-la por muito tempo. Eu simplesmente não me sinto tão agressivo". O volume, o ritmo e a emoção soavam como agressão para ele, não um convite ao balanço, e mesmo que parecesse um convite, ele ficaria desconfiado. Olhando para trás, naquela noite, sete anos depois, ele disse: "Eu não entendi 'Maggie's Farm' de jeito nenhum naquela noite. Eu achava que era uma música trivial — acho que realmente não prestei atenção". Desde então, ele ouviu Earl Scruggs cantar a música em uma passeata de moratória ao Vietnã e decidiu que era "magnífica, não corrompida", mas ele permaneceu dividido sobre a maneira como as cenas folk e pop estavam evoluindo e se sobrepondo, e por vezes se sentia em conflito. Em 1967, ele enviou ao pai uma cópia do último álbum de Dylan, *John Wesley Harding*, com um resumo da evolução de Dylan:

> A esquerda tentou enaltecê-lo; ele reagiu violentamente contra isso, dizendo fodam-se todos eles. Ele se vestiu de forma extravagante, gritou novas músicas com acompanhamento elétrico; o

> cinismo veio à tona. Era comum supor que ele estava sob efeito de algum tipo de droga.

O novo disco sugeria mais uma mudança, e Seeger concluiu: "Talvez Bob Dylan seja como Picasso, surpreendendo-nos a cada tanto de anos com um novo período. Espero que ele tenha uma vida longa. Não acho que haja outro compositor por aí que possa tocá-lo com uma certa originalidade independente, apesar de ele ser parte de uma tradição".

Para Seeger, esse era o ponto crucial da questão: por um lado, a importância dos artistas criarem um trabalho pessoal e significativo; por outro, a importância da comunidade e da tradição. Sua primeira reação à performance elétrica de Dylan foi angústia e raiva, a segunda foi tentar montar um final comunitário que curasse a ferida. Mais tarde, ele refletiria que deveria ter lidado com a situação de forma diferente, ter subido no palco após o set de Dylan e perguntado: "Por que vocês estão vaiando Bob?" Em público, ele teve o cuidado de não criticá-lo, dizendo que estava com raiva do sistema de som, não da música. Ele tentou colocar suas objeções em contexto: ele sempre considerou a música pop uma espécie de alucinógeno, embalando as pessoas para que consigam ignorar questões do mundo real, e viu o rock 'n' roll como parte desse processo. Em coerência à oposição ao que Dylan estava fazendo, ele sentia que os grandes shows de Newport eram um compromisso com o ideal de compartilhar música de maneiras mais igualitárias, e bandas elétricas com volume alto eram mais uma barreira entre o artista e o público. Só que, com o tempo, ele aceitou que a evolução do rock em meados da década de 1960 foi positiva de algumas maneiras, e que, embora a maior parte do que estava no rádio ainda fosse "lixo comercial", havia mais música pop boa do que nunca, e ele creditou Dylan como o "principalmente responsável pela melhoria".

Em 1967, Seeger já estava até pronto para tentar sua própria colaboração elétrica, e gravou algumas músicas com John Hammond na gaita, Danny Kalb do Blues Project na guitarra elétrica, um baixo elétrico e um baterista. Nas notas, ele escreveu, "Imagino que isso chocará alguns dos meus amigos. Mas, lembrem-se, comecei tocando em uma banda de jazz do ensino médio. E qualquer um que use um microfone já está no meio elétrico. O problema de quem vai mandar, o Homem ou a Máquina?, é uma disputa constante". Ele, porém, havia sabotado a briga, mantendo os instrumentos elétricos tão baixos que poderiam muito bem ter sido acústicos.

De qualquer forma, o foco na eletrificação foi uma distração do que realmente estava em jogo. Quando Marlon Brando rugiu em Wrightsville à frente do seu Black Rebel Motorcycle Club, os moradores da cidade não ficaram horrorizados porque odiavam motocicletas, e o público em Newport não ficou chocado simplesmente porque Dylan estava tocando uma Stratocaster. Peter Yarrow está convencido de que Dylan poderia ter tocado as mesmas músicas com a mesma instrumentação e sido aceito, dizendo que o aconselhou a entrar no set elétrico de forma mais paulatina: "Cante algumas músicas acústicas, e então diga: 'estou trabalhando dessa nova maneira e é muito empolgante e quero compartilhar com vocês'. Porque então eles entenderão que isso não é necessariamente algo que contradiz quem você é e o que representa".

O problema com esse conselho era que Dylan estava mostrando exatamente quem ele era e o que representava, e não tinha interesse em provar que ainda fazia parte de uma preciosa camaradagem do folk. Ao escrever para o conselho do festival, Jim Rooney enquadrou o concerto de domingo como um confronto entre duas filosofias incompatíveis:

> Pete começou a noite com o som de um bebê recém-nascido chorando e pediu que todos cantassem para aquele bebê e dissessem em que tipo de mundo ele estaria quando crescesse. Mas Pete já sabia o que queria que os outros cantassem. Eles cantariam que aquele era um mundo de poluição, bombas, fome e injustiça, mas que as PESSOAS SUPERARIAM TUDO. E muitas pessoas cantaram dessa forma. Aquele bebê recebeu esperança. Então veio a explosão de luz, sons e raiva de Dylan. O tom da noite tinha desaparecido. A esperança tinha sido substituída pelo desespero, o altruísmo pela arrogância, a harmonia pela cacofonia insistente.

Rooney estava dividido, e escreveu que a incapacidade de Dylan de cantar "a música que Pete queria ouvir é inquietante e perturbador para aqueles de nós que ainda temos esperança". Mas, ele perguntou, não era esse o ponto? "Uma canção folk tinha que ser sobre montanhas, vales, amor entre irmãos e irmãs por toda esta terra?". Não estávamos mais na década de 1930, nem mesmo na década de 1950. Dylan estava viajando de avião e usando "sapatos de salto alto e roupas de alto estilo da Europa". Se as pessoas se sentiram ofendidas ou agredidas por sua performance, isso não foi um acidente ou um mal-entendido. Ronnie Gilbert o havia apresentado no ano anterior como o porta-voz de uma geração jovem, dizendo ao público: "Vocês o conhecem, ele é seu", mas ele achou essa ideia assustadora e horrível. Nas palavras de Rooney:

> "As pessoas" tão amadas por Pete Seeger é a máfia tão odiada por Dylan. Diante da violência, ele escolheu se preservar sozinho. E ele desafia todos os outros a terem a coragem de ser tão sozinhos, tão desconectados, tão insensíveis com os outros quanto ele. Ele grita através de órgão, bateria e guitarra elétrica: "How does it feel to be on your own?" ["Como é estar sozinho?", em tradução livre]. E não há como confundir a hostilidade, o desafio, o desprezo por todos aqueles milhares sentados diante dele que não estão sozinhos. Que não conseguem. E parece que eles entenderam naquela pela primeira vez o que Dylan vinha tentando dizer há mais de um ano — que ele não é deles, nem de mais ninguém.

Não foi bonito, mas "estava bem acima do papo fácil dos liberalismos convencionais". Todos haviam se acostumado a ser reconfortados em Newport, a se sentirem cercados por pessoas com ideias semelhantes. "E o único em todo o Festival que questionou nossa posição foi Bob Dylan. Talvez ele não tenha se expressado da melhor maneira. Talvez ele tenha sido rude. Mas ele nos sacudiu. E é por isso que temos poetas e artistas".

Nelson reimprimiu grande parte da carta de Rooney na *Sing Out!* junto com seu próprio manifesto mais raivoso. Em vez de expressar preocupação, ele escreveu que o concerto de domingo "separou para sempre os dois maiores nomes da música folk". Seeger tentou forçar todos a seguir sua velha e cansada linha partidária, e Dylan o confrontou "como um jovem e feroz fora da lei espanhol". A escolha foi clara:

> O que ia ser, marshmallows e algodão-doce, ou carne com batatas? Óculos cor-de-rosa ou uma lupa? Um cara legal que subjugou e enfraqueceu sua arte por meio de sua insistência constante em um mundo que nunca foi e nunca poderá ser, ou um poeta raivoso e apaixonado que exige que sua arte seja tudo...? Foi uma triste separação para muitos, inclusive para mim. Eu escolho Dylan. Eu escolho arte.

Poderíamos argumentar que a música de Seeger era precisamente carne com batata — a tradicional e prosaica refeição americana —, mas o enquadramento de Nelson fazia todo o sentido em termos de *Rebel Without a Cause*: Dylan era James Dean; Pete era o pai másculo e queixoso. Rooney se ressentiu de sua carta ser usada como trampolim para um ataque a Seeger e escreveu que ele, por exemplo, não se "sentiu forçado a dramaticamente decidir entre os dois gigantes", mas Nelson não estava sozinho, e a reputação de Seeger nunca mais seria a mesma. Ele continuou sendo um ícone da esquerda, mas foi cada vez mais posicionado como uma pessoa respeitável e não rebelde, com uma aura de santo. No Philadelphia Folk Festival, algumas semanas depois, Phil Ochs cantou seu ataque aos centristas indecisos, "Love Me, I'm a Liberal", então apontou para um riacho perto do palco e disse: "Se Pete Seeger estivesse aqui, ele andaria sobre ele".

Havia certa ironia nesses ataques, já que Seeger continuou sendo um pária manchado para os conservadores, e foi impedido de frequentar locais da moda onde Dylan e Ochs eram bem-vindos. Foi necessária uma decisão da Suprema Corte do Estado de Nova York em 1966 para anular a proibição de sua apresentação no auditório de uma escola secundária de Long Island (o conselho escolar alegou que ele era "uma 'figura altamente controversa' cuja presença poderia desencadear uma perturbação perigosa para a propriedade escolar"), e em 1969 Johnny Cash reclamou que, embora tivesse apresentado Dylan em seu programa de televisão da ABC, Seeger ainda estava proibido de se apresentar. A rede cedeu no ano seguinte, mas, como Seeger refletiu no avião para Nashville, "O que eu posso cantar? Eles não me deixam cantar sobre o Vietnã. Eles não me deixam cantar sobre muitos problemas reais que as pessoas enfrentam. Eles vão querer que eu cante 'Goodnight Irene', 'On Top of Old Smoky'".

Para muitos jovens ouvintes, o problema era que as canções sobre direitos civis e antiguerra de Seeger soavam muito como "Goodnight Irene" e "On Top of Old Smoky". As letras eram mais radicais do que nunca — "Waist Deep in the Big Muddy" alertava sobre o Vietnã se tornar atoleiro, "Last Train to Nuremberg" acusava os Estados Unidos de crimes de guerra —, mas a música soava como música de acampamento de verão.

Por outro lado, a música de Dylan — junto com sua voz, suas roupas, seu cabelo e sua atitude para com as pessoas legais que achavam que a resposta estava flutuando no vento — soava como rebelião. Quando um repórter em sua turnê britânica seguinte perguntou por que ele havia parado de escrever canções de protesto, sua resposta foi: "Quem disse isso? Todas as minhas músicas são canções de protesto. Cada uma delas. Tudo que eu faço é protestar". Ele poderia dizer o oposto no dia seguinte, mas esse era o ponto: ele se recusava a seguir o programa, e a resposta em si era um protesto. A camiseta de motociclista que ele usava na capa da *Highway 61 Revisited* sublinhou sua afinidade com *O Selvagem*: "Contra o que você está se rebelando?", a loira sedutora pergunta a Brando, e ele responde: "O que você tem aí?".

Newport se encaixou perfeitamente nessa analogia como a comunidade rural idílica que Dylan estava ameaçando e que o atacou de volta. E embora em Newport as vaias tenham sido relativamente poucas e dispersas, elas foram mais altas e mais insistentes enquanto fazia sua primeira turnê com uma banda elétrica pelos Estados Unidos e para a Austrália e Europa. Seu novo guitarrista, Robbie Robertson, relembrou as batalhas noturnas com multidões hostis: "Nós montávamos o equipamento, tocávamos, eles vaiavam e jogavam coisas em nós. Então íamos para a cidade seguinte, tocávamos, eles vaiavam, jogavam coisas e partíamos novamente".

A primeira aparição depois de Newport foi no Forest Hills Stadium, no Queens, em 28 de agosto, e Dylan tocou o primeiro set sozinho de forma acústica, depois foi acompanhado por Robertson, Al Kooper no órgão, Levon Helm na bateria e Harvey Brooks no baixo. O Village Voice começou sua análise sugerindo que, aos 24 anos "Dylan pode ter sido a pessoa mais velha em uma multidão de quinze mil", e descreveu o público como "puristas folk, novos esquerdistas e universitários sensíveis" que queriam ouvir as letras e os roqueiros que tinham vindo "para bater os pés ao som das explorações mais recentes de Dylan". Nos bastidores, Dylan preparou a banda, dizendo: "Se eles começarem a gritar e vaiar, não deixem que isso incomode vocês. Continuem tocando o melhor que conseguirem". Murray the K, um DJ de Nova York que gostava do fato de ser conhecido como "o quinto Beatle", foi recebido com um coro de desdém quando apresentou Dylan como parte de "um novo clima de mudança no país" e "o que está rolando, baby". O primeiro set solo foi universalmente aplaudido, e a multidão ouviu extasiada a nova "Desolation Row", de dez minutos de duração, mas quando a banda veio para a segunda parte, fãs furiosos vaiaram, jogaram lixo e gritaram "Queremos Dylan", e um deles gritou "Monte de merda!", provocando a única réplica de Dylan da noite, um contido "Ah, vamos lá!", que foi aprovada com risos e aplausos.

Enquanto isso, multidões de adolescentes entusiasmados corriam para o palco; alguns atravessaram as barreiras de policiais e um casal correu entre os músicos com a polícia no encalço. Um deles se enganchou no banco do piano de Kooper na corrida, derrubando o tecladista no chão, e é fácil identificar o momento na fita de filmagem que sobreviveu, porque a multidão irrompe em uma cacofonia prazerosa de risos, vaias e palmas. Mas também é algo barulhento, exuberante e cheio de inquietude. Cada música é seguida por uma mistura barulhenta de vaias e aplausos, muitas vezes continuando até o primeiro verso da música seguinte, mas independentemente de seus sentimentos, a maioria dos ouvintes se acalmou e ouviu enquanto Dylan cantava — dessa vez sua voz estava alta e clara — e houve fortes aplausos de reconhecimento nos primeiros versos dos sucessos, "It Ain't Me Babe" (que havia entrado no Top 40 naquela semana em uma versão dos Turtles) e "Like a Rolling Stone".

Forest Hills era um estádio de tênis, e a multidão parecia estar em uma combinação de show e evento esportivo, como se estivessem lá para ouvir, mas também para torcer pelos favoritos e vaiar o time adversário. Foi um incrível teatro, e apesar de Dylan estar chateado com Newport, agora ele estava eufórico com Forest Hills. Quando Kooper e Brooks chegaram ao apartamento de Grossman para a festa pós-show, "Dylan saltou pela sala e abraçou nós dois. "Foi fantástico", ele disse, "um verdadeiro carnaval". Uma jovem admitiu que não tinha gostado da banda, e Dylan perguntou se ela tinha vaiado, então a repreendeu quando disse não: "Por que você não me disse o que estava sentindo? Você deveria ter me vaiado. Deveria ter reagido. É disso que trata minha música". Poucos meses depois, ele disse alegremente aos repórteres que, ao longo da turnê, ele vinha sendo vaiado "em quase todos os lugares", embora rapidamente tenha acrescentado exceções: "Eles não nos vaiaram no Texas, nem em Atlanta e nem em Boston, e Ohio. Mas vaiaram em quase todos — em Mineápolis, não vaiaram". A plateia também não o fez quando Dylan apareceu no Carnegie Hall apenas um mês após o show em Forest Hills, e exultou: "Eu sabia que eles me entenderiam. Sabia que não demoraria muito para eles entenderem".

Dylan estava ficando entediado com shows solo, saindo todas as noites, cantando as mesmas músicas, vendo os mesmos rostos, testemunhando as mesmas reações. No início de 1965, ele disse a um amigo: "Eu me pergunto: 'Você viria me ver hoje à noite?' e eu tinha que dizer sinceramente: 'Não, eu não viria. Eu preferiria fazer outra coisa'". Agora, ele dizia: "Quando me pergunto se eu gostaria de ouvir isso nessa noite, tenho que dizer que sim. Eu curto. Sabe? Eu realmente estou curtindo. Não penso mais em desistir". Ele sempre amou o rock 'n' roll, e se alguns fãs ficaram desapontados, seus verdadeiros apoiadores estavam com ele: "Tenho um palpite de que as pessoas que sentem que eu as traí me pegaram apenas alguns anos atrás e não estavam realmente lá comigo no começo. Porque, de vez em quando, eu ainda vejo as pessoas que estavam comigo desde o início, e elas sabem o que estou fazendo". Não foram os fãs que aplaudiram "Sally Gal" e "Highway 51" que ficaram chateados; foram as pessoas que o descobriram depois de "Blowin' in the Wind". Nem eram, em geral, tradicionalistas radicais — os devotos dos cantos de trabalhadores escravos e de melodias de rabeca que não gostavam de suas coisas novas, em sua maioria também não gostava de suas canções de protesto — eram os fãs de Seeger, Baez e Peter, Paul e Mary, os leitores da *Sing Out!*, pessoas atraídas pela música folk, por um senso de camaradagem, propósito moral e desgosto pelo cenário pop comercial convencional.

Enquanto isso, Dylan estava conquistando um público totalmente novo. Tony Glover estava no show de Mineápolis e se lembrou de um jovem que chegou no meio da primeira parte, ouviu um pouco e perguntou: "Com licença, você sabe quem é?". Glover perguntou quem ele esperava ver: "Bob Dylan, 'Like a Rolling Stone'", ele respondeu. Ele pareceu confuso quando expliquei que era ele e que a banda sairia mais tarde. Foi nesse ponto que percebi que o cenário estava mudando para um nível totalmente diferente".

Dylan foi a grande notícia do mundo pop naquele verão e outono e, apesar das mudanças, o saudaram nos mesmos termos que o mundo folk havia usado dois ou três anos antes, como o jovem e peculiar poeta da consciência social. "As gravadoras da Costa Oeste estão correndo para editar músicas de Bob Dylan", escreveu a *Billboard* no início de setembro, "com seu material de mensagem de protesto praticamente matando o surfe, o hot rod e outros temas adolescentes". Mais uma vez, seus próprios discos foram a menor parte da história: "Like a Rolling Stone" foi bem, e seu single seguinte, "Positively 4th Street", chegou ao Top 10 em novembro, mas o foco principal da *Billboard* foi a mania do folk-rock desencadeada pelos Byrds e pela Cher, seguidos por "It Ain't Me, Babe" dos Turtles e covers de Dylan tocados por Johnny Rivers, Link Wray, Billy Strange, Liverpool Five, Safaris, Joe e Eddie, Leroy Van Dyke, David Rose (famoso por "Stripper") e dezenas de outros. Os Byrds, Turtles e

Cher seguiram seus singles com LPs centrados em Dylan, assim como Dino, Desi e Billy (uma boy band liderada pelos filhos de Dean Martin e Lucille Ball), e Duane Eddy lançou um disco instrumental de músicas de Dylan com uma foto de capa do guitarrista reclinado sobre travesseiros costurados à mão em um apartamento hippie ao lado de livros de uma enciclopédia intitulada *Wisdom*. Enquanto isso, na Costa Leste, o Four Seasons veio forte com *Big Hits by Burt Bacharach... Hal David... Bob Dylan*, apresentando seu single estranho de "Don't Think Twice".

Os discos tornaram Dylan milionário, mas muito mais importante foram os inúmeros esforços de som e escrita semelhantes, liderados por "Eve of Destruction". Cantada por Barry McGuire, um graduado de voz rouca do New Christy Minstrels, e escrita por um compositor de músicas de surf de dezenove anos chamado P. F. Sloan — aparentemente a serviço do produtor pop Lou Adler, que lhe entregou o primeiro LP elétrico de Dylan como modelo —, era uma angustiada lista de preocupações sociais pontuada com toques superficiais de gaita: o mundo estava "explodindo", os jovens eram "velhos o suficiente para matar, mas não para votar" e "até o Rio Jordão tem corpos flutuando". A letra era desajeitada, a música bombástica, mas os defeitos do disco eram parte de sua força. Era um uivo angustiado de desespero, e quando as estações de rádio em todo o país o proibiram por ser controverso, isso apenas provou que era coisa real. Para o espanto dos insiders do mundo da música, ele alcançou o número um e até cruzou para algumas paradas de R&B.

"Eve" foi acompanhada por dezenas de discos com temas socialmente relevantes, muitas vezes incluindo toques rudimentares de gaita. Sonny, sem Cher, cantou "Laugh at Me", sobre as provações e tribulações da moda hippie, um tema também explorado por Bonnie and the Treasures em "Home of the Brave" e os Barbarians com "Are You a Boy or Are You a Girl?". Richie Kaye cantou a angústia de receber um aviso de convocação militar em "Here Comes Uncle Sam". Bobby Vinton tinha "What Color (Is a Man)", com a letra imortal, "If you colour him red, someone may steal his land, if you colour him black, he may never be free" ["se você o pintar de vermelho, alguém pode roubar sua terra; se você o pintar de preto, ele pode nunca mais ser livre", em tradução livre]. Glen Campbell editou o hino pacifista de Buffy Sainte-Marie, "Universal Soldier", e então voltou prontamente atrás em uma entrevista para a *Variety*, declarando, "Se você não tem coragem para lutar pelo seu país, você não é um homem". Johnny Rivers e os Byrds vieram firme com canções de Seeger, o primeiro levou "Where Have All the Flowers Gone" ao número 26 e o segundo alcançou o número um com "Turn! Turn! Turn!". A natureza estereotipada do exercício foi reforçada pelos produtores que contrataram os acompanhantes de Dylan; Kooper relembrou a enxurrada de sessões de trabalho que ele recebeu nos meses seguintes: "Eles não me queriam, é claro, eles queriam o novo 'som de Dylan'... Todos os Mister Joneses poderiam nem saber o que estava acontecendo, mas eles certamente sabiam o que fazer: Copiar!". Judy Collins editou um single apoiado por Kooper de "I'll Keep It with Mine" de Dylan; Albert Grossman contratou Kooper e Bloomfield para dar apoio à jovem Carly Simon em uma versão de "Baby, Let Me Follow You Down" e usou a equipe completa do estúdio Dylan para o álbum elétrico de Peter, Paul e Mary em 1966; e um cantor de Chicago chamado Dick Campbell gravou um LP de originais pseudo-Dylan apoiado pela Butterfield Blues Band (Dylan, por sua vez, parece que queria o som de Johnny Rivers, dizendo que sua escolha original para uma banda de turnê foi o grupo de seção rítmica de Rivers: Joe Osborn no baixo e Mickey Jones na bateria, com James Burton tocando guitarra solo).

A maioria desses esforços foram rapidamente relegados à lixeira de trivialidades, mas a mania teve repercussões duradouras. Em grande parte, isso se deveu aos Beatles e aos Rolling Stones. Os Stones estavam no modo Dylan completo naquele verão, seguindo "Satisfaction" com "Get Off My Cloud" e "19th Nervous Breakdown" — ambas continuações mais comercialmente adequadas de "Like a Rolling Stone" do que os singles subsequentes do próprio Dylan — assim como a abertamente folk "As Tears Go By". Os Beatles eram menos óbvios: estavam se aprofundando em temas líricos cada vez mais complexos com singles como "We Can Work It Out" e "Day Tripper", mas suas ideias melódicas eram muito diferentes das de Dylan, e instrumentalmente eles estavam indo na direção oposta, adotando violões e texturas pop-folk. Eles anunciaram sua nova direção com *Rubber Soul*, e enquanto a versão do Reino Unido começou com "Drive My Car" — um rock otimista temperado com sarcasmo Dylanesco —, o lançamento nos EUA abriu com a canção com um toque folk "I've Just Seen a Face".

Ao contrário de Dylan ou dos Stones, que eram idolatrados pelos fãs de rock, mas continuaram a ser considerados abrasivos por muitos ouvintes tradicionais, os Beatles atraíram todos os públicos e foram os fornecedores mais influentes da fusão folk-rock. As composições de Dylan abriram as portas, mudando as letras do rock e do pop para sempre, e sua personalidade rebelde inspirou milhares de outros artistas — Eric Clapton até cacheou o cabelo para que parecesse o cabelo desgrenhado de Dylan —, mas embora o cenário folk gostasse de pensar que suas principais contribuições para o rock eram letras inteligentes e consciência social, ela também fornecia uma ponte para ouvintes que gostavam do fato de sua música ser menos estridente e mais suave. Em termos de marketing e gênero, "Yesterday", de McCartney, faz parte da história do rock, mas em termos musicais é uma balada pop à moda antiga de um cantor melodioso com um violão e um quarteto de cordas, e atraiu milhões de pessoas que nunca gostaram de Chuck Berry ou Pete Seeger, mas poderiam muito bem gostar de Joan Baez ou Barbra Streisand.

Baez ainda estava cantando muitas músicas de Dylan — havia quatro delas no disco que ela lançou naquele outono — e teve seu primeiro single nas paradas naquele verão com "There But for Fortune" de Phil Ochs, mas ela também estava pensando em gravar "Yesterday", e a resposta de Dylan às notícias traçou uma linha estética que muitos críticos de rock e pop ignoraram:

> É a coisa que tem que fazer, dizer a todos os adolescentes "Eu curto os Beatles" e você canta uma música como "Yesterday" ou "Michelle...". São um jeito de se esquivar, cara, essas duas músicas. Se você for à Biblioteca do Congresso, poderá encontrar coisas muito melhores do que isso. Há milhões de músicas como "Michelle" e "Yesterday" escritas em Tin Pan Alley.

Havia um elemento de rivalidade ali — Dylan estava profundamente consciente de que os Beatles estavam vendendo mais que ele, e logo gravou a versão de sua evolução recente, reescrevendo "Norwegian Wood" como "Fourth Time Around" —, mas era verdade que suas baladas forneciam aos conservadores musicais uma maneira fácil de se sentirem atualizados. "Blowin' in the Wind" atraiu uma gama semelhante de ouvintes graças a Peter, Paul e Mary e uma série de outros artistas, mas Dylan não era um compositor de melodias sob encomenda, e ela continuou sendo uma anomalia em seu catálogo. Ele alcançou um público maior como roqueiro do que como cantor folk, mas sua voz era abrasiva, suas letras agressivamente opacas, e apesar de ele ter recebido crédito por semear a safra folk-rock, outros artistas colheram a maioria dos sucessos. Simon and Garfunkel foram um exemplo óbvio, com seu "Sounds of Silence" alcançando o primeiro lugar depois que Tom Wilson fez overdubbed da faixa acústica de dois anos, com apoio elétrico da equipe de sessão de Dylan. Suas harmonias agradáveis eram muito mais fáceis de vender do que a rouquidão peculiar de Dylan, e, durante o resto da década de 1960, enquanto seus álbuns vendiam nas centenas de milhares e os Rolling Stones apenas uma vez quebraram a marca do milhão, cada LP de Simon and Garfunkel vendia pelo menos dois ou três milhões.

Acústico ou elétrico, Dylan era um artista incomum e difícil que desagradou tantos ouvintes quanto conquistou. Em termos de paradas, os expoentes mais bem-sucedidos do folk-rock eram grupos vocais de som agradável na tradição dos Weavers e do Kingston Trio: os Byrds, os Turtles, os Lovin' Spoonful, os Mamas and the Papas, a Association e, finalmente Crosby, Stills, e Nash e outros. Alguns tocavam mais pesado do que outros, outros eram mais conectados aos estilos rurais do sul, alguns tinham mais habilidades instrumentais, mas em termos de marketing comercial, "folk" quase sempre significava suave, não de raiz. Essa lista também não estaria completa sem os Monkees, dois dos quais eram veteranos do cenário folk: Michael Nesmith havia gravado singles que não haviam ido a lugar nenhum de músicas de Tom Paxton e Buffy Sainte-Marie e uma sátira peculiar de Dylan, "What Seems to Be the Trouble, Officer" (letra de amostra: "I'm very near nineteen, like to tell you about all my hard times I've seen" ["Estou bem perto dos dezenove anos, gostaria de contar a vocês sobre todos os tempos difíceis que vi", em tradução livre]), e Peter Tork havia trabalhado no circuito de cafés com música de Greenwich Village como uma espécie de Peter Stampfel de segunda linha.

Alguns frequentadores antigos do Village tentaram embarcar no trem do folk-rock, mas a principal lição que a maioria aprendeu foi que eles não eram Dylan. Na semana em que Dylan foi aplaudido e vaiado em Forest Hills, Stampfel estava abrindo para Dave Van Ronk no Gaslight, e embora ambos fossem formar bandas elétricas e gravar em grandes gravadoras, Van Ronk relembrou isso como um breve período de aspirações irracionais:

> Houve essencialmente duas reações: a primeira foi inveja, em variações de "Por que ele?" e "Ele roubou isso de mim, roubou aquilo de fulano de tal". Claro, todos nós vivíamos pegando ideias uns dos outros o tempo todo, mas isso nunca importou porque estávamos todos na mesma situação. Tocávamos por

> gorjetas e dormíamos no chão, e quando um de nós de repente conseguia uma suíte no topo do Plaza, naturalmente isso doía. A outra reação, que era ainda mais prejudicial, era: "Eu serei o próximo. Tudo o que tenho que fazer é encontrar o agente certo, a gravadora certa, as conexões certas, e posso ser outro Bob Dylan!". Sim, claro que você pode. Tudo o que tinha que fazer era escrever "A Hard Rain's A-Gonna Fall" primeiro. Foi o que Bobby fez, e nenhum de nós fez isso. Mesmo que não admitissem, todos nós sabíamos que ele era o mais talentoso de nós.

Como todos os outros, Van Ronk tendia a se concentrar na escrita de Dylan, mas essa não era a única coisa que o diferenciava de seus antigos colegas. Dylan tinha sido reconhecido como um músico e intérprete distinto antes que sua escrita fosse um fator importante e, por mais coincidente que o título possa ter sido, "Like a Rolling Stone" foi um retorno às raízes que ele compartilhou com Mick Jagger e Keith Richards. Com instrumentos elétricos ou não, os três eram tradicionalistas mais dedicados do que a maioria dos cantores e compositores da década de 1960. Como ele disse a Nat Hentoff naquele outono, "Eu sei o que é música folk, sabe, é por isso que eu realmente não posso me chamar de cantor folk. Não é algo para se brincar. Sabe, você não pode brincar com isso e ter grupos de canções folclóricas e ter reuniões folclóricas e 'vamos todos cantar um monte de canções folclóricas'". Na mesma época, ele disse a Robert Shelton: "Minha visão de uma canção folk é Jeannie Robertson ou Dock Boggs. Chame de música histórica-tradicional". Para ele, as canções folclóricas não eram músicas suaves e alegres; elas eram uma conexão com um passado emaranhado e mítico. "Elas surgem de lendas, bíblias, pragas", ele disse a Hentoff. "Todas essas canções sobre rosas crescendo no cérebro das pessoas e amantes que são na verdade gansos e cisnes que se transformam em anjos". E ele acrescentou: "Eles não vão morrer". Vinte anos depois, ele ainda estava traçando essa linha: "Hoje em dia você vai ver um cantor folk — o que o cantor folk está fazendo? Ele está cantando as suas próprias músicas. Isso não é um cantor folk. Cantores folk cantam aquelas velhas canções folk, baladas".

Dylan foi ele mesmo a influência mais potente na mudança de velhas baladas para composições pessoais, mas ele se importava com a distinção. Pelos seus próprios padrões, ele parou de cantar canções folk em 1963, e a ruptura em 1965 não foi com a tradição folk, mas com as limitações que alguns guardiões do cenário folk tentaram colocar em sua música. Foi também uma ruptura geracional. Em uma entrevista coletiva televisionada em dezembro, um questionador perguntou: "Sr. Dylan, eu sei que você não gosta de rótulos e provavelmente com razão, mas para aqueles de nós com mais de trinta anos, você poderia se rotular e talvez nos dizer qual é o seu papel?".

"Bem, eu meio que me rotularia como 'bem abaixo de trinta anos'", ele respondeu. "E meu papel é apenas, sabe, apenas ficar aqui o máximo que puder".

Em outras situações, ele recusou esse rótulo junto com os outros. Quando um entrevistador sugeriu que "The Times They Are a-Changin'" era um hino do conflito geracional, ele respondeu: "Não era isso que eu estava dizendo. Acontece que talvez aquelas tenham sido as únicas palavras que eu consegui encontrar para separar a vivacidade da morte. Não tem nada a ver com a idade". Ele descartou o clichê "Não confie em ninguém com mais de trinta" como "ridículo" e uma invenção da mídia, acrescentando: "Eu mesmo tenho quase trinta anos". Ele ainda estava a seis anos de completar trinta, mas também a seis anos de ter feito dezoito — e, em 1965, dezoito anos era uma idade que importava mais do que nunca, porque os jovens de dezoito anos estavam recebendo notificações de recrutamento e sendo enviados para o Vietnã. A ruptura entre Dylan e o público em Newport foi imediatamente reconhecida como um símbolo de rupturas maiores, o que é uma das razões pelas quais as vaias foram tão exageradas — a frase comum que circulou não foi simplesmente que ele foi vaiado, mas que ele "foi vaiado até sair do palco". Muitas pessoas realmente pensaram que era isso que estavam vendo, e ele às vezes descreveu dessa forma, em um caso até mesmo dizendo que foi "chutado da cidade". Mas quaisquer que sejam os detalhes da história, era menos sobre o que ele tocou do que sobre a reação da multidão. Era sobre quem eram eles, aquelas pessoas que não o aceitariam, quase sempre contada do ponto de vista de pessoas que o aceitaram, distanciando-se dos folkies retrógrados e equivocados. A *Variety* escreveu: "Dylan aparentemente evoluiu muito rápido para alguns de seus jovens seguidores, que estão prontos para uma mudança radical em praticamente todo o resto", e esse era o cerne da história: a esquerda folk familiar representada por Newport havia perdido o ritmo dos tempos.

O que tornou essa narrativa tão poderosa foi que, à parte a música, os tempos estavam mudando mais rápido do que nunca, e muitas pessoas estavam se sentindo deixadas para trás. O verão do Mississipi de 1964 foi um ponto alto do envolvimento branco na luta pelos direitos civis, mas o fim daquele verão foi a convenção democrata, onde o Partido Democrata da Liberdade do Mississipi enviou uma delegação alternativa e saiu se sentindo desrespeitado e traído. Para muitos ativistas negros, a lição foi que o apoio branco sempre seria indiferente, temporário e paternalista. "Blowin' in the Wind" expressou um sonho de que o mundo mudaria quando a maioria parasse de virar a cabeça e ouvisse os gritos dos oprimidos, mas essa formulação pressupunha uma maioria que ouvia os negros americanos em vez de incluí-los e segurava o poder de os ouvir ou ignorar. Agora, Cleveland Sellers, do SNCC, escreveu que esse tempo havia passado: "Nunca mais fomos levados a acreditar que nossa tarefa era expor injustiças para que as 'boas' pessoas da América pudessem eliminá-las". Em 1966, Black Power era a frase do dia, e cada vez mais a atitude até mesmo para os apoiadores brancos mais comprometidos era que eles deveriam trabalhar em suas próprias comunidades e deixar os negros liderarem a luta negra. Alguns ativistas brancos entenderam, aceitaram e concordaram com essa mudança, mas outros ficaram magoados e com raiva, e mesmo aqueles que concordaram muitas vezes sentiam falta do antigo espírito de camaradagem.

Por alguns anos, a música folk ajudou a unificar e inspirar um movimento de massa, o ápice de um sonho que a geração de Seeger alimentava desde a década de 1930. Em Newport, não importa o que acontecesse, o fim de semana terminava com uma variação daquele primeiro grand finale quando todos deram os braços e cantaram "We Shall Overcome", sabendo que o "nós" incluía não apenas afro-americanos e os ativistas da linha de frente no sul, mas todas as pessoas de pensamento correto em todos os lugares. Em 1965, esse senso de unidade estava se desgastando, e com ele também se desgastou a conexão de jovens ativistas no SNCC, CORE e Students for a Democratic Society (SDS) com os velhos esquerdistas que ainda valorizavam os discos surrados do Almanac Singers. Em abril, o SDS patrocinou a primeira manifestação nacional contra o envolvimento americano no Vietnã, e cerca de 25 mil pessoas ouviram Judy Collins cantar "The Times They Are a-Changin'" e se juntaram a Collins, Baez, Ochs e Barbara Dane em "We Shall Overcome". Só que quando Lyndon Johnson citou o hino da luta pela liberdade em seu anúncio de um amplo projeto de lei de direitos civis em março, a mensagem foi inevitavelmente confusa: foi emocionante ouvir o presidente entoar palavras familiares, mas conforme ele despachou mais bombardeiros e tropas para o Vietnã, esse "nós" assumiu outro significado.

Para os liberais do norte, o Vietnã era uma questão muito mais divisiva do que direitos de voto e bebedouros integrados, e muitos apoiaram o esforço de Johnson para conter a disseminação do comunismo internacional. Então, duas semanas após a estreia elétrica de Dylan em Newport, o gueto de Watts explodiu. Em Chicago, um organizador comunitário de canto chamado Jimmy Collier reagiu escrevendo "Burn, Baby, Burn", e a *Broadside* e a *Sing Out!* rapidamente imprimiram a canção, o primeiro com uma nota introdutória de Guy Carawan. Mas, por mais que a velha guarda o tenha acolhido — Collier estava em Newport em 1966 e excursionou com Martin Luther King e Pete Seeger —, era difícil imaginar Carawan, Seeger ou Baez cantando: "All I had was a match in my hand, but I wanted to fight / So I said, 'Burn, baby, burn" ["Tudo o que eu tinha era um fósforo na mão, mas eu queria lutar / Então eu disse: 'Queime, baby, queime", em tradução livre].

Newport tentou mudar com os tempos, mas os tempos não estavam cooperando. Em 1966, Julius Lester, um ativista da SNCC e editor associado da *Sing Out!* — e coautor com Seeger de *The 12-String Guitar as Played by Leadbelly* —, juntou-se ao conselho e passou grande parte do ano ajudando a organizar festivais locais no Mississipi, mas quando a SNCC montou um estande no local do festival, a polícia respondeu aos seus cânticos de "poder negro" expulsando-os e levando os organizadores para uma dolorosa rodada no tribunal arbitral. Havia mais bandas elétricas naquele ano, incluindo Howlin' Wolf, Chuck Berry, Blues Project e Lovin' Spoonful, mas elas foram atormentadas por problemas de som, seus fãs eram barulhentos e a programação notavelmente não tinha Dylan, Baez ou Peter, Paul e Mary. O resultado foi irritação generalizada e um comparecimento menor do que o normal, e pela primeira vez o festival perdeu dinheiro.

Ainda havia muita música boa — um contingente gospel estelar incluía Dixie Hummingbirds, Swan Silvertones e Gospel Harmonettes —, mas o sentimento havia mudado. Newport não era apenas um evento musical; era uma reunião anual edificante com um forte senso de comunidade e dedicação. Agora, muitas pessoas estavam achando mais difícil ignorar o fato de que o público era quase todo branco e de classe média ou acreditar em Newport como um modelo para o futuro. Como Lester escreveu na *Sing Out!* naquele outono:

> Agora acabou. Os dias de cantar canções de liberdade e os dias de combater balas e cassetetes com amor. "We Shall Overcome" (e superamos nossa cegueira) soa como algo antigo, ultrapassado e pode entrar no panteão das grandes junto com as canções de trabalhadores e sindicatos. Como um veterano do SNCC disse após a Marcha do Mississipi, "Cara, as pessoas estão ocupadas demais se preparando para lutar para pensar em cantar".

O otimismo do início dos anos 1960 estava desaparecendo, substituído por uma mistura volátil de radicalismo e alienação. Para jovens ativistas brancos, a mudança dos direitos civis para a luta contra o Vietnã foi, de certa forma, libertadora: em vez de fazer parte da luta de outra pessoa, eles estavam agora lutando por sua própria causa. Mas, no processo, muitos perderam o interesse em antigas alianças. A música folclórica tinha sido um elo com o passado, não apenas com velhas canções e tradições rurais, mas com uma esquerda enraizada nos sonhos progressistas do New Deal e do "século do homem comum" de Henry Wallace. O rock era o som de uma nova geração com suas próprias lutas e descobertas, rompendo com as políticas da Guerra Fria, do macarthismo, do conservadorismo, do racismo e do militarismo, mas também com as políticas da velha esquerda, estivessem elas ligadas aos velhos do Kremlin ou aos velhos liberais anticomunistas. É uma simplificação chamá-la de rebelião edipiana, mas nunca tantos jovens haviam tido tanto desdém pelos pais e sua geração. As novas lutas não eram apenas contra injustiças ou ideologias específicas, mas contra "o sistema", fosse ele o capitalista, o comunista ou qualquer sistema, qualquer forma de autoridade — incluindo os organizadores do Newport Folk Festival.

Quando Dylan soltou o grito na forma elétrica recusando-se a trabalhar em "Maggie's Farm", foi uma declaração de independência para o que ainda não era conhecido como contracultura. A política de palavras e manifestos estava sendo suplantada por uma política de roupas, cabelos, sexualidade, drogas e música. O "negro branco" de Norman Mailer, o hipster que se identificava internamente com uma experiência negra imaginada, estava dando lugar ao "negro branco" de Abbie Hoffman, o hippie que pessoalmente sofria discriminação e lutava contra o sistema simplesmente existindo. Essas formulações sempre foram problemáticas, mas expressavam como estavam se sentindo cada vez mais os jovens americanos brancos, e Dylan era o ícone mais visível da nova sensibilidade.

Em turnê com Baez em 1963, um hotel lhe recusou um quarto por sua aparência desleixada, e ele respondeu compondo "When the Ship Comes In". A imagem era de "Pirate Jenny", de Brecht, em que uma camareira de hotel sonha com um navio de piratas vingadores que aportarão na costa e massacrarão a respeitada burguesia complacente.

Em 1965, Dylan era um milionário vestido em roupas da moda e, por um momento, pareceu que ele poderia ter se vendido ao sistema, mas a batalha de Newport provou que ele estava tão indomável quanto sempre havia sido. Ele não estava capitulando ao presente, estava rompendo com o passado — e se o mainstream recompensou sua rebelião, foi porque o mainstream estava mudando, e não Dylan. Na década de 1950, Seeger foi o único artista cuja reputação melhorou com batalhas judiciais. Na década de 1960, ser preso se tornou um distintivo de honra — primeiro com os protestos e marchas da luta pelos direitos civis, depois com as prisões cheias de jovens que resistiram ao recrutamento e fumantes de maconha. Logo os fãs estavam trocando histórias das apreensões de drogas de seus roqueiros favoritos como prova de autenticidade rebelde, e, em 1968, a Columbia Records estabeleceu um ponto alto de cooptação corporativa com um anúncio de página inteira em jornais underground usando o slogan "The Man Can't Bust Our Music" ["O Homem Não Pode Apreender Nossa Música", em tradução livre], embora, estranhamente, os discos em questão fossem lançamentos clássicos de vanguarda.

O paradoxo de Dylan em Newport é famoso como sua separação com o mundo folk, mas é importante porque ele levou os padrões daquele mundo e a maioria de seu público com ele. Charlie Gillett escreveu que "o folk existia em um mundo próprio até que Bob Dylan o arrastou, gritando, para o pop", e embora os fãs de folk possam enxergar isso da maneira oposta — Dylan arrastou o pop, gritando muito alto, para seu mundo —, foi o momento icônico de intersecção, quando o rock emergiu, separado do rock 'n' roll, e substituiu o folk com a voz séria e inteligente de uma geração. No processo, os fãs de rock adotaram muitos dos orgulhos e preconceitos do mundo folk: os roqueiros usavam roupas combinando, tocavam música dançante voltada para adolescentes e batalhavam para gravar singles de sucesso. Os músicos de rock usavam roupas de rua, cantavam letras poéticas e significativas acompanhadas por instrumentação imaginativa ou autoconscientemente de raiz e gravavam discos de longa duração que exigiam audição repetida e atenta. Esses discos podiam vender milhões, mas eram apresentados como afirmações artísticas e, no final da década de 1960, chamar alguém como Jim Morrison ou Janis Joplin de "comercial" era considerado um insulto.

Em 1965, essa transformação estava apenas começando. Os álbuns ainda não eram um fator importante no mundo do rock, e Phil Ochs ficou horrorizado quando Dylan, após "Like a Rolling Stone", lançou a melancólica "Positively 4th Street" e a esquecível "Can You Please Crawl Out Your Window", argumentando que ele teve a chance de lançar "quinze singles de sucesso musicalmente emocionantes e grandiosamente produzidos, todos com letras excelentes, e assim revolucionar o mercado musical", mas, em vez disso, "jogou tudo fora". Como praticamente todo mundo, Ochs não conseguia imaginar alguém se tornando uma estrela do rock do jeito que Joan Baez se tornou uma estrela folk, recusando-se explicitamente a ser uma engrenagem na máquina pop. Essa foi a conquista de Dylan, e Newport desempenhou um papel vital, provando que ele estava fazendo uma escolha artística difícil em vez de apenas mirar no prêmio mais alto. A instrumentação o conectou a Elvis e aos Beatles, mas as vaias o conectaram a Stravinsky.

Dylan provou que Ochs estava errado ao igualar seu sucesso nas paradas da "Rolling Stone" em maio de 1966 com uma música que fazia referência direta às plateias furiosas: "They'll stone you when you're riding in your car / They'll stone you when you're playing your guitar" ["Eles vão apedrejá-lo quando você estiver andando de carro / Eles vão apedrejá-lo quando você estiver tocando sua guitarra", em tradução livre], cantou ele em "Rainy Day Women #12 & 35", tocando gaita com uma banda marcial no estilo do Exército da Salvação até levar ao refrão, "Everybody must get stoned!" ["Todo mundo tem que ser apedrejado!", em tradução livre]. Não soava como nenhum hit anterior em nenhum gênero e era o verdadeiro hino do outsider, de ser apedrejado e de se recusar a se conformar com as expectativas de qualquer um. Algumas estações de rádio baniram a canção; alguns dos antigos fãs de Dylan balançaram a cabeça em desaprovação — "Isso é exatamente o oposto de estimular alguém a se importar", lamentou Baez, "quero dizer, é tão destrutivo" —, mas capturou perfeitamente a combinação de paranoia e exuberância que marcava o novo movimento jovem. As drogas eram obviamente parte dessa equação, e muitas pessoas acreditavam que a maconha e os alucinógenos eram ferramentas importantes para abrir as portas de suas percepções, libertar suas mentes da lavagem cerebral social e mostrar-lhes novas maneiras de entender o mundo, e, com certa esperança, mudá-lo.

Os Beatles foram exemplos particularmente proeminentes, e a posição central de Dylan na história do rock está enraizada naquele breve período em que ele e os Beatles estavam empatados na corrida. Ele lançou *Bringing It All Back Home* na primavera de 1965, *Highway 61 Revisited* naquele verão e *Blonde on Blonde* um ano depois. *Rubber Soul*, o primeiro disco dos Beatles concebido como uma afirmação artística coesa, foi lançado em dezembro de 1965, seguido por *Revolver* sete meses depois. Em termos comerciais, os Beatles estavam em uma liga diferente: no mercado americano, eles lançaram quatro LPs de material novo em 1965 e dois em 1966, e cada um passou mais de cinco semanas no número um na parada de álbuns da Billboard, enquanto Dylan não teria um disco no número um até meados da década de 1970. Mas eles estavam evoluindo de criadores de sucessos do pop adolescente para artistas maduros e conscientes, tendo Dylan como seu modelo reconhecido. McCartney lembrou-se de tocar para ele uma fita de suas novas músicas quando ele veio a Londres na primavera de 1966: "Ele disse: 'Ah, entendi, você não quer mais ser um garotinho fofinho!' Isso resumiu tudo... O período de garotos fofinhos havia terminado. Começou a ser arte".

Foi o amanhecer do mundo em que vivemos desde então, no qual se espera que os músicos de rock façam um trabalho que não seja apenas divertido e emocionante, mas significativo e importante. A recepção de Dylan em Newport teve tanta ressonância porque ele importava para seu público de uma forma que a música pop nunca havia importado antes, e o poder dessa mensagem não veio apenas de Dylan, mas de Newport, do fato de que ele foi vaiado em um encontro musical amado e respeitado, por um público de jovens adultos sérios e comprometidos. Os fãs que o vaiaram de Forest Hills ao Manchester Free Trade Hall no ano seguinte estavam mostrando não apenas raiva por sua capitulação ao mainstream, mas sua solidariedade com aquele primeiro grupo de verdadeiros crentes miticamente irritados.

O conselho de Newport tentou segurar as duas coisas, preservando sua missão enquanto reconhecia que o cenário estava mudando. Em 1967, o festival foi expandido para uma semana inteira, com um dia de workshops de dança folclórica, um dia para crianças e noites de contação de histórias e músicas temáticas, e o horário do rock foi preenchido pelo Buffalo Springfield (embora eles tenham cancelado no último minuto devido a problemas de saúde), e a banda de Muddy Waters cobriu o blues elétrico. Em 1968, ele foi reduzido para cinco dias, e Buddy Guy e B. B. King cuidaram do blues, mas, nas palavras de Weir, "o rock fez a diferença entre uma catástrofe financeira e uma bilheteria autossustentável", e o festival "foi salvo da ruína por um único grupo — uma banda de rock psicodélico de São Francisco administrada por Albert Grossman, que havia se apresentado com grande aclamação no verão anterior em Monterey. Eles chamavam Big Brother and the Holding Company, e sua vocalista principal era Janis Joplin".

Na *New Yorker*, Ellen Willis escreveu que os artistas com instrumentos elétricos foram prejudicados por limitações no volume, mas ainda assim ofuscaram os artistas tradicionais, e o resultado foi insatisfatório para todos — os workshops foram interrompidos por gritos de "B.B.!", "Big Brother!" e "*Jan-niss!*" e embora houvesse ótimas músicas, "falhou como festival". Jim Rooney destacou que Joplin curtiu muito e "ficou muito emocionada" ao aparecer ao lado de King, Roy Acuff e seu antigo patrono do Texas, Kenneth Threadgill, e acrescentou: "Dylan queria vir este ano — e teria vindo se questões familiares não tivessem impedido —, mas ele queria evitar uma repetição do passado — a besteirada do 'estrelato'". Era muito provável que fosse verdade: a única aparição pública de Dylan naquele ano foi em um concerto memorial de Woody Guthrie, tocando três músicas com a banda e uma quarta com Seeger, Judy Collins e o filho de Woody, Arlo, e a programação de Newport incluía uma recapitulação desse programa. Só que o tempo de Newport havia passado. Em 1969, não havia apresentações de rock, embora os Everly Brothers e o Johnny Cash Revue trouxessem algum peso de estrelato, e o showcase do Young Performers na tarde de domingo sugeria que o conselho ainda estava em contato com tendências de mudança, incluindo Jerry Jeff Walker, Joni Mitchell, James Taylor e Van Morrison. Mas o festival perdeu dinheiro, e esse foi o fim da linha. O Festival de Jazz daquele ano foi na direção oposta, com uma programação de hard rock incluindo Jethro Tull, Mothers of Invention e Led Zeppelin, e quebrou todos os recordes de público anteriores de Newport com 85 mil ingressos pagos, mas a multidão estava indisciplinada, e George Wein o descreveu como os "quatro piores dias da minha vida" e jurou nunca repetir a experiência. Em 1970, o Festival Folk fez um planejado hiato de um ano, mas em 1971, o Festival de Jazz teve que cancelar seu último dia após uma revolta de jovens furiosos que exigiam entrada gratuita e derrubaram as cercas, e o Newport City Council cancelou a programação folk junto. Outros festivais folk continuaram em várias formatos, mas no final da década de 1960, qualquer um que estivesse procurando um evento que capturasse o espírito da época estava em outro lugar.

Às vezes, outros lugares pareciam bem familiares: mais de um quarto das performances no festival de Woodstock de 1969 apareceram da mesma forma que os lineups folk de Newport; o som e a iluminação eram de Bill Hanley e Chip Monck, veteranos de Newport; e o dia de abertura do fim de semana foi um programa acústico que culminou com Joan Baez liderando a multidão em "We Shall Overcome", alinhando as letras no estilo familiar de Seeger. Os festivais de rock míticos — Monterey e Woodstock em particular, mas havia muitos outros —, tentaram, da melhor forma possível, alcançar a mesma ideia de músicas e propósitos compartilhados que Newport havia estabelecido, a sensação de que aquilo que estava acontecendo no palco era uma extensão do que acontecia na plateia. Inevitavelmente, porém, a tecnologia fez a diferença: em Newport, a plateia era cheia de pessoas com seus próprios violões e banjos, e quando o programa oficial acabava, a produção musical não oficial continuava, com uma sonoridade bem semelhante ao que estava acontecendo no palco. Para bem ou para mal, instrumentos elétricos exigiam amplificadores e fiação elétrica e geravam uma divisão: músicos atrás dos amplificadores, ouvintes na frente. Não era impossível cantar junto com uma banda de rock, mas era irrelevante. Como Dylan disse, Seeger fazia seus ouvintes "sentir que importavam e tinham sentido para si mesmos e sentiam que estavam contribuindo com algo", enquanto que ouvir uma banda de rock "é como ser um espectador em um jogo de futebol. Pete é quase como um curandeiro tribal, no verdadeiro sentido da palavra. Artistas de rock 'n' roll não são. Eles estão meio que apenas trabalhando as fantasias de outras pessoas".

A experiência de Dylan, sem dúvida, influenciou sua visão — a banda de rock, para ele, era uma forma de comunicação, mas também uma concha protetora. Como artista solo, ele conversava, fazia caretas e brincava com o público, sempre preenchendo os espaços, sempre se envolvendo de uma forma ou de outra. Uma das coisas que tornou aquela última apresentação em Newport tão difícil para os fãs antigos foi o contraste: Dylan deu as costas para eles, agrupado com sua gangue elétrica, ouvindo apenas os ecos amplificados de sua guitarra e sua gaita. Daí em diante, ele ficou conhecido por sua truculência, tocando shows inteiros sem dizer uma palavra. Muitas pessoas achavam sua desconexão mais preocupante do que a instrumentação. Ruth Perry perdeu o show em Newport, mas o viu logo depois e relembra: "Ele cantou 'You don't know what's happening, do you, Mr. Jones' com tanto desprezo pelo público que todos nós recuamos. Foi o tom de voz dele, e não a eletricidade, que nos atravessou". Outros se lembram dele se desligando de outras maneiras — John Lennon descreveu o ano seguinte como o período em que usaram heroína juntos, e Shelton escreveu que Dylan estava tenso e moribundo, fosse por drogas ou exaustão — e a eletricidade não era toda a história, mas fazia parte desse processo.

Então, uma semana após o lançamento de *Blonde on Blonde* e quase exatamente um ano depois de ter liderado sua gangue metafórica de motociclistas ao palco em Newport, Dylan rodou fora de controle em uma motocicleta de verdade em uma estrada rural perto de Woodstock. Foi um final mítico para sua história, o herói que morria no auge da carreira, como James Dean, e embora uma intrigante ressurreição corpórea tenha se seguido, nos oito anos seguintes, ele daria apenas um show.

O que quer dizer que o Dylan que presidiu o que a maioria de nós lembra como "os anos 60" — a era do Vietnã, os tumultos nos campi de universidades, o verão do amor, os hippies, a cultura das drogas, os Weathermen — era realmente o *zeitgeist*, o fantasma de um Dylan sacrificial que se posicionou diante dos anciãos no templo da música folk e foi condenado, açoitado enquanto carregava sua cruz elétrica pelo Getsêmani de sua turnê de um ano (o fã em Manchester que o chamava de Judas estava errado) e finalmente morreu para que o rock pudesse ser redimido.

Quando ele retornou, foi a princípio como um rumor, talvez pairando entre a vida e a morte, talvez permanentemente incapacitado, talvez apenas usando o acidente como disfarce para se aposentar para outra vida como um marido e pai tranquilo. Ele evitou a publicidade, e quando quebrou o silêncio foi como um eremita místico, resgatando o rock de seus excessos. Por um ano e meio, ele competiu com os Beatles pelo trono da pop art, e quando eles estabeleceram sua supremacia com *Sgt. Pepper* em 1967, todos se perguntaram como ele responderia. O que quase ninguém esperava era *John Wesley Harding*, um disco discreto, em grande parte acústico, com letras mais conscientemente arcaicas do que seus primeiros blues e baladas. Uma exceção solitária foi Ellen Willis, que publicou um perfil dele no *Commentary* um mês antes do lançamento do novo disco, no qual escreveu: "Dylan não é um apóstolo da era eletrônica. Ele é um agente duplo trabalhando para o passado".

Olhando em retrospectiva, essa pode ter sido a mensagem mais poderosa daquela noite em Newport. Em 1965, virou notícia porque capturou as tensões e os conflitos do período, e para as pessoas que viveram aquele momento, com o passar do tempo, ele só se tornou mais emblemático. Aquele foi o ano do Vietnã, de Watts, do Movimento pela Liberdade de Expressão e dos primeiros testes de ácido, e o confronto em Newport marcou o fim do boom folk e a chegada do rock como uma forma de arte madura, a ruptura da Nova Esquerda com a antiga e o triunfo da contracultura. Foi um símbolo prático e convincente, reciclado em uma miríade de documentários, que se tornou uma espécie de clichê no fim das contas. Mas continua a ressoar porque, se seus detalhes são emblemáticos de um momento específico, o conflito central era atemporal. Não foi a morte de um sonho antigo e o nascimento de um novo, mas o choque de dois sonhos, ambos muito antigos e que ainda seguem conosco. Eles são os ideais gêmeos da era moderna: o ideal comunitário democrático de uma sociedade de iguais trabalhando juntos para o bem comum, e o ideal libertário romântico do indivíduo livre, despido das restrições de regras ou costumes. Naquela noite em Newport, Seeger estava defendendo um ideal e Dylan o outro, e muitas pessoas se sentiram forçadas a escolher lados, e por um tempo o veredito da história pareceu ser que Dylan estava certo e Seeger estava errado.

Cinquenta anos depois, não parece algo tão simples. Dylan hoje é um santo padroeiro da música americana e de raiz, e Seeger continua sendo um símbolo da luta progressiva. Olhando para trás, podemos entender por que algumas pessoas naquele momento ficaram com Seeger e outras lutaram por Dylan, mas não estamos nos confrontando com a mesma escolha. Jovens músicos ainda estão pegando banjos e violões, ainda formam bandas de rock, ainda aprendem estilos antigos e escrevem novas músicas, ainda olham para o passado e tentam encontrar um lugar no futuro. Os ideais conflitantes que eles representavam meio século atrás ainda estão conosco e ainda entram em conflito, e algumas pessoas ainda se sentem forçadas a escolher. Mas tanto Seeger quanto Dylan reconheceram há muito tempo que o desafio não era lutarem um contra o outro, mas reconciliarem-se.

De suas maneiras muito diferentes, Seeger e Dylan encontraram uma solução para esse problema. Dylan continuou explorando novas direções, mas sempre voltava às suas raízes musicais. Ele se tornou um cantor gospel, um cantor country, um cantor de blues acústico e baladas, um revivalista da música de raiz sulista, até mesmo um compositor à moda antiga do Tin Pan Alley. Depois de um período de descanso na década de 1980, ele voltou com energia renovada e começou a fazer turnês sem parar, reunindo bandas famosas e fazendo discos que retrabalhavam os estilos de jukebox de casas de shows de estrada das décadas de 1930 e 1940, do jump blues ao honky-tonk, de swing western a padrões pop românticos. Como ele cantou em *Love and Theft*, de 2001: "Ela diz: 'Você não pode repetir o passado'. Eu digo: 'Não pode? O que você quer dizer com não pode? Claro que pode'". No século XXI, ele é o único grande artista da década de 1960 que atrai consistentemente um público de fãs novos e jovens, muitos dos quais nem conhecem seu trabalho inicial. Ele faz cem shows por ano, muito mais do que qualquer outra estrela, e embora até mesmo seus seguidores mais devotados muitas vezes tenham sentimentos conflitantes sobre suas performances, eles continuam voltando aos shows porque ele está constantemente surpreendendo, refazendo músicas antigas, adicionando novas canções e trabalhando com alguns dos músicos mais empolgantes do cenário de raiz atual. Muitos fãs continuam a pensar nele como a personificação do espírito rebelde dos anos 1960, e quando ele fez um comercial para a Chrysler em 2014, a internet explodiu com acusações e lamentos de que ele estava se vendendo. Mas se o meio era o charlatanismo corporativo, a mensagem subjacente do anúncio era que ele continuava a personificar os ideais populistas dos primeiros anos de Newport: um hino às tradições em extinção e à iconografia do centro-oeste industrial no meio do século, mostrando uma montagem de fazendas e fábricas, James Dean, motocicletas e rodovias empoeiradas que se estendiam até o horizonte.

A imagem de abertura foi um clipe do workshop da tarde de sábado no festival de 1965, em que Dylan está de frente para a multidão no campo gramado sob a luz do sol, tocando um violão.

Seeger lidou com as mudanças do final dos anos 1960 atendo-se às questões locais; ele formou um grupo comunitário para construir um saveiro ao estilo antigo no Rio Hudson, o Clearwater, e navegou rio acima e rio abaixo para chamar a atenção para os perigos ecológicos. Em 1978, ele iniciou um festival de música, o Great Hudson River Revival, que continua como o Festival Clearwater anual. Ele continuou fazendo shows por todo o país e ao redor do mundo, mantendo um equilíbrio entre trabalhos remunerados e beneficentes para causas esquerdistas e organizações comunitárias. Em 2006, um perfil da *New Yorker* fechava com uma imagem sua, parado na estrada perto de sua casa em Beacon, em um dia frio de inverno no início da guerra do Iraque; um homem velho, mas ainda alto e ereto como sempre, segurando uma placa de papelão com a palavra "Paz". Sua voz ficou mais fraca, mas ele continuou se apresentando, fazendo sua última grande aparição na televisão em 2008, acompanhado por seu neto Tao, Bruce Springsteen e um coral gospel, e levou a plateia a cantar "This Land Is Your Land" na posse do primeiro presidente afro-americano. Ele fez seu último disco em 2010, acompanhado por velhos amigos e um coral de crianças com quem ele cantava em uma escola próxima. O disco se chamou *Tomorrow's Children* e ganhou um Grammy. Ele morreu em 27 de janeiro de 2014.

O Newport Folk Festival reapareceu em 1985, mas foi apenas um concerto de dois dias, sem workshops ou mais do que uma pitada de música tradicional, e os veteranos lamentaram a mudança. Em 2002, Dylan retornou e fez um show de duas horas — embora, presumivelmente relembrando velhas ofensas, ele tenha usado barba e peruca falsas, e tenha insistido que a faixa do Newport Festival fosse removida antes que ele subisse ao palco. Em 2009, George Wein, que não estava diretamente envolvido havia quarenta anos, assumiu o comando novamente e apresentou uma programação de quinquagésimo aniversário, incluindo Seeger, Baez, Judy Collins, Ramblin' Jack Elliott e outros veteranos dos anos 60, juntamente com uma ampla lista de jovens artistas de raiz, e o festival se tornou uma vitrine anual para o cenário americano em desenvolvimento. Dylan não voltou, mas sua influência está em todos os lugares — o estilo dominante são composições originais que bebem nas tradições rurais americanas, guitarras elétricas misturadas com rabecas e bandolins. Em 2014, um novo evento foi adicionado, um renascimento dos antigos workshops de Newport dedicados a estilos tradicionais e "performances íntimas com discussões com perguntas e respostas sobre dulcimer de martelo, gaita de foles, sanfona, *nyckelharpa*, auto-harpa, banjo, violino [e] dança". O workshop se chama "For Pete's Sake" ["Por Pete", em tradução livre].

NOTAS

Introdução

4 **"Como... da guerra?"** John Cohen e Happy Traum, "Conversas com Bob Dylan", *Sing Out!*, outubro a novembro de 1968, 67.

5 **"Quando ele se voltou... "do blues pesado"'** Echo Helstrom, citado em Thompson, *Positively Main Street*, 73.

5 **"melodramático e piegas"** Pankake e Nelson, "Flat Tire", 24.

5 **"Que merda é essa?"** Tony Glover em Heylin, *Bob Dylan*, 126.

5 **"desperdiçando nosso precioso tempo"** Irwin Silber, "An Open Letter to Bob Dylan", *Sing Out!*, novembro de 1964, 23.

1. A Casa que Pete Construiu

8 **"Não estava... uma casa"** Dunaway, *How Can I Keep*, 182.

10 **"A verdade... lugar"** Seeger, *Where Have All the Flowers Gone*, 12.

12 **"imigrou... em 1787"** Ann M. Pescatello, Charles Seeger: *A Life in American Music* (Pittsburgh, PA: University of Pittsburgh Press, 1992), 5.

12 **"Comparadas às... honestas"** Seeger, *Incompleat Folksinger*, 13.

13 **"um sujeito baixo... inventado"** Seeger, *Incompleat Folksinger*, 42–43.

13 **"porque todo... atrás de garotas"** Seeger, *Where Have All the Flowers Gone*, 17.

13 **"aconselhando jovens fãs"** Seeger, *Incompleat Folksinger*, 168, 556.

14 **"Mesmo que... melhores"** Dunaway, *How Can I Keep*, 121.

15 **"Se vai lidar... tocar clarinete"** Dunaway, *How Can I Keep*, 135.

15 **"Sinatra alto e magro... folk"** "Night Club Reviews", *Billboard*, 11, janeiro de 1947, 40.

16 **"me parabenizando... mais útil do que eu"** Dunaway, *How Can I Keep*, 164; Seeger, Pete Seeger, 259.

17 **"O show... valor comercial casual"** Bill Smith, "Village Vanguard, Nova York", *Billboard*, 4 de fevereiro de 1950, 51.

18 **"A Decca Records... guitarristas agora"** Seeger, carta em *Broadside*, 30 de junho de 1964, 6.

18 **"'masculinizar... perdoados"** Notas, *Broadside*, 10 de março de 1964, 14.

18 **"Um grupo... cultura negra?"** Dunaway, *How Can I Keep*, 174–75.

20 **"pega um blues... música muito tocante"** Joe Boyd, entrevistado por Jasen Emmons, 23 de março de 2007, cortesia do Experience Music Project Museum.

20 **"Deve ter sido... ter tentado"** Pete Seeger, introdução a Dunaway, *Singing Out*, xi.

21 **"'fenomenal'... aposta temporária"** Jon Pankake, "Pete's Children: The American Folksong Revival, Pro and Con", *Little Sandy Review* 29, 1964, 26–30.

22 **"Pete só... dedos mínimos"** Pete Seeger e Toshi Seeger, "Record Review: Pete Seeger", *Sing Out!*, 1965, reimpresso em Seeger, *Incompleat Folksinger*, 268.

22 **"Não que... nível de Pete"** Tom Paley, entrevistado pelo autor, 3 de maio de 2014.

23 **"primeiro álbum solo"** David King Dunaway's *Pete Seeger Discography: Seventy Years of Recordings* (Lanham, MD: Scarecrow, 2010) lista três álbuns solo anteriores, mas um deles, *American Banjo*, de 1944, nunca foi lançado, e os outros dois eram singles de 78 rpm, com trechos de várias músicas.

23 **"Palavras e melodias... balada britânica" Seeger,** *Incompleat Folksinger*, 145.

23 **"Talvez o papel... ele conhece"** Seeger, *Pete Seeger*, 66, 42.

24 **"deitar na... banjo"** Pete Seeger, *The Goofing Off Suite*, Folkways FA 2045, 1955.

25 **"propositalmente composto... e profissionais"** Pete Seeger, *Folksongs of Four Continents*, Folkways LP 6911, 1955.

25 **"a maioria dos líderes sindicais... de mineiros"** Seeger, *Incompleat Folksinger*, 21.

25 **"*da* classe trabalhadora... *para* ela"** Dunaway, *How Can I Keep*, 126.

27 **"o trabalho... para amadores"** Seeger, *Pete Seeger*, 261. Mais informações de Dave Samuelson, notas para *The Weavers: Rarities from the Vanguard Vault*, Vanguard VZCD47, 2003, e comunicação pessoal, 12 de maio de 2014. A nota no livro de Rosenthal é datada de janeiro de 1958, mas Samuelson tem certeza razoável de que o comercial foi gravado em 2 de março de 1958, possivelmente para a Lucky Strike.

28 **"A mulher... sentir"** Peter Stampfel, entrevistado pelo autor, 10 de abril de 2014.

28 **"Nós todos... foi fantástico"** Bush, *Greenback Dollar*, 61.

29 **"Menestrel perigoso... de fora"** Dunaway, *How Can I Keep*, 248.

29 **"Alguns dos meus ancestrais... não pode"** Dunaway, *How Can I Keep*, 252.

29 **"Estão armando... calá-lo"** Scaduto, *Bob Dylan*, 83.

2. North Country Blues

31 **"Ele é genuíno... a superfície"** Jonny Whiteside, *Cry: The Johnnie Ray Story* (Nova York: Barricade, 1994), 85, 133.

31 **"Ele realmente... completamente"** Sounes, *Down the Highway*, 22; Shelton, *No Direction Home*, 37.

32 **"Tarde da noite... decifrá-las"** Loder, "Bob Dylan."

32 **"Stan Lewis... relembrou"** Spitz, *Dylan*, 34–36; listas de rádio, *Monroe News Star*, 10 de outubro de 1955, 27.

33 **"Uma manada... manter em pé"** John Szwed, *Alan Lomax: The Man Who Recorded the World* (Nova York: Viking, 2010), 311.

33 **"Elas usavam... vaiaram"** Alan Lomax, entrevistado por Nick Spitzer, 25 de julho de 1990, cortesia de Spitzer e *American Routes*.

33 **"que clichê... algo especial"** Susan Heimann, carta na *Sing Out!*, outono de 1957, 2, 35.

34 **"Ouvir [Elvis]... Buddy Holly"** Sounes, *Down the Highway*, 27; Rosenbaum, "Playboy Interview."

34 **"Tentar tornar... se tornar popular"** Spitz, *Dylan*, 41; Sounes, *Down the Highway*, 27.

34 **"conversa gravada com Bucklen"** Fita de John Bucklen, por volta de 1958. Trechos desta fita circularam desde que foram transmitidos em um documentário da BBC TV, *Highway 61 Revisited*. A narração acrescenta uma falsa conexão com Elvis, dizendo que Dylan e Bucklen cantaram "Blue Moon" e intercala sua apresentação com a gravação de Presley dessa música, mas na verdade eles cantam "We Belong Together", um hit de som semelhante à dupla negra Robert e Johnny.

35 **"Descobrimos… mais quadrado"** Hadlock, "Kingston Trio", 20.

35 **"os Jokers"** Sounes, *Down the Highway*, 25, 27–28.

36 **"'Maybellene'… Gatemouth Page?"** Thompson, *Positively Main Street*, 65.

36 **"As pessoas riam… quase chorando"** Thompson, *Positively Main Street*, 68.

37 **"Ele e os outros… ficou *louco*"** Sounes, *Down the Highway*, 35.

37 **"Ele estava com… um pouco"** Thompson, *Positively Main Street*, 69.

38 **"Winter Jamboree"** "Queen Jessie, King Dick Rule at JJS Jamboree", *Hibbing Hi Times*, 23 de janeiro de 1959, 1. "Time Goes By" foi um sucesso em 1955 para Marty Robbins e "Swing, Daddy, Swing" foi um blues rockabilly de Jerry Hawkins com um coro de apoio feminino.

38 **"Gorgeous George"** Dylan, *Chronicles*, 44.

39 **"furioso… como ela era"** Thompson, *Positively Main Street*, 71.

39 **"Eu gosto de blues… lugar certo"** Heylin, *Bob Dylan*, 25.

39 **"Bob quase gritou… em 1959"** Shelton, *No Direction Home*, 48.

40 **"Um dia, meu irmão… Universidade de Minnesota"** Mackay, *Bob Dylan*, 53.

41 **"Hipsters folk do tipo universitário"** Bob Rolontz, "Hipsters folk do tipo universitário sob demanda", *Billboard*, 23 de maio de 1960, 5.

42 **"A faixa… transariam com ele"** Peter Stampfel, entrevistado pelo autor, 10 de abril de 2014.

42 **"Harry era… durão autêntico"** Dylan, **Chronicles**, 68.

42 **"Naquele momento… Gibson flat-top"** Rosenbaum, "Playboy Interview."

43 **"não era o suficiente… precisava daquilo"** Crowe, notas para *Bob Dylan*, 35.

44 **"Ele tinha uma voz… se tornou"** Shelton, *No Direction Home*, 56.

44 **"uma pessoa incomum… estava fazendo"** John Koerner, entrevistado pelo autor, 19 de maio de 2014.

44 **"Era como… batida de rockabilly"** Shelton, *No Direction Home*, 57.

44 **"fita de audição"** John Koerner, entrevistado pelo autor, 19 de maio de 2014.

44 **"Eu nunca… pessoas, sempre"** Dylan, *Chronicles*, 16.

44 **"Você ia… ressentido com isso"** Sounes, *Down the Highway*, 64.

44 **"Havia uma casa… violão"** Heylin, *Bob Dylan*, 43.

45 **"Quando precisa… mudanças"** Shelton, *No Direction Home*, 38.

45 **"e não havia… e, uau!"** Jon Pankake, entrevistado pelo autor, 19 de maio de 2014.

46 **"um ataque… folk verdadeiro"** Jon Pankake e Paul Nelson, "Coluna do Editor", *Little Sandy Review* 2, ca. Abril de 1960, 2.

46 **"é patético… 'Sail Away, Ladies'"** Edmund Gilbertson, resenha de *Folksingers 'Round Harvard Square* (Joan Baez, Bill Wood e Ted Alevizos), *Little Sandy Review* 7, ca. Outubro de 1960, 9.

46 **"tão ousadamente… conseguir"** Jon Pankake e Paul Nelson, "The English Record Scene", *Little Sandy Review* 2, ca. Abril de 1960.

46 **"É sério… e entender"** Sounes, *Down the Highway*, 57. Dylan aparentemente tinha o hábito de "pegar emprestado" discos de outras pessoas — mais tarde, ele pegou alguns de Walt Conley em Denver. Pankake disse a Shelton (No Direction Home, 61): "Eu não sentia que havia algo malicioso em ele roubar os discos. Acho que ele acreditava que precisava deles mais do que eu."

47 **"a maior parte do… assim"** Jack Elliott, entrevistado pelo autor, Dezembro de 1998.

47 **"primeiros discos de Guthrie pelos quais Dylan se apaixonou"** Santelli, *Bob Dylan Scrapbook*, 13.

47 **"o melhor de Woody... em qualquer lugar"** Little Sandy Review 5, ca. Julho de 1960, 34, 36.

47 **"cinco músicas apenas"** Junto com "Pastures of Plenty" e "This Land is Your Land" de Odetta, Dylan gravou "Jesus Christ", "Talking Merchant Marine" e "Talking Columbia" de Guthrie. Ele combinou os dois últimos com "Talking Inflation" de Tom Glazer, indicando que sua fonte era o disco *Talking Blues* de John Greenway (Folkways 5232, 1958), que incluía as três.

48 **"Ele voltou... disco da Columbia"** Heylin, *Bob Dylan*, 48. Nelson diz algo semelhante em Shelton, *No Direction Home, 61*, embora permitindo duas semanas em vez de dois dias para a mudança.

48 **"quatro músicas que estavam naquele disco"** As quatro músicas eram "900 Miles", "Two Sisters", "House of the Rising Sun" e "Sinner Man", que Dylan já estava fazendo. Além de "Two Sisters", todas eram comuns, mas o disco mostrou que havia um lugar para tocar esse tipo de material em Denver, e sua afinidade com Cantores folk afro-americanos pode ter tornado a oportunidade de trabalhar com Conley – cuja foto estava na parte de trás do LP – particularmente tentadora.

49 **"edição especial sobre Guthrie"** *Little Sandy Review* 5, ca. Julho de 1960.

49 **"Se você não o chamasse... ele não atenderia"**. Sounes, *Down the Highway, 65*.

3. Nova York

51 **"a única música de Fuller"** "San Francisco Bay Blues" parece ter sido a única música de Fuller neste momento. Mais tarde, ele usou outra, "You're No Good", de Jim Kweskin.

51 **"Ele tinha aquela... sua história"** Van Ronk, *Mayor of MacDougal*, 162.

52 **"Havia detratores... desde o início"** Tom Paxton, entrevistado pelo autor, 22 de maio de 2014.

52 **"Ele não se moldou... sempre"** Sounes, *Down the Highway*, 111.

52 **"Eu conhecia Woody... com Bob"** Shelton, *No Direction*, 80.

53 **"O relacionamento... si mesmo"** Daniel Mark Epstein, *The Ballad of Bob Dylan* (Nova York, Harper Collins, 2011), 71, 73.

53 **"haver alguém como Bob... simplesmente muito bom"** Sounes, *Down the Highway*, 78.

53 **"Aquele garoto... cantar"** Joe Klein, *Woody Guthrie: A Life* (Nova York: Alfred A. Knopf, 1980), 427.

53 **"Eu conheço Woody... Caramba!"** Scaduto, *Bob Dylan*, 53.

53 **"Aprendi isso... qualquer um"** Bob Dylan, "Minneapolis Party Tape", gravado em maio de 1961.

54 **"Esta rua... Coney Island"** J. R. Goddard, "MacDougal Street: Fruitcake Version of Inferno, Says Artist", *Village Voice*, 23 de junho de 1960, 1.

55 **"Disseram... que vende"** Hentoff, "Folk, Folkum", 170.

55 **"Como se viesse de Halls of Ivy"** Time, 11 de julho de 1960, 56.

56 **"A popularização... música folk vem"** Carroll Calkins com Alan Lomax, "Getting to Know Folk Music", *House Beautiful*, abril de 1960, reimpresso em Alan Lomax, *Selected Writings*, 1934–1997, ed. Ronald D. Cohen (Nova York: Routledge, 2003), 203.

57 **"o tipo de música folk... Willie Johnson"** Cohen, *Rainbow Quest*, 160. Blind Willie Johnson parece uma escolha esotérica, mas a Folkways lançou um LP de suas antigas gravações em 1957.

57 **"Por que deveríamos... dele?"** Brand, *Ballad Mongers*, 148.

57 **"A versão deles de... mijo de gambá"** Van Ronk, Mayor of MacDougal, 119–20.
58 **"brigas com socos... como nós"** Montgomery, "Folk Furor", 100.
58 **"o marido de seu primo"** Rotolo, *Freewheelin' Time*, 278.
58 **"expulso da banda da escola"** Billy Novick, comunicação pessoal.
59 **"Um músico ia para... questão de princípio"** Van Ronk, *Mayor of MacDougal*, 47.
59 **"Poderia haver... de John Henry"** Santelli, *Bob Dylan Scrapbook*, 16.
62 **"Estávamos meio que... artistas"** Mikal Gilmore, "Bob Dylan, aos 60, desenterra novas revelações", *Rolling Stone*, 22 de novembro de 2001.
63 **"nós todos vivíamos... tocando aquilo"** Van Ronk, entrevistado pelo autor, ca. 1995.
63 **"Ele simplesmente tinha... e o dominava"** Jim Kweskin, entrevistado pelo autor, 24 de maio de 2014.
63 **"Naquela época... dizer uma palavra"** Van Ronk, *Mayor of MacDougal*, 161.
64 **"Eu o achava... a técnica"** Heylin, *Bob Dylan*, 65.
64 **"Quando o vi... de fato um só"** Peter Stampfel, entrevistado pelo autor, 10 de abril de 2014; Bauldie, *Wanted Man*, 36.
66 **"As canções folk... cena *mondo teeno*."** Dylan, *Chronicles*, 18, 35, 228.
66 **"em um fluido insípido... automóvel onipresente"** Randolph Bourne, "Trans-National America", *Atlantic*, julho de 1916, citado em Dwight MacDonald, "Masscult and Midcult", *Partisan Review* 27 (1960), reimpresso *em Macdonald, Masscult and Midcult: Essays Against the American Grain* (Nova York: New York Review of Books, 2011), 33.
67 **"Como o treinamento... em geral"** Brand, *Ballad Mongers*, 145.
68 **"Toquei todas... ser ouvido"** Crowe, notas para *Bob Dylan*, 35.
69 **"Ele é errático... tão bem"** Scaduto, *Bob Dylan*, 96.
70 **"primeira entrevista para um jornal"** Shelton, *No Direction Home*, 85–86.
70 **"Eu canto velhas canções de jazz... ouvir"** Bob Dylan, entrevistado por Izzy Young, 1961, das anotações de Young, cortesia de Ronald Cohen e Scott Baretta.
71 **"Foi um daqueles... agora mesmo"** Scaduto, *Bob Dylan*, 94. Esta descrição também se baseia em John Hammond, *John Hammond on Record* (Nova York: Summit, 1977), 276.
71 **"Parecido com um... blues de Blind Lemon Jefferson"** Shelton, "Bob Dylan: um distinto estilista de canções folclóricas."
72 **"grande parte da... 'se dando bem'"** Shelton, *No Direction Home*, 89.
72 **"Bob Dylan... antigo bardo"** Hentoff, "Folk, Folkum", 96.
73 **"A tradição... mais se importam"** "Folk Singing: Sibyl with Guitar", Time, 23 de Novembro de 1962.
73 **"um jovem branco... queria fazer"** Heylin, *Bob Dylan*, 84.

4. Blowin' in the Wind

77 **"cantando nas esquinas... canções serem ruins"** Guy Carawan, notas para *Songs With Guy Carawan*, Folkways LP 3544, 1958, 2.
78 **"ajudar as pessoas... estavam sentindo"** Seeger e Reiser, *Everybody Says Freedom*, 38, 39.
79 **"Bob Moses... "Mississippi's next to go"** Seeger e Reiser, *Everybody Says Freedom*, 162.
79 **"Nossa única esperança... venceríamos"** Seeger e Reiser, *Everybody Says Freedom*, 55.
80 **"Não há... algumas palavras"** Seeger, *Incompleat Folksinger*, 106.
80 **"Na prisão... favoritas"** *Broadside*, abril de 1962, 6.

81 **"canções exigindo... naquele lugar"** Agnes "Sis" Cunningham e Gordon Friesen, *Red Dust and Broadsides: A Joint Autobiography* (Amherst: University of Massachusetts Press, 1999), 282.

82 **"Esperamos sinceramente... altamente pessoal"** *Little Sandy Review* 22, ca. Março de 1962, em Thomson e Gutman, *Dylan Companion*, 61.

84 **"Os brancos... urina"** Rotolo, *Freewheelin' Time*, 87.

86 **"guitarrista de flamenco... "músicos do Oriente Próximo""** Listagens de casas noturnas, *Village Voice*, 16 de agosto de 1962, 8. O guitarrista de flamenco era Juan Serrano; o grupo do "Oriente Próximo" era o Dolphins.

86 **"um jovem poeta, um verdadeiro poeta"** Ralph J. Gleason, "A Singer Who Meets You Half Way", *San Francisco Chronicle*, 11 de julho de 1965, em Cohen e Capaldi, *Pete Seeger Reader*, 186. Gleason escreve que Seeger disse isso três anos antes, o que colocaria o momento antes deste concerto, mas não encontrei sua fonte.

87 **"encantou e cativou... simbolistas"** Robert Shelton, "Carnegie Is Still Going Strong: Capacity Crowd at Hootenanny", *New York Times*, 24 de setembro de 1962; Pete Seeger, "Woody Guthrie and the Gift to Be Simple", *Little Sandy Review* 5, ca. Julho de 1960, 20.

88 **"alta renascença... experiência dela"** Stephanie Gervis, "The Years Folk Music Grew Up – and Old", *Village Voice*, 4 de outubro de 1962, 1.

88 **"um dos cantores... suas canções"** Robert Shelton (como Stacey Williams), notas para *Bob Dylan*, Columbia LP 8579, 1961; Robert Shelton, "Bob Dylan Sings His Compositions", *New York Times*, 13 de abril de 1963.

88 **"com campeões... Guthrie"** "Let Us Now Praise Little Men", *Time*, 31 de maio de 1963, 42.95 **"intensidade abrasadora"** Shelton, "Bob Dylan: A Distinctive Folk- song Stylist"; "emocionante, bluesy" Jon Pankake e Paul Nelson, resenha do LP de Bob Dylan, *Little Sandy Review* 22, ca. Março de 1962.

89 **"Bando de... quase única"** "Flock of Fresh Folk Singers", *Life*, 9 de março de 1962, 99–102.

89 **"Ele me aterrorizava... a ele"** Baez, And a Voice, 58, 63.

89 **"a Madonna dos descontentes"** Joan Didion, *Slouching Towards Bethlehem* (Nova York: Farrar, Straus & Giroux, 1968), 47.

90 **"Os talentos... do jovem." Termos do contrato** Os detalhes dos negócios de Grossman são amplamente extraídos de Sounes, *Down the Highway*, 115–19.

91 **"Albert assustava... história"** Jonathan Taplin, entrevistado pelo autor, 30 de março de 2014.

91 **"Ele tinha... inescrupuloso"** Van Ronk, *Mayor of MacDougal*, 167.

91 **"Bob Dylan não poderia... aluguel"** Von Schmidt e Rooney, *Baby*, 280.

92 **"Alguns dos... mais inteligente"** Bob Dylan, "Blowin' in the Wind", *Sing Out!*, outubro/novembro de 1962, 4.

92 **"Ele era um populista... organizado"** Van Ronk, *Mayor of MacDougal*, 204.

92 **"Dylan tinha percepções... emocional"** Scaduto, *Bob Dylan*, 116.

93 **"aqueles maníacos... radiação"** Rotolo, *Freewheelin' Time*, 194–95.

94 **"Quando comecei... perdidos"** "Folk Singing: Sibyl with Guitar", *Time*, 23 de novembro de 1962, 55.

94 **"doentia e maligna... protestos públicos inócuos"** Ren Grevatt, "Greenbriars Balk at 'Hootenanny' Booking", *Billboard*, 13 de abril de 1963, 1.

95 **"[Pete] sempre sentiu... uma temporada"** Van Ronk, *Mayor of MacDougal*, 199.

95 **"Daytona Beach"** "Beach Hoot a Splashing Success", *Billboard*, 27 de abril de 1963, 16.

96 **"estreia nacional na televisão"** O especial de TV foi na rede Westinghouse, que tinha cinco estações, em Boston, Filadélfia, São Francisco, Pittsburgh e Baltimore.

96 **"a pedido de Pete Seeger"** O papel de Seeger na organização do concerto de Dylan é mencionado em Shelton, "Bob Dylan", n.p.
98 **"Você não pode rotulá-lo... preto e branco"** Studs Terkel's Wax Museum, WFMT, Chicago, 26 de abril de 1963.
99 **"as canções da fazenda... a rodovia de Bill Moore"** Bob Dylan, "– para Dave Glover", programa do Newport Folk Festival de 1963, 5–6.
100 **"pessoas muito boas... bode expiatório"** Studs Terkel's Wax Museum, WFMT, Chicago, 26 de abril de 1963.
100 **"Ele se retraía... dois"** Rotolo, *Freewheelin' Time*, 94.
101 **"Muitas... no vento"** Bob Dylan, "Blowin' in the Wind", *Sing Out!*, out–nov de 1962, 4.

5. Newport

106 **"No começo ele parecia... em você"** Hadlock, "Kingston Trio", 20.
107 **"Eu era totalmente contra... um visionário"** Wein, *Myself Among Others*, 188.
108 **"predominantemente jovem... anterior"** Robert Shelton, "Folk Music Festival", *The Nation*, 1 de agosto de 1959, 59.
108 **"a tentativa mais ambiciosa... Trio"** Robert Shelton, "Folk Joins Jazz at Newport", *New York Times*, 19 de julho de 1959.
108 **"uma impressão visual... Festival"** Wein, *Eu Entre Outros*, 315.
108 **"com verve característica... mais velha"** Robert Shelton, "Folk se junta ao jazz em Newport", *New York Times*, 19 de julho de 1959.
109 **"nos termos mais rudes"** Bush, *Greenback Dollar*, 175.
109 **"Uma multidão... lugares"** Herbert P. Zarnow, "Kingston Trio Hit Of Festival– Enorme Multidão Demanda 'Mais'", *Newport Daily News*, 13 de julho de 1959.
109 **"Para alguns... redenção"** Wein, *Eu Entre Outros*, 316.
110 **"Second Newport... para a música folk"** Robert Shelton "Second Newport Folk Festival Combines Primitive and Popular", *New York Times*, 25 de junho de 1960.
111 **"o antigo blues... música"** Irwin Silber, notas para *The Folk Music of the Newport Folk Festival: 1959–1960*, Folkways LP 2431/2, 1961, 2.
111 **"blues e canções de união... boulevard principal"** Montgomery, "Folk Furor", 98–99.
112 **"todos aqueles tremendos artistas... muito bem"** Alan Lomax, entrevistado por Nick Spitzer, 25 de julho de 1990, cortesia de Spitzer e American Routes.
113 **"Seeger solicitou que, em vez de lhe pagarem"** Wein, Myself Among Others, 318–19.
114 **"iria defender... Pete Seeger"** Wein, *Myself Among Others*, 318.
114 **"Toshi se perguntava... cinquenta dólares por dia"** Brauner, "Study", 59–60.
115 **"em benefício... folk"** Theodore Bikel, Pete Seeger e George Wein, "Proposta para o Newport Folk Festival a ser realizado em Newport em julho de 1963 nos dias 26, 27 e 28", em Brauner, "Estudo", 254–57.
116 **"Embora seu primeiro... com este"** *Billboard*, 20 de julho de 1963, 10.
116 **"conhecer e se relacionar... excêntrico"** Wein, *Myself Among Others*, 321–22.
117 **"os Irmãos Smith... líricos"** Ted Holmberg, "Entertainers Offer Variety in Program", *Providence Journal*, 27 de julho de 1963, 1.
118 **"ligeiramente curvado... comuns"** Jane Nippert, "Initial Festival Performance Had Something for Everyone", *Newport Daily News*, 27 de julho de 1963, 1.
119 **"workshop de baladas na manhã de sábado"** Muitas fontes citam Dylan e Baez fazendo sua estreia no festival no workshop de sexta-feira "Whither Folk Music", um erro que parece ter começado com a biografia de Robert Shelton (*No Direction*, 131), que funde o workshop de sexta-feira com o show de baladas de sábado de manhã.

120 **"Era óbvio... canções amargas"** "Workshops Become Folk Festival Magnet", *Providence Journal*, 29 de julho de 1963, 18.

120 **"provou que... enraizado neles"** "'This Land Is Your Land' Ends Festival On High Note", *Newport Daily News*, 29 de julho de 1963, 1.

121 **"Há apenas uma... assim, do nada"** Jackson, Bruce, "Newport", *Sing Out!*, agosto/setembro de 1966, 9.

121 **"quase igualou... folk"** Wein, *Myself Among Others*, 323.

121 **"por vezes soa... um revólver"** Ted Holmberg, "Verve, Rhythm Set Second Night's Tone", *Providence Journal*, 28 de julho de 1963, 33. Hooker cantou sua própria letra, "Let's Make It", sobre a linha de baixo de "Green Onions".

121 **"Baez e Dylan... trocando músicas"** Wein, Myself Among Others, 324.

122 **"Era tudo muito... tipo de música"** Paul Rothchild, entrevistado por Ronald Cohen, 26 de junho de 1990, cortesia de Cohen.

122 **"para que não... ser eles mesmos"** Brauner, "Estudo", 78–79.

122 **"Eles vão... sair do palco"** "Dewey Balfa e os Balfa Brothers", http://www.balfatoujours.com/brothers.html, arquivado no Internet Archive Wayback Machine, https://archive.org/web/.

123 **"Não quero... Kentucky"** Wein, *Myself Among Others*, 340.

123 **"Posso entender... você quer?"** Frank Proffitt, "Good Memories for Me", Sing Out!, novembro de 1965, 36.

124 **"Houve um silêncio... estivessem sentadas"** Wein, *Myself Among Others*, 326–27.

124 **"O que faz... ao redor de si"** Scaduto, *Bob Dylan*, 148.

125 **"A sensação de que... o chão tremer"** Rotolo, *Freewheelin' Time*, 231.

126 **"Com suas roupas... para aquilo tudo"** Shelton, *No Direction*, 131.

126 **"Dylan chegou... uma estrela"** Shelton, *No Direction*, 130.

126 **"compositor de 22 anos... do caminho"** Sinopse biográfica, programa do Newport Folk Festival de 1963.

127 **"A maioria dos jovens brancos... Tom Wolfe"** Sam "Lightning" Hopkins e Eric Von Schmidt, "Whose Blues?" 1963 Programa do Newport Folk Festival. Hal Holbrook era famoso por seu show solo *Mark Twain Tonight*. Tom Wolfe foi presumivelmente o pioneiro "novo jornalista" e uma estrela em ascensão no New York Herald Tribune, embora Von Schmidt possa ter se referido ao romancista progressista Thomas Wolfe, um nome menos atual, mas mais familiar em 1963.

129 **"pedantes... mais denso"** Mitchell T. Jayne, "The Vanishing Race", 1963, Programa do Newport Folk Festival.

129 **"havia camaradagem... Grossman"** Peter Yarrow, entrevistado pelo autor, 8 de julho de 2014.

130 **"a maior experiência... forma altruísta"** Emil E. Jemail, "Folk Festival's 48,000 Assures It of Future", *Newport Daily News*, 29 de julho de 1963, 1.

130 **"uma série de... terem acontecido"** Jean Ritchie, declaração do Conselho de Administração, programa do Newport Folk Festival de 1964, 3.

6. Times a-Changin'

131 **"um ensaio geral... cultura alternativa"** Shelton, *No Direction Home*, 130.

134 **"Todos nós sabemos... consequências disso"** William H. Young, "Folk Music's Future Discussed", *Providence Journal*, 27 de julho de 1963, 5.

134 **"Ele se tornou... pretensioso"** Pankake e Nelson, "Flat Tire", 24.

136 **"Arrastar meu pequeno... gênio"** Baez, *And a Voice to Sing*, 91.

136 **"o que quer que... grupos universitários certinhos"** Van Ronk, *Mayor of MacDougal*, 166–67.

136 **"As pessoas, independentemente... tanto"** Dunaway, *Singing Out*, 45.
137 **"uma enorme reunião... Trio"** "The First Annual University of Chicago Folk Festival" "*Little Sandy Review* 12, ca. 1961, 3, 49.
137 **"não faz absolutamente nada... mundo"** Shelton, *No Direction Home*, 100.
137 **"cegam os jovens... festas"** "Topical Songs and Folksinging, 1965: A Symposium", *Sing Out!*, setembro de 1965.
138 **"terrível pensamento... alheio"** Dunaway, *Singing Out*, 143.
138 **"sem saber... clara"** "Talking About", Jet, 3 de janeiro de 1963, 43.
138 **"os jovens negros... se separavam"** Von Schmidt e Rooney, *Baby*, 218.
138 **"revelação... no mundo"** Julius Lester, entrevistado pelo autor, 9 de maio de 2014.
138 **"Esta senhora... registrar"** Josh Dunson, *Freedom in the Air: Song Movements of the Sixties* (Westport, CT: Greenwood, 1965), 110.
139 **"Os negros... entendê-los"** Dunaway, *Singing Out*, 143.
139 **"Não estávamos... todas as cores"** Hajdu, *Positively 4th Street*, 183.
140 **"Meu filho... estritamente uma atuação"** Walter Eldot, "My Son, the Folknik: Youth from Hibbing Becomes Famous as Bob Dylan", *Duluth News Tribune*, 20 de outubro de 1963, disponível online em http://attic.areavoices.com/2008/11/01/bob-dylan-1963, acessado em 8 de junho de 2014.
140 **"principalmente estudantes... importa"** "I Am My Words", *Newsweek*, 4 de novembro de 1963, 94–95.
140 **"Tudo em que eu conseguia pensar... uma pessoa"** carta de Pete Seeger, novembro de 1963, em Seeger, *Pete Seeger*, 316.
141 **"uma segunda chance... ressurgimento"** Hajdu, *Positively 4th Street*, 210.
141 **"na capa da revista Esquire"** *Esquire*, setembro de 1965.
142 **"muito mais propensos... franqueza"** Richard Fariña, "Baez and Dylan: A Generation Singing Out", *Mademoiselle*, agosto de 1964, em Thomson and Gutman, *Dylan Companion*, 82.
143 **"eles são todos jovens... a ver com isso"** Bob Dylan, discurso ao Emergency Civil Liberties Committee, 13 de dezembro de 1963, disponível online em http://www.corliss-lamont.org/dylan.htm, acessado em 8 de junho de 2014.
144 **"Eles olharam... estamos vivendo"** Nat Hentoff, "The Crackin', Shakin', Breakin' Sounds", *New Yorker*, 24 de outubro de 1964, 88.
144 **"Todos nós compartilhamos... minha vida"** Bob Dylan, "A Message", disponível online em http://www.corliss-lamont.org/dylan.htm, acessado em 8 de junho de 2014.
145 **"estavam desafiando... lados"** Rotolo, *Freewheelin' Time*, 89–90.
145 **"Agora sou famoso... em chamas"** Bob Dylan, "A Letter from Bob Dylan", *Broadside*, 20 de janeiro de 1964, 7–12.
147 **"Não fale mal... CANTAR!"** Johnny Cash, "A Letter from Johnny Cash", *Broadside*, 10 de março de 1964, 10.
148 **Em comparação... topo das paradas regularmente** É difícil encontrar números de vendas confiáveis, mas os três primeiros discos de Baez alcançaram o Top 20 da *Billboard* e permaneceram na parada de LPs por mais de dois anos. Os álbuns de Cash subiram menos e caíram mais cedo – *Ring of Fire* foi o mais duradouro, com 68 semanas, mas só alcançou a posição 26, enquanto o disco de Baez de 1963, *In Concert, Part 2*, foi para a sétima posição. Os dois LPs de Peter, Paul e Mary de 1963 permaneceram nos números um ou dois por mais de um mês e na parada por 80 e 99 semanas. As vendas de álbuns de Dylan podem muito bem ter sido iguais às de Cash naquela época, mas Cash também estava vendendo singles, e Dylan não.
148 **"Onde está a coragem... meia-idade americanas"** Johnny Cash, propaganda, *Billboard*, 22 de agosto de 1964, 31.
149 **"cercada por... somente no sul"** Programa do Newport Folk Festival de 1964, 35.

149 **"Cash estava... lucrativo"** Robert Hilburn, *Johnny Cash: The Life* (Nova York: Little, Brown, 2013), 269.

150 **"Nunca houve... popular profundo"** Wein, *Myself Among Others*, 326.

152 **"Para alguns deles... ao redor dele"** Samuel Charters, notas para *The Blues at Newport 1964*, Parte 1, *Vanguard* LP 9180, 1965.

153 **"muitos brancos do... em lugar nenhum"** William Buchanan, "Folk Festival Offers Sounds and Sights", *Boston Globe*, 26 de julho de 1964, 13.

153 **"Sob praticamente... 25 ou 30 pessoas"** William Buchanan, "Folk Festival Ends", *Boston Globe*, 27 de julho de 1964, 14.

153 **"a visão mais bonita... twist"** "Newport (notas)", *Broadside*, 20 de agosto de 1964, 11.

153 **"magro e tenso... pra caramba"** Glover, "Second Annual 2000 Words." Jack Elliott recorda-se de que Cash dirigiu até Woodstock no inverno seguinte para buscar uma guitarra de Dylan, então não está claro se isso foi um presente, como Glover lembra, ou empréstimo (veja Michael Streissguth, *Johnny Cash: The Biography* [Boston: Da Capo, 2013], 120).

153 **"Não tenho... como crianças"** Johnny Cash com Patrick Carr, *Cash: The Autobiography* (Nova York: Harper Collins, 2003), 266.

154 **"estranha mistura... pela música"** Glover, "Second Annual 2000 Words."

155 **"Velhos com banjos... do tempo"** Nelson, "Newport", 48–49.

155 **"Se alguém me perguntar... no caminho"** Pete Seeger, "Long Live Plagiarism", *Broadside*, 20 de agosto de 1964, 7, 8.

156 **"E então, isso não é... o mundo?"** Seeger, *Incompleat Folksinger*, 262.

158 **"o compromisso social... conclusão triunfante"** Robert Shelton, "Symbolic Finale: Folk Festival Winds Up with Songs of the Negro Integration Movement", *New York Times*, 2 de agosto de 1964.

158 **"anti-amor... fora de controle"** Shelton, *No Direction Home*, 181.

159 **"maravilhoso... do ensino médio"** Ted Holmberg, "A Magnificent Windup", *Providence Journal*, 27 de julho de 1964, 1.

159 **"mais bem vestido... magnífico"** Jane Nippert, "Odetta Leads Stageful of Singers to Perfect Festival Ending", *Newport Daily News*, 27 de julho de 1964, 1.

159 **"autoparódia dolorosa... sete ou oito habituais"** Nelson, "Newport", 66.

7. Jingle-Jangle Morning

160 **"QUANTAS... Não É Um cantor folk"** Santelli, *Bob Dylan Scrapbook*, 35 (insert).

160 **"Que saco... vida ser divertida"** Faithfull, *Faithfull*, 53.

161 **"A costa... a viagem." Viagem de Dylan** Esta cronologia é principalmente extraída de Heylin, Bob
Dylan, 55–57.

161 **"Seus acordes... coisa válida"** Von Schmidt e Rooney, *Baby*, 260.

162 **"aquele grande cantor... surtei"** "Jackie DeShannon's New 'Bag'", *Rock Folk Songs* magazine, inverno de 1966, 27.

163 **"basicamente música folk... linha definida"** Keith Richards com James Fox, *Life* (Nova York: Little, Brown, 2010), 69, 71–72, 84.

164 **"Baby, Let Me Take You Home"** "Baby [ou Mama, ou Daddy], Let Me Lay It On You" foi gravada pela primeira vez em 1936 por quatro artistas diferentes, incluindo Blind Boy Fuller, cuja versão foi adaptada por Eric Von Schmidt na década de 1950 e aprendida por Dylan. Também foi revivida em 1957 pelo pianista de R&B de Nova Orleans, Professor Longhair, como "Baby, Let Me Hold Your Hand"; e Bert Berns, um compositor e produtor musical de Nova York, reescreveu essa versão em 1963,

editou-a com um cantor de soul chamado Hoagy Lands, depois retrabalhou-a como "Baby, Let Me Take You Home", e finalizou a própria demo no estilo pop-folk e deu uma cópia ao empresário do Animals, Mickey Most. O Animals adicionou a frase da versão de Dylan.

165 **"Eu vou contigo para qualquer lugar, Bob"** Sounes, *Down the Highway*, 152.

166 **"Criamos uma cultura... opcional"** Paul Rothchild, entrevistado por Ronald Cohen, 26 de junho de 1990.

166 **"na frente do espelho... ordem social das coisas"** Rotolo, *Freewheelin' Time*, 10.

167 **"Era a coisa real"** Mackay, *Bob Dylan*, 10.

168 **"Gosto de toda a atitude... educada"** Coleman, "Beatles Say", 3.

168 **"Vai te surpreender... olhos atônitos"** Bosley Crowther, "The Four Beatles in 'A Hard Day's Night': British Singers Make Debut as Film Stars A Lively Spoof of the Craze They Set Off", *New York Times*, 12 de agosto de 1964.

168 **"a brilhante... autoridades"** Andrew Sarris, "Bravo Beatles!", Village Voice, 27 de agosto de 1964, 13.

168 **"Deve haver... de queixo caído"** Coleman, "Beatles Say", 3.

168 **"certo mérito... sairemos perdendo"** Robert Shelton, "The Kingston Trio Vs. Beatlemania", *Hootenanny*, novembro de 1964, 13, 66.

169 **"A música folk ainda... agora"** Bob Dylan, entrevistado por Paul J. Robbins, março de 1965, impresso no *Los Angeles Free Press*, 17 e 24 de setembro de 1965, disponível on-line em http://www.interferenza.com/bcs/interw/65-nov08.htm.

170 **"tremeu... rock-n-roll"** Thom Hurwitz, carta para a *Sing Out!*, maio de 1965, 105.

170 **"O jazz era moderno... ironia fervilhante"** Faithfull, *Faithfull*, 15, 32, 73, 40.

172 **"eram crus... outros brancos"** Ellen Willis, notas de entrevista com Tom Wilson, 4 de janeiro de 1967, nos Ellen Willis Papers, Arthur and Elizabeth Schlesinger Library sobre a História das Mulheres na América, Radcliffe University.

172 **"Se você der... uma mensagem"** Crowe, notas para *Bob Dylan*, 13.

172 **"tocou o mesmo... realmente inevitável"** Bruce Langhorne, entrevistado por Richie Unterberger, disponível online em http://www.richieunterberger.com/langhorne.html, acessado em 13 de fevereiro de 2014.

173 **"Eu poderia ter... É verdade"** Jonathan Cott, "Mick Jagger: The Rolling Stone Interview", *Rolling Stone*, 12 de outubro de 1968, disponível online em http://www.rollingstone.com/music/news/the-rolling-stone-interview-mickjagger-19681012. Cott começou a conversa perguntando: "Que outro grupo já escreveu uma música como '19th Nervous Breakdown' ou 'Mother's Little Helper'?" Jagger respondeu prontamente: "Bob Dylan."

174 **tendência de "folk-rock"** "New Vee Jay Post to Siegel", *Billboard*, 25 de julho de 1964, 4; "Large Folk Groups Make Bids on Coast", *Billboard*, 25 de julho de 1964, 36. O termo não era novo. Em 1959, a *Billboard* se referiu a "Fort Worth Jail" de Lonnie Donegan como "um esforço folk forte e rock", escreveu em 1963 que "Devil's Waitin' (On Bald Mountain)" dos Glencoves tinha um "som folk-rock aberto"; e em março de 1964 mencionou o "novo groove folk-rock" de Chubby Checker, mas os artigos de julho foram os primeiros a sugerir que isso havia se tornado um termo de marketing.

174 **"Os Beatles... direção deles"** Cary Ginell, notas para *Washington Square Memoirs: The Great Urban Folk Boom*, Rhino CD 74264, 2001, 56.

175 **"Jim nos sugeriu... mais poético"** Einarson, *Mr. Tambourine Man*, 54.

175 **"e se desse certo?"** Acontece que dois dos Sellouts se tornaram a seção rítmica de Lovin' Spoonful.

175 **"Se você quiser... Alabama"** Pete Seeger, *We Shall Overcome*, Columbia, LP 2101, 1963.

176 **"Cara, que música psicodélica!"** Einarson, *Mr. Tambourine Man*, 54.

176 **"um dos grandes separadores... naquele momento"** Paul Rothchild, entrevistado por Ronald Cohen, 26 de junho de 1990.
177 **"parafernália... um pouco cruéis"** Irwin Silber, "Uma carta aberta a Bob Dylan", *Sing Out!*, novembro de 1964, 22–23.
177 **"pressões... uma celebridade"** Paul Wolfe, *Broadside*, 20 de dezembro de 1964, 13.
177 **"Depois de anos... Quem escreve?"** Adam Simms, carta, *Sing Out!*, maio de 1965, 110.
177 **"Não tem nada nobre... o mundo"** Jack Newfield, "Blowin' in the Wind: A Folk-Music Revolt", *Village Voice*, 14 de janeiro de 1965, 11.
177 **"que não apenas... linha de piquete"** Phil Ochs, "Uma carta aberta de Phil Ochs para Irwin Silber, Paul Wolfe e Joseph E. Levine", *Broadside*, janeiro de 1965, 11–12.
178 **"Eu prefiro... Brando"** Bob Dylan, entrevistado por Paul J. Robbins, março de 1965, impresso no *Los Angeles Free Press*, 17 e 24 de setembro de 1965, disponível online em http://www.interferenza.com/bcs/interw/65- nov08.htm.
179 **"os jovens o... funerária"** Hajdu, *Positively 4th Street*, 239.
181 **"Meus amigos tocaram... não é?"** D. A. Pennebaker, dir., *Dont Look Back*, 1967.
181 **"Simplesmente não... a banda"** "The Folk and the Rock", *Newsweek*, 20 de setembro de 1965.
182 **"bad boys de verdade... Pensacola"** Faithfull, *Faithfull*, 54.
183 **PP&M nunca mais alcançariam** Os singles de Dylan venderam menos que seus LPs, e Peter, Paul e Mary conseguiram um hit número um em 1970 com "Leaving on a Jet Plane", mas as vendas dos discos nunca mais estiveram no nível de Dylan.
183 **"Eu queria conhecê-lo... da hora"** Wolkin e Keenom, *Michael Bloomfield*, 99–101; Mike Bloomfield, "Impressions of Bob Dylan", *Hit Parader*, junho de 1968, n.p.
184 **"Não era o som... 'big beat'"** Robert Shelton, "Folk Event Opens with a 'Big Beat'", *New York Times*, 18 de junho de 1965.
185 **"Quero evitar... o outro"** Robert Shelton, "Banjos and Ballads", *New York Times*, 13 de junho de 1965.
185 **"Com a participação... de sua música"** "What's Happening", *Sing Out!*, setembro de 1965, 4.
185 **"O movimento da música... musical do país"** Robert Shelton, "The Year that Was – In Folk", *The Folk Scene*, folheto no New York Folk Festival, reimpresso de *Cavalier*, julho de 1965, n.p.
185 **"poeta genial... do que o renascimento do folk"** Shelton, "Bob Dylan", n.p.

8. Eletricidade no Ar

187 **"Eles haviam vindo... peregrinação folk"** De Turk e Poulin, *American Folk Scene*, 33.
188 **"Justo quando... se juntasse à John Birch Society"** De Turk e Poulin, *American Folk Scene*, 13.
189 **"próximo de uma utopia... fiasco como aquele"** **Travers**, Carta a Archie Green.
190 **"na lista de convidados do conselho"** Atas da reunião do conselho do Newport Folk Festival, documentos de Ralph Rinzler, Smithsonian Folklife Archive.
190 **"está com tremor... aquela música"** Michael Bloomfield, entrevistado por Murray Lerner em Newport, 1965, cortesia de Lerner.
191 **"a gama usual... de brim"** Robert Shelton, "Music: Folk Fete Opens", *New York Times*, 23 de julho de 1965.
191 **"teria que ser... Beatles continuar"** Ted Holmberg, "Some Strange, Some Wonderful", *Providence Journal*, 23 de julho de 1965, 1.
192 **"quatro negros magros... folk 'n' roll"** Arnold Reisman, "Joan and the Folks Assemble at Newport", *Quincy Patriot Ledger*, 23 de julho de 1964, 22.
193 **"Dylan inglês"** "Spotlight Singles", Billboard, 24 de julho de 1965, 14.

193 **"Percebemos... canções da Srta. Baez"** Jane Nippert, "Joan Baez Stars in Opening; Fans Cool to Protest Songs", *Newport Daily News*, 23 de julho de 1965, 1.

195 **"sua semelhança com... Dylan!"** Arthur Kretchmer, "It's All Right, Ma, I'm Only Playin' R & R", *Village Voice*, 5 de agosto de 1965, 6.

195 **"Festival de Cinema de... negócios"** Mary Katherine Aldin, notas para *Phil Ochs: Ao vivo em Newport*, Vanguard CD77017, 1996.

196 **"big beat... novo estilo"** Robert Shelton, "Um pouco atrás da batida", programa do Newport Folk Festival de 1965, 16, 57.

197 **"Muitos dos mais jovens... música country"** Rooney, "Reflexões sobre Newport '65."

198 **"A clara falta de entusiasmo... música folk"** Paul Nelson, "O que está acontecendo", *Sing Out!*, novembro de 1965, 6.

198 **"o circo de três círculos... folk americana"** Robert Shelton, "Beneath the Festival's Razzle-Dazzle", *New York Times*, 1 de agosto de 1965.

199 **"O público... deveria ter dito?"** Bill Brown, "Donovan fala (com cautela) sobre o ídolo Dylan", *New Musical Express*, 10 de setembro de 1965, 10.

199 **"Podia-se ouvir... chegou?"** Boyd, *White Bicycles*, 96.

199 **"que foi literalmente... despercebidos"** De Turk e Poulin, *American Folk Scene*, 277; Bradford F. Swan, "Workshops Worth Wear on Feet", *Providence Journal*, 24 de julho de 1965, 1.

199 **"genuinamente apavorado... e tudo mais"** Scaduto, *Bob Dylan*, 192.

200 **"As pessoas começam a idolatrar... . esqueça-o"** Lerner, *Festival!*

200 **"tão imensa... do outro lado!"** Heylin, *Bob Dylan*, 207.

201 **"Paul era a coisa real... se garantia"** Mike Bloomfield entrevistado por Dan McClosky, 1971, em *Bloomfield: A Retrospective*, Columbia LP 37578, 1983.

202 **"Eles nunca ouvem... uma história diferente"** Lerner, *Festival!*; filmagem adicional da entrevista cortesia de Lerner.

203 **"facilmente confundido... festival folk"** filmagem adicional da entrevista de Lerner.

203 **"Foi isso que... as pessoas ouviam"** Ward, *Michael Bloomfield*, 44.

203 **"Não há essa besteira de ser branco... no blues"** Lerner, *Festival!*

203 **"Nós éramos Chicago... resistência de Chicago"** Barry Goldberg, entrevistado pelo autor, 2 de maio de 2014.

205 **"um apresentador-narrador... modernidade do big-beat"** Robert Shelton, "Folklorists Give Talks at New port", *New York Times*, 24 de julho de 1965.

206 **"Primeiro disco deles"** Algumas fontes dizem que Butterfield foi contratado porque "Born In Chicago" pegou depois de ser lançada no sampler Folk Song '65 da Elektra, mas esse LP só foi lançado em agosto.

207 **"ridícula... realmente legal"** Jim Delehant, "Mike Bloomfield Puts Down Everything (Part II)", *Hit Parader*, fevereiro de 1967, 57.

207 **"de um pífano de cana... de Chicago, tocado em"** A introdução de Butterfield por Lomax é a única parte deste workshop que não foi gravada na íntegra. A primeira citação é do caderno de Robert Shelton, arquivado no Experience Music Project; a maior parte da introdução é de áudio gravado por Murray Lerner, cortesia de Lerner.

207 **"Que porra de... de si mesmo"** Paul Rothchild, entrevistado por Ronald Cohen, 26 de junho de 1990.

208 **"Você... a boca?"** Reuss, "Folk Scene Diary."

208 **"Eu não... viado como você"** Travers, Carta para Archie Green.

208 **"Lomax simbolizava... em carne e osso"** Wein, *Myself Among Others*, 331.

208 **"Foi uma adrenalina... alegria"** Spitz, *Dylan*, 576.

208 **"Chuta a bunda... nosso som"** Bloomfield, "Dylan Goes Electric", 150.

209 **"Paul Butterfield... Rolling Stones"** Arnold Reisman, "Two Petes, a Paul and a Mary", *Quincy Patriot Ledger*, 24 de julho de 1965, 16.

209 **"Eu estava totalmente... tinha ouvido"** Maria Muldaur, entrevistada pelo autor, 4 de setembro de 2014.

209 **"Para mim... naquele modelo"** John Milward, *Crossroads: How the Blues Shaped Rock 'n' Roll (and Rock Saved the Blues)* (Lebanon, NH: University Press of New England, 2013), 72–73.

210 **"a tradição dos compositores... fenômeno"** Paul Rothchild, entrevistado por Ronald Cohen, 26 de junho de 1990.

210 **"Para mim... Sir Douglas Quintet"** entrevista com Jeffrey Jones, *Newport Folk Festival*, 24 de julho de 1965, publicado em Jones, "Bob Dylan's Ballad of Mister Jones... by Mister Jones", *Rolling Stone*, 18 de dezembro de 1975. Disponível online em http://www.rollingstone.com/music/news/bob-dylans-ballad-of-mister-jones-by-mister-jones-19751218.

210 **"todo aquele embelezamento... *como nós*"** David Dann, "Michael Bloomfield em Newport", disponível online em http://www.mikebloomfieldamericanmusic.com/newport.htm, acessado em 1 de maio de 2014.

211 **"Neste ponto... inaudível"** Mary Katherine Aldin, comunicação pessoal, 19 de abril de 2014.

211 **"quando o veredito... fatos empíricos"** Boyd, White Bicycles, 99. Nem Wein nem Yarrow se lembram da tentativa de banir Grossman, mas ambos acham a história crível.

9. Mais Jovem do Que Isso Agora

212 **"Gravação de um... por Pete e Toshi Seeger"** A gravação foi feita em fevereiro de 1951 por uma equipe incluindo Pete e Toshi Seeger, que fizeram as entrevistas de acompanhamento e parecem ter trazido o equipamento e supervisionado a gravação, junto com John Lomax Jr., Chester Bower e Fred Hellerman, e foi emitida com notas de Pete em *Negro Prison Camp Work Songs*, Folkways LP 4475, 1956.

213 **"mundo contente... oceano"** Bob Dylan, notas para Eric Von Schmidt, *Who Knocked the Brains Out of the Sky*, Smash/Mercury LP 67124, 1969.

213 **"Vou contar... SENHOR!"** Williams foi um dos cantores na gravação original de "Grizzly Bear", mas era uma música muito mais antiga, e ele não a compôs.

215 **"Você ouve pessoas... que está lá"**, Andrew F. Blake, "Symbol of Genuineness", *Providence Journal*, 25 de julho de 1965, 14.

215 **"Fechei os olhos... essa história"** Norman Kennedy, entrevistada pelo autor, março de 2014.

215 **"ele mesmo balançando... música de trabalho"** Clara F. Emerson, "Oficinas musicais espalham cultura popular", *Newport Daily News*, 24 de julho de 1965.

216 **"Foi uma das experiências... ouvindo ou não"** Bradford F. Swan, "Oficinas que valem a pena usar nos pés", *Providence Journal*, 24 de julho de 1965, 1.

216 **"apenas algumas pessoas... do deserto?"** Bradford F. Swan, "Parte oficina, parte concerto", *Providence Sunday Journal*, 25 de julho de 1965, 14.

217 **"Eu não achei... as fileiras"** Greg Pennell, "Newport Folk Festival 1965", disponível online em http://farinafiles1.tripod.com/id22.htm, acessado em 5 de fevereiro de 2014.

218 **"tudo deveria se fundir"** Robert Shelton, caderno de notas de Newport 1965, arquivado no Experience Music Project, Seattle.

220 **"os Beatles nos eliminaram"** John Einarson, *Four Strong Winds: Ian and Sylvia*, com Ian Tyson e Sylvia Tyson (Toronto: McClelland & Stewart, 2011), 147.

221 **"fundia sons de bouzouki... caipiras"** Robert Shelton, "Folk Music Fills Newport Coffers", *New York Times*, 26 de julho de 1965.

221 **"Fiquei muito brava... para conseguir isso"** Hajdu, *Positively 4th Street*, 256.

222 **"para se mexer tão rápido quanto ele"** Robert Shelton, *No Direction Home*, 228.

222 **"atraído para si... muito irritantes"** Joe Spiegel, "Newport Folk Festival Mixes Talent with Trash", *New Paltz Oracle*, 6 de agosto de 1965, 6.
225 **"duendes divertidos... Boston natal"** Ted Holmberg, "Laughter Takes Its Turn", *Providence Sunday Journal*, 25 de julho de 1965, 1.
225 **"batida de swing de pastor"** Reisman, "Folkniks Boo", 20.
225 **"Seja qual for... a praia"** Kooper, *Backstage Passes*, 38.
226 **"Quem diabos é Bob Dylan?"** Unterberger, *Turn!*, 8.
226 **"muito divertido... o show"** Wolkin e Keenom, *Michael Bloomfield*, 105.
226 **"Estávamos praticando... estava horrível"** Heylin, *Bob Dylan*, 209.
226 **"Simplesmente aprendemos... a banda"** Mike Bloomfield, "Impressions of Bob Dylan", *Hit Parader*, junho de 1968.
226 **Odetta... "cantor folk de volta"** M. Charles Bakst, "...But Bobby Dylan Played On", *Providence Journal*, 26 de julho de 1965, 5.

10. Like a Rolling Stone

228 **"por uma estranha... Ritchie"** Bradford F. Swan, "Folk Singing in the Rain", *Providence Journal*, 26 de julho de 1965, 4.
230 **"Ficamos bravos... começando a chover"** Hajdu, *Positively 4th Street*, 257; a seguinte descrição é baseada nas fitas de áudio e no filme, ajudada por dicas de Greg Pennell, "Newport Folk Festival 1965", disponível online em http://farinafiles1.tripod.com/id22.htm, acessado em 5 de fevereiro de 2014. A lista de músicas diverge da de Hajdu porque ele teve acesso apenas às fitas do Vanguard, que estão incompletas.
230 **"uma visão que nunca... maravilhoso"** Pete Seeger, *Rainbow Quest*, WNJU, 26 de fevereiro de 1966, citado em Unterberger, *Turn!*, 7.
231 **"As imagens... naquela tarde"** Boyd, *White Bicycles*, 102.
231 **"uma maneira perfeita... o festival"** Hajdu, *Positively 4th Street*, 258.
231 **"Quando encerramos... cores noturnas"** Boyd, *White Bicycles*, 102.
231 **"o público encharcado... acompanhamento"** Clara F. Emerson, "Festival Fans Weather Pelting Rain, Show Artists Undampened Fervor", *Newport Daily News*, 26 de julho de 1965, 3.
232 **"Estava tudo muito... a coisa toda"** Barry Goldberg, entrevistado pelo autor, 2 de maio de 2014.
232 **"Foi completamente caótico... nem Bloomfield"** Jonathan Taplin, entrevistado pelo autor, 30 de março de 2014.
233 **"De volta ao palco... ficar com fome"** Boyd, *White Bicycles*, 103.
236 **"um presunto curado no palco... fluorescente"** Reisman, "Folkniks Boo", 20.
236 **"Ele ficou ofendido... desrespeitado"** Yarrow, entrevistado pelo autor, 8 de julho de 2014.
239 **"dezessete mil pessoas"** O número padrão do jornal no dia seguinte era de 16 mil, mas isso parece ser derivado dos 15 mil assentos mais algum excesso, e não leva em conta os 2 a 4 mil relatados no estacionamento.
239 **"filmes eram editados"** As duas versões mais conhecidas em lançamento são *Festival!*, em que "Maggie's Farm" termina com uma sobreposição das últimas palavras da introdução de Yarrow e os aplausos que saudaram a chegada de Dylan, e *The Other Side of the Mirror*, que sobrepõe a mistura de vaias e aplausos que se seguiram à sua saída do palco. Na realidade, ele disse: "Muito obrigado" — incluído em nenhuma trilha sonora do filme — presumivelmente em resposta à vibração praticamente inaudível que é coberta pelas últimas notas dos instrumentos, e o barulho da multidão morreu quase imediatamente depois.
239 **"o sistema de som"** Bill Hanley, entrevistado pelo autor, 7 de agosto de 2014.

240 **"Foi uma resposta muito... confuso"** Peter Bartis, entrevistado pelo autor, 5 de agosto de 2014.

245 **"atordoada... atordoada"** Leda Schubert, comunicação pessoal, 29 de março de 2014.

245 **"Quando Bob... nem saber'"** Harold Leventhal, entrevistado por Jeff Rosen, cortesia da White Water Productions.

245 **"ao som... possamos fazer"** Wein, *Myself Among Others*, 333.

246 **"'sorrindo como gatos"... dedo do meio"** Boyd, *White Bicycles*, 104–5.

246 **"quase meio... te matar, caralho"** Paul Rothchild, entrevistado por Ronald Cohen, 26 de junho de 1990.

246 **"Estou com vontade... de Pete"** Dunaway, *How Can I Keep*, 306.

246 **"correndo para... 'Desligue isso'"** Mika Seeger, entrevistado pelo autor, 4 de julho de 2014.

246 **"Estava terrivelmente... suportar"** Von Schmidt e Rooney, *Baby*, 262.

246 **"Os níveis de som... ouvi-los"** Unterberger, *Turn!*, 12.

247 **"Era óbvio... momento dele de gritar"** Scaduto, *Bob Dylan*, 215; Wolkin e Keenom, *Michael Bloomfield*, 107–8.

247 **"Ele realmente estava... se divertindo"** Barry Goldberg, entrevistado pelo autor, 2 de maio 2014.

247 **"Achei que estávamos... vaiando"** Bloomfield, "Dylan Goes Electric", 150–51.

248 **"porque todas as outras... errado"** Wolkin e Keenom, *Michael Bloomfield*, 106.

248 **"Todo mundo esperava... minhas preferências"** álbum de recortes de Judy Landers, cortesia de Herb Van Dam.

249 **"realmente amou... acabasse"** Ann O'Connell, comunicação pessoal, 19 de março de 2014.

250 **"mais ou menos matou... destrutivo"** Alan Lomax, carta para John Henry Faulk, 30 de julho de 1965, nos documentos de Faulk, Universidade do Texas, Austin, fornecidos por Ronald Cohen.

250 **"Eu disse a Bobby... erguidos"** Wein, entrevistado pelo autor, 8 de julho de 2014.

250 **"Eles não... lá"** Reisman, "Folkniks Boo", 20.

250 **"Ele saiu do palco... análise"** Dunaway, *Singing Out*, 152.

251 **"Eu não... bêbado"** Scaduto, *Bob Dylan*, 213.

251 **"impiedoso... fizeram comigo?"** Yarrow, entrevistado pelo autor, 8 de julho de 2014.

251 **"Eles distorceram... antes de eu começar"** Bob Dylan, entrevistado por Nora Ephron e Susan Edmiston, ca. Agosto de 1965, disponível online em http://www.interferenza.com/bcs/interw/65-aug.htm.

251 **"Gritos de pessoas que... aplausos"** Zhito, "Newport Folk Festival", 7.

251 **"surgiram vários gritos... elétrica"** Nippert, "Finale of Festival", 1.

251 **"amargo e abatido... era boa"** Reisman, "Folkniks Boo", 20.

251 **"Com o ar... por mais"** Zhito, "Newport Folk Festival", 7.

251 **"Alguns vaiaram... implacáveis"** Ochs, "Newport Fuzz", 58.

252 **"gritos fanáticos... confronto dramático"** Mirken, "Newport", 13.

252 **"Ele deixou o palco... novo som"** Ed Freeman, "Notes From a Variant Stanza Collector", *Broadside of Boston*, 18 de agosto de 1965, 4; Michael J. Carabetta, "In Defense of Dylan", *Broadside of Boston*, 18 de agosto de 1965, 5.

252 **"o ídolo de jaqueta... 'Tambourine Man'"** Ernie Santosuosso, "Newport Folk Festival Winds Up – City Can Relax, Heave a Deep Sigh", *Boston Globe*, 26 de julho de 1965, 17.

252 **"aparência macabra... do órgão"** Ted Holmberg, "A Triumph to the Final Note", *Providence Journal*, 26 de julho de 1965, 6.

253 **"Ninguém queria... Hall Singers"** Mary Katherine Aldin, comunicação pessoal, 1º de abril de 2014.

253 **"muitos simplesmente foram embora"** Jon Bixler, "Folk Festival Sets Attendance Record", *Newport Daily News*, 26 de julho de 1965, 2, relatou: "Bob Dylan significou o fim do festival para muitos, já que várias centenas saíram após sua apresentação às 22h."

254 **"cuja voz é... anteriores"** Nippert, "Finale of Festival", 2.

255 **"aura de verdadeira... causa popular"** Zhito, "Newport Folk Festival", 7.

255 **"cena de máfia"** Robert Shelton, caderno de notas de Newport de 1965, arquivado no Experience Music Project, Seattle.

255 **"hordas de cantores... desastre"** Irwin Silber, "What's Happening", *Sing Out!*, novembro de 1965, 5.

255 **"a única... Art Nouveau"** Travers, Carta a Archie Green.

255 **"apresentar uma rotina... entusiastas étnicos"** Ochs, "Newport Fuzz", 58.

256 **"Durante todo... não ouvir"** Nippert, "Finale of Festival", 1.

256 **"A velha guarda... algo maravilhoso"** Boyd, *White Bicycles*, 106.

256 **"Ele estava realmente confuso... entrou ali"** John Cohen, entrevistado pelo autor, 11 de abril de 2014.

256 **"sentado... sua cadeira"** Shelton, *No Direction*, 211; Betsy Siggins, entrevistada pelo autor, 1º de maio de 2014.

256 **"Rolou um jantar... musical"** Maria Muldaur, entrevistada pelo autor, 4 de setembro de 2014.

257 **"Depois que toda a merda folk... e dançar"** Hajdu, *Positively 4th Street*, 262.

257 **"Nós éramos as garotas... pegando fogo"** Maria Muldaur, entrevistada pelo autor, 4 de setembro de 2014.

257 **"Eu pensei que ele era uma verdadeira promessa"** Dick Levine, entrevistado pelo autor, 10 de maio de 2014.

11. Resultados

258 **"Não se engane... vivo"** Nelson, "What's Happening", 8.

258 **"Quando Dylan... havia partido"** George Wein, entrevistado pelo autor, 8 de julho de 2014.

259 **"Você não assobia... festival folk"** Mirken, "Newport", 13.

259 **"Nós podíamos vê-lo claramente... deveria ser" Christopher** Brooks, comunicação pessoal, 19 de abril de 2014.

260 **"Pete Seeger ficou lívido... agora mesmo!"** Von Schmidt e Rooney, *Baby*, 261.

260 **"Já ouvi isso... sua raiva"** Peter Yarrow, entrevistado pelo autor, 8 de julho de 2014.

260 **"Fiquei furioso... agora mesmo"** "We Shall Overcome: An Hour with Legendary Folk Singer and Activist Pete Seeger", *Democracy Now!*, 4 de julho de 2007, http://www.democracynow.org/2007/7/4/we_shall_overcome_an_hour_with, acessado em 10 de julho de 2014. Seeger contou versões quase idênticas dessa história para vários entrevistadores, mas nenhuma que eu tenha encontrado antes da década de 1990 inclui o machado.

260 **"Corri para tampar meus olhos... tão agressivo"** Pete Seeger, memorando, 28 de julho de 1965, revisado em 20 de agosto de 1965, em Seeger, *Pete Seeger*, 318–20.

261 **"Eu não entendi... não corrompida"** Marine, "Guerrilla Minstrel", 38.

261 **"A esquerda tentou... uma tradição"** Pete Seeger, carta a Charles Seeger, 1967, em Seeger, *Pete Seeger*, 320.

262 **"lixo comercial... melhoria"** Marine, "Guerrilla Minstrel", 38.

262 **"imagino... disputa constante"** Pete Seeger, notas para *Waist Deep in the Big Muddy e Other Love Songs*, Columbia CS 9505, 1967.

263 **"Pete começou a noite... estilo da Europa"** Rooney, "Reflexões sobre Newport '65".

264 **"Vocês o conhecem, ele é seu"** Dylan enfatizou seu desgosto por esta introdução em *Chronicles*, piorando ao adicionar uma terceira frase que Gilbert não disse de fato: "Leve-o."

264 **"'As pessoas' tão... por isso que temos poetas e artistas"** Rooney, "Reflexões sobre Newport '65."

264 **"separou para sempre... eu escolho arte"** Nelson, "O que está acontecendo", 8.

265 **"Se Pete Seeger... andaria sobre ele"** Reuss, "Folk Scene Diary."

265 **"'altamente controversa'... propriedade escolar"** Sydney Schanberg, "L.I. School's Ban on Seeger Concert Is Ruled Unconstitutional", *New York Times*, 8 de julho de 1966.

265 **"Seeger ainda estava proibido"** Tom Dearmore, "First Angry Man of Country Singers", *New York Times Magazine*, 21 de setembro de 1969, 42.

265 **"O que eu posso cantar... Smoky'"** Robert Elftstrom, dir., *A Song And A Stone*, 1972, trecho publicado em https://www.youtube.com/watch?v=1HfOILbAq- E, acessado em 14 de julho de 2014.

266 **"Quem disse isso... protestar"** *Eat the Document*, filmagem de 1966, oficialmente não lançado, mas amplamente pirateado.

266 **"Nós montávamos... novamente"** Mackay, *Bob Dylan*, 102.

266 **"Dylan pode ter sido... de Dylan"** Jack Newfield, "Mods, Rockers Fight Over New Thing Called 'Dylan,'", *Village Voice*, 2 de setembro de 1965, 1, 10.

266 **"Se eles começarem... conseguirem"** Scaduto, *Bob Dylan*, 216.

267 **"Dylan saltou... 'carnaval'"** Kooper, *Backstage Passes*, 45.

267 **"Por que você não... minha música"** Scaduto, *Bob Dylan*, 217.

267 **"em quase todos... vaiaram"** "Conferência de imprensa televisiva", KQED, 3 de dezembro de 1965, em Cott, *Bob Dylan*, 73.

267 **"Eu sabia que eles... entenderem"** Scaduto, *Bob Dylan*, 217.

267 **"Eu me pergunto... desistir"** Scaduto, *Bob Dylan*, 211, 222.

268 **"Tenho um palpite... o que estou fazendo"** Haas, "Bob Dylan Talking."

268 **"Com licença... totalmente diferente"** Tony Glover, notas para Bob Dylan: Live 1966, Columbia/Legacy CD 65759, 1998, 32.

268 **"As gravadoras da Costa Oeste... temas adolescentes"** Eliot Tiegel, "West Coast Clamors for Dylan Tunes", *Billboard*, 4 de setembro de 1965, 12.

269 **"Se você não... você não é um homem"** James Perone, *Songs of the Vietnam Conflict* (Westport, CT: Greenwood, 2001, 32). A manchete da *Variety* era "Protest Disker Hits Draft Vandals."

270 **"Eles não me queriam... Copiar!"** Kooper, *Backstage Passes*, 49.

270 **Dylan... queria o som de Johnny Rivers** Jann Wenner, "Bob Dylan", em *The Rolling Stone Interviews* (Nova York: Paperback Library, 1971), 311.

271 **Clapton até cacheou o cabelo** Jann Wenner, "Eric Clapton", em *The Rolling Stone Interviews* (Nova York: Paperback Library, 1971), 18.

271 **"É a coisa... Tin Pan Alley"** Shelton, *No Direction Home*, 241–42.

272 **"Houve essencialmente... de nós"** Van Ronk, *Mayor of MacDougal*, 216–17.

273 **"Eu sei o que... canções folclóricas"** e **"Elas surgem... vão morrer"** Nat Hentoff, transcrição de uma entrevista para a *Playboy*, outono de 1965, impressa em Artur, *Every Mind*.

273 **"Minha visão... música histórica-tradicional" Shelton,** *No Direction Home*, 239.

273 **"Hoje em dia... baladas"** Loder, "Bob Dylan."

274 **"Sr. Dylan... que puder"** "Conferência de imprensa televisiva", KQED, 3 de dezembro de 1965, em Cott, *Bob Dylan*, 76.

274 **"Não era isso... com a idade"** Haas, "Bob Dylan Talking."

274 **"ridículo... quase trinta anos"** Nat Hentoff, transcrição de uma entrevista para a *Playboy*, outono de 1965, impressa em Artur, *Every Mind*.

274 **"Dylan aparentemente... todo o resto"** Shelton, *No Direction Home*, 307.

275 **"Nunca mais... eliminá-las"** Cleveland Sellers *The Autobiography of a Black Militant and the Life and Death of SNCC* (Jackson: University Press of Mississippi, 1973), 111.

277 **"Agora acabou... em cantar"** Julius Lester, "The Angry Children of Malcolm X", *Sing Out!*, novembro de 1966, 25.

278 **"o folk existia... para o pop"** Charlie Gillett, *The Sound of the City: The Rise of Rock and Roll* (Cambridge, MA: Da Capo, 1996), 287.

279 **"quinze singles de sucesso... fora"** Scaduto, *Bob Dylan*, 223.

279 **"Isso é exatamente o oposto... destrutivo"** De Turk e Poulin, *American Folk Scene*, 244.

280 **"Ele disse... a ser arte"** Bauldie, *Wanted Man*, 72.

281 **"O rock fez... Janis Joplin"** Wein, *Myself Among Others*, 341

281 **"B. B.!... falhou como festival"** Ellen Willis, "Newport: You Can't Go Down Home Again", *New Yorker*, 17 de agosto de 1968, 86–87.

281 **"ficou muito emocionada... besteirada do 'estrelato'"** Jim Rooney, carta para Ellen Willis, ca. Agosto de 1968, nos documentos de Ellen Willis, Arthur and Elizabeth Schlesinger Library on the History of Women in America, Radcliffe University.

281 **"quatro piores dias da minha vida"** Wein, *Myself Among Others*, 286.

282 **"sentir que importavam... outras pessoas"** Scott Cohen, "Bob Dylan: Not Like a Rolling Stone", *Spin*, dezembro de 1985.

283 **"Ele cantou... que nos atravessou"** Ruth Perry, comunicação pessoal, 24 de fevereiro de 2014.

284 **"Dylan não é um apóstolo... o passado"** Ellen Willis, "The Sound of Bob Dylan", *Commentary*, novembro de 1967, 72. John Wesley Harding foi libertado em dezembro, e Willis integrou uma discussão sobre isso em sua reescrita deste artigo, publicado na *Cheetah* em março seguinte.

BIBLIOGRAFIA

Artur, ed. *Every Mind Polluting Word: Assorted Bob Dylan Utterances*. Don't Ya Tell Henry Publications, 2006 (online), http://dvdylanjim50reviews.yolasite.com/resources/Reference%20%281%29.pdf.

Baez, Joan. *And a Voice to Sing With: A Memoir.* Nova York: Simon & Schuster, 2009.

Bauldie, John, ed. *Wanted Man: In Search of Bob Dylan*. Nova York: Citadel, 1990.

Bloomfield, Michael. "Dylan Goes Electric," na *The Sixties*, editada por Lynda Rosen Obst. Nova York: Rolling Stone, 1977.

Boyd, Joe. *White Bicycles: Making Music in the 1960s*. Londres: Serpent's Tail, 2006.

Brand, Oscar. *The Ballad Mongers: Rise of the Modern Folk Song.* Nova York: Funk & Wagnalls, 1962.

Brauner, Cheryl Anne. "A Study of the Newport Folk Festival and the Newport Folk Foundation." Tese de mestrado, Memorial University of Newfoundland, 1983.

Bush, William J. Greenback Dollar: *The Incredible Rise of the Kingston Trio.* Lanham, MD: Scarecrow, 2013.

Cohen, Ronald D. *A History of Folk Music Festivals in the United States*. Lanham, MD: Scarecrow, 2008.

———. *Rainbow Quest: The Folk Music Revival and American Society, 1940–1970.* Amherst: University of Massachusetts, 2002.

Cohen, Ronald D., and James Capaldi, eds. *The Pete Seeger Reader.* Nova York: Oxford, 2014.

Coleman, Ray. "Beatles Say—Dylan Shows the Way." *Melody Maker*, 9 de janeiro de 1965.

Cott, Jonathan. *Bob Dylan: The Essential Interviews*. Nova York: Wenner, 2006.

Crowe, Cameron. Notes to *Bob Dylan: Biograph*. Columbia C5X 38830, 1985.

De Turk, David A., and A. Poulin Jr. *The American Folk Scene: Dimensions of the Folksong Revival*. Nova York: Laurel, 1967.

Dunaway, David King. *How Can I Keep from Singing: Pete Seeger*. Nova York: Random House, 2009.

———. *Singing Out: An Oral History of America's Folk Music Revivals*. Nova York: Oxford University Press, 2010.

Dylan, Bob. *Chronicles*. Nova York: Simon & Schuster, 2004.

Einarson, John. *Mr. Tambourine Man: The Life and Legacy of the Byrds' Gene Clark*. San Francisco: Backbeat, 2005.

Faithfull, Marianne. *Faithfull: An Autobiography*. With David Dalton. Nova York: Cooper Square, 2000.

Glover, Tony. "Second Annual 2000 Words." Programa do Mariposa Folk Festival, 1972.

Haas, Joseph. "Bob Dylan Talking." *Chicago Daily News*, 27 de novembro de 1965; disponível online em http://www.interferenza.com/bcs/interw/65-nov26.htm.

Hadlock, Richard. "The Kingston Trio: Tom Dooley—Tom Dooley!" *Down Beat*, 11 de junho de 1959.

Hajdu, David. *Positively 4th Street: The Lives and Times of Joan Baez, Bob Dylan, Mimi Baez Fariña, and Richard Fariña*. Nova York: Farrar, Strauss & Giroux, 2001.

Hentoff, Nat. "Folk, Folkum and the New Citybilly." *Playboy*, Junho de 1963.

Heylin, Clinton. *Bob Dylan: Behind the Shades Revisited*. Nova York: HarperCollins, 2003.

———. *A Life in Stolen Moments: Day by Day, 1941–1995*. Nova York: Schirmer, 1996.

———. *Revolution in the Air: The Songs of Bob Dylan, 1957–1973*. Chicago: Chicago Review, 2009.

Holzman, Jac, and Gavan Daws. *Follow the Music: The Life and High Times of Elektra Records in the Great Years of American Pop Culture*. Santa Monica, CA: FM Group, 1998.

Kooper, Al. *Backstage Passes and Backstabbing Bastards: Memoirs of a Rock 'n' Roll Survivor*. Nova York: Billboard Books, 1998.

Lerner, Murray, dir. *Festival!* Patchke Productions, 1967; Eagle Rock DVD 39101, 2005.

Loder, Kurt. "Bob Dylan, Recovering Christian." *Rolling Stone*, 21 de junho de 1984; disponível online em http://www.rollingstone.com/music/news/bob-dylan-recovering- christian-19840621.

Mackay, Kathleen. *Bob Dylan: Intimate Insights from Friends and Fellow Musicians*. Nova York: Omnibus, 2007.

Marine, Gene. "Guerrilla Minstrel." *Rolling Stone*, 13 de abril de 1972; reimpresso em Cohen and Capaldi, *Pete Seeger Reader.*

Mirken, Caryl. "Newport: The Short Hot Summer." *Broadside*, 15 de agosto de 1965.
Montgomery, Susan. "The Folk Furor." Mademoiselle, dezembro de 1960.

Nelson, Paul. "Newport: Down There on a Visit." *Little Sandy Review* 30, 1965.

———. "What's Happening." *Sing Out!*, novembro de 1965.

Nippert, Jane. "Finale of Festival Fills Every Chair." *Newport Daily News*, 26 de julho de 1965.

Ochs, Mississippi Phil. "The Newport Fuzz Festival." *Realist*, agosto de 1965, 11–12; reimpresso em Ochs, *The War Is Over* (Nova York: Barricade Music, 1968).

Pankake, Jon, and Paul Nelson. "Flat Tire: The Freewheelin' Bob Dylan." *Little Sandy Review* 27, ca. Dezembro de 1963.

Reisman, Arnold. "Folkniks Boo the New Dylan." *Quincy Patriot Ledger*, 27 de julho de 1965.

Reuss, Richard A. "Folk Scene Diary: Summer 1965." Manuscrito não publicado, cortesia de Ronald D. Cohen.

Rooney, Jim. "Reflections on Newport '65." Manuscrito não publicado anexado à carta de Rooney para Irwin Silber, de 6 de agosto de 1965, de uma cópia na coleção particular de Ronald Cohen. Trechos estendidos com palavras ligeiramente diferentes aparecem em Nelson, "What's Happening," e em Jim Rooney, *In It for the Long Run: A Musical Journey* (Urbana: University of Illinois Press, 2014), 48–49.

Rosenbaum, Ron. "The Playboy Interview: Bob Dylan." *Playboy*, março de 1978.
Rotolo, Suze. *A Freewheelin' Time: A Memoir of Greenwich Village in the Sixties.* Nova York: Broadway, 2008.

Santelli, Robert. *The Bob Dylan Scrapbook: 1956–1966*. Nova York: Simon & Schuster, 2005.

Scaduto, Anthony. *Bob Dylan: An Intimate Biography*. Nova York: Grosset & Dunlap, 1971.

Seeger, Pete. *The Incompleat Folksinger.* Nova York: Simon & Schuster, 1972.

———. *Pete Seeger: His Life in His Own Words*. Editado por Rob Rosenthal e Sam Rosenthal. Boulder, CO: Paradigm, 2012.

———. *Where Have All the Flowers Gone: A Singer's Stories, Songs, Seeds, Robberies*. Bethlehem, PA: Sing Out, 1993.

Seeger, Pete, e Bob Reiser. *Everybody Says Freedom: A History of the Civil Rights Movement in Songs and Pictures*. Nova York: W. W. Norton, 1989.

Shelton, Robert. "Bob Dylan: The Charisma Kid," *The Folk Scene*, panfleto do Nova York Folk Festival, reimpresso da *Cavalier*, julho de 1965.

———. "Bob Dylan: A Distinctive Folk-Song Stylist." *New York Times*, 29 de setembro de 1961.

———. *No Direction Home: The Life and Music of Bob Dylan*. Milwaukee, WI: Backbeat, 2011.

Sounes, Howard. *Down the Highway: The Life of Bob Dylan*. Nova York: Grove, 2001. Spitz, Bob. *Dylan: A Biography*. Nova York: McGraw-Hill, 1989.

Thompson, Toby. *Positively Main Street: Bob Dylan's Minnesota*. Ed. rev. Minneapolis: University of Minnesota, 2008.

Thomson, Elizabeth, e David Gutman. *The Dylan Companion*. Cambridge, MA: Da Capo, 2000.

Travers, Mary. Letter to Archie Green, 6 de Agosto de 1965. Archie Green Papers, #20002, Southern Folklife Collection, Wilson Library, University of North Carolina at Chapel Hill.

Unterberger, Richie. *Turn! Turn! Turn!: The '60s Folk-Rock Revolution*. San Francisco: Backbeat, 2002.

Van Ronk, Dave. *The Mayor of MacDougal Street*. With Elijah Wald. Cambridge, MA: Da Capo, 2005.

Von Schmidt, Eric, e Jim Rooney. *Baby, Let Me Follow You Down: The Illustrated Story of the Cambridge Folk Years*. Garden City, NY: Anchor, 1979.

Ward, Ed. *Michael Bloomfield: The Rise and Fall of an American Guitar Hero*. Nova York: Cherry Lane, 1983.

Wein, George. *Myself Among Others*. Com Nate Chinen. Cambridge, MA: Da Capo, 2003.

Wolkin, Jan Mark, e Bill Keenom. *Michael Bloomfield: If You Love These Blues*. San Francisco: Miller Freeman, 2000.

Zhito, Lee. "Newport Folk Festival Hit as Artistic and Financial Success." *Billboard*, 7 de agosto de 1965.

Este livro foi impresso nas oficinas gráficas da Editora Vozes Ltda.,
Rua Frei Luís, 100 – Petrópolis, RJ.